# 자화상의
비밀

# 자화상의 비밀

예술가가

세상에 내놓은

얼굴

로라 커밍 지음

김진실 옮김

아트북스

| 일러두기 |

-이 책은 『화가의 얼굴, 자화상』(2012)의 개정판입니다.
-책·잡지·신문 명은 『 』, 전시회 명은 〈 〉, 그림·기사·TV프로그램 제목은 「 」로 묶어 표기했습니다.
-인명과 지명 등의 외래어 표기는 국립국어연구원에서 규정한 외래어 표기법을 따랐습니다.
-본문에 어깨글로 표기된 모든 주는 옮긴이의 것이며, 원주는 책의 뒤편에 따로 실었습니다.

나의 아버지 제임스 커밍을 기억하며,

그리고 엘리자베스, 데니스, 힐라, 테아에게 사랑을 담아

## 머리말

서로를 바라보기 위해 태어난 것, 그것이 인간이 아니던가?

_에드가르 드가

찰스 디킨스는 셰익스피어에 대한 새로운 발견들, 예컨대 편지, 그림, 전기적 사실 등 그를 둘러싼 황홀한 미스터리를 망쳐버리는 것들에 끊임없이 시달리고 있다고 고백한 적이 있다. 이 만능 천재가 수완 좋은 사업가였다든가, 법정을 쫓아다니며 한 푼의 빚이라도 받아내려고 했다든가, '비극'의 대가가 스트랫퍼드의 도로 상황을 불평하며 정부 관료를 찾아다녔다는 등 그 새로운 발견은 아무리 사소한 것이라도 미스터리를 망치기에 충분했다. 하지만 적어도 셰익스피어가 어떻게 생겼는지는 아무도 몰랐다. 셰익스피어에 대한 신비로움을 간직하고자 했던 디킨스에게는 잘된 일이지만, 빅토리아 시대에 진정한 셰익스피어의 초상이라고 주장하며 수없이 출판된 초상화 중 어느 것도 어쨌든 그를 직접 보고 그린 것은 아니었기 때문이다. 주름 깃의 상의를 입은 흉상胸像이나 왼쪽 귀에 귀고리를 한 찬도스 초상화윌리엄 셰익스피어의 초상화라 알려진 유명한 그림으로, 소유주였던 찬도스 공작 1세 제임스 브리지스의 이름을 따서 찬도스 초상화라 불린다. 등은 단순히 통속적인 사람들이 만들어낸 허상일 공산이 크다. 디킨스는 어떻게든 셰익스피어의 얼굴을 만들어내고자 하는 사람들의 욕구를 혐오하여, 셰익스피어의 동상을 세우기 위한 모금 활동에 대해 셰익스피어는 작품만으로 영구히 기억될 수 있다며 동상 건립에 한 푼도 내줄 수 없다고 적의를 드러냈다.[1]

디킨스의 이상적인 셰익스피어는 우리가 지금 알고 있는 대로 천재라는 것 말고는 아무것도 알려지지 않은 셰익스피어다. 가시적이지 않고 영속적이며 상상을 초월한 지혜의 소유자인 셰익스피어는 마치 신과 같은 존재인 것이다. 이것이 바로 호르헤 루이스 보르헤스가 『모든 것이며 아무것도 아닌 것Everything and Nothing』에서 언급했던, 도저히 실제의 한 사람으로 설명되기 어려운 셰익스피어에 관한 이야기와 통하는 대목이다. 보르헤스는 천국의 문 앞에서 벌어지는 대화를 상상한다. 작품을 쓰며 너무나 많은 인물들로 살았던 셰익스피어는 신 앞에서 자신이 적어도 한 사람으로서 설 수 있게 해달라고 호소한다. 그러나 신은 그런 요구에 대해 조금만치의 희망도 주지 않는다. "나 역시도 어떤 한 사람이 될 수 없다네. 그대가 작품을 꿈꾸었듯 나 역시 세상을 꿈꾸었다네. 나의 셰익스피어, 내 수많은 꿈 가운데 그대가 있고 그대는 마치 나, 신처럼 수많은 사람일 뿐 어느 한 사람이 아닐세."[2] 셰익스피어는 어느 한 사람의 자아를 가지고 있다고 할 수 없고, 따라서 하나의 정체성도, 고정된 어떤 모습도 지닐 수 없다. 그는 사실 너무도 위대했기에 한 번도 그 모습을 드러낸 적이 없었던 것이다. 그래서 보르헤스는 셰익스피어를 일종의 환각, 어떤 사람도 꿔본 적이 없는 꿈, 그리고 허공의 구름과 같은 것으로 묘사했다.

셰익스피어가 모습을 드러내지 않았으면 하고 바라는 사람들도 있었지만 그보다는 훨씬 많은 사람들이 그의 정확한 모습을 볼 수 있기를 바랐다. 그것은 아마도 이미지를 통해 그의 성격을 발견하거나 그 앞에서 직접적인 소통을 경험해보고 싶다는 소망, 아니면 그 위대한 셰익스피어가 도대체 어떻게 생겼던가에 대한 주체할 수 없는 호기심의 발동이리라. 그리고 이런 종류의 호기심이 나쁜 것도 아니다. 쇼펜하우어와 마찬가지로 외면이 내면의 반영이라거나 얼굴이 영혼의 거울이라는 식의 이야기를 믿을 필요까지도 없다. 눈의 초점이 채 맞기도 전의 어린 아기도 점 두 개와 선 하나를 얼굴 형태로 읽을 수 있다든가 본 적이 없는 상대 또는 전화기 건너편의 인물을 즉각적으로 상상해낸다든가 하는 것, 또는 길거리에서 마주치는 사람들을 유심히 관찰하는 것이나 페이스북의 대유행 등, 다른 이를 보고자 하는 억제할 수 없는 충동, 이것이 바로 우리의 본질이다. 실제이든 재현이든 어떤 얼굴에 관심을 갖지 않기란 거의 불가능하다. 이것은 인간이라는 종을 가름하는 기준이라고까지 할 수 있다. 드가는 시커트에게 닫힌 마차로는 사람들을 충분히 볼 수 없기 때문에 자신은 늘 옴니뷔스19세기에 사용된 대중교통 수단으로 두 필의 말이 끄는 16인승 마차.를 타고 파리 시내를 다닌다고 했다. "서로를 바라보기 위해 태어난 것이 인간 아닌가?"[3] 역시 드가의 말이다.

초상화에 대한 혐오감은 역사적으로 나타났다 사라지기를 반복했다. 한때 그것은 전투나 목욕하는 님프들을 그린 그림보다 하위 장르로 취급되었고 얼굴 그림face-painting이라며 조롱받기도 했으며 진실의 왜곡으로 비치기도 했다. 초상에 대한 이러한 혐오는 결국 그림 그 자체가 아니라 그것이 얼굴을 다루는 것과 관련되어 있다. 왜냐하면 얼굴이 그 사람됨과 대부분 들어맞지 않는데다가 기대와는 다르게 생긴 사람들이 많기 때문이다. 겉모습이란 그 사람의 역할과 딱 맞아 보일 때 사람들로 하여금 허상의 친밀감을 갖게 하고—유명인들에 대해 우리가 갖는 친밀감도 그러하다—그렇지 않을 때는 갑작스러운 혼란스러움과 동떨어진 듯한 느낌을 갖게 한다. 너무도 열정적이었던 화가 들라크루아는 (히틀러나 찰리 채플린과 같은) 앙증맞은 칫솔모 모양의 콧수염이 있었다. 스트라빈스키는 다소 따분한 관료였고, 영혼을 추구하고자 했던 로스코는 두꺼운 안경을 쓴 늘 젠체하는 인텔리였다. 거의 대부분의 사람들이 셰익스피어가 『제1이절판First Folio』의 표지에 소개된 대머리보다 잘생겼으리라 상상하고 싶어하며, 어느 누구도 스트랫퍼드의 흉상에서처럼 쿠션 위에 펜대를 놀리고 있는 뚱보 얼간이로 그를 이해하고자 하지 않는다. 만일 셰익스피어가 인간을 가장 진실에 가깝게 그린 작가라면 적어도 그는 위대한 영혼을 가진 어떤 모습, 예컨대 렘브란트1606~69와 같은 모습이어야 했다.

좀 더 정확하게 말하자면, 렘브란트가 그린 자화상과 같은 모습이어야 했다. 렘브란트를 다른 동료 화가가 그렸다면 그 모습은 달랐을지도 모른다. 실제 렘브란트는 자신의 모습을 그리면서 실제 모습에 대해 매우 대담하게 변칙을 가했다고 하는데, 렘브란트의 초상화를 그린 몇몇 화가들은 그의 실제 모습에 대한 몇 가지 궁금증을 해결해 줄 만한 부분들—예컨대 눈과 머리색이나 코의 모양—을 사실적으로 그렸다고 한다. 하지만 그

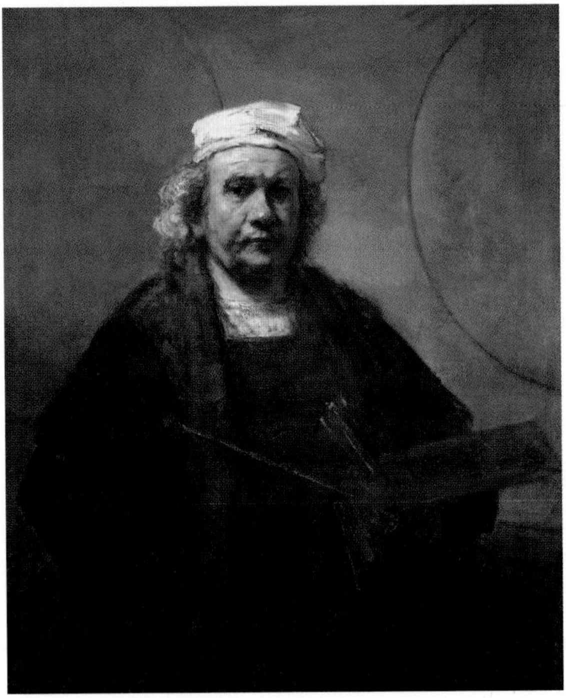

렘브란트 판 레인, 「두 개의 원이 있는 자화상」, 캔버스에 유채, 114.3×94cm, 1663년경, 런던 켄우드하우스

를 그린 다른 화가들의 초상화가 완전히 사실적이라고 하더라도 우리는 거기서 쉴 새 없이 바뀌는 변덕스러움, 하루하루의 경험에 따라 수없이 바뀌는 그의 성격을 도무지 감지할 수 없을 것이다. 이것이 바로 렘브란트의 자화상을 너무도 인간적인 것으로 만드는 요소이고, 또한 너무도 셰익스피어적으로 만드는 것이다.

물론 자화상은 분명한 이해의 충돌이 있기에 초상화보다 실제 모습에 대한 신뢰도가 낮다는 주장이 있을 수 있다. 하지만 미술사 전반에 걸쳐 늘 초상화의 하위 단위로 취급되어온 자화상은 단순한 초상화가 아니라 다른 종류의 진실을 드러내는 특별한 수단으로 다뤄져야 한다. 경우에 따라 화가들은 상처 입고 굶주려 나무 아래 쓰러져 있는 모습이나 이제 막 태어난 아기의 모습, 또는 피가 뚝뚝 떨어지는 참수된 머리로, 또 좀 더 젊거나 또는 늙게, 아니면 아예 다른 성별로 자신의 모습을 드러내기도 했다. 이로써 자화상이란 절대 사실에 대한 확인 자료로 활용될 수 없음이 분명해진다. 그러나 자화상의 이미지가 얼마나 그럴 듯하게 꾸며졌든지 간에, 그래서 그것이 사실과 얼마나 거리가 있는가와는 상관없이, 자화상은 (초상화와는 달리) 언제나 심층적인, 움직일 수 없는 진실을 드러낸다. 이런 종류의 진실은 예술이 아니고서는 드러낼 수 없는 내부로부터의 충동이며, 그것은 언제나 모든 자화상에 그 한 자락을 드러내기 마련이다. 렘브란트의 경우에 그 심층적 진실은 가장 절망적인 패배의 순간에도 승리자의 자신감을 보이고자 하는 욕망이었고, 홀로 그리고 아무도 모르게 세상을 비웃는 모습으로 자신을 그려내고자 하는 욕망이었다. 자화상의 자세 역시 그런 맥락에서 일종의 허위라고 할 수 있다. 하지만 모두가 알고 있듯 허구는 언제나 그것만의 진실을 함의하고 있지 않은가. 그리고 렘브란트의 경우에 그 진실은 렘브란트가 남들에게 어떤 모습으로 보이고 알려지기를 원했던가, 그리고 자기를 어떻게 재현하고자 했던가와 관련된 진실이다. 만일 셰익스피어가 작품을 썼듯 그렇게 그림을 그릴 수 있었다면, 그리고 그것이 자화상이었다면, 디킨스라고 해도 그것의 분명하고 확연한 가치를 부정하지는 못했을 것이다.

다른 책과 마찬가지로 이 책 역시 그 뿌리는 내 유년 시절에 있다. 내가 아파 누워 있던 어느 날, 누군가 나에게 거장의 그림이 인쇄된 엽서 열두 장이 든 구두 상자를 '휴대용 미술관'이라며 건네주었다. 사람들을 그린 그 그림들 가운데 나는 어린 눈에도 금세 자화상이라는 인상을 주는, 눈에 강렬한 에너지 같은 것을 품고 있는 그림 두 장을 알아봤다. 나는 그 두 장의 엽서를 상자에서 꺼내 들었고, 그것은 여전히 그때와 마찬가지로 신비로운 힘으로 나를 장악하고 있다. 그 두 장의 그림도 이 책에 등장한다.

자크루이 다비드는 스스로에 대해 혼란스러워했기 때문에 그의 모습도 그래 보인다. 또한 그는 매우 곤란한 처지에 있었기 때문에 무척 불편해 보인다. 그에게 무엇이 잘못되었는지 혹은 그 그림의 무엇이 이상한지 정확하게 말할 수는 없지만, 적어도 화가는 마치 어떤 혹독한 병을 치르고 이제 막 깨어난 것처럼 보였다. 그때 나도 스스로의 처지를 그렇게 이해하고 있었다. 아니, 어쩌면 그의 그림을 보고 나도 그렇다고 생각한 것일까? 스스로를 낯설게 느끼는 것처럼 보이는 남자의 이미지를 담은 그 그림은 나를 너무도 강력하게 끌어당겨, 어른으로서 스스로에게 당황한다는 느낌이 어떤 것인지 갑작스럽게 깨닫게 해주기까지 했다.

이 순간까지 이끈 사건들은 흔히 영화에서 배경 이야기라고 부르는 것으로서, 매우 극적인 것들이다. (이에 대해서는 11장에서 다룰 예정이다.) 그리고 어쨌든 그 이야기들은 상황에 대한 진술이지 그림 그 자체에 대한 것은 아니다. 다비드의 초상화를 처음 보았던 그 경험에 다시 닿기 위해 나는 자화상이 가져다줄 수 있는 놀라운 경험, 즉 인물의 강렬함을 통해 관자觀者를 바로 그 인물의 자리에, 즉 화가의 위치에 서게 하는 그 신비로운 경험으로 바로 들어가고자 했다. 당신이 바로 화가인 것이다. 화가와 마찬가지로 당신도 화가에 대해 명상하고 화가의 눈을 통해 그를 보게 되는 것이다. 자라면서 나는 이것이 우리가 늘 하고 있는 경험과 조응한다는 것을 깨달았다. 우리도 거울을 보면서 우리의 모습에 대해 의문을 갖고 그 결과 그것을 조정하지 않는가.

다른 하나의 자화상은 전혀 친밀해 보이지 않는다. 뒤러가 새 천 년의 절반이 지난 1500년에 자신을 그린 그림은 냉담한 카리스마에서 섬뜩함마저 느껴질 정도이다. 그 그림은 너무 현대적이어서 그렇게 예전에 그려진 것이라고 믿기 어렵고 또 너무도 생생해 오래된 광택제 뒤에 갇혀 있을 수 없을 것 같았다. 나는 이 그림을 보고 너무도 무서웠지만 한편으로 그림 속 인물이 실제 인물만큼이나 생생할 수 있다는 것을 배웠다. 한참 뒤 독일인 친구가 이 자화상 엽서 뒤편에 자신이 뒤러의 팬이라고 적어 보낸 적이 있었다. 내가 그것을 미술 선생님께 보여드렸을 때 그는 아주 못마땅해 했는데, 이유는 아마도 내가 뒤러의 얼굴에 관심이 있다고 의심한데다가 이 그림이 갖는 이미지의 속성에 문제가 있다고 생각했기 때문이었을 것이다. 그는 "이 그림에는 화가의 자아가 지나치게 많이 드러나 있어"라고 했다. 하지만 선생님과 내 친구의 말은 둘 다 자화상, 특히 이 자화상의 특징을 분명히 드러내는 측면이 있다. 바로 자화상이란 사람과 그림이 결합된 것이라는 점이다. 아무리 못 그렸어도, 아무리 간략하고 서투르게 그려졌어도, 모든 초상화는 이미지로 전환되기 전의 인물과 마주하는 것 같은 느낌을 담고 있다. 자화상은 더 나아가 그 둘, 즉 인물과 이미지가 하나이며 동일하다고 천명한다.

예를 들어 뒤러, 렘브란트, 다비드의 자화상을 보고서 인물과 그림이 하나라고, 화가가 곧 걸작이라고 생각하는 것은 작품과 그것을 낳은 작가는 별개라는 디킨스의 생각에 반대하는 것이다. 특히 자화상을 두고 인물의 겉모습이 어떻게 그려졌든 간에 그것은 인물의 내적 성향에 대한 표현이라고 생각할 때, 우리는 그 자화상이 화가인가 작품인가에 대해 늘 오락가락

할 수밖에 없다. 초상화 속 인물이 스스로 자세, 표정, 옷 등을 골랐다고 생각하기 쉽지만 초상화가들, 특히 사전트 같은 화가는 인물의 옷에서부터 머리 모양새까지 모든 것을 제어하곤 했다. 자화상을 그렸던 화가들도 이처럼 모든 것을 통제한다는 점에서 더하면 더했지 덜하진 않았고, 특히 자신을 특정하게 보여주고자 하는 그 자신의 욕망에 충실했다. 그것이 자신의 내면이든 외면이든, 또는 작품 속 인물이든 하나의 예술작품 그 자체이든 모두 그랬다.

그림의 테두리 속으로 물러나 스스로를 거의 드러내지 않는 푸생의 엄격함이나 그림 밖으로까지 자신의 자아를 드러내고자 몸부림치는 쿠르베를 보면서 나는 자화상을 둘러싼 이러한 진실을 확인하게 된다. 또한 "침묵보다 더 나은 말을 할 수 없다면 차라리 침묵하라"라고 쓰인 명판을 들고 언짢은 얼굴을 한 채 산사람 같은 포즈로 굳건하게 서 있는 로사의 자화상을 대할 때도 마찬가지다(이 자화상에서 이미지와 언어가 자아내는 엄숙함은 인물의 멜로드라마적인 포즈로 상쇄된다).

로사가 침묵을 얼마나 경외했는지는 모르지만 어쨌든 그는 그림을 통해 매우 크고 분명하게 자신의 목소리를 내고 있다. 그러고 보면 자화상을 다룬 고전 『500점의 자화상500 Self-Portraits』의 지은이인 줄리언 벨이 언급한 것처럼 자화상은 그리 '개인적이고 내밀한 예술'은 아닌 것 같다. 다비드조차도 내가 보기엔 자신에게만 속삭이고 있는 것은 아니다. 「지옥의 자화상」에서 타오르는 유황불 속에 자신을 허리까지 그려넣은 뭉크는 이 그림에서 권총 자살을 시도할 만큼 자신을 비탄에 몰아넣었던 애인이 떠난 뒤의 외로움과 고통을 묘사한 데 그친 것이 아니었다. 그것은 바로 그녀에 대한 공개적인 비난이었다. 그는 그 둘 사이의 일을 모두가 알고 있는 오슬로의 갤러리에 이 그림을 전시했던 것이다. 이렇듯 자화상은 한쪽의 일방적인 이야기를 풀어낼 수 있는 통로임과 동시에 때로는 연서戀書로서, 때로는 선언이나 유서로서의 기능도 한다.

날카로우면서 뭔가를 기대하는 듯한 독특한 얼굴은 일인칭 화자의 언술로 바뀌어, 곧 그 자화상은 독백이나 회의 같은 속삭임, 또는 시, 일기 같은 기록이 되기도 한다(관계의 미로로 짜인 벨라스케스의 「시녀들」 같은 그림은 이에 더하여 미술사에서 가장 위대한 한 편의 소설이기도 하다). 하지만 이렇게 직접적이고 은밀한 대화는 어쩔 수 없는 딜레마를 가질 수밖에 없다. 자화상의 화가는 (그림을 창작하는 순간에 걸맞게) 그림을 그리는 모습으로 자신을 제시할 것인가, 아니면 개연성은 적지만 더 인상적인 다른 어떤 일을 하고 있는 모습으로 자신을 그릴 것인가? 만일 그림을 그리는 화가로 제시한다면 그림 속 그림이 그 자화상이어야 할까, 아니면 다른 그림이어야 할까? 그리고 그림 속 그림을 자화상으로 한다면 시간의 모순 관계는 어떻게 처리할 것인가? 그림 속에서 나는 그림을 그리고 있는 모습으로 나타나지만 실상 그림은 완성작이 아니던가? 또한 거울과 캔버스 사이의 유사관계 역시 복잡하기 그지없다. 거울 속의 인물은 나인가, 다른 이인가? 그리고 그려지고 있는 그는 나와는 별개인 다른 사람인가? 어떤 자화상 속의 화가, 예를 들어 사전트는 내면의 자신을 드러내는 데에는 전혀 무심해 보여 마치 한 점의 초상화 속 인물 같아 보인다. 또한 웅장한 모습으로 자신을 드러낸 티치아노의 자화상 같은 경우는 시선을 멀리 향한 채 어디론가 가버리고 싶어 안달하는 듯한 모습이어서 이들의 자화상은 제삼자를 그린 듯한 인상을 매우 강하게 준다.

그런데 화가들은 자기 재현을 종종 자존감의 표현으로 이해하는 평론가들에게 자기애에 빠진 사람이라는 오해를 받으면서까지 왜 자신을 드러내 보이려는 것일까? 역사적으로도 자화상을 그린다고 해서 명예를 얻거나 돈을 만질 수 있는 것은 아니었다. 초상화와 달리 자화상은 주문 제작되는 것도 아니었고 화가로서의 이력 가운데 전성기를 대변하는 것도 아니었다. 물론 17세기 이래 우피치 궁의 '바사리의 자화상 복도'에 걸기 위해 1,000점이 넘는 자화상이 의뢰되기도 했지만, 결국 이 복도에 초상화가 걸리는 명예라는 것도 몇몇 아주 독창적인 화가들조차 창조성을 억눌렀다는 인상을 줄 뿐이다. 그래서 자화상은 친구에게 주는 선물이나 결혼 선물, 아니면 원망, 감사, 사랑 등 보다 내밀한 표현 욕구의 산물이다. 고야는 자신을 살린 의사에 대한 감사의 표현으로 그의 팔에 안긴 자신의 모습을 그렸다. 무리요는 아버지가 죽은 이후에도 그를 기억하고자 하는 아이들의 바람으로 자화상을 그렸다(기실 이 자화상은 화가의 손가락 움직임까지 생생하게 담고 있다).

자화상은 화가를 작품으로서 현존케 한다. 그것이 내는 소리는 매우 간결하고 명확하다. 단, 그들이 말할 때는 거울에서 돌아보고 있는 이 사람이 과연 누구이고 무엇인지에 대한 물음이 있을 때, 혹은 홀로 남겨질 때 얼마나 고독한지, 그리는 것 또는 이 세상에 존재하는 것 그 자체가 얼마나 힘든 일인지에 대한 물음이 있을 때뿐이다. 나는 그런 자화상이 제작되는 상황에 대해서는 안다고 말할 수 있다. 하지만 그러한 화가의 경험 가운데 뭔가가 보편적인 진실에 대해 말하고 있다는 것은 그저 감지할 수 있을 뿐이다.

나의 어머니 엘리자베스 커밍은 제2차 세계대전 직후 에든버러 미술 대학에서 그림을 전공했다. 그녀의 주변에는 그 전쟁에서 싸웠던 이들이 허다했고, 그들은 군복을 입은 채 이젤 앞에 섰었다. 세상을 보았던, 또는 바꿨던 이 영웅들에 비해 내 어머니는 자신 말고는 아는 게 없었다. 그래도 대학 시절 동안 어머니는 거의 아는 게 없는 바깥세상을 그릴 수밖에 없었는데, 모두가 돌아가버린 어느 날 밤 어머니는 작업실에서 아무도 모르게 재빨리 자신을 그리게 되었다. 그리고 어머니는 자신이 그려왔던 수북이 쌓아올린 사과나 남성의 나신裸身보다도 이 그림이 더 마음에 들었다고 고백했다. 적어도 그 그림을 그리는 동안 어머니는 진짜 자신을 볼 수 있었던 것이다.

아마도 어머니는 그 이후 줄곧 감춰둔 자신의 자화상이 벨라스케스와 같은 페이지에서 논의된다는 사실에 당황하실지도 모르지만 이 둘 사이에 공통점이 있음을 부정하기는 어렵다. 이 두 자화상은 인간, 즉 하나의 '자기'를 소유하면서도 인간 종의 구성원이라는 인간 존재의 관계에 대한 것이다.

그렇다고 이런 설명이 자화상을 비평으로부터 자유롭게 하는 것은 전혀 아니다. 하지만 이 책이 만일 자화상에 대한 통합된 이론을 조금만치라도 피력하고 있다면 (물론 「시녀들」에서 기이한 가발을 쓴 앤디 워홀의 자화상에 이르기까지 모든 자화상을 설명할 수 있는 이론이 궁극적인 가치를 지닌 것이라고 할 수는 없지만) 그것은 자화상 속 인물의 행동이 현실 인물의 행동을 반영하는 이상한 경향이 있다는 것이다. 혹자는 이런 논리가 초상화에도 통한다고 하겠지만, 어떤 초상화 속 인물도 얼굴을 쥐어뜯고 머리를 잡아당기며 의혹이 가득한 혹은 흠칫 놀란 얼굴을 거울에 들이밀 듯이 서 있지 않는다(또한 초상화 속 인물이 자위를 한다거나 벌거벗은 채 현금 다발 위에서 구르는 일도 없다). 물론 초상화 가운데 인물의 마음속 깊은 곳에서 벌어지는 일까지 표현하는 경우도 거의 없다. 렘브란트의 자화상에 엿보이는 그의 깊이 있는 혜안은 거짓이 아니다. 반 고흐의 마음은 무언가로 가득 차 있었음이 그의 자화상에서도 보인다. 벨라스케스는 아주 소수의 예술가들이 그랬듯이 태양 아래 우리 인생이 얼마나 짧은지 분명히 감지하고 있었을 것이다.

이 책은 자화상에 대한 연구이면서 동시에 예찬이기도 하다. 나는 자화상이란 것이 어떻게 무언가를 소통하고 왜 그렇게 그려졌는지를 검토했다. 아울러 우리 모두를 아우를 수 있는 무언가—우리 자신의 재현—가 자화상 안에 있다고 믿는다. 우리 모두는 그 비중이 어떻든 간에 자기自己이면서 동시에 공적인 존재다. 그렇기에 우리는 세상을 향해 어떤 '얼굴'을 매일 만들어낼 수밖에 없다. 언제고 변치 않는 얼굴을 만들어내야 한다는 생각은 오히려 외향적인 말더듬이라는 모순덩어리를 만들어낼 수도 있다. 그리하여 이 책에서는 무대 공포증에 대한 이야기와 화가들이 자신에게 그 공포즈를 누그러뜨릴 수 있는 다른 기회를 부여한 여러 점의 자화상에 대한 이야기도 할 것이다. 반면 충분한 연습을 거친 연설이 즉흥적인 것보다 훨씬 설득력이 큰 것처럼 불가능하리만큼 완벽하게 이 모순을 극복한 예에 대해서도 언급할 것이다(젠체하는 것이나 거짓말 같은 것도 함께 논의될 수밖에 없다). 내가 아는 자화상 가운데 가장 감동적인 것은 이 책의 뒷부분에 실려 있는 카라치의 작품이다. 이 자화상에 나타난 화가는 소통하고자 하는 자신의 시도가 과연 성공할 것인지 확신하지 못하는 가운데 그럼에도 불구하고 자신을 변호하고자 역설하고 있다.

미술사가들은 예술이 사람들을 감동시키고 불쾌하게 하며, 또는 그들에게 영감을 줘서 보는 이들의 감정에 영향을 미칠 수 있다는 것을 종종 간과한다. 하지만 화가의 관심과 야망이 사적인 것이 아니라 공적인 데에만 있었던 화가들은 이전에도 극히 드물었다. 자화상이란 것은 이러한 이분법에 대한 완벽한 예를 보여준다. 미술사가들은 종종 자화상을 초상화의 한 지엽적인 갈래로 취급하여 작품에 서명하는 하나의 방법이나 화가의 스타일, 기술 등을 보여주는, 화가라는 직업을 대변하는 것으로서 보기도 했다. 또 한편으로는 자화상이라는 뚜렷한 증거가 없는 경우에는 그림의 어떠한 인간적인 면에 대해서도 언급하지 않았다. 그러나 나는 자화상의 작가들이 자신에 대해서나 자신의 삶에 대해 생각지 않았다거나, 절대 주관적이지 않았다든가, 자신의 그림에 개인적인 의의를 부여하지 않았다고 생각하지 않는다. 자화상 속 인물들은 궁극적으로 누군가의 자아의 파편일 수밖에 없다. 나는 렘브란트의 자화상이 17세기 네덜란드의 미술시장을 위해서만 만들어진 것이라고 생각하지 않는다. 마찬가지로 1500년에 제작된 뒤러의 자화상에 대해 미술사가들이 아무리 신학적인 설명을 가하더라도 나는 절대 그런 잣대로만 그 그림을 볼 수 없다. 이 자화상들은 그것 나름의 결코 피할 수 없는 미스터리를 품고 있기 때문이다.

자화상의 역사가 언젠가 쓰일 수도 있겠지만, 그러한 작업은 어떤 경우에도 직선의 도로일 수 없다는 점을 시인해야 한다. 자화상은 그야말로 기로와 막다른 길과 우회로와 탈선 등의 연속이기 때문이다. 그럼에도 불구하고 이 책에 실린 나의 글들은 하나하나가 완결된 글이면서도 서로 연대기적인 짜임으로 엮여 있고 서사적인 흐름을 갖고 있다. 여기서 언급되는 대부분의 자화상은 회화 작품이다. 이것은 비디오나 조각으로 된 자화상에 대해 어떤 선입견이 있어서가 아니다. 단순히 자소상自塑像이 매우 드물기도 할 뿐더러, 다른 어떤 매체보다 그림이 나의 관심을 더욱 강하게 끌었기 때문이다.

대부분의 자화상은 디킨스가 말한 영속적인 가치를 지닌 기념비적인 것이고 동시에 해당 작가의 가장 뛰어난 작품은 아닐지라도 대표작이기도 하다. 반면, 보르헤스가 생각했던 다중적인 인격을 고민해야 했던 작가들은 셰익스피어와 비슷한 경우라고 해야 할 것이다. 자화상은 자아를 드러내야 하는 작가에 대한 요구이면서 풍부한 자아 인식의 산물이기도 하다. 그런 면에서 자화상은 예술에서 가장 뿌리 깊으면서도 가장 앞선 회화 형태라고 할 수 있다. 그것은 주제가 되는 인물의 겉과 속을 오가며 그 두 개의 자아를 불가분의 영속적인 존재로 재창조한다. 즉, 자화상은 한 편의 예술작품이면서 그것을 빚은 창조자의 이미지이며 그가 자신에 대해 느끼고 상상하고 믿었던 것이 무엇이며 그 가운데 무엇을 선택했는가에 대한 진실의 요체이다. 우리가 스스로를 드러내기 위해 언제나 무언가를 선택해야 하는 것과 마찬가지로.

*Contents*

# 1.
# 비밀

## 거울이 없던 시절의 자화상

세상은 너무도 다양한 시각과 사물로 가득 차 있지만, 그 세상을 이해해보자면 중심이 없다고 할 수밖에 없다. 세상은 우리 모두를 포괄하고, 어느 누구도 그 안에서 형이상학적으로 우월한 지위를 점할 수 없다. 그러면서도 우리 각각은 이 중심 없는 세상에 비춰보면서, 그간 설명되지 않았던 하나의 매우 커다란 진실을 수용할 수밖에 없다. 그것은 바로 이 세상 속 고유한 존재는 바로 나 자신일 수밖에 없다는 것이다.

_ 토머스 네이글, 『어느 곳도 아닌 곳의 시각The View from Nowhere』

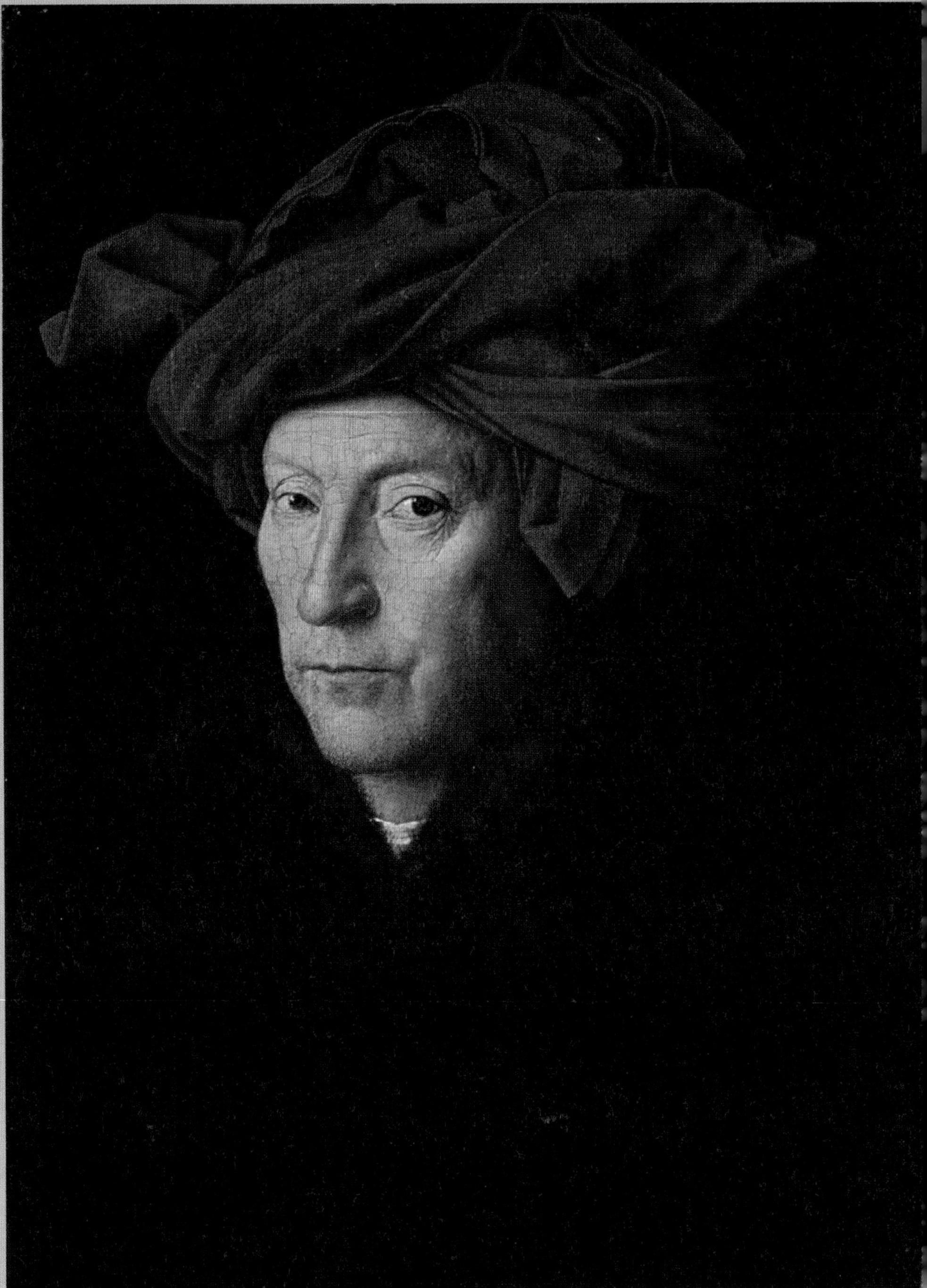

얀 반에이크, 「남자의 초상(자화상?)」, 나무판에 유채, 33.3×25.8cm, 1433, 런던 내셔널갤러리

햇살 좋은 맑은 날, 우리는 잘 닦인 금속이나 유리 거울에 똑똑히 비친 모습으로, 혹은 투명한 표면에 비친 흐릿한 모습으로 자신을 볼 수밖에 없다. 피아니스트는 반짝이는 건반 위에 비친 자신의 손가락을 보고, 전화 거는 사람은 휴대전화에 비친 자신의 모습을 보게 된다. 작가는 해를 볼 때나 편두통이 시작되기 직전에 눈에 나타나는 번쩍거림을 경험할 때처럼 생각과 표현 사이의 괴리를 절감하며 컴퓨터 화면을 보고 있는 자신을 볼 수밖에 없다. 어느 경우든 모두 의도하지 않은 채 확인되는 자기 자신이라고 할 수 있다.

자기 자신의 이미지를 보지 않으려면 집에서는 커튼을 치면 되지만 더 넓은 세상에서는 그리 단순하지가 않다. 가게의 쇼윈도에서 실제 크기로, 와인 잔이나 숟가락에서는 작게, 다른 이들의 눈이나 렌즈에서는 그들의 시각에 따라, 우리는 자신을 확인하거나 드러내게 된다. 물론 이런 자신의 모습을 우리는 대개 무시하고 지나가지만 우리를 비추는 그 사물이 얼굴을 확인하게 하는 장치로 돌변하는 것은 어쩔 수 없다. 즉, 거울로만 자신을 볼 수 있다고 생각하는 것은 큰 오산이다. 다시 말해 일광 속의 세상에서 우리 모습은 끊임없이 포착되고 반영될 수밖에 없는 것이다. 그리고 밤에조차도 커튼을 치지 않은 유리창은 바깥의 어둠으로 인해 하나의 거울이 되고 만다. 이런 '유사 거울'들로 가득한 세상에서 우리는 도저히 우리 자신으로부터 도망칠 수가 없다.

플랑드르 회화는 이 '유사 거울'로 가득한 세상을 사랑해 그것을 통해 완벽에 이르기 위해 애썼다. 마치 그 '유사 거울'을 정확하게 포착하는 것이 실제보다 한 차원 높은 진실을 보장하는 것으로 생각했던 것처럼. 바로 그랬기 때문에 플랑드르 화가들은 600년 전에 현대인들의 눈에는 도저히 사람이 그린 것이라고 믿기 어려울 만큼 설득력 있는 필력으로 다양한 햇빛에서부터 다이아몬드 속에서 발하는 광채까지 묘사하려고 했던 것이다. 성인의 금빛 망토와 그것을 가로지르는 반짝이는 금실, 모직 실 하나하나까지 묘사한 카펫 등 그들의 묘사력은 분명히 신이 부여한 기적과도 같은 것이지 절대 평범한 인간의 붓이 그려낸 것이라고 보기 어렵다. 그렇게 그려진 그림을 실제와 혼동하는 것은 오늘날도 마찬가지다. 현대의 관자들 역시 가까이의 이슬방울에서부터 멀리 산까지 눈앞에 펼쳐지는 오점 없는 현실에 감탄을 금할 수 없기 때문이다. 플랑드르 미술이 단순히 눈을 감탄케 하는 데 심혈을 기울였다면 얀 반에이크의 작품은 거기서 한 발 더 나아간다. 그의 작품은 마치 전지적인 신의 경지에 오른 것 같다. 볼 수 있는 모든 것과 그 이상이 그가 그린 작은 화폭 속으로 모여든 것 같은 착각이 든다. 반에이크는 하나의 장면 바깥의 것도 '비춤'을 통해 화폭 안으로 끌어들이는 기술을 개발했다. 원경에 있는 도시의 윤곽을 궁수의 번쩍이는 투구에 비치게 한다든가, 순교 장면 바깥의 풍경을 이단자의 흉갑에 비치게 하는 것이다. 갑옷은 말할 것도 없이 무엇이 진짜인지 구별할 수 없을 만큼 사실적이며 그것에 비친 것은 장면 바깥을 가시화한다.

실제와 똑같이 그리는 데는 얀 반에이크만 한 화가가 없을 것이다. 그의 작품은 너무도 사실적이어서 한때는 신의 경지에 올랐다고 칭송되었다. 그러나 그가 단순히 우리가 보는 세상을 재현—무의미한 복제 이상이 아닌 사실주의에 대한 지난한 반감의 내용인—하는 데 그쳤던 것은 아니다. 그는 사실적인 재현에 약간의 조정을 거쳐 세상의 무한한 다양성과 그 안의 우리 존재, 그리고 그 세상이 모든 것을 품고 있을 뿐 아니라 하나하나의 독립된 개체까지 품고 있다는 놀라운 사실에 대한 경외심을 일으킨다. 더욱이 반에이크는 그만의 특징이라 일컬을 만한 겸손함을 가지고 한 번이 아닌 여러 차례 이 점을 그림에 반영한다. 하지만 전문가들은 반에이크의 그림에 나타나는 부수적 초상화 혹은 단독 초상화에서 인간적인 면을 종종 놓치고는 주로 이것이 화가 자신을 그린 것인지 아닌지에 대해서만 논의한다. 바로 이것이 선구자들이 종종 겪곤 하는 수난이다. 반에이크는 너무도 일찍이 많은 것을 흡수했다. 당시에는 아직 자화상의 전통이 서 있지 않은 상태였고, 해서 그는 자기 자신을 그릴 기회를 갖지 못했다. 물론 그 이전, 즉 미술사에서 놓쳐버린 시기(혹자는 현재 논의되는 르네상스 미술은 실제의 4분의 1 정도라고 한다)에도 자화상이 있기는 했겠지만, 꽤 저명한 미술사학자들조차도 제대로 된 거울이 없던 시기에는 자화상의 제작이 어려웠을 것이라거나 르네상스 이후에나 싹트기 시작하는 자아의 개념을 일찍이 갖고 있던 화가는 없었을 것이라고 하면서 반에이크 정도만이 허구적인 자아를 두고 소일했던 유일한 예라고 주장한다. 그러나 반에이크의 작품은 그런 원시적이고 거만한 자화상 개념에 대해 그만의 독특한 우아함으로 응대한다. 이는 반에이크가 「참사회원 헤오르흐 판 데르 파엘레와 함께 있는 마돈나와 아기예수」와 같은 위대한 제단화 속에 자신의 이미지를 그려넣은 방식만 보아도 알 수 있다. 그는 윤이 번쩍 나는 금속을 바라보는 사람은 누구라도 자신을 볼 수밖에 없다는 사실에 착안해 자신을 그림 속에 비치게 했다.

마돈나와 아기예수는 매우 협소한 공간에 있어 방문객을 위한 공간이 넉넉하지 않아 보인다. 푸른색과 금색의 망토를 두르고 왼쪽에 서 있는 성

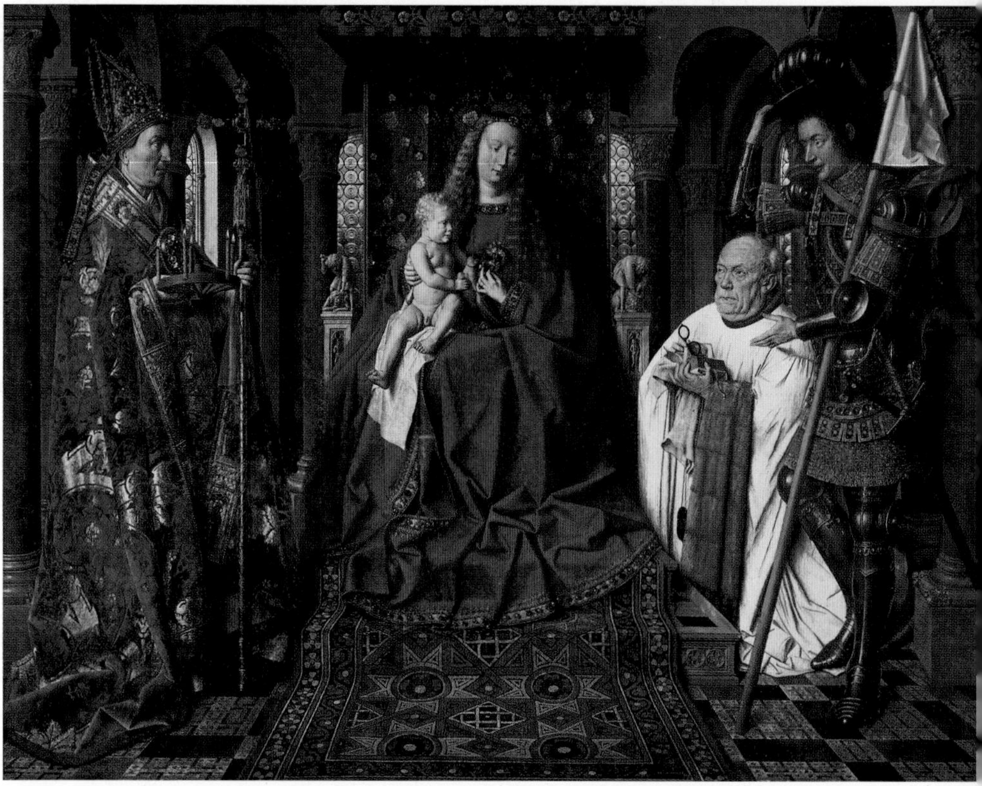

얀 반에이크, 「참사회원 헤오르흐 판 데르 파엘레와 함께 있는 마돈나와 아기예수」,
나무판에 유채, 122×157cm, 1436, 브뤼허 흐루닝어 미술관

도나티엔과 청동 갑옷을 입고 오른쪽에 서 있는 성 조지가 전부다. 다소 거만해 보이는 성 조지는 이 그림의 평화를 방해하고 있다. 게다가 그는 무례하게도 이 그림을 의뢰한 장본인이자 이제 막 마돈나를 알현할 채비로 무릎을 꿇고 있는 참사회원 판 데르 파엘레의 제의祭衣를 밟고 서 있다.

이 그림은 결국 이 네 명의 성인成人들 간의 관계에 대한 것이겠지만 사실 그 속에는 여타의 흥미로운 요소들도 많이 있다. 판 데르 파엘레의 손에 들린 도수 높은 안경, 동그랗게 구획된 유리창, 체커 판 모양의 타일 디자인 하나하나가 묘사돼 있으며, 무엇보다도 마리아의 발아래에서 시작해 제단의 계단 아래를 굽이쳐 마치 관자의 발아래까지 뻗어 있을 듯한 화려한 문양의 카펫은 단연 압권이다. 카펫은 직조된 실날 하나하나까지 무척이나 사실적으로 묘사돼 있어, 계단을 따라 꺾이는 각도가 카펫의 두께 때문에 완전히 90도가 되지 않는 것과 어디는 빳빳하고 어디는 부드럽고 한 것, 그리고 실낱 끝에 드리운 그림자의 세부적인 묘사까지 모두 헤아릴 수 있을 정도이다. 그야말로 세밀 묘사의 극치다.

반에이크는 세밀화가로 출발한 것으로 보이며, 그의 성공은 큰 화폭의 그림을 그릴 때에도 세밀화의 테크닉을 유지하면서도 그것을 단절된 부분들의 나열로 해체시키지 않은 데서 비롯된 듯하다. 그런 이유 때문에 우리는 카펫의 훌륭한 묘사에 넋을 잃으면서도 동시에 살아 움직이는 듯한 공기와 빛의 흐름과 그에 따라 화면 속에 유영하듯 드리우는 온갖 사물들의 반영을 목격할 수 있는 것이다. 성 조지가 벗어 들고 있는 소라 모양의 투구에는 반복된 골을 따라 성모자聖母子의 모습이 여러 차례 비치고, 등 뒤의 붉은 화강암 기둥부터 창에 비치는 차가운 북구의 햇살까지 화면 전체가 성 조지의 흉갑과 방패에 비친다. 하지만 이 그림에서 원상原象을 찾아볼 수 없는 반영체가 하나 있으니, 그림 밖에서 붓을 찍으려는 듯 팔을 올린 채 서 있는 붉은 터번을 쓴 한 인물이다.

이 자화상을 두고 간소하다고 하는 것은 대단히 절제된 표현이다. 크기

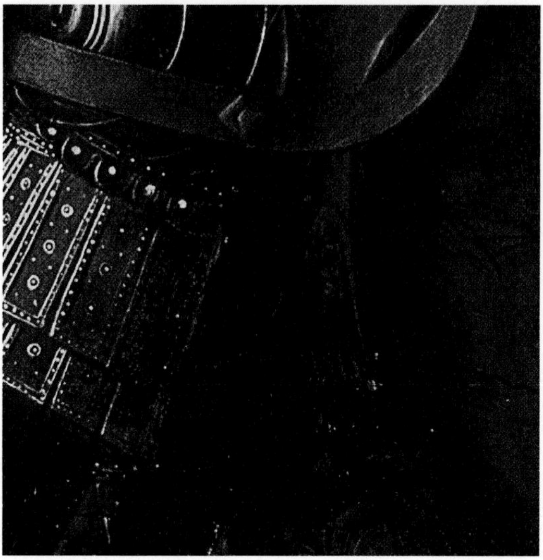

얀 반에이크, 「참사회원 헤오르흐 판 데르 파엘레와 함께 있는 마돈나와 아기예수」의 세부, 1436

부터 말이 되지를 않는다. 원화 크기— 약 세로 1.2미터, 가로 1.6미터— 로 보아야만 알아볼 수 있을 정도로 작다. 자신이 서 있는 공간이나 그럴 듯한 포즈 따위는 모두 생략된 채, 터번을 쓴 이 사내는 작디작은 성인의 방패에 투영되어 나타난다. 이런 모습이라면 그는 아마도 그림 뒤쪽으로 중앙 부분, 즉 우리가 서서 그림을 보는 위치 정도에 서 있었을 것이다. 그런데 실제로 그 자리에서 화가가 본 것은 무엇이었을까? 당연히 갑옷은 아니었을 테고, 아마도 그가 가까이서 작업하고 있던 마르지 않은 유화 물감이 아니었을까? 그리고 그 물감에 흐릿하게 자신이 비쳤을 것이다.

작품의 기발함은 그가 그린 갑옷이 너무도 사실적으로 반짝거린 나머지 그것에 비친 자신의 모습을 볼 수 있었다는 데 있다. 그리고 작업실에는 그의 그림 전체를 비추는 실제 크기의 갑옷이 있었을 것이다. 물론 작업실에는 갑옷만 있었지, 성인도 없었고 판 데르 파엘레는 당연히 성모를 만난 적도 없었다. 화가는 가상의 세계를 만들었던 것이다. 그가 만든 세계에는 성모에게 아첨하는 꾀바른 거물을 주인공으로 하는 가상의 장면과 그것을 더욱 설득력 있게 만드는 실제에 대한 놀라운 모사가 공존한다. 이 둘 사이에 화면 바깥의 진실과 현실이 끼어든다. 바로 화가 편에서 보는 이야기다.

---

얀 반에이크는 1390년에 마스트리흐트에서 출생한 것으로 보인다. 주로 브뤼주에서 부르고뉴의 필립 공의 궁정화가로 활동했는데, 그동안 그는 대사로서 두 번의 항해를 하게 된다. 한 번은 풍랑을 만나 영국의 항구에 머무른 적도 있었다. 첫 번째 항해는 필립 공의 예비신부인 에스파냐의 이사벨라를 그리기 위한 것이었고, 다음은 포르투갈의 이사벨라를 그리기 위한 것이었지만 이 두 점의 초상화 모두 남아 있지 않다. 하지만 포르투갈의 이사벨라는 반에이크의 초상화 덕분에 부르고뉴 공의 신부가 된다.

필립 공은 반에이크의 충정뿐 아니라 그의 예술을 높이 사, 큰 포상금과 값비싼 선물을 내렸을 뿐 아니라 반에이크 딸의 대부가 돼주었고, 그가 죽고 난 뒤에는 가족을 보살폈다. 이 둘이 나눈 친교의 깊이는 반에이크의 한 의뢰인이 보수 지급을 미루고 있는 것에 개인적으로 분개한 필립 공이 그에게 쓴 편지에서 분명히 볼 수 있다. 그는 편지에 "앞으로 반에이크만 한 화가를 다시는 구하지 못할 것이며 그가 지닌 예술적·과학적 안목을 다시는 볼 수 없을 것"[1]이라고 못 박았다. 그는 여기서 반에이크가 예술가일 뿐 아니라 과학자라는 사실을 분명히 했다. 기실 반에이크는 수학·광학·천문학·기하학 지식을 가지고 있었고, 이런 다양한 지식이 그의 예술뿐 아니라 얘깃거리도 풍부하게 했다. 하지만 이밖에 반에이크를 특별하게 만든 것이 있었으니 바로 유화의 발명이었다.

바사리에 따르면 반에이크는 심혈을 기울인 작품을 말리기 위해 햇볕 아래 두었다고 한다. 다시 돌아왔을 때 광택제는 모두 갈라져 있었고 나무판은 쪼개지고 있었다. 매우 당황했지만, '연금술을 좋아했던' 화가답게 그는 계란과 기름을 수많은 실험을 거쳐 조합해 아마 씨와 호두 기름의 완벽한 조합 비율을 알아내어 바탕칠용 안료와 섞었다. 이것으로 열과 물에 강할 뿐 아니라 생동감 넘치는 화려한 색채를 만들 수 있었다. 반에이크는 바로 '세상의 모든 화가들이 그간 간절히 기도해온' 귀중한 발명을 한 것이다.

물론 유화는 반에이크 이전에도 존재했지만 대부분의 화가들은 여전히 계란 흰자나 덜 마른 회에 안료를 섞어 쓰는 템페라나 제소gesso로 작업하면서 빨리 말라버리는 안료 때문에 골머리를 앓고 있었다. 유화는 화면에 깊이와 광택을 부여할 뿐 아니라 물감 층을 덧칠해도 반투명한 빛을 잃지 않는 특징이 있다. 유연하며 천천히 마르는 성질은 색채, 명암, 농담의 끝없는 변조 그리고 그것들의 미묘한 조합과 변화를 가능케 했다. 반에이크는 유화의 이러한 자질을 모두 활용해 이전의 화가들이 이루지 못했던 업적, 즉 회화사를 통틀어 전무후무한 기법의 발전을 이끌었다.

그가 그린 그림은 마치 전혀 마르지 않고 흐르는 빛으로 만들어진 듯 화면 전체가 빛난다. 반에이크는 20세기 후반에 살았어도 팔레트 위에서 독특한 질감과 빛을 내는 유화물감으로 그림을 그렸을 것이다. 또한 팔레트와 화면을 오가는 세심한 작업을 하는 가운데 기름 위에 반사되는 자신의 모습을 분명히 보았을 것이다. 정확히 얼굴은 아닐지언정 그가 그리고 있는 것에 불명확한 그의 형상이 비쳤을 것이다. 해가 떠 있는 한 그것은 불가피한 일이니까.

이런 식으로 그려진 반영체를 자화상이라고 부를 수 있을까? 그것은 너무 작은데다가 간접적인 관찰에 불과한 것 같아서 초상화라기보다는 오히려 하나의 장난질에 불과해 보인다. 그래서 한 미술사학자는 반에이크가 자신의 성격을 충분히 보여주지 않는다는 점을 주장하며 "진지하기보다는 장난스럽다"[2]라고 언급한다. 이 얼굴에서 확연한 초상의 흔적을 발견하기 어려운 것은 사실이지만 이 작은 자화상에는 성격 이상의 무언가가 분명히 드러나 있다.

다른 학자는 이 그림이 반에이크를 그린 것이 아니라고 주장하기도 한다.[3] 보통 우리는 이 그림이 반에이크의 자화상이기를 바라지만 그것을 뒷받침할 만한 분명한 문헌 근거가 존재하는 것은 아니다. 미술사학자들은 법률가들 이상으로 시각적 증거보다 문헌 증거를 우선시하여 기록된 사실이 아닌 이상 이 그림을 반에이크의 자화상으로 규정하는 것은 순전히 주관적인 판단이라고 단정 짓는다.

물론, 이 논쟁을 회화 관습의 측면에서 새롭게 바라볼 수도 있다. 르네상스 회화에서 보통 화가들은 군중 속에 섞여 뒤쪽이나 그 주변에서 이 그림을 그린 것은 '나'라는 뜻으로 자신을 가리키거나, 이 손으로 그림 전체를 그렸다는 의미에서 손가락으로 그림을 가리키곤 했다(반에이크의 손에 들린 작은 붓이 이 인물이 반에이크라는 점을 뒷받침하는 것이라고 생각할 수 있지만 이 그림의 경우는 그 이상의 복합적인 의미를 가질 수도 있다). 어떤 화가들은 여기서 더 나아가 얼굴에 자신의 이름을 넣는 경우도 있었다. 베노초 고촐리는 피렌체에 있는 메디치가의 예배당에 걸기 위해 그린 「동방박사의 행렬」에서 말을 타고 계곡을 따라 내려가는 메디치가의 대부와 종자들 틈에 자신을 그려 넣었다. 그는 자신이 쓴 주홍색 모자의 단에 금빛으로 '오푸스 베노티Opus Benotti'라고 썼는데, 이는 자신의 이름을 이용한 말장난이자 '이름이 알려졌다Ben Noti'라는 뜻도 된다. 이것은 사실상 현재까지 남아 있는 이 화가의 유일한 이름이기에 자기 성취적인 예언이었다는 면에서도 유의미하다. 페루자의 콜레조 델 캄비오의 프레스코 사이에 트롱프뢰유실물로 착각할 정도로 정밀하고 생생하게 묘사한 그림. 기법으로 그려진 띠에 걸린 페루지노의 가짜 '초상화' 아래 적힌 글귀는 회화 장르가 존재하지 않았더라면 페루지노가 그것을 창조했으리라고 선언한다. 이 그림에서 페루지노는 다른 어느 것보다도—거의 플랑드르 화풍에 가까울 만큼—자신을 그리는 데 공을 들였기 때문에 제삼자로 자신을 표현했다고 해서 누구도 이것이 자화상이 아니라고 속아 넘어가지 않는다. 이렇듯 자화상은 무명 기예인의 신분에서 격상되고자 하는 화가들의 은밀한 상징이요, 공고公告라고 보아야 한다. 물론 고촐리와 페루지노의 경우에는 그러한 일차원적인 해석에서 더 나아가 개념을 동원한 재치를 선보였지만 말이다. 하지만 반에이크는 전문가들에게 여전히 골칫거리로 남아 있다. 이탈리아의 화가들과는 달리 그는 이 그림이나 또는 다른 자화상 아래에 어떤 글귀도 써넣지 않았기 때문이다.

따라서 얀 반에이크의 것이라고 확정 지을 수 있는 자화상은 공식적으로는 존재하지 않는다. 아니, 하나 정도가 있을지도 모르겠다. 아니면 모두 어떤 의도를 위한 조연들에 지나지 않을지도 모른다. 만일 반에이크가 진주에 비친 자신의 모습을 그렸다면 그것은 빛나는 사물에 대한 예찬이지 자신의 존재를 언급하고자 하는 것은 아니리라는 의미다. 마찬가지로 「아르놀피니 초상」에서처럼 터번을 쓴 남자가 거울에 비친 모습을 그렸다면 그것은 작품에 서명하는 하나의 방식에 지나지 않을 수도 있다. 시작부터 자화상의 깊이나 복잡한 의미 따위는 부정되는 듯하다.

이렇게 사물에 비친 모습을 자화상이라고 지칭하는 것은 낭만적인 것이 아니라 존경의 표현이라고 해야 할 것이다. 반에이크의 예술은 세상을 매우 미세한 시선으로 바라볼 것을 가르치지만 그러면서도 그림이나 화가를 축소시키지 않아 갑옷에 비친 조그만 인물이 자신을 빚어낸 인물, 즉 실제 세계에 존재하는 인물에 대해 의식하고 있다는 것까지 드러낸다. 더욱이 실제 세계에 대한 더없이 훌륭한 묘사가 실제 세계를 그림 안으로 끌어들이는 '반영'에 기대어 있는 것은 퍽 흥미롭다. 그것은 마치 실제의 세계와 그림 속의 세계가 하나로 이어져 있는 듯한 느낌을 준다. 또한 이 사실적인 세계의 묘사가 예술가의 기교와 맞물리며 그것을 빚어낸 화가의 이미지 구현에 이바지하는 것은 놀라울 정도다. 이 그림이 자화상일 가능성을 무시하는 것은 반에이크가 가진 그 모든 경이로운 가능성과 더불어 그라는 사람 자체를 부정하는 것이나 마찬가지다. 간단히 말해, 당신은 그가 매우 똑똑한 화가라는 가능성마저 거부하는 것이다.

---

겉으로 드러나는 것은 반에이크의 예술에 있어 사실상 모든 것이라 할 수 있을 정도다. 그의 예술은 사물을 사실처럼 만드는 데 모두 바쳐졌다고 해도 과언이 아니다. 재현에 초점을 둔 화가는 보는 이에게 여지를 주어 그림의 어떤 부분에 관해 상상하거나 추리하게 만든다. 하지만 반에이크의 경우는 이와 정반대다. 그의 그림은 지나치리만큼 완성돼 있다. 털 한 오라기까지도 모두 그 안에 있다. 하지만 사실에 대한 이러한 집착을 미켈란젤로는 플랑드르식 리얼리즘이라며 폄하했다. "그들은 물건, 돌, 들판의 풀, 나무와 강과 다리의 그림자를 그릴 뿐이다. …… 그리고 어떤 사람은 그걸 보고 좋아할지 몰라도 이 모든 것은 이성이나 예술의 개입 없이 이루어진 것이다."

이성의 부재, 예술의 부재라니? 반에이크의 또 다른 그림을 보자. 이 그림에서 관자는 마돈나와 아기예수를 넘어 부르고뉴 공작의 위협적인 재무장관에게 눈길을 돌릴 수밖에 없다. 롤랭은 거구의 사나이로 머리새도 엄격해 보이고 전체적인 모습도 무정하고 약삭빨라 보여 실제로도 그런 위인인 것 같다. 마돈나는 약간 몸을 뒤로 젖힌 모습이지만 무릎 위에 앉은 아기예수는 이 정치가에게 강복하고 있다. 바로 이를 위해 롤랭은 돈을 지불했던 것이다.[4]

이들이 앉아 있는 화려한 방 뒤의 창문 너머 온 세상이 펼쳐져 있다. 푸른 들판, 강, 나무와 다리의 그림자, 빛나는 도시와 그 너머로 밝게 빛나는 원경까지. "80킬로미터 이상 펼쳐진 원경의 묘사까지도 근경의 사물과 같은 세밀함과 엄격함으로 묘사되었다"라고 에르빈 파노프스키는 이 그림을

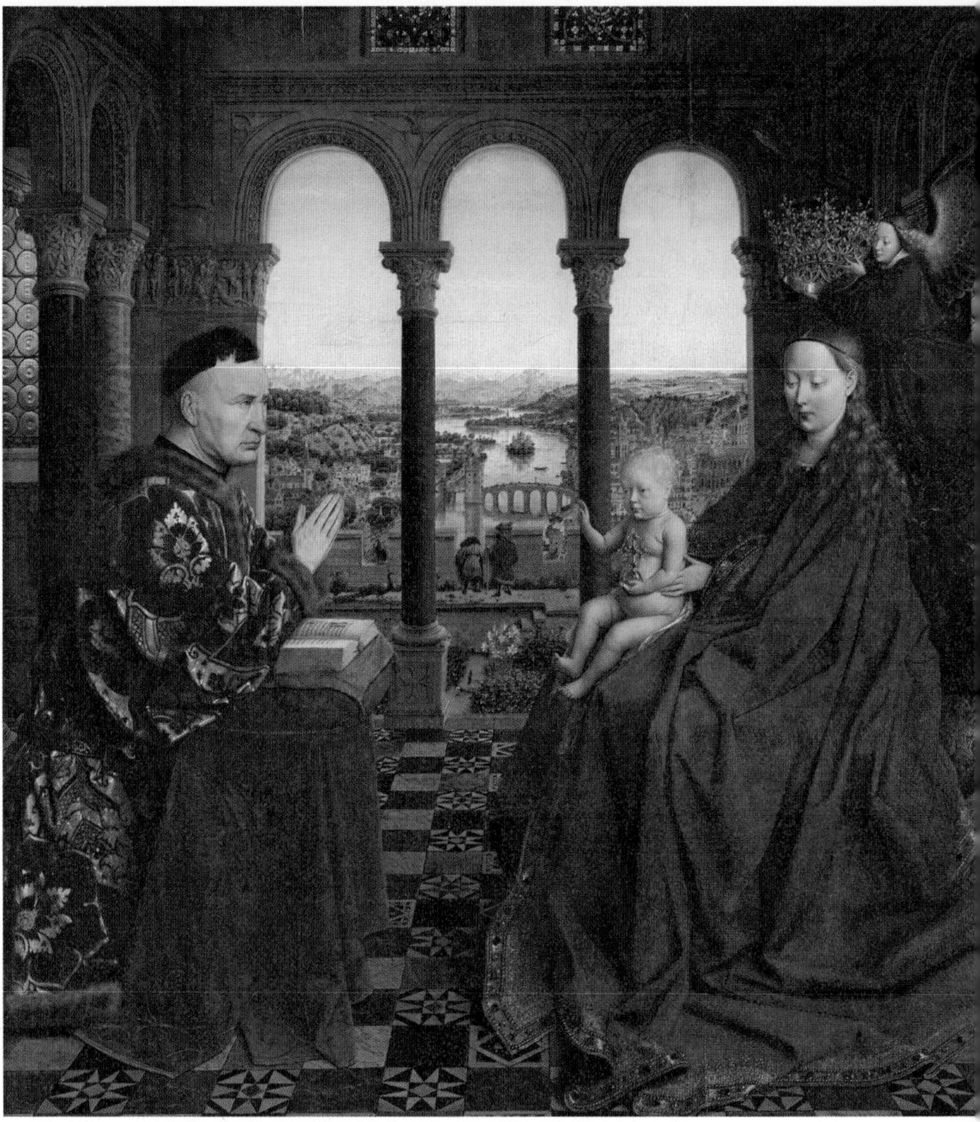

얀 반에이크, 「롤랭 재상의 마돈나」, 나무판에 유채, 66×62cm, 1435년경, 파리 루브르 박물관

예찬했다. "얀의 눈은 동시에 현미경과 망원경으로 기능한다"[5]라고도 그는 덧붙였다. 그리고 이 모든 것—궁정과 그 안의 잎사귀 하나하나, 들판과 그 끝에서 반짝이는 첨탑 등—은 지상의 천국인 새로운 예루살렘의 풍경이다.

이 세계와 저 세계, 근경과 원경 사이에 있는 두 인물은 곶 위에 선 감시자처럼 위치해 있다. 한 사람은 성의 총안 아래로 거리를 내려다보고 있고, 다른 사람은 우리의 시선과 같은 방향에서 넌지시 넘겨보고 있다. 이 사람은 붉은 터번을 쓰고 시중꾼이 드는 작은 지팡이를 들고 있다. 이 인물에서 보이는 결정적인 사실은 또다시 그가 서 있는 위치에 있다. 즉, 그가 두 세계, 현재와 과거의 문턱이면서 그림의 정중앙에 있다는 점이다. 만일 그림에 대각선을 긋는다면 이 터번을 쓴 인물의 손 위에서 만날 것이다.

계시록에 의하면 새로운 예루살렘의 천사는 이 도시의 영광스런 건물

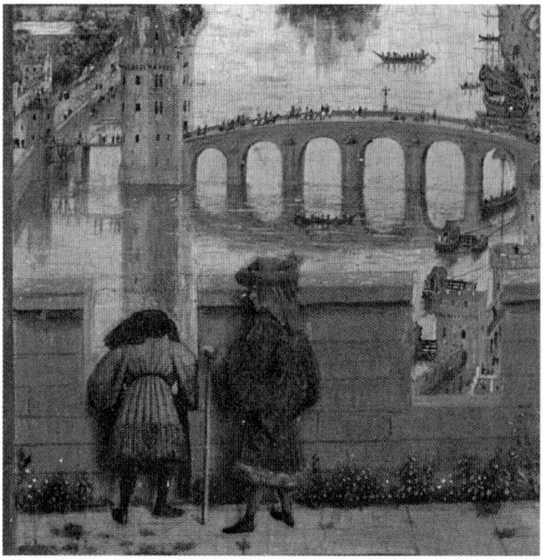

얀 반에이크, 「롤랭 재상의 마돈나」의 세부, 1435년경

을 측량하는 지팡이를 가지고 있을 것이라 했다. 반에이크가 측량한 새로운 예루살렘은 매우 작고—이 그림 한 면의 길이는 겨우 60센티미터 정도에 지나지 않는다—인물이 쥔 지팡이 역시 세밀한 풍경에 어울리게 현미경으로 들여다봐야 할 만큼 자그마하다. 하지만 그런 성서적인 인용은 차치하고라도 반에이크의 회화는 언제나 종교적 상징으로 가득 차 있다. 한편 붉은 터번을 쓴 작은 남자는 그만의 조심스런 유머를 품고 있는데, 다소 위협적으로 주의를 끌려는 롤랭을 제치고 살그머니 우리의 시선을 훔쳐내는 것이다.

반에이크는 그가 설계한 시계視界 안, 즉 화면의 정중앙에 자신을 위치시키고 화면의 모든 요소들에 자신을 포함시켰다. 이는 자기애가 아니라 논리의 소산이다. 거울이나 사물에 비친 모습이 아니라도 우리는 가끔 자신의 모습을 보게 된다. 한 눈을 감고 코끝을 보거나 이마를 올려다볼 수도 있는 것이다. 우리는 반영체가 보여주는 우리 몸이 분명하든 불분명하든, 그것에 대해 외적으로뿐만 아니라 내적으로도 인식하게 된다. 그리고 이 반영체를 보게 되면 어쩔 수 없이 물질적으로 존재하는 우리의 모습을 확인하게 된다. 미미한 생명체이면서 동시에 세상을 바라보는 중심점인 우리의 모습을.

이 붉은 터번을 쓴 인물이 반에이크일 것이라는 주장을 뒷받침하는 유일한 근거는 「붉은 터번을 쓴 남자」라고 알려진 그가 그린 또 한 점의 그림이다.[6] 그리고 비로소 최근에 들어서야 미술사학자들은 시각적인 증거를 받아들여 결국 이 그림을 「남자의 초상(자화상?)」이라고 다시 이름 붙였다.[7] 기실 터번과는 전혀 상관없는 지팡이를 들고 있는 남자와 이 그림의 남자는 긴 코가 비슷한 데다, 두 그림에 모두 등장하는 터번에서 인물의 정체를 드러내는 것 이상의 다른 기능을 찾기는 어렵다.

얇은 입술과 짤막하게 자른 머리를 한 반에이크는 그림 바깥을 뚫어져라 응시하고 있다. 그가 주는 인상은 냉정하고 침착하며 매우 진지하다. 눈

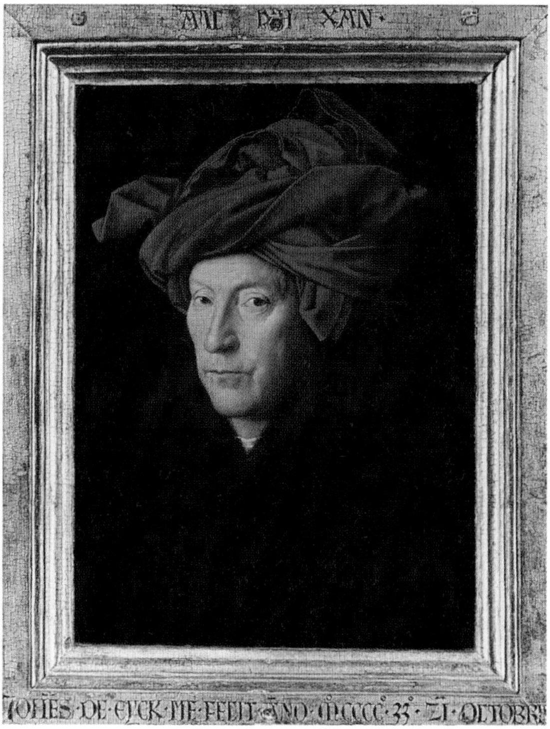

반에이크, 「남자의 초상(자화상?)」, 1433

은 약간 젖어 있는데 마치 무언가를 매우 면밀히 들여다보던 중인 것 같다. 이런 그의 눈빛이 그림에 약간 감상적인 면을 덧붙인다. 반에이크의 여느 그림이 그렇듯 이 그림도 가까이에서 들여다볼 수밖에 없다. 그러면 인물의 두 눈이 같은 곳을 쳐다보고 있지 않다는 것을 알아낼 수 있을 것이다. 뚜렷하게 그려진 왼쪽의 젖은 눈으로는 창으로 들어오는 북국의 햇빛이 반짝이는 가운데 하나의 세상이 비쳐 있는 데 반해, 오른쪽 눈은 약간 흐릿해 인상파 화가들을 연상케 한다. 이 두 눈은 거울을 통해 자신을 들여다보는 자신을 보려는 '모습look'을 담고 있는 것 같다. 그림 아래에는 "얀 반에이크가 나를 만들었다"라는 글귀가 쓰여 있는 가운데, 위로는 '에이크가 할 수 있듯이As Eyck can'와 비슷한 발음이 나는, '내가 할 수 있듯이As I can'이라는 뜻의 'Als ich kan'이 쓰여 있다.

반에이크는 'Als ich kan'이라는 글귀를 다른 그림의 액자에도 그린 적이 있지만 이 그림에서는 마치 나무 액자 위에 새긴 듯하게 그려 훨씬 강조하고 있다. 이 글귀는 또한 반에이크가 초상화 속 인물의 정체를 밝힐 때에도 이용되었다. 그러나 더욱 중요한 것은 '나'와 '제삼자'를 혼용하는 것은 자화상의 '나-그' 문법의 축도라는 점이다. 여기 '나'는 거울 속, 그리고 그림 속 나의 얼굴을 응시하고 있다. 그리고 저기 그가 있다. 그림 속에 한 남자가 있다.

나는 여기 있다. 그는 여기에 있었다. 'Jan Van Eyck fuit hic'가 「아르놀피니 초상」의 벽면에 아름다운 서체로 쓰여 있다. 20세기에 킬로이가 여기, 그리고 어디에나 있게 되면서 '킬로이가 여기 있었다Kiloy was here'라는 글귀는 대표적인 낙서 문구가 되었다.'Kiloy was here'는 제2차 세계대전 동안 유행하게 된 일종의 '밈(meme)'으로 주로 낙서의 형태로 나타난다. 참전 미군들이 돌아다니면서 그린 낙서가 기원으로 알려져 있다. 우리 식으로 표현하면 '철수 다녀감' 정도의 의미로 쓰이는 문구다. 그리고 반에이크 역시 더 우아하긴 하지만 그와 같은 방식으로 이 글귀를 사용했다.

모두가 아르놀피니를 알고 있다. 개를 키우는 부유한 커플, 오렌지, 거울과 신발들, 값비싼 물건들로 장식된 침실에서 서로 마주치는 손길이 그려진 그림이다. 그러나 이들 인물이 플랑드르 초상화에서는 등장한 전례가 없는 은밀한 공간, 침실 안에서 무엇을 하고 있는지를 아는 사람은 없다. 부부의 마주친 손길은 약혼이나 결혼식, 또는 피로연을 의미하는 것일까,

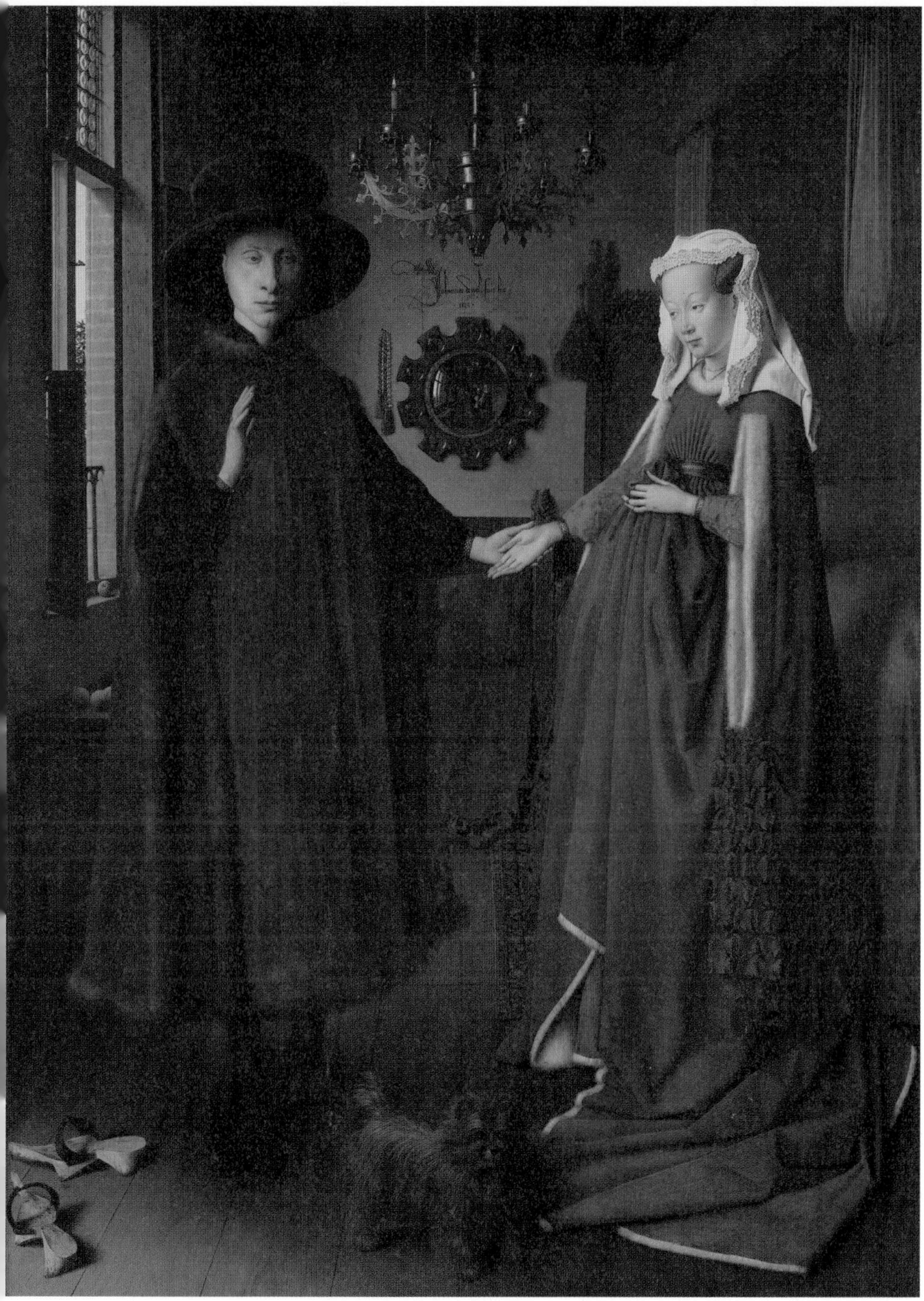

얀 반에이크, 「아르놀피니 초상」, 나무판에 유채, 82×59.5cm, 1434, 런던 내셔널갤러리

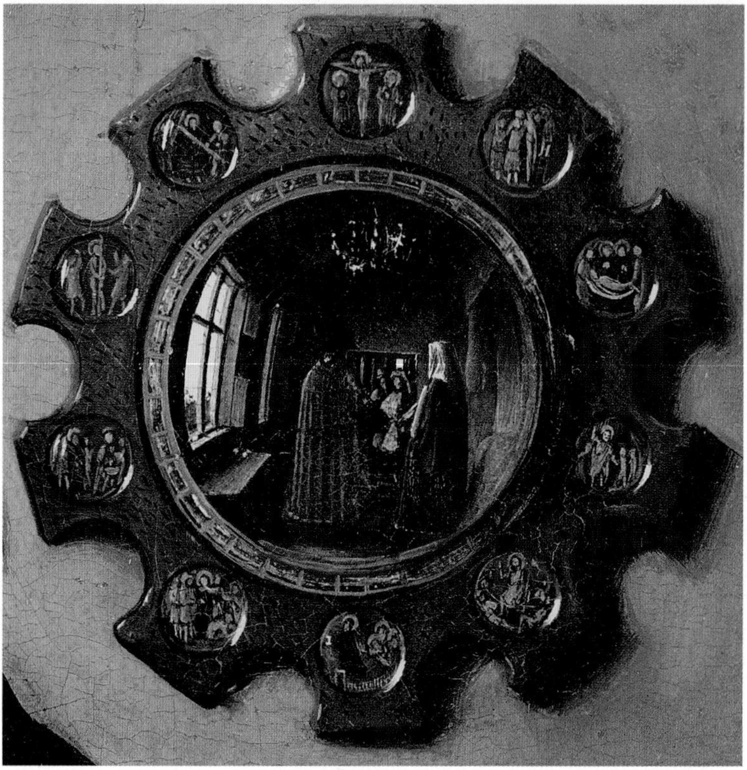

얀 반에이크, 「아르놀피니 초상」의 세부

아니면 결혼과는 전혀 상관없는 것일까? 무거운 휘장으로 장식된 침대가 곁에 있고, 거친 붓질에서 섬세한 붓질까지 모든 종류의 질감이 구현된 개 한 마리가 그들을 맴돈다. 아마도 개는 부부간의 신의를 상징할 것이다. 그리고 이 그림은 최근에 제기된 바와 같이 사치품을 교역하는 부유한 이탈리아 가문끼리의 결합을 의미하는 것일 수도 있다. 하지만 가능한 모든 해석들이 힘을 얻지 못하는 이유는 누구도 그림의 오묘하고 복잡한 질서를 완전히 설명하지 못하기 때문이다. 만일 조반니 아르놀피니가 올린 오른손이 뭔가를 서약하고 있는 것이라고 그럴듯하게 설명할 수 있을

지라도 여전히 그를 이루는 여러 시각적 요소들이 불편하게 조합돼 있다는 문제가 있다. 얼굴은 파충류를 연상케 하고, 속눈썹은 없고, 쓰고 있는 모자는 커다란 솥 같아서 그를 난쟁이처럼 보이게 한다. 그의 손길은 여인에 닿아 있지만, 그의 눈은 그녀를 바라보지 않는다. 여인은 아무도 근접할 수 없으리만치 풍성한 드레스를 들어 올리느라 힘들어 보인다. 그리고 이들 뒤의 벽면에는 이 순간을 역사적인 것으로 만드는 글귀가 있고, 그 아래로는 (푸른 옷을 입은) 반에이크가 이 장면으로 막 걸어 들어오는 것이 비친 거울이 있다.

얀 반에이크가 여기 있었다. 이것은 시제상 정확히 맞는 표현이 아니다. 반에이크가 이런 내용을 벽에 그리려면 그는 반드시 여기 있어야 하기 때문이다. 그는 미래를 향해 과거에 관한 메시지를 보내고 있지만 그 글귀는 현재의 순간에 쓰인 것이다. 모든 킬로이가 그런 것처럼 이 역설 자체가 작은 농담이다. 여기에 거울도 시제의 모순을 한몫 거든다. 거울이 없다면 관자는 이 그림을 단순하게 과거의 이미지로 받아들일 수 있다. 이 그림은 그저 나무 신발과 여기저기 늘어진 휘장, 그리고 너무도 예스러워 해독이 어려운 기호들로 가득한, 시간이 정지된 세계에 지나지 않을 수도 있었다. 그러나 거울을 들여다보면 무슨 일인가가 여전히 일어나고 있는 것 같다. 한 남자가 바야흐로 안으로 들어오는데, 그 사람은 이 방의 우리 쪽—또는 화가 쪽—으로 한 걸음 들어서는 것이다. 반에이크는 창조자다. 단순히 그림을 그리는 방법—유화—뿐만 아니라 그는 우리의 세계로까지 뻗어 있는 그림의 개방 구조라는 새로운 구도를 창안했다. 그의 반영체가 아르놀피니가 서 있는 방 안으로 들어가는 문턱을 넘어서는 것과 같은 방식으로, 그는 우리가 그와 함께 그곳에 있다는 착각을 하게 만든다. 이 작은 초상화는 어떤 문에 이르는 열쇠인 것이다. 예술은 닫혀 있지 않아야 한다.

「아르놀피니 초상」은 화가의 역할이 증인이며 서술자라는 점을 보여준다. 물론 자화상은 여기서 사실적인 묘사 이상의 뭔가를 말하고 있지만 말이다. 촉촉한 눈을 비추는 빛, 오렌지 껍질의 주름, 섬세하게 묘사된 개의 터럭, 문틈으로 들어오는 밝은 빛, 다시 황동 거울에 비친 그 빛. 이렇게 사실적으로 묘사된 사물들은 모두 얀 반에이크의 공이다. 그는 자신이 본 것을 우리가 보는 것으로 탈바꿈해 놓았다. 그는 그림 안에서 우리의 세계를 그들의 세계로 연결하며 그 사이의 벽을 무너뜨린 개척자다.

다른 그림에서와 같이 여기서도 화가는 자신의 모습을 굉장하게 그리지는 않았다. 반에이크의 자화상은 크기가 매우 작고 그래서 매우 비밀스럽지만 형이상학적인 크기는 결코 작지 않다. 보이는 세계는 우리의 바깥이어서 눈이라는 유리창을 통해 보이는 것 같지만 결국 그 세상은 우리 모두를 담고 있는 것이다.

# 2.
# 눈

## 관객을 응시하는 화가의 시선

눈에서 가슴으로 가는 길은 이성을 거치지 않는다.

_G. K. 체스터턴

아름다운 눈은 침묵을 웅변으로 만들고, 친절한 눈은 모순을 승인으로 만들며, 격노한 눈은 아름다움을 기형으로 만든다. 몸의 이 작은 일부는 우리가 가진 다른 모든 부분에 생명을 준다. 말하자면, 다른 모든 부분은 그 자체보다도 눈이 표현하는 힘이 아니라면 불구가 되고 말 것이라는 점이다.

_조지프 애디슨

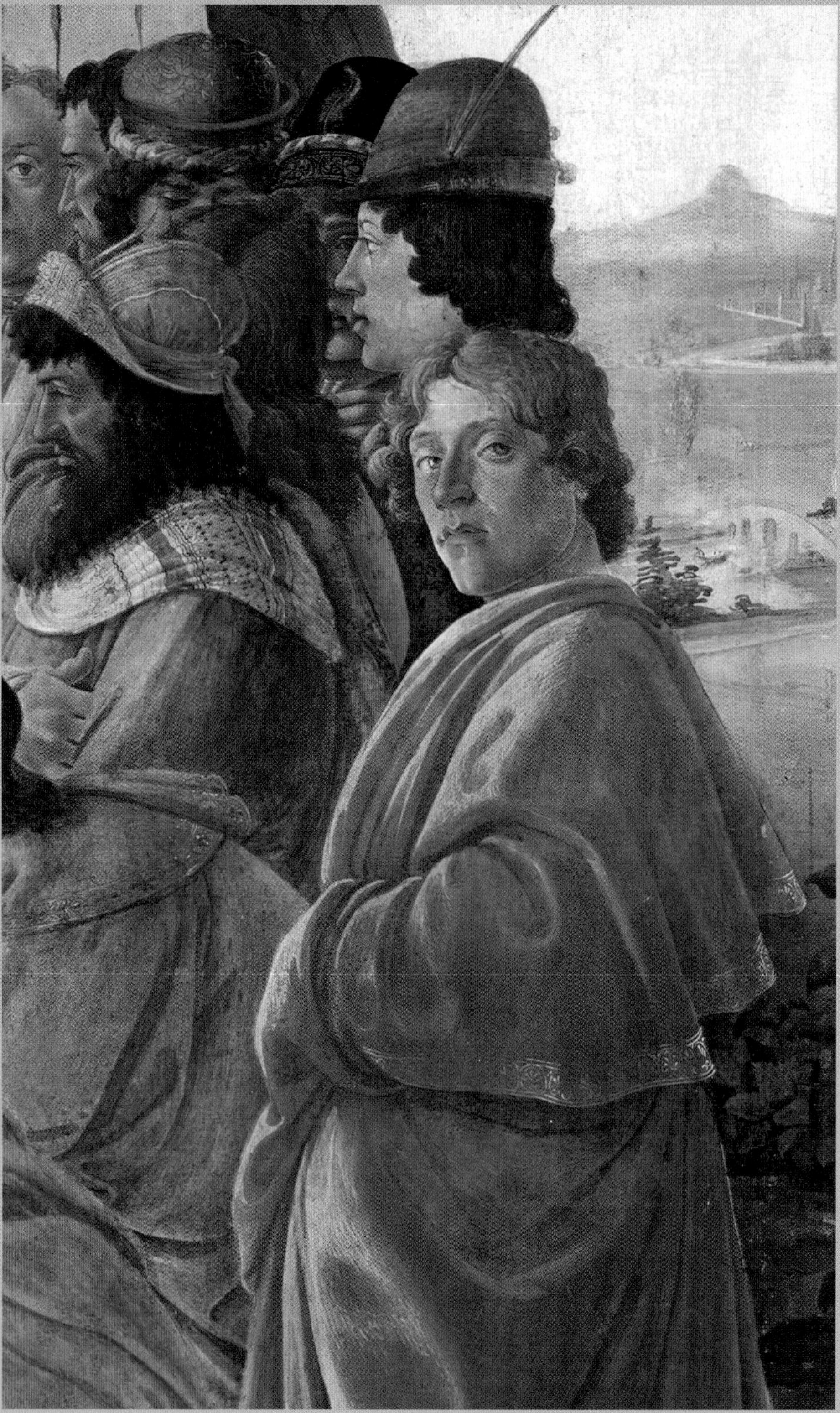

르네상스 미술에서 산드로 보티첼리의 시선만큼 위압적인 시선을 찾기는 어렵다. 위협이나 강제보다는 평화와 사랑을 소재로 한 몽환적인 그림으로 유명한 그이기 때문에 그의 시선은 더욱 인상적이다. 보티첼리는 모두가 조용히 서서 경건한 기쁨에 젖어야 하는 장면인 그리스도의 탄생을 경배하는 동방박사들의 도착을 뒤로하고 우리를 바라보고 있다. 하지만 그의 시선을 차치하고라도 이 그림에서 위협이라는 느낌을 거두기는 어렵다. 아마도 신의 탄생이 거의 허물어져가는 폐허의 서까래 아래를 배경으로 하고 있어서일 것이다.

관자와 성가족 사이에는 이들을 경배하는 인물들이 우뚝 서 있는데 모두 피렌체 메디치 가문 사람들이다. 보티첼리는 당시 자신을 후원하던 로렌초와 줄리아노를 그림에 포함시켰는데, 그 옆에는 그림을 그릴 당시 이미 작고한 피에로와 대大 코시모도 있다. 이 중 맨 오른쪽에, 아기예수보다 주인을 더 존중하는 듯한 두 명의 근위병 옆에 화가가 서 있다. 전신을 드러낸 채 자신만만하고 굳건한 모습을 한 화가는 화면에서 벌어지는 일로부터 완전히 고립되어 마치 누런색 망토를 두른 암살자처럼, 혹은 오직 우리

—
산드로 보티첼리, 「동방박사들의 경배」의 세부, 1475경

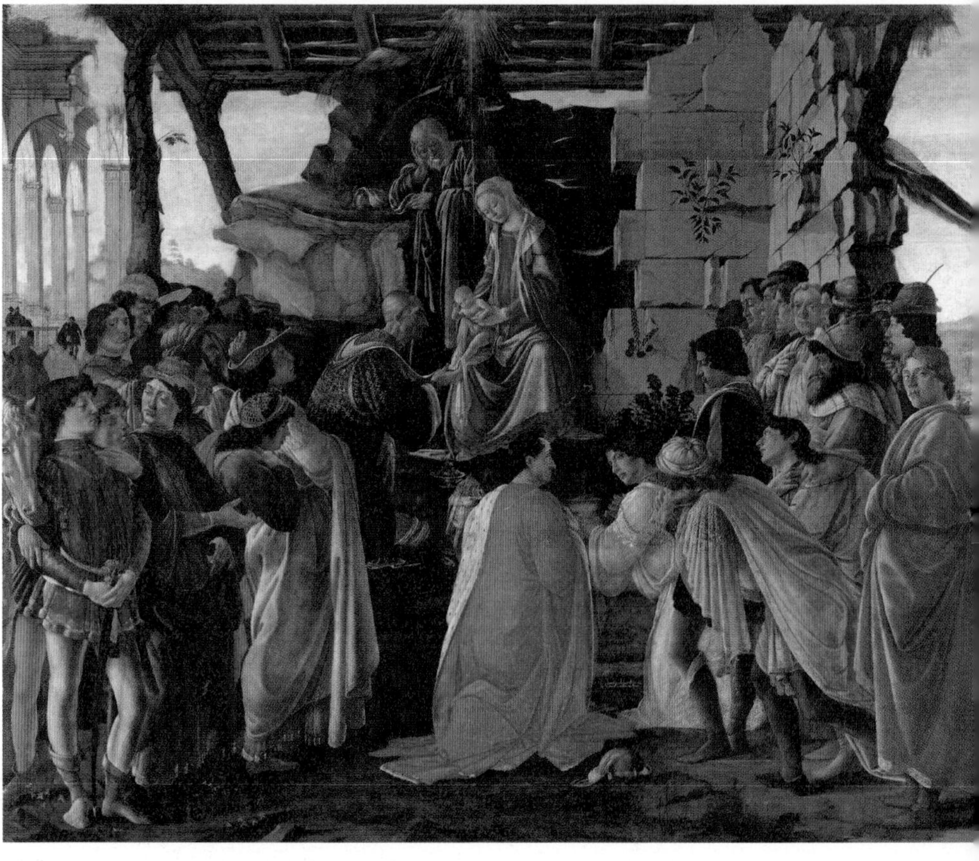

산드로 보티첼리, 「동박박사들의 경배」, 나무판에 템페라, 111×134cm, 1475경, 피렌체 우피치 미술관

에게만 보이는 뱅쿼의 혼령셰익스피어의 작품 『맥베스』의 등장인물로 유령이 되어 주인공 맥베스를 괴롭힌다.처럼 그렇게 서 있다. 표정은 근엄하고 다소 거만해 보이고 눈빛엔 온기 하나 없어, 마치 스탠리 큐브릭 감독의 영화 「시계태엽 오렌지」 포스터의 맬컴 맥도웰을 떠올리게 한다. 마찬가지로 얼굴 역시, 예술가와 그의 예술은 서로 잘 어울리는 경향이 있다는 '개와 그 주인 이론dog-and-owner theory'—번쩍이는 푸른 눈에 타오르는 듯한 붉은 머리를 한 반 고흐나, 한때 풍요로웠던 자가 겪은 쇠망이 고스란히 전해지는 렘브란트와 같이—에 정면으로 반기를 드는 듯, 작품이 지닌 감성적인 리듬과는 전혀 상관없이 무뚝뚝하게 그려졌다. 이렇듯 화가는 무리에 들지 않아서도 그렇지만 관자에게 주는 인상 때문에도 두드러져 보인다. 바로 눈빛 하나로 보티첼리는 성서의 한 장면을 대치의 장면으로 바꿔놓았다.

한데, 그가 여기 왜 있을까? 대체 무엇이 그를 여기 있게 했을까? 자화상은 종종 그 존재 자체에 대한 의문을 제기하는 경우가 있다. 물론 부유한 메디치가의 구성원들이 짐짓 신심 있는 체하며 동방박사들로 등장하는 것 자체에 의문을 제기할 수도 있다. 하지만 이 그림은 어디까지나 성서 이야기를 빌려 자신의 지위를 과시하는 속세의 그림이라는 점을 염두에 둘 필요가 있다. 이와 비슷하게, 이미 죽은 메디치가의 인물들을 그림에 포함시킨 것에도 의문을 품을 수 있다. 하지만 이 역시 하느님 앞에 영원히 살아 있는 모습으로 산타 마리아 노벨라 교회에서 가족 회합의 자리를 가질 수 있는 매우 편리한 방편이 된다. 마찬가지로 로렌초와 줄리아노도 그들의 차례가 오면 영생을 얻게 될 것이다. 후원자가 성서의 인물을 바라보고, 늘어서고, 경외감으로 몸을 구부리고 있는 모습으로 그림에 등장한다면 그 그림을 창조한 사람이 그들과 함께하지 못할 이유는 또 무엇인가?

사치와 탐욕으로 타락해가던 피렌체를 비방하며 급진적인 개혁을 설교했던 사보나롤라—이후에 보티첼리도 그의 추종자가 된다—는 당시 종교화에 유행처럼 등장하던 세속적인 초상화를 몹시 혐오했다. 교회는 사교의 장이 되어가고 있었고, 지역 유지들의 초상화가 걸린 갤러리에 다름 아니었다. 이들은 순교 장면의 증인이 되고, 기적을 바라보거나 예수 수난을 지켜보기도 하며 여러 형태로 그림 속에 등장했다. 이런 가운데 적어도 보티첼리는 동방박사로 자신을 드러내지 않았지만 메디치가의 일원을 자처하지도 않았다. 이 그림에서 그의 존재, 그의 '모습'은 이보다 훨씬 더 위대한 목적을 위해 그림 속에 존재한다. 바로 작품의 전체적인 의미를 강조하기 위해서다.

보는 이를 직접 향하는 초상화는 이탈리아 15세기 회화에서 매우 드물었고 교회의 프레스코 벽화에서도 알아볼 수 있는 얼굴들이 교회의 신도들을 바로 바라보고 있는 경우는 없었다. 후원자들은 대부분 신을 경배하는 모습의 측면상으로 등장했다. 집의 벽에다 걸 수 있는 형태의 단독 초상화도 예외는 아니었다. 이런 초상화는 마치 메달에 새겨진 인물처럼 거리감 있게 냉담한 모습으로 묘사되었는데, 그 이유는 일단 프레스코에서 옮겨진 예가 대부분이었던 데다가 측면 묘사가 하나의 선으로도 많은 정보를 함축할 수 있는 매우 간단하고 경제적인 기법이었기 때문이다. 1500년 우르비노에서 회화 목록을 작성하던 어떤 사람이 '두 눈을 한' 초상화를 발견하여 무척 놀랐다는 기록이 있을 정도다.[1]

반에이크와 다른 플랑드르 초상화가 4분의 3 측면상이라는 구성과 함께 이탈리아에 유입되기 전까지 이탈리아에 한쪽 눈 이상을 보여주는 초상화는 매우 드물었다. 보는 이에게 인물이 몸을 틀어 소통하고자 하는 변화는 보티첼리가 그린 이 그림에서 비로소 시작되었다. 이 그림에서 메디치가의 어른들은 동방박사로 표현돼 있고, 이들은 여전히 이상화되어 거리감이 느껴지지만 이에 반해 한 사람만은 살아 있는 듯 눈빛이 빛난다. 그의 눈은 이 이미지가 자화상이라는 가장 강력한 암시가 된다.

하지만 보티첼리는 단순히 자신의 모습을 기록한 것이 아니라 화가를 그린 것이다. 「동방박사들의 경배」에서 자화상은 장면 구성을 위해서뿐만 아니라 의미 구현을 위해서도 기능하기 때문이다. 몸을 돌려서 보는 이를 직접 바라봄으로써 그는 예수의 탄생이 먼 옛날에 일어난 역사가 아니라 바로 지금 일어나고 있는 일이라는 긴장감을 만들어낸다. 그럼으로써 그것이 가진 의미는 늘 현재적인 것이 된다. 그 표정에서 일종의 집착을 읽어낼 수도 있다. 거울을 볼 때의 긴장감뿐만 아니라 결국 끝내지 못한 단테의 『신곡』 삽화에 20년간 매달렸던 것과 같은, 혹은 사보나롤라가 주도한 금욕의 불길에 경도되어 결국 자신의 작품을 스스로 파괴하게 만들었던 고집과 같은 것을 볼 수 있는 것이다. 그것이 무엇이건 그의 눈빛을 마주하고 있으면 고의적인 위압감을 피할 수 없다. 무엇을 요구하고 있거나 죄가 무엇인지 묻고 있는 것 같기도 하다. 그의 눈은 "내가 여기 그린 이 장면을 젠체하며 들여다보고 있는 당신, '당신'이 가진 신앙의 깊이는 어느 정도인가, 신에 대한 '당신'의 사랑은 얼마나 깊은가?"라고 묻는다.

---

자화상은 우리의 눈길을 끈다. 일부러 그러는 것 같기도 하다. 미술관을 걷다 보면 그림이 가득한 벽에서 마치 그간 우리를 기다리기라도 했다는 듯이 자화상은 유독 우리를 주시한다. 수많은 초상화 속의 눈 역시 우리를 응시하며 전시실을 걷는 우리를 좇는다. 하지만 그 정도가 자화상에 미치지 못한다. 자화상을 마주하면 그를 알아볼 때의 전율이 있다. 그것은 마치 내 모습의 반영체를 우연히 마주할 때와 비슷하다. 이것이 바로 자화상 특유의 시선이다. 그것은 너무도 특별해서 자화상을 규정지을 수 있을 만큼의 요소가 된다. 아주 어린아이조차도 초상화들 가운데 자화상을 가려낼 수 있는데, 그것은 바로 눈 때문이다. 자화상의 시선은 매우 강렬하여 많은 사람들 속에서 유독 나를 찾아내려고 하는 듯하다. 마치 살아 있는 무엇과 같이 말이다. 자화상은 바로 그 사람처럼 행동한다.

눈이 마주치는 일은, 그것이 흘끗 보는 것이든 지긋한 응시든, 가장 순수한 형태의 상호작용이다. 시선이 어긋나기까지 이 가장 단순하거나 직접적인 소통은 계속된다. 나는 당신을 보고, 당신은 나를 본다. 그것은 하나의 서곡이고 이후에 일어날 어떤 일에 대한 도입이다. 우리가 웃고 악수하고 대화하고 결혼할 수 있다면, 그것은 언제나 최초의 눈길이 마주친 데에서 비롯되었을 것이다. 사람들이 가득한 가운데 눈길이 마주치면 생전 처음 본 사람일지라도 바로 서로를 인식한 것이라고 할 수 있다. 그리고 그것은 곧 사랑으로 이어질 수 있다. 물론 서로의 눈길을 견딜 수 없는 경우도 있다. 한 번의 시선으로 이미 충분한 것이다.

하지만 그림 속 인물은 표정을 바꾸어 우리의 관심을 지속시킬 수 없으므로, 그 시선의 속성에 크게 의존해왔다. 제일 먼저 관심을 갖게 되는 것이 눈이고, 만약 그 눈길이 의심을 품거나 멍하거나 무관심하다고 느낄 때 둘 사이에 그 이상의 진전은 없을 것이다. 첫 번째 시도는 거절되었다고 보아야 할 것이다. 몇몇 예술가들은 거울 속 자신의 눈에 시선을 고정하는 것을 견디지 못한다. 그들은 자신이 아닌 다른 이를 보고 있는 척하는 것이 노골적으로 드러나는 그림에서 고통스런 긴장감을 보여준다. 이런 예술가들은 처음부터 불리할 수도 있다. 한편 안경이나 근시 또는 도통 견딜 수 없는 고통을 감내해야 하는 화가들이었을 수도 있다. 하지만 이탈리아 화가 구에르치노1591~1666는 태어날 때부터 갖고 있던 지독한 사시('구에르치노'는 사팔뜨기를 뜻하는 이탈리아어다)를 범접하지 못할 상상력을 지닌 사람의 특징으로 승화시켰다. 깊이 그늘진 그의 눈은 내밀한 반성으로 이어져 있는 듯하다. 그의 초상화는 감춤으로써 시각 장애를 가지고 있는 것이 어떤 것인지 보여준다. '무타티스 무탄디스mutatis mutandis', 그가 보는 것을 우리도 본다. 이는 시각 장애가 없는 완벽한 경우에도 마찬가지다. 거울 속을 들여다보는 시선은 언제나 마지막 초상화의 화면에 그대로 살아 있으므로 이 그림을 보는 사람은 화가가 된 듯한 대리 경험을 할 수밖에 없다.

—
구에르치노, 「자화상」,
캔버스에 유채, 64.1×52.1cm,
1624~26년경, 개인 소장

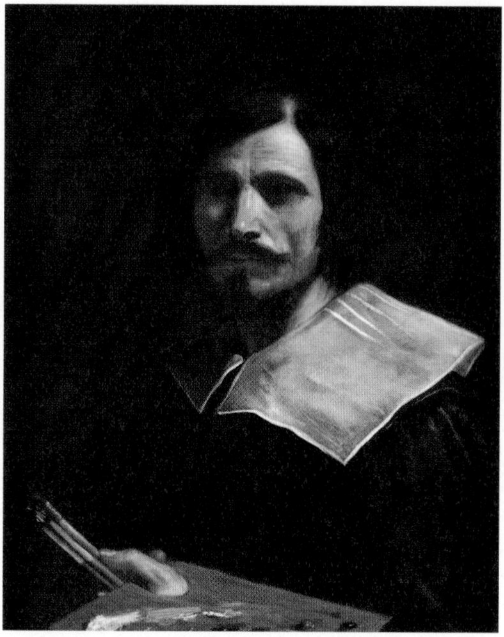

거울 앞에 서 있던 사람과 거울의 관계와 그림 앞에 서 있는 사람과 그림의 관계는 동일하다.

이 예를 야코포 틴토레토가 20대 후반에 그린 자화상에서 여실히 볼 수 있다. 우리를 향해 몸을 돌리고 있는 화가의 어두운 눈은 뭔가를 추궁하는 것 같다. 그 힘은 너무도 강렬해 도저히 그로부터 벗어날 수 있을 것 같지 않다. 바라보는 시선은 강렬하고 긴장돼 있는데, 이는 한쪽 어깨 너머의 시선과 찡그린 미간, 어둠 속에서 빛나는 차가운 눈빛, 그리고 소름끼치게 잘생긴 틴토레토의 용모 등으로 더욱 강조된다.

이런 식으로 화가보다 관자가 초점이 된다는 것은 자화상에 대해 널리 알려진 허구다. 틴토레토는 환시를 만들어내는 솜씨가 완벽했다. 그의 모습은 다른 화가들처럼 응시에 지친 듯 멍한 시선만을 담고 있지 않다. 또한 자신에 대한 명상에 잠긴 채 부유하며 끊임없는 내면의 성찰로 뒷걸음치지

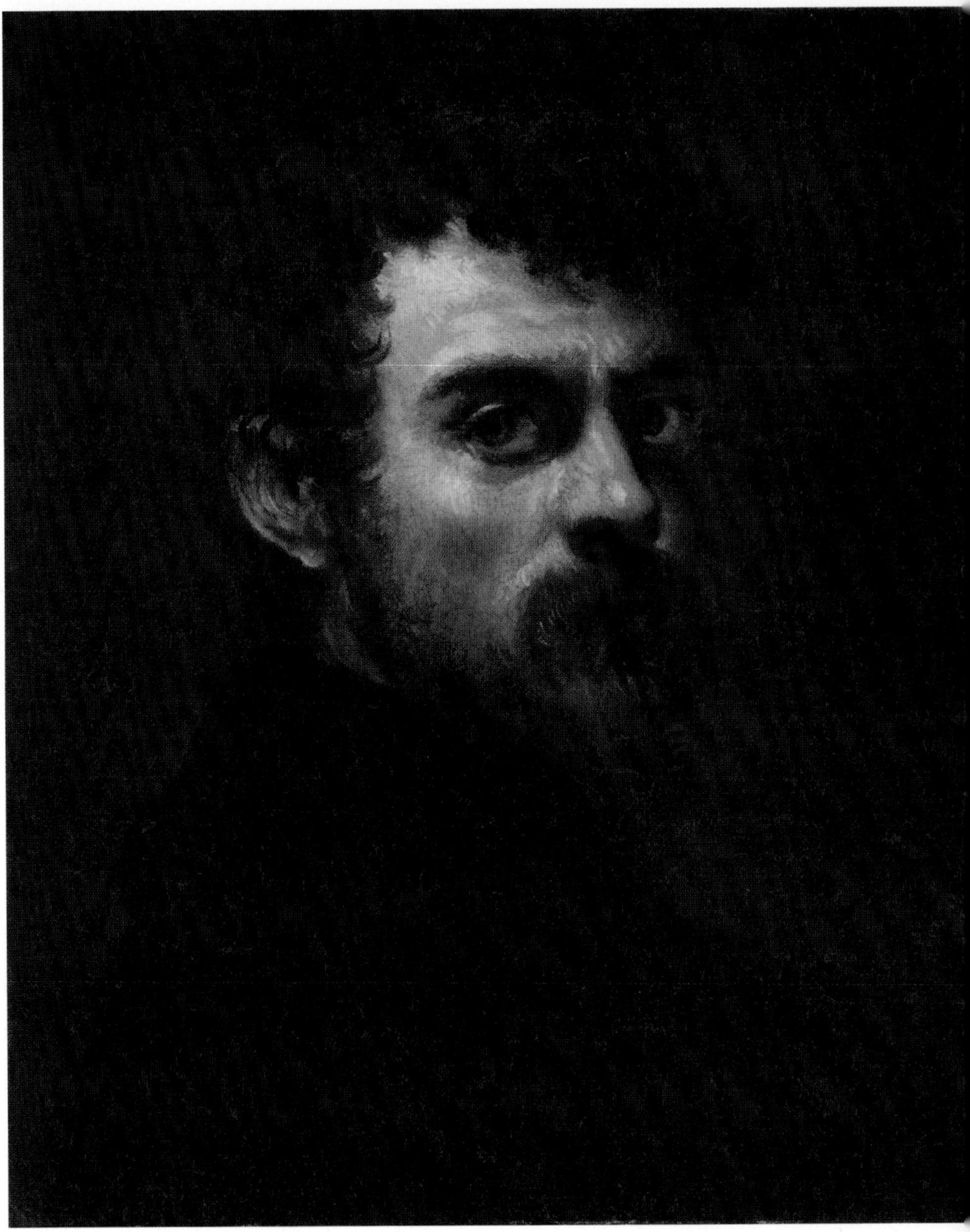

야코포 틴토레토, 「자화상」, 캔버스에 유채, 45.7×38cm, 1546년경~48, 필라델피아 미술관의 허가로 수록

도 않는다. 틴토레토는 온 주의를 다 쏟고 있다.

눈은 마치 다른 감각기관을 압도하듯 매우 크다. 왼쪽 눈의 위쪽 눈꺼풀과 오른쪽 아래 눈가에 빛이 비쳐 안구의 둥근 형태를 감지할 수 있게 한다. 붉은 눈가는 불면의 밤을 새우며 베네치아의 스쿠올라 디 산 로코 벽화 작업에 매달린 탓일 것이다. 어쨌든 화가의 눈은 특별한 힘을 가지고 관자가 그 시선을 돌이켜 뚫어져라 다시 볼 수밖에 없게 한다. 당신은 그와 동등한 강렬함으로 서로를 보고 있다고 느낄 테지만 또한 어쩔 수 없이 그의 처지가 되어 그가 보는 것을 보고 그가 가진 자기 인식의 세계로 들어갈 수밖에 없을 것이다. 눈의 작동에 대한 명확한 지식이 확립되기 수세기 전, 이미 틴토레토는 눈이라는 것이 밖으로 돌출된 뇌이며 외부 세계를 모두 끌어들여 망막에 비춤으로써 신경에 이 이미지를 전달한다는 것을 비유적으로 드러내버린 것이다. 최근 들어 몇몇 전문가들은 눈이 마음의 한 부분이라고 하며 눈이 받아들이는 정보가 상당 부분 개인의 인지능력에 의해 조정된다고 주장한다. 심지어 다윈의 시대에도 눈의 특이한 지위에 대한 이해가 있었기에 다윈 역시 "눈에 대해 생각하고 있으면 곧 무력해진다"[2]라고 했다. 하지만 틴토레토는 눈의 작동 원리에 대한 지식이 전혀 없었어도 눈과 마음 사이의 관계를 직감했다. 바로 보는 것은 아는 것이라는 점이다.

만일 어떤 사람이 내가 말하는 동안 나를 쳐다보지 않는다면 우리는 자신을 좀 바라봐 달라고 섭섭함을 담아 주문한다. 시선을 주지 않으면 마음도 나에게 떠나 있다고 판단하기 때문이다. 주의를 흩어놓는 가장 단순한 방법은 소통의 길을 차단하는 것, 즉 바라보지 않는 것이다. 손님의 주문을 안 받고자 하는 바텐더는 손님의 눈길을 피하면 그만이다. 차가 오는데 차도로 발을 내딛은 사람은 운전자의 눈길을 피해 문제 상황을 모면한다. 어떤 사람이 매우 싫을 때 우리는 마치 그가 거기에 없는 듯 전혀 눈길을 주지 않는다.

이런 시선을 우리는 말을 타고 있는 왕족이나 귀족을 그린 초상화에서 종종 볼 수 있지만 대부분의 초상화는 관자와 어느 정도의 소통을 시도한다. 이탈리아 화가 줄리오 파올리니는 1960년대에 이 소통이 고의적으로 방해받을 때 얼마나 당황스러운지를 여실히 보여주었다. 파올리니는 르네상스 회화, 로렌초 로토의 「젊은이의 초상」을 흑백으로 다시 그렸다. 로토의 그림에는 아름다운 청년이 보는 이를 똑바로 바라보고 있어 직접적인 소통이 이루어지는 것 같다. 그러나 파올리니는 그림에 「로렌초 로토를 바라보는 젊은이」라는 제목을 붙임으로써 그러한 인상을 단번에 없애버렸다.

물론 화가가 작업하는 동안 그림 속 인물의 눈은 계속 화가를 향하고 있었을 것이다. 하지만 보는 이와 눈길을 마주치는 그 초상화를 볼 때는 어떠한가? 우리는 그림 속 인물이 우리를 보는 게 아니라 화가를 보고 있다고 믿고 싶지 않다. 그의 눈길이 우리가 아닌 다른 이를 향한 것이라면 파티는 이제 끝난 것이다. 그림이 수 세기 전 죽은 사람 둘이 서로를 바라보고 있는 것의 기록이 된다면, 보는 이는 맥이 빠지고 그림에서 소외되고 만다. 이는 대부분의 초상화가 바라는 친밀한 관계의 종말이며, 일인칭 시점으로 만나고 있다는 느낌을 전달하기를 바라는 자화상의 목적에 정면으로 위배되는 것이다.

그러나 눈을 망쳐버린 어설픈 자화상의 경우에도 파올리니가 전달하고자 한 요점은 다시 한 번 무심결에 입증된다. 화가가 단지 거울 속 자신을 보고 그 속에 비친 자신의 모습을 그대로 베껴낸 경우에 그렇다.

스위스 태생의 화가 안톤 그라프는 챙 달린 모자를 쓰고 미간을 찌푸린 채 자신의 모습을 보기 위해 최선을 다한다. 그는 마치 한때 매우 유명했던 다소 뚱뚱한 후원자의 초상화를 그리다 만 채 이쪽을 보고 있는 것 같은

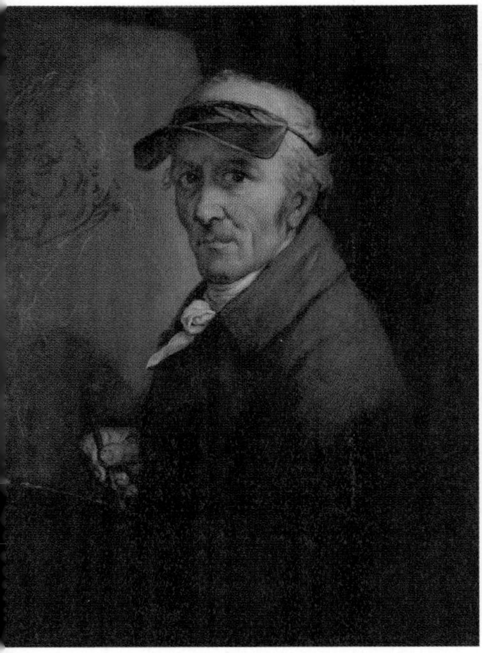

—

안톤 그라프, 「자화상」, 1813,
베를린국립미술관(사진: 안드레스 킬거)

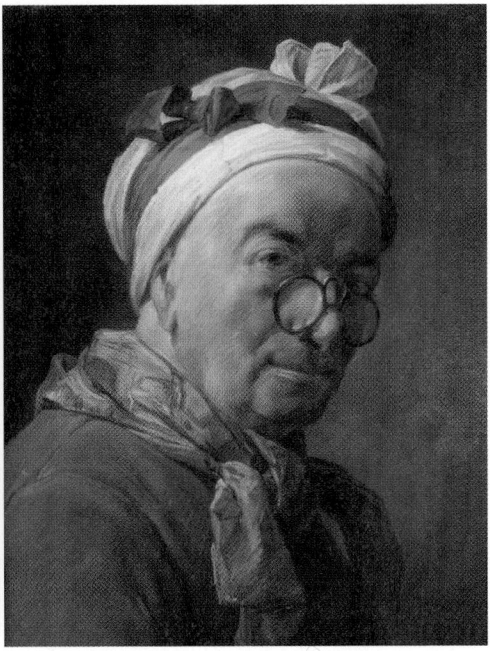

—

장바티스트시메옹 샤르댕, 「안경을 낀 자화상」,
종이에 파스텔, 46×37.5cm, 1771, 파리 루브르 박물관

모습이지만 썩 그럴듯해 보이진 않는다. 가장 자신 있는 일을 하고 있는 자신의 모습을 보여주고자 하는 그림 속 그라프—그는 매우 성공적인 초상화가로서 실러, 글루크, 프리드리히 대왕 등을 그렸다—는 실제로는 그러지 못하고 있다. 초상화를 그리는 대신 실은 자화상을 작업하고 있었기 때문이다. 그가 자신의 얼굴을 실제로 그리고 있었다는 것은, 두 눈을 그리는 데 온 신경을 집중하고 있는 그의 모습을 통해 쉽게 알 수 있다. 그라프의 시선은 주저한다. 그는 자기 자신을 보고자 버둥대느라 우리를 전혀 보지 못하고 있다.

그보다 수십 년 전 장바티스트시메옹 샤르댕은 다소 냉소적인 시선으로 뭔가를 골똘히 조사하는 듯 한쪽 눈썹을 치켜뜬 채 코안경 위로 쳐다보

는 모습을 그렸다. 이런 자세는 거의 익살스럽기까지 하다. 안경을 내린 채 보는 시선이 누군가를 더욱 날카롭게 보고 있음을 암시한다는 것을 의식하지 못하고 그런 자세를 취한 듯하기 때문이다. 화가는 경쾌하게 두건을 쓰고 추워서 둘러맨 듯 멋스런 스카프를 목에 느슨하게 두르고 있는데, 이는 그의 작품을 관통하는 가족적인 친밀감을 드러내는 한 수단으로 보인다. 하지만 70대에 접어든 샤르댕은 어딘지 경계심으로 가득하고 약간 침울해 보인다.

이제 그의 시력은 다했고, 반세기 가까이 사용해 온 유화 물감 냄새에 끔찍한 두통을 겪고 있었다. 그는 어쩔 수 없이 유화를 포기하고 대신 파스텔을 잡아야 했다. 안경 유리알, 철제 안경테, 그리고 호기심으로 가득한 눈빛을 조화롭게 부각할 수 있었던 것은 바로 이 파스텔 덕분이었다. 파스텔은 쉽게 섞이고 아주 섬세하고 즉흥적이다.

샤르댕의 자화상은 말 그대로 놀라움 그 자체다. 미술사를 통틀어 최고의 정물화가로서 지녀야 마땅한 지적 수준이 그의 용모에 그대로 드러나 있을 뿐 아니라 자화상이 존재하는 것 자체가 그러하다. 파리에서 1699년에 태어난 그는 베르사유로 잠깐 여행한 것을 제외하고는 한 번도 파리를 떠난 적이 없었다. 루브르에 방 한 칸을 얻어 살았기 때문에 프랑스의 격변을 목도할 수밖에 없었던 그였지만 그는 전쟁, 정치나 민중의 고통에 대해 할 말이 없었다. 그는 그저 집에 앉아서 조용히 그리고 부지런히 살구, 딸기, 찻잔과 죽은 산토끼의 부드러움, 그리고 체리의 깊은 빛에 감탄하며 그것들을 그리고 있었을 뿐이다. 한 잔의 물에 응축된 은빛과, 황동 팬으로 대변되는 부유함, 접시 너머로 꿈꾸듯 피어오른 하녀의 보드라운 뺨 등이 그의 붓길 아래서 생명을 얻었다. 디드로는 모든 것이 흐릿하고 부유하는 듯 손에 잡히지 않는 공간의 신비와 마치 숨결처럼 따뜻한 공기가 감도는 그의 작품이 가진 불가사의를 헤아리려는 노력 끝에 샤르댕을 '위대한 마술사'라고 칭했다. 하지만 아무도 그가 그림을 그리는 것을 보지 못했고, 그의 삶과 관련된 이야기는 하나도 전하지 않는다. 그가 자화상처럼 지극히 개인적인 어떤 것을 남겨야 했다는 것은 그러한 작품세계를 만들어낸 화가 자신과 어울리지 않는다.

특히 우리와 시선을 마주한 모습은 예상 밖이다. 왜냐하면 그의 시선은 보는 이와 야릇한 소통을 시도하고 있기 때문이다. 이것은 그림의 중심이자 인식의 주체로서 시도한 소통이다. 샤르댕은 자두의 무게를 가늠하고 달걀의 본질을 숙고할 때처럼 차분하고 관조하는 듯한 눈빛을 하고 있다. 그래서 관자는 샤르댕이 그렸던 정물, 또는 그 자신이 된 듯한 느낌을 피할 수 없다. 그의 눈은 사물과 생명의 진실에 대해 정면으로 묻고 있다.

---

렘브란트는 눈으로 연기한다. 그는 눈을 부릅뜨고 흰 자위를 드러내 보임으로써 보는 이를 사로잡는다. 이 에칭의 제목은 「눈을 휘둥그레 뜬 자화상」이지만 '당신을 보고 놀람'이라고 불러도 좋을 듯하다. 바로 당신이 이런 반응을 이끌어냈다고 말하는 듯하기 때문이다. 렘브란트 앞에 당신이 서고, '그'는 거기에 반응했을 뿐이다. 눈길의 마주침은 거의 사건에 가깝다. 이는 렘브란트의 자화상 대다수의 공통된 특징이다. 그림자, 검은 구멍들, 또는 땅거미가 내리는 황혼 속에서 그를 찾으려 할 때, 그의 눈은 거의 핀셋처럼 우리의 눈길을 잡아끈다. 그는 눈을 흘기기도 하고 곁눈질하면서까지 당신에게 더 잘 보이려 하고 당신이 누구인지 더 정확히 알아내려고 한다. 기실 렘브란트에게 정체성은 늘 중요했다.

렘브란트와 한 시대를 살았던 피렌체의 시인이자 화가였던 로렌초 리피는 이런 질문을 더 끌고 나간다. 그의 경우에는 희극적인 두려움을 담아, 화가의 눈이 단순히 보는 이를 좇는 것이 아니라 적극적으로 당신을 찾아나서서 당신이 누구인가를 심문한다는 의미를 더욱 강조한다. 리피는 그림

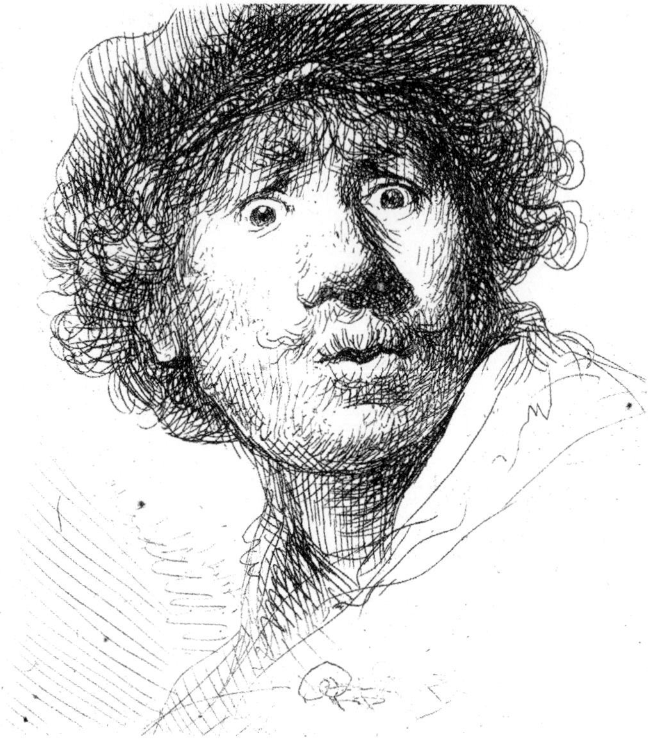

렘브란트 판 레인, 「눈을 휘둥그레 뜬 자화상」, 에칭과 뷰린, 5.1×4.6cm, 1630,
베를린 국립미술관 판화·드로잉관

자 속에서 슬그머니 우리를 쳐다본다. 마치 기둥 뒤에 몸을 숨긴 듯 한쪽 눈만을 보여준 채 나머지 눈은 어둠 속에 감춰버렸다. '거기 누구요?' 이 그림은 모든 이를 향해 이 물음을 던진다.

리피가 원했던 것은 말하듯 시를 쓰고 보는 것처럼 그리는 것이었다.[3] 이 둘의 유사성은 모두 즉흥적이고 일상적이라는 것이다. 하지만 이것은 여기 한 화가가 자신을 그릴 만큼의 대범함을 지녔지만 감히 두려워 자신을 바라볼 수도 없다는, 자화상이 지닌 역설을 함축하고 있기도 하다. 단지 그는 보는 이를 즐겁게 하기 위한 눈 하나를 지녔을 뿐이다.

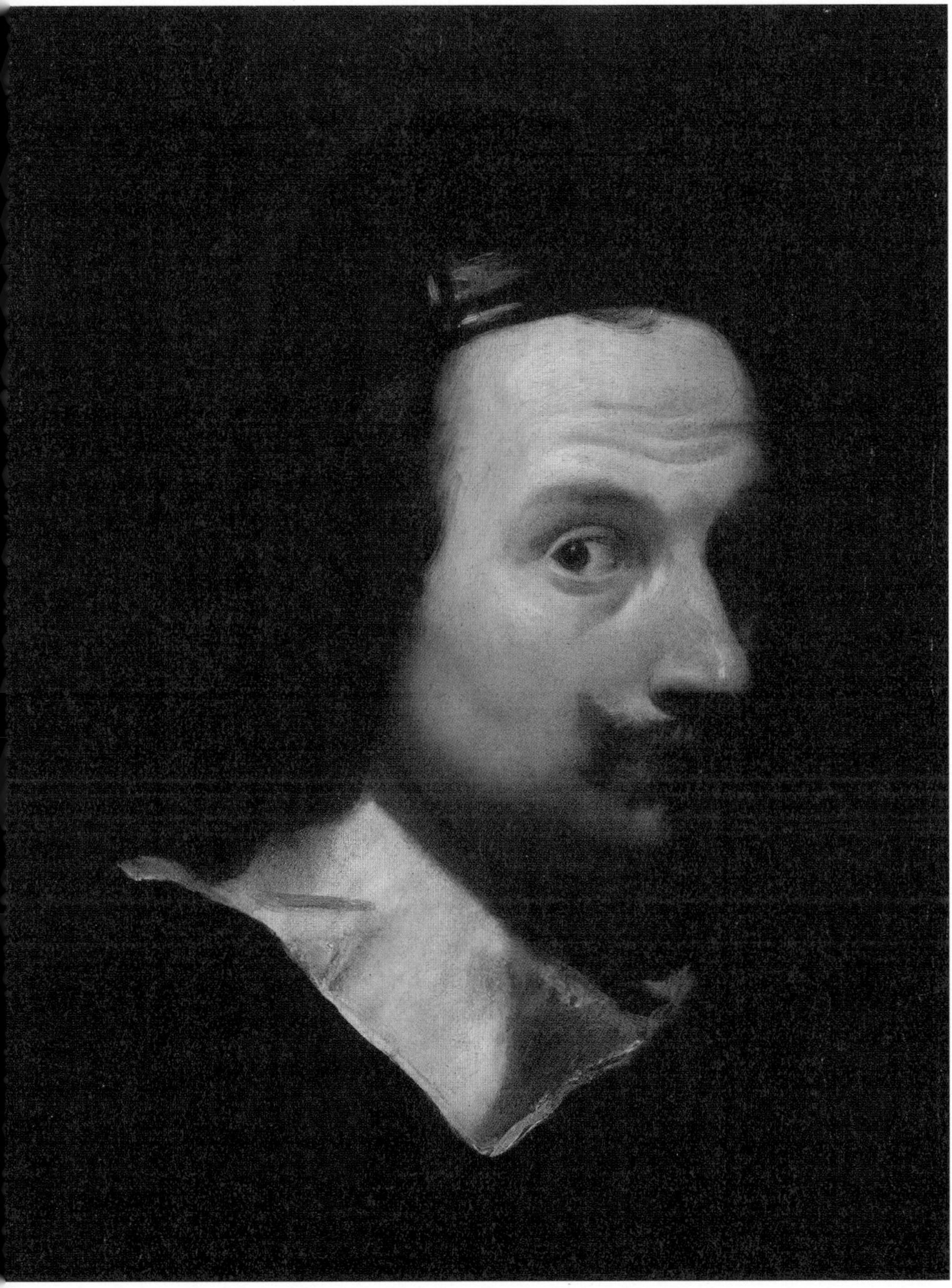

로렌초 리피, 「자화상」, 캔버스에 유채, 49.5×36cm, 1655년경, 피렌체 우피치 미술관

리피는 초상화보다는 그의 익살스러움으로 더 유명했다. 인스부르크 궁정에 머물며 귀족들의 그럴듯한 초상화를 그리는 한편 이탈리아 독자들을 위해 이들의 작태를 풍자하는 연작시를 썼던 그다.[4] 그의 자화상은 우피치 미술관의 자화상 컬렉션 가운데 하나로 여전히 피렌체 사람들을 즐겁게 하고 있다. 다른 수백 명 화가들의 자화상과 달리, 이 그림은 이 미술관에 걸리기 위해 제작된 것은 아니지만, 그러면서도 주변에 있는 쟁쟁한 화가들의 자화상을 의식하는 듯하다. 마치 사자들이 둘러싼 가운데 감히 찍찍거리지도 못하는 생쥐가 그들의 허세를 조롱하는 것 같다. 한쪽 눈만 드러낸 리피는 다른 화가들이 갈망했던 바를 매우 간단하게 성취해냈다. 바로 윙크와 같은 은밀한 소통, 자화상을 생생하게 살려내는 바로 그 소통을.

---

어디를 볼 것인가? 거울 말고는 뭐든지. 이것은 은밀함의 수사학을 거부하는 몇 안 되는 화가의 대답이다. 시선의 마주침을 피하는 자화상 가운데 하나는 70대에 티치아노가 그린 자화상이다. 이때까지도 화가는 교황, 백작, 총독, 유럽의 왕과 왕족의 초상화를 그리고 있었다. 그래서인지 그는 그들처럼 차려입은 옷 위로 한때 그가 떨어뜨린 붓을 주워주기 위해 무릎을 꿇었다던 신성로마제국 황제 카를 5세가 준 황금 사슬을 걸고 있다.

왕의 화가이자 화가의 왕이었던 티치아노는 탁자에 앉아서 한 손으로 탁자를 짚고 다른 손은 손가락을 편 채 허벅지를 짚고 있다. 베네치아에 있던 그의 작업실에서 노년의 티치아노가 작업하는 것을 본 한 화가는 그가 붓을 사용하지 않고 곧바로 손가락으로 그림을 그렸다고 증언했다. 바로 자신의 손가락으로 그림 속의 힘 있는 손가락을 그렸으리라고 상상해볼 수 있다. 그리고 손가락 하나하나에서 그 힘을 느낄 수 있다. 하지만 티치아노는 자화상에 그림 그리는 모습을 넣지 않았다. 그는 누군가를 기다

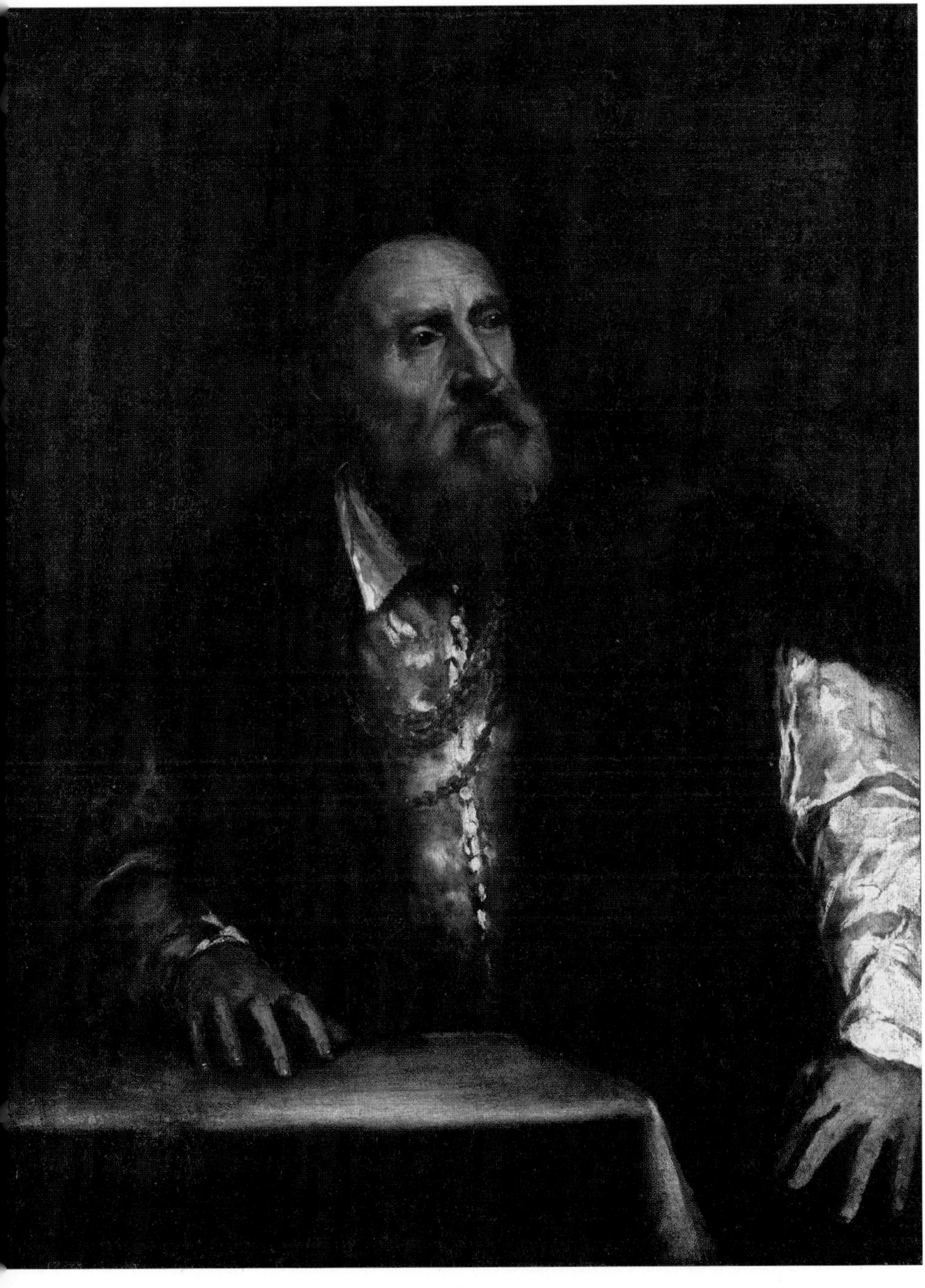

티치아노, 「자화상」, 캔버스에 유채, 96.4×74.8cm, 1560년경, 베를린 국립미술관 회화관

리고 있는데, 이것이 이 작품의 긴장감을 형성한다. 몸은 정면을 향하고 있지만 눈은 그림 밖 어딘가를 향하고 있다. 그래서 당신은 이곳에 있어야 하고, 마찬가지로 그 역시 이곳에 있어야 한다. 이것이 바로 보여주고 보인다는 자화상의 번거롭지만 피할 수 없는 조건이다. 하지만 티치아노는 이 논리를 뒤집어 보는 이의 주의를 조정한다. 그의 시선은 이제 관자와는 상관없어 보인다.

주의 깊은 관찰의 대상이 되어야 한다면 어디를 보아야 할까? 공적 의식이 있는 자화상의 화가들이 늘 자신에게 던지는 질문이다. 현실에선 그것이 익숙한 상황이라면 우리는 자신을 보고 있는 누군가를 쉽게 의식할 수 있다. 하지만 화가는 거울 속에서 자신을 바라보는 사람만을 볼 수 있을 뿐, 그밖에 자신을 바라볼 사람은 상상할 수밖에 없다. 정치가들은 질문자를 볼 수 없고 눈길을 줄 라이벌도 없으며 어떤 표정을 지을지 감을 잡을 반응도 없는 위성 스튜디오에서 촬영을 하곤 한다. 이때 인터뷰를 받는 정치인은 자주 천장이나 바닥을 보며 이리저리 시선을 고정시키지 못할 뿐 아니라 귀로 들려오는 목소리에 당황하며 질문에 과민하게 반응하거나 지나치게 집중해 신중한 모습을 보인다.

자화상의 눈은 바로 이런 모습, 즉 멍하거나 당혹스러운 듯한, 생각에 깊이 잠긴 듯한, 자의식에 사로잡힌 듯한, 또는 쏟아 부은 기예에 이미 기진한 듯한 모습의 화가를 드러낸다. 하지만 세상을 모두 잊은 듯 자의식에 몰두한 화가는 거의 없었다. 화가와 자화상 간의 관계가 얼마나 긴밀한가와는 상관없이 대부분의 자화상은 작업실을 홀로 지키는 화가에 대해서만 말하는 것은 아니다. 자화상은 절대 자아성찰의 도구가 아니었고, 오히려 그것은 끊임없이 관심을 찾아 헤맸다. 어떤 화가는 직접적으로 여러 관자의 집중을 원했고, 다른 화가는 눈을 내리뜨거나 허공을 쳐다보는 모습으로 꽤 내성적인 듯 꾸미지만 관자의 관심을 바란다는 면에서는 다를 바 없었다. 물론 실제로는 그렇지 않으면서 관자와 은밀한 접촉을 시도하는 경우도 있었다. 조슈아 레이놀즈는 스스로에 대한 자부심이라는 주제로 이 세 가지 특징을 모두 결합했다.

레이놀즈는 꽤 많은 자화상을 제작했다. 그리고 그것들은 감상자들을 염두에 둔 것이면서 대부분 정도 이상으로 자의식에 빠져 있는 것들이다. 하지만 이 가운데 최고이자 가장 독창적인 작품이 있으니, 그가 20대 중반 데번셔 마을에서 런던으로 올라왔을 때 그린 것이다. 이때 그는 로마 유학이 결정된 상태로, 전도유망했다.

이 유능한 청년은 한 손으로 손 그늘을 만든 채 우리를 정면으로 바라보고 있다. 물론 그는 거울 속 자신을 보고 있었을 테지만 이 자세는 그가 훨씬 널리 어떤 것을 바라보고 있음을 함축한다. 팔 받침대는 마치 검처럼 몸을 가로지르고 있어 바로 우리를 베고 찌를 것 같다. 그는 근위 중이며 의례 중인 병사 화가다.

이 그림은 작업실—팔레트와 팔 받침대, 그리고 언뜻 보이는 캔버스—을 배경으로 한 자화상이지만 거기에서 훨씬 더 나아갔다. 레이놀즈는 보고, 보이고, 그 가운데 최고의 모습을 드러내려는 것에 관한 드라마에 자신을 출연시켰다. 세상, 화가 자신, 감상자, 그림 그 자체 등, 인물의 자세는 매우 구체적이면서도 동시에 함축적이다. 그리고 여기서 이야기가 예상 밖으로 전개된다. 레이놀즈의 눈은 자신의 영웅이기도 했던 렘브란트만큼이나 그늘 속 깊이 숨어 있어 감상자를 바라보고 있는지조차 속 시원히 알 수 없다. 그리고 손을 이마에 대어 만든 손 그늘은 화가의 앞길이 너무도 밝아서 도저히 바라볼 수 없을 정도라는 뜻을 함축한다. 화가와 감상자는 지금 어둠 속에 있다. 하지만 빛을 가린 손은 그가 그밖에 다른 뭔가를 보고 있다는 점을 드러낸다.

레이놀즈는 보통 자신을 렘브란트 베레모를 쓴 모습이나 옥스퍼드 대학의 박사 학위복을 입은 모습 또는 호메로스의 흉상을 보고 명상하는 아리스토텔레스를 그린 렘브란트의 에칭 같은 모습으로 그렸다. 자신에 대한

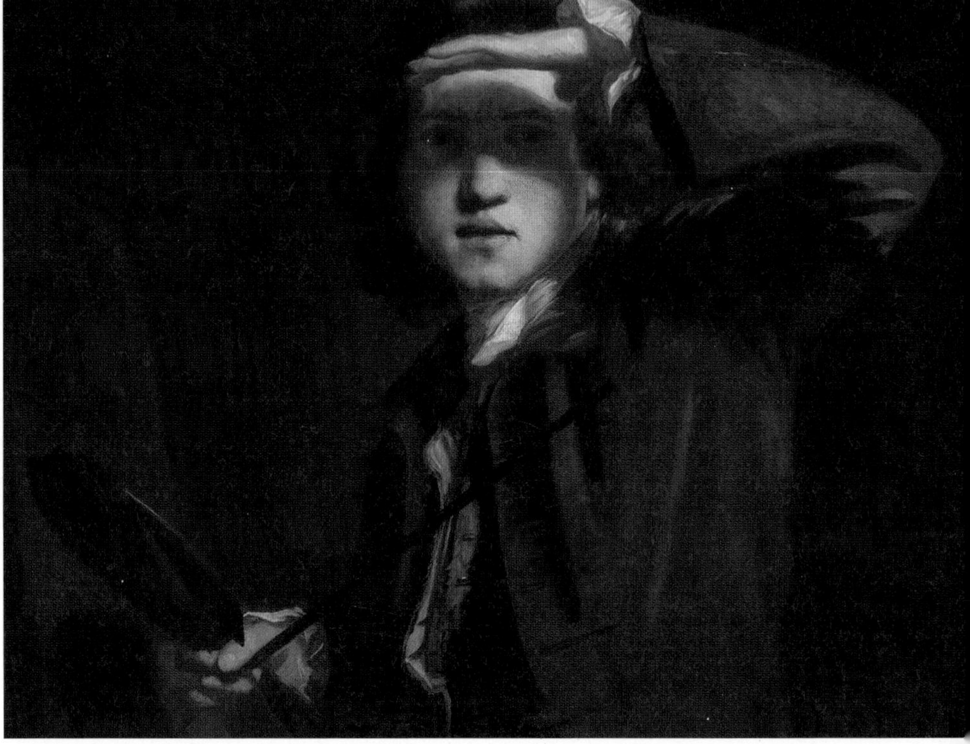

조슈아 레이놀즈 경, 「자화상」, 캔버스에 유채, 63×74cm, 1747~49년경, 런던 국립 초상화 갤러리

자부심은 매우 높았고, 자화상은 언제나 격식을 갖춘 것이었다. 고향을 벗어나 자유를 찾았을 때 그린 자화상이나 왕립미술 아카데미의 학장을 맡았을 때 왕을 위해 그린 자화상이나 마찬가지였다. 그의 자화상은 대개 왕립미술 아카데미에 한두 달 동안 걸려 많은 사람들이 관람한다는 조건 아래 그려졌다. 하지만 언제나 그렇게 웅장하고 영웅적인 자기표현만 있었던 것은 아니다. 가끔 그는 겸손하기도 했다. 말년의 자화상에서 그는, 이제는 귀머거리가 되어 더 잘 들으려고 손을 귀에 대고 있는 모습으로 나타난다. 청년 시절 이마에 댄 손은 이제 머지않아 눈도 멀게 될 화가의 귀에 가 있어 좋은 대조가 된다. 이 두 그림은 모두 극장에서 경험하는 듯한 은밀한 소통을 시도한다는 점에서 공통점이 있다. 마치 무대 위의 개릭데이비드 개릭(1717~79), 영국의 연극배우이자 극단 경영자.처럼 그 많은 사람들 가운데 나만을 지목하여 나에게만 뭔가를 속삭이는 듯하기 때문이다. 이 두 그림은 주의를 끄는 동작을 통해 청중을 열망하고 그를 향해 뭔가를 선언한다. 하지만 레이놀즈가 관객을 향해 의례를 행하고 있다고는 해도, 그의 눈은 당신에게 고정돼 있지 않다. 그것은 더 넓은 세상을 향하고 있다.

---

대다수 자화상의 눈은 외부를 지향한다. 보이기를 원하는 것이다. 하지만 그것은 자아의 내경內境을 첨예하게 비추기도 한다. 클로즈업한 머리와 검은 별 같은 눈은 틴토레토가 자화상을 그렸던 16세기에는 드물었지만 낭만주의 시대에는 보편적인 자화상의 이미지였다. 자아는 심경心境에 집중돼 있고, 심경은 눈으로 드러났다. 당시 눈은 감정과 사고를 드러내는 두 개의 샘으로 인식되었다. '코기토 에르고 숨cogito ergo sum'은 '비데오 에르고 숨video ergo sum'으로 해석되어, 내가 무엇인가는 내가 무엇을 보는가로부터 결정될 수도 있었다. 자화상에서 드러나는 독특한 모습은 화가를 '보는 이',

즉 직관이라는 천재적 능력을 소유한 사람으로서 인식하는 것과 잘 어울린다. 이런 자화상은 특히 젊은 화가들이 즐겨 그렸지만, 노년의 피카소도 조롱조로 그런 식의 자화상을 그린 적이 있다. 스물한 살의 새뮤얼 팔머는 두 눈의 초점을 모으지 못한 데서 비롯한 것이기는 하지만, 선견지명을 품은 듯한 시선을 자화상에 그렸다. 아흔한 살의 피카소는 원시 종족의 가면에 짝짝이로 붙은 대리석 조각처럼 자신의 눈을 묘사했는데, 하나는 흐릿하고 동공이 축소돼 있지만 다른 하나는 마치 운명의 장난에 무방비하게 노출된 듯 활짝 열려 있다. 그는 늙고 미친 토템과 동물 사이의 존재인 것처럼 보인다.

파울 클레가 자신을 그린 작은 선화가 있다. 눈은 꼭 감은 상태여서 거울 속에 비친 자신의 모습을 그렸다고 상상하기 어려운 그림이다. 하지만 그만큼 내재적인 자아를 표현한 자화상이라고도 볼 수 있다. 또한 이 자화상은 섹스를 염두에 둔 그림일 가능성이 아주 많은데, 표현상 오르가슴을 연상시키는 면이 있기 때문이다. 하지만 이 그림이 매우 감동적인 것은 예술을 이루는 영감, 심상, 상상, 영혼 등이 결국엔 모두 내부에서 비롯된다는 것을 역설했다는 점에 있다. 그리고 자화상을 그린 화가들에게 오래전부터 달려 있던 꼬리표, 즉 자기애가 강하리라는 억측은 이 그림에서는 불가능하다. 왜냐하면 그는 자신을 바라보지도 않기 때문이다. 그의 두 눈이 본 것은 분명히 그가 생각한 것, 꿈꾼 것이리라. 클레의 자화상은 마치 영혼과 창에 관련된 오래된 경구에 상냥하게 응수하듯이, 시선이라는 평범한 방식으로 관자를 초대하지 않은 채 보는 이를 강렬하게 자신의 내경으로 이끈다. 그리고 그의 여타 작품에서도 그가 내부와 외부를 굳이 구별하려고 하지 않았다는 것을 발견할 수 있다. 그는 "예술은 눈에 보이는 것을 표현하는 게 아니다. 보이게 하는 것이다"라고 말했다. 그는 간접 화법을 구사했는데, 그의 예술에 가시적으로 표현된 것은 그가 가진 영혼의 세계, 경쾌하고 온화하고 몽환적이며 은밀하고 이 자화상만큼이나 익살스러운 세

파울 클레, 「몰두」, 카드보드에 붙인 종이에 연필, 27×19.7cm, 1919, 캘리포니아 패서디나 노튼 사이먼 미술관

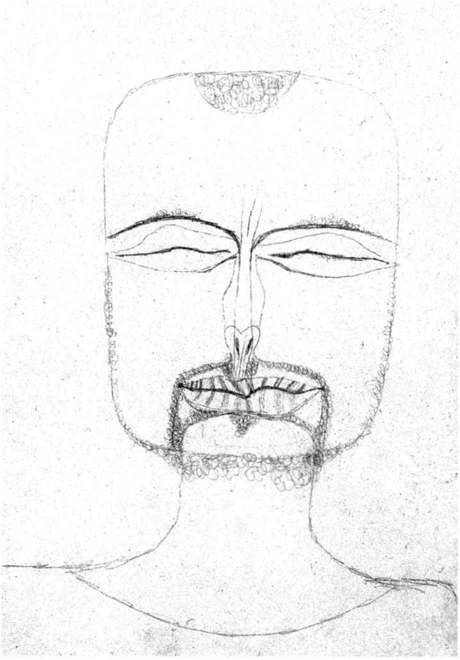

계의 일단에 지나지 않을 것이다.

현상적으로 또 은유적으로 눈이 본 것, 그것이 모든 예술의 관심사이다. 이런 면에서 눈은 화가의 가장 진실한 상징이며 속성이다. 눈은 모든 자화상의 핵심이며, 초점이며 화가와 관자 사이에 나누는 소통의 첫 번째 대사임에 틀림없다. 하지만 어떤 자화상 화가도 모종의 압력을 행사하기 위해 또는 관자의 주의를 끌기 위해 관자의 시선과 눈을 마주칠 필요는 없다. 이 대표적인 예가 프란시스코 고야가 에칭으로 작업한 자화상이다. 여기서 그는 한쪽 눈만 보여주고, 게다가 그 눈은 정면으로 뚫어져라 관자를 보고 있지 않은데도 불구하고 보티첼리의 눈만큼이나 강력하게 뭔가를 역설한다.

고야는 정측면 구도에서 약간 비껴 흘긋 곁눈질로 그림 밖을 보고 있다. 풀이 죽은 모습이지만 내부만큼이나 외부로 향한 시선을 느낄 수 있다. 이

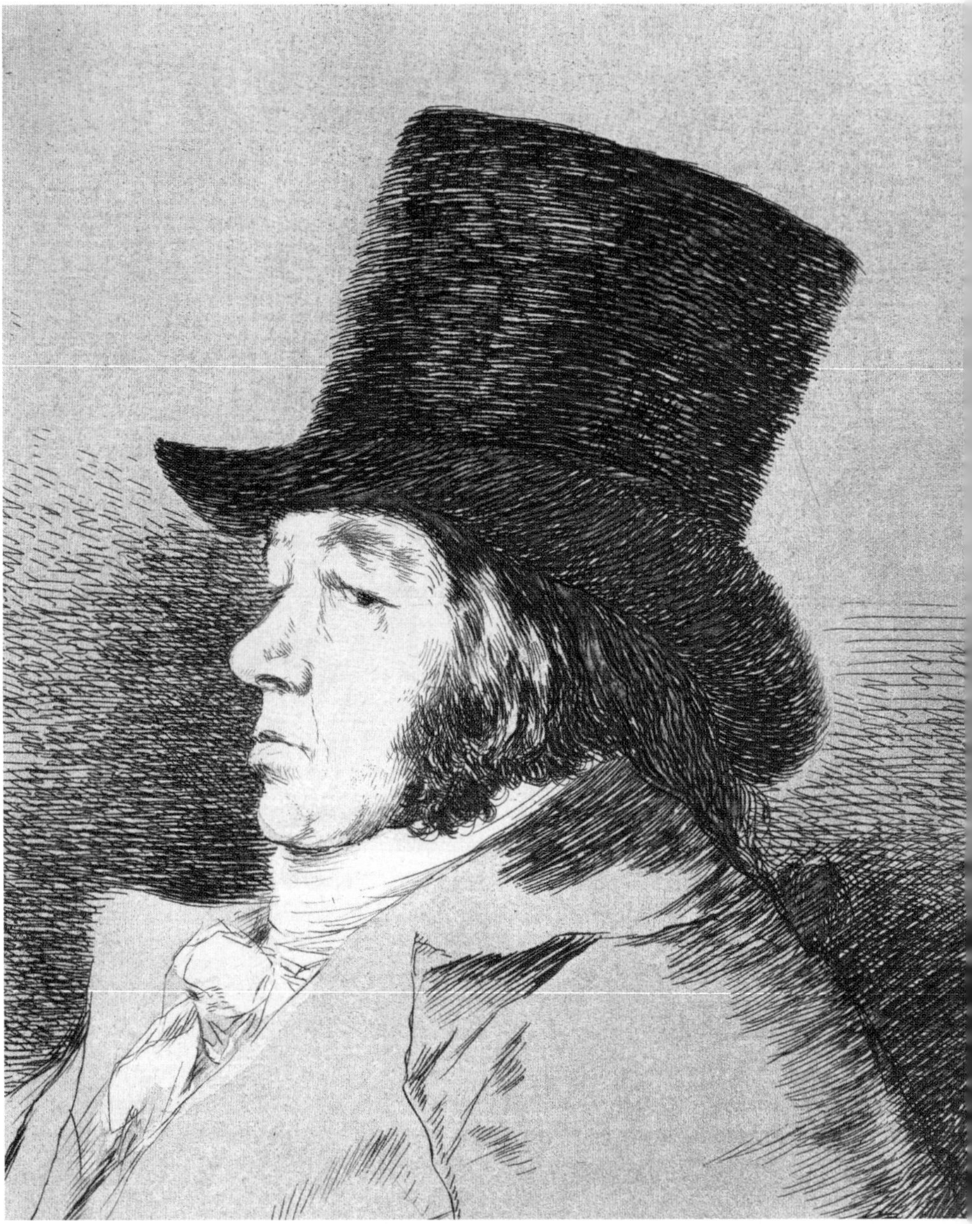

프란시스코 호세 데 고야 이 루치엔테스, 「자화상」, 에칭과 애쿼틴트, 21.9×15.2cm, 1799, 개인 소장

자화상은 『로스 카프리초스Los Caprichos』'변덕'이라는 뜻.라는 판화집의 첫 장이다. 인간의 폭력성과 탐욕과 잔인함을 그대로 드러낸 이 판화집에는 마치 눈에 보이지 않는 신비로운 해설자의 속삭임 같은, 수수께끼 같은 글귀들이 달려 있다. '내가 보았다'라든가 '내가 여기 있었다'라는 글귀가 있기는 하지만, 화가의 고통스러운 상상을 바탕으로 한 허구로 이해되어 설명을 넘어 화가의 악몽으로 우리를 데려간다. 고야는 원래 이 판화집을 탁자에 엎드려 있는 인물의 이미지로 시작하려고 했다. 인물 위로는 박쥐와 악마가 산개해 있는데 이는 그가 꾼 악몽에서 출현한 것이리라. 그리고 「이성의 수면」은 뒤이어 등장할 나머지 모든 작품의 출처(그리고 작업 방식modus operandi)를 설명하는 은유화된 자화상으로 이해되기도 한다. 그러나 고야는 이 이미지를 톱햇을 쓰고 관자에게 냉담한 시선을 보내는 자신의 모습을 담은 그림으로 바꿨다.

이 자화상은 예나 지금이나 수많은 책의 서두를 장식하는 유명 저자의 관습적인 초상화를 신랄하게 비꼬아 모방한 것이다. 측면 초상은 자화상을 곧바로 제삼의 인물로 만드는 역할을 한다. 고야가 흔히 자신을 '작가el autor' 또는 '화가el pintor'로 부른 것과 유사하게, 여기 그림 아래에도 세뇨르 고야Señor Goya라고 쓰여 있다. 그러나 그는 마치 살아 있는 것처럼 이 고정된 측면상을 뚫고 나온다. 왼쪽 얼굴을 보이고 있는 그는 뒤를 따르는 무언가를 부정하는 듯 등을 돌리고 있다. 하지만 다시, 그는 이 책에 때때로 등장하는 인물들과 비슷하지 않은가? 고야는 창조자이며 서술자이지만, 거기에 묘사된 악한보다 낫지는 않다.

그가 그린 성적 타락, 고문, 전쟁, 범죄, 투우의 이미지를 보며 우리는 고야를 현대 다큐멘터리의 거장이라고 말하곤 한다. 그가 19세기에 일어난 나폴레옹의 침략이나 에스파냐의 종교재판에 대해 언급했다 하더라도 우리는 이 모든 것을 현재의 아프가니스탄이나 아부 그라이브 교도소에 대입해 본다. 고야는 색욕에 사로잡힌 사제, 어린아이를 성추행하는 강간범 같은 이 모든 것들을 목격했고, 그만의 무시무시한 묘사로 이 모든 것들을 우리 앞에 드러냈다. 하지만 고야 예술의 특징을 한마디로 정의하는 것은 매우 힘들다. 또한 누가 말하고 있는지, 누가 무엇을 보았는지, 그리고 그 화법이 직설적인지 아닌지도 말하기 어렵다.

고야의 말하는 눈을 보라. 그것은 그곳과 이곳, 그때와 지금 사이에서 끊임없이 진동하는 것 같다. 그의 자세와 눈은 고야를 관찰자이면서 동시에 관찰의 대상으로, 창조자이면서 동시에 창조의 대상으로 만든다. 그의 모습은 넌지시 뭔가를 암시하면서 관자와 비밀스럽게 공조한다. 무거운 눈꺼풀로 반쯤 감긴 왼쪽 눈, 그래서 거의 시야에서 사라져버릴 것 같은 그것은 당신을 그 시야에 옭아맨다. 비로소 당신과 나 역시 그것의 한 부분이 되어버린다.

3.

# 뒤러

자신의 이미지를
브랜드화한 최초의 화가

우리를 당신께로 인도하시는 당신, 당신 안에 평화를 누릴 때까지 우리는 끝없는 어둠 속을 헤맵니다.

_성 아우구스티노

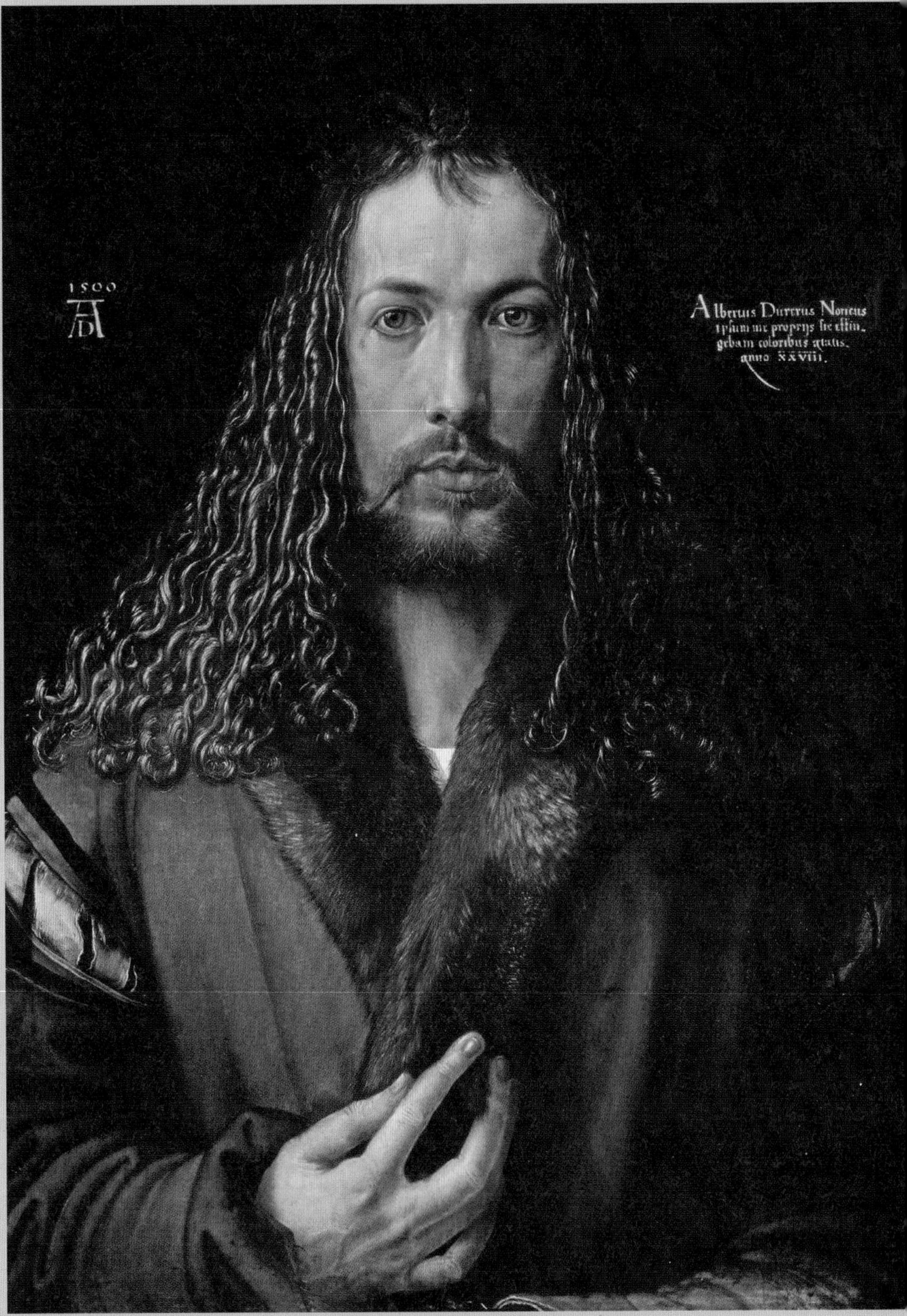


알브레히트 뒤러, 「자화상」, 나무판에 유채, 67×49cm, 1500, 뮌헨 알테피나코테크 미술관

1905년 어느 겨울날, 뮌헨에 있는 알테피나코테크 미술관을 순찰하던 경비는 한 점의 그림이 전날 보았던 것과 달라져 있음을 발견한다. 이 미술관에서, 아니 독일 전체에서 가장 유명한 알브레히트 뒤러의 자화상의 눈이 보는 이를 관통하는 듯한 카리스마를 잃어버린 것이다. 오른쪽 눈은 흐릿해졌고 왼쪽 눈은 확연히 그 생기를 잃었다. 마치 더 이상 앞을 보지 못하는 것처럼. 그림을 내려 검사해보니 홍채와 동공에 흠집이 나 있었다. 미술관 측은 모자 고정용 핀 끝으로 낸 상처라고 결론지었다. 범인은 손쉽게 만들어 감출 수 있는데다 아무도 눈치 채지 못할 만큼 빠르고 효과적인 무기로 공격을 감행한 것이다. 아무에게도 들키지 않은, 결국 검거되지 못한 그(혹은 그녀)는 뒤러의 눈을 망가뜨리려 한 것이다.

뒤러의 눈이라니! 이는 우리가 자화상의 인물과 화가를 구분하지 않는다는 뜻이며, 마찬가지로 우리는 초상화 속 인물도 실제 인물과 구별하지 않곤 한다. 모나리자는 작품을 지칭하는 동시에 레오나르도 다 빈치 앞에 앉았던 밀라노 출신의 젊은 여인을 가리키기도 한다. 하지만 자화상의 경우는 이 동일시가 좀 더 자연스럽게 일어난다. 왜냐하면 화가와 모델이 동일인이며 깊은 의미에서 이미지가 그 사람에 연관되기 때문이다. 그리고 뒤러가 그린 1500년의 자화상의 경우, 미술사상 이전에는 없었던 매우 독특하고 신비로운 방식으로 인물과 화가의 관계를 설정하고 있다.

이 그림이 주는 충격은 실로 엄청나다. 그것이 주는 느낌은 매우 친밀하면서도 소원하다. 멀리서 보면 그림은 천상의 빛으로 미술관 저 멀리의 관자를 이끈다. 그리고 그 힘은 그림에 다가갈수록 더욱 강해지는데, 그것은 단순히 그림을 가까이에서 보기 때문에 느껴지는 것은 아니다. 뒤러는 정면을 향한 채 허리는 꼿꼿하게 세우고 매우 바른 자세를 취한 자신을 그렸다. 어딘가에 내려진 한 손은 안 보이고, 다른 손은 모피 외투 자락을 만지고 있는데, 이 자세는 옷은 물론 자기 자신을 우리에게 드러낸 이 인물에게도 관심을 집중시킨다. 왁스로 내리 빗은 콧수염은 멋지게 호를 그리는 눈썹과 조화된다. 머리는 양 어깨로 흘러내려 금빛 삼각형을 이루며 단 한 올의 흐트러짐도 없다. 얼굴은 폐쇄적으로 보이지만 완벽한 대칭 구조를 이룬다. 그 가운데 무엇보다 찌를 듯 빛나는 눈이 있다.

1500년의 독일 사회에 관해 아무것도 모른다 해도, 혹은 이 시기가 미술사에서 어떤 의미를 갖는지 모를지라도, 뒤러의 동시대인들이 이 자화상을 보고 얼마나 놀랐을지는 짐작할 수 있을 것이다. 왜냐하면 오늘날 우리도 여전히 이 그림에 놀라기 때문이다. 명문을 제외하고는 그림에 금박은 사용되지 않았음에도 화면 전체가 독특한 금빛으로 빛난다. 표정은 매우 간결하고 또 뚜렷하다. 코는 마치 몸에서 뻗어나간 사지 같다는 느낌이 들 정도로 강하다. 눈은 약간 그늘져 있고, 왼쪽 뺨엔 잡티가 있다. 이 모든 분명한 묘사에도 불구하고 자화상 전체의 느낌은 비인격적이다. 이 사람의 엷은 눈은 무슨 색인가? 나이는 어느 정도일까? 무척 완강해 보이지만 한편으로 주저하는 듯한 이 사람의 표정은 무슨 의미일까? 이 그림은 여타의 자화상 그 이상의 의미를 품고 있으며 다른 것들과는 확연히 다르다.

처음에는 몰랐다가 뒤늦게 뭔가를 발견할 수도 있다. 긴 머리, 중앙에서 나뉜 수염, 손가락 모양, 얼굴 전체의 대칭감과 고요함, 시간을 초월해 이 세상 밖 어딘가에 있는 듯한 존재감. 예수 같다는 생각이 들지만, 곧 그럴 리 없다고 의아해할 수밖에 없고, 그러면서도 그런 생각은 점점 굳어진다. 우연의 일치일까, 운명의 장난일까, 아니면 스스로를 예수로 그리고자 한 결과일까.

---

사람들은 초상화를 그림이 아닌 것으로 볼 때, 혹은 누군가의 대리인이나 실제 사람으로 보고자 할 때 그것을 공격한다. 조각의 경우는 특히 더 그렇다. 사람들은 마치 조각이 실제의 사람인 것처럼 코를 부러뜨리거나 성기, 머리 또는 손을 잔혹하게 잘라낸다. 그림으로 그려진 사람은 실내에 있고 지키는 사람도 있으니 조각보다 안전하다고 할 수 있지만 여전히 공격의 위험에 노출돼 있다. 인간과 그림의 관계는 앞을 못 보는 사물이자 동떨어진 물건인 조각과는 달리 훨씬 더 밀접하기 때문이다. 책 속의 아기를 가리키며 그것이 그림이 아니라 아기라고 하는 어린아이를 아무도 틀렸다고 하지 않는다. 초상화의 경우도 이와 같다. 어른들조차도 어떤 인물의 이미지에 키스를 하기도 하고, 의기양양하게 이미지를 들고 거리를 활보하기도 하며, 숭배하거나 분노나 혐오로 그림을 훼손하기도 하며 마치 실제 인간인 것처럼 그 이미지에 흥분하기도 한다. 이런 면에서 뒤러의 자화상이 갖는 유일무이한 특징은 그것이 숭배나 혐오의 대상이라는 점이 아니라, 그림 자체가 이 두 개의 극단적인 감정을 다른 초상화들과는 비교할 수 없을 만큼 자극했다는 데 있다.

비범한 머리와 눈빛을 한 남자를 그린 이 오래된 그림은 사람들에게 그간 사랑도 받았지만 비난도 받았고, 숭배의 대상이기도 했지만 공격의 대상이 되기도 했다. 또한 사람들은 이 그림을 거리에 가지고 다니기도 했고,

마치 그것이 성상인 것처럼 제단을 장식하기도 했다. 이 그림은 철저한 자기애의 소산이자 신성 모독이라는 비난을 받았는데, 그럼에도 불구하고, 또는 그래서인지, 여성들은 마치 그것이 남성인 것처럼 이 그림을 사랑했다. 베티나 폰 아르님이라는 독일 작가는 이 그림—또는 이 남자—에 완전히 매혹된 나머지 그림을 복제해 역시 그녀가 일방적인 사랑을 느끼던 괴테에게 보냈다. 그녀에게 너무도 소중한 그림을 보내니 자기인 듯 받아달라는 말과 함께.[1] 하지만 폰 아르님이 사랑에 빠진 건 초상화일까, 그 남자일까, 아니면 그런 이미지를 창조해낸 화가의 재능일까? 마치 삼위일체처럼 이미지와 인물, 그리고 화가가 하나일 수 있다는 생각은 자화상의 가장 강력한 주장일지도 모른다.

뒤러의 그림이 불러일으키는 느낌은 어떤 경우에라도 무심함은 아니지만, 이 몰입감이 그림이 지닌 힘에 결정적인 역할을 하기는 한다. 불가사의한 정적에 휩싸인 이 자화상은 그럼에도 불구하고 숨이 막힐 듯 생생하다. 꿈속에서 본 것이 생시에서보다 어떤 경우에 더 분명할 수도 있는 것처럼 이 자화상이 실제의 사람보다 더 살아 있는 것처럼 느껴지는 것이다. 그리고 뒤러의 그림을 상하게 한 사람은 그 생생함이 눈에 집결돼 있다고 느꼈을 것이다. 상처는 눈의 흰자도, 얼굴의 다른 부분도 아닌 홍채와 동공에 입힌 것으로서 매우 섬세하기까지 하다. 눈을 멀게 하려고 했던 그 사람은 뒤러의 뚫을 듯 고정된 시선을 견디기 어려웠을 것이다.

다행히도 핀은 르네상스 시기의 두꺼운 광택제를 뚫지 못했고, 그림은 성공적으로 복구되었다. 비록 육안으로는 보이지 않아도 미술관 기록에는 한쪽 눈에 흐릿한 작은 점이 있다고 돼 있지만 말이다. 그리고 거의 100년간 이 범죄의 구체적인 내용이 세상에는 알려지지 않고 있었다. 미술관은 예술이 사람들을 열광케 하고, 두렵게도 하고, 분노하게도 한다는 사실을 잊거나 또는 심지어 부끄러워하는 경향이 있고, 어떤 형태의 폭력이 미술품에 가해진 것을 단순히 미치광이의 소행으로 치부해 버리곤 한다. 그래서인지 알테피나코테크에 침입해 뒤러의 초상화에 상처를 낸 사람도 정신 이상자로 기록돼 있다. 물론 이것이 사실일 수 있다. 편집증이나 망상증을 앓고 있는 환자들은 그림이 실제로 자신을 보고 있다고 믿으니까 말이다. 하지만 시간이 흐르면서 전문가들은 그림 그 자체가 혹시 피해에 동기 부여를 하지 않았는가를 고찰하기 시작했다. 그림이 공격당하는 이유가 무엇일까? 물론 공격했던 사람을 바라보는 방식, 즉 '뒤러의 뚫어져라 쳐다보는 시선에 대해' 반응한 것일 수 있다.[2] 그리고 이것은 얼마든지 가능한 일이다. 예술과 삶을 능숙하게 구분할 수 있는 사람이라 하더라도 뒤러의 눈에서 무례함을 느끼지 않기란 거의 불가능하기 때문이다. 하지만 그림을 공격했던 사람이 단순히 그의 시선에만 불편을 느꼈던 것은 아니라는 것도 얼마든지 가능하다.

---

모든 자화상들은 일종의 서언序言이다. 마치 우리의 얼굴이 어떤 의미에서 우리를 소개하듯, 그림 속 얼굴들도 '예술적 말 걸기'에 대한 서두로 인식될 수 있다. 그래서 자화상은 자서전, 전기, 전기 소설 등의 표지에 등장하기도 한다. 자화상은 마치 파티의 주인처럼 미술관 회고전의 시작을 장식하거나 이별을 고하듯 마지막에 전시되기도 한다(이것도 자화상이 일종의 대리인으로 생각되는 경우다). 자화상은 책의 속표지와 같아, 그것이 화가가 이룩한 얼마나 훌륭한 결과물인가와는 상관없이 '진짜' 작품에 들어가기 전에 보게 되는 일종의 프롤로그다. 그리고 이 뒤러의 자화상은 우리를 혹하게 하는 동시에 반감을 품게 한다. 뒤러는 자신의 자화상을 매우 주의 깊게 권두화이자 동시에 전례 없는 훌륭한 예술작품으로 제시한다. 이 그림을 보는 이들이 그것을 단순히 뒤러를 그린 오래된 그림이라고 생각지 않는 것처럼, 인간으로서 그리고 예술가로서 뒤러를 규정 짓는 이미지라고도

생각지 않을 것이다.

뒤러가 그리스도처럼 보이는 것, 그리고 책의 속표지와 같은 그림이라는 것, 이 모두가 매우 분명해 보이지만 어떤 것도 이 그림이 지닌 불가사의함을 제대로 설명하지는 못한다. 기묘함이 이 그림을 말하는 처음이자 끝이다. 다른 거장들의 작품 중에도 비슷한 느낌을 주는 것들이 있지만 초상화나 자화상의 경우는 매우 드물다. 왜냐하면 화가들은 좀 더 분명하게 이해되고자 하는 소망을 담아 자화상을 제작하기 때문이다.

이 그림 속 인물은 2차원과 3차원 사이 어디쯤 존재한다. 인물을 중심으로 한 후경이나 전경이 없는 데다 광원도 뚜렷하지 않다. 화면에 은은히 퍼져 있는 황갈색 빛은 머리꼭대기에서 시작해 머리카락을 따라 흐르는데 사실 이 빛은 뒤러의 몸체에서 비롯되는 것 같다. 비현실적으로 빛나는 머리카락은 정수리에서 시작해 화면의 모서리와 자로 잰 듯 만나며 정확한 삼각 구도를 형성한다. 그리고 화면의 윗부분에 있는 명문은 이 머리와 반대되는 삼각형을 만들고 아래 꼭짓점은 인물의 손가락 아랫부분이 된다. 왼쪽 명문에는 뒤러의 유명한 AD 로고와 1500년이라는 시간, 오른쪽 명문에는 풀어 쓴 이름과 장소가 있다. 이 명문은 묘사된 사물의 표면이 아닌 그림 자체의 표면에 쓰였으며 그림의 완벽한 대칭 구도의 일부로서 넣어졌다. 이 대칭 구도는 공평무사의 상징으로서 뒤러의 얼굴을 균형감 있게 한다. 어느 것 하나도 완고하고 면밀한 질서와 기하학, 디자인에서 어긋난 것이 없다. 모든 것은 정확히 짜여 있고, 화가는 그림과 완전히 혼연일체가 되어 있다.

뒤러는 몸을 돌리지도 않고 움직이지도 않으며 일정한 시간이나 장소에서 당신을 바라보지도 않는다. 그는 단순히, 그리고 완전히 그 자신이며 동시에 다른 누구이기도 하다.

뒤러가 예수를 닮았다는 것이나 예수의 이콘을 닮았다고 하는 것은 정확한 말이 아니다. 왜냐하면 예수가 어떻게 생겼는지 아는 이가 아무도 없기 때문이다. 물론 이는 예수의 이미지에 자신의 이미지를 넣고자 하는 화가에게 유리한 조건이지만 대체 어떤 화가가 그런 것을 기도한단 말인가? 뒤러가 그처럼 무도한 기도를 했을 리는 없을 것 같고, 말도 안 되는 오만에서 비롯된 것처럼 보이는 작품을 마주한 이도 이런 자화상은 다시는 없으리라 생각할 수밖에 없을 것이다. 당시의 어떤 화가도 자신의 이미지를 그리스도와 중첩시키지 않았고 한동안은 그것이 관습화되지도 않았다. 괴로워하며 팔을 바깥으로 뻗은 에곤 실레의 나체 자화상은 나무 십자가만 없을 뿐이지 완전히 예수의 수난을 떠올리게 한다. 자신을 예수에 비유한 폴 고갱의 그림은 자기 연민에 싸인 화가를 확인한다는 점에서 아이로니컬할 뿐, 구세주의 이미지는 아니다. 자신을 그리스도에 비교한 것은 당시에 분명 신성 모독이나, 그게 아니라면 적어도 광적인 자기 애착으로 여겨지지 않았겠는가? 보통의 관람자들은 그렇게 생각했을 것이다. 하지만 뒤러와 동시대를 살았던 사람들이 중세 후기의 기독교인들이었음에도 불구하고 뒤러의 그림을 보고 충격을 받았다는 기록은 없다.

그러나 이 사실이 근대의 학자들을 혼란스럽게 했다. 19세기 후반 독일 미술사학자들이 뒤러 연구에 헌신하면서 던졌던 질문들은 그가 의도했던 것, 그리고 그가 당대인들에게 이해되었던 방식은 어땠는지 하는 것들이었는데, 이 물음들은 여전히 그림을 보는 오늘날 우리의 해석을 따라다니고 있다. 뒤러의 자화상을 둘러싼 논란에 대한 기록이 없다는 것은, 당시에는 자화상에 대한 도상학이 전혀 별스럽지 않게 받아들여졌음을 보여주는 것이다.

뒤러는 신교도가 아니었다. 마르틴 루터가 비텐베르크에서 95개조 반박문을 발표하기 이미 17년 전에 그는 이 그림을 그렸다. 게다가 그가 뉘른베르크의 유명한 인문주의자이자 가까운 친구인 빌리발트 피르크하이머와 조롱 섞인 편지를 주고받기는 했지만 그를 인문주의자로 보는 사람도 없다. 역사학자들은 뒤러의 자부심을 신학적 측면에서 정당화시키려고 수많은 노력을 했지만 통일된 논의는 없다. 뒤러는 그리스도처럼 인생뿐만 아니라 예술 속에서도 (그리스도를 본받아Imitatio Christi) 그처럼 살려고 했기 때문에 스스로를 그리스도로 표현했을 뿐이다. 뒤러는 신의 이미지를 따 인간이 만들어졌다는 생각을 그대로 받아들였다. 그는 인간 형태를 신성의 표현으로 보았고(자화상의 완벽한 비례를 보라) 다른 종류의 신의 형상imago dei으로 보았다. 그림이 이 모든 가능성들을 재현한 것이라고 할 수 있지만, 각각의 주장이 서로를 반박하는 이런 해석들에서 놀라운 점은 바로 그것들이 이 그림을 '중성화'한다는 점이다. 신에 대한 연구가 지나치게 이론으로 치우쳐 가고 있을 때, 뒤러의 자화상은 단순하면서도 정통적이고 직설적으로 보이기 위해 만들어졌다. 실제 그림은 정확히 그와 반대이지만 말이다.

뒤러의 동시대인들이 그의 자화상에 대해 불편해했는지 여부는 알 수 없다. 또한 왜 그가 그런 자화상을 제작했는지, 얼마나 많은 사람들이 이 그림을 보았는지, 그가 살아 있는 동안 이 그림이 어디에 걸려 있었는지 등도 알려져 있지 않다. 당시에는 그런 것에 대해 관심을 갖는 미술 비평이라는 것이 존재하지 않았던 것이다. 뒤러의 저명한 연구가인 조지프 리오 쾨르너는 "16세기 북유럽에서 생산된 특정 작품에 대해 당대에 쓰인 기록물은 아마 통틀어 종이 한 장에 다 들어갈 정도에 지나지 않을 것이다"[3]라고 말했다.

하지만 우리는 뒤러가 라파엘로와 작품을 교환했다는 사실과 그가 선물로 건넨 것은 간단한 작품이 아니라 베로니카의 베일을 훌륭하게 모사한 뛰어난 작품이라는 사실을 알고 있다. 뒤러는 뒷면이 비쳐 보이는 흰 삼베에 구아슈로 그리스도의 얼굴을 그렸다. 그래서 앞뒤에서 모두 형상이 보일 뿐 아니라 빛 아래 들고 있으면 마치 공기 중에 그 형상이 떠 있는 것처럼 보이게 했다. 그리고 그리스도의 얼굴은 바로 뒤러 자신의 얼굴이었다.

이 작품이 현존하지 않기 때문에 그것이 얼마나 충격적으로 보였을까를 추측하기는 어렵다. 하지만 이 그림이 초자연적인 그리스도의 자화상인 '베라 이콘'에 기반해 있다는 것은 충분히 알 수 있다. 베로니카의 베일을 받아들고 그리스도가 얼굴을 닦았을 때 베일에는 신비롭게 그의 얼굴이 전사돼 있었던 것이다. 인간의 손을 거치지 않은 이미지. 1500년의 자화상에도 역시 붓 자국이 거의 보이지 않는다.

흡입력 있는 시선 외에도 신성, 고요, 경원敬遠 등의, 친밀이나 영합과는 거리가 먼 이방인과 같은 느낌을 지닌 이 그림은 확실히 성상과 유사하다. 하지만 그러면서도 분명히 한 사람의 초상이다. 이 인물은 그리스도 또는 성상에 대한 동경을 품고 있지만 그 위의 명문은 이 그림이 세속의 인물임을 드러낸다. "나, 뉘른베르크의 알브레히트 뒤러는 스물여덟의 나이에 영속할 색채로 자신을 그렸다." 아무도 이 그림을 어떤 사람이 그렸는지 의심할 수 없도록, 그리고 이 그림이 성상이 아닌 자화상이라는 점과 그것이 영속하기를 바란다는 점을 명시한 것이다. 이 그림을 바라보면 볼수록, 자화상이라는 최초의 예상 가능한 인상은 교묘하게 이중의 정체성으로 발전하게 되고, 그 가운데 점점 더 성상과 자화상 사이의 완벽한 긴장을 느낄 수밖에 없다.

---

알브레히트 뒤러는 여러 분야의 선구자였다. 1471년에 뉘른베르크에서 태어난 그는 최초로 유럽 회화를 망라해서 보았던 위대한 화가였다. 당시에는 위험한 일이었지만 적어도 한 번 이상 알프스 산맥을 넘었던 그는 베네치아에서 살았고, 독일과 네덜란드, 벨기에 등지를 여행했다. 제일란트의 해변에 떠내려 온 고래를 찾으려고 한겨울에 6일이나 작은 배를 타고 항해한 일도 있었다. 동시대를 살았던 다른 이들과 마찬가지로 그 역시 갖가지 경이로운 일들에 매혹되었으며, 브뤼셀에서 50명이 함께 누웠던 거대한 침

대라든가 치솟는 혜성, 샴쌍둥이, 5.4미터에 달하는 거인의 뼈와 같은 것들에 대한 기록을 남겼다. 그리고 그는 보는 대로 그렸다. 사나운 해마, 기이한 자세로 내려앉는 잠자리를 포함해 꿈에서 본 것도 그렸다. 열병을 앓던 날 꿈에서 본 그리스도의 얼굴이나 들판을 뒤덮는 홍수 등이 그것이다. 뒤러는 풍경 그 자체를 그린 첫 번째 화가인데, 그가 보았던 풍경을 판화로 제작해 대량으로 인쇄해 세상에 알리기도 했다. 판화는 그가 최초의 개척자로서 활약한 분야일 뿐 아니라, 그가 최초의 진정한 국제적 화가가 될 수 있게 해준 매체였다.

뒤러가 자신의 이미지를 하나의 브랜드로 사용한 첫 번째 화가—뒤러의 생존 당시에도 사람들은 그의 자화상을 판화나 메달로 발행했다—라는 점은 지나치게 시대를 앞선 감이 있지만, 그는 선배 화가들 중 누구도 자신의 얼굴을 이름과 함께 제시하는 것의 가치를 몰랐음을 정확히 알고 있었던 듯하다. 명성이 얼마나 쉽게 잊히는지 그는 분명히 알고 있었다. 특히 고향인 뉘른베르크의 대성당과 교회에는 알려지지 않은, 그래서 그들의 역사조차 잊힌 화가들의 걸작이 쌓여 있었던 것이다.

1494년 이탈리아에서 뒤러는 티치아노와 조반니 벨리니와 같은 화가가 영웅으로 칭송되는 베네치아와 자신의 고향인 뉘른베르크의 어마어마한 차이에 대해 편지를 썼다. "여기서 나는 신사다. 하지만 고향에서는 기생하는 식객에 불과하다."[4] 베네치아에서 그는 들뜬 기쁨으로 자신의 그림에 서명했다. 그는 한 제단화에 "알브레히트 뒤러, 독일 화가가 5개월에 걸쳐 낳았다^exegit"라고 썼는데, 이는 시인 호라티우스가 기념비적인 작품을 낳았다^exegit라고 한 표현을 자긍심을 담아 인용한 것이다. 뒤러가 자신의 작품이 지닌 독창성에 민감했다는 것은 판화의 불법 판매에 대해 반대 운동을 펼친 것이나 자신의 재산권을 지키기 위해 AD라는 로고를 제작한 후 그림과 선화에 모두 서명해 법적으로 보호받고자 했던 것(말할 것도 없이 전례에 없던 일이다)에서 분명히 볼 수 있다. 뒤러의 첫 번째 선화이며 첫 번째

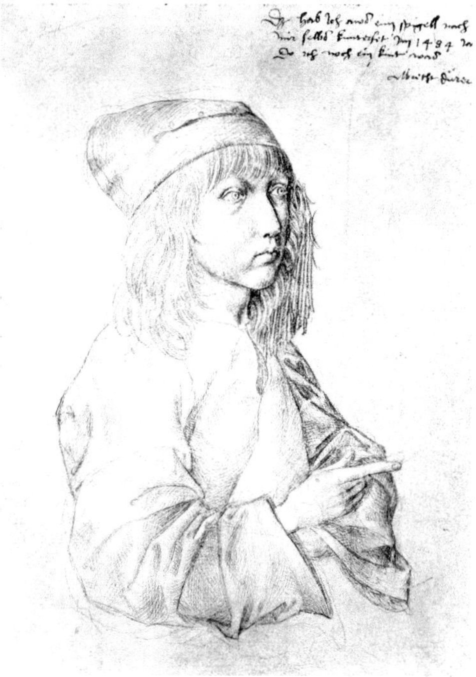

알브레히트 뒤러, 「13세에 그린 자화상」,
종이에 은필, 27.5×19.6cm, 1484, 빈 알베르틴 미술관 그래픽 컬렉션

자화상이기도 한 그림은 열세 살 때 제작한 것인데 그가 얼마나 예술에 있어 조숙했는지를 보여주는 대목이다.

놀라울 만큼 아름다운 이 작은 선화는 은필로 그린 것이다. 어린 나이부터 특출했던 뒤러는 관습적인 것은 그 무엇도 하지 않았다. 그는 연필이나 초크로는 그리지 않았고 쉽게 그릴 수 있는 어떤 것도 그리지 않았다. 이 경우도 정면 초상을 거부하고, 오른쪽을 바라보며 손가락으로 가리키고 있는 4분의 3 측면을 그렸다. 아마도 한 개 이상의 거울을 두고 그린 것이기에 도전적인 작업이었을 것이다. 선택한 은필 화법은 또 어떤가. 특수하게 준비된 종이 위에 첨필로 그리는 은필화는 지우거나 고칠 수 없었다. 금

세공인이었던 뒤러의 아버지는 한 손에는 작업에 필요한 매우 섬세한 도구를 든 채 이와 같은 자세의 자화상을 은필화로 그린 적이 있었다. 하지만 그의 아들은 그처럼 초라한 일은 아무것도 하지 않았다. 거울에 비친 모습 그대로 그린 것일 테지만, 오른손엔 첨필 같은 도구도 들려 있지 않고, 그림도 그리고 있지 않다. 그런 도구 대신, 소년의 손가락은 그림 너머의 세상을 가리키고 있다. 그리고 그의 미래를 기교, 예리함, 철저한 관찰력, 초연함, 그리고 한 올 한 올의 머리카락에서부터 깎은 나무처럼 딱딱한 옷감의 구김까지 다양한 소재에 대한 관심 등이 나타난 이 작은 종이 한 장에서 볼 수 있다. 지인이 언급한 바 있는 우아하고 긴 손가락은 1500년의 자화상에서 다시 보이는데, 여기서 손가락의 가리킴은 더욱더 의미심장하다.

뒤러의 예술은 항상 뭔가를 가리키고 있었다. 뒤러는 이전의 어떤 화가보다 더 분명하게 외양을 규정하고, 그것을 가시화했다. 그는 해마의 어금니나 몸을 떠는 그레이하운드, 황소의 재갈 등을 훌륭하게 묘사했는데, 그 묘사는 동물학적으로도 정확했다. 맥락에서 떨어져 나와 독립된 그림으로도 이들은 새롭고 낯설고 기이했다. 상상의 것들이어서 정말 기이한 것들, 예컨대 인어, 뿔 달린 악마, 계시록에 나오는 네 기사 등은 오히려 실제의 것 같아 보였는데 그 이유는 아마도 이들이 관찰할 수 있는 사실로서 가시화되었기 때문일 것이다.

사실 열세 살의 뒤러 자체가 기이한 존재였다. 그런 작품을 제작했다고 보기에는 너무 어리고, 그래서인지 이상하게 시들시들하고 나이 들어 보인다. 예술가에게는 아버지 같은 아이라고 할까. 수십 년이 흐른 뒤 뒤러는 이 그림에 아버지로서의 자부심을 담아 간단한 주석을 달았다. "아주 어린 아이였던 1484년 나는 거울을 보고 자화상을 그렸다." 그저 기록을 위한 기록일 수도 있지만 누군가를 염두에 둔 기록이라면 그것은 누구일까? 물론 자식은 아니다. 뒤러는 자식이 없었기 때문이다. 그렇다면 영원히 이어질 후손을 염두에 둔 것일까?

"이것을 닷새도 안 걸려 완성했다." "아팠을 때 두려움을 품고 그린 것이다." "안트베르펜에서 이것을 보았다." 이런 식으로 그는 모든 작품에 주석을 달았다. 당대의 어떤 화가들보다 뒤러는 자신의 작품에 (후기를 포함하여) 많은 글귀를 써넣었는데, 만약 그가 작가였다면 매우 세세한 사연까지 적은 자서전을 썼을 것이다. 시간은 흘러가고 다시 오지 않지만 뒤러는 지속적으로 시간과 싸웠다. 그는 모든 것을 간직하고자 했고 기록하고자 했으며 어떤 것도 먼지와 망각 속에 잃어버리고 싶어 하지 않았다. 노트와 여행 기록문, 가계의 역사를 담은 기록 등을 통해 그는 사소한 일부터 대단한 사건까지 자신이 경험했던 모든 것들을 언어와 이미지로써 기록하고자 했다. 유클리드 기하학 새 판본의 속지에 그는 "금화 한 냥을 주고 1507년 베네치아에서 이 책을 샀다. 알브레히트 뒤러"라고 썼다. 노환을 앓고 있던 어머니를 그린 선화(물론 가족이라는 걸 금세 알아볼 수 있는 외양 묘사로)에도 그는 날짜와 함께 "이것은 알브레히트 뒤러의 예순세 살 된 어머니다"라고 적어두어서 우리는 그녀가 누구인지, 어떻게 생겼는지 알 수 있게 되었다. 어쩌면 뒤러는 어머니가 병환으로 곧 돌아가실 것을 우려했던 것 같다(이탈리아로 첫 번째 여행을 떠나기 전날, 그는 다시 볼 수 없을지도 모를 부모님의 초상화를 그렸다). 며칠이 지난 뒤, 그는 "어머니가 1514년 십자가의 주週 전 화요일, 해가 지기 두 시간 전에 돌아가셨다"라고 덧붙여 적었다. 살아생전 기록해 둔 어머니의 초상화는 비명碑銘이 되었다.

수년이 흐른 뒤, 뒤러는 아마도 고래를 찾다가 얻게 된 심각한 병에 걸린 자신을 반라의 선화로 남겼다. 한 손은 마치 숙녀에게 인사하는 멋쟁이 신사처럼 등 뒤에 두고, 한 손은 옆구리에 글귀로 그린 동그라미 안의 노란 점을 가리키고 있다. "여기 노란 점이 있는 곳, 내 손가락으로 가리키고 있는 곳, 거기가 아프다"라는 글귀가 그것이다. 이 그림은 의사를 위해 그린 것이고 미술사를 통틀어 가장 정성들여 제작된 진단서일 것이다. 그 고통 가운데서도 화가는 관찰의 욕구를 버릴 수 없었고, 이 그림은 그렇게 제작

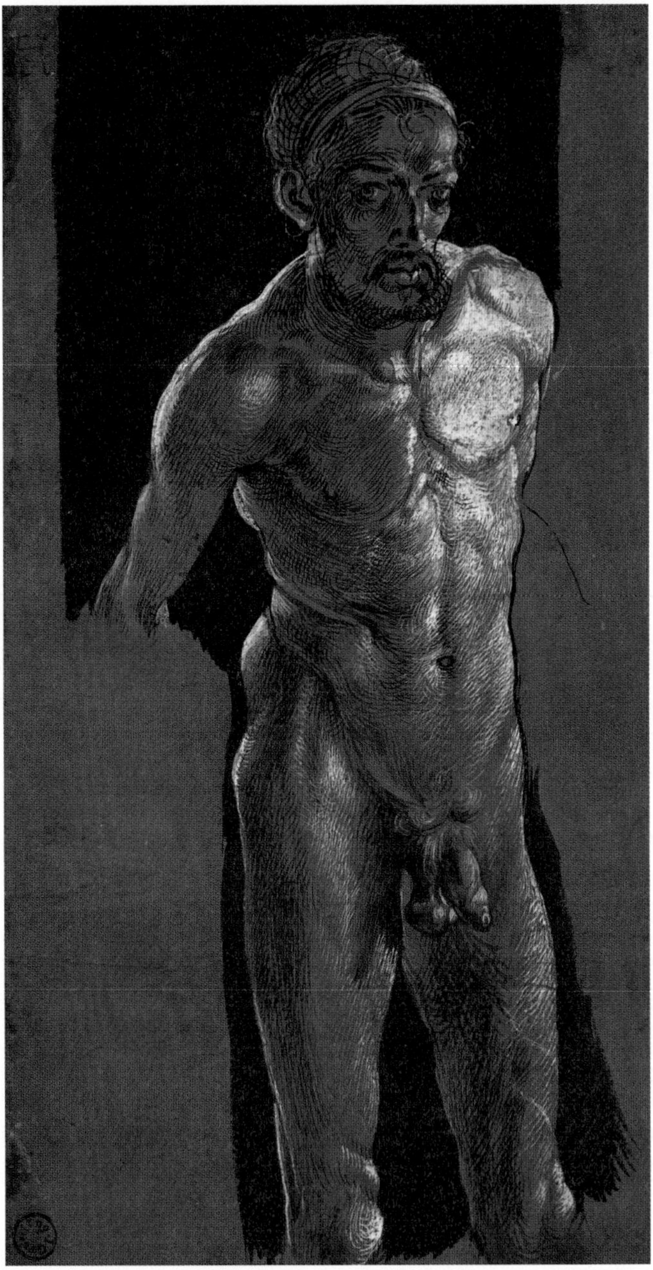

알브레히트 뒤러, 「누드 자화상」,
녹색 종이에 검은 잉크와 흰색 하이라이트, 29.2×15.4cm, 1503년경, 바이마르 슐로스무제움

된 자화상이다.

이 밖의 다른 선화들은 정지한 상태로 거울을 보고 있는 모습, 손으로 머리를 싸쥐고 있는 모습, 볼을 이상한 모습으로 누르고 있는 모습, 늙어 가는 모습, 여위어 가는 모습 등을 표현한 것들이다. 그러나 이 가운데 가장 충격적인 것은 뒤러가 자기를 더 자세히 보기 위해 벌거벗고 앞으로 약간 구부린 모습을 그린 것이다. 슬개골과 광대뼈에 빛이 비치고, 다리의 힘줄은 눈에 띄게 두드러지고, 헤어네트에서는 긴 머리털들이 삐져나와 있다. 이는 한창 때(그는 대략 서른세 살이었다) 남성으로서의 뒤러다. 몸체는 가늘지만 힘 있어 보이고, 전라의 몸을 가감 없이 해부학적으로 묘사하고 있다. 매달린 음낭은 불쑥 튀어나온 안구와 조응해, 이제 왼쪽 눈의 형태가 좀 더 두드러져 보인다. 뒤러에게는 자신도 범속의 세상에 속하지 못하는 독특한 존재였다. 특이한 것에 대한 관찰에서 비롯된 객관적 시선은 매우 첨예하다. 뒤러는 자신을 관찰하다가 여행에서 관찰한 특이한 어떤 것을 자신에게서도 발견했던 것이다.

뒤러는 1500년의 정점에 이른 자화상 이전에 두 점의 자화상을 더 그렸는데 모두 지나친 자기애를 드러낸 것이라 폄하되어왔다. 깨끗하게 면도하고, 고운 머리를 세심하게 흘러내리게 한 채 주홍색 술이 달린 모자를 쓰고 있는 스물두 살의 그는 아름답고, 소녀 같다. 당대 초상화의 남성들도 주름 장식이 달린 흰 셔츠를 입었지만 이렇게 깊이 파인 것은 아니었다. 손에는 에린지움을 들고 있는데, 이 꽃은 그리스도 수난의 상징이기도 하지만 발기불능을 예방하는 일종의 최음제로도 알려져 있다. 당대인들에게 그것이 어떤 의미로 읽혔던지 간에, 그 꽃은 마치 관찰용으로 채집된 이국 식물의 한 종인 것처럼 여기에 묘사돼 있다. 어떤 이는 양피지에 그려진 이

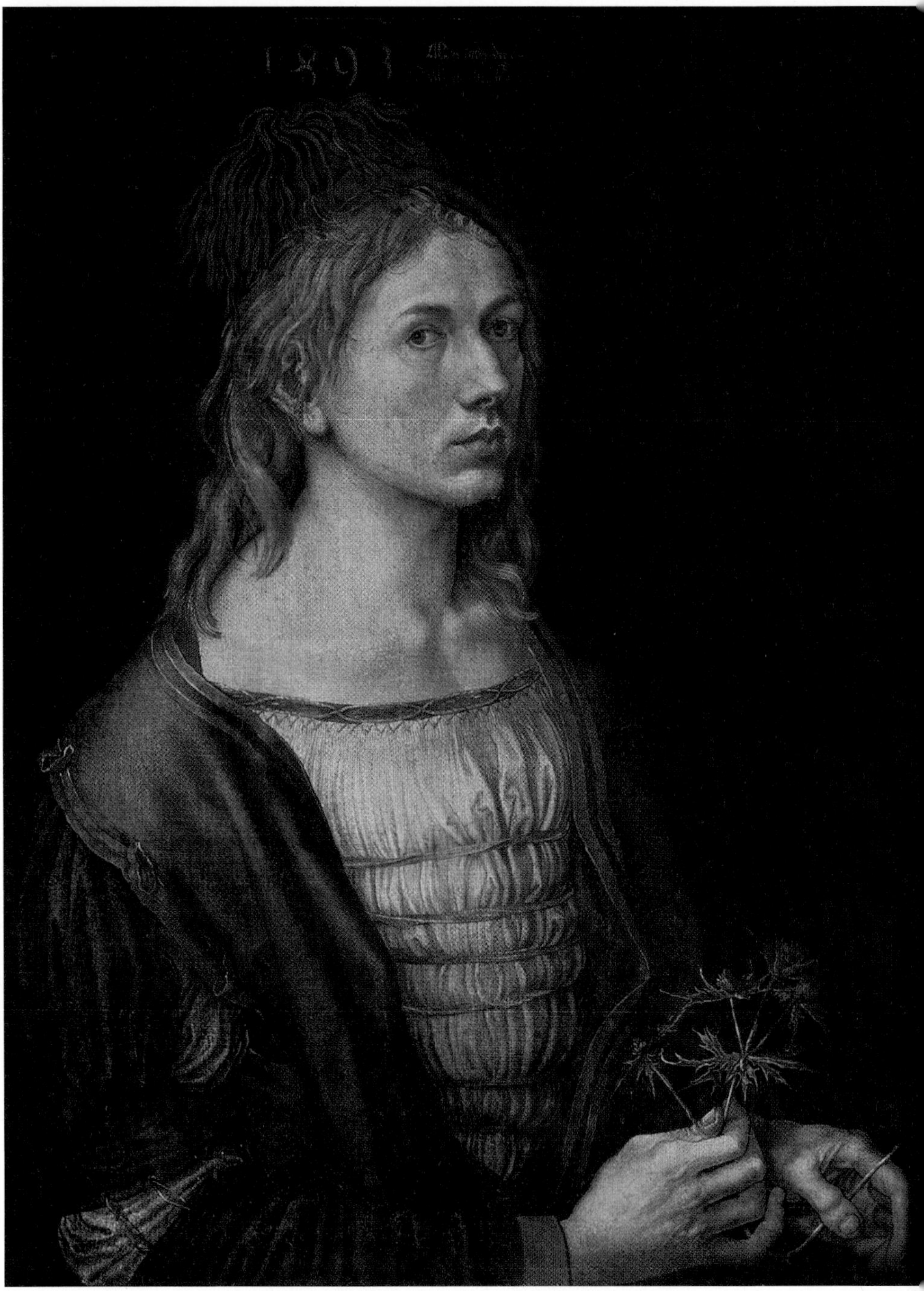

알브레히트 뒤러, 「에린지움을 들고 있는 자화상」, 캔버스에 붙인 양피지 위에 유채, 56×44cm, 1493, 파리 루브르 박물관

그림이 장래의 부인에게 부칠 약혼 선물이었다고 한다. 만약에 그렇다면, 뒤러로서는 매우 특이하게도 그것에 대한 기록이 없을 뿐 아니라, 그림 속 글귀도 좀 이상해진다. 날짜 옆에 그는 애매한 선언을 적어 넣었다. "나의 사명은 높은 곳에서 주어진 것이니", 또 다른 해석으로 "나의 사명은 별 속에 새겨진 것과 같으니"가 그것이다. 이는 독실한 신앙심의 선언일 수도 있는데, 스스로를 겸허하게 낮추고 있는 듯하지만 그렇지 않다. 만일 신앙심이 아니라 결혼에 대한 선언이라면, 마치 뒤러가 누군가 주선한 결혼에 억지로 끌려가 그리 내키지 않는 결혼을 해야 한다는 인상이 강하다. 여하튼 이 글귀와 이미지를 결부시키는 것은 매우 어렵다. 그 이유 중 하나는 얼굴 표정에 드러난 느낌을 읽어내는 것이 거의 불가능하기 때문이다. 어떤 이는 허영심 말고는 어떤 것도 읽을 수 없다고 했는데, 만일 "이 그림이 사랑을 말하고 있다면, 그것은 자기애일 것"이라는 주장이다.[5] 옷에 대한 애정이나, 상징과 식물에 대한 사랑, 이 정도가 그림에서 읽을 수 있는 전부다. 자기 자신에 대한 느낌에 대해 뒤러의 표정은 아무것도 말해주지 않는다. 무정무심의 표정은 마치 에린지움에 대한 연구를 할 때처럼 객관적이기 그지없다.

뒤러의 모든 판화를 소장했던 괴테는 뒤러의 에너지를 "나무로 깎은 남성성"이라는 말로 칭송했다. 판화에는 물론 그것이 나타나 있지만, 스물두 살의 자화상이나 4년 뒤의 프라도 초상화에 담긴 뒤러의 모습에는 남성적인 점이 전혀 없다. 의상은 일부러 묘사하기 어려운 것으로 선택했는데, 흑백 줄무늬와 사슴 가죽 장갑(뉘른베르크의 특산)까지, 그것은 음유시인의 것 같기도 하고 옵아트를 적용한 의상 같기도 하다. 화가는 자신을 그려내되, 장갑 낀 모습으로 제시해 그가 손을 써 노동하는 인물이라는 생각을 불식시켰다.

뒤러는 이 자화상에서 자신이 초상화를 그렸던 후원인처럼 화려하게 차려입었을 뿐 아니라 그들과 같은 자세를 취해 사회적 지위를 한껏 뽐내

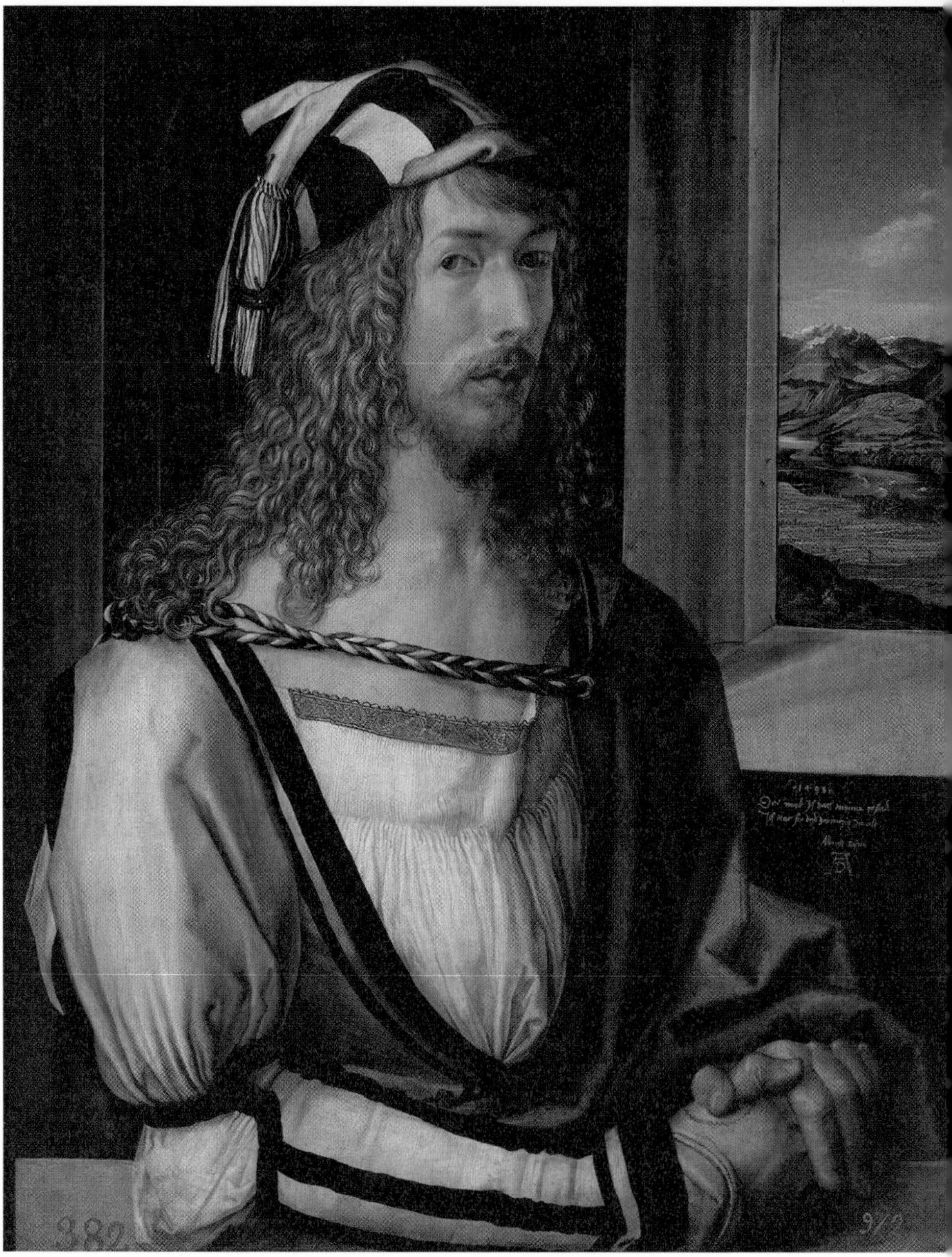

알브레히트 뒤러, 「장갑을 낀 자화상」, 52×41cm, 1498, 마드리드 프라도 미술관

고 있다. 그는 이즈음 베네치아에서 명망 있는 화가로 활동하고 있었고, 이후 베스트셀러가 되는 판화집 『아포칼립스』를 출판했으며 벨리니의 칭송도 얻었다. 그가 입고 있는 옷은 성공의 보상이자 증거이며 뒤에 창 너머로 펼쳐진 이탈리아의 풍경도 이와 잘 어울린다. 이 그림의 핵심은 조화다. 연륜, 재력, 도회적 스타일, 자신을 마치 제삼자를 그린 초상화처럼 예술품으로 그려낸 인물 등이 모두 어우러져 있다. 그림에 "나는 이 그림을 내 모습을 바탕으로 스물여섯 살에 만들었다"라는 글귀가 있어 자화상임을 알려주는데도 불구하고 이 그림은 '풍경을 뒤로한 귀족'이라는 제목이 떠오르는 초상화에 더 가까워 보인다. 근엄하며 사회적 지위를 암시하는 듯한 얼굴에서는 두 눈에 드러난 약간의 긴장감 말고는 어떤 것도 드러나지 않는다. 영국의 미술사가 존 포프헤네시를 질리게 한 "바리새파 사람 같은 자기 존중"과는 한참 거리가 멀게도, 미간이 좁은 두 눈은 일말의 쾌락도 담고 있지 않다. 자기를 드러내지도 않고, 내면에 대한 암시도 찾아 볼 수 없다. 만일 옷이 그 사람을 만든다고 믿는다면 이 사람이 꽤나 겉치레를 즐기는 사람이라고 결론 내릴 수 있을 것이다. 하지만 뽐내는 듯한 옷차림과 아무것도 보여주지 않는 얼굴 간의 모순은 너무도 분명하여 존재의 외부와 내부는 거의 단절되어 보인다. 뒤러는 이 그림에서 스스로를 주인공으로 삼지만, 주관성은 절대로 이 그림의 주제가 아니다. 이 그림은 마치 스스로를 그림 속으로 스며들게 해, 이전까지의 회화 관습을 조정한 것 같다. 그래서 그는 스스로를 제삼자, 즉 세련된 유행을 따르는 남자이며 여행객이자 초상화의 모델이 될 때는 장갑을 낄 줄 아는 어떤 남자로 얘기할 수 있게 되었던 것이다. 뒤러는 그림과, 그림 제작, 그리고 어떻게 그것을 혁신할 것인가에 대해 늘 생각하고 있었다. 1500년에 모든 자화상 중에서 가장 완벽하게 자신을 '회화화'한 그림을 그렸을 때와 마찬가지로.

1500년, 밀레니엄의 중간 지점이자 비록 그 자신은 몰랐을지언정 뒤러로서도 정확히 인생의 절반을 넘기던 시기에 그린 이 그림은 독일 르네상스의 신기원을 이룩한 작품이자 독일 회화의 승리를 알리는 대표작으로 독일의 평자들에게 칭송받고 있다. 명성에 민감한 사람으로서 그는 자화상을 그리기에 앞서 자신의 이미지를 미리 상상해 보았을 것이며 그 이미지는 매우 세부적인 데까지 '계획돼' 있었을 것이다. 학자들은 뒤러가 독일 인문주의자 콘라트 첼티스의 새 책 권두에 인쇄된 이미지를 보고 있었고,[6] 거기에서 자화상의 문구와 이미지에 대한 영감을 얻었을 것이라고 주장한다. 어쨌든 로마자 문구와 정면을 응시하는 시선, 대칭적으로 잘라내고 프레임으로 묶어놓은 인물 배치는 뒤러가 내보이고 알리고자 했던 모습, 분명히 권위 있는 얼굴로 보인다. 이 그림은 다른 많은 자화상처럼 집에서 가족과 함께 조용히 머물러 있기 위한 그림이 아니었다. 완성되고 몇 달 안에 적어도 한 번 이상의 의례적 감상회를 통해 여러 사람이 이 그림을 보았음에 틀림없다. 독일의 국민 시인 첼티스는 그해가 가기 전에 이미 그 그림을 칭송하는 시를 출판했다.

뒤러는 인간으로서의 자신을 성상으로 탈바꿈하기 위해 어디까지 가야 했을까? 열세 살에 그린 자화상부터 이전의 자화상에서는 시간의 흐름을 따라 조금씩 변하는 한 사람의 이미지를 볼 수 있었다. 하지만 이 그림과는 좀 다른 모습이었다. 뒤러가 어렸을 때만 하더라도 독일의 거울은 섬세하지 못했다. 그것은 뒷면에 납을 입힌 양철 조각에 불과했고, 대부분은 공 모양이었다. 반면, 뒤러가 성인이 된 뒤 구입할 수 있었던 베네치아의 분유리 거울은 비교적 섬세했다. 하지만 여전히 1500년의 얼굴이 윤곽이 더 부드럽고 눈빛은 덜 또렷하며 머리카락은 이전과 다른 색깔이다. 선진적인 미술에 대한 뒤러의 관심이 어느 정도였는지 알고 싶다면 그의 머리카락을 보면 될 것이다.

스물두 살의 자화상 속 머리카락은 흐트러져 있지만 부드럽게 빗어 내려져, 사실적으로 그려진 스물여섯 살 자화상의 머리와 거의 같은 머리임을 알 수 있다. 하지만 1500년이 되면 그의 머리는 전혀 자연스럽지 않다. 그것은 인간의 머리라기보다는 마치 왈라키아 양의 구불구불한 털 같다. 아니, 그보다도 금속 실로 꼬아놓은 것 같다는 편이 더 맞을 듯하다. 뒤러는 깃에 닿을 듯한 길이가 유행이던 시절에 긴 머리를 해 놀림을 받았지만 지인이 "날렵하게 만들어졌다"라고 놀린 콧수염과 함께, 단 몇 구절만 살아남은 익살 시에서 "숱이 많은 수염쟁이 화가"라고 스스로 표현했던 기묘한 머리 모양에 깊은 자부심을 갖고 있었다. 사람이 많이 등장하는 종교화에 지나치는 인물로 뒤러가 나오더라도 이 히피 같은 머리 타래 때문에 바로 그를 알아볼 수 있었을 것이다. 하지만 1500년 자화상의 경우만큼 머리가 긴 적은 없었으며 그만큼 초자연적으로 구불거리며 꼬여 있던 적도 없었다. 이것은 환상의 머리여서 꼼꼼한 법의학자라면 뒤러가 죽은 이틀 뒤 은제 성물함에 보관한, 현재 빈에 있는 그의 실제 머리칼과 비교해 1500년 자화상의 머리카락이 비현실적이라고 할 성 싶다.

뒤러는 자신의 특이한 머리카락과 기묘한 광채를 정확히 재현해 그의 동시대 사람들은 그가 마술로, 아니 적어도 마술 붓으로 그렸을 것이라고 믿었을 정도였다. 뒤러가 자신의 그림을 질투심 없이 볼 수 있는 베네치아 유일의 화가라고 했던 벨리니조차도 눈부신 머리카락 묘사에 대해 뒤러가 분명 한 번에 여러 올의 머리카락을 칠할 수 있는 특별한 붓을 가지고 있을 것이라고 했다. 이에 뒤러는 특별히 벨리니 앞에서 자신의 견고한 손재주를 선보였다고 한다. 하지만 헤아릴 수 있을 듯하게 한 올 한 올의 머리카락을 묘사한 재현의 힘에 반하는 것은 극단적이면서 동시에 여러 방면에서 완전히 다른 인위성이다. 머리는 그림의 구도 및 인물의 비율상 정점을 이루고 있는데, 어쩌면 그것은 의례 때 쓰는 관 같기도 하고, 베일처럼 보이기도 한다. 또한 머릿결에서 나는 빛은 아우라나 후광처럼 초자연적인 무엇인 것 같다.

물론 초상화의 머리는 성상 속 그리스도의 머리를 암시한다. 특히 뒤러가 흠모해 마지않았다던 반에이크가 그린 성상과 닮아 있다. 하지만 뒤러 시대의 사람들은 이 그림을 보았더라도 그리스도와 비슷한 모습에 그다지 놀라지는 않았을 것이다. 쾨르너는 당대인들이 수많은 성상을 접한 대신 초상화는 많이 대하지 못했다는 사실에 근거해 이 그림이 당대 사람들에게 초상화가 아니라 하나의 성상으로 받아들여졌을 것이라고 주장했다.[7] 뒤러가 그리스도의 얼굴이 된 것은 사실 후대 독일 화가들에 의해서였다. 베로니카의 베일에 남은 예수의 이미지로 그려진 그의 자화상은 수많은 판화로 제작되었고 뒤러가 죽은 100년 뒤 게오르크 피셔는 「간음한 여인과 그리스도」에 뒤러의 모습을 새겼다. 그림의 정중앙에서 천상을 빛을 내며 뒤러는, 그리고 그의 자화상은 하나의 성물로서 오늘날까지 독일 회화의 성스러운 구세주로 남아 있다.

피셔의 매우 기괴한 그림은 전혀 어울리지 않는 스타일에 뒤러의 초상화를 오려붙인 듯한데, 원작에 단 하나의 중대한 수정을 가했다. 피셔의 그림 속 뒤러의 손은 은총을 내리고 있지만, 1500년 자화상 속 뒤러는 기도 시간에 장난치는 듯, 실제로 손가락으로 그가 무엇을 하는지 분명히 나타나지 않는다.

이런 식의 불분명함은 그림의 낯섦으로 이어진다. 얼굴의 무감한 표정만큼이나 인물의 자세는 신성하다고 보기 어렵다. 이 자세는 자화상을 성상으로 보는 것 역시 어렵게 한다. 그것은 어쩌면 상당히 관습적인 양식, 즉 '내가 여기에 있고, 나를 만든 손이 여기 있다'라는 공식을 반영한 자세로 스스로의 정체성을 드러낸 것일 수 있다. 그렇다고 그가 정확히 자신을 가리키고 있다고 보기도 어렵다. 또한 손가락으로 모피 옷깃을 만지작거리고 있는 동작은 아마도 그가 모피의 부드러움까지도 묘사할 수 있는 재주를 지녔음을 은근히 드러내는 것일 수 있다. 하지만 이 동작은 뭔가 매우 은밀하며 속된 인상을 주어 우리를 조롱하는 것 같다. 그가 의도하는 것이 무엇이든 간에 또한, 그가 손가락 사이로 느끼는 것이 무엇이든 간에 그것은 그의 얼굴과 바로 연결되어 읽혀야 한다. 하지만 그런 생각으로 그의 얼굴을 살펴도 얼굴은 좀처럼 답을 내주지 않는다.

만일 손이 하나의 기호—위를 향하고, 뒤러를 가리키며, 그래서 그의 재주를 지시하는 것—라면 그것은 그림이 어떻게 제작되었는가로 당신의 관심을 돌리는 기하학적인 기호가 될 수도 있다. 구도의 원리는 그림의 내용과 상당 부분 관련이 있다. 머리가 그리는 큰 A와 조응하는 로고의 작은 A는 단순히 우연의 결과가 아니다. A는 예술가artist이고, 예술가는 이미지이며, 그 이미지는 알브레히트 뒤러라는 인물이며 비교를 불허하는 예술의 화신을 구체화한 하나의 기호인 것이다.

---

뒤러는 1528년 성 주간에 죽음을 맞는다. 뒤러를 흠모하는 이들에게는 의미심장한 시간이 아닐 수 없다. "인간 뒤러, 그의 모든 것이 이 무덤 아래 덮이다"라는 비명이 화가의 무덤 위에 놓였다. 그리고 그가 죽고 이틀 뒤 한 줌의 머리카락이 잘려 화가의 조수였던 한스 발둥에게 건네졌다. 땅에 묻히고 사흘이 지난 뒤 그를 흠모해 마지않았던 학생들은 뒤러의 사면死面을 뜨기 위해 무덤을 열었다. 또 다른 우연이라면, 19세기 뒤러의 광신도들이 뒤러의 신성한 머리 비율을 측정하고 싶어서 무덤을 다시 열었을 때 뒤러는 사라지고 대신 죽은 지 얼마 되지 않은 판화 제작자의 시체를 발견했다는 점이다.

뒤러가 1500년의 자화상을 그리지 않았다면 오늘날까지도 이어지는 뒤러에 대한 미증유의 흠모는 그 대상 이미지를 갖지 못했을 것이다. 그가 죽었을 때 뉘른베르크의 거리를 따라 이어지던 장례 행렬도 그 추모의 이미지를 갖지 못했을 것이다. 마찬가지로 19세기, 뒤러처럼 머리를 길게 길러 알브레히트-뒤러리스텐Albrecht-Düreristen이라고도 불렸던, 그리고 1년에 한 번 뒤러의 생일을 함께 모여 기념했던 나사렛파 독일 화가들도 그들의 제단을 장식할 이미지를 갖지 못했을 것이다. 1840년 뉘른베르크의 루트비히 왕이 뒤러를 기념하기 위해 세운 청동상의 모델도 없었을 것이며, 마치 작은 에펠탑처럼 뉘른베르크의 기념품으로 불티나게 팔리는 뒤러의 미니 청동상도 탄생하지 못했을 것이다.

뒤러의 천재성이 발현된 작품으로는 떨고 있는 산토끼를 그린 수채화나 독일 투구를 쓴 채로 악마에게 공격받는 사람을 그린 「기사, 죽음, 그리고 악마」, 우의적 상징으로 가득한 가운데 다소 침울한 얼굴을 하고 앉아 있는 천사를 그린 신비로운 느낌의 「멜랑콜리아」 등 다른 것들도 많이 있다. 하지만 자신을 성상으로 내세운 1500년의 자화상만큼 인간으로서, 예술가로서의 뒤러를 훌륭하게 드러낸 작품은 다시없을 것이다.

성상은 경탄할 만한 것이어야 하며 차가우면서도 찬란한 카리스마를 지닌 이 그림도 그렇다. 뒤러는 우리 앞에 있지만, 신성만큼이나 경원시되며 완전히 해독되기 어렵다. 뒤러는 그의 얼굴을 통해 그와 우리 사이에 절대 훼손되지 않는 일종의 파사드 이미지를 마련해 놓았다. 어떤 이는 거기서 그의 생김새를 볼 수도 있고, 그가 자신을 그리고 예술을 창조하기 위해 부린 뛰어난 재주를 볼 수도 있을 것이다. 하지만 그 앞에서 주눅이 들든 아니면 그 아름다움에 매료되든, 그의 자화상 앞에서 느끼는 모든 것은 결국 자신의 것이지 뒤러의 것은 아니다. 화가는 여전히 닫힌 물음으로 남아 있다. 그리고 뒤러의 그림이 자화상의 전통을 확립한 것임에도 불구하고 절대 그 정체를 직접적으로 보여주지 않는다. 1500년의 자화상 같은 그림은 오로지 이것 하나만 존재한다. 아무도 이런 그림을 그릴 엄두도 못 낼 것이고, 실제로 그릴 수는 더더욱 없을 것이다. 그것은 자화상의 알파요 오메가다.

4.

# 모티프, 수단, 기회

## 화가들이
## 자화상을 그린 이유

나는 나의 업적을 적지 않는다. 단지 나 자신과 나의 정수精髓를 적을 뿐이다.

_미셸 드 몽테뉴

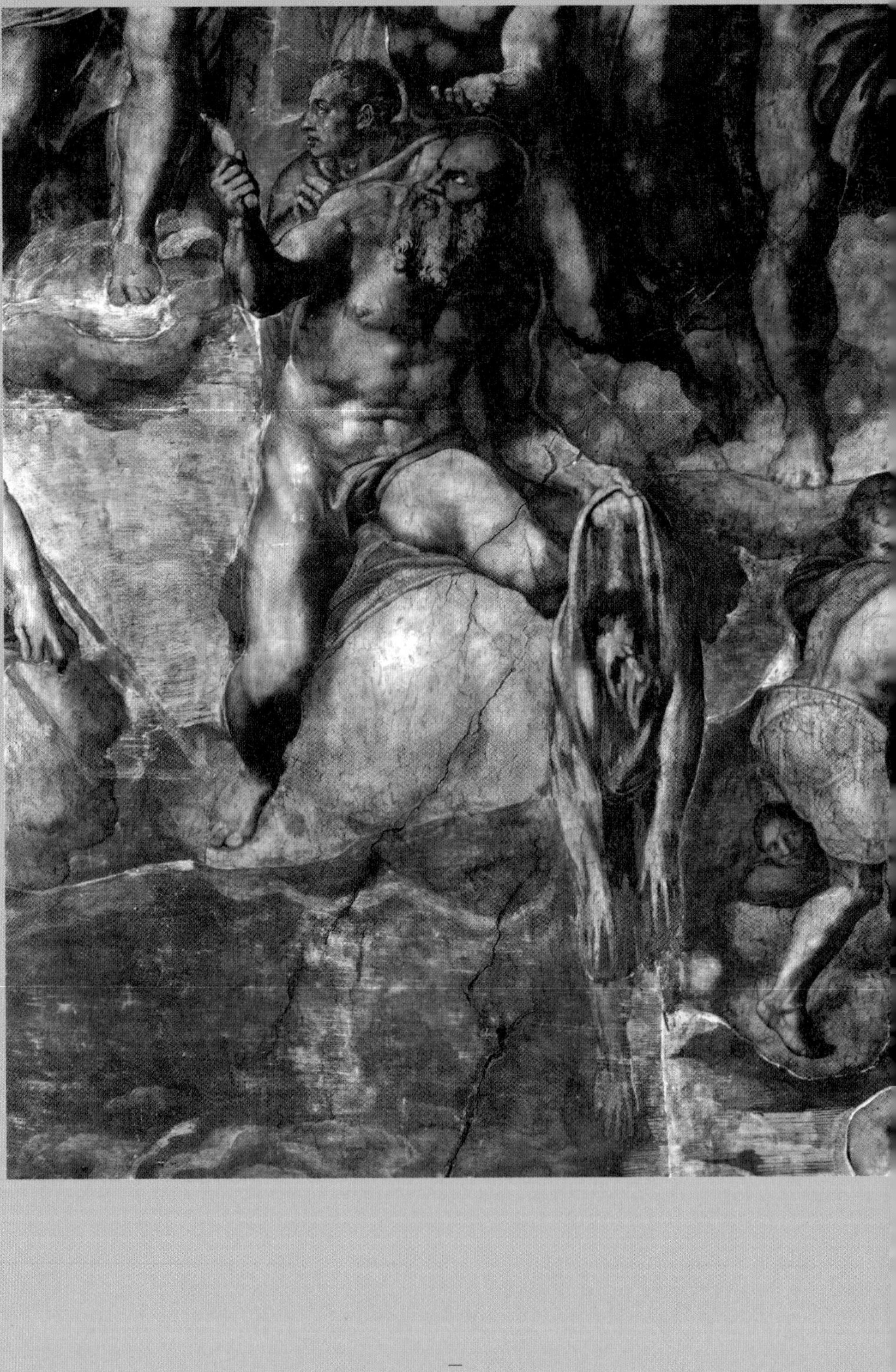

—
미켈란젤로 부오나로티, 「최후의 심판」의 세부, 1538~41년경

「최후의 심판」의 정중앙, 예수 그리스도의 손이 닿을 정도로 가까운 곳에서 미켈란젤로는 자신의 모습을 드러낸다. 그는 관자가 목을 꺾어 봐야 하는 시스티나 예배당의 오목한 천장화가 아니라 제단화 바로 위의 평평한 면, 바로 거기에 있다. 창조주가 아담에게 생명의 기운을 불어넣는 순간으로 시작해 창조의 여명을 그린 화가가 그 신을 직면하는 마지막 순간에 등장하는 것이다. 게다가 늘어진 거죽이 그가 드러낸 모습의 전부다. 그것은 샤무아 가죽처럼 흐늘거리며 한 성인의 손에 매달려 있다. 거기 있지만 거기 있지 않은 미켈란젤로. 그는 이제 그를 둘러싼 거죽 이상이 아니며, 자신이 가진 신앙심 때문에 순교당한 바르톨로메오의 벗겨진 살갗으로 자신을 드러낸다. 예수를 오연하게 바라보고 있는 바르톨로메오—사람들은 이를 세상과 홀로 분투할 만큼 영웅적 화가였던 미켈란젤로로 많이 오해하곤 한다—가 근육질의 영웅적인 인물로 묘사된 데 비해 화가는 고무 마스크가 달려 있는 늘어진 코트 자락으로밖에 묘사돼 있지 않다. 미켈란젤로가 이런 미미한 모습을 하고 있었어도 당대인들은, 물론 오늘날의 관자들도 마찬가지지만, 그를 당장에 알아볼 수 있었다.

그는 초상화를 경시했다고 한다. 제임스 보즈웰이 존슨 박사의 전기에서 그를 묘사하면서 모방하고자 했던 "한 올 한 올의 머리카락과 얼굴에 있는 점 하나까지 놓치지 않고 묘사하는 플랑드르 스타일"의 초상화는 특히 더 경멸했다. 피렌체 화가 미켈란젤로에게 이런 그림은 단순히 속되기 그지없는 사실을 있는 그대로 모방하는 것에 지나지 않았다. 이탈리아 르네상스의 총아였고, 메디치 빌라의 정원에 놓인 고대 조상에 몰두하는 고전 연구자였던 미켈란젤로는 완벽의 시학, 이상적인 형태, 인간의 거죽 너머에 존재하는 영혼의 초월성을 굳게 믿고 있었다. 그를 매우 잘 알고 있었던 바사리는 미켈란젤로가 초상화 의뢰를 "예외적으로 아름답지 않다면, 살아 있는 어떤 것도 그리지 않겠다"라며 거절했다고 기록했다. 그래서 로렌초와 줄리아노 메디치의 조상을 조각해야 했을 때 그는 확실히 이 둘이 태어날 때 갖추지 못한 이상적인 아름다움을 덧붙여 작품을 완성했다고 고백했다. 기실 메디치 예배당에 늘어서 있는 이들 조상은 인간이라기에는 너무도 완벽하다. 그래서 당대 비평가들이 이 조상이 실제 인물을 전혀 닮지 않았다며 작품을 혹평했을 때 미켈란젤로는 천년이 흐른 뒤 누가 메디치 인사들의 생김새에 대해 신경이나 쓰겠느냐며 일침을 놓았다고 한다.

이런 식의 미화는 예술가 자신에게는 해당하지 않는다. 늘 엄청난 상상력으로 빚은 작품을 선보였던 미켈란젤로의 예술에 대한 찬양은 종종 사람들이 만들어낸 화가의 모습에 대한 찬양으로 이어지곤 했다. 미켈란젤로는 찰턴 헤스턴이 영화 「고뇌와 환희」에서 근육질의 화가로 분하기 훨씬 전에, 바사리가 그를 근육질의 천재로 묘사한 밑그림에서부터 이미 예술계의 슈퍼맨이 될 위기에 처했던 것이다. 하지만 미켈란젤로는 시스티나 예배당의 자화상에서 이런 전설에 전혀 개의치 않았다. 오히려 그 반대다. 여기서 그는 자신을 완전히 힘이 '없는' 한 사람으로 제시했다.

자화상에서 미켈란젤로는 겉으로 보이는 모습보다는 내적인 영혼에 늘 관심이 많았다. 대리석으로 만든 피에타에서 예수의 시체를 지탱하는 것을 돕는 니코데모바리새인으로 고대 유대 의회 의원이었다. 예수의 숨은 제자로, 예수가 십자가에서 죽은 후 아리마대 요셉과 함께 예수를 매장했다고 알려져 있다.의 모델로서, 미켈란젤로는 겸손하게 머리를 숙이고 기도하는 구체적인 모습으로 자신을 조각했다. 반면 「최후의 심판」에 흐느적거리는 거죽으로 등장한 그는 전혀 그런 구체적인 모습이 아니다. 하지만 화가들의 자화상에는 바로 그 주인공을 알아볼 수 있는 특징적인 요소가 반드시 있기 마련이다. 예컨대 반 고흐의 상처 입은 귀나 달리의 날렵한 콧수염, 미켈란젤로의 부러진 코 따위가 그것이다.

동료 화가였던 피에트로 토리자노는 수년간 이어진 미켈란젤로의 독설을 참지 못해 그와 싸움을 벌였고, 화를 참지 못해 미켈란젤로의 코뼈를 부러뜨렸다고 한다. 미켈란젤로는 그 사건에 대해서는 아니지만 다친 코를 자주 입에 올렸고, 나중에 짓게 되는 긴 소네트 연작에서 한 차례 이상 그 못생긴 코에 대해 언급했다. 물론 이 부러진 코는 늙어서까지 유지했던 권투 선수 같은 체격과 우락부락한 표정에 어울리지만, 무엇보다 우유 한 잔과 함께 줄과 망치를 들고 작업에 임하며 남을 주눅 들게 했던 불같은 그의 성정과도 딱 맞아떨어진다. 미켈란젤로의 코는 그의 상징이며, 그리하여 시스티나 벽화에 거의 형체를 알아볼 수 없는 마스크만으로도 이것이 미켈란젤로의 자화상임을 알아볼 수 있게 하는 요소다.

미켈란젤로가 「최후의 심판」을 완성했을 때의 나이는 60대 후반으로 죽음과 육신의 부활, 종말과 죄의 용서와 벌 등에 대해 숙고할 수밖에 없었던 시기였다. 그는 이 시기 종종 영혼의 부활을 꿈꾸며 추악한 육신에서 탈피해 인생의 고통을 떨쳐버리는 것에 대해 적었다. 신의 은총을 바라며 적은 소네트 302장에서 그는 십자가 위 예수의 희생을 회상하며 다음과 같이 적는다.

당신은 육신을 벗고, 영혼을 입습니다.

당신의 피는 육신의 죄를 용서하고, 그것을 정결하게 합니다.
죄와 인간적 충동 모든 것이 그 안에서 깨끗해집니다.[1]

그리고 그의 자화상은 살을 벗고 다시 태어나기 바라는 면죄에 대한 갈구를 그대로 보여준다. 바로 몸이 벗겨지는 경험을 그대로 시각화한 것이다. 이전 자기의 껍데기, 영혼이 날아가버린 그 모습으로 미켈란젤로는 여기 있다. 한편 여기서는 온전한 코를 가진 바르톨로메오의 모습에서 알 수 있듯 육신의 부활을 경험한 그도 발견할 수 있다. 여기서 중요한 점은 성인이 버려진 넝마 껍데기와 대조되는 고귀하고 이상적인 모습으로 그려졌다는 것이다.

이런 변화를 이루게 한 것은 그리스도의 설교를 들은 그 순간 바로 자신의 죄를 회개한 바리새인 니코데모가 지녔던 바로 그 염원이었다. 요한복음서에서 니코데모는 그리스도에게 "늙은이가 어떻게 다시 태어날 수 있습니까"라고 묻는다. 이에 대해 그리스도는 직접적으로 답하지 않고, 그가 다시 "태어나야만 한다"라고 얘기해 준다. 미켈란젤로 역시 자신의 소네트에서 비슷한 질문을 한다. "어떻게 구원받을 수 있습니까? 죽음은 너무도 가까이, 신은 너무도 멀리 있지 않습니까?"라고. 구원에 대해 확신할 수 없는 니코데모와 마찬가지로, 미켈란젤로는 낙관할 수도, 절망할 수도 없다. 왜냐하면 이 둘은 모두 소망에 어긋나는 죄이기 때문이다. 단지 소망만이, 소망과 기도만이 전부일 뿐이다.

10세기 한 줌의 파편으로 로마에 되돌려진 바르톨로메오 성인의 유골(이라고 알려진 것)은 시스티나 예배당과 매우 가까운 한 교회의 제단 아래 보관되었다. 그의 피부는 옷감처럼 얌전히 접혀 있었다고 전한다. 하지만 송장을 해부하고 내부 구조를 연구하기 위해 피부를 벗겨낸 경험이 있는 미켈란젤로는 사람의 거죽이 코트처럼 다른 조직과 분리될 수 없다는 것을 알았을 것이다. 「최후의 심판」에서 흔들거리는 가죽은 창조주에게 맞

닿을 듯 말 듯 손가락을 뻗고 있는 아담의 불가능에 가까운 자세만큼이나 전혀 사실적이지 않다. 해부에 대한 미켈란젤로의 이해는 지식과는 다르다. 오히려 레오나르도처럼 그것은 열정적인 믿음에 더 가깝다고 해야 할 것이다. 또한 플랑드르 화가들의 눈에 이것은 결코 초상화라고 할 수 없을 만큼 인물의 용모를 담고 있지 않다. 하지만 적어도 거죽에 달린 얼굴은 희미하게나마 어떤 감정을 담고서 다소 침울하게 옆으로 고개를 돌리고 있다. 또한 미켈란젤로의 염원을 드러내기 위해, 육신의 부활이라는 경험을 얻기 위해 이 초상화는 어디까지나 미켈란젤로의 것이어야 했다. 미켈란젤로는 완전히 아름다운 성상의 이미지로 자신을 묘사한 뒤러의 경우와는 달리 회개하는 죄인의 거죽으로 신에게 자신을 바치고 있다.

시스티나 예배당의 이 이미지를 본 사람이라면 그 누구도 화가의 목적이 단순한 자기 묘사에 있었다고는 상상할 수 없다. 미켈란젤로는 최후의 심판의 순간에 천국과 지옥의 중간에서 신에게 자신의 구원을 청하고 있는 것이다. 성인과 거죽 사이의 차이는 바로 이상화된 예술가 미켈란젤로와 부러진 코를 한 인간 미켈란젤로의 차이에 대응한다고 생각할 수도 있다. 인간 미켈란젤로는 개가죽으로 만든 각반을 몇 달이고 계속 차고 다녀 그 각반을 벗었을 때 자신의 피부도 같이 벗겨질 정도의 고집쟁이였으며, 육신은 신의 위대한 영광을 위해 일할 때나 필요하다고 믿었던 노인네였다.

자화상이 미술사의 전통에서 서명의 일종으로 받아들여져왔음에도 불구하고, 사람들은 이것이 단순히 '서명'으로 해석될 수 있다고는 생각하지 않는다. 자화상은 그림 가장자리에 원작자를 표시하기 위한 방법으로 시작되었고—화가들은 그저 익명의 기술자가 아닌 화가로서 보여야 했다—직접 자신의 예술을 홍보하는 방법으로 발전했다. 자화상의 제작은 거울과 안료의 발전과 함께 더 보편화되었으며, 고객층의 다변화와 그에 따른 경쟁의 심화로 인해 화가가 자신을 홍보할 필요성은 더 커졌다. 자화상이 그림 속 인물의 무리 가운데서 탈출하기 이전, 즉 '나'의 이미지가 되기 이전, 화가는 단지 그곳에 증인—보조적 역할로서의 자화상—으로밖에 설 수 없었다. 그리고 그것은 바로 한 사람의 이미지로 그림에 서명하는 중요한 방식이기도 했다. 자화상의 역사는 그것의 기원으로 마사초의 1425년 작, 브란카치 예배당 그림에서 그리스도를 보는 마사초를 언급한다. 또한 한 세기쯤 뒤에 라파엘로가 그린 「아테네 학당」에서 프톨레마이오스, 조로아스터와 대화를 나누는 라파엘로도 언급된다. 이 화가들은 자신을 홍보하는 것 말고 다른 데에는 별로 관심이 없어 보인다. 물론 이 사이에 알브레히트 뒤러의 자화상 같은, 시대와 어울리지 않게 너무 앞선 감이 있는 자화상도 있다.

뒤러의 자화상이 그 자체의 의미를 갖는 최초의 자화상인지를 분명히 말하기는 어렵다. 당시의 작품들이 거의 현존하지 않기 때문이다. 이런 가운데 르네상스 이전에는 스스로를 그림으로 그리고자 하는, 또는 어느 정도 자의식을 갖고 스스로를 그린 화가들이 없었을 것이라는 고집스런 생각은 당시 사람들은 자화상을 그릴 자아가 없었다든가, 자아라는 개념 자체가 아직 발명되지 않았던 시대의 사람들이라는 생각과 비슷하다. 이런 생각은 미술사가들의 아버지라고 불리는 야코프 부르크하르트에게서 비롯된 것이다. 하지만 르네상스를 근대적 자아 개념이 마침내 중세의 집단적 자아 정체성에서 탈피한 순간이라고 보는 부르크하르트의 생각은 그림만 보더라도 문제가 많음을 볼 수 있다. 지금은 유실되었지만, 고대 그리스의 위대한 화가 아펠레스의 자화상이나 죽음과 자아에 대해 숙고하는 듯한 반에이크의 자화상까지, 르네상스 이전에도 근대적 의미의 자화상은 얼마든지 찾아볼 수 있기 때문이다. 반대로 르네상스 시기 이후에도 군중 속에 화가의 얼굴을 끼워 넣는 회화 전통은 사라지지 않았다. 모든 자화상의 전통은 그야말로 끊임없이 순환할 뿐이다. 프란스 할스는 17세기 암스테르담 자치 도시의 시민들 가운데 서 있고, 벨라스케스는 「브레다에서의 승리」에서 군중 속에 있다. 에두아르 마네는 「튀일리 공원의 음악회」 속 군중 가운데 섞여 음악을 감상하고 있다. 또한 영국 조각가 마크 퀸이 고무로 자신의 피부인 것처럼 제작한 설치물은 여전히 그의 특징을 간직한 채, 껍질을 벗긴 바나나처럼 거꾸로 천장 고리에 걸려 있는데, 그 속은 마치 후디니가 도망쳐 버린 것처럼 완전히 비어 있다(작품 제목은 「탈출 방법이 보이지 않는다No Visible Means of Escape」다). 퀸은 500년 전의 미켈란젤로처럼 자화상에서 자신의 영혼을 자유롭게 놔주고 있는 것이다.

증인으로서의 화가에서 신심이 깊은 화가, 직업 화가로 발전하는 과정에서도 자화상은 매우 복잡한 기원과 모티프를 가진다. 자화상은 연서로, 자비를 구하는 청원으로, 특정인이나 미술계 전반에 대한 저항으로서 제작되었다. 또한 그것은 후원자에 대한 반항이나 악령을 쫓아내는 주술이라는 모티프를 가지기도 한다. 프란츠 사버 메서슈미트는 '대칭의 정신the Spirit of Symmetry'을 쫓아버리기라도 하는 듯 한껏 찡그린 충격적인 청동 두상을 제작했다.[2] 또한 자화상은 단순히 광기나 분노에 의해 창조되기도 한다.

몬테 올리베토의 수사들이 소도마를 고용해 그들의 성인인 베네딕토의 첫 번째 기적을 다룬 프레스코화를 그리게 했을 때, 소도마는 말, 개, 기니피그, 오소리, 백조, 그리고 사람들이 문을 두드릴 때마다 재미있는 욕설을 소리치도록 가르쳐놓은 큰 까마귀와 함께 그곳에 도착했다. 소도마는 이 동물들을 돌봐줄 것과, 자신과 조수들이 입을 수많은 의복들—피렌체식 스타킹, 새 구두, 작품을 주문하러 왔을 때 밀라노의 귀족이 입었던 화려한 노란색 외투까지—도 구비해줄 것을 수도원에 요청했다. 수사들은 소도마가 머무르는 동안 지출한 비용을 기록해두었는데 거기에 화가를 광대라는 뜻의 '일 마타초Il Mattaccio'라고 언급했다. 소도마는 이 수도원에서 3년간 머물렀다.

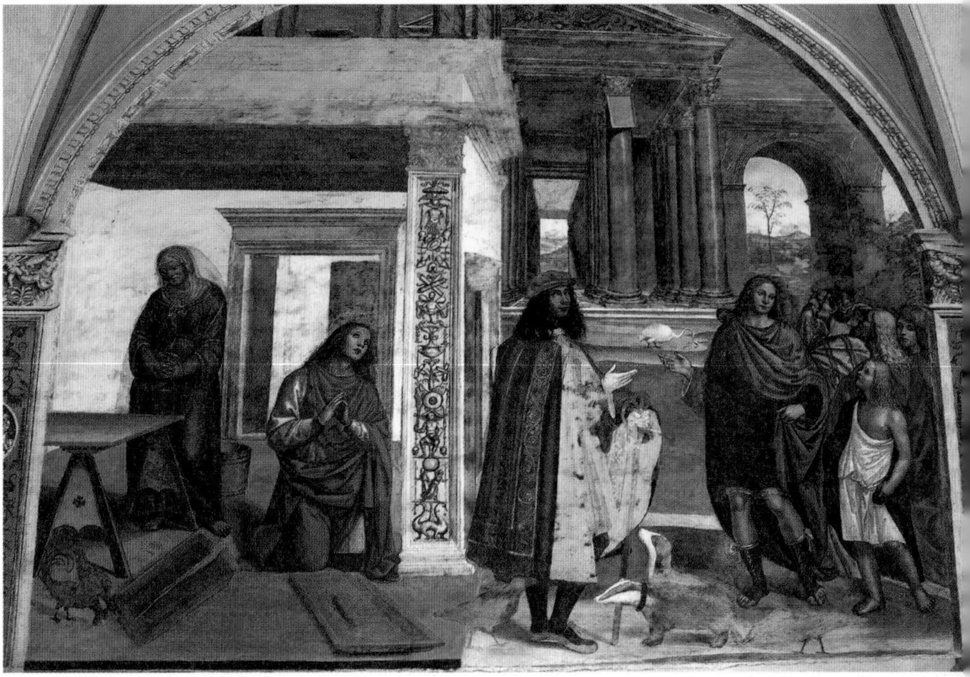

조반니 바치(일 소도마), 「베네딕토의 첫 번째 기적」의 세부, 1502, 토스카나 몬테 올리베토 마조레

소도마는 유모의 부서진 쟁반이 성령의 힘을 입어 고쳐지기를 기도하는 소년 베네딕토를 그리기로 되어 있었다. 분명히 그림의 왼쪽에는 쟁반과 기도하는 베네딕토가 있고, 오른쪽에는 그를 축하하는 무리의 모습이 그려져 있다. 하지만 한가운데 밀라노풍 외투와 피렌체식 스타킹을 신고 다른 사람보다 훨씬 크게 자리 잡은 사람이 바로 화가 자신이다. 그 주위에 오소리, 백조, 까마귀 등이 마치 그가 아시시의 성 프란체스코인 것처럼 무리지어 있다. 멀리 뒤쪽에는 성령의 힘으로 고쳐진 쟁반이 걸려 있고, 소도마는 마치 자신이 이 기적을 이뤄낸 것인 양 '이것 좀 보라'는 듯 그 쟁반을 가리키고 있다.

이 그림을 화가 소도마를 완전히 배제하고 감상하기는 어렵다. 그는 단순히 보티첼리처럼 신심 때문에 그곳에 있는 게 아니다. 그는 단순한 증인으로서가 아니라 오히려 주요 등장인물로서 거기에 있다. 요란스런 화가의 존재에 지칠 대로 지친 수사들은 아마도 이 바보 같은 미치광이의 출연을 막을 수도 없었을 것이다.

사람들은 르네상스 시기의 화가들이 당시의 시대 분위기 속에서 모두 신앙심이 깊었을 것이라고 생각하곤 한다. 마찬가지로 어느 시대이든 성서 장면에 등장하는 모든 화가들이 항상 옳은 사람들 편에 등장해야 한다고 여기기도 한다. 하지만 카라바조의 경우, 그의 초기 자화상을 보면 그는 상당히 폭력적인 성서 장면에 등장하며 그 안에서 단순한 구경꾼도 아니고, 또한 선의 편에 서지도 않았다. 완전히 선하지 않았던 그는 언제나 어느 정도는 사건에 연루돼 있었다.

예를 들어, 카라바조는 수난 전날 밤 겟세마네 언덕에서 붙잡힌 예수를 그린 「끌려가시는 그리스도」에도 등장한다. 어둠 속에 희미하게 보이는 인물들은 마치 화포 바깥으로 쏟아져 나올 듯 매우 역동적으로 움직이고 있다. 이 가운데 그리스도만이 유일하게 정적인 인물이다. 마치 살인이라도 할 듯 몰아닥친 유다와 군사들의 오른편에서 왼편으로의 움직임 속에서 그리스도만이 이들에게 손목이 묶인 채 고요히 서 있다. 숨 막힐 듯 좁은 공간에 폭력적인 분위기가 가득한 가운데 카라바조는 맨 오른쪽에 이 장면과 그림 모두를 밝히듯 횃불을 높이 쳐들고 등장한다.

카라바조는 그리스도의 담대함과 고통에 빛을 비춰 우리에게 보여준다. 하지만 횃불은 그런 상투적인 상징에 그치는 것이 아니라 자화상 이상으로 서명의 의미를 갖는다.

「끌려가시는 그리스도」는 묵시 그 자체는 아니지만 빛에 의해 갑자기 정복당하는 어둠을 보여준다는 점에서 묵시의 '성격'을 가지고 있다. 카라바조는 이 무시무시한 연행의 현장 앞에 놀라 당황한 듯 입을 활짝 벌린 채

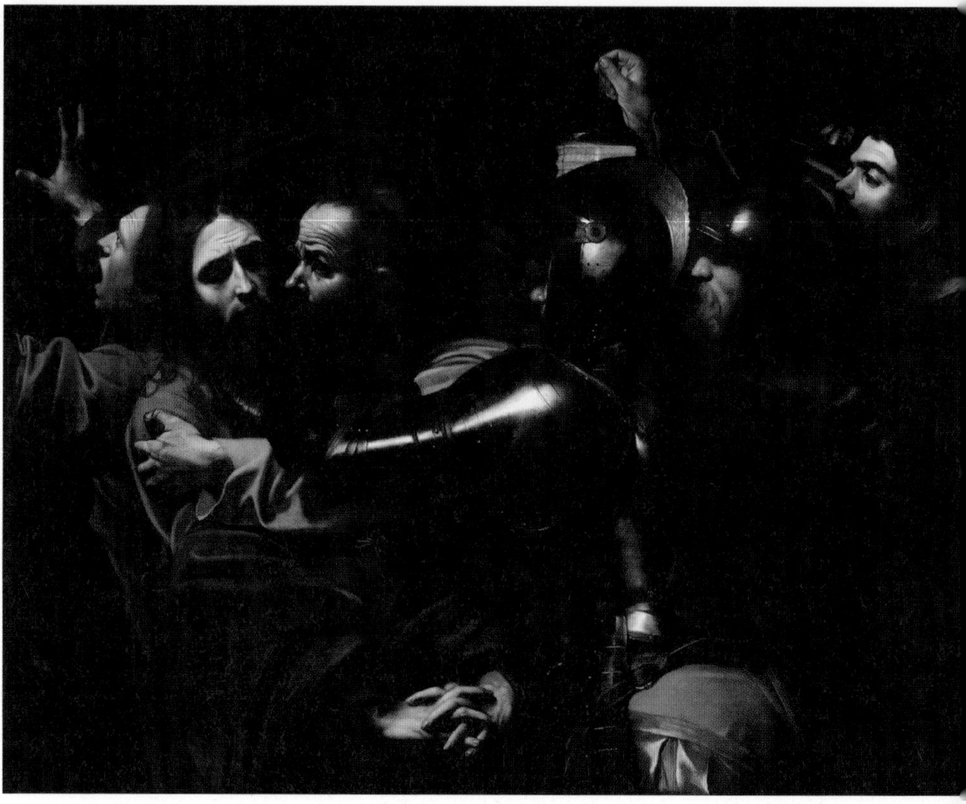

미켈란젤로 메리시 다 카라바조, 「끌려가시는 그리스도」, 캔버스에 유채, 133.5×169.5cm, 1602년경, 아일랜드 국립미술관

군사들의 머리 위로 이 장면을 굽어보는 옆얼굴의 인물이다. 그는 그림의 가장 바깥쪽에 서서 장면을 보려고 애쓰는 동시에 성서의 이야기를 우리에게 보여주고 있다. 이런 면에서 이 화가는 복음서의 저자라고 할 수 있다. 하지만 그가 들고 있는 횃불은 군사들을 이리로 이끌고 온 빛일 수도 있다. 이런 맥락에서 그는 또한 모종의 공범일 수 있는 것이다.

혹자는 이 자화상에서 후원자에 대한 저항을 읽기도 한다. 즉, 그림의 내용 하나하나를 모두 통제하려고 하는 후원자에게 '나를 있는 그대로 받아들여달라'라고 응수하는 방편으로 이해할 수 있다는 뜻이다. 분명, 카라바조의 작품들 가운데 절반 정도가 교회와 어울리지 않는다고 할 수 있다. 하지만 시작이 그러했다 하더라도, 그래서 그것이 이 그림의 모티프의 일부가 될 수 있을지라도, 필자의 견해로는 이 그림의 동기가 보는 이의 주의를 화가에게로 끌기 위한 것이라고는 생각되지 않는다. 이는 영혼의 공감을 그린 것이다. 카라바조는 모든 면면에서 이 장면에 끼어들고 있다.

화가들은 왜 자화상을 그릴까? 이런 질문은 초상화에는 해당되지 않는다. 군주, 철학자, 귀족이나 교황이 그림으로 영원히 살고자 하는 이유가 무엇일까 궁금해 하는 이는 없다. 주름 깃 달린 웃옷을 입은 귀족, 가발을 쓴 해부학자, 제복을 입은 군인 등 초상화 속 인물들은 그들의 직업과 지위를 나타내는 소재들과 함께 은밀히 자신의 인격을 드러내며 그림에 등장한다. 초상화 속 인물이 누구인지 밝혀지지 않은 경우라도 몇 가지는 분명하다. 누군가가 그들의 초상화를 원했다는 것, 누군가가 화가에게 돈을 지불했다는 점, 아니면 화가 자신이 그들을 그림으로 남기고 싶어했다는 것 등이다. 하지만 이런 경우의 수도 자화상의 경우에는 분명하지 않다. 왜냐하면 대부분의 화가들은 어떤 강압에 못 이겨 자화상을 그리게 되기 때문이다. 또한 적어도 한 사람은 그것이 필요하다는 그릇된 가정에 의해 억지로 그려야 했고(12장을 볼 것), 그보다 훨씬 많은 경우는 엄청난 환멸을 겪으며 여러 차례 자화상을 제작하고 거절당하기를 반복했기 때문이다.

어떤 자화상은 누구도 염두에 두지 않고 그려지고, 어떤 자화상은 누구이건 상관없이 혹은 모든 이를 위해 그려진다. 어떤 경우엔 선별된 관자들을 위해 자화상이 주문 제작되기도 한다. 피렌체의 우피치 자화상 컬렉션이 대표적인 경우다. 이 컬렉션은 레오폴도 메디치 추기경 개인의 갤러리로 시작되었다. 그는 예술가와 양식을 구체화한 이미지에 몰두했던 인물이다. 1664년 구에르치노의 작품으로 시작된 이 컬렉션은 추기경이 죽기 전 이미 과거와 당대의 화가들을 아우르며 100점이 넘는 방대한 컬렉션을 이뤘다. 현재는 티치아노, 렘브란트, 벨라스케스(로 간주되는 작품)를 포함해 1,000점이 넘는 자화상이 걸려 있고 우피치 미술관은 한때 이 클럽에 들고자 하는, 하지만 의뢰받지 못한 많은 작품들을 돌려보냈다.

자화상 컬렉션의 일부가 전시된 바사리 복도에 초대되는 영광을 누려본 사람이라면 레오폴도가 가진 양식에 대한 깊은 관심에 그가 늘 보답을 받지는 못했다는 것을 확인할 수 있다. 바닥에서 천장까지 세 줄로 걸려 있는 초기의 에칭 컬렉션에는 오늘날 관자의 눈에도 분명히 보이는, 매우 따분한 작품들이 다수 포함돼 있다. 머리, 어깨 그리고 같은 방향을 향하는 얼굴들, 오늘날 여권 사진과 그다지 다르지 않은 작품들의 연속이다. 모든 것이 지나치게 격식을 차렸고, 그 가운데 개인적인 어떤 것도 고집스럽게 드러내지 않는 이 자화상들은 결국 자화상을 재미있게 만드는 모든 것의 정반대 이미지로 귀결한다. 거기에는 자아도, 자아와 세계의 타협도, 주변 세계의 함축도, 독특한 자세나 동작이나 표정도, 지적이거나 개념적인 사고도 찾아볼 수 없고 단지 한 덩어리의 고정된 공식만이 있을 뿐이다. 물론 그 가운데에는 이미 이 책에서 언급한 작품들처럼 너무나 훌륭한 예외도 있다. 그리고 그 갤러리에 함께 있다는 그 자화상들만의 동류의식은 매우 강하고 꽤 감동적이기까지 하다. 하지만 그런 공적인 명예는 각각의 영혼을 짓밟는 것처럼 보인다.

자화상은 뭔가 거칠고 그리 복잡하지 않은 기능을 분명 가지고 있다. 데이비드 윌키 경1785~1841, 영국 스코틀랜드계의 역사화가, 풍속화가, 초상화가은 「깽깽이를 켜는 맹인」이라는 제목의 거대한 술집 풍경을 바삐 완성하면서 자신의 얼굴을, 마치 무성無性의 특성들을 모아놓은 양, 가발 위에 주모의 실내용 모자를 씌워 등장시켰다. 프랜시스 베이컨은 "다른 사람들 모두가 마치 파리처럼 죽어버리기 때문에" 어쩔 수 없이 자신을 그린다고 했다.[3] 달리 더 좋은 것이 없어서, 어쩔 수 없이 자신을 그린다는 생각은 자신을 묘사하기 위한 노력이 그리 간단하지 않다는 생각에 부딪힐 때 재고되어야 한다. 뛰어난 재능의 소유자 피카소마저도 종이에 절대 자신의 모습을 담아내지 못하겠다며 화포 위에 구멍을 뚫어 그 뒤에 거울을 놓아 정말 자신이 어떻게 생겼는지 봐야 할까 보다 하고 불평했다.

위대한 화가의 전통에 들기 위한 화가의 야망은 클 수밖에 없다. 안토니 반다이크 경은 라파엘로가 친구를 등장시켜 그린 2인 초상화를 모방했고, 렘브란트는 페테르 폴 루벤스와 티치아노의 전형적인 자세로 자신을 그렸으며 오토 딕스는 스스로 독일의 문화유산을 물려받았다고 자부하며 한스 홀바인의 순수한 화풍을 담기 위해 노력했다. 또한 제임스 휘슬러는 벨라스케스가 그린 「파블로 데 바야돌리드」의 자세로 자신을 그렸으며 에스파냐 정신을 계승하겠다는 생각으로 생의 마지막 3년을 보냈다. 또한 왕실의 황금 사슬을 뽐내며 자신을 그린 화가 가운데는 카를 5세 황제가 특별히 그에게 하사한 황금 사슬을 늘 두르고 등장하는 티치아노와, 아마도 스스로 황금 사슬을 구입해 자신의 몸에 둘렀을 렘브란트가 있다. 하지만 그 가운데 반다이크가 그린 「해바라기가 있는 자화상」은 단연 압권이다. 잉글랜드의 찰스 1세 시절 궁정화가였던 반다이크는 이 그림에서 한껏 자긍심을 뽐냈다. 주황색 새틴을 입은 그는 한 손에는 그 중요한 황금 사슬을 들

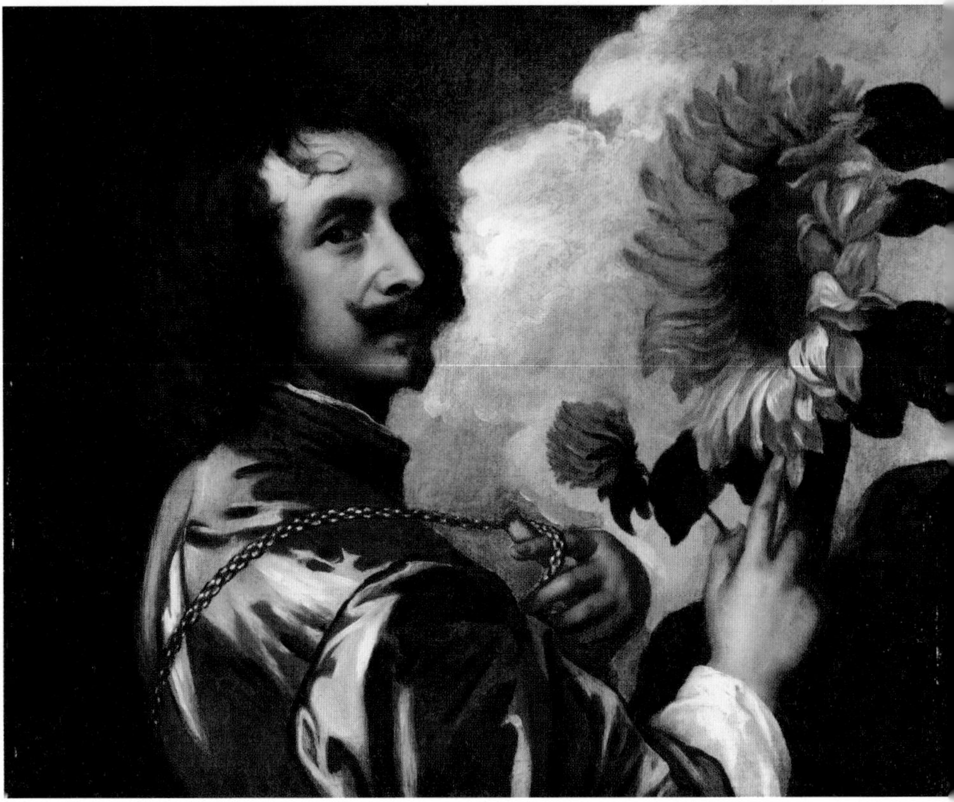

안토니 반다이크 경, 「해바라기가 있는 자화상」, 캔버스에 유채, 60×73cm, 1633년경, 개인 소장

고, 다른 한 손은 거대한 해바라기를 가리킨 채로 우리를 바라본다. 손, 눈, 꽃이 이루는 삼각 구도는 '금빛을 그린 대가로 나는 이 왕실의 황금을 받았다'라는 메시지를 분명히 한다. 하지만 해바라기의 상징은 17세기 당시에도 좀 애매했다. 해바라기는 예술일 수도, 자연일 수도 있으며, 검은 타원에 금빛 꽃잎을 왕관처럼 두른 꽃이 화가를 향해 있는 것을 보면 그것은 왕의 가호일 수도 있을 것이다.

이 그림이 화가 자신의 자긍심을 드러낸 것은 분명하지만 반다이크가 그렸던 다른 많은 초상화에서 모델의 결점을 그럴듯하게 보완하고 잉글랜드 궁정에 고귀한 화려함을 부여했던 것처럼, 화가는 완전무결과 상반되는 세부 요소들로 그림을 손상시키는 것을 절제하지 못한 듯하다. 이 모든 영광과 상반되는 면은 반다이크의 약간 끈적한 이마에 걸려 있는 축축한 머리 타래일 것이다. 화가는 마흔두 살의 나이로 운명하는데 원인은 과로였다고 한다.

「해바라기가 있는 자화상」은 스타를 선보이는 일종의 연행演行이라고 할 수 있다. 따라서 그것은 관객을 함축하며 또한 요구한다. 그림 속 삼각 구도는 바로 화면 바깥으로까지 확장된다. 반다이크는 우리를 보고 우리는 태양왕을 보며 그 태양왕은 다시 그가 가장 총애한 화가를 보고 있는 것이다. 이것은 갈채를 부르는 그림이다.

그렇다고 서로 마음이 통한 것은 아니다. 말하자면, 관객 쪽에서는 아닌 것이다. 외향적인, 즉 관자와의 대화를 요구하는 자화상, 또는 대중적인 요구에 의해 제작된 자화상이라고 할지라도 언제나 사교적이지는 않다. 어떤 화가들은 공개적으로 자신을 드러내고자 하고 또 자화상을 통해 그렇게 하지만, 어떤 화가들은 억지로 자화상을 그리기도 하는데, 그런 자화상은 언제나 좀 방어적이다.

몇 년의 간격을 두고 그려진 두 점의 그림을 살펴보도록 하자. 니콜라 푸생의 경우 우리는 그가 왜 자화상을 제작했는지 쉽게 알 수 있다. 그가 제작 동기를 세세히 편지에 밝혀 놓았기 때문이다. 하지만 유딧 레이스터르의 자화상은 그림이 보여주는 것 이상으로 그림의 기원에 대해 알기는 어렵다. 실상 레이스터르에 대해서는 알려진 바가 거의 없었다. 몇 백 년간 그녀의 그림은 프란스 할스의 작품으로 생각되었고, 어떤 그림에서는 그녀의 모노그램(길잡이가 되는 별이라는 뜻의 성姓을 암시하는 별 문양과 함께 꼬여 있는 JL)이 할스의 위조된 서명 아래 감춰져 있는 것이 발견되기도 하는 등 할스의 명성이 말 그대로 그녀의 명성을 가리고 있었다. 레이스터르의 존재

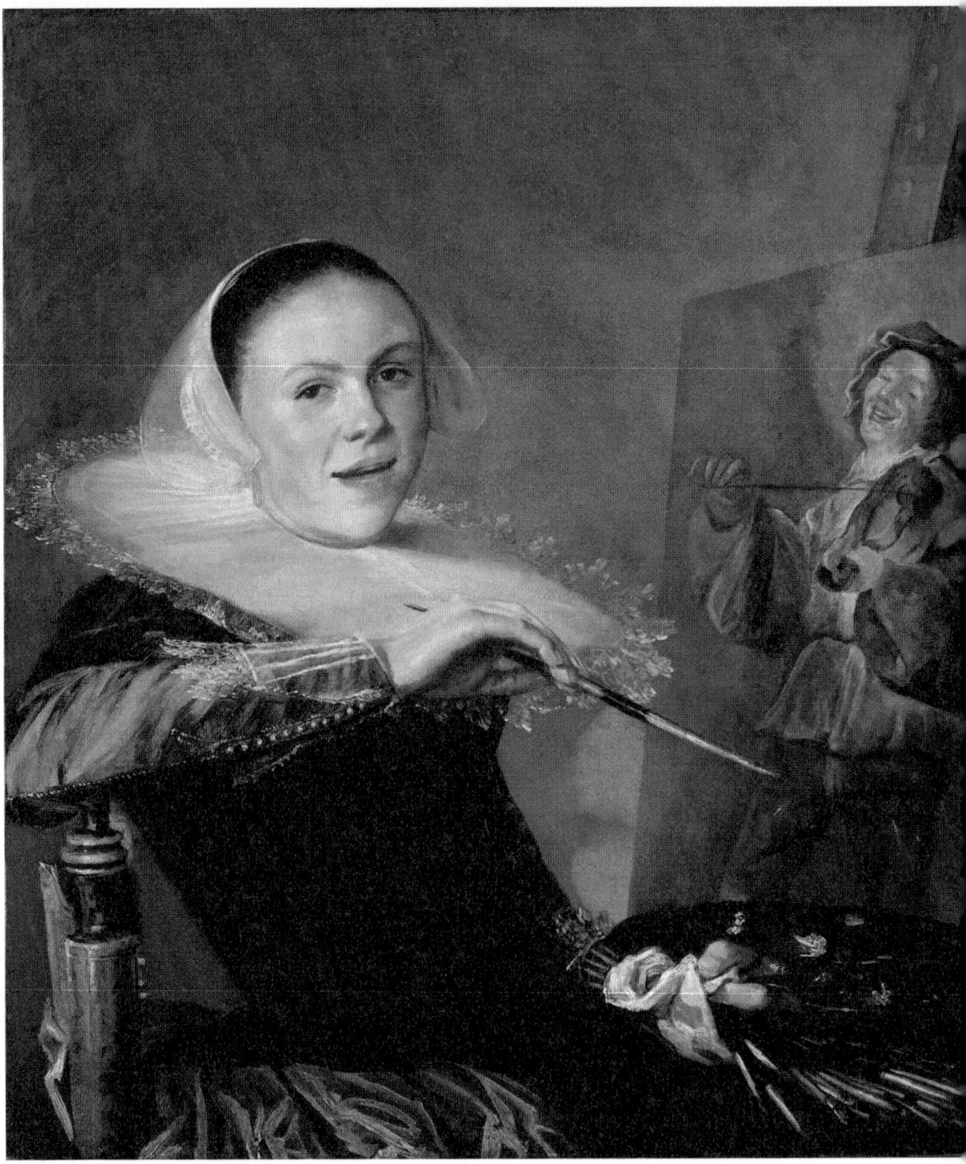

유딧 레이스터르, 「자화상」, 캔버스에 유채, 74.3×65cm, 1630년경, 워싱턴 국립미술관

는 끝까지 묻힐 수 있었을지 모르겠지만 이 생기발랄한 그림은 그렇지 않다.

친근함은 이 그림이 가진 특징이다. 당신은 그녀가 작업하고 있는 작업실로 이제 막 들어서고 그녀는 당신에게 의자를 빼주려고 한다. 화면은 마치 아무렇게나 찍은 사진처럼 허리 아래, 한쪽 팔꿈치와 옷깃 약간을 잘라 보여준다. 그녀는 무언가 말을 걸려는 듯 미소를 지으며 우리 쪽을 보고 있다. 뭔가 사교적인 시간을 위해 일을 잠시 놓을 듯하다. 그녀는 미소를 짓고 있는데 이는 그녀가 작업 중임을 암시한다. 그녀는 즐거운 깽깽이꾼을 그리고 있고, 농담을 즐기는 화가였기 때문이다. 그녀는 자신이 하는 예술을 부끄러워하지 않았다. 오히려 그 일에 대해 자부심을 가지고, 그것이 가진 경박함을 한껏 즐기고 있는 듯하다. 화가와 깽깽이꾼의 머리는 서로 다른 방향으로 돌려져 있지만 여전히 관자를 보고 있어 관자를 이 따뜻한 유대 안에 포함시키는 역할을 한다. 미키마우스와 나란히 서 있는 월트 디즈니처럼 붓 끝으로 깽깽이꾼을 가리키고 있는 레이스터르의 자세는 보고 있는 우리도 그가 켜고 있는 익살스런 음악에 따라 웃으라고 하는 것 같다. 이 이상의 따뜻한 환영은 없을 듯하다.

반면 푸생은 그림에서 멀리 떨어져 있다. 세 점의 그림을 뒤에, 한 점을 앞에 두고 화포에서 돌아앉은 그는 까다로운 성미에 뭔가 마음에 들지 않아 그림을 접어둔 것 같다. 그가 자신을 그린 까닭은 친구가 그의 자화상을 원했지만 자신을 그릴 만한 재능을 가진 사람이 당시 로마에는 없었기 때문이었다. 푸생은 "다른 사람을 위해서는 절대 이런 일을 하지 않았을 걸세"라고 그의 오랜 친구 폴 샹틀루에게 썼다. 샹틀루는 자화상을 그리라고 끈질기게 충고했던 푸생의 친구다.

푸생은 우울한 느낌으로 세상과 격리되어 있는 듯하다. 검은 옷과, 어깨에 걸친 관을 싸는 검은 천 같은 옷, 손가락에 낀 검은 다이아몬드 반지 등이 그런 분위기를 더 강조한다. 뒤편 화포 위에 "1650 로마 희년禧年 56세에 레장델리에서 니콜라 푸생의 모습"이라고 적힌 라틴어 글귀 위로 그의 그림자가 음산하게 드리워져 있다. 이 글귀는 마치 묘비명처럼 읽힌다. 그 비명은 푸생과 고대 로마의 유대를 제3의 인물이 엄숙하게 천명하는 듯하다. 이 그림은 엄숙한 음악과 무척 잘 어울린다.

하지만 이 그림이 뭔가 해설되거나 해독되기를 기다리는 시각적 '단서들'의 연속이라는 인상을 주는 것은 단순히 무거운 철학적 분위기를 풍기는 신비스러운 그림의 인상이나 지나치게 2차원적인 그림의 구도에서 비롯된 것은 아니다. 인물이 입고 있는 토가는 프리메이슨의 단복일까? 끼고 있는 다이아몬드 반지의 네모진 커팅은 프리메이슨의 상징 또는 (바위처럼 굳건하다는 의미에서) 스토아 철학자의 상징일까? 인물 뒤의 그림 속 여인이 쓰고 있는 머리띠에 장식으로 들어가 있는 눈은 프리메이슨의 초월적 존재를 상징하는 '모든 것을 보는 잠들지 않는 눈'을 의미하는 것일까? 마치 이 그림은 댄 브라운미국의 베스트셀러 소설가로, 『다빈치 코드』, 『천사와 악마』 등을 썼다.더러 해독하라고 그려진 것 같지 않은가.

그림 속 여인이 당대의 도상학적 전통에 따라 우정이나 예술을 뜻하는 것이라면 이 그림이 지인을 위한 선물로 제작됐다는 것을 고려할 때 꽤 그럴 듯하다. 하지만 여인이 '모든 것을 보는 잠들지 않는' 존재라고 하더라도 그림의 성격이 바뀌는 것은 아니다. 그림의 구도에서 다른 요소들만큼이나 숙고의 결과 결정된 그녀의 위치가 중요한 것이다. 그녀는 푸생이 아닌 다른 쪽을 보고 있으며, 그녀가 가진 생기는 푸생의 절대적인 견고함과 조화를 이룬다. 푸생의 손은 책 위에 가만히 얹혀 있지만, 그림들의 금빛 액자는 그의 엄숙한 머리 뒤에서 마치 서로 다른 방향으로 돌진하는 기차처럼 빛을 쏘아대고 있다.

푸생에게 이 그림들은 그것이 무엇을 보여주든 그의 삶이라고 할 수 있다. 50대 중반에 이 자화상을 완성할 즈음, 그는 유럽 전체에서 가장 지적이며 숙련된 거장이라는 평을 받고 있었다. 프랑스를 떠난 지 이미 20년이 넘은 그는 프랑스 화가들을 '24시간 안에 그림 한 장을 만들어내는' 껄렁

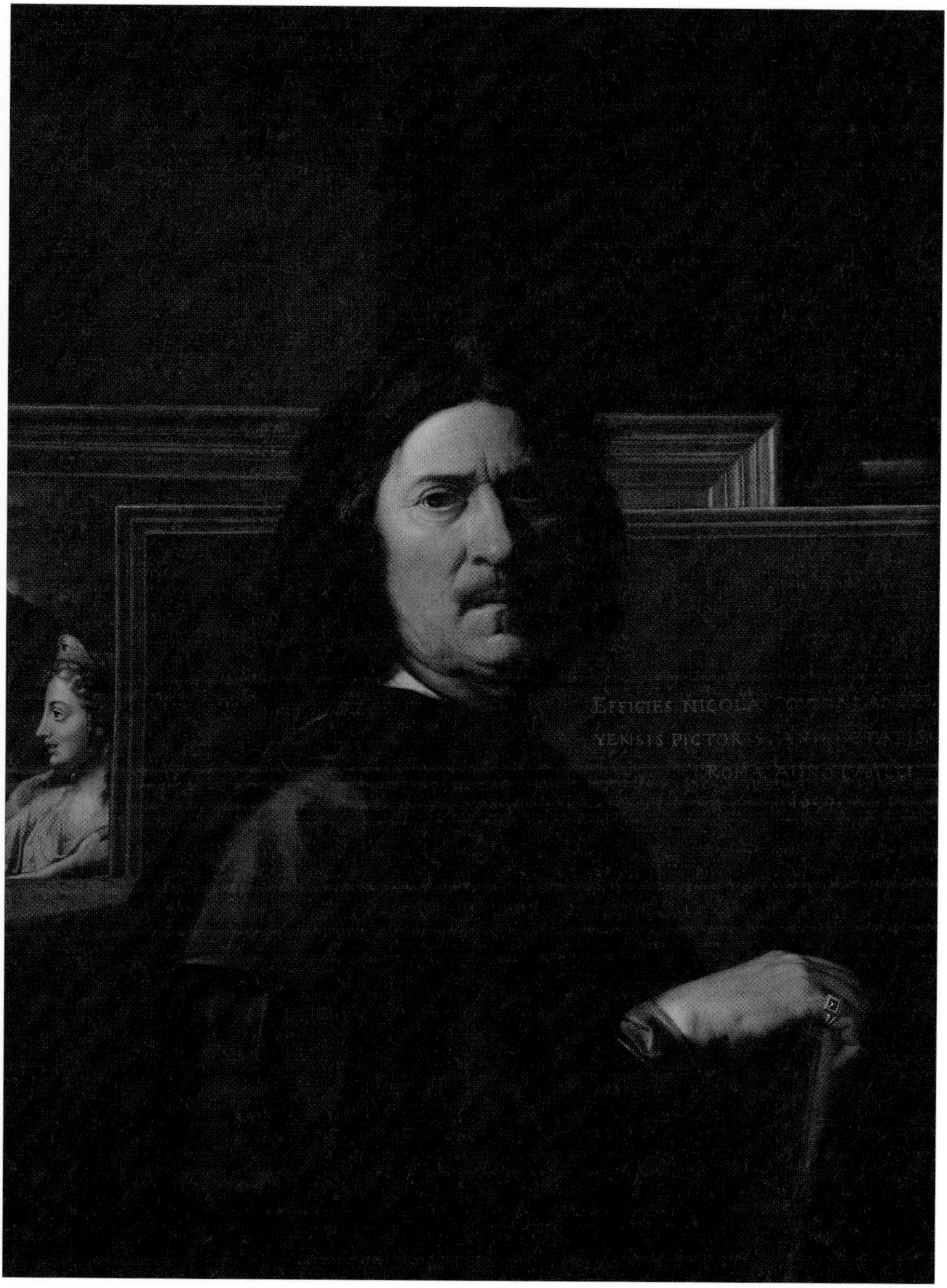

니콜라 푸생, 「자화상」, 캔버스에 유채, 98×74cm, 1650년경, 파리 루브르 박물관

이라는 뜻의 '스트라파초니strapazzoni'라고 경멸했다. 진실은 집중적이고 긴 숙고 속에서만 얻어낼 수 있다. 그림의 구도는 왁스로 만든 형상을 모형 극장에 미리 여러 차례 세워 시험해봐야 했다. 작품 가운데 가장 폭력적인 장면조차도 모든 것이 정지되어 명상에 잠긴 상태로 만들어졌다. 그의 그림은 보는 이로 하여금 멈춰 서서 깊이 생각하게 하고 거기에서 뭔가를 배우고 얻어, 그들이 펼치는 심오한 드라마를 내적으로 체화하기를 바란다. 그리고 이 자화상도 마찬가지다. 그의 예술의 총화이며 그 자신이기도 한 이 그림은 곧바로 모든 것을 노출하지 않는다.

인물 뒤에 마치 카드처럼 펼쳐져 있는 그림들—우의화 한 점, 빈 캔버스, 캔버스 뒷면 등—은 모두 이젤화들이다. 당시 로마에서 예술가가 된다는 것은 대개 의뢰인이 지정한 주제를 여전히 프레스코화나 패널화, 제단화 등으로 제작하는 것을 의미했다. 하지만 푸생에게 그것은 정확히 이 그림에서처럼 풍경화 모양의 옆으로 길쭉한 캔버스에 이젤화를 그려 틀에 넣는 것만을 뜻했다. 더욱이 그의 서사 풍경화와 종교화는 의뢰인의 주문과는 상관없이 그의 뜻에 따라서만 제작되었다. 엄격하며 다소 우울했고, 강제받는 것을 싫어했던 푸생은 시장의 논리에 따라 움직여야 하는 당시 화가들의 상황을 가급적 피하려고 했다. 그는 친구가 된 후원자들을 위해서만 작업을 했던 것이다. 자신의 작품들로 둘러싸인 작은 공간 안에 앉아 있는 그에게서 자신을 위한 작품만을 만드는 화가, 시장의 논리에서 자유로운 화가의 여유가 느껴진다. 그는 '살아 있는 다른 사람을 위해' 자신을 그리려 하지 않았고, 살아 있는 다른 사람을 그리지도 않았다.

대중의 평판이 화가를 만들고, 화가의 열정적인 직업의식은 그림을 지배한다. 그리고 그 열정은 그대로 화가의 얼굴에 드러나 있다. 그렇게 정직한 작가의식을 완성하기 위한 노력으로 여기서 푸생의 눈은 붉게 충혈되어 피곤해 보인다. 그리고 그 표정은 또 전혀 다른 방향의 느낌을 환기한다. 위엄과 절제력 넘치는 단호한 표정 뒤에 놀랍게도 슬픔이 숨어 있는 것이다.

푸생에게는 두 가지 다른 화가의 면모가 있었다고 전한다. 젊은 시절의 화가 푸생은 모든 모순적이고 위험한 감정들로 충만한 그림을 그렸던 낭만적인 화가였다. 로마 시절 초기에 그는 폭력적이고 험악스러웠고 카라바조처럼 거리에서 소동을 일으켜 체포될 수도 있었던 그런 사람이었다. 이런 화가가 점차 냉정해져 단순한 쾌락 이상의 그림을 그리는 엄격한 고전주의자이자 신화주의자라는 완전히 다른 푸생으로 변화한다. 푸생은 강렬함에서 심오함으로 관심을 돌렸을 테지만 젊은 시절 보였던 뜨거운 감정의 소용돌이는 노년의 얼굴에도 여전히 드러난다.

그림 속 깊숙이 앉아 있는 푸생은 우리와의 교감을 피한다. 그는 자화상이 그래야 하듯, 자신의 모습을 드러내고는 있지만 폐쇄적인 느낌을 지울 수는 없다. 하지만 우리와 가까워지려고 하지 않는 그의 고집은 그의 회화 원리에까지 맞닿아 있다.

---

자화상은 그 존재에 대한 물음뿐 아니라, 우리 모두의 유한한 삶에 대한 물음까지도 던진다. 미켈란젤로는 이승과의 작별을 암시하며 송장의 거죽으로 자신을 나타낸다(이 자화상은 그가 즐겨 썼던 힘이라는 서사보다는 그의 작품에 대한 겸양과 연민을 자아내어 주의를 환기시킨다). 고야는 피에타에서처럼 자신의 몸을 받치고 컵을 입에 대주며 자신의 목숨을 구해준 의사를 그렸다. 감사의 마음은 그림 하단의 글귀, "아리에타 의사가 아니었다면 죽었을 밖에"에서도 다시 보인다. 무리요는 자화상을 그리면서 그 목적을 설명하는 글귀를 넣었다. 마치 메시지를 전달하는 팩스 용지처럼 그림의 밑부분에서 양쪽이 돌돌 말려 나와 두드러지는 그 글귀는 "바르톨로메 무리요는 아이들의 소망과 기도를 담아 여기에 자신을 그리다"라는 뜻이다.

무리요는 17세기 세비야에서 벨라스케스보다 더 성공했던 유명한 화가

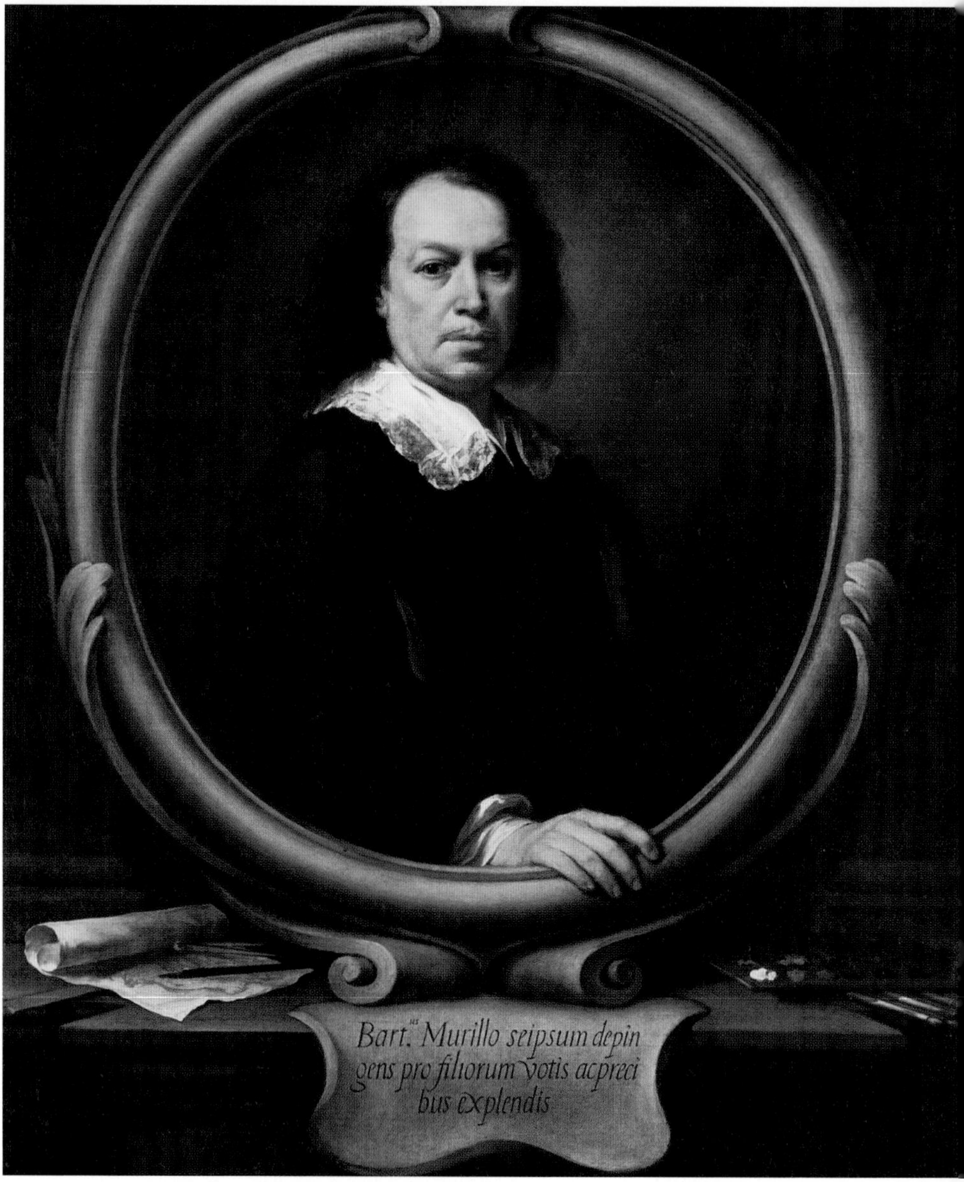


바르톨로메 에스테반 무리요, 「자화상」, 캔버스에 유채, 122×107cm, 1670~73, 런던 내셔널갤러리

였다. 그가 죽고 난 뒤 정부는 무리요의 작품들이 외국으로 유출되는 것을 막기 위해 모든 수출을 금하기까지 했다. 그는 에스파냐의 가장 위대한 종교화가로 명성이 높았지만 그가 외국에서 유명했던 것은 그가 그린 거리의 개구쟁이들 덕분이었다. 아이들은 그림의 주제이고 열정이었다. 열한 살에 고아가 되어 누이의 손에 컸던 무리요는 무려 열두 명의 아이들을 낳는다. 그리고 아내가 죽자 끝까지 재혼하지 않고 제 힘으로 아이들을 양육했다. 그의 그림 모델이 된 아이들 중 다수는 콜레라와 티푸스로 고아가 된 아이들이며, 그 자신 역시 전염병으로 자식들 몇을 잃었다. 그의 자화상 아래 있는 글귀는 살아남은 아이들을 위한 진실하고 자상한 부성애의 표현이며 죽음에 대한 깊은 명상의 결과다.

무리요는 (살아생전은 초라한 차림으로 일관했지만) 아름다운 레이스 깃과 검은 실크 조끼를 입은 모습으로 등장한다. 그는 세비야에서 가장 비싼 화가로 통했지만 대부분의 재산을 자선단체에 기부하고 교회를 위해서는 무상으로 일했다. 그리고 그런 줄기찬 노동에서 비롯한 피곤함이 그대로 얼굴에 드러나 있다. 그는 선반 위에 세워진 타원형 액자 안에 모습을 드러내는데 그것은 얼굴에 은은한 은빛이 드리우는 것으로 보아 거울일 수도, 그림일 수도 있다. 어느 쪽이든 이 그림은 그림 안에 그림을 넣는 구도의 전범으로 오늘날까지 이어지고 있다.

하지만 이런 착시효과는 왼쪽에 놓인 아이의 선화와 균형을 이루며 오른쪽에 놓여 있는 팔레트와 붓을 은밀히 가리키는 액자 위에 얹은 화가의 손 때문에 직접적이고도 은유적으로 무너진다. 무리요의 가족을 먹여 살렸던 그림, 그리고 그 그림을 그렸던 도구들 사이에 그는 자신의 아이들을 위한 글을 적었다. 이로써 창조의 연쇄는 완성되었다. 그 글귀도 감동적이지만 액자 위에 얹은 그의 손 역시 기발하다. 무리요의 손이 두 개의 그림 사이에서 움직이면서 그림의 착시효과를 깨버리자 잠시나마 자유를 느끼게 되는 것이다. 마치 그가 여전히 살아 있는 것처럼 생기가 도는 느낌이다.

무리요의 자화상은 '자화상이란 단순히 누가 이 그림을 그린 것인지 말해주는 분명한 근거 이상이 아니다'라는 주장을 정면으로 반박한다. 무리요의 자화상은 방백으로서 분명히 글로 써서 서명이 되어 있다. 그리고 그 방백은 카메라 시대 이전의 모든 초상화들이 가졌던 가치를 암시한다. 특히 이 자화상의 경우에는 육성으로, 글귀로, 화풍으로 그의 아이들에게 매우 직접적으로 말을 걸고 있다. 아버지가 죽더라도 아이들을 떠나지 않으리라는 말을.

---

무리요는 다른 어떤 이를 위해서라면 자화상을 그리지 않았을 것이다. 그리고 이것이 그의 유일한 자화상이다. 자화상은 결코 하나의 작품으로만 머무를 수 없다. 그것은 심원한 데에서 비롯된 자기 천명이며 대부분의 예술가들은 결국에 자신이 그린 자화상이 어떤 모습이 될지 모르고 작품을 시작하기 때문에, 특별한 목적이 없거나 특정인을 위한 것이 아닌 경우에는 자화상을 스스로 보관하고자 하는 욕구가 매우 크다. 그리고 그런 만큼 그것이 세상에 노출될 것을 두려워하는 마음은 커질 수밖에 없다. 경우에 따라서 그 위험은 매우 위협적인 것이 된다.

펠릭스 누스바움의 「유대인 신분증을 쥔 자화상」은 후손들에게 보여주기 위해 은밀히 숨겨둔 비밀스런 메시지다. 1943년에 제작된 이 자화상에서 화가는 바짝 추겨 세운 옷깃에 나치가 유대인들의 표식으로 강제로 달게 한 노란색 별을 보이며 '쥐프-요트Juif-Jood'Juif는 프랑스어로, Jood는 네덜란드어로 '유대인'이라는 뜻이다.라는 도장이 찍힌 카드를 들고 있다. 그림은 앞일을 예견하는 듯하다. 먹구름이 몰려오고, 누스바움 뒤의 벽은 갈라지기 시작하고, 나무들은 낙엽을 떨구고, 누군가 아우슈비츠의 하늘에서는 새들이 노래하지 않는다고 노래했듯, 새들은 저 멀리에서 날고 있다. 누스바움이 느

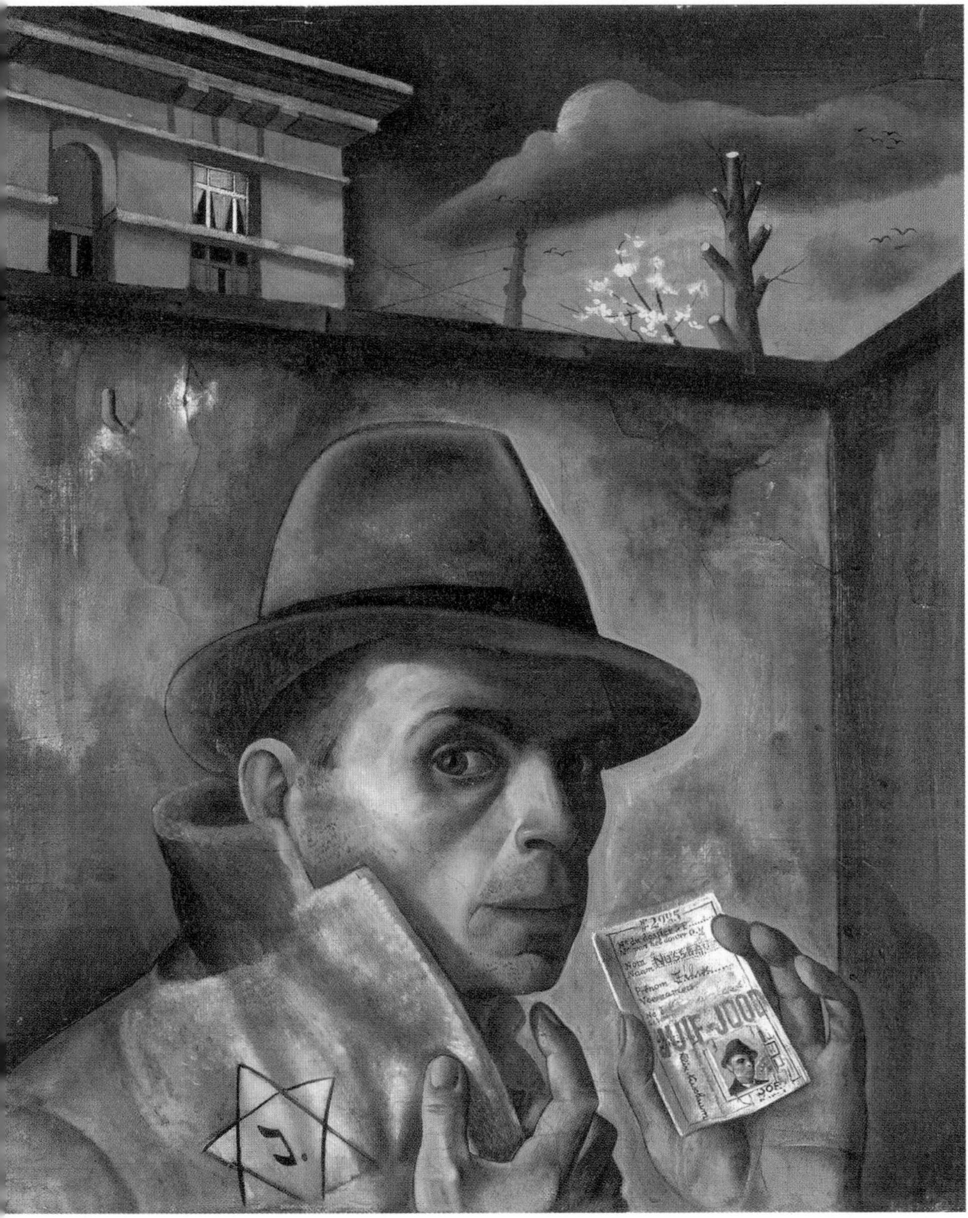

펠릭스 누스바움, 「유대인 신분증을 쥔 자화상」, 캔버스에 유채, 56×49cm, 1943, 오스나브뤼크 문화역사박물관

끼는 두려움이 우리에게도 충분히 느껴진다. 그의 옷깃에 달린 노란색 별이 그 고통의 요체다. 그는 프랑스의 한 포로 수용소에서 탈출해 브뤼셀의 다락방과 지하 창고를 전전하며 아내와 함께 은거하면서 이 그림을 그렸다. 누스바움 부부는 벨기에가 나치에 해방되기 한 달 전까지도 살아 있었으나 누군가의 배신으로 베르마흐트로 끌려갔다. 독일 비밀경찰은 아우슈비츠로 가는 마지막 기차 중 하나에 이 부부를 실어버렸다.

1933년 독일에서 탈출하고 난 뒤 아우슈비츠의 가스실에서 그가 살해당하기까지 누스바움이 제작한 그림을 찾아내는 데는 오랜 시간이 걸렸다. 그는 프랑스 수용소의 극악한 환경을 담은 수많은 선화를 그렸으며 그 가운데에는 기아와 이질로 허덕이는 사람들을 담은 그림도 있다. 그는 전쟁이 임박할 즈음 브뤼셀에서 자신을 보호해주던 사람들에게 "내가 죽더라도 내 그림은 죽게 하지 말라"라고 부탁했다. 누스바움의 작품은 시대의 증언이지만 화가 자신은 단순히 역사의 증인으로만 머무르지 않는다. 벽 위로 세상이 조금 보이는 가운데 반백의 외로운 화가는 그 벽의 다른 쪽에 갇혀 있는데, 그 가운데 무엇도 상징적인 것이 아니라는 점이 가슴 아프다. 새와 나무, 화가를 가두고 있는 벽, 사냥꾼에게 쫓기는 것처럼 겁먹은 눈 등 모든 것이 그가 살았던 삶을 있는 그대로 보여주는 것이지 상징이 아니다. 단 하나의 예외를 제외하고는. 누스바움은 지하에 숨어 살아남고자 했기에 노란색 별을 단 적이 없고 유대인 신분증을 가진 적도 없다. 이 별과 신분증은 나치의 희생이 된 유대인들과의 견고한 유대를 보여주는 유일한 상징이다.

---

화가의 작업실을 벗어나 자화상을 세상에 공개하는 것의 위험은 무엇일까? 그 가운데 하나는 화가의 자화상이 암호화된 메시지로 해독되고, 하나의 텍스트로 읽히고, 또는 거울처럼 취급되어 그것이 가지고 있는 미묘

한 의미들이 모두 하나의 사실로 고정돼버리는 것이리라. 또는 직업으로서 화가를 홍보하기 위한 것이라거나 자기를 위한 일종의 서명으로 분류돼버릴 수도 있다. 다시 말하면 자화상이 세상에 나오는 순간, 그것은 상상과 지성의 작용을 통해 창작된 하나의 예술작품으로 생각되기 어렵다는 것이다. 가끔은 꽤 많은 화가들이 그런 위험을 즐겨 감수하고자 한다는 것이 놀랍다.

조르주 쇠라가 죽은 지 한 세기 이상이 훨씬 지나서까지, 그는 자신이 그렇게 바라서였는지는 몰라도 세상에 전혀 알려지지 않은 채 신비로운 화가로 남아 있었다. 그는 거의 편지를 쓰지 않았고 절친한 지인도 없었으며 여느 사람을 자신의 작업실에 들이지도 않았다. 파리의 '독립미술가협회' 모임에 참석하긴 했어도 다른 화가들에게 그는 여전히 수수께끼였다. 쇠라의 추종자였고 그의 그림에서 가르침을 얻기도 했던 피사로는 쇠라가 차갑고 지나치게 이성적이라고 했고, 드가는 쇠라를 '공증인'이라고 불렀다. 한 친구는 쇠라가 "비밀리에 자신이 돌보고 있던 내적 자아에 누군가 침입하려고 하면 갑자기 의심스러워하고 내성적"으로 바뀌었다고 했다. 쇠라가 예술에 대한 '과학적'인 이론을 개진한 (대부분의 내용이 상당히 평범한) 두 쪽짜리 문서는 회화 그 자체보다는 그의 회화 기법, 즉 작은 점과 주의 깊게 계산된 색채의 전이에만 관심이 있을 뿐이었다. 쇠라는 실험실 안의 화가이고 그의 예술은 너무 난해하며 그의 그림은 노래에나 쓰일 법하다고 여겨졌다. 그의 죽음은 세상에 거의 알려지지도 않았다.

어느 목요일에 쓰러진 쇠라는 다음 날 부모님의 집으로 옮겨진 뒤 일요일 아침 6시에 세상을 뜬다. 그의 나이 겨우 서른한 살이었다. 사인은 급성 디프테리아였고, 그의 어린 아들 역시 며칠 뒤 같은 병으로 죽었다. 아무도 쇠라에게 아들이 있었다는 사실을 몰랐다. 아무도 그에게 연인이 있었다는 것을 몰랐다. 쇠라의 부모님은 그가 부모님 집으로 옮겨진 바로 그 금요일에 처음이자 마지막으로 쇠라의 아들과 그 엄마를 만나보았다. 친구들

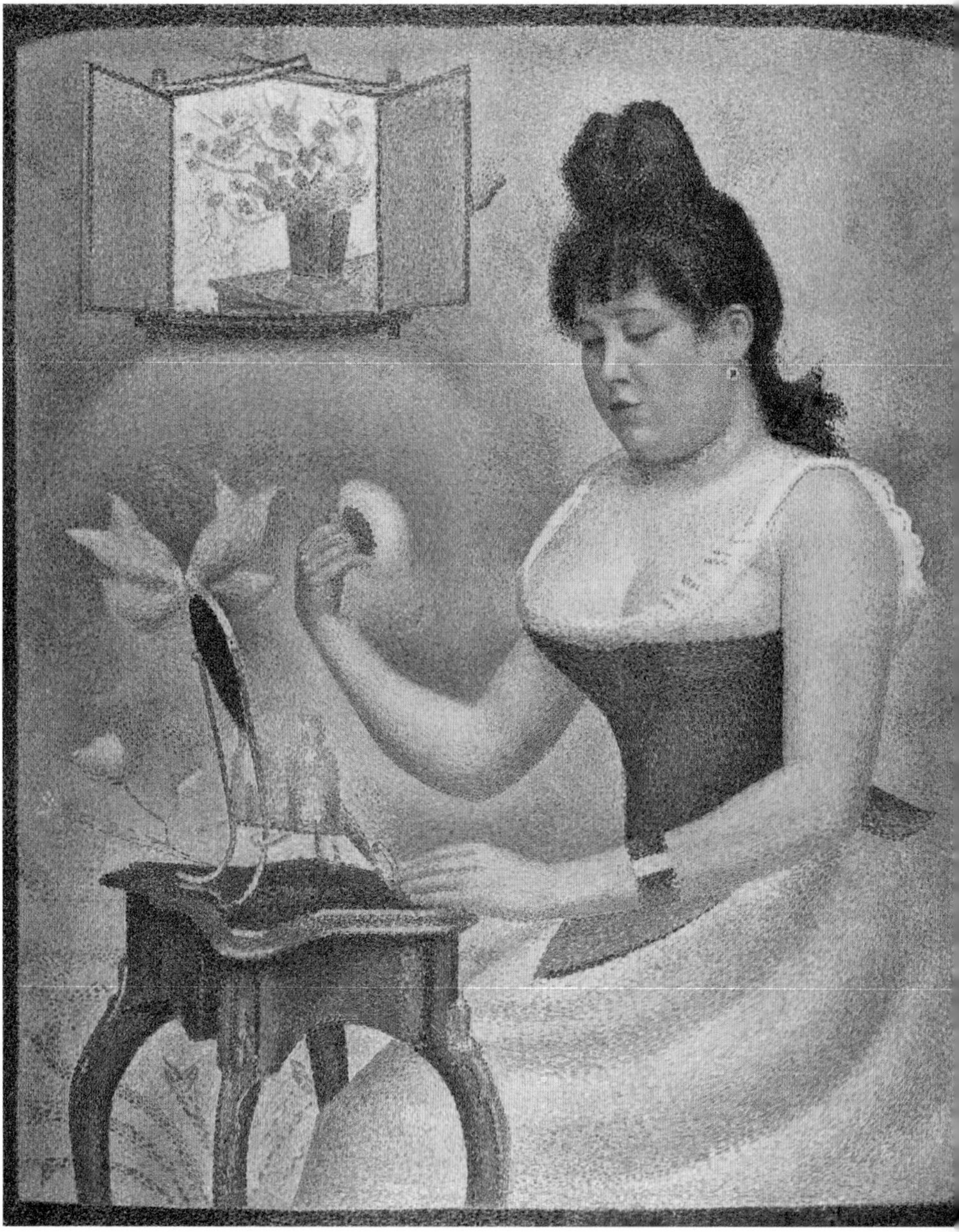

조르주 피에르 쇠라, 「화장을 하는 젊은 여인」, 캔버스에 유채, 95.5×79.5cm, 1880~90년경,
새뮤얼 코톨드 트러스트, 런던 코톨드 인스티튜트 아트 갤러리

은 그가 연인과 2년 넘게 동거를 했음에도 불구하고 그녀의 존재가 알려지지 않은 사실에 놀랐다. 만일 그들이 쇠라가 죽기 얼마 전 전시되었던 「화장을 하는 젊은 여인」 속의 여인이 누구인지 쇠라에게 물었다면 아마도 그녀의 이름이 마들렌 노블록Madeleine Knoblock이라는 것을 들을 수 있었을지도 모른다. 그들은 그림 속 여인이 모델 중 하나이거나 코르셋을 입고 무대 뒤에 앉아 대기하는 배우 중 하나였다고 생각했을 것이다. 아니면 이 그림을 누군가의 초상이라고 생각하지 않았을 수도 있다. 하지만 그림 속 인물의 정체에 대한 무관심은 이미 그림에 심각한 피해를 주고 있었다.

물론 쇠라의 그림은 그런 종류의 궁금증을 유발하지는 않는다. 아무도 「그랑드자트 섬의 일요일 오후」를 보고 파리 근교 강둑에서 원숭이를 데려가는 남녀가 누구인지, 고상하게 앉아서 낚시질을 하는 여인이 누구인지, 트롬본을 연습하는 남자가 누구인지 등을 궁금해하지 않을 것이다. 얼굴도, 특징도 없이 화면에 잡힌 이들은 피와 살을 가진 개개인이 아니라, 기하학적으로 늘어선 나무, 규칙적인 나비, 다소 추상화된 잔디와 함께 근대의 아르카디아를 이루는 하나의 요소일 뿐이었다. 이밖에도 여인의 버슬과 같은 모양으로 펼쳐진 우산, 감아올린 양산과 부채, 원숭이의 꼬리 등이 기하학처럼 반복, 변주된다. 그리고 점들이 있다.

하지만 이 점들이 주제와 완벽한 상관관계를 맺고 있는 유일한 그림이 있으니, 그것이 바로 마들렌 노블록이 작고 예쁜 화장대의 거울 앞에 앉아 한 손에 파우더를, 또 다른 한손에는 폭신한 퍼프를 잡고 화장하는 모습을 담은 「화장을 하는 젊은 여인」이다.

쇠라의 붓질은 모두 이 퍼프를 두드리는 동작을 모방한 것처럼 보인다. 그 역시 여인의 가슴, 목, 그리고 뺨의 곡선을 따라 부드럽게 붓질을 하고 있는 것처럼 말이다. 물감 입자는 퍼프와 여인의 몸에서 향기로운 분가루처럼 퍼져 나온다. 그림 속의 빛조차도 분가루처럼 부드럽게 여인의 어깨와 팔 그리고 보조개, 젖가슴 위에서 부서진다. 작은 거울과 꽃병이 비치는 벽에 걸린 또 다른 거울에서 빛이 반짝인다. 쇠라는 진짜 꽃잎과 거울에 비친 꽃잎, 그리고 허공에 떠다니는 듯한, 벽지에 무늬로 수놓인 꽃잎들로 연인을 둘러쌌다.

여인에 비해 너무 작은 화장대, 여인의 긴 팔, 그리고 브리오슈처럼 생긴 여인의 머리 등 그림의 상당 부분이 쇠라의 그림을 한 번도 본 적이 없는 사람에게는 퍽 이상해 보일 것이다. 하지만 이 가운데 가장 괴상한 것은 싸구려 이콘처럼 양쪽 문이 열리는 대나무 틀로 된 거울일 것이다. 그리고 거울은 너무나 높은 곳에 걸려 있다. 아마 거울에 비친 꽃병은 매우 키가 큰 가구 위에 놓여 있었을 것이다. 꽃 자체도 너무나 조야하다. 거울 속 이미지는 나중에 보충된 듯하다. 실은 그랬다. 거울 속에는 원래 쇠라 자신이 그려져 있었기 때문이다. 아무도 작업실에 들이지 않았지만, 어느 날 어떤 사람이 우연히 쇠라의 작업실에서 작업 도중의 이 그림을 보게 된다. 그는 바로 그림 속의 쇠라를 알아보았지만 여인이나 그녀와의 관계에 대해서는 전혀 알아채지 못했다. 그림 속 여인이 창부일 것이라고 짐작한 그는 이 반라의 여인 뒤로 보이는 쇠라의 얼굴이 갤러리를 찾은 사람들 사이에서 음탕한 조롱거리가 되리라는 점을 쇠라에게 일러주었다. 그러자 쇠라는 바로 붓을 들어 자신의 모습을 지워버렸다.[4]

1958년 엑스레이 검사 결과 거울 속 꽃들 아래에서 희미한 이미지가 발견되었다. 바로 화가의 머리와 어깨였다. 하지만 30년 뒤 또 다른 검사에서는 그 이미지를 쇠라라고 규정짓기에는 너무 불분명하다는 주장이 제기되었다. 분명한 것은 그것이 남자의 얼굴이라는 점과 점묘된 이미지를 읽어내는 것이 매우 어렵다는 것뿐이었다. 하지만 그런 과학적 고찰은 차치하고, 그 남자가 화가가 아니라면 과연 누구이겠는가? 도대체 연인의 거울 속에 다른 남자의 얼굴을 그려 넣을 이유는 없는 것이다.

이 장면이 얼마나 은밀한 것인지는 연인이자 한 아이의 부모인 이 둘이 아주 작은 방에 함께 있었다는 것만으로도 쉽게 알 수 있다. 노블록은 이미 첫 아이를 낳았고, 곧 둘째를 가질 예정이었다. 그들은 결혼을 하지는 않았지만 이 2인 초상화는 이사벨라 브란트와 엘렌 푸르망과 함께 결혼을 축하하며 그렸던 루벤스의 자화상만큼이나 두 사람의 결합을 기념하는 것이다. 섬세한 구도의 효과는 또 어떤가. 쇠라는 그 작은 방, 그들만의 은밀한 세계의 반경을 비추는 거울 속에 카메오로 자신을 등장시킨 것이다.

아니면 그는 그녀를 바라보고 있었을 것이다. 여인을 바라보고 있는 자신을 거울 속에 포착하는 것은 분명 까다로운 과제였을 테지만, 쇠라가 그림의 부드러움을 강조하면서 여인의 아름다움에 매혹되었다는 점을 말하고 싶었다면 분명히 필요한 일이었다. 그럼으로써 우리의 시선도 그녀를 향할 수밖에 없게 되고 우리는 이 풍만한 젊은 여인을 좀 더 자세히 볼 수밖에 없었을 것이다.

하지만 반대로 그가 자신을 보고 있었다면 그림 전체의 의미는 다시 바뀐다. 그의 시선은 우리의 눈에 묶이고 '당신과 나'라는 관계를 성립해 우리 사이에 대화를 일으킨다. 그것은 그 자신, 또는 여인, 또는 그 둘 사이의 관계에 대해 무언가를 소통하고자 하는 혼잣말과 비슷하다. 또한 그 방 안에 자신을 노출시키는 대신 거울에 비친 간접적인 방식으로 자신을 등장시킴으로써 그는 경계하는 동시에 방어적인 태도를 드러내고자 했을지도 모른다. 이 그림은 하고자 한다면 그 의미를 무한대로 심화시킬 수 있는 뭔가를 가지고 있다.

거울 속에 쇠라의 자화상이 있었다는 것을 믿으려고 하지 않는 사람들은 작업실에 잠시 들른 사람의 주장이 이 그림의 실제 의미를 무엇인지 볼 수 없게 했다고 한다. 그들이 주장하는 이 그림의 실제 의미는 한 창부의 모습에 대한 부정적인 풍자다.[5] 그렇게 되면 쇠라의 창작 동기는 논란의 대상이 되고, 아마도 그를 위해 자신을 분칠하고 있는 여인과 그 여인을 채색하는 화가 사이에 존재하는 부드러운 대응 관계는 간과되고 만다. 그림의 부드러움을 몰라보는 비평가들을 신뢰하기 어려운 만큼 여인에 대한 화가의 애정도 명백한 것으로 보기 어렵다고 하는 사람들은 이 그림이 풍자 기법의 연습이라고 생각한다. 만일 쇠라가 거울 속에 모습을 나타냈다면 한 작품 안에서 이 두 사람의 영혼을 볼 수 있었을 것이다. 하지만 그의 자화상 없이 이 둘은 그저 빈정거리기 좋아하는 사람들의 조롱거리로 남을 수밖에 없는 것 같다.

*5.*

# 렘브란트

## 80점의 자화상이 증언하는 한 개인의 변화와 쇠퇴

나는 내 영혼에 하나의 얼굴을 부여하고, 이제 또 다른 얼굴을 부여한다. 내가 어떤 쪽을 향하느냐에 따라 그것은 달라진다. 만일 내가 다른 방식으로 나에게 말을 건다면 그것은 내가 다른 방식으로 나 스스로를 바라보기 때문이다. 모든 모순은 바로 내 안에 존재하는지도 모른다.

_미셸 드 몽테뉴

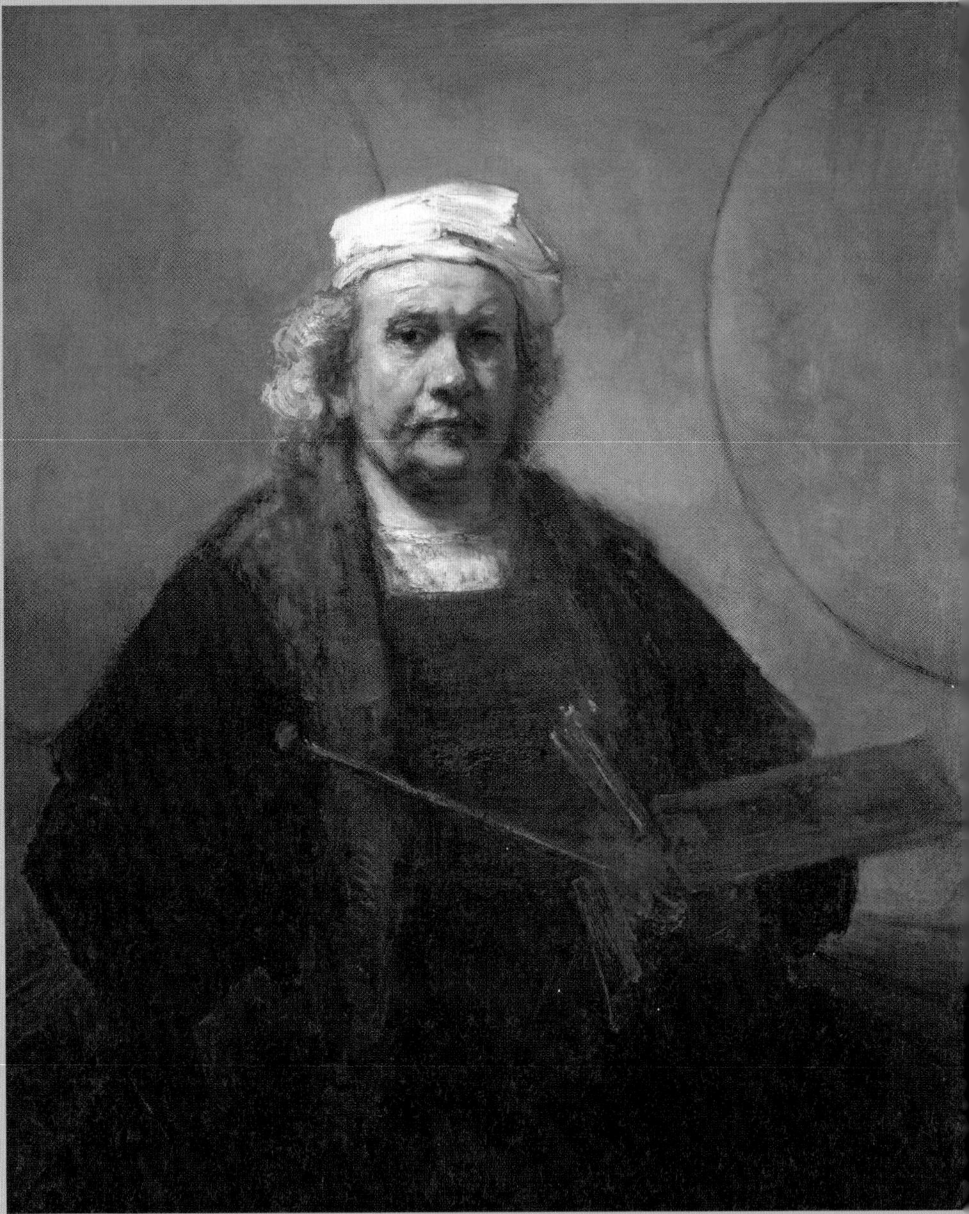

렘브란트 판 레인, 「두 개의 원이 있는 자화상」, 캔버스에 유채, 114.3×94cm, 1663년경, 런던 켄우드하우스

렘브란트는 자화상의 영혼이고 자화상의 빛이다. 그는 예술가와 예술에 심오한 인성을 부여한다. 만일 그를 셰익스피어나 베토벤에 비견한다면 그것은 그의 후기 자화상에 드러난 깊이 있는 인간성 때문일 것이다. 그의 후기 자화상은 회화사에 유례를 찾아볼 수 없는 인간적인 깊이를 가지고 있다.

이젤을 앞에 두고 홀로 자신을 묘사하고 있는 화가를 떠올려야 한다면 누구나 쉽게 렘브란트를 생각할 것이다. 그는 고독한 영혼, 외로운 천재, 묵상에 잠긴 영웅이었고, 귀감이 되는 용기로 인생의 고통을 품은 사람이었다. 그는 우리 자신을 직면할 때, 종말을 앞에 두었을 때 우리가 어떠해야 하는가를 보여준 사람이다. 그는 우리에게 전범이 되는 존재이며 화가다. 거장들 가운데서도 저 지난날의 황갈색 그림자로부터 렘브란트가 가장 먼저 떠오른다. 그의 자화상이 가진 공식은 너무도 친숙해 그 거장들 가운데 렘브란트가 곧바로 떠오르는 것이다. 렘브란트의 모습은 거장의 면모를 모두 가지고 있으며 그의 예술에는 그의 얼굴이 함께 드러난다. 그래서 우리는 어디서도 그를 알아볼 수 있다. 하지만 렘브란트의 진짜 얼굴은 무엇인가?

오래전에 사망한 그의 얼굴은 부드러운 선을 한 학생 시절 얼굴부터 시작해서 거의 40년이 흘러 죽음의 문턱에 들어서서 이름 없는 무덤에 묻힐 때에 가까운 노인의 얼굴까지 80점이 넘는 그림, 선화, 판화에 등장한다. 그것들은 가장 오랜 기간 동안 그려진 자화상들이며 미술사에 다시없는 변화와 쇠퇴의 기록이다. 렘브란트 서거 350주년을 기념하는 영화를 제작한 네덜란드 영화감독 베르트 한스트라는 이 자화상들을 서사 전개에 차용했다. 연대기적으로 하나의 초상화를 다음 초상화와 겹치게 함으로써 관객이 렘브란트의 늘어지기 시작하는 얼굴, 주름 아래로 처지는 눈, 그리고 숱이 적어지면서 은색으로 변하는 머리카락 등을 볼 수 있게 한 것이다. 하지만 원래 머리 색깔은 붉은색, 적갈색, 황갈색 중 무엇이었을까? 이마와 턱의 생김새는 어땠을까? 렘브란트의 모습은 애초부터 확정짓기가 극도로 어려운 만큼 한스트라의 영화에서도 하나로 등장하지 않았다. 렘브란트의 눈은 그림마다 조금씩 다르고, 10년 이상 차이가 나는 그림에서는 그 차이가 더 커진다. 그의 유명한 코도 해마다 차오르는가 하면 이지러지기도 한다.

렘브란트가 그린 최초의 단독 자화상에서는 코가 그리 크지 않았다. 반항기가 엿보이는 검은 눈에 사시의 렘브란트가 있을 뿐이다. 그로부터 몇 달 뒤의 자화상 에칭에는 입 너비만큼이나 넓은 코가 등장한다. 코 위로는 두 개의 번쩍 뜬 눈이 마치 거울에서 본 것에 당황한 듯한 모습이다. 스물한 살 때도 이미 렘브란트는 사실 이상의 것을 표현하고 있었다.

코는 마치 사자처럼 더 넓어질 수 없을 만큼 넓어지고, 또 우아한 펜촉처럼 좁게 수축한다. 눈은 그저 웃음으로 주름지고 긴장으로 불거져 나오거나 걱정으로 그늘지기도 할 뿐 아니라 그 색마저 수시로 바뀐다. 렘브란트는 자신의 눈을 어스름한 타원이나 검은 웅덩이, 또는 황금빛이 감도는 호박색 렌즈 등으로 그렸다. 그 모양은 단추, 건포도, 얼음판 위의 낚시 구멍 모양 등으로 다양하며 때로는 미키마우스의 길쭉한 눈처럼 추상적이기까지 하다. 가끔 렘브란트는 한 자화상에서 다른 자화상으로 넘어가며 원래 모양이 없어지는 그 순간을 포착한 듯 넓은 살갗에 찍힌 점 하나로 눈을 표현하기도 한다.

그것은 어쩌면 렘브란트의 변덕스러움을 드러내는 한 지표일 수 있을 것이다. 어쩌면 이것은 우리가 스스로를 바라보는 방법인지도 모른다. 주마다, 1년마다는 말할 것도 없고 우리는 스스로를 하루도 똑같이 보지 않는다. 수십 년에 걸쳐 찍힌 메릴린 먼로의 사진도 마찬가지다. 앤디 워홀의 실크스크린 이미지와 가깝기도 하고 멀기도 한 사진, 마르기도 하고 살집이 있기도 한 모습, 속눈썹을 붙인 사진, 긴장한 눈, 약간 부석한 눈, 진짜 메릴린 같기도 하지만 또 덜하기도 한 사진 등. 먼로는 20세기를 통틀어 가장 유명한 여배우지만, 누가 '그녀'의 코 생김새가 어떤지 기억할 수 있을까? 긴 세월을 겪으며 이렇게 저렇게도 변할 수 있는 모습이 결국에는 한 가지로 굳어진다는 생각의 반영인, 마흔이 되면 자신의 얼굴에 책임을 져야 한다는 격언에 모두가 공감한다. 또한 모두들 일생의, 또는 죽은 이의 사진을 들여다보며 그 안에 펼쳐지는 모습의 변화를 바라보며 느끼는 달콤씁싸래한 감정에 대해서도 알고 있다. 스무 살의 당신을 본다는 것은 과거로 되돌아갈 능력이 없더라도 또는 때늦은 지혜의 힘을 빌릴 수 없더라도 현재의 당신을 이룬 근간을 확인할 수 있는 방법이다. 키르케고르가 한탄했다시피 우리의 삶은 전진하지만 우리의 이해는 과거에 국한된다.

첫 번째 자화상 속의 렘브란트는 너무 젊고, 너무도 풋내기여서 종국의 그가 풍기는 늙은 수장과 같은 인상을 찾아볼 수 없다. 하지만 그의 자화상을 보는 누구든 바로 그가 렘브란트라는 것을 알아볼 수 있다. 인물과 그림 사이의 관계는 너무도 직접적이고 깊고, 관자가 느끼는 친밀감은 렘브란트의 재능이자 왠지 모를 친숙함의 열쇠다. 그는 번쩍이는 강철 옷깃을 두른 레이던의 야심찬 젊은이이기도 하지만 누더기 모자를 쓴 늙고 초라한 리어 왕이기도 하다. 그러나 여전히 사람들은 그를 렘브란트로 알아본다. 모든 자화상은 '이것'이 그의 참모습이고 있는 그대로의 그를 충실히 묘

렘브란트 판 레인, 「자화상」, 캔버스에 유채, 93×80cm, 1640, 런던 내셔널 갤러리

사한 것이라고 주장한다. 그것도 한 번이 아닌 모든 자화상에 걸쳐 그런 느낌을 준다는 것은 얼마나 놀라운 일인가. 마찬가지로 그의 자화상을 한곳에 모아놓고 본다면(1999년에 이 불가능할 것 같은 전시가 열렸다), 그림 속에 펼쳐지는 그 모든 변화가 그의 외면뿐 아니라 성격 또한 반영한 것이라는 점에 놀라지 않을 수 없을 것이다. 렘브란트에게 성격의 방대한 변화는 그의 전 생애를 통해 삶이 바꿔놓은 외양과 함께 가는 것이고, 그런 여러 가

지 성격을 갖는다는 것은 어쩌면 인간의 조건인지도 모른다. 그런 면에서 각 자화상의 눈을 중심으로 렘브란트의 얼굴을 통합하려고 했던 한스트라의 시도는 그의 자화상이 재현한 모든 것을 그럴듯하게 한눈에 보여주는 기발한 착상이었다고 할 수 있다. 과거의 얼굴을 잃고 끊임없이 변한다는 것은 무척 고통스럽지만 세상 어디서나 일어나는 일이다. 렘브란트는 슬픔과 쇠락 속에서 자신을 그리면서 이 점을 염두에 두지 않을 수 없었을 것이다. 우리가 느끼는 것을 그가 못 느꼈을 리 없다. 렘브란트, 그는 우리의 셰익스피어이며 우리와 동시대인이니까.

---

'하지만 렘브란트는 자기에 대한 개념은 없었다. 자의식이라는 개념은 아직 세상에 태어나기 이전이었으니까'라는 생각은 얀 반에이크 이후의 자화상을 부정하면서 19세기 이전의 화가들에게는 내적 자아에 대한 인식이 없었다든가 그것에 대해 적극적으로 고민하지 않았다고 주장한 매우 저명한 학자들의 고집스런 생각이었다.

평생 다시 오지 않을 〈렘브란트에 의한 렘브란트Rembrandt by Himself〉 전시의 기본적인 기획 의도가 바로 이것이었다. 렘브란트의 자화상은 자기 연구의 한 형태이고, 자기 정체성을 찾기 위한 노력이며 자신에게 천착한 화가의 흔적으로 보통 일컬어지지만 사실 그 그림들은 시장과 상업적 논리에 따라 움직인 결과였다는 것이다. 마치 언어라는 구조가 존재하지 않으면 개념도 없다고 생각하는 것처럼, 렘브란트의 시대에는 '자화상'이라는 용어도 존재하지 않았다는 것이 그 증거로 제시되었다. 19세기 이전에는 그런 그림들이 단순히 화가가 그린 화가의 초상으로 설명되다가, 갑자기 자화상이라는 말이 "18세기 말부터 렘브란트의 시대와는 전혀 다른 개인성을 경험하기 시작했기 때문에" 나타났다는 설명이다.[1] 렘브란트만 자신의 개성에 대한 인식을 못했던 것은 아니었다. 내적 자아에 대한 몽테뉴의 기발한 에세이도 "낭만적이고 개인적인 자기 인식에 대한 욕망과 혼동되어서는 안 된다"고들 했다.[2] 자화상에 대한 신화를 벗겨내기 위한 시도로 렘브란트 시대의 화가들은 "물음과 회의가 아닌 주의 깊게 계획된 '프로그램'을 가지고 거울 앞에 섰다"라고 설명하기도 한다.[3] 이 주장에 동의하는 사람은 비슷한 시기, 심오한 질문을 품은 듯한 안니발레 카라치의 자화상(442쪽)에 대한 설명부터 해야 할 것이다.

학자들은 시대착오적이라는 위험을 무릅쓰고라도 자기 시대의 사회상을 자신의 주장에 투영하는 경향이 있다. 그래서 20세기 후반의 렘브란트가 후기자본주의의 한 모델이 된 것도 우연은 아닐 것이다. 그는 새로운 상품을 개발해야 했고, 네덜란드의 부상하는 신흥 중산층의 요구를 충족하기 위해 새로운 형태의 초상화를 개발해야 했다. 그리고 은행가에서 정형외과의까지 모든 직업의 사람들이 초상화를 갖고 싶어 하는 환경에서, 모든 도시들이 그곳 출신의 화가를 가지고 있는 경쟁적인 구도에서 성공해야 했다. 자신의 얼굴을 그리는 경우에라도 시장의 요구는 필수적이다.

물론 렘브란트는 살아남아야 했다. 그리고 벌이와 씀씀이에 대한 그의 관심은 턱도 없이 비싼 그림 값을 요구했던 그의 편지와, 결국 재정적 몰락으로 이끌게 한 암스테르담의 화려한 주택 구입에서 충분히 입증되고도 남는다. 렘브란트의 자화상이 그의 생전에 팔렸다는 것도 이론의 여지가 없는 중요한 사실이다. 기록에 의하면 세 점의 자화상이 유명 컬렉션에 포함되었고, 그 가운데 하나는 잉글랜드의 왕 찰스 1세의 컬렉션이었다. 그리고 서른 살이 되기 전에 이미 렘브란트 에칭 전집을 구비하려 한 그의 후원자들 사이에서 자화상에 대한 요구가 매우 높았다는 기록도 있다. 화가가 1656년 파산하여 그가 가진 옷가지에서부터 작업실의 자잘한 도구들, 그리고 아들 티투스가 그린 작은 스케치까지도 압류 목록에 올랐을 때, 팔리지 않고 작업실에 남아 있는 자화상은 단 한 점도 없었다.

만일 렘브란트의 자화상이 그렇게 성공적이었다면, 그가 다른 종류의 그림에서 그랬던 것처럼 같은 자화상을 몇 번이고 그렸을 것이라고 생각할 수 있다. 하지만 그는 절대 그러지 않았다. 그의 자화상을 하나의 상품으로 보는 이들은 자화상이 갈수록 독창성을 더해간다는 사실을 보려고 하지도 않고 깊이 있는 성품과 직관력에 의해 더욱더 풍성해진다는 사실을 인정하려고도 하지 않는다. 어떤 것과도 비교할 수 없는 가치를 가진 작품들을 앞에 두고 그들은 고집스럽게 작품의 수량만을 문제 삼으려고 한다. 즉, 그가 어떻게 자화상을 그렸는가보다는 왜 그렇게 많은 자화상을 제작했는지에만 관심을 두려고 하는 것이다. 그리고 그에 대한 답은 너무도 비인간적인 것일 수밖에 없다. 그의 자화상이 다른 그림을 위한 표정 묘사 연습이나 자기 홍보를 위한 방편, 성경이나 신화의 인물들을 위한 모델, 화가가 창조해낸 특산품인 '배우들'이라는 설명이다. 심지어 동판화가들이 판화 선집에 넣을 만한 유명인들의 이미지에 자신의 이미지를 보태고자 해서 그렇게 많은 자화상을 제작했다는 설명도 있다. 그즈음엔 이미 철학자나 군주 들 외에도 라파엘로와 루벤스 같은 화가들 역시 그 선집의 유명 인사에 들었으니까. 거울 앞에 서는 순간, 렘브란트는 돈을 보았던 것 같다.

물론 이런 주장이 전혀 틀린 것은 아니다. 하지만 우리는 시장을 위해 그려진 렘브란트의 자화상에 대해 단 한 점이라도 제대로 아는 것이 없다. 그리고 어떤 그림이 팔렸다고 해서 그것이 확실히 판매를 위해 그려졌다고는 할 수 없다. 또 그의 화가 경력에서 아주 이른 시기에 이 이미지들이 한 컬렉터에서 다른 컬렉터에게 넘겨졌다는 기록이 있다고 해서, 그리고 한때 그럴 것이라고 생각했던 것처럼 작업실에 쌓여 있지 않았다고 해서, 그 그림들이 화가에게 사적이고 개인적인 의미가 없다고 할 수도 없다. 그림의 경제적이고 직업적인 기능이 화가가 자신을 그리는 유일한 동기가 될 수는 없다. 분명 거기에는 뭔가 다른 동기가 있었을 것이다.

렘브란트는 자화상에 대해 어떤 자료도 남기지 않았고, 그것에 대해 언급했다는 기록도 없다. 자화상을 그렸던 화가들 대부분이 그랬음에도 불구하고, 몇몇 학자들은 이것이 바로 렘브란트에게 자화상이 별 의미가 없었음을 증명하는 것이라고 주장한다. 하지만 렘브란트에 대한 기록들을 모두 살핀다 해도 어떤 종류의 예술이든 그것에 대한 렘브란트의 생각이 어땠는지 알기는 매우 어렵다. 그가 뒤러의 판화를 샀고, 레오나르도와 티치아노를 흠모했고, 특히 라파엘로의 「발다사르 카스틸료네의 초상」을 사랑해서 이 작품이 암스테르담에서 시장에 나왔을 때 그것을 복제하고 몇 주 뒤 그것과 비슷한 자화상을 동판화로 제작했다는 것을 알 수 있을 뿐이다. 하지만 그는 뭔가를 이론화하지도 않았고, 했더라도 그의 아이디어는 여전히 논란의 대상이 되고 있는 여섯 단어 길이의 빈약한 글귀로만 남았을 뿐 그 외에는 사라져버렸다. 렘브란트가 그의 후원자에게 쓴 바에 의하면 그가 작품에서 목적했던 바는 "가장 위대하고 또 가장 자연스러운 움직임die meeste ende die natureelste beweechlickheijt"을 만들어내는 것이었다.

하지만 그가 몸과 얼굴의 움직임을 의미한 것인지, 영혼의 움직임을 의미했던 것인지는 불분명하다. 어쩌면 그는 '우리'의 감정을 움직이고자 했는지도 모른다. 마지막 단어는 감정으로도 번역되는데, 공감을 자아내는 렘브란트의 재능은 그의 생전에도 너무나 잘 알려져 있었다. 그의 후원자였던 시인이자 작곡자 콘스탄테인 하위헌스는 자신의 회고록에서 감정을 묘사하는 렘브란트의 뛰어난 능력은 이미 널리 칭송받고 있다고 밝혔다.

더욱이 하위헌스의 회고록에는 17세기에는 아무도 내적 존재에 대한 자각을 하지 못했다는 주장을 정면으로 반박할 수 있는 진술이 있다. 하위헌스는 레이던에서 렘브란트의 직업적 파트너였던 얀 리번스에게 자신의 초상화를 의뢰했는데, "밝고 쾌활한 (내) 마음을 어둡게 만든" 그림이라는 평과 함께 완성된 그림을 보고 사람들이 너무 어둡다는 비평을 했다고 전했다. 하지만 그의 얼굴에는 그가 억누르고자 했지만 결국은 실패한 우울이 있었다. "이 즈음 나에게는 중요한 집안일이 있었고, 그럴 수밖에 없겠지만 드러내지 않고자 하는 노력에도 불구하고 내 근심은 얼굴과 눈에 분명히 드러나 있었다." 하위헌스는 리번스의 통찰력을 렘브란트의 통찰력만큼이나 높이 샀다고 할 수 있다.

렘브란트의 자아에 대한 의식을 추론할 수 있는 자료가 그림 말고는 없다면, 사회와 그것의 준거에 대해 그가 반항했다는 문헌 증거는 수없이 많다. 「야경꾼」에서 위엄 있는 자신의 모습을 기대하며 돈을 지불했던 민병대원의 반 이상이 자신의 모습이 흐릿하게 밀려나거나 옆얼굴만으로 그려진 것에 소스라치게 놀랐고, 그중 한 최고 유력자는 그림 자체를 받아들이려고 하지 않았다는 것은 무척 유명한 일화다. 그리고 렘브란트가 습관적으로 기한을 어기고, 도전적이며 변덕스러웠다는 것도 잘 알려진 일이었다. 1640년대부터는 애호가들의 취향도 부드러운 플랑드르 스타일과 푸생의 고전주의 쪽으로 기욺에 따라 렘브란트의 인기도 저물기 시작했지만, 그렇다고 그는 시장이 원하는 쪽으로 자신의 스타일을 바꾸지도 않았다. 그의 초기 전기 작가 중 한 사람인 필리포 발디누치는 렘브란트의 제자가 한 증언을 인용하면서 "렘브란트의 초상화를 얻으려면 2,3개월 동안이나 모델로 앉아 있어야 한다는 사실이 세간에 알려지고 난 뒤로 그에게 초상화를 맡기고자 하는 사람이 거의 없었다"라고 기록했다. 반면 반다이크는 의뢰인을 아침나절에만 보고서도 초상화를 완성할 수 있었다. 또 다른 전기 작가인 아르놀트 하우브라컨은 렘브란트의 지독한 개인주의에 대해 언급한다. 렘브란트가 어떤 가족 초상화를 그릴 때 시간이 너무나 많이 걸렸는데, 그림이 거의 완성되어갈 즈음 그의 애완용 원숭이가 죽고 말았다고 한다. 초상화를 의뢰한 가족 입장에서는 경악스럽게도, 그는 사랑하는 애완동물을 기념하기 위해 그림에 죽은 원숭이의 시신을 그려넣기로 결정했다. 하우브라컨은 "죽은 원숭이가 그림에 미친 효과에 그는 너무도 감명을 받았고, 의뢰인 가족을 만족시키기 위해 송장을 그림에서 빼느니 차라리 그림을 완성하지 않은 채로 두겠다고 했다"라고 기록했다. 렘브란트에게는 예술이 돈

위였고, 원숭이가 의뢰인 위였다.

사람들은 스스로에게 요구하지 않는 정도의 일관성을 좀 더 초월적인 존재에게 기대하기 마련이다. 「유대인 신부」 「벨사살의 연회」 「니콜라스 튈프 박사의 해부학 강의」 등을 창조해냈던 화가가 관습에 쉽사리 굴종하지 않으리라 생각하며 그를 이상적인 낭만주의 화가로 인식하려고 하는 것이다. 또한 사람들은 렘브란트가 자신의 가치를 잘 알고 있었으며, 말년의 자화상에서 보이는 용기로 보건대 그가 말년에 찾아온 가난을 자긍심 있게 견뎌냈으리라고 믿고자 하며, 마지막까지 자신이 조국의 유일한 위대한 화가인 양 행동했다는 것에 고마움을 느끼기까지 한다. 초기 자화상들은 특별한 목적, 즉 돈을 위한 것일 가능성이 꽤 있지만, 후기 자화상들은 이런 기능적인 차원을 훨씬 넘어선 무엇이었다.

렘브란트의 자화상에 대한 일반론은 그것이 그림으로 적은 자서전이라는 것이다. 레이던 시절의 자화상에서 감히 입을 수도 없었을 군인의 견장을 달고 있는 모습에서는 공격적인 성향을 읽을 수 있고, 극명한 빛의 대비에서는 카라바조를 의식한 면이 보이며, 황금 사슬을 건 모습이나 모자에 화려한 깃털을 달고 있는 모습에서는 돈이 몰려드는 암스테르담에서 떠오르는 신인 작가로서의 면모를 볼 수 있다. 또 초상화나 자화상을 위한 가장 무도회 의상을 이것저것 입어보며 아내를 무릎에 앉히고 있는 살집 있는 남편의 모습을 한 렘브란트와, 모피를 입은 성공한 사업가, 또 한두 번은 매우 부유한 네덜란드 시민의 모습을 한 그도 발견할 수 있다. 그러고는 아내를 잃고 삶에 지친 듯한 렘브란트를 보게 되고, 일부가 주장하듯이 애인이 감화원에 갇힌 사이 한참 어린 연인과 바람이 났을 때는 약간의 죄책감을 느끼는 듯한 표정을 읽을 수도 있다.

근 10년에 이르는 설명되지 않는 공백 후에, 그는 완전히 파산한 늙은 현자로 돌아온다. 아버지, 어머니 그리고 아내와 두 명의 연인 그리고 단 하나밖에 없는 자식 티투스마저도 먼저 저세상으로 보내고 난 뒤 렘브란트는 삶을 달관한 채 점점 더 세상으로부터 소외된다. 더 이상 제자도, 의뢰인도 없는 이 외롭고 곤궁한 60대의 화가가 그린 자화상에는 젊은 시절의 치레를 찾아볼 수 없고 단지 정직한 자기 성찰과 모두가 경애하는 심오함이 있을 뿐이다.

이런 그림을 보며 화가의 삶을 떠올리지 않는다는 것은 인간미 없는 일일 것이다. 그 그림들이 어느 정도 우리 자신의 삶의 궤적을 떠올리게 하기 때문이다. 그것은 유년 시절과 10대의 학창 시절을 제외한 우리 인생을 보여주는 것으로, 꿈에서 그것을 성취하기까지의 궤적이며 열렬함에서 심오함으로의 궤적이다. 만일 렘브란트가 간혹 배우처럼 차려입었다면—반짝이는 술을 달고 터번을 두른 터키의 왕이나 에페수스 사람에게 보내는 편지를 들고 있는 성 바오로처럼, 때론 금빛 망토를 두르고 홀을 든 모습의 왕처럼 입었다면—그것은 실제로 그의 삶이, 우리의 삶이 분명 삶의 완벽한 은유인 드라마, 연행으로서 경험되었기 때문일 것이다. 렘브란트가 극장의 어둠 속에 등장할 때 그것은 관람객들과의 교감을 위한 것이 아니다. 그의 등장은 완전히 배우 자신의 독백을 위한 것이었다. 서른세 살의 그는 벽에 기대고 베레를 날렵하게 빗겨 쓰고, 화려하게 옷을 입었지만 화면이라는 울타리 너머의 관자와 대화하려는 느낌은 전혀 없다. 그리고 10년이 흐른 뒤 자화상에 자신을 등장시킨 그는 일종의 도전의 태세로 허리에 손을 짚고 정면을 바라보며 관자로 하여금 어떤 말도 하지 못하게 못 박아 두고 있다. 그리고 맨 마지막 순간까지도 그는 우리와 교감하기 위해 허리를 굽히지 않는다.

말년의 자화상들은 침묵의 기념비라고 할 수 있다. 얼굴로 모든 것이 집중된 이 어두운 이미지들에는 왕의 죽음이라는 슬픈 이야기를 담은 눈이 있다. 그리고 그 눈은 보는 이로 하여금 그림으로서 렘브란트뿐 아니라 인간으로서 늙은 렘브란트도 보게 한다. 그의 눈은 정직하고 진실하며, 그 눈에서 우리는 늙는다는 것이 어떤 것인지 감지할 수 있다. 특히 렘브란트의 경우는 슬픔과 실의로 이르게 찾아온 노쇠가 어떤 것인지도 아울러 일러준다. 그리고 시력이 나빠지면서 안구 저 안쪽으로 가라앉는 눈 때문에 사시가 된다는 것, 나이 들어 눈이 붓고 약해진다는 것이 어떤 것인지도 모두 눈을 통해 알게 한다. 쇠하는 누런 빛 속의 렘브란트, 눈에 비친 그의 마지막 삶은 필치에서 고스란히 느낄 수 있다. 고뇌에 찬 듯 비틀린 필치나 우연이거나 되는 대로인 듯한 필치, 울룩불룩하게 두터운 필치, 종잇장처럼 얇은 필치 등은 모두 그의 삶을 반영한 것이다. 그리고 그림은 마치 그것 나름의 나이를 먹는 듯 같이 늙어가고 있다.

사람들은 렘브란트의 그림이 언제나 있는 모습 그대로 정직하게 그를 담아낸다고 생각하곤 한다. 또한 초기 자화상에 비해 후기 자화상을 더욱 그렇게 본다. 하지만 젊었거나 늙었거나, 렘브란트는 늘 연기를 하고 있었다.

두 점의 초기 자화상, 렘브란트가 주변의 어둠보다 더 짙은 두 눈을 하고 밤의 숲 속에 서 있는 외로운 영혼인 듯한 모습을 담은 암스테르담과 뮌헨에서 그린 자화상을 살펴보자. 그는 한 줄기 빛에서 물러나, 부드러운 뺨과 흰 레이스 깃만을 밝게 비추는 밝음과 어둠의 경계 바로 그곳에 자신을 세우고서는 피부와 옷감을 만질 수 있을 듯 생생하게 그려낼 줄 아는 자신의 능력을 뽐내고 있다. 하지만 그의 실제 얼굴—실제 자아—은 미지의 세계에 남겨둔 채 흐릿하게 처리했다. 그렇게 짙은 그림자 속에서 스스로를 거울 앞에 세우고 그 정도 빛밖에 여의치 않은 상황에서 작업을 하는 것은 결코 쉽지 않았을 것이다. 물론 허구로 만들어낸 것이 아니라 실제로 그가 그렇게 작업을 했다면 말이지만. 화려함은 그 무대장치에서 비롯되지만, 무대 장치는 모든 것을 숨긴다. 그림을 보는 이는 그 안에서 화가를 찾아내야 하며 그를 찾아내는 순간 그가 이미 관자를 보고 있었다는 사실에 놀라지

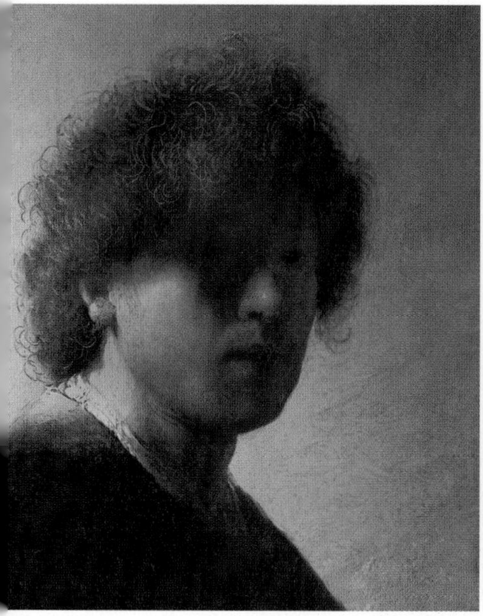

렘브란트 판 레인, 「청년 자화상」, 나무판에 유채, 22.5×18.6cm, 1628년경, 암스테르담 레이크스 미술관

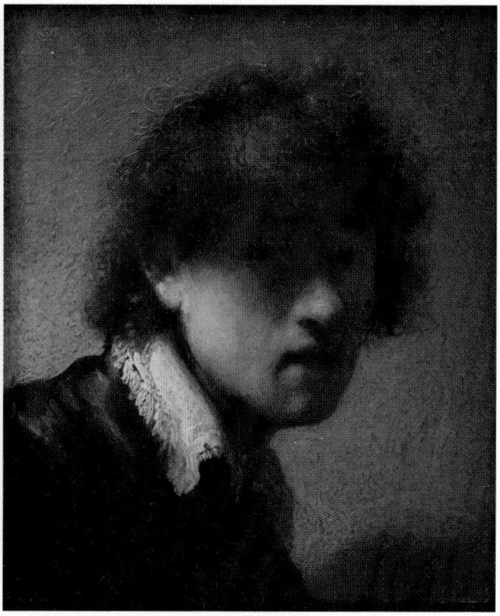

렘브란트 판 레인, 「청년 자화상」, 나무판에 유채, 15.5×12.7cm, 1629, 뮌헨 알테피나코테크

않을 수 없다.

이 두 점의 자화상은 몇 달 간격을 두고 완성되었다. 그리고 렘브란트가 얼굴을 당기고, 갑자기 돌아보고, 놀란 표정을 하며 안 보일 듯한 점으로 눈을 작게 그리는 등의 모습으로 나타나는 에칭 연작과 같은 시기에 그려진 것이기도 하다. 그는 젊고 자존심이 세어 보이기도 하고, 늙고 달관한 듯 보이기도 한다. 도저히 그림만으로는 시간을 점치기 어렵다. 자신의 주변에 망토를 두르고 얼굴을 보이지 않도록 하여 어떤 것도 읽기 어렵다. 기실 렘브란트는 아내 사스키아와 함께 등장한 그림 이외에는 전혀 사교적이지 않았다. 그는 늘 고독하고 시원하게 보여주지 않으며 늘 우리를 외면하고 어둠 속에 은둔한다. 영합의 흔적은 찾기 어렵다.

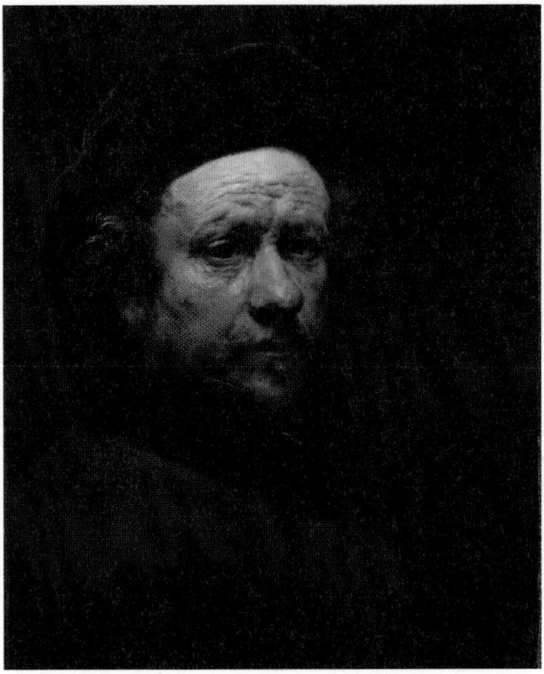

렘브란트 판 레인, 「51세 때의 자화상」,
캔버스에 유채, 53×54cm, 1657년경, 에든버러 스코틀랜드 국립미술관

물감의 사용도 연행의 수준에 이른다. 유럽 전역에서 많은 사람들이 그의 연금술, 즉 임파스토 기법으로 안료를 가지고 빛을 잡아 금으로 보이게 하는 법, 또 몇 번의 끼적임으로 결정적인 윤곽을 만들어내는 그의 기법을 보기 위해 찾아들었다. 그의 초상화는 물감을 너무 두텁게 발라 인물의 코를 잡아 들어 올릴 수 있을 정도였고, 그 효과는 매우 복잡 미묘하고 그로부터 빚어지는 착시는 너무도 그럴듯했다며, 일부 동시대인들은 모든 것이 요술 같았다고 했다. 실상 그의 필치는 모든 작품에서 특징적인데, 특히 자화상에서는 살결, 구레나룻, 늘어진 살집까지 모두 물감으로 그대로 재현했다. 눈 밑에서 물감은 겹치고 우글쭈글했으며, 코는 콧날을 세우기 위해

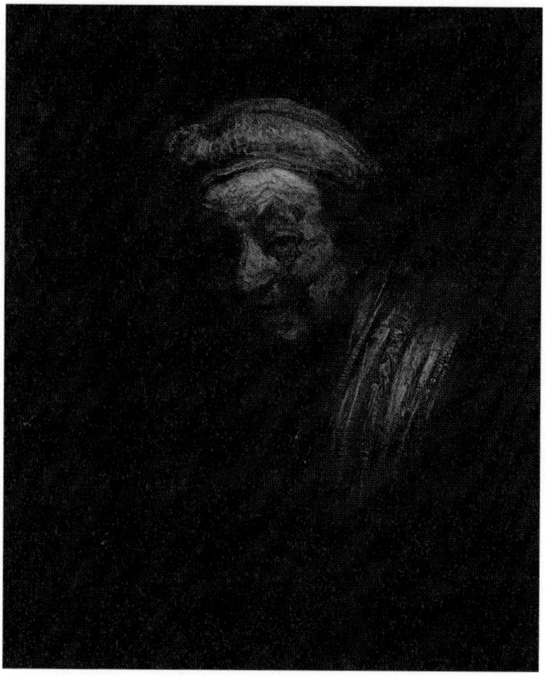

렘브란트 판 레인, 「제우크시스로서의 자화상」,
캔버스에 유채, 82.5×65cm, 1662, 쾰른 발라프리히하르츠 미술관

물감 층에 층을 더하였고, 눈물 구멍은 실제로 임파스토 위에 구멍을 뚫었다. 그는 붓대를 써서 머리카락의 만곡을 만들었고, 생생한 표면을 만들어내기 위해 물감을 손으로 짓이기고 바르고 때를 입혔다. 그는 자신의 얼굴을 가지고 찰흙 다루듯 이러저러하게 모양을 만들었고, 자신을 꾸며냈다.

스스로를 꾸며내는 것도 끊임없는 즉흥 연기로 가능했다. 한때 루벤스의 자화상에서 힌트를 얻은 그는 곧 티치아노의 「소매가 보이는 남자」의 모습으로 자화상을 그린다. 또한 고함을 지르는 거지의 행색으로 자신을 보이기도 한다. 그리고 여전히 렘브란트라는 것을 알아볼 수 있을 정도이기는 하지만 자신의 생김새를 중동인처럼 꾸미고 중동인의 옷을 입기도 했

다. 얼굴은 렘브란트가 네덜란드인이라는 점만 확실히 말할 수 있을 정도로 자화상마다 지속적으로 변화했다.

하지만 그런 연기가 복장과 자세로 확인이 된다면, 후기 자화상들의 경우에는 더욱 대조적이다. 2년의 간격을 두고 제작된 에든버러 자화상과 「제우크시스로서의 자화상」을 비교한다면, 둘 사이에는 어떤 연관성도 없고, 이 두 그림이 같은 사람을 그린 것이라고 상상하기도 어려울 것이다. 에든버러 자화상에서의 그는 슬퍼 보이고 눈은 자기 성찰로 쓸쓸하다. 하지만 두 번째 그림에서 그는 웃다가 죽었다던 그리스의 전설적인 화가 제우크시스로 등장해 공허한 웃음으로 무섭게 일그러진 미소를 띤다.[4] 단순히 거지에서 터키의 술탄으로 역할을 바꾼 것과 비교하면 이 두 점의 후기 자화상에서 보이는 심리적 거리는 훨씬 더 멀어 보인다. 어떤 것도 안정되지 않았고, 어떤 것도 결정되지 않았다. 삶의 고통은 평화로 이어지지 않고, 통일된 세계로 나아가지도 못했다.

렘브란트는 거장들 가운데 가장 늙어 보인다. 카라바조가 렘브란트가 태어나기도 전에 이미 죽은 화가라는 것이나 벨라스케스가 렘브란트보다 손위라는 것도 좀 이상하게 느껴진다. 시간이 지남에 따라 늙어 가는 것으로 보이기는 하지만 그는 모든 세대의 소울메이트다.

이렇게 시간과 연계되지 않는 그의 모습은 단순한 착각이 아니다. 렘브란트는 고의적으로 시간에 얽매이지 않는 모습으로, 또 순간으로부터 자유로운 모습으로 자신을 그렸다. 그가 그린 자화상과 그와 같은 시대의 다른 화가, 프란스 할스가 그린 초상화를 비교해보면 시간을 그리는 두 가지 서로 다른 방식을 볼 수 있다. 할스는 번뜩이는 점 몇 개로 순간을 포착해 인상파 화가들의 선망의 대상이 되었고, 그의 모델들은 너무도 생생해 바로 지금 여기에 우리와 함께 웃고 우리가 그들을 바라보고 있듯 그들도 우리를 바라보고 있는 것 같다. 하지만 렘브란트는 이런 식의 즉흥적인 자연스러움을 지양한다. 그의 자화상은 미리 계획된 것들임을 너무도 분명히 웅변한다. 그것들은 시간을 포착하지 않는 만큼 시간을 멈추기도 한다. 덕분에 렘브란트는 세기를 거쳐 지속되고 있다.

렘브란트는 의식적으로 현재에서 스스로를 제거한다. 그의 자화상의 모습은 부분적으로는 그의 이전 세대, 예컨대 티치아노, 라파엘로, 뒤러의 초상화들에서 빌려온 것이다. 그리고 작업실의 트렁크를 채웠던 옷들 역시 당대의 것이 아니었고, 일부는 이전 세기에 만들어진 것이었다. 렘브란트가 모피나 깃털, 벨벳 등을 입을 때는 연기를 위한 분장을 한 것이었다. 풀을 잔뜩 먹인 높은 주름 깃이 달린 흑백 컬러의 당대 옷을 입은 경우는 무척 드물었는데, 그런 경우에 초점은 좁혀지고 이동하며, 그는 마치 할스의 작업실에 앉은 무뚝뚝한 모델 같아 보인다.

우리가 렘브란트를 '보통 사람' 또는 위대한 배우-화가라고 생각하는 것은 어느 정도는 그가 입은 복색에서 비롯된 것이기도 하지만, 그가 활동했던 17세기 네덜란드에서 유행했던 독특한 장르 때문이기도 하다. 예컨대 '트로니tronies' 같은 것은 인간 유형과 그것을 분류하고자 하는 컬렉터들에게 인기가 있었던 성격 연구화였고 재미와 흥미를 제공하는 그림이기도 했다. 렘브란트에게 자의식이 있었다고 생각하는 사람들을 비웃는 학자들은 그의 자화상 에칭들이 모두 이 '트로니'에 지나지 않는다고 생각한다. 하지만 우리는 비교적 이른 시기의 것이라도 렘브란트의 자화상 모두에서 렘브란트를 알아볼 수 있고, 그의 자화상들이나 초상화들은 모두 가치 있는 것으로서 소장되고 있다. 카메라 이전 시대에 누구인지 알아볼 수 있거나, 유명한 얼굴의 주인공을 담은 그림은 분명히 일개 '트로니' 이상의 무엇이며, 하나의 유형 이상의 의미를 갖는다.

렘브란트의 복색은 당대 유행하던 다른 그림들에도 적절했다. 당시에는

'역사 초상화portrait historie'라는 것이 유행했는데, 초상화의 의뢰인들이 역사적인 인물로 분해 그림에 등장하는 것이었다. 예컨대 젊은 부부가 비너스와 파리스라든가 율리시스와 페넬로페가 되어 그림에 등장하는 것이다. 렘브란트는 아내를 플로라로, 자신은 성 바오로로 그렸다. 물론 인물은 실제 인물의 모습대로 그려졌지만 옷은 역사 속 인물의 것으로 그려졌다. 이런 초상화의 의미는 선망이 되는 장면에 등장하거나 은유로 그려지는 것에 있지 가장假裝 아래 사장되는 것이 아니다.

렘브란트는 네덜란드 황금기의 다른 어떤 화가보다도 이런 종류의 그림에 집중했으며 보통 배우들에게 기대하기 어려운 신비한 무엇까지 그림에 부여해 때로는 그 배우와 역할을 구별할 수 없을 정도였다. 예를 들어, 어디인지 설명되지 않은 공간에 서서 서로를 사랑스럽게 바라보는 「유대인 신부」의 두 사람은 누구일까? 성경 이야기를 위한 모델들일까, 아니면 결혼의 미덕이나 잉태의 선물을 상징하는 인물들인가, 그도 아니면 키루스 왕과 아름다운 양치기 소녀 아스파시아가 등장하는 네덜란드 연극의 인물들일까?[5] 또한 그들은 '역사 초상화'를 위해 자리한 의뢰인일 수도 있다. 그들을 별개의 개인으로서 보고 기억하며 깊이 관찰할 수도 있겠지만, 사랑을 의미하는 그들의 자세—여인의 가슴에 살포시 놓인 남자의 손이나 그것을 부드럽게 덮는 여인의 손과 같은—는 초상화의 상궤를 넘는 것으로, 이 그림을 인내와 겸손과 사랑을 다짐하는 세속의 제단화로 보이게 한다. 렘브란트가 이들을 알고 있었는지, 아니면 화가의 마음속에 있는 인물들을 그저 연기한 인물들인지는 알 도리가 없다. 특별한 복색을 차린 렘브란트 자화상의 인물이 어떤 지점에서 배역을 맡은 배우에서 개인의 초상화 속 인물로 탈바꿈하는지 말하기도 매우 어렵다. 의상을 차려입은 이 배우가 렘브란트라는 것은 늘 알지만, 이러한 회화적 생략이 나타내는 효과가 무엇인지는 파악하기 어렵다.

존 버거는 렘브란트가 거울 없이 자신을 그렸거나 일단 시작한 그림을 덮고 그 위에 자기 통찰에 기대어 완전히 새로운 자화상을 그렸다는 이론을 제기한 바 있다. 버거는 이를 통해 얼굴에 드러나는 깊이와 극적인 변화를 설명할 수 있었다. 즉, 렘브란트가 내향적인 시선으로 가능한 모든 뉘앙스와 깊이와 개성을 담아 자신에 대한 인식을 그림에 옮겼다는 것이다. 만일 렘브란트의 자화상에 지속적인 무엇이 있다면 그것은 다시는 재탄생하지 못할 정도의, 영혼을 꿰뚫는 개인에 대한 인상의 기록이다.

그리고 실제로 그는 생애 전반에 걸쳐, 그리고 스스로의 요구에 의해 내향적인 시선을 거둘 수 없었다. 작업실만 20년 넘게 경영하는 동안 제자들은 그의 자화상을 자주 베끼고 (물론 몇몇은 복제품을 만들었을 수도 있다) 그 화풍을 모방하려고 했다. 예를 들어 렘브란트의 제자 호버르트 플링크와 페르디난트 볼이 그린 자화상 중에는 스승과 똑같은 모습을 한 것이 있다. 최근까지도 플링크의 자화상은 렘브란트의 자화상으로 알려져 있었고 이 둘의 유사성은 고의적으로 계획된 것이었다. 플링크는 렘브란트의 작업실을 떠난 후 자신의 이름을 떨치기 어렵다는 것을 알았는데, 이것을 두고 하위브라컨은 "당시 렘브란트 스타일의 모든 면면이 칭송되고 있었으므로 렘브란트의 물감 다루는 방식과 화법"을 모방하는 것이 플링크에게 득이 되는 일이었을 것이라고 말했다. "거푸집에서 틀을 뜨듯이 모든 것을 모방하는 것이 세상을 기쁘게 하는 길이었다."

그 인물만의 독특함과 진정성은 자화상에서 흔히들 기대하는 덕목이다. 자화상은 깊이 있고 진실해야 하며(이것이 렘브란트가 세운 기준이다) 베낄 수 있는 것이어서는 안 된다. 우리가 렘브란트의 자화상에 대해서 믿고 있는 이러한 덕목들, 그리고 단순한 기술 이상의 통찰로 그려진 것이라는 믿음은 '렘브란트 자화상'의 요체라고 할 수 있다. 그는 제자들이 자신의 서명을 베낀 그림을 인정했고, 다른 화가들이 응용할 수 있는 자화상의 유형을 개발해 퍼뜨리기도 했다. 이는 일종의 사기 아닌가? 사람의 자아가 완전히 다른 이들에게는 허용되지 않는 섬이고, 출입이나 통행이 불가능하며 다른 이들의 이해가 불가한 어떤 것이라면, 따라서 자화상이 DNA나 지문과 같은 기능을 하는 것이라고 생각한다면 이는 분명 사기다. 하지만 그림은 허구이며 자화상도 마찬가지다. 또한 다른 사람의 마음속으로 들어가는 것이 실제로나 상상으로나 가능하다고 믿지 않는 소설가는 존재하지 않는다. 그리고 그것은 화가의 경우에도 마찬가지다.

렘브란트의 제자가 그린 중년의 렘브란트를 담은 '자화상'은 실의와 자기 신뢰까지, 그의 면면을 정확하게 포착한 것이다. 그림의 완성도 역시 렘브란트의 것과 거의 구별하기 어려울 뿐만 아니라 그림에 담긴 감정이입은 더더욱 놀랍다. 이 그림을 그린 화가는 렘브란트가 된다는 것이 어떤 것인지 정확히 이해하고—또는 그의 예술을 연구함으로써 배워 알고—있었던 것이다.

만일 렘브란트 '식'의 자화상이 있다면, 그것은 그것만의 독특함 때문이며, 외적인 관찰뿐만 아니라 내적인 통찰을 할 줄 아는 그만의 재능, 내향적 상상의 감각 덕분일 것이다. 물론 이런 성격은 그의 모든 초상화에서 보인다고 할 수 있다. 그리고 자화상은 그런 초상화의 한 줄기에 지나지 않는 것이라고 할 수도 있다. 하지만 그림을 하나하나 비교해 보면 분명히 자화상에는 그것을 다른 초상화들과 구별할 수 있는 뭔가가 있다는 것을 알 수 있다.

렘브란트는 야코프 트립이 죽던 해에 그를 그렸다. 트립은 렘브란트의 고객 가운데 가장 부유한 사람으로 무기 딜러이자 상인이었다. 초상화 속 인물은 한 손에 홀 같은 것을 들고 왕좌에 앉아 있는, 늙었지만 노련한 군주다. 그림 속 빛은 전체적으로 따뜻하고 물감 역시 부드럽게 펼쳐져 있다. 또한 실제로 그의 삶이 어땠는지는 모르지만 그림 속 트립은 엄청난 존경을

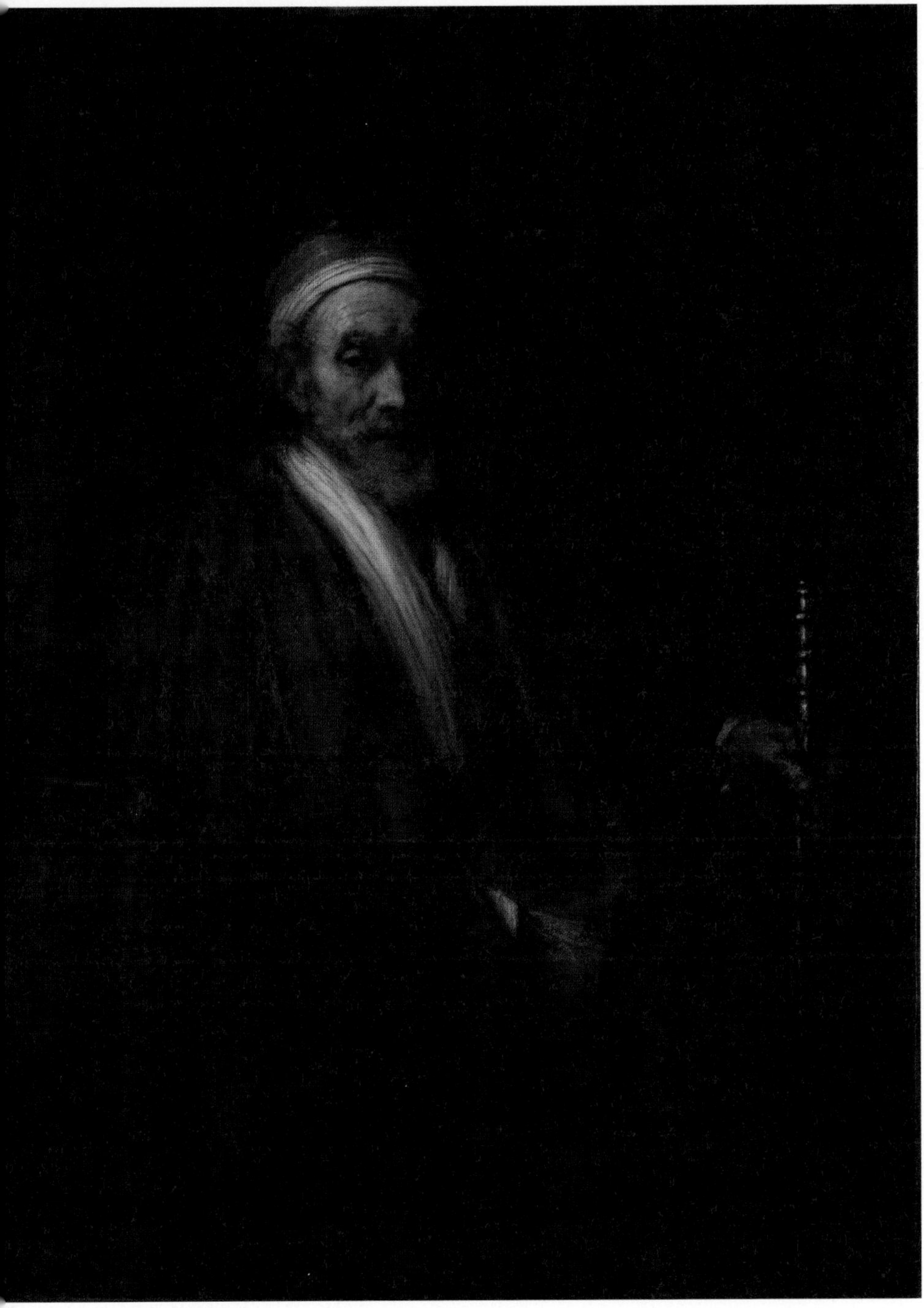

렘브란트 판 레인, 「야코프 트립의 초상」, 캔버스에 유채, 130.5×97cm, 1661년경, 런던 내셔널 갤러리

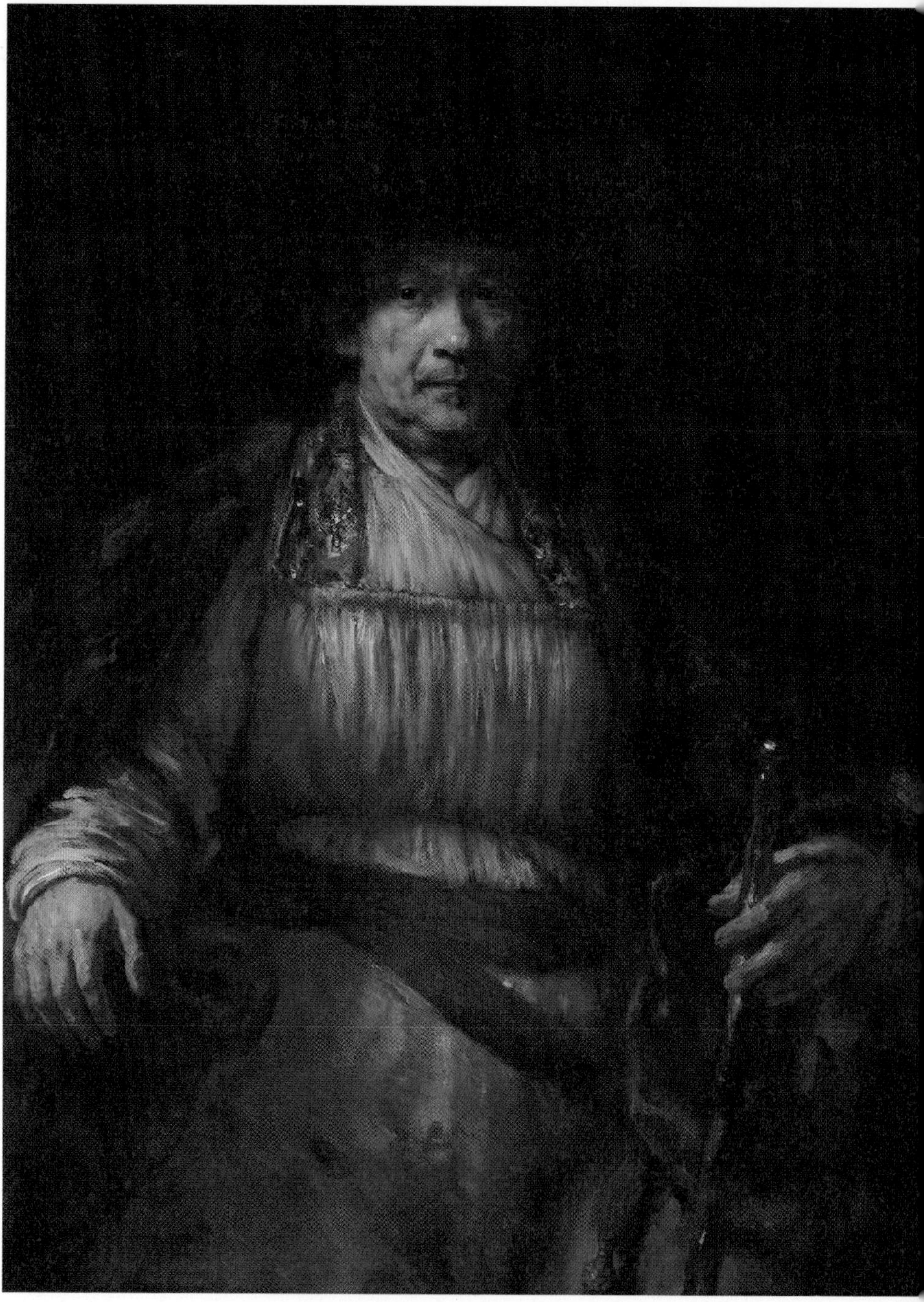

렘브란트 판 레인, 「자화상」, 캔버스에 유채, 131×102cm, 1658, 뉴욕 프릭 컬렉션

받고 있다. 얼굴은 나이 들어 주름지고 손은 장갑이 연상될 만큼 굵은 핏줄이 도드라져 거칠지만, 그는 맥이 빠진 채 이전 자아의 그림자 속에 있는 인물이 아니라 어마어마한 권위를 지닌 인물이다. 이는 자세와 옷차림—그에게 지위를 부여하는 예복—뿐 아니라 렘브란트가 엄청난 양으로 발라댄 물감에서도 비롯된다.

왕 또는 왕자를 그린 것 같은 이 그림은 '역사 초상화'의 가장 훌륭한 예다. 그런데 뉴욕의 프릭 컬렉션에 걸린 렘브란트의 웅장한 자화상을 보면서도 정확히 똑같은 묘사를 하게 된다. 렘브란트는 3년 뒤 트립에게 부여한 것과 똑같은 권위와 홀, 같은 옷과 자세로 자신을 등장시켰던 것이다.

그는 페르시아 카펫과 대리석 단지들이 가득한 프릭 컬렉션의 중앙 홀 위에 있는, 이제까지 만들어진 액자 가운데 가장 화려한 액자 중 하나에 깃들어 있다. 예술의 왕 렘브란트가 드디어 집을 찾은 것이다. 파산으로 법정에 서서 사회적인 불명예를 떠안기 이전, 암스테르담의 황금기를 구가하는 동안 그가 즐겼던 스타일을 간직한 그대로 렘브란트는 이곳에 살고 있다. 커다랗고 힘 있는 손, 금빛 조끼와 허리띠, 그리고 풍성한 모피는 시간에서 그를 자유롭게 했고, 이것으로 이 그림은 모든 자화상 가운데 가장 웅장하고 위엄 있으며 눈부시게 냉담한 그림이 되었다. 하지만 벨벳 모자 아래 드리워진 깊은 그림자를 본다면, 그리고 경계하는 듯 신중하고 상대를 꿰뚫어보는 듯한 눈, 그간에 겪은 소동과 모든 의심에도 불구하고 의연하게 보이려는 방어적인 눈을 본다면 모든 것이 달라진다. 표정은 시무룩하고 나이에 비해 너무 늙어버린 듯하고 어딘지 상처 입었지만 꿋꿋이 버티고 있는 듯하다. 이 자화상에 위엄과 권위를 부여하는 것은 왕으로서의 차림새가 아니라 스스로를 희생해 이룬 철저한 자기 통찰이다. 그리고 연기와 연기자 사이의 이 거리가 바로 이 그림이 가진 비극적인 아우라의 근원이다.

야코프 트립은 그림을 보는 누구나 느낄 수 있듯이 매우 지적이지만 외

고집이고 자기 방어적이다. 그의 얼굴에는 성찰적 시선은 없고(어쩌면 이 초상화가 이전에 그려진 그의 초상화를 바탕으로 한 것이기 때문인지도 모른다) 렘브란트의 초상화 의뢰인들 대부분도 마찬가지였다. 반면 스스로를 바라보는 렘브란트의 자화상은 탐색과 탐험으로 이어질 수밖에 없다. 렘브란트의 자화상이 가진 깊이는 착시에 의한 것도 아니고, 낭만주의자들이 창안해 한층 강조된 흘러간 시대에 대한 향수 때문도 아니다. 그림이 가진 깊이는 사실이고, 뭔가를 탐색하는 듯한 강렬한 인상 때문에 가능한 것이다. 그의 동시대인인 루벤스가 세상을 향한 확고한 시선을 겨누고 매번 같은 표정인 것과는 달리 렘브란트는 단순하거나 고정된 어떤 것도 보여주지 않는다.

렘브란트의 자화상에는 사랑하기 쉽지 않은 그림이 꽤 있다. 비대하게 살진 젊은이의 모습이나 술집에서 깔깔거리는 탕아의 모습뿐 아니라, 후기 자화상에서도 그는 자기 연민에 너무 빠져 있는 모습이나 모자를 쓰고 땀을 흘리고 있는 우스꽝스런 모습, 또는 늙은 심술쟁이의 모습으로 등장한다. 그것은 게리 슈워츠가 기념비적인 렘브란트 전기에 쓴 후기後記 내용을 떠올리게 한다. "렘브란트의 인간적인 면모를 보여주는 증거를 빼놓음으로써 내가 렘브란트의 성격을 너무 어둡게 그렸다고 독자들이 생각한다면 무척 속이 상할 것이다. 내 말을 믿으라. 그것은 절대 사실이 아니다."[6] 렘브란트가 경솔하고 방탕하며 사기꾼 기질마저 있다는 것을 보여주는 문헌들이 속속 출판되고 있는 마당에도 슈워츠는 그가 모든 이들의 진정한 친구이자 대부이며 누군가가 남긴 유언의 수혜자라는 것을 입증할 만한 증거, 그가 관대하며 인기 있는 인물이었음을 보여주는 단 하나의 증거를 찾기 위해 고군분투했다.

하지만 보통 자화상에서 그런 것을 찾지는 않는다. 특히 복잡한 의식과 실망과 의심과 끈기 등이 뒤엉킨 후기 자화상에서 그런 것을 찾는 사람은 거의 없다. 그의 후기 자화상이 얼마나 훌륭한지는 차치하고 노년의 원숙함을 찾기 위해 그의 그림을 찾지도 않는다. 렘브란트는 여느 때처럼 자존심이 세고 남의 비위를 맞출 줄 모르는 성마른 모습이다. 간혹 이전보다 좀 더 슬픈 듯하고 좀 더 뉘우치는 듯할 뿐이다. 하지만 그는 절대 자신의 죄를 고백하지는 않는다. 그 대신 그가 보여주는 것은 너그러운 동정심 같은 것이다. 그는 죄인이고 비참한 영혼이며 실수와 후회만이 가득할 뿐 아무도 그를 용서해 주지 않지만 적어도 자화상은 그 모든 것을 알고 그것을 정직하게 보여준다.

이 장의 서두에 인용한 몽테뉴의 글은 다시 이렇게 이어진다. "모든 모순들이 내 안에서 발견될 수 있다. 자신을 진심으로 연구하는 자는 자기 안에서 혹은 자기 심판 안에서 이 불화를 발견하고 만다. 나는 혼동과 엇갈림 없이 한마디로 간단하게, 확실하게 나에 대해 말할 것이 아무것도 없다."

드물게도 화가로서 팔레트를 들고 있는 자신을 그린 후기 자화상이 있는데, 여기서 그는 왕처럼 차려입고 좌중을 압도한다. 「두 개의 원이 있는 자화상」(134쪽)은 작업실이라는 그의 왕국에 선 거장 렘브란트에 대한 마지막 경구 같다. 그것은 알 듯 모를 듯한 표정 안에서 펼쳐지는 다양한 변주에서부터 가볍게 물결치는 콧수염과 구름 같은 머리카락과 두건의 윤곽을 드러내기 위해 그은 흰 빛줄기 등 그가 할 수 있었던 모든 것의 요약이다. 물감은 팔레트와 붓 위에 여기저기 펼쳐져 있고, 모피는 부드러우면서도 간혹 거칠고, 등 뒤의 캔버스 위에는 예의 그 유명한 두 개의 원이 스케이트의 날이 지나간 것처럼 날렵하게 그려져 있다.

미술사가들에게 이 원은 자화상의 '모나리자'였다. 지도의 한 꼭지 같기도 하고 위대한 아펠레스의 손으로 그린 동그라미를 연상케 하기도 하며 이제 막 창조될 세계 같기도 한 이 원. 하지만 이 모든 수수께끼를 만드는 것은 바로 그림 속 인물이다. 검은 두 눈은 얼굴 저 밑바닥까지 가라앉아 지고의 하느님처럼 강해 보이지만 부드럽고 분석되지 않는 붓질로 그려져 있다. 엄격하지만 불쌍히 여기며, 속지 않았지만 용서하는 이 표정이 의미하는 것은 무엇일까? 그리고 이 모든 너그러움은 누구를 향한 것일까? 인간 모두인가 아니면 가련한 늙은 렘브란트인가? 너무도 친숙한 얼굴은 다른 자화상과 마찬가지로 아무것도 결정된 것이 없으며 절대로 결정적인 설명을 던지지 않는다. 이런 면에서 자화상은 렘브란트 예술과 그것이 지닌 진실의 절정을 의미하며, 렘브란트든 다른 어떤 사람이든 스스로를 절대적인 한마디로 결정할 수 없고 한 번의 붓질로 요약할 수도 없다.

# 6.

# 무대 뒤편

## '그림을 그리고 있는 나'를 그리다

그림은 문제가 아니다. 문제는 그림을 그리지 않을 때 무엇을 하느냐다.

_잭슨 폴록

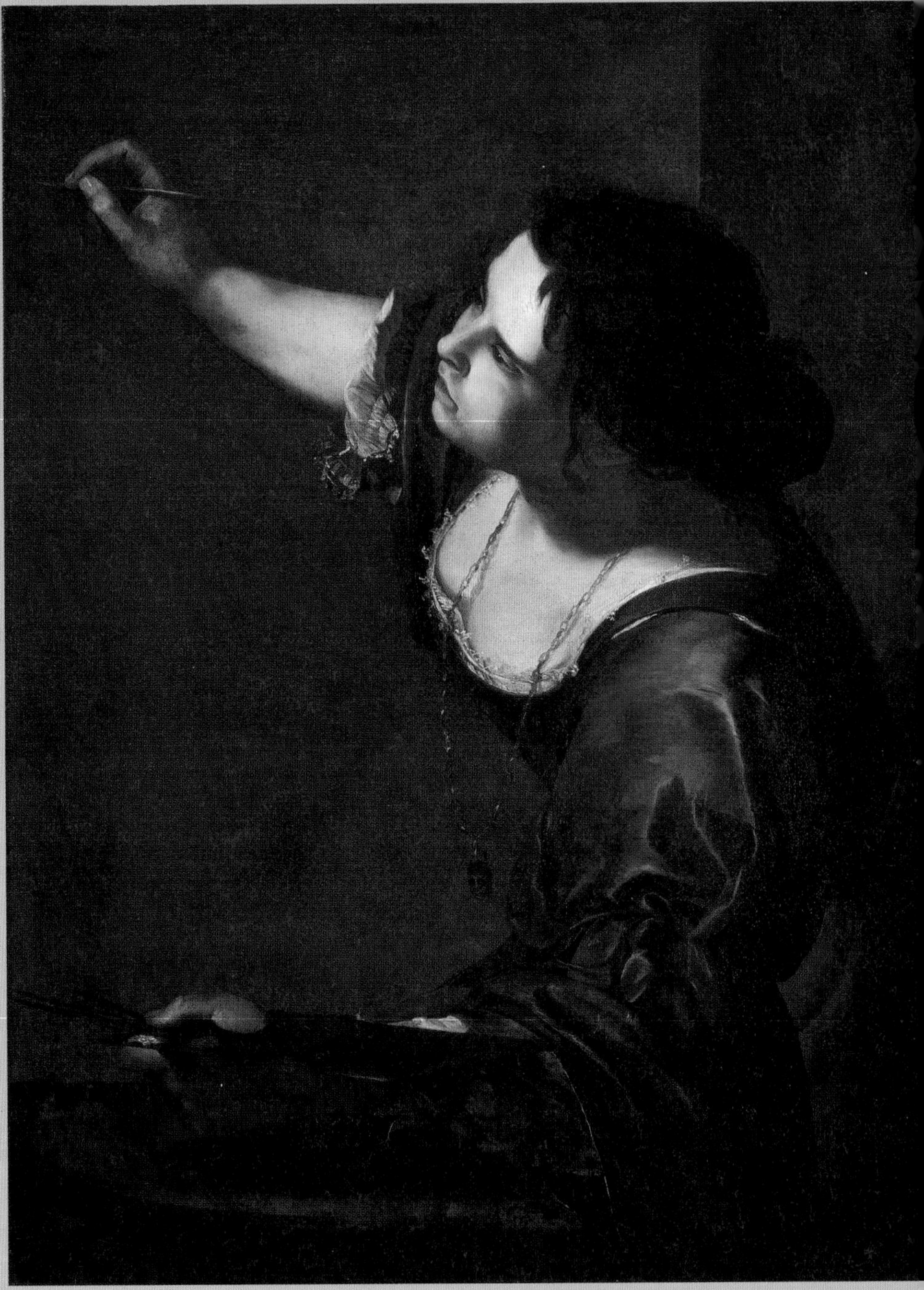

아르테미시아 젠틸레스키, 「그림의 알레고리로서의 자화상」, 캔버스에 유채, 98.6×75.2cm, 1638, 영국 왕실 컬렉션

햄프턴 코트 궁전의 어두운 귀퉁이에서 이 여인, 이 예술가를 마주친다는 것은 일종의 경이다. 그 경이는 그림자 속에서 인물의 이마와 가슴골을 반짝거리게 하는 빛 때문만은 아니다. 또한 말려 올라간 소매 아래로 드러난 여인의 괴력을 예기치 않게 마주할 수밖에 없지만, 그 놀람이 화포에 바짝 기대어 서서 드러난 여인의 흰 팔뚝에서 빛나는 광채에서 비롯된 것도 아니다. 그림의 구도는 굴러가는 바퀴 같다. 몸체는 극적으로 누워 있고, 머리는 여인이 그리려고 하는 쪽으로 꺾여 있으며 모든 게 어지러워 보여 어느 쪽이 위인지 가늠하기 어렵다. 그림은 어느 방향으로든, 심지어는 천장까지 높이 걸어도 문제없을 것 같지만 중요한 것은 화가라는 존재 자체가 창조의 순간을 위해 떠오르는 것 같다는 점이다. 이것은 단순히 그림을 그리고 있는 것에 관한 그림이 아니라 생생한 연행演行으로서의 그림이다.

아르테미시아 젠틸레스키는 혼신의 힘으로 작업하고 있지만 그녀가 무엇을 그리고 있는지는 알 수 없다. 화포와 작업장은 비어 있고, 그림의 소재가 되는 모델이나 물건도 없어 그녀가 무엇을 그리는지 도무지 알기 어렵다. 그녀의 붓끝은 사라져 보이지 않는다. 이 그림이 무엇이든지, 혹은 어떤 그림이 되든지 간에, 이 그림은 화가의 팔이 한 번에 닿기 어려울 정도로 넓고 커서 그녀가 엄청난 크기의 프레스코화를 작업하고 있을지도 모른다는 생각을 하게 한다. 그녀는 우리가 알고 있는 모든 종류의 그림을 그릴 수 있으며 그것이 무엇인지 고정할 필요는 없다. 젠틸레스키는 마음속에 보다 큰 그림을 품고 있을지도 모른다. 그리고 그녀의 커다란 포부는 차치하고라도, 「그림의 알레고리로서의 자화상」은 젠틸레스키 자신이 유럽 문화사에서 가장 위대한 여성 예술가인 것만큼이나 모든 여성 미술사에 있어서 '증거물 1호'로 제시되는 작품이다. 그녀의 자화상은 국제적인 명성을 얻고 왕실 컬렉션에 처음으로 들어간 여성 화가가 그린 첫 번째 자화상(그녀가 궁정화가로 일했던 잉글랜드의 찰스 2세의 주문으로 그려진 것으로도 알려져 있다)이며 육체적 공력의 드라마를 그대로 드러낸 첫 번째 자화상일 것이다. 작업 중의 화가를 그린 자화상에 비친 화가는 대부분 근력보다는 사색과 숙고 그리고 섬세함이 깃든 모습이지만, 젠틸레스키는 열정과 신념 그리고 육체의 힘으로 가득한 자신의 모습을 담았다. 손톱은 때가 끼고 머리도 흐트러졌으며 몸체도 강철을 용접할 수 있을 정도로 튼튼해 보이고 캔버스에 몸이 닿는 것도 전혀 신경쓰지 않는다. 젠틸레스키는 한참이나 후대에 등장하는 액션 페인터action painter라면 모를까 다른 화가와는 완전히 다른 모습이다.

이 그림은 그야말로 관습에서 완전히 탈피했다. 화가는 관자를 향해 얌전히 앉아 아무것도 하지 않는 자신의 모습을 그릴 수도 있었을 것이다. 아니면 다른 여성 화가들이 그렸던 것처럼 아담한 세밀화를 매만지는 모습을 그릴 수도 있었을 테다. 닿지 않는 멀리까지 닿으려고 애쓰지 않을 수도 있었고, 그저 얌전히 이 그림을 그리고 있는 모습을 그릴 수도 있었다. 하지만 그녀가 자신을 이렇게 그렸더라면 결국 그것은 모두 거짓으로 귀결되었을 것이다(여성 자화상의 관습에 저항할 수밖에 없었던 그녀의 곤란에 대해서는 이후에 다루도록 하자).

아르테미시아 젠틸레스키의 이야기는 불분명한 출생과 궁핍한 환경에서의 운명殞命, 그리고 죽은 이후에야 얻게 되는 유명세 같은, 거장들이 밟는 상궤에서 여러 가지로 벗어나 있다. 그녀는 성공한 화가였던 아버지 오라초 젠틸레스키에게 사사했고, 고향 로마에서 카라바조의 영향을 받았고, 40년에 걸쳐 이탈리아의 여러 도시와 외국에서 화가로서 명성을 이어갔다. 기록에 의하면 수난 속에서도 저항한 여인들—추악한 늙은이들이 훔쳐봤던 수산나, 홀로페르네스의 목을 잘라 백성을 구한 유디트, 수레바퀴에 묶였던 성 카타리나—을 그려 꽤 높은 보수를 받았던 것으로 알려져 있다. 또한 많은 다른 화가들의 부러움을 살 만큼 추앙받았으며 어떤 화가들은 그녀가 그린 스케치를 훔치기까지 했다고 한다. 선천적으로 열심히 일하는 성격은 아니었을 수도 있지만 삶은 그녀에게 그렇게 살도록 강요했다. 아버지의 친구이자 동료 화가였던 아고스티노 타시에게 10대의 나이에 강간을 당한 뒤 그를 고소하고 선 법정에서 그녀는 고문을 견뎌내야 했고, 공판 동안 음부를 조사받아야 했기에, 이제 결혼도 할 수 없는 처녀가 되고 말았다. 서둘러서 돈으로 치른 결혼은 결국 실패로 끝나고 그녀에게는 양육의 책임이 있는 딸이 남았을 뿐이었다. 그녀는 예술이나 자신을 위해 그림을 그릴 처지가 아니었다.

젠틸레스키의 유별나게 폭력적인 작품들—특히 살아 있는 닭의 목을 치는 농부처럼 홀로페르네스의 목을 치는 유디트를 그리면서 그녀의 가슴에 피를 튀게 한 것과 같은—이 일종의 복수심의 발로라고 하면서 그녀의 창의성에는 점수를 주지 않는 사람들이 있다. 비틂, 긴장, 극적인 확장 및 확대, 비상한 각도, 복잡한 행동의 열거 등으로 관자를 끌어들이는 바로크 예술의 면면은 젠틸레스키의 모든 작품에 깃들어 있다. 「그림의 알레고리로서의 자화상」도 예외는 아니다.

어느 면에서 이 그림은 단순히 제목 그 자체를 표현한 것일 수 있다. 즉, 그림의 화신, 또는 뮤즈로서 자신을 그린 것이다. 젠틸레스키는 체사레 리

파의 도상학 매뉴얼을 참고했음에 틀림없다. 거기에는 '그림'이 "길고 검은 머리를 늘어뜨리고 몇 가닥은 땋아 올린, 그리고 상상의 나래를 펼치는 듯한 아치형의 눈썹을 하고, 귀 뒤로 묶은 헝겊으로 입을 가리고, 앞에 '모방'이라고 적힌 가면이 달린 금 목걸이를 걸고 있는 아름다운 여인"으로 묘사되어 있다. 다른 점은 헝겊으로 입을 가리지 않은 것뿐이다. 하지만 여기서 바로 도상학적 관습이 끝난다. 빛은 그녀의 가슴과 가슴골의 윤곽을 더욱 강조하며 목에 걸려 있는 목걸이를 비춘다. 또한 그 빛은 드러난 팔의 살결과 그녀의 마음만큼이나 강해 보이는 팔뚝을 더욱 도드라지게 한다. '그림'이 여인일 수 있다면, 여인은 '그림'을 구체화할 수 있다.

젠틸레스키는 관자와 눈을 마주쳐 자신을 소개하는 데 시간을 낭비하지 않고 바로 일에 몰두하는데, 이런 모습이 사람들이 바라봐주기를 바라는 자신의 모습이었을 것이다. 그녀는 자신이 수동적인 모습의 예술의 알레고리가 아니라 창작의 에너지를 담은 모습으로 비치기를 바랐다. 이후 여성 화가들에게 자신이 영웅시되리라는 점을 알았을지도 모르지만, 아니 이 똑똑한 여인은 그런 생각을 분명히 갖고 있었을 테지만, 그랬다면 강한 여성 화가의 상을 이보다 더 훌륭하게 보여줄 수 있는 이미지는 없을 것이다.

---

왜 화가들은 그림을 그리는 자신의 모습을 그릴까? 가능한 한 가지 답은 자신이 화가라는 직업을 가지고 있다는 것을 분명히 보여주기 위해서일 것이다. '그림을 그리고 있으므로 나는 화가'라는 식이다. 물론 그것은 불필요한 노력 또는 의도일 수 있다. 왜냐하면 자화상이라는 것의 존재 자체가 이미 그가 화가라는 것을 충분히 보여주기 때문이고, 오히려 그림 그리는 모습이 스스로를 견실히 보여주기 위한 역할 놀이로서는 제한된 형태일 수

있기 때문이다. 다른 역할—남편, 아버지, 연인, 친구 등—을 하고 있는 자신을 그린 모든 화가들, 또는 기타를 치거나 담배 연기로 동그라미를 만드는 재주를 부리는 모습으로 자신을 그린 화가들도 화가로서 재능을 드러내면서도 다른 면들을 보여주는 데 성공적이었던 것이다. 직업은 자화상이라는 장르에 은근히 드러나며, 모든 자화상은 그것을 만든 이의 직업을 분명히 보여준다.

그런데 과연 그럴까? 젠틸레스키는 이 점에 의문을 제기한다.

1610년에 젠틸레스키가 그린 「수산나와 노인들」에서 수산나는 그녀의 몸을 탐하는 노인들에게 격한 거부의 몸부림으로 알몸을 숨기고 있다. 적어도 그것이 화면에 그려진 바다. 하지만 젠틸레스키는 당시 열일곱 살에 지나지 않았고 혹자는 이 때문에 젠틸레스키의 서명이 분명히 있음에도 불구하고 이 그림이 아버지의 작품일 것이라고 주장하기도 했다. 어디까지가 그녀의 솜씨이고 어디까지가 아버지의 재주일지는 여전히 논란거리다. 물론 여인, 그것도 아름다운 데다 이 정도의 실력을 가진 여인이 색골이 등장하는 그림을 그릴 수 있다고 생각하기 어려웠던 당시보다 그런 논란은 훨씬 덜할 테지만 말이다.

젠틸레스키에게 그림을 그리고 있는 자신을 그린다는 것은 자신을 여성임과 동시에 뛰어난 재주를 지닌 화가임을 보여주는 움직일 수 없는 증거를 제시하는 것과 같았다. 그림 속 그녀는 자신이 가진 전설의 체화였다. 이 자화상의 판화와 사본은 대량으로 제작되어 많은 이들이 그녀를 직접 볼 수 있었는데, 한 프랑스 화가는 그것이 어떤 주술적인 힘이라도 있는 듯 젠틸레스키의 손을 그린 이미지를 출판하기도 했다. 그것은 원래 그녀의 손보다 훨씬 미화된 것으로 프릴 달린 소매에, 손에는 마치 게이샤가 난을 꺾는 듯한 품새로 연약하기 짝이 없는 붓을 든 모습이었다. 하지만 젠틸레스키는 자신을 제3의 인물인 것처럼 그렸다. 우리 쪽은 보지도 않고 그림을 그리는 데에만 몰두하고 있는 것이다. 그녀의 예술에 익숙하지 않은 이들에게, 또는 그녀가 지닌 전설적인 재능을 의심을 하는 이들에게, 그녀는 다른 이가 그린 초상화의 인물일 수 있는 것이다. 아이러니는 이 그림이 실제로 자화상이라는 것을 입증하기 위해서는 그녀의 서명이 반드시 필요하다는 점이다.

여전히 그림을 그리고 있는 모습을 담은 자화상은 자기를 밝히는 가장 단순한 형태이자, 스스로를 화가로 천명하는 가장 쉬운 방법이다. 여자든 남자든 검은 옷을 입고 한 손은 화포를 향해 있거나 붓을 들고 있는 모습, 또는 화면 어딘가에 팔레트와 작업 중인 이젤이 있는 모습은 오랫동안 지속된 자화상의 전형이고 그것이 가진 매력은 분명하다. 그것은 어떻게 그림이 제작되는지 보여줄 뿐만 아니라 이 자화상 자체가 어떻게 그려졌는지도 보여줄 수 있다. 어쩌면 그것에 대해 화가가 어떻게 생각하고 있는지, 또는 그 작업 동안 무슨 생각을 했는지도 보여줄 수 있을 것이다. 그것은 꽤 그럴듯한 즉흥적 감각과 함께 어떤 상황과 맥락과 주어진 한순간의 화가를 드러낸다.

또한 그것은 화가에게 무언가 할 일을 만들어주기도 하고, 자화상 안에서의 '존재이유'를 제공하기도 한다. 어쩌면 그것은 자화상을 그릴 구실을 제공하는 것일 수도 있다. 내성적이거나 자신감이 부족한 화가라면 이런 이미지가 작업실에서의 한 순간—다른 이를 의식하지 않고 자신의 일에 몰두하는 중인 순간—을 포착한 것일 뿐이라거나 과장되지 않은 자기홍보라고 말할 수도 있다. 그것은 세속적으로 말하자면 광고에 지나지 않지만, 고상하게 말하자면 세상과 자신을 매혹시킬 수 있는 자신의 능력을 가시화한 것이다. 바로 그러한 예인 벨라스케스의 「시녀들」(192쪽)은 작업실의 화가를 담은 많은 작품 가운데 첫 번째이자 다른 화가들이 비교를 꺼리는 위대한 서양화의 전통을 만든 작품이다.

그리고 여기 또 다른 작품이 있다. 작업 중인 화가의 모습은 사실을 있는 그대로 담은 듯 직선적이고 단순해 보인다. 하지만 그것은 구현해내기

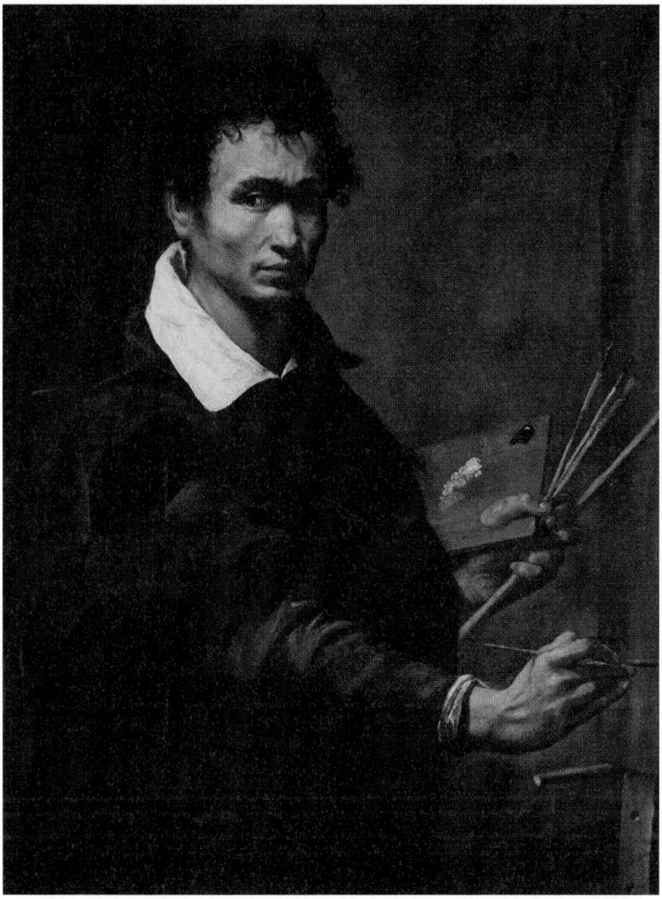

오라치오 보르잔니, 「자화상」, 캔버스에 유채, 95×71cm, 1615년경, 마드리드 프라도 미술관

매우 어려운 개념이다. 벨라스케스는 자신을 창조자로 보여주지만, 자신의 작업열을 고스란히 구현해 마치 다른 화가의 초상화에 등장한 것 같아 보였던 젠틸레스키처럼 창조의 열띤 순간에 있지는 않다. 절대적인 사실성—눈이 감지한 것을 뇌가 손에 전달해 곧바로 행동에 옮겨지려는 바로 그 순간—을 추구하는 작가들은 극히 드물고 그들이 그린 작품은 지나치게 괴

상한 경우가 많다.

젠틸레스키와 같은 시대를 살았던 오라치오 보르잔니의 그림을 젠틸레스키의 것과 비교해보자. 캔버스는 화가의 앞에, 거울은 그 옆에 있어 화가는 아주 신중하고 정확하게 자신의 두 모습을 꾸준히 견주고 있다. 그는 결국 거울을 보는 자신의 눈을 그리지 못해 깊은 그림자 속에 한쪽 눈을 숨겨 이 문제를 해결하려고 한다. 더 나쁜 것은, 그가 이 지독히 고통스러운 각도에서 그림 그리는 손을 제대로 잡아낼 수 없었다는 사실이다. 보르잔니가 지닌 사실성에 대한 원칙에는 의심의 여지가 없지만, 그의 표정에서 힘에 겨운 집중과, 거울 속 남자와 그림 속 남자 간에 생기는 그 갈등과 모순에 당황해하는 것이 그대로 보인다.

이 그림은 완성도가 떨어지긴 하지만, 자화상에 붓을 쥔 모습을 그림으로써 스스로를 그려내는 일의 육체적인 어려움을 있는 그대로 나타냈다는 점에서는 의의가 있다. 물론 있는 그대로를 그려냄으로써 거기에 담긴 영혼을 옥죄는 그런 진부한 실수를 저지르긴 했지만 말이다. 그래서 대부분의 화가들은 작업 중인 화가로 자신을 드러낼 때 어느 정도는 있는 그대로의 사실에서 출발하곤 한다. 하지만 소수의 화가들이 독창성 면에서 초기 여성 화가들의 수준까지 이르긴 했어도, 거의 400년 전에 사망했음에도 자화상을 그린 모든 여성 화가들 중에서 가장 실험적인 화가로 꼽히는 재치 있고 교묘한 재주를 지닌 소포니스바 안귀솔라1532년경~1625만큼 나아가지는 못한 것 같다.

궁정도 유력한 후원자도 없었던 도시, 크레모나에서 태어난 안귀솔라였지만 진보적인 아버지에게서 태어난 행운은 있었다. 그녀의 아버지는 두 명의 남성 화가를 붙여 그녀에게 그림을 가르쳤으며 미켈란젤로가 그녀의 예술에 흥미를 갖도록 했고, 그녀의 자화상을 그럴듯한 평과 함께 유럽 전역의 힘 있는 후원자들에게 보냈다. 그리고 마침내 그녀는 에스파냐 펠리페 2세의 궁정에 자리를 얻게 된다.

안귀솔라는 가족화와 자화상에 정통했는데, 그런 그녀가 가정이라는 작은 왕국을 떠나 그와 같은 경력을 쌓게 된 것은 매우 놀라운 일이다. 하지만 그녀의 세 자매가 등장하는 「체스 게임」—첫째가 둘째에게 '체크메이트' 하는 순간 막내의 경쾌한 웃음을 그렸다—과 같은 훌륭한 그림을 본 사람이라면 그녀의 초상화가 얼마나 생기 있고 '혁신적'인 것이었는지 쉽게 알 수 있을 것이다. 그녀의 그림은 보통 희극적인 요소들을 감추지 않는 것이 특징인데, 그 가운데 어린아이가 어른에게 읽기를 가르치면서 키득거리지 않으려고 애쓰는 장면을 담은 선화가 있다. 이것이 바로 미켈란젤로에게 처음으로 깊은 인상을 남긴 그림이었다. 미켈란젤로가 안귀솔라에게 우는 사람을 그려오라고 했을 때 그녀는 비극이 아닌 희극을 그렸다. 게를 갖고 놀던 어린 아이가 그것에 물린 걸 보고 웃음을 참지 못하는 소녀를 그린 것이다.

하지만 안귀솔라의 유명세를 만들었던 것은 청년 시절부터 노년—그녀는 아흔세 살까지 살았다—까지 지속적으로 작업했던 자화상에서 비롯되었다. 그녀의 자화상은 세밀화에서 실물 크기까지 다양한데, 그 가운데는 들고 있는 책에 자신의 이름과 자신이 처녀라는 사실을 새겨놓은 것도 있다. 자신의 서명을 들고 있는 모습으로 자신을 그린 것인데, 이는 보는 이로 하여금 그림 속 인물이 안귀솔라이며, 그녀 스스로 이 그림을 그렸다는 것에 대해 추호의 의심도 품을 수 없게 하는 동시에 그 점을 더욱 강조한다. 그리고 그녀 역시 그림 그리는 자신의 모습을 담은 최초의 화가들 중 한 사람이다. 경건한 차림새로 캔버스 앞에 앉은 그녀는 작업 중인 그림에 가벼운 터치를 하며 관자 쪽을 보고 있다. 그림은 자신의 이미지가 아니라 성모자를 담은 그림인데, 이로써 안귀솔라는 자신이 초상화에만 능한 화가가 아니라는 사실을 암시한다. 그림 속의 이 그림에서 마리아는 손가락 끝으로 아기예수의 얼굴을 부드럽게 자기 쪽으로 이끌고 있는데, 이와 같은 섬세하고 애정 어린 손길을 화가의 손에서도 발견할 수 있다.

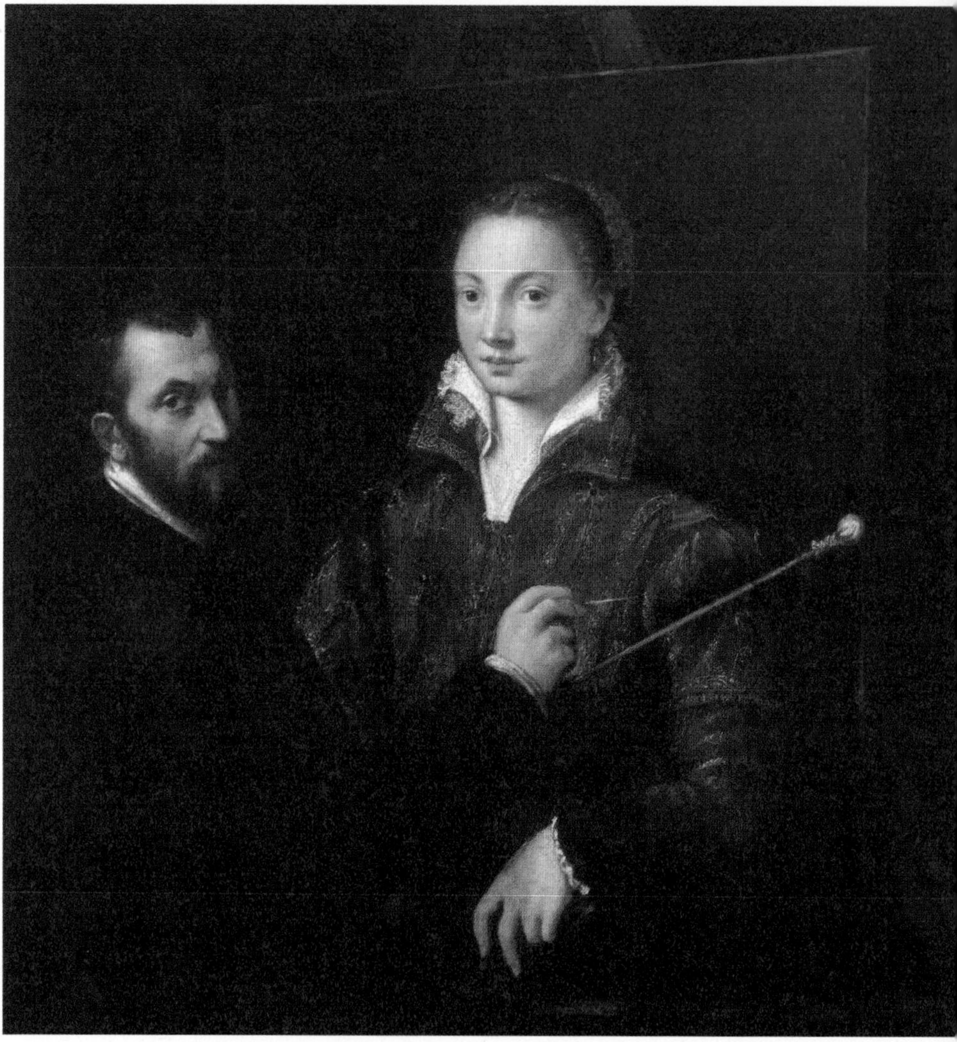

소포니스바 안귀솔라, 「소포니스바 안귀솔라를 그리고 있는 베르나르디노 캄피」, 캔버스에 유채, 111×109.5cm, 1559년경, 시에나 피나코테카 나치오날레

하지만 안귀솔라의 자화상이 가진 가장 유머러스하고 독창적인 면은 작업 중의 화가의 모습을 그린 자화상에 독특한 변형—풍자의 초기 형태라고 말할 수도 있겠다—을 가했다는 점이다. 이 다소 뻔뻔스러워 보이는 그림에서 그녀의 선생인 베르나르디노 캄피는 자신의 제자를 그린 그림, 즉 이젤 위에 놓인 채 기민한 표정을 짓고 있는 안귀솔라를 그린 거대한 초상화에 마지막 손질을 하고 있다.

이 그림은 화가의 피학적 겸손이 보이는 것 같다. 여기 내가 알고 있는 모든 것을 나에게 가르친 남자, 화가로서 나를 만든 남자가 있다. 그리고 지금 그가 나의 초상화를 그리고 있다. 하지만 캄피는 피그말리온이 아니다. 그림의 구도가 그에게 그런 지위를 허락하지 않는다. 왼쪽 구석에 서 있는 그는 두 점의 그림 모두를 지배하고 있는 더 큰 여자에게 몸집으로나 키로나 밀린다. 캄피가 길러낸 재능은 이제 그가 가진 재능보다 더 커졌고 벨벳과 금으로 치장한 그녀의 제자가 이제 훨씬 더 화려하다. 살아 있는 듯한 그녀의 왼손은 마치 캄피의 초상화에서 벗어나려는 듯 이젤을 가로질러 실제로 그림자를 드리우고 있는 것 같다. 캄피가 안귀솔라를 그리고 있지만, 실은 안귀솔라가 이 초상화를 그린 것이며 스승 역시도 그녀의 작품의 일부에 지나지 않는다는 사실을 보여준다. 숙녀다운 방식으로 제자가 스승에게 경의를 표하고 있는 것처럼 보이는 이 초상화가 보여준 재치는 이제는 잊힌 화가인 캄피가 이룬 그 어떤 것보다 더 위대하다. 그는 자신이 손재주를 지닌 화가에 불과하다는 듯 붓과 팔 받침대를 들고 있는 반면, 안귀솔라는 프라도 미술관에 소장된 뒤러의 자화상처럼 값비싼 장갑을 들고 있다. 안귀솔라는 그녀의 방식으로 자신의 이야기를 풀고 있는 것이다.

왜 그림을 그리고 있는 모습을 그리는 것일까? 그것은 한순간을 사실적으로 관찰한 결과이고, 스스로를 관찰하고 있는 자신을 관찰한 것이며, 그 모든 것을 화포에 담아낸 것이다. 여기서 화가는 책상에 홀로 앉아 두 손을 올린 채 컴퓨터 불빛을 바라보며 뭔가에 사로잡혀 있거나 이런 감정들을 전달할 수 있는 바로 그 단어를 잡으려 애쓰는 모습 그 자체를 곧바로 글로 옮겨낼 수 없는 작가에 비해 처지가 아주 조금 나을 뿐이다. 물론 이것을 해낸 소설가가 없는 것은 아니다. 존 바스1930년 미국 태생의 소설가이자 교수. 포스트모더니즘과 메타픽션의 작품들로 유명하다.는 『라이프-스토리』에서 글이 써지지 않는 작가가 마침내 아내의 방해로 쓸 수 있게 되었다는 포스트모던한 농담을 던진다. 그리고 돈 마르키스1878년 미국 태생의 희극작가이자 언론인.의 바퀴벌레 아치는 고양이 메이타벨을 예의 주시하면서 타자기 여기저기를 뛰어다니며 말도 안 되는 문자를 찍어댄다. 이런 상황은 스콧 대장이 아내에게 편지를 쓰려고 찍은 잉크가 바로 얼어버리는 상황과 비슷하다고 생각할 수도 있다. "맙소사, 영하 70도의 추위에 텐트 말고는 아무것도 없는 곳에서 편지를 쓰는 게 결코 쉽지는 않은걸"이란 내용을 담은 그의 마지막 러브레터는 그가 동사한 지 1년이 지난 뒤 아내의 손에 들어갔다고 한다.

하지만 의식은 창조의 순간에 늘 흘러넘치기 마련이다. "내가 이 글을 쓸 때"라고 쓰면서도 그 행동에 마음을 붙잡아놓기 힘들고 곧 마음은 다른 것으로 쏠려버리곤 한다. "내가 이 글을 쓸 때, 창밖의 수선화는 봉오리를 열고……"라고 하듯 말이다. 그리고 이런 일은 작업실의 화가에게도 똑같이 일어난다. 자신에 대한 의식은 실세계의 간섭에 굴복하기 시작한다. 너무도 익숙하고 짜증을 일으켰던 것들은 그림의 가능한 소재—흐릿한 불빛, 굳어가는 팔레트, 삐걱거리는 이젤 다리, 물감 부스러기 등—가 될 만큼 화가에게 유혹적이어서 자화상을 그리다가도 바로 이 세세한 것들에 정신을 빼앗기게 되고 자신이 처한 악조건들에 대해 불평까지 하게 된다. 그래서 정작 자화상에는 작업실의 신비함이나 예술의 제작 과정에 대한 어떤 것도 발견하기 어렵다는 사실이 별로 놀랍지 않다. 하지만 16,17세기에 낭만주의가 본격화되기 이전에 그림을 그리는 모습의 자화상은 여전히 일종의 노골적인 자기선전이었다. 그리고 그 순간에 대한 진실성은 애초에 그것이 정말 관찰된 것이었다 해도 여기서 방치된다.

일단 그들의 행동을 보자. 작업하는 모습의 자화상은 일정한 시간과 공간을 점유한 육체적인 연행演行이기에 극적 통일성과 같은 것이 발견되어야 하지 않을까? 하지만 그것들은 그러는 법이 없다. 여기 자화상을 그리고 있는 한 화가가 있다. 하지만 우리가 보는 그림은 모든 것이 완성된 상태의 것이다. 그리고 여기 화가와 그 뒤로 그의 자화상이 있다. 그 자화상은 여전히 스케치 단계로, 마치 그가 이전에 그려놓은 것처럼, 혹은 두 점의 그림이 있는 것처럼 꾸미고 있다.

그런 다음 전제에 대해서도 생각해보자. 이젤 앞에 선 화가를 보여주는 자화상의 화가는 실제 이 자화상을 작업하고 있었을 테지만, 18세기 화가들은 그로부터 완전히 자유롭게 작업했다. 예수 부활의 장면이나 풍경화, 유럽의 군주와 같은 유력 인사들의 초상화 등 또 다른 그림을 그리고 있는 자신을 함께 보여주는 이들도 많았던 것이다. 더욱이 완성된 자화상과 그 속의 그림 사이에는 물리적인 모순이 보일 수도 있다. 실물 크기의 자화상들은 종종 세밀화를 그리는 화가들을 등장시키곤 한다. 또한 정사각형의 자화상 속 화가가 직사각형의 캔버스에서 작업하고 있기도 하다. 이런 식의 모순이 있다면 이런 모순이 더 확장된 경우는 왜 없겠는가? 폴 브릴은 자신의 이름을 떨치게 한 어둡고 묘한 분위기의 작은 풍경화를 이젤 위에 올려두고 있는 자화상을 그렸는데, 그는 그림은 잠시 내버려두고 자신이 류트를 연주할 줄도 안다는 사실을 시연한다.

화가들은 종종 자신이 여성들과 아이들을 그리는 데 뛰어난 재능을 가

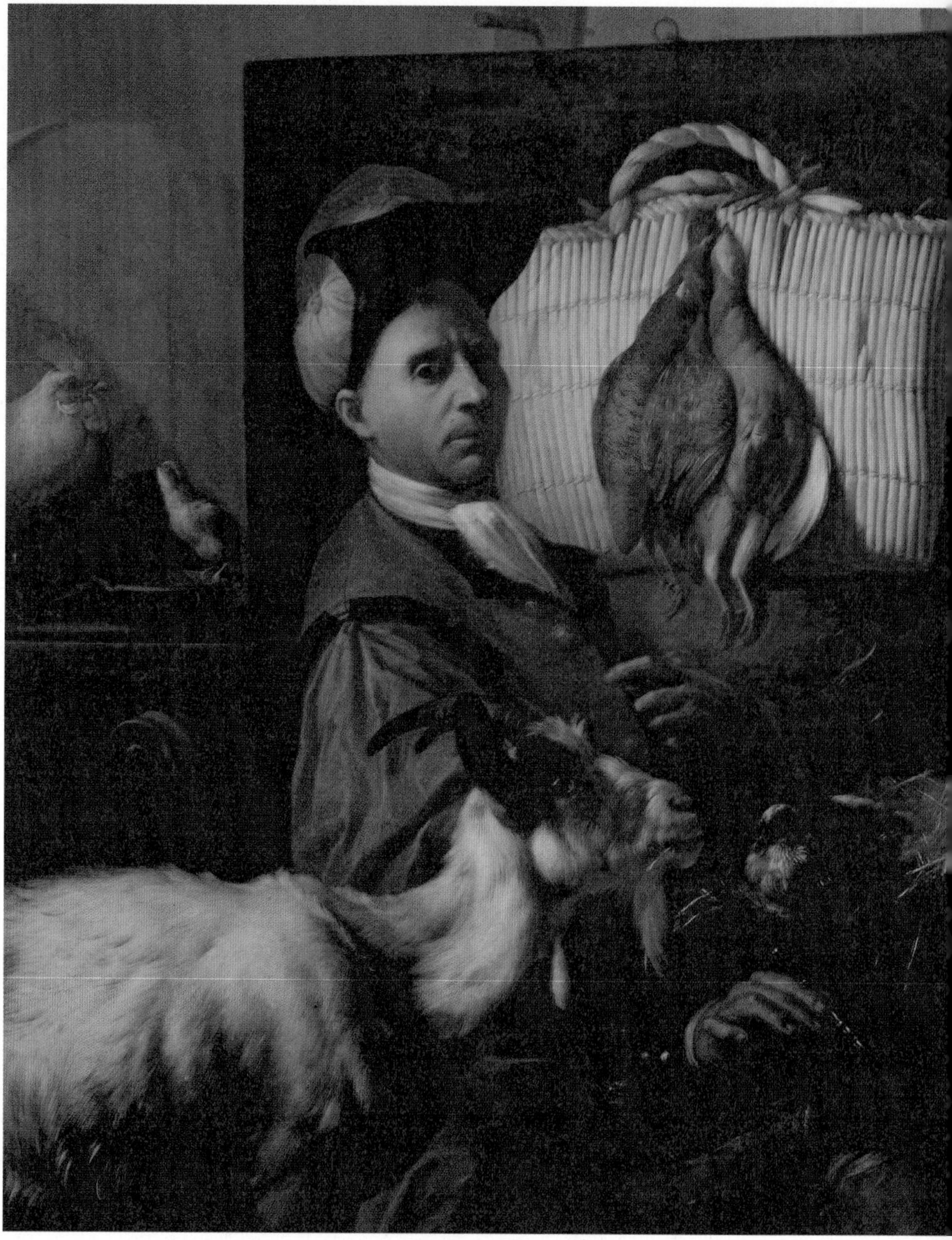

아르칸젤로 레사니, 「자화상」, 캔버스에 유채, 105×87.3cm, 1713년경, 피렌체 우피치 미술관

지고 있다는 점을 보이기 위해, 그리고 아름다운 아내와 아이들을 두고 있다는 것과 그런 복잡한 환경에서도 훌륭하게 작업에 집중할 수 있는 자신의 성정을 보이기 위해 가족 전체 속에 자신을 넣은 자화상을 그리기도 한다. 이탈리아 화가 아르칸젤로 레사니니는 가축을 그리는 것으로 잠시 이름을 알렸는데, 축사 안의 닭, 죽은 뇌조, 화가를 꽤 닮은 염소 틈에 자신이 서 있는 모습의 자화상을 그렸다. 레사니니는 서명을 대신하여 '이 그림을 만든 그가 바로 나다'라는 뜻으로 자신을 가리키고 있다. 하지만 이를 통해 화가는  염소와 자신을 구별하려고 한 것일 수도 있다.

이 그림은 자화상을 작업하는 가운데 벌어지는 연속성의 문제, 즉 어떻게 두 가지 다른 형태의 이미지인 캔버스 위의 그림과 완성된 그림을 구별할 수 있을 것인가 하는 문제를 단적으로 보여준다. 그런 종류의 구별—하나는 매우 선명하고, 다른 하나는 잠정적이거나 뿌연 유리창을 통해 보는 것 같은—이 없다면 화가는 우리가 이 둘 사이의 차이점을 구별하지 못하리라고 생각하는 것처럼 보인다. 어쩌면 이 둘 사이에 어떤 경우에라도 스타일 면에서 차이가 있어서는 안 되었는지도 모른다. 레사니니는 작업하면서 그 옆에 있었던 실제 새들만큼이나 완벽하게 사실적으로 죽은 뇌조를 캔버스에 그릴 수 있는 자신의 능력을 드러내고 싶어했다. 그 결과 보는 이는 그 둘을 구별하기 힘들다.

화가들은 자신의 명성을 이루게 한 풍경화 같은 장르와 자화상을 결합하기도 한다. 그들은 나신의 모델을 그리고 있거나 지역 고유의 동식물 표본을 연구하고 있거나 연필을 입에 물고 촛불 아래에서 스케치를 하고 있는 자신을 보여준다. 거기에는 이들이 하는 일이 무엇인지, 무엇을 할 수 있고 무엇을 하고자 하는지가 열거돼 있다. 그것은 지적 정직성이나 직관이 결여된 허영심의 발로 이상이라고 보기 어려운, 화가의 지위에 대한 질문을 할 수밖에 없게 한다. 하지만 이 자화상들은 개인적인 진실을 담고 있기도 하다. 거기에는 화가가 자신의 발판을 만들고자 하는 노력, 관습에 순응

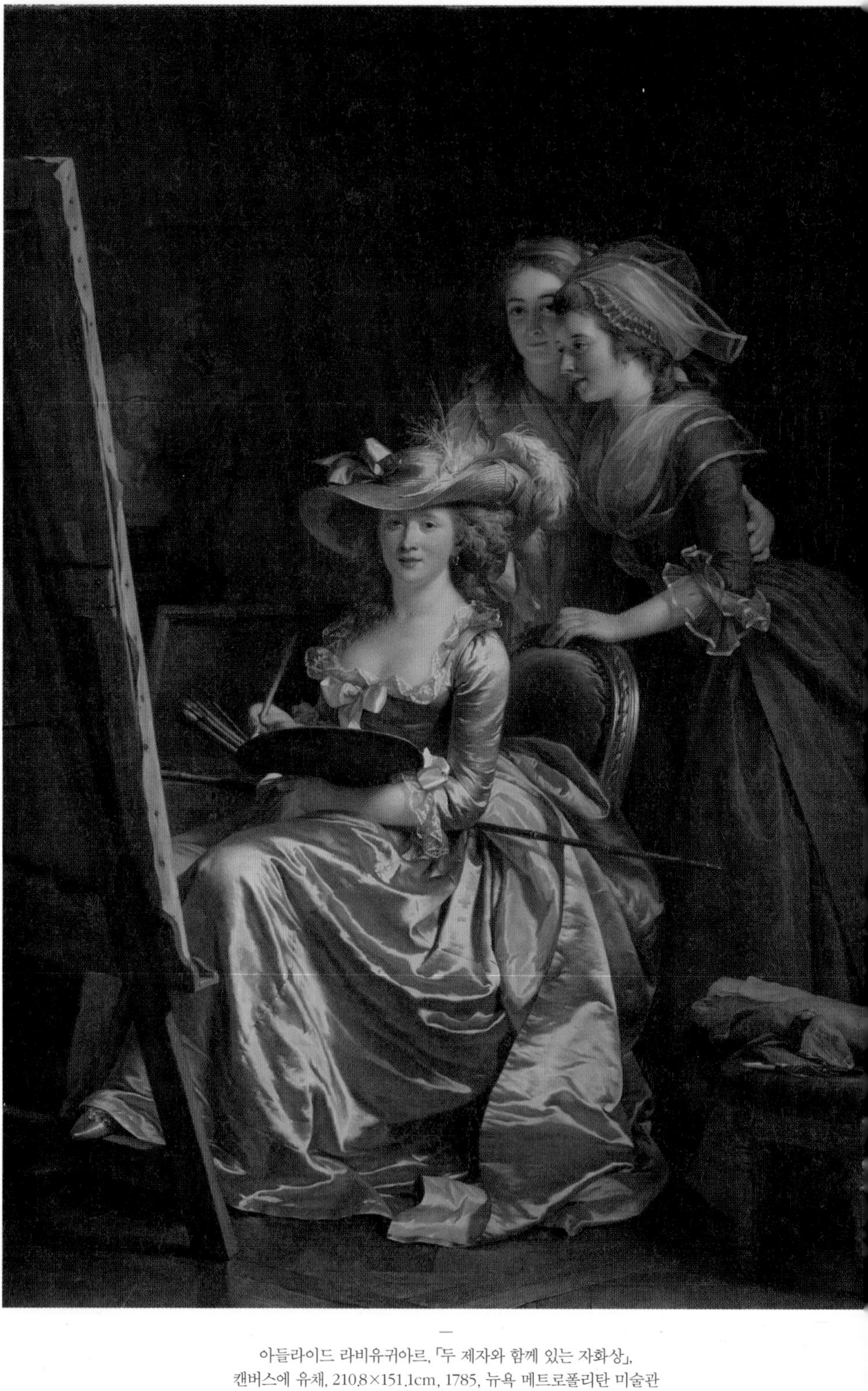

아들라이드 라비유귀아르, 「두 제자와 함께 있는 자화상」,
캔버스에 유채, 210.8×151.1cm, 1785, 뉴욕 메트로폴리탄 미술관

하려는 안간힘과 인맥을 구축하고자 하는 의지 등이 깃들어 있을 수 있다.

아델라이드 라비유귀아르의 「두 제자와 함께 있는 자화상」은 자기 홍보의 가장 나쁜 예라고 할 수 있다. 여기서 화가는 머리부터 발끝까지 은빛 도는 푸른 새틴을 입고, 가슴골을 드러낸 채 깃털이 높이 꽂힌 밀짚모자를 쓰고 이젤 앞에 앉아 있다. 이 그림을 보면 매캐한 작업실에서 힘들게 작업하는 화가 대신 튀일리 궁에서 부유한 인사들과 함께 시간을 즐기는 화가를 연상하기 쉽다. 마치 나이젤라 로슨영국의 푸드 칼럼니스트이자 방송인, 베스트셀러 작가.이 크림색 스웨이드 재킷을 입고 고기를 볶는 것처럼 그림과 같은 고된 작업을 위한 차림이라기엔 지나치게 고급스럽다. 화려한 판타지를 보여주고 있지만 새틴 드레스는 기름이 잔뜩 묻은 팔 받침대에 언제 어떻게 더럽혀질지 모른다는 점에서 실제와는 동떨어져 있다.

라비유귀아르가 그리고 있는 것은 캔버스의 모양이 명시돼 있지 않아서 무엇인지 알 수 없지만, 그렇다고 그것이 크게 문제되는 것도 아니다. 두 제자는 화가가 앉은 의자 뒤로 기대어선 채 그녀가 발하는 광채에 젖어 있고 얼굴은 마치 초자연적인 빛을 받은 듯 반짝거린다. 그중 하나는 존경을 담은 미소를 띠고 있는데 그녀는 마치 여신의 흉상을 받드는 시녀인 듯 화가의 뒤에 서서 그녀가 피워 올린 신성한 불길에 경의를 표하고 있다.

프랑스 아카데미에 라비유귀아르와 같은 날 합격한 세 명의 여성 화가 중 한 명이었던, 그녀의 라이벌이라고도 할 수 있는 엘리자베트 비제르브룅처럼, 라비유귀아르는 상업계의 거물과 이혼한 여성이었다. 그녀는 세밀화와 역사화에서 자연스러운 초상화와 풍속화로 급격히 변화하던 당시의 취향에 따라 작품을 맞춰갔고, 프랑스 구체제에서 혁명에 이르는 격변기에도 살아남았으며, 로베스피에르의 초상화를 그리기도 했으나 그가 단두대에서 목이 잘려 죽은 이후에도 전혀 명성을 잃지 않았다. 또한 그녀는 아카데미도 직접 설립했으며 한 번에 아홉 명의 여성 화가들을 가르쳤는데, 그중 둘이 이 그림에 함께한 것이다.

물론 실제로 작업실에서 일어나는 일상적인 장면을 담은 것이라기에는 터무니없는 그림이지만, 이 그림은 그것만의 목적, 즉 훌륭한 자기선전의 역할을 충실히 하고 있다. 자화상은 1785년 파리 살롱에서 '숙녀들의 화가'라는 이름—라비유귀아르는 루이 16세의 누이와 숙모들을 그렸다—으로 전시되었고, 그로써 여성 화가의 그림도 아카데미에 전시될 수 있어야 한다는 라비유귀아르의 주장이 받아들여졌다. 이 사건은 여성 화가들이 자신들 역시도 화가라는 점을 입증하기 위해 작업 중의 자신을 그릴 필요가 없어지기 훨씬 전에 일어난 일이다. 그러나 18세기 말 즈음에는 자화상이 제작되는 조건보다는 인간 존재의 조건 그 자체를 보여줄 때 자화상으로서 더 큰 가치를 인정받았다.

---

작가는 모습을 드러내지 말아야 한다고 주장했던 이탈로 칼비노는 책상 앞의 사람은 책상 앞에 앉은 다른 모든 사람과 비슷하다고 썼다. 이젤 앞에 선 많은 화가들도 마찬가지다. 오히려 서로 닮은 모습은 작업 당시의 진실, 즉 거울과 그림 그리고 화가만이 있는 당시의 상황을 그대로 말해주는 일반적인 작업 중의 자화상—이젤과 화가라는 두 개의 수직선으로 단정하게 틀 잡힌—을 그리는 모든 화가들 사이에서 더 두드러진다. 어떤 경우에는 거울과 그림에 보이는 얼굴 사이의 불일치가 실망감을 그대로 드러내게도 하지만 어떤 화가들은 이 두 얼굴 모두에 만족감을 드러내기도 한다. 하지만 가장 호기심을 불러일으키는 자화상은 거의 개성이 드러나지 않을 정도로 초연해 보이는 것일 경우가 많다. 이런 종류의 자화상은 화가의 진지함과 통찰이 그것으로 드러나는 결점만큼이나 잘 보인다는 면에서 무대 뒤편의 풍경을 가장 잘 드러낸다고 할 수 있다.

작업실의 고야는 투우사 또는 사기꾼으로 보인다. 옷은 마치 그의 것이

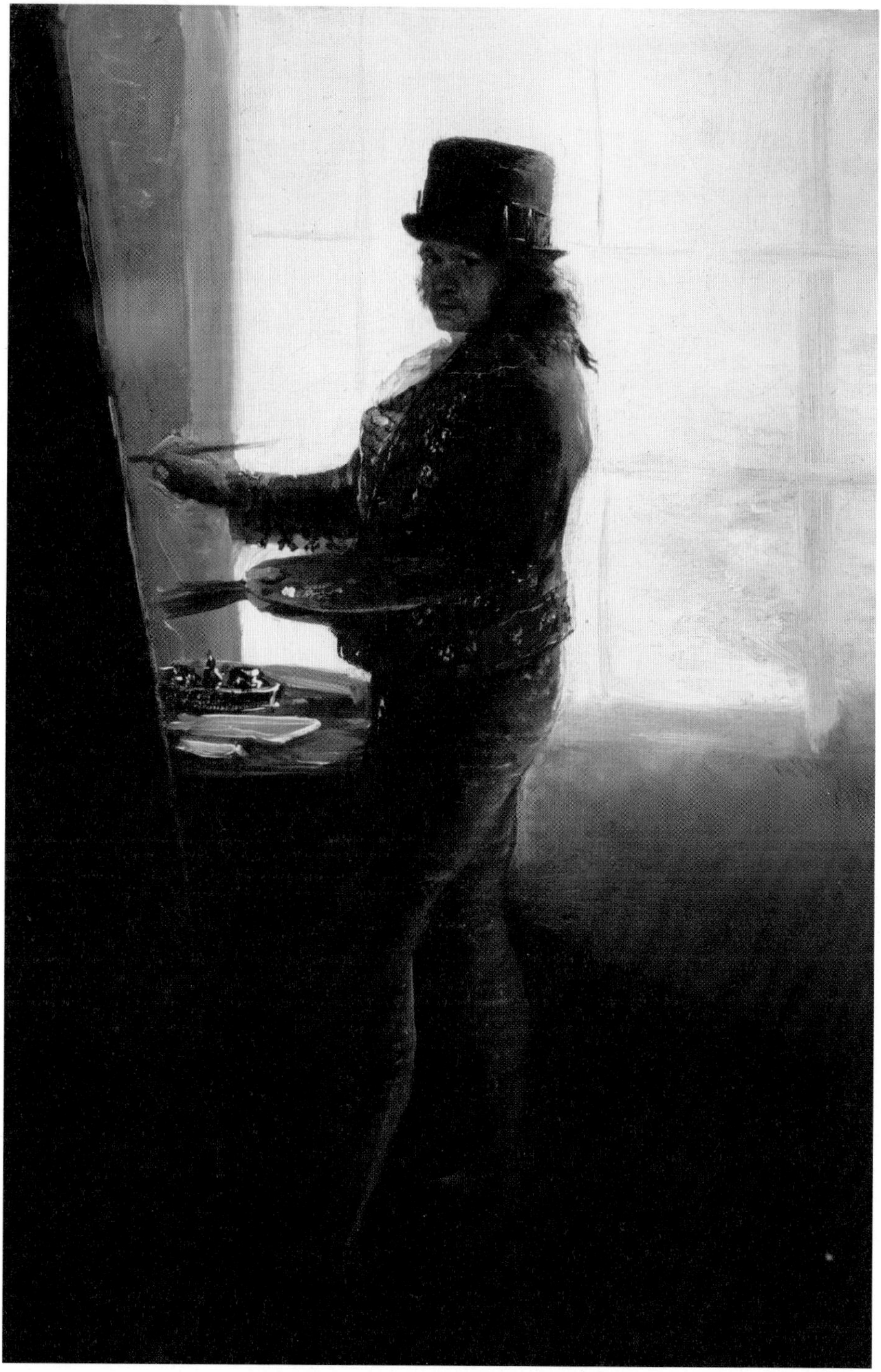

프란시스코 호세 데 고야 이 루시엔테스, 「작업실의 자화상」,
캔버스에 유채, 42×28cm, 1790~05, 마드리드 레알 아카데미아 데 벨라스 아르테스 데 산 페르난도

아닌 것처럼 재킷은 너무 꼭 끼고, 바지도 살집 있는 허벅지께가 터질 듯하다. 거의 쉰이 다 된 고야는 이런 옷을 입기에 너무 늙고 통통해 보이며 그 사실을 스스로도 잘 알고 있었다. 어린 시절 친구였던 마르틴 사파테르에게 쓴 편지에서 고야는 주기적으로 자신의 들창코와 늘어가는 허리둘레에 대해 불평을 하곤 했다. 하지만 그는 자신의 모습을 매력적이지 않은 위치와 자세로 그려냈다. 옆모습으로 그려진 그는 빛을 등지고 서서 아름답지 않은 몸집의 윤곽을 있는 그대로, 그래서 거기에 나체로 서 있는 것과 별로 다르지 않게 드러내고 있는 것이다.

배경은 정오의 작업실이다. 빛은 너무도 밝아서 창문 너머로는 아무것도 보이지 않아 창이 마치 거울 같다. 그래서 이 어둡게 그려진 인물을 보려면 눈을 가늘게 떠야 한다. 모자챙에는 촛대들이 둘러가며 부착돼 있는데, 아들 하비에르가 고야는 투명한 아침 햇살을 받으며 작업하는 것을 좋아했지만 그러면서도 "마무리는 밤에 인공적인 불빛 아래에서" 하는 것을 즐겼다고 한 말과 부합하는 사실이다. 고야가 모자를 촛불 받침대로 바꿔 가까이서 불빛을 비춰 작업한 유일한 화가는 아니지만 소위 '촛대 모자'를 쓰고 있는 모습을 그린 화가는 그가 유일하며, 그런 면에서 그는 '업계의 비기秘機'를 드러낸 유일한 화가일 것이다. 어쩌면 이 모자는 햇빛 가리개로 사용되었을 수도 있다. 물론 모양을 위해 마지막 그림에서는 벗었을 수도 있었겠지만 이 어정쩡해 보이는 단지 모양의 모자는 그의 머리에 비해 지나치게 높다. 하지만 이 그림에서 '사이즈'는 매우 흥미롭다. 커다란 모자 때문에 작아 보이는 화가를 더욱 작아 보이게 할 만큼, 큰 그림의 화면을 가로지르는 붓은 너무도 작다(투우사와 황소). 그리고 그림 속 그림은 너무 커 보여서 약 60센티미터가 채 안 되는 이 자화상을 더욱 작아보이게 한다.

이 그림은 매우 작지만, 화면의 강한 인상과 강한 빛, 그리고 오랜 숙고의 결과 무엇인가를 쏟아내는 한 사람의 결단을 그대로 담을 수 있을 만큼 강렬하다. 프랑스 작가 테오필 고티에가 한번 묘사한 대로 에스파냐의 왕족을 모퉁이의 호객꾼과 그 아내처럼 그린 초상화에서와 마찬가지로 고야는 사실을 조금도 윤색하지 않았다. 그는 뚱뚱하고 키가 작으며 지저분하고 수염도 깎지 않았으며 몸에 맞지도 않는 옷을 입었지만 사실을 있는 그대로 볼 수 있는 밝은 눈은 가지고 있었다. 내가 어떻게 생겼는지 나는 본다. 나는 내가 하고 있는 일이 무엇인지, 내가 이 세상에서 어떤 사람인지를 알고 있다. 이것이 그려진 그가 천명하는 바다.

고야가 이 그림을 마드리드의 칼레 델 데센가노 1번지 작업실에서 그렸을 때쯤 아마도 그는 오래 앓아온 알 수 없는 병 끝에 완전히 귀가 먹었을 것이다. 그래서 그림은 세상과 격리돼 있고, 창문은 아무것도 보여주지 않은 채 백색이며 화가는 자신의 작은 영지, 작업실에 홀로 있는 것이다. 시끄러운 작업소나 아틀리에와는 반대 개념으로서 자신만을 위한 작업실은 고야의 시대에 들어와 생긴 꽤 사치스러운 것이었는데, 이곳은 점차 화가 자신만의 은신처가 되었다. 그것은 화가의 방이나 사회로부터의 피난처로서만이 아니라 자신에 대해 성찰하고 불행에 대해 돌아볼 수 있는 작은 은둔처로서 자화상의 역사에서 중요한 역할을 한다.

17세기의 젠틸레스키는 작업소의 모퉁이에서, 18세기의 라비유귀아르는 제자들과 함께 바삐 움직이는 아틀리에에서 작업했다. 화가들은 마침내 더 이상 제자들을 받지 않을 때까지는 자신만을 위한 화려한 고독을 즐길 만한 작업 공간을 갖지 못했다. 달콤한 고독 가운데 탄생했을 거라고 생각되는 많은 그림들이 사실은 소란스러운 작업소 환경에서 제작되었다. 1645년 경 네덜란드의 소少 다비트 테니르스는 마치 사람들이 북적이는 문화센터의 저녁 수업에 참석한 듯 옆 사람과 나란히 서서 작업하고 있는 자신의 모습을 그렸다. 몇 년 뒤 아드리안 판 오스타더는 화면을 넓혀 화가와 제자들뿐 아니라 모퉁이에 있는 물감 가는 기계까지도 그림에 포함시켰다. 렘브란트의 작업실을 그린 선화 하나는 한 사람이 아닌 여섯 명의 화가들이 작은 방에 모여 있는 모습을 그리고 있다. 그 방은 너무도 작아서 화가들이

(이례적으로) 반쯤 벗은 나체의 모델을 그리기에 적당한 거리를 두기가 불가능할 지경이다.

그렇다면 벨라스케스는 한 번이라도 혼자였던 적이 있던가? 「시녀들」에는 간접 등장한 것으로 보이는 왕과 왕비를 제외하고라도 여덟 명이 화가와 함께 있다. 그는 보다시피 작업실보다 훨씬 덜 고립된 곳에 있는 자신을 그렸다. 반다이크는 그림을 그리는 동안 쉬지 않고 대화를 했으며, 후원자들과 수행원들에게 늘 저녁 식사까지 대접하여 블랙프라이어스에 있던 그의 집은 언제나 사교계 살롱 같았다고 한다. 19세기 다른 화가들이 내면의 공간과 좁은 다락방에 갇혀 작업에 몰두하던 시기에 귀스타브 쿠르베는 「화가의 작업실」에서 자신의 작업실을 이전 거장들의 시끌벅적한 작업소처럼 온갖 사람들이 찾아오는 거대한 공간으로 묘사하며 자랑한다.

17세기 이후 화가 혼자만의 작업실이 미술사에 어떤 영향—정물화가 유행하고 그에 따라 여러 인물이 등장하는 역사화가 쇠퇴했다는 주장이 있다[1]—을 끼쳤다면, 자화상에 한해서는 완전히 들어맞는 이야기다. 혼자만의 작업실은 조용하고 비밀스러웠으며 화가의 연행을 위한 혼자만의 무대였다. 그리고 독실이 주는 안락함과 자유는 아주 독창적인 자화상 제작에 충분한 영감을 제공했다고 할 수 있고, '작업실을 가지고 있으므로 나는 화가다'라는 식의 작업실이 부여하는 일종의 자격은 많은 범작凡作들을 만들어냈음이 틀림없다.

결국 작업실은 화가들이 생의 전반에 그 모든 작업을 해내며 깨어 있는 대부분의 시간을 지냈던 공간으로서 일종의 성지가 되었다. 자리를 비우는 일이 거의 없었고 자화상을 그린 곳이기도 한 외젠 들라크루아의 파리 작업실은 소박한 곳으로 지금은 플로리스트들이 값비싼 꽃으로 장식하고 있다(보들레르는 들라크루아에 대해 "꽃송이들 아래 예술적으로 감춰진 화산 분화구"라고 묘사한 적이 있다). 엑상프로방스에 있는 세잔의 작업실은 담쟁이덩굴로 뒤덮인 문 뒤의 비원秘苑 속에 감춰져 있다. 조각가 도널드 저드는 금

방이라도 무너질 듯한 건물들이 서 있는 텍사스의 마파라는 마을 전체를 사들여 이곳에 미니멀리스트다운 환경을 구축했다. 고요한 사막 한가운데 있는 이곳은 셰이커 교도의 마을처럼 단순하기 그지없다. 하지만 무엇보다 놀라운 것은 이스트 햄프턴스에서 헛간을 개조해 바닥에서 액션 페인팅을 작업했던 잭슨 폴록의 작업실일 것이다. 그 작업실은 캔버스를 돌아 오갈 수도 없을 만큼 작았다.

추상표현주의 화가들의 작업실은 내면의 공간이자 개척을 위한 분투의 장으로 간주된다. 마크 로스코는 그 분투에서 패하여 뉴욕의 작업실에서 손목을 긋고 바르비투르산염을 과다 복용해 피 웅덩이 속에서 숨졌다. 클리퍼드 스틸의 다락방은 산만 한 그의 작품을 수용하기 위해 적어도 15미터 높이는 되어야 했을 것이다. 아실 고키는 어느 여름날 코네티컷의 작업실로 가 그림 상자 위에 자살 유서를 쓰고 서까래에 목을 매 숨졌다. 이 삶과 죽음을 오가는 진지함과 사명감 그리고 그들의 영웅적인 노력은 이들 화가들을 등갓도 없는 작업실 불빛 아래에서 밤새 작업한 화가들로만 여기게 하고, 그들이 뉴욕의 시더 타번Cedar Tavern, 추상표현주의의 인큐베이터 역할을 한 뉴욕의 바.에서 밤늦게까지 떠들썩한 사교를 즐기기도 했다는 사실을 믿기 어렵게 한다.

작업 중의 화가를 그리는 자화상의 전통은 이제 조직적인 작업실 환경과 더 이상 신비롭지 않은 억대의 사업이 되어가는 현대미술의 성격 덕분에 점점 사라지고 있다. 하지만 그 가운데 한 점의 자화상이 작업 중의 화가를 그린 전통에 위대한 작별을 고한다. 그는 알아보기 힘든 추상—사람들은 이것을 추상표현주의라고 한다—을 버리고 유행에 맞지 않는 구상을 택했다. 필립 거스턴의 희비극적인 걸작 「작업실」이 그것이다.

화가는 그림 속에서 실제의 자화상보다 작은 크기의 자화상을 그리고 있다. 그래서 우리는 그가 화가라는 것을 알 수 있다. 그는 봉지를 뒤집어 쓰고 있어 유령이나 KKK단원으로 변장한 것처럼도 보인다. 봉지에는 앞을

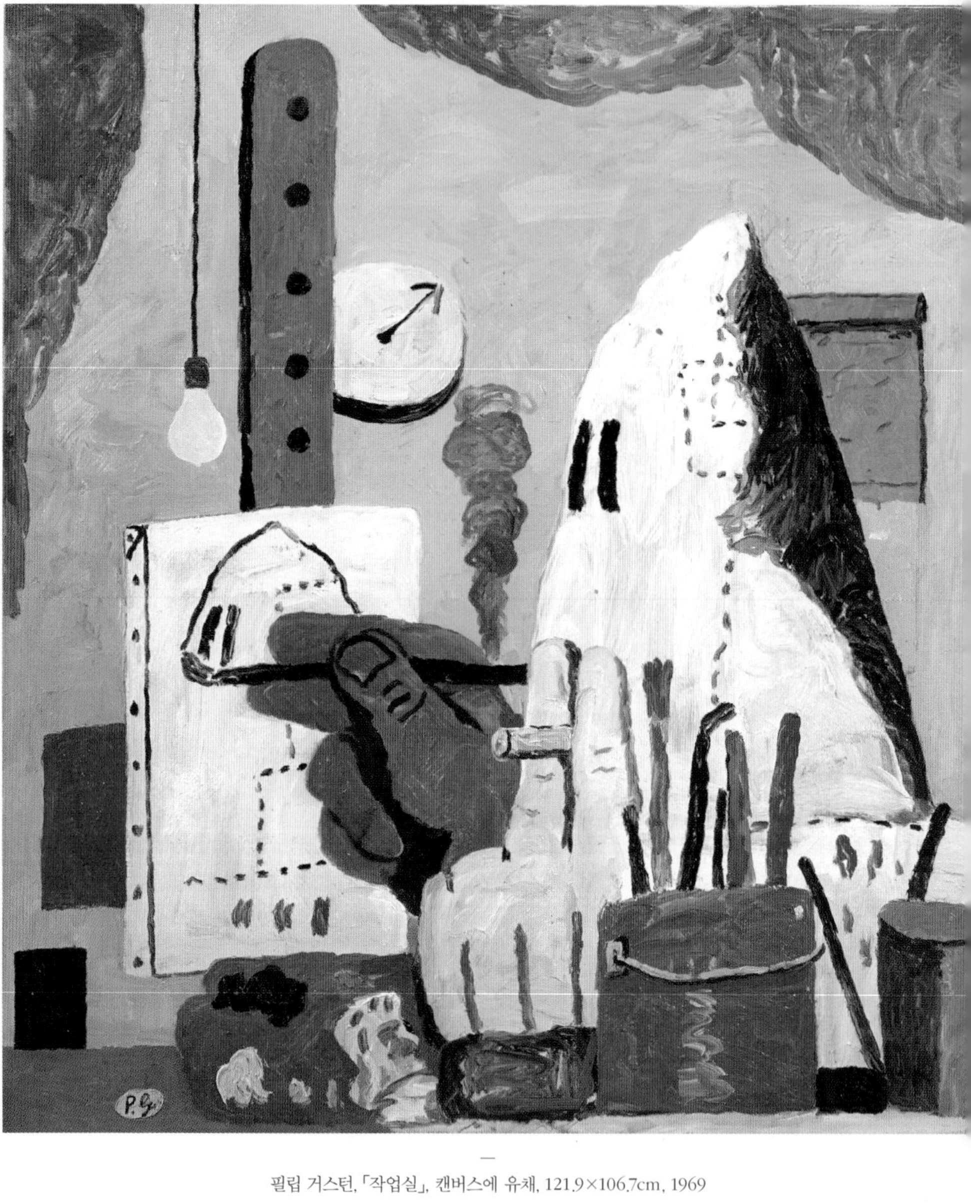

필립 거스턴, 「작업실」, 캔버스에 유채, 121.9×106.7cm, 1969

볼 수 있게 구멍을 뚫어놓았고 거대한 한쪽 손의 두 손가락 사이에는 담배가 꽂혀 있다. 한편 다른 손은 한 땀 한 땀 정성껏 자화상 작업에 열중하고 있다. 시계는 똑딱이고 창의 블라인드는 반쯤 내려져 있고 알전구는 천장에 매달려 긴 하루가 이제 막 끝나 간다고 말하는 듯하다. 이 가운데 화가는 냉철하게 자신의 작업에 몰두하고 있다.

이 강렬한 만화 같은 작품 「작업실」에서는 룸펜으로서의 자기 비하가 읽히고, 의도적으로 모든 것을 낯설게 설정한, 기발한 유머로 가득 차 있다. 머리에 후드를 뒤집어쓴 자신의 모습을 그리는 화가라든가 흡연과 그림, 담배와 손가락, 손가락과 붓 등을 동일시한 것 등 익살스러움이 가득하다. 한 손에 꽂힌 담배는 다른 손의 붓과 나란하고, 담배가 연기를 피워내듯 붓은 그림을 그린다. 하지만 연기는 어디서 나는 것일까? 더 심한 중독은 무엇일까? 담배일까 아니면 그림일까?

현장에서 덜미를 잡힌, 작업 중인 화가다. 거스턴이 자신의 가장 큰 특징으로 삼은 것은 바로 땅딸막한 물건, 총을 잡듯 접힌 손가락, 작업에 열중한 큼직한 손이다. 언제나 그의 앞에 있는 이 피조물은 글쓰기, 그림, 음악, 드라마 등 모든 종류의 예술을 뇌가 지시한 대로 구사하는 훌륭한 도구다. 하지만 어떤 완성된 자화상에도 손이 하나의 물건으로 취급된 적은 없었다. 화가는 그림을 그리는 손을 가급적이면 그림을 그리는 행위 속에서 받아들여야만 하기 때문이다. 혹자는 이것이 윌리엄 골딩의 『핀처 마틴』에서 마틴이 북대서양의 절벽에 발이 묶인 채 눈앞의 기이한 분홍색 바다 생물의 움직임을 너무도 차분한 호기심으로 보던 끝에 그것이 물에 흠뻑 젖은 자신의 손가락이라는 것을 알아챈 그 놀라운 공포의 순간처럼, 눈과 머리 그리고 손이 모두 따로 노는 이상한 순간의 의식 상태를 표현한 것이라고 생각할 수도 있다.

작업 중인 화가를 그린 자화상에서 손은 무엇처럼 보여야 할까? 켄우드 하우스에 있는 렘브란트의 후기 자화상(134쪽)에서는 손과 팔레트가 마치

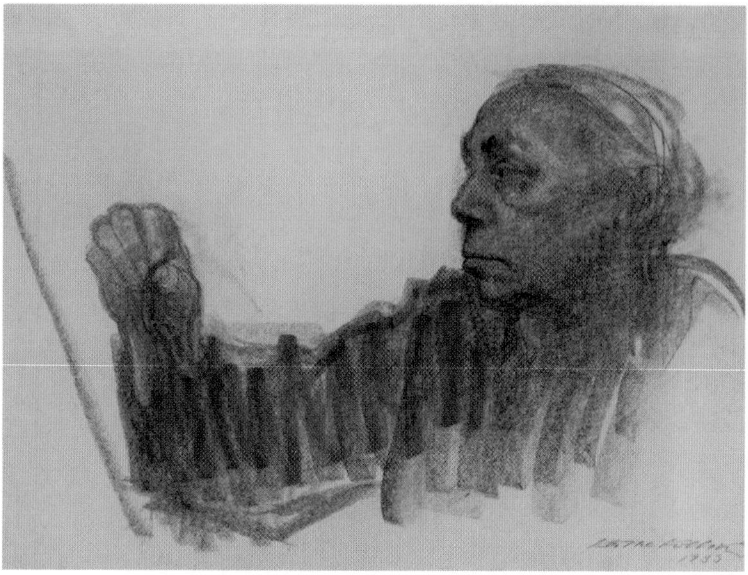

케테 콜비츠, 「왼쪽 옆모습의 자화상」, 종이에 목탄, 47.9×63.5cm, 1933, 워싱턴 국립미술관

유기적으로 녹아든 하나의 사물처럼 보인다. 「시녀들」에서 벨라스케스는 자신의 가는 손가락을 마치 그것이 붓인 것처럼 그렸다. 그의 손가락은 마치 이제 막 화면에 광점을 찍으려는 듯 은백색의 선으로 표현되었다. 독일 화가 케테 콜비츠1867~1945가 그린 경탄할 만한 선화에서 손가락은 마치 연필이 그 심을 잡듯 목탄을 쥐려고 잔뜩 모아져 있고 그림을 그리는 팔은 목탄 끝에서 뻗어 나온 듯 길고 검은 지그재그로 그려져 있다. 마음과 눈에서 손과 목탄으로 생명이 흐르는 듯한 이 순환 고리는 가장 함축적인 연속체라고 할 수 있다. 전쟁으로 인한 빈곤과 기아 속에서 콜비츠는 "그림은 내가 삶을 이어갈 수 있게 해준 유일한 것이었다"라고 고백했다.

담배와 붓이 하등 다를 게 없다는 듯 이 둘을 쥐고 있던 거스턴의 짤막하지만 굳세어 보이는 손은 꼭두각시 인형을 놀리는 장갑을 낀 손이고, 월트 디즈니의 손이며, 뭉툭한 도구와 다를 바 없다. 물론 한때는 이 손도 깊은 산사의 선불교의 직관을 가진 현인의 손처럼, 또는 연무 속에 기이한 형태를 수놓는 듯한 음렬音列음악이나 서예를 하는 손처럼 섬세했을 것이다. 거스턴의 친구였던 존 케이지는 그 섬세함이 사라져가는 것에 대해 "아, 얼마나 아름다웠는데……"라며 아쉬워했다고 한다. 하지만 1960년대 즈음 거스턴은 작업실 밖의 살벌한 실제 세상을 그리는 화가가 되었다. 그는 "도대체 나란 인간은 뭐지? 방구석에 박혀 모든 것에 대해 분노하기만 하고 작업실에 앉아서 빨간색을 파란색에 맞춰보기나 하면서 말이야"라고 회의했다.

「작업실」은 화가들이 자신의 작품을 홍보하며 자신의 화가로서의 지위를 천명하는 일반적인 작업실에 대한 저항이라고 할 수 있다. 거스턴은 반영웅이고, 이렇게 만화 같은 그림 말고는 그릴 수 없는 조악하고 꾀죄죄한 인사일 뿐이다. 하지만 여전히 이 그림은 고상한 예술의 잔상들로 가득하다. 붉은 꽃 장식이 있는 커튼은 얀 페르메이르의 「회화 예술」에서, 전구는 피카소의 「게르니카」에서 차용한 것이고, 그림 아래의 '판'에 놓인 듯한 단지들은 르네상스 시기 자화상에서 화가들이 화면 하단 모서리에 몸을 기대던 방식과 비슷한 것이다. 은색, 회색, 분홍색은 벨라스케스의 초상화를 떠올리게 하는 색채들이며 이 색들은 팔레트 위에서도 그대로 볼 수 있는데, 마치 「시녀들」에 쓰인 색채들이 벨라스케스의 팔레트에서도 그대로 보이는 것과 비슷한 모습이다. 예술은 예술을 만든다. 그것은 의식적이고 완벽한 재구성이다.

필립 거스턴은 하루에 캐멀 담배 세 갑을 피웠으니 붓을 담배로 표현한 것은 농담 반 진담 반이었던 셈이다. 하지만 사회, 자신의 건강 그리고 다른 사람의 생각 따위는 안중에도 없이 담배를 뻐끔거리고 그림을 피워 올리는 화가의 고집스럽고 다소 유쾌한 이미지는 영웅적이라고밖에 할 수 없다. 그리고 자신의 세상을 만들기 위해 애쓴 화가의 축도라고 할 수 있다. 그림을 그리고 있는 모습을 왜 그리는가? 이 장면이 최상의 대답을 준다. 왜냐하면 이것으로써 화가가 그림에 대해 알고 있고 사랑하는 모든 것의 조각조각이 모여 완벽한 웅변을 할 수 있기 때문이다. 화가는 예술과 분리될 수 없는, 계속 진행되는 전통의 한 부분(붓이나 팔레트처럼)인 것이다.

# 7.
# 벨라스케스

## 영원히 살아 있는
## 과거 속으로의 초대

왕후장상이든 굴뚝 청소부든 결국에는 모두 먼지로 돌아갈 것이다.

_윌리엄 셰익스피어, 『심벨린』

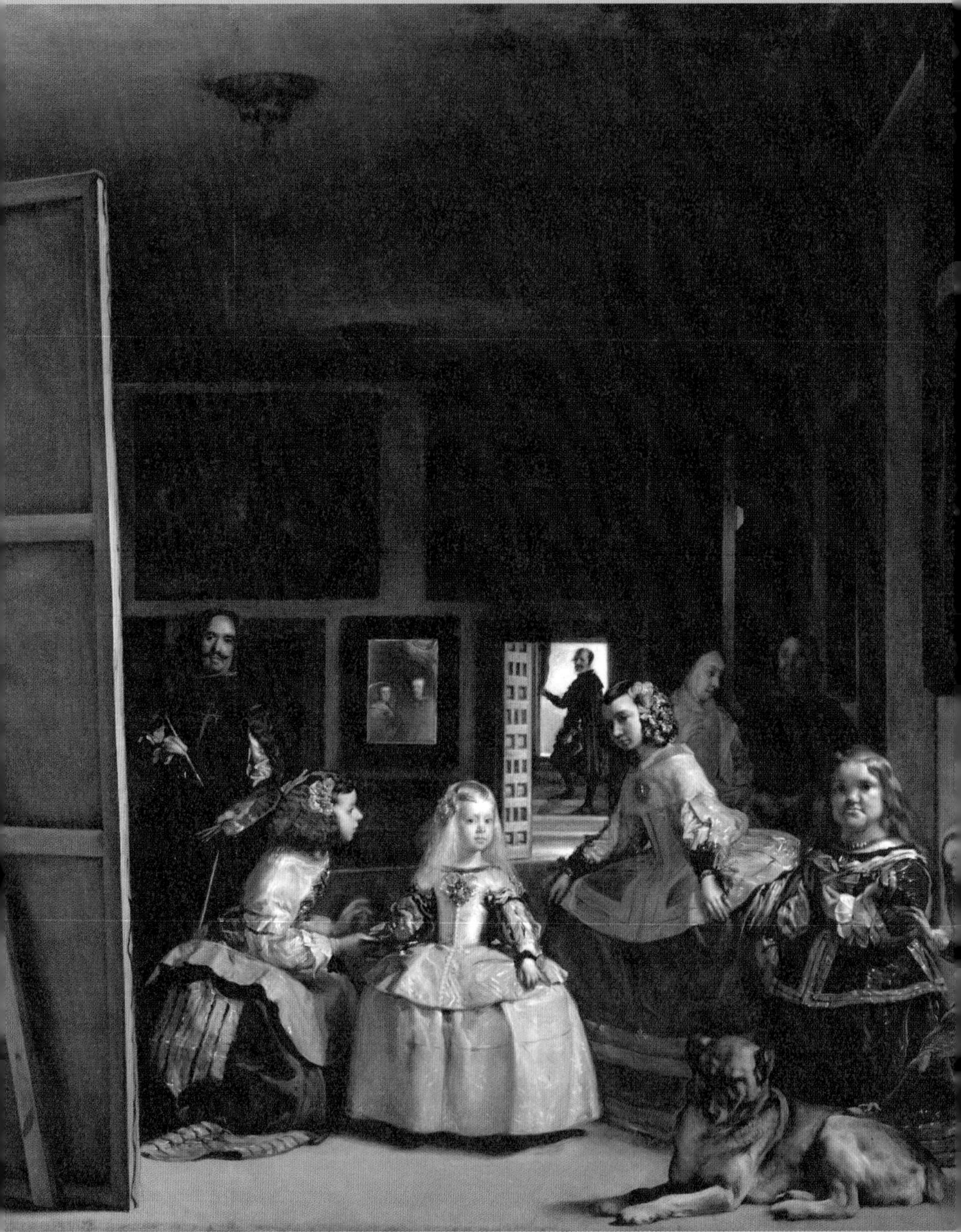

디에고 로드리게스 데 실바 이 벨라스케스, 「시녀들」, 캔버스에 유채, 318×276cm, 1656년경, 마드리드 프라도 미술관

당신은 여기 있다. 당신이 등장했다. 그들의 눈이 당신의 등장을 증언하고, 그늘 속에서도 모든 사람들이 당신을 보고 있다. 반짝이는 드레스를 입고 리본을 맨 어린 공주와 그녀의 시종들, 작디작은 시동, 키가 크고 어두운 화가, 덩치 큰 개, 난쟁이 여인, 후경의 복도에 서서 속삭이는 궁정의 여러 사람들. 모든 이들이 여기 모여 당신의 등장을 목격하고 있다. 그들은 당신을 보기 위해 기다리고 있었고, '그들의' 방이지만 당신에게는 실제의 방이 아닌 이 방으로 이제 당신이 들어선다. 아마도 이것이 프라도 미술관의 「시녀들」이 걸려 있는 갤러리에 들어서면서 갖게 되는 첫 번째 느낌일 것이다. 이 그림은 실물 크기로 그려진 데다 매우 장중해 그 앞에 선 당신은 그들의 세계로 정말 걸어 들어가 그들이 당신 앞에 등장하는 것처럼 당신도 그들 앞에 등장한다고 생각할 수 있다. 그리고 그런 인상은 빛으로 더욱 강화된다. 이 활기찬 아이들, 공주와 그녀 주변의 시종들이 상당히 그늘진 방의 바닥에 비친 햇살로 인해 살아나기 때문이다. 그들은 마치 석묘당의 어둠 속에 날아든 반딧불이들 같다. 이 빛은 이 작품을 여는 황홀하고 웅장한 서곡이다.

당신은 놀란 나머지 거리를 두고 그곳에 다가가지 못할 수도 있다. 많은 이들이 그랬듯이 그림 속의 많은 사람들이 당신의 등장을 기다리며 깜짝 파티를 조용히 준비해온 것을 이제 막 발견했다고 생각할 수도 있다. 졸린 개를 발로 찌르고 있는 시동을 제외하고는 이 그림 속 모든 이들은 하고 있던 모든 일들을 멈추고 서 있다. 또한 이제 막 말을 마친 듯한 수녀를 빼고는 모두가 아무 말도 없이 서 있다. 아무도 움직이지 않는 이 그림에서 움직이는 것은 단지 공기와 채 닫히지 않은 창문 사이로 들어와 공주의 금발을 간질이는 햇살밖에 없다. 그리고 공주는 그림의 정중앙에서 어린아이답게 호기심을 전혀 감추지 않고 당신을 바라보고 있다. 왼쪽의 시종은 작은 공주에게 무릎을 꿇고 있고, 공주의 오른쪽에는 당신에게 깊은 예를 표하는 시종이 있다. 난쟁이 여인은 사려 깊은 표정으로 가슴에 손을 얹고서 당신을 보고 있고, 그녀 뒤로 궁정의 다른 사람들도 당신을 예의 주시하고 있다. 그 가운데 이 거대한 방의 문턱에서 서성이는 한 남자는 어쩌면 당신을 다음 방으로 안내하려고 기다리고 있는지도 모른다. 그리고 왼쪽 맨 앞에는 다른 인물들과는 달리 당신을 등지고 서 있는, 회화사에서 가장 유명한 캔버스가 있다. 궁정화가가 그리고 있는 그림의 텅 빈 뒷면이 바로 그것이다. 화가보다 두 배 이상이나 큰 그 캔버스 뒤로 화가가 등장한다. 마술사의 등장인 것이다. 머리를 기울이고서 그는 당신을 뚫어져라 바라보고 있다.

그림은 마음만 먹으면 시간을 타고 보는 이들을 어디로든 데려갈 수 있다. 그것이 바로 그림의 장면 전환 기능이다. 하지만 벨라스케스 최후의 명작 「시녀들」은 어느 한순간의 시간 착시 이상의 경험을 선사한다. 사람들은 모두 겉감을 절개해 안감을 드러나게 한 소매와 넓게 퍼진 드레스, 주홍색 소매 로제트와 같은 고풍스런 의상을 입고서는 에스파냐 궁전의 이 웅장한 방에 모여 있는데, 이를 통해 보는 이는 수 세기 전의 어느 한 순간을 경험하게 되는 것이다. 궁전의 한 방에 모여 일하고 그림을 그리고 모델로서 자세를 잡고 술을 마시며 보고 기다리고 조용히 얘기하며, 늘어진 개를 깨우는 인물들과 함께 서 있는 경험을 하게 되는 것이다. 적어도 이 그림은 당신이 이 사람들과 함께 바로 그곳 궁전에 있다고 느끼게 한다. 하지만 그것은 1,000여 번은 멈춰 서서 감상할 만한 그림에 대한 당연한 예찬이며, 「시녀들」은 그런 위대한 그림 이상의 무엇을 가지고 있다. 그것은 지금까지의 경험이 정확히 그 역으로도 해석이 가능하기 때문이다. 바로 그림 속 사람들이 당신이 그들과 거기에 함께 있고, 당신이 있음으로 해서 이 장면이 완벽해진다고 생각하는 것처럼 느낄 수 있다는 것이다. 숭고한 드라마로 유명한 벨라스케스는 새로운 종류의 그림을 창조했다. 실제 연극으로서의 그림, 보는 이의 공간을 향해 열려 있는 것처럼 보이는 구도와 모든 이들을 그림의 일부로서 끌어들이는 구도를 가진 그림을 창조한 것이다.

그림은 마치 무대처럼 열려 있어서, 뒤의 금빛을 등지고 선 작은 인물과 중경의 인물들 그리고 무대의 날개 쪽으로 버티고 선 화가와 맨 앞줄의 주역들은 그들이 우리에게 제공하는 구경거리와 마찬가지로, 우리가 그들에게 제공하는 구경거리를 봐야 하므로 연극 무대에 서서도 허리를 굽혀 인사하지 않는다. 이렇게 보면 그쪽과 우리 중 어디가 먼저이고 어디가 나중인지 말하기 어렵다. 그림을 보는 이 역시 모두 이 연극의 한 부분이 되어 버렸다.

이 모든 경험은 당신이 그림 속 인물이 밟고 있는 문지방과 상응하는 갤러리 문턱 위에 멈춰 선 바로 그 순간 시작된다. 그림 속 장면이 그림 밖 공간으로 이어지고 미술의 고전적인 모든 경계를 무너뜨리는 방식, 뒤쪽에서 있는 거울이 한밤의 텔레비전 화면처럼 빛을 뿜어내는 방식, 실루엣이 뚜렷하면서도 희미하게 그려진, 뒤로 물러나 문간에 서서 그림 전체에 이상한 기운을 뿜어내는 수수께끼의 남자에게 가는 길을 막고 선 체스 말처럼 보이는 인물들, 무엇보다도 화면 전체에 퍼져 있는 야릇한 화려함 등 이 그림이 가지고 있는 온갖 독특함이 발산되기도 전에 당신은 그곳에 멈춰 설 수밖에 없다. 왜냐하면 그것이 영화 문법에서의 정지화면처럼 연속된 시간 속의 단절된 한 순간이라 하더라도, 어떠하든 아무것도 변화하지 않을 것처럼 계속해서 반향할 것이기 때문이다. 시간은 다시 흐르지 않을 것이며 유년기는 영원히 지속될 것이다.

벨라스케스는 당신을 포함해 이전의, 그리고 이후의 모든 이들로 하여금 그림 속 사람들을 살아 있는 사람인 것처럼 느끼게 할 수 있었다. 그것은 역으로도 마찬가지다. 그리고 그림을 보는 이들이 그곳에 있는 한 그림 속 인물들은 절대로 죽지 않을 것이다. 이 작은 소녀와 궁정인들, 그리고 난쟁이들은 모두 400년 전 이미 죽은 사람들이지만 지금 여기서 그들을 보는 한 사람, 한 사람에 의해 재정립되고 그런 과정은 앞으로도 지속될 것이다. 이것이 모두 붓끝과 몇 가지 색채들로 성취된 것이라는 사실도 이런 이해를 전혀 약화시키지 않는다. 오히려 이 훌륭한 그림의 매력을 더욱 심화할 뿐이다. 「시녀들」의 전체 화면은 당신이 거기 있음으로써 생생하게 살아난다.

「시녀들」은 1656년, 벨라스케스의 말년에 그려진 작품이다. 그림은 아주 오래전에 화재로 사라진 궁전의 방 하나를 보여준다. 그리고 화재에서 겨우 살아난 그림이 이것이다. 이 방은 벨라스케스가 실제로 작업했던 곳은 아니었다. 벨라스케스의 작업실과는 다른 건물의 다른 층에 있었던 이 방은 작업실 이상의 의미를 지닌다. 그는 직접 이 방을 디자인했고, 에스파냐의 펠리페 4세를 위해 그림들을 사고 그것들을 전시했으며 나중에는 이 방을 그림으로 재현하는 데 최상의 빛을 얻어내기 위해 창문과 셔터와 문을 재배치하기까지 했다. 그것은 화가의 작업실이라기보다는 벨라스케스가 두 번이나 창조한 궁실에 가깝다. 그리고 물론 이 궁실은 이 그림이 처음 걸린 곳이기도 했다.

그러면 이 기발한 아이디어로 곧 모든 관심이 집중된다. 이 그림이 바로 그 방에 걸렸을 때 그림은 실제와 얼마나 완벽하게 섞여 들어갔겠는가. 실제와 그림이라는 방의 두 가지 다른 측면, 그리고 이 다른 두 가지가 전혀 어색하지 않게 연결돼 있다는 것, 그것은 마치 어떤 사물과 그것이 비친 거울 사이가 긴밀히 연결돼 있는 것과 같다.

그 방에 걸어 들어가서 거기서 나를 기다리는 이 사람들을 발견한다는 것은 소스라치게 놀랄 만한 일이었을 것이다. 그 놀라움은 마치 영화의 발명 이전에는 전혀 상상하기 어려웠던 실제의 투사를 확인했을 때와 비슷할 것이다. 그리고 지금 그 앞에 서서 그림 속 인물들의 시선에 사로잡힌 사람은 바로 수 세대 이전의 사람들이 섰던 바로 그곳에 서 있는 것이다. 이것은 그림이 가진 내용의 일부분이다. 그림은 그것을 본 적이 있는 모든 사람들의 일원으로 당신을 포함시킨다. 그림이 완성된 순간 자신들을 보러 모였던 공주와 시녀들부터 왕과 궁정인들 그리고 화재로 그림이 드디어 궁전에서 나와 공공장소에서 전시가 되었을 때 그것을 보러 몰려왔던 마드리드의 온 시민들, 그리고 고야, 마네, 피카소 등 이 그림을 처음부터 끝까지 세세히 연구했던 수많은 화가들의 무리에 그림을 보고 있는 당신도 포함되는 것이다. 우리는 역사 안에 서 있고, 그림은 우리를 민주적인 평등의 이름으로 끌어안는다.

최초의 관람자들은 모두 알아볼 수 있는 인물들이다. 마리바르볼라라는 난쟁이부터 공주의 교육을 맡고 있는 달덩이 같은 얼굴을 한 수녀, 그리고 뒤에 서 있는 검은 옷을 입은 시종 니에토 등 이들의 정체와 나이, 궁정에서의 지위, 복색, 직업적 의무 등이 모두 기록돼 있기 때문이다. 모든 세부적인 것들이 간명하게 제시되었고 각각은 역사적 사실의 기록이라고 해도 과언이 아니다. 화가는 알카사르 성의 모든 문을 열 수 있는 마스터키를 허리에 두르고 있고(그것은 궁에서 누리는 자유로, 가장 명예로운 것이었다), 벨라스케스와 니에토가 차고 있는 골리야 깃17세기 에스파냐에서 주로 착용했던 깃. 론 천이나 리넨으로 만든 것으로 끝이 안으로 굽고 목 위까지 풀을 먹여 입었다은 당시 어려웠던 에스파냐의 경제 상황을 고려하여 마분지로 만든 것으로서 몇 달 동안이고 구겨지지 않아 풀을 먹이지 않아도 되었을 것이다. 당시 에스파냐는 정치·군사적으로 쇠퇴 일로에 있었지만 궁정은 수백 명의 인물들이 등장하는 웅장한 연극처럼 꾸며졌고, 그곳의 일상은 가면극처럼 꾸려졌다. 「시녀들」은 궁정에서 벌어지는 왕의 행차를 간명하게 보여준다. 어떤 작가가 썼듯, 수만 권의 책도 당시의 이곳에 대해 벨라스케스의 이 작품만큼 훌륭하게 설명해줄 수는 없는 것이다.

역사학자들은 화려한 흰색 드레스를 입고 있는 어린 공주의 아버지인 펠리페 4세 치하의 의전과 정치의 실상을 파악하기 위해 이 그림을 이용하곤 한다. 미술사가들은 이 그림을 자산 목록의 기록인 양 취급해, 실내를 세밀하게 묘사한 같은 시대의 네덜란드 그림과 비교하기도 한다. 경제학자나 사회사학자 또는 복식 연구가들은 이 그림을 연구 자료를 찍어둔 사진처럼 활용하기도 한다. 한편 소설가들은 이 그림을 인물과 그들 사이의 관계가 매우 주의 깊게 구성된 회화 소설로 간주하고, 극작가들은 훌륭하게 짜인 복잡한 타블로로 생각하기도 한다. 하지만 「시녀들」은 사진도, 영화도 아니고 문학이나 역사도 아니다. 어쩌면 그것은 철학에 더 가까울는지 모른다. 그리고 철학자들은 다른 그림에 비해 이 그림의 가치를 높이 사는데, 그 이유는 아마도 벨라스케스의 동료 화가의 표현을 빌리자면 '그림의 신학'을 재현하고 있기 때문일 것이다. 루카 조르다노가 이 구절을 통해 말하고자 했던 바는 신학이 신에 대한 진실을 말하듯, 「시녀들」이 삶에 대한 진실을 말하고 있으며 그 진실은 확실하다는 것이다. 하지만 그림의 성격상 그림이 우리에게 어떻게 작용하는가—착시나 환시 또는 세상 전체에 대한 방대한 반영—는 여전히 현실과 백일몽 사이에 머물며 신비로운 상태로 남아 있다.

한 영국 화가가 눈을 가린 채 마드리드로 향하는 비행기에 몸을 싣고 프라도 미술관으로 가는 택시를 타고 갤러리를 지나 「시녀들」이 걸려 있는 방으로 가는 계단을 올랐다고 한다. 물론 계속해서 눈은 가린 채였다. 그리고 그림 앞에서 눈을 풀고 갤러리가 문을 닫을 때까지 이 그림을 본 후 다시 눈을 가리고 런던으로 돌아왔다고 한다. 이것은 너무도 소중한 것을 대할 때를 희화화한 이야기처럼 보이기도 하고, 실제로 그런 일이 있었을까 개연성에 의심이 가기도 한다. 하지만 이는 역으로 얼마나 많은 사람들이 순수 그 자체로, 티끌 한 점 없이 세상의 신비로움을 경험하고자 하는지를 보여주는 예이기도 하다. 어떤 이의 손에 이끌려가다가 마침내 물결 위로 떠오르는 베네치아나 웅대한 그랜드캐니언 앞에서 눈을 뜨고 싶다는 열망의 표현일 수 있는 것이다. 그리고 「시녀들」은 하나의 신비이자 실제 세계의 한 부분인 듯한 경험을 할 수 있게 하는 몇 안 되는 그림 중 하나다. 완전한 어둠의 상태에서 몇 시간 동안 아무것도 보지 못한 채 그곳에 도착한 화가는 아마도 그 그림이 어떻게 눈에 와 닿는지, 즉 그것이 하나의 작품으로 아니면 실제의 반영물로 와 닿는지를 보고 싶었을 것이다.

「시녀들」은 거울의 특성—거울을 들여다보면 그 답례로 거울 속의 상이 마주보는—을 모방하지만 거울의 외관을 지니기도 한다. 특히 아주 오래전에 만들어진 거울의 흐릿함은 거기에 비친 세상을 실제보다 훨씬 더 웅장하고 화려하게 보여주기도 한다. 유리창을 투과해 들어오는 빛은 흰 드레스를 은빛으로, 금발은 백금 빛으로 빛나게 하고, 화포의 접힌 모서리를 금테를 두른 듯하게, 화포를 고정시키는 못을 번쩍 빛나게 한다. 바닥에 쏟아진 빛 바다는 멀리 천장에서 반사된다. 그림 자체가 빛을 발하는 것이다. 왕과 왕비를 멀리서 흐릿하고 조그맣게 비추는 뒷벽에 걸린 거울은 방에서 가장 강렬한 빛을 받아 빗각을 이룬 모서리가 반짝이며 그림 전체의 상징처럼 떠오른다.

만약 「시녀들」이 어떤 순간을 비추는 거울의 특성이 있다고 해도, 지나치게 거울과 비교할 필요는 없다. 하지만 프라도 미술관 관장들은 그림 맞은편에 이 그림과 완전히 같은 크기의 거울을 걸었었다. 그림이 거울에 비친 것을 본 사람들은 분명하고 견고한 그림자를 보는 것 같았다고 고백했다. 또는 어두운 무대 위를 걸어 다니는 배우나 카메라오브스쿠라를 통해 이미지를 보는 것 같다고 말했다. 그런 효과가 의미하는 바는 실제 사람처럼 크고 거울처럼 명료한 환영이 그것이 비칠 때 초자연적으로 되살아온다는 점이다. 무리한 말처럼 들리지만 이것은 지금도 로마의 도리아 팜필리 미술관에 들어서서 벨라스케스가 그린 인노켄티우스 10세의 초상화를 볼 때 경험하게 되는 것과 정확히 같다. 그곳에 들어서서 바로 우리의 눈을 사로잡는 것은 인노켄티우스 10세를 그린 그림이 아니라 한쪽에 정교히 계산한 각도로 놓인 거울 속에서 그 엄숙한 얼굴을 드러내고 있는 인노켄티우스이기 때문이다. 사람들은 모두 인노켄티우스가 차갑고 냉정한 시선으로 자신을 보고 있었다는 사실에 깜짝 놀란다. 아무도 그 순간에 속지 않을 수 없다. 멈추지 않는 눈의 움직임과 그에 따라 쉴 새 없이 바뀌는 거울 속의 이미지는 그런 식의 환영을 더욱 강화한다. 그것은 마치 한밤중 유리창에 갑자기 나타나는 얼굴을 볼 때처럼 사람을 소스라치게 한다. 하지만 거울 없이도 벨라스케스의 초상화는 살아 있는 인물을 담고 있는 것 같다.

벨라스케스의 예술은 그가 살아 있는 동안 하나의 마술로 묘사되곤 했다. 사람들이 자신의 이미지를 그림에서만 볼 수 있었던 시대에 마치 말을 거는 듯한 초상을 그릴 수 있는 능력이 그의 가장 뛰어난 재능인 것처럼 그의 사실주의가 과도하게 예찬되었던 것이다. 펠리페 4세도 벨라스케스의 초상화 중 하나를 저녁녘에 보고 "뭔가, 자네 아직도 거기 있는가?"라며 그것을 궁정 식구로 잘못 알았던 적이 있다고 알려져 있다. 바티칸의 한 요인은 문간에서 스쳐가며 인노켄티우스 10세의 초상화를 보고 그것을 교황으로 잘못 알아 사람들에게 교황이 바로 옆방에 있으니 조용히 하라고 일렀다고 한다. 이보다 훨씬 더한 것은 인노켄티우스 교황 자신의 평가다. 이 표독스러움의 아이콘을 보고 그는 "트로포 베로Troppo vero"(지나치게 사실적)

라며 그림의 가치를 인정했다고 한다.

지나치게 사실적인 것은 외적 면모뿐 아니라 내적 면모에도 해당된다. 우리가 현재 인노켄티우스에 대해 이해하고 있는 것이 바로 그러하기 때문이다. 벨라스케스의 진실은 너무도 확실했다. 반면 인노켄티우스의 그림과 실체 사이를 혼동하는 것은 고대 그리스까지 거슬러 올라가는 모든 종류의 모사 예술에 적용될 수 있는 무의미한 클리셰에 불과하다. 하지만 그런 혼동은 동료 화가들에게는 최고의 찬사로 들릴 수 있다.

로마에서 벨라스케스는 그의 흑인 종자 후안 데 파레하의 초상화를 그렸고, 이 그림을 과시하기 위해 그를 고관들이 있는 곳으로 보내 도시를 순회하게 했다. 실제와 그림을 비교 또는 대조하게 하는 이런 일은 물론 주문 의뢰를 유도하기 위한 것이었지만 이전에도 있었던 클리셰를 반복하는 것이나 다름없었다. 로마의 후원자들은 두 얼굴 가운데 어느 쪽이 더 말을 할 것처럼 보이는지 혼란스럽다고 하며 그것이 무척 즐겁다고, 그리고 당시에도 거리 곳곳을 어슬렁거리던 속성 초상화가들을 감탄시킬 만하다며 듣기 좋은 경탄을 쏟아냈지만 아무도 벨라스케스에 대한 예찬을 늘어놓지는 않았다.

그의 그림은 흠잡을 데 없는 착시의 예술이나 단순한 속임수를 위해 제작되지 않았다. 남을 속이기 위해 스스로를 감추는 것은 예술이 아니다. 벨라스케스가 구사했던 특별한 효과의 면면은 공개적으로 시연했던 기이하고 독특한 필법에 의해 드러난 것이어서 그것을 보는 이들은 모두 그 효과를 알아챌 수 있었다. 사람들은 벨라스케스의 사실주의가 결국은 물감 얼룩과 그은 선, 점과 자국 등의 혼합으로 이루어진 것이라는 점에 놀라지 않을 수 없었다. 놀랄 만한 사실성은 난해한 혼돈에서 비롯한 것이다. 그러면서도 그의 인물들은 어디까지나 그림처럼 보여야 했다.

미술사가 케네스 클라크는 하나가 다른 하나가 되는 그 순간, 붓이 만들어 내는 혼돈이 하나의 이미지로 합쳐지는 그 순간을 확인하려고 했다. 그는 「시녀들」도 보았다. "나는 가능한 한 멀리서 시작했다. 그때 하나의 이미지가 완성되었고, 점점 가까이 가 손, 리본, 벨벳에 다다른 순간 그것은 하나의 아름다운 붓질 더미로 흩어졌다. 나는 어떻게든 이 변화가 일어나는 그 순간을 잡아내어 새로운 사실을 얻어내고 싶었지만 그 순간은 잠과 깸의 그 경계처럼 도저히 잡아내기 힘들었다."[1] 잠과 깸 사이의 어딘가, 꿈과 의식 사이의 어딘가에 「시녀들」이 있다.

---

착시나 환시는 일종의 마술이다. 「시녀들」이 자주 그런 술어로 표현되곤 했던 것은 아마도 그것이 가장 신비롭게 느껴졌던 그림 가운데 하나이기 때문일 것이다. 벨라스케스는 이 그림에 제목을 붙이지 않아 그림의 의미를 열어놓았다. 궁전 기록에 의하면 그림은 처음에는 「시종과 난쟁이와 함께 있는 공주 전하」로, 나중에는 「펠리페 4세의 가족」으로 이름 붙여졌다. 시종들은 주인보다 한참 늦게 제목으로 부상한다. 혁명의 시대였던 1840년대에 드디어 이 그림은 '라스 메니나스Las Meninas', 즉 '시녀들'이라는 제목으로 프라도 미술관의 도록에 등록된다. 이러한 제목의 변화는 계층의 상하가 뒤바뀐 세상의 변화를 반영하는 것으로 시종이 왕실 초상화에서 주인공으로 등장한 경우라고 할 수 있을 것이다. 하지만 그것도 역시 그날 궁전에 누가 있었느냐고 믿는지에 따라 다소 달라질 수 있다.

그림의 모든 것은 분명해 보인다. 이름이 모두 기록돼 있어, 와삭거리는 드레스를 입은 마리바르볼라부터 두 명의 시종까지 우리는 그들 모두가 누구인지 알 수 있다. 뒷벽에 걸린 거울을 통해 펠리페 4세와 그의 두 번째 아내 마리아나가 방의 다른 쪽에 서서 그림에 연쇄반응을 일으키고 있는 것을 볼 수 있다. 이들은 어쩌면 벨라스케스가 작업하는 것을 보려고 왔거나 그의 모델이 되기 위해 왔는지도 모른다. 한편 어떤 논자가 지적했듯이,

여기서 거울은 그곳에 있으면서 동시에 그곳에 없는 왕과 왕비의 존재에 대해 함축하는 것일 수도 있다. 그들은 그 방에 있지만 그림에서는 그들이 직접 존재한다고 할 수 없다. 왜냐하면 그렇게 고귀한 신분의 인사가 화가의 작업실에 몸소 찾아와 모델이 되는 일을 할 리 없기 때문이다. 티치아노와 반다이크에서 엘리자베스 2세의 머리를 기이하게 작게 그린 루치안 프로이트에 이르기까지, 왕족을 직접 모델로 세우는 일은 없었으며 왕실 초상화에 화가 자신을 끼워넣는다는 것도 상상하기 어려운 일이었다. 물론 고야가 「카를로스 4세 가족」이라는 합스부르크가의 단체 초상화에 자신을

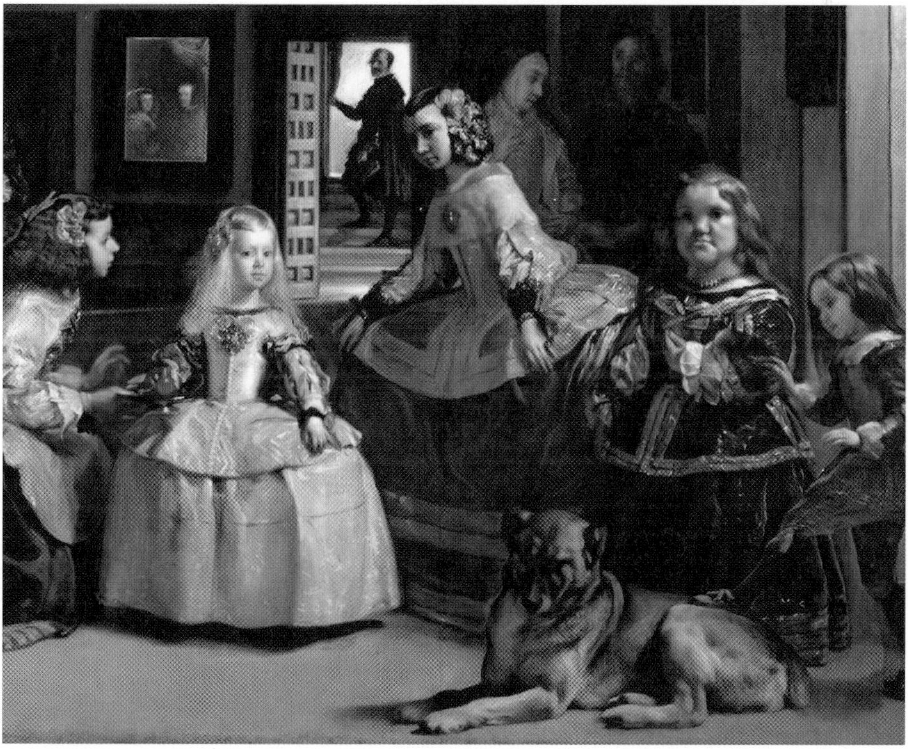

디에고 로드리게스 데 실바 이 벨라스케스, 「시녀들」의 세부, 1656년경

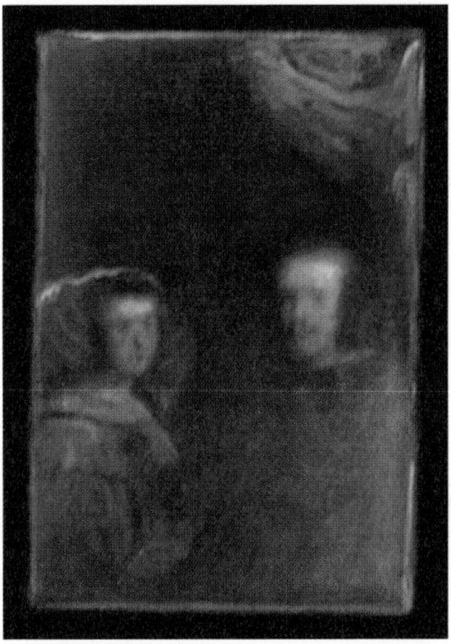

—
디에고 로드리게스 데 실바 이 벨라스케스,
「시녀들」의 세부, 1656년경

은밀히 끼워두긴 했지만 말이다. 어쩌면 이 그림은 「시녀들」의 속편이라고 할 수 있을 것이다.

하지만 벨라스케스의 첫 번째 전기 작가부터 시작해 많은 필자들은 거울이 펠리페와 마리아나를 보여주는 게 아닐 수도 있다고 주장했다. 그것은 단순히 벨라스케스가 그리고 있는 초상화를 비추었다는 것이다. 그래서 이 거대한 캔버스—이것은 그림의 뒷면이지만 그것 자체로 뛰어난 그림이다. 높이 솟은 화포 틀 위의 표면은 거칠고, 빛은 화포의 구불구불한 모서리와 틀을 비춘다. 그 빛은 극장에 쏟아져 내리는 조명처럼 예술을 사랑하는 누구나를 위해 뭔가를 이제 막 보여줄 듯 생생하다—의 뒤에는 단순히 부부 초상화가 있을 뿐이고, 거기에는 어떤 비밀도, 어떤 신비스러운 요소나 경탄할 만한 것도 전혀 없다는 것이다. 이런 설명에 따르면 이 그림은 이젤 앞에 서 있는 화가, 하지만 독특한 무리와 함께 선 화가를 그린 자화상이 된다.

이 전체가 작업 중의 화가를 가감 없이 객관적으로 그린 것—마치 벨라스케스가 왕족의 옷자락을 매만지고 있는 것으로 비치기를 무척이나 바라기라도 했던 것처럼, 어린 공주 가까이에 서서 왕의 초상화를 그리는 화가라는 것—이라고 한다면 그것은 벨라스케스의 천재성을 외면한 주장이다. 뒤편의 거울은 그림 속의 또 다른 그림을 보여주는 방식에 지나지 않으며 그것은 다른 화가들도 오래전부터 써먹던 진부한 장치에 지나지 않았다.

많은 관직을 맡았었고 그중에는 왕실 소장품을 관리하는 직책도 있었던 벨라스케스는 펠리페 4세가 무척 아꼈던 그림 「아르놀피니 초상」(41쪽)도 잘 알고 있었다. 그는 얀 반에이크 자신을 포함해 장면 밖에 있는 나머지 풍경을 거울을 이용해 그림 속으로 끌어들이는 이 그림의 기발한 방법을 익히 알고 있었다. 가장 지적인 화가라고 할 수 있는 벨라스케스가 이보다 덜 기발한 것을 마음에 품었을 리는 없다. 그리고 거울이 그곳에 있던 왕과 왕비를 간접적으로 비춘 것이라면, 그림을 보는 이가 바로 왕과 왕비가 섰던 자리에 서 있다는 것, 그래서 그들처럼 당신도 보는 이이면서 동시에 그림의 주제가 된다는 이중의 의미가 더욱 강화된다. 시간의 망원경을 동원한다면, 당신도 역시 화가의 시야 안에 들어가 있는 것이다.

만일 거울이 그림을 비추는 것에 그친다면 「시녀들」은 그것만의 탁월한 모호성을 잃어버리고 초상화를 그리는 화가를 그린 진부한 자화상으로 전락하고 만다. 이런 주장에 대한 반론으로, 물론 이 반론도 그리 기발한 것은 아니지만, 이런 2인 초상화의 존재가 알려진 바 없다는 것을 들 수 있다. 다른 주장은 벨라스케스가 작업하고 있었거나 이제 막 작업을 시작하려던 화포가 「시녀들」만큼이나 크고, 그림의 상당 부분을 차지하고 있어 그것 자체로 하나의 드라마를 만들 수 있다는 것이다. 하지만 가장 사소한 것까지 걸고넘어지는 반론은 벨라스케스가 화포와 거울 사이에 서 있어 그림이 거울에 비치는 것이 불가능하다는 점을 들어 그림을 그리는 동안 벨라스케스가 계속 시녀의 치마를 밟고 이리저리 움직여야 했을 것이라는 주장이다. 이것은 그림에 대한 제한된 해석에 따르는 일종의 엄격한 직역적 해석이다. 하지만 모든 주장이 갖고 있는 공통된 전제는 어느 정도는 이해가 가능하다. 즉, 「시녀들」은 너무도 사실적이어서 그것은 반드시 그것이 재현하는 사실에 묶여 있어야 한다는 것이다.

구도, 반영, 원근법은 반드시 정확해야 하고 따라서 논리적인 분석이 가능하다는 생각은 1960년대 에스파냐 건축가 라미로 데 모야의 귀류법歸謬法으로 구체화되었다. 모야는 방, 유리창, 거울, 화포, 인물들의 위치에 따라 「시녀들」이 그려졌던 그날, 이들이 어떻게 있었던가를 재구성했다. 그리고 그는 그림을 '풀었다'고 천명하며 자신 있게 거울은 오직 화포를 비출 수 있을 뿐 왕과 왕비를 비출 수는 없다고 밝혔다. 왜냐하면 그들은 그곳에 없었기 때문에, 또는 그림에서 벨라스케스가 서 있는 자리, 즉 화포의 그쪽 자리에 그들이 서 있어야 했기 때문이라는 것이다. 모야는 벨라스케스가 전체 장면과 공주, 시종 등 여러 인물들을 관찰함으로써만 이런 대작을 그릴 수 있었을 것이라고 믿었던 것이다. 물론 그 가운데 화가를 대신한 마네킹을 세워 두었을 것이며 나중에 그의 특징을 거울을 보며 그려 넣었을 것이라는 설명도 덧붙였다. 역할이 뒤바뀌어, 그림 밖에서 왕을 관찰한 것은 그였다는 설명이다.

어떤 이는 불쌍한 모야가 중요한 것을 놓쳤다는 사실을 지적할 수도 있다. 그가 놓친 것은 훌륭하고 명백한 「시녀들」의 구도이며, 그림이 가진 드라마이며, 예술과 죽음과 시간에 대한 이 그림의 해석—이것은 그림 자체가 지닌 지혜의 일부다—이며 무엇보다 원근법의 논리가 인간의 눈에는 적용되지 않는다는 분명한 사실이다. 이 그림은 그려진 것이며 그래서 초점이 맞은 것도 있고 그렇지 않은 것도 있다. 벨라스케스는 인간의 눈은 끊임없이 조율되어 1초 동안 초점이 맞은 것만을 분명하게 볼 수 있을 뿐 절대 한순간에 전체 장면을 담아낼 수 없다는 점을 분명하게 알고 있었다. 그래서 그림은 나무틀과 장식된 문에서 볼 수 있는 엄격한 묘사에서부터 흐릿하게 묘사한 오른쪽 어린 소년의 발길질까지, 또한 거의 감지할 수 없는 공기의 떨림까지 다양한 모습을 가질 수밖에 없었던 것이다. 그 결과 그림의 완성도는 매우 높아졌다. 우리를 어리둥절하게 하면서 실제 눈의 움직임을 고스란히 담아낸 것이다. 어떻게 벨라스케스가 실크 드레스를 가로질러 눈부시게 빛나는 흰색을 바로 그곳에 바를 수 있었는지, 그리고 어떻게 회색 위에 파란색으로 거즈의 투명함을 표현할 수 있었는지, 또한 어떻게 거의 흰색 같지 않은 흰색으로 공주의 머리 위에서 빛나는 미광을 그려냈는지 신비롭기만 할 뿐이다. 그것을 만들어낸 방식은 특별한 효과로 제시되어 당신 앞에 놓여 있다. 하지만 여전히 당신은 그림이 만들어내는 환영에서 벗어나기 어렵다.

그리고 벨라스케스 예술의 신비는 그의 그림이 화려하면서도 동시에 심오하다는 것뿐 아니라 이 분명히 상반된 성질이 서로의 존재 없이는 그 의미를 찾을 수 없다는 데 있다. 그림의 신학, 치명적인 진실은 언제나 소멸의 경계 위에서 눈부시게 빛나는 그의 붓질로 실현 가능해진다.

다른 많은 해석들과 마찬가지로 모야의 해석은 원근법에 전적으로 의지해 있는데, 원근법은 어쨌든 벨라스케스의 특기와는 거리가 멀었다. 세비야에서 열일곱 살의 나이에 그린 그림에서 모든 우의화들과 후기 초상화들에 이르기까지 화가로서의 경력을 통틀어, 그의 작품에는 늘 실수가 있었다. 성인은 제대로 서 있지 못하고, 풍경은 휘어져 있고, 흑백 타일은 공간에 맞게 정확히 벌어져 있지 못했다. 벨라스케스가 그의 가장 위대한 걸작의 의미를 세우는 데 있어 그의 유일한 약점이라 일컬어지는 원근법에 의존했으리라는 것은 있을 성싶지 않은 일이다. 그는 결국 화가이고, 그가 원하는 무엇이든 할 수 있었다. 왕과 왕비를 등장시킬 수도 사라지게 할 수도 있었고, 세상 전부를 그의 시야에 넣으려고 한다면 그럴 수도 있었다.

모야의 재구성에 대해 우연히 한 건축가가 반론을 제기했다. 그리고 서로 상충하는 수많은 시나리오들을 만들어내기 위해 원근법이 몇 번이고 다시 그려질 수 있다는 것이 분명해질 때까지 그와 같은 반론은 계속되었다. 그 모순된 시나리오는 그림이 사진이나 거울 또는 현실에 대응되는 청사진이라는 생각에 결점이 있음을 드러냈다. 그럼에도 「시녀들」의 모델을 만들어야겠다는 충동이 드는 이유는 이 그림이 얼마나 건축적 공간에 대한 상상을 부추기는지 알면 쉽게 이해할 수 있다. 돌바닥과 닫힌 창의 셔터가 이 방을 거쳐 결국 뒤쪽의 직사각형, 그림에서는 밖으로 통하는 문, 그리고 그림 밖으로 나가는 그 문으로 소급된다는 생각이 들게 하기 때문이다. 그리고 그 문은 옆에 걸린 거울과 대응된다. 거울은 문과는 다른 방향, 즉 방의 다른 쪽 끝인 앞쪽으로 닿는다. 거울 안으로 들어서면 곧 꿈의 세계다. 이것은 그림이 보낸 일종의 초대장이며 그게 아니라면 화가가 보낸 초대장인 셈이다.

가능한 해석의 모든 길은 결국에는 벨라스케스에게로 환원된다. 화포 뒤 그림 속에 있는 그의 자화상, 즉 대부분의 필자들이 거의 간과할 수밖에 없도록 멀리 어둠 속에 갇힌 그에게 환원되는 것이다. 이것은 분명히 작가가 의도한 것이다. 그림의 소재가 되지는 않되, 이 그림을 그린 주인이며 근원이며 창조자로서만 보이는 화가인 것이다.

그간 철학자들과 학자들이 그림에 대해서 논했던 것은 결국은 모두 벨라스케스에 관한 것이었던 셈이다. 벨라스케스를 빼면 이 광대한 캔버스는 매혹적이지만 무의미한 소품에 불과하다. 거울은 단순히 시각적 놀이에 불과하고, 관자와 인물들 사이의 관계는 사라지며 열린 그림도 따라서 사라지고 만다. 만일 벨라스케스가 자신을 그림에 넣지 않았다 하더라도 이 그림은 여전히 훌륭한 그림일 수 있지만, 그것은 결국 공주와 시종, 그리고 펠리페 4세의 가족만이 강조되는 그림일 뿐이다(화가의 존재에 대해서는 어떤 제목도 붙지 않는다). 그리고 거기에는 그들과 우리 사이의 접속과 반전 따위는 찾아볼 수 없게 된다. 우리의 참여는 더 이상 필요 없으며 우리와 그들

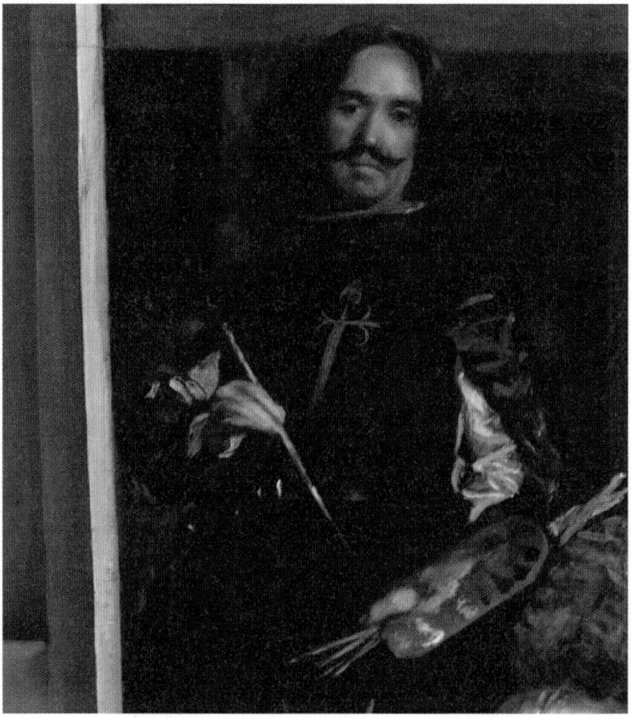

디에고 로드리게스 데 실바 이 벨라스케스, 「시녀들」의 세부, 1656년경

사이의 끝나지 않을 것 같은 관계의 전환도 결국 멈추게 된다. 이것이 이 그림이 가진 미묘함의 정체이므로, 또 그것이 벨라스케스가 분명히 의도한 바이므로, 예술에 대한 깊은 숙고 안에서 그는 자신을 화가로, 궁정인으로, 시인으로, 인간 존재를 고민하는 철학자로 드러낸 것이다. 여기서 과묵하고 경원시되는 자화상은 요체 그 자체다. 벨라스케스의 유일한 세상은 에스파냐 궁정이었다. 그가 펠리페 4세에게 고용된 것은 1623년 그가 스물네 살이 되던 해였다. 그리고 어렵사리 얻은 두 번의 이탈리아 여행, 그중 한 번은 아예 돌아오지 않으려고 했던 그 여행을 제외하고는 40년가량의 세월을 구중궁궐에 묶여 있어야 했다.

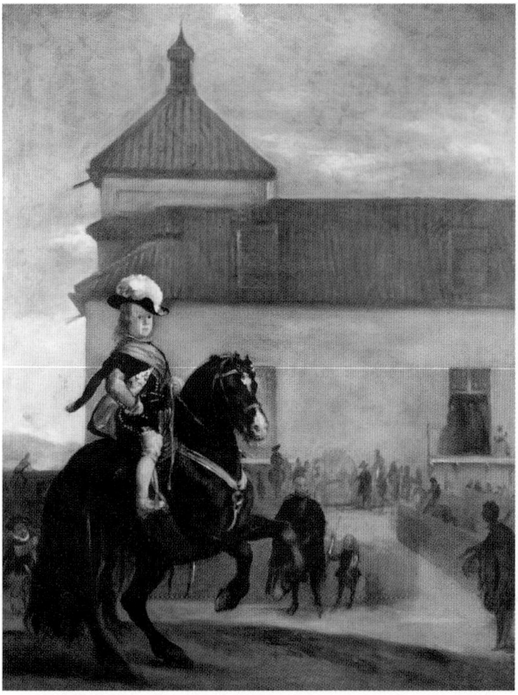

디에고 로드리게스 데 실바 이 벨라스케스, 「승마 학교에서의 발타사르 카를로스 왕자」, 캔버스에 유채, 130×102cm, 1640~05년경, 런던 월러스 컬렉션

왕은 편지에서 자신이 아끼는 화가에 대해 냉정하다고 한 적이 있다. 아마도 그가 정을 잘 주지 않고 언제나 평정을 잃지 않았음을 표현한 것이리라. 당대의 한 시인은 벨라스케스를 "살아 숨 쉬는 위엄"이라고 일컬었다. 자화상에서는 잘 안 나타날지도 모르지만 벨라스케스는 늘 조용하고 주의 깊은 사람이었다고 한다. 물론 이 매우 인간적인 그림에서 이야기하는 교감을 생각해보면 난쟁이나 어릿광대, 그가 궁정에서 즐겨 그렸던 시종들에게는 그렇지 않았을지도 모르지만 말이다.

그가 한 말은 거의 기록으로 남아 있지 않다. 회화는 티치아노에서 시작되었지 라파엘로에서 시작된 것이 아니라는 것이 한 가지다. 그리고 그가 세비야에서 노동자들을 다룬 그림을 그렸을 때 밑바닥 생활을 소재로 했다고 질책 당했는데, 이에 대해 그는 "고상한 예술을 하며 이인자가 되느니, 거친 것을 소재로 한 그림에서 일인자가 되겠노라"라고 했다고 한다. 물론 마드리드에 와서 궁정화가가 되었을 때, 그의 예술은 섬세하고 아름다워졌고, 그는 예술의 모든 면에서 일인자가 되었지만 말이다.

벨라스케스는 수많은 위계질서와 의례에 묶여 생활하는 수천 명의 궁정인들 가운데 한 명이었으며, 궁정에서의 생활은 지루하기 그지없는 가면 행렬 같았다. 그래서 나중에 궁정의 연회를 설계하기도 한 이 예술가는 궁정 초상화를 새로운 방식으로 극화하기로 했다. 그는 왕자를 그린 「승마 학교에서의 발타사르 카를로스 왕자」에서 기마 초상화의 관습을 완전히 역전시켰다. 여기서는 여타의 기마상과 달리 어린 소년이 말 위에 앉아 있다. 전체적인 공간이 단축법으로 묘사돼 있는 가운데, 소년은 화면의 한쪽 저 뒤편에서 곧 우리가 있는 공간을 향해 도약하려는 듯하다. 후경의 궁정인들과 난쟁이들은 더위와 먼지 속에서 이 광경을 보고 있으며 원경의 오페라 박스석처럼 생긴 발코니에서는 왕과 왕비가 이 광경을 내려다보고 있다. 그리고 모두에게 '저것을 보라'라고 이야기한 듯 모든 이들이 우리 쪽을 본다. 구경과 관찰의 알레고리, 구경거리로서의 사회에 대한 알레고리로서 이 그림은 이미 20년 전 「시녀들」을 예고한 것이었다.

---

벨라스케스의 초기 전기 작가 안토니오 팔로미노는 그를 "꿀벌 같은 부지런함"을 가진 사람이라고 썼다. 벨라스케스가 왕실의 근면한 시종이었다는 것은 사실 그가 작업하지 않았던 모든 그림에 대해 언급해야 할 필요를 만들었다는 면에서 오늘날 학자들에게는 달갑지 않은 일이다. 그가 왕의 명령에서 자유로웠을 리도 없고, 왕의 침실 시종에서 의복 관리인을 거쳐 왕의 소장품의 책임 관리인, 그리고 마침내 궁전의 마스터키를 갖게 되

는 지위까지 승진하며 끊임없이 자유를 구속받았을 것이다. 벨라스케스와 동시대인인 극작가 로페 데 베가는 "궁전은 무덤"이라며 "궁정인들이 감정을 갖고 있다면, 나는 태피스트리 속의 인물들조차도 불쌍해할 것 같다"라고 썼다. 하지만 사실 벨라스케스는 사회적 지위의 상승을 노리고 있었다. 그는 위대한 화가로서 이름을 날리면서도 위대한 궁정인이 되고자 끊임없이 노력했다. 수년간 그런 노력을 했음에도 불구하고 왕은 마드리드에 외교상의 임무를 띠고 온 루벤스에게 자신이 바라던 기사 작위를 수여했다.

이런 우여곡절을 겪으면서 벨라스케스가 궁정 기록에 궁정화가가 아닌 벨라스케스 그 자체로 기록된 경우는 거의 없었고 있었다 해도 언제나 마음 아프게 등장한다. 1638년 궁전에서 열린 가면극(콜리플라워 후작과 파슬리 여백작의 가짜 결혼)에 대한 기록에서 그는 단 한 줄 언급돼 있다. 그는 왕실의 투우를 보려고 몰려든 관중 사이의 초라한 의자에 앉았고, 그 옆에는 이발사들이 자리했다. 에스파냐의 가장 위대한 화가가 20년 가까이 궁정에 봉사한 결과였다.

팔로미노는 또한 벨라스케스가 "죽은 이후까지도 여러 사람들, 특히 그가 입은 군주의 총애를 음해하려는 사람들의 시기를 받았다"라고 적었다. 왕과 화가 사이의 끈은 필리페 4세를 불안정한 젊은 황제로 묘사한 초상화에서도 보이고, 특히 그를 여위고 늙은 사자로 묘사해 삶의 경험에서 비롯한 비애를 은근히 드러낸 후기 초상화들에서도 분명해 보인다. 또한 벨라스케스가 마침내 기사단의 일원으로 임명된 직후 왕이 직접 「시녀들」의 벨라스케스의 가슴에 산티아고 기사단의 엠블럼인 붉은 십자가를 그려넣었다는 이야기가 전해온다. 물론 왕은 기꺼이 그를 기사단에 입단시켰을 것이다. 하지만 벨라스케스의 간곡한 염원이 없었다면 불가능했을 일이었다. 그는 수년간 자신의 가문이 귀족의 반열에 들 수 있다는 것을 보이기 위해 애썼고, 기사단의 십자가는 그 무엇보다 최고의 상징이 될 수 있었다. 벨라스케스가 「시녀들」을 작업하고 있었을 때조차도 그를 질시했던 귀족들은 날마다 그의 희망을 꺾기 위해 안달이었다. 그래서 결국 3년 뒤에 그의 가슴에 달리는 십자가는 자기 입증임과 동시에 일종의 앙갚음이기도 했다. 어떤 타이틀보다도 그림으로써 명성을 얻은 벨라스케스가 그림의 침묵을 통해 승리를 천명했다는 것은 매우 적절해 보인다.

어떤 사람은 벨라스케스와 그의 예술에 대한 이런 일화에서 에스파냐 사람 특유의 자존심을 읽어낸다. 그는 구중궁궐 알카사르나 마드리드 근교의 음울한 에스코리알 궁을 벗어나 좀 더 폭넓은 관객에게 그림을 보이기를 희망했을 것이다. 공공장소에 그의 작품 몇 점을 전시하기도 했기 때문이다. 어떤 그림은 마드리드 시내 중심가 마요르 광장에 전시되기도 했다. 파레하의 초상화는 로마까지 가지고 가기도 했다. 「인노켄티우스 10세」는 이탈리아인들의 호응을 얻어 라파엘로 작품과 함께 판테온에 걸리기도 했다. 그의 작품을 높이 평가한 것은 화가들이었지, 궁정인들이 아니었다. 펠리페 4세의 기마상 초상화가 궁정에 걸렸을 때는 혹평이 많았다. 팔로미노는 "그 혹평은 이 그림이 예술의 법칙에 어긋나게 그려졌다는 데서 비롯되었는데, 그것은 모순되는 점이 너무 많았고 일관된 점은 찾기 어려운 평가였다. 벨라스케스는 이에 화가 나서 이 그림의 대부분을 지워버렸다"라고 기록했다. 혹평에 대해 소극적인 동의가 아니라 적극적인 반항으로 맞서, 세상을 창조했던 힘은 그것을 파괴할 수도 있다는 것을 보여준 것이다. 그리고 화포에 그는 훌륭한 답신을 그려냈다. "Didacus Velaquius, Pictor Regis, Expinxit—디에고 벨라스케스, 왕의 화가가 이 그림을 지우다."

「시녀들」에 빠졌던 피카소는 수년간 미술관을 오가며 그것의 신비를 밝히고자 40점이 넘는 밑그림 수준의 그림을 그렸다. 이를 위해 그는 그림의 각 요소들, 즉 어둠의 거대한 무게감, 빛의 활동, 각기 다른 정도의 사실성을 가진 인물들, 그들 간의 기묘한 관계와 형태 등을 분리 분석했다. 하지만 자화상에 있어서 피카소는 아무것도 할 수 없었다. 그의 벨라스케스는 기하학적으로 우뚝 솟은 바위산이자, 다른 것과 달리 도저히 이해 불가능한 추상 그 자체였다. 알 수 없지만, 그러면서 반드시 그곳에 있어야 하는 것, '시네 콰 논sine qua non'이었다.

피카소도 원근법의 유혹에서 완전히 자유롭지는 못했지만 그의 회화 감각은 초기 전기 작가들이나 철학자 미셸 푸코가 내놓은 '해법'들이 대부분 그랬던 것처럼 원근법에만 매달리지는 않았다. 푸코는 이 그림에 대한 에세이가 포함된 『말과 사물』에서 「시녀들」이 다름 아닌(그리고 아마도 그에게는 그 이상도 아닌) "고전적인 재현에 대한 재현이며, 자기 해석에 따른 재현의 시작"이라고 결론지었다.

벨라스케스가 무엇을 그리고 있는지, 그가 누구를 보고 있는지, '우리'가 누구인지, 왜 그리고 어떻게 우리가 이 그림에 어쩔 수 없이 사로잡히게 되는지에 대해 「시녀들」은 그것을 보는 이들의 숫자만큼의 다양한 대답을 수용할 것이다. 그리고 그 많은 반응과 해석이 바로 이 그림의 아름다움이다. 모순되게 들릴지 모르지만 이 그림은 간명한 사실성과 함께 신비로운 세계에의 문을 열어놓는다. 신비로움은 분명 이 그림의 한 부분이다. 그것은 인간의 신비를 우리 눈앞에 재현하고, 우리에게 전달한다.

하지만 물론 이 그림은 예술의 신비에 대해서도 언급한다. 그리고 「시녀들」보다 더 적당한 제목인, 페르메이르가 그린 어떤 화가의 초상화에 붙은 제목인 「회화 예술」에 대해서도 생각해볼 수 있게 한다. 이 두 그림은 10년 상간으로 제작된 것으로 화가의 작업을 보여주고 또 과시한다. 두 그림 모두 매우 특이한 위치에 관자를 놓는다. 또한 이 두 그림은 모두 그림 안에 다른 그림을 포함하고 있는데 이는 매우 중요한 특징이다.

페르메이르는 벨라스케스의 기획을 전도顚倒했다. 화가는 등을 지고 있는 대신 모델과 화가가 그리는 그림이 우리를 향해 있다. 관자는 화가의 어

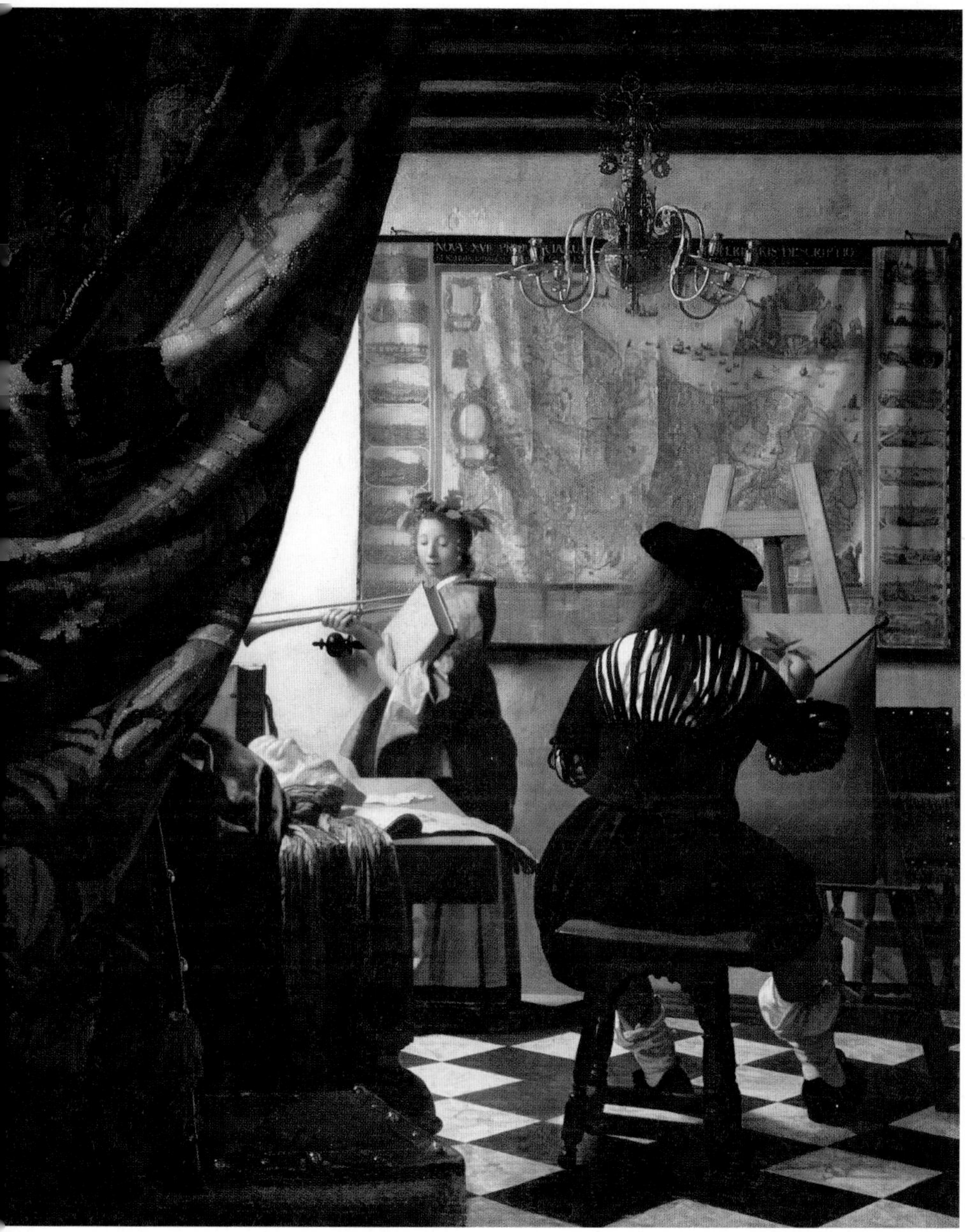

얀 페르메이르,「회화 예술」, 캔버스에 유채, 120×100cm, 1665~66년경, 빈 예술역사박물관

깨 너머로 그가 모델과 화포를 오가는 것과, 화가가 작업 중인 이 작은 그림과 큰 그림 사이에 존재하는 연속성—둘 다 페르메이르에 의해 '발명됐다'는 면에서—을 감지하게 된다.

발명됐다고 하는 이유는 페르메이르의 그림이 화가가 그림을 그리는 것뿐 아니라 모델을 뮤즈로 바꾸어 그녀를 '역사의 뮤즈'로 만드는 것을 보여주기 때문이다. 화가는 아직 뮤즈의 월계관 이파리 몇 개를 그렸을 뿐이지만, 관자는 그가 악기와 무거운 책으로 그녀의 상징을 그릴 것이며, 그 외에 모델이 서 있는 작업실의 다른 것들은 포함하지 않으리라는 것을 안다. '역사'는 곧 화려하게 차려입은 화가가 작업실을 갖고 있는 것처럼 그녀의 그림 속 배경을 갖게 될 것이다. 그리고 두 사람 모두 페르메이르에 의해 이 자리에 존재하게 되었다.

벽에 걸린 지도를 탐색하는 빛은 체커판 무늬의 바닥을 비추고 탁자 위의 스케치북과 이젤 위의 화포, 그리고 마침내 붓을 쥔 화가의 손에 이른다. 이 그림의 주제는 제작 과정 그 자체다. 하지만 화가는 우리에게서 등을 돌리고 있어 표정이나 생각을 보여주지 않으며, 자신도 상상의 산물이라는 듯 화가의 손이 그림과 어우러진다. 페르메이르는 우리에게서 거리를 두고, 우리와 커튼을 사이에 두고 있다. 그는 위대한 화가에 대한 대작大作을 그리고, 그런 다음 사라진다. 마치 스스로를 사라지게 하는 마술사처럼.

페르메이르가 자신의 정체성을 드러내지 않는 반면, 캔버스에서 한 발짝 물러나 있는 벨라스케스는 구석에 그리긴 했어도 자화상을 등장시킴으로써 화면 속 그림이 모두 자신이 만든 것임을 분명히 천명한다. 그가 모든 것을 물리적인 것에서 철학적인 진실로 탈바꿈시킨 바로 그 붓이 결국은 흰색의 선—매우 날카로운 선이지만 '어떤' 거리에서든 뚜렷이 보이지 않는 흔적 하나—이상이 아니라는 점은 매우 절묘한 재담才談처럼 느껴진다. 빛, 비춤, 눈, 팔레트, 화포, 그림으로 이어지는 재현을 위한 순환은 매우 미묘하게 움직인다. 어쩌면 여기에도 약간의 마법이 깃들었는지도 모른다. 하지만 육중하게 버티고 서서 다른 모든 것들과 유리된 채 깊이 숙고하는 듯한 화가는 현대의 관자들에게는 셰익스피어의 연극 〈템페스트〉의 한 장면을 소재로 공연을 하다가 끝에 마술 지팡이를 부러뜨리고 그의 모든 비법을 드러내곤 했던 마술사 프로스페로와 무척 흡사해 보인다. 벨라스케스의 모든 비밀이 드러나 있지만 그렇다고 신비로움이 사라져버리는 것도 아니다. 어떤 화가들도 회화의 패러독스를 그렇게 선명하게 보이지는 못했다. 3차원적 입체가 평평한 화포 위에 그토록 설득력 있게 재현될 수 있다는 것이나 고정된 그림이 역동적이고 잠시라도 쉬지 않고 변하는 세상을 재현할 수 있으면서도 그 모든 것이 하나의 흐름으로 용해되는 것 같은 느낌을 주는 것 모두가 그가 가능케 한 일이다. 팔레트 위의 작은 물감 덩이들이나 방 안 인물들의 서로 조응하는 얼굴들은 화가가 당신이 이 방에서 보고 있는 모든 것을 가능케 했다는 가장 중요한 진실과 이 그림 속 인물들이 어느 날 죽음으로 사라지더라도 그림 속에서는 벨라스케스를 통해 영원히 살리라는 또 다른 진실을 반복해 일러준다.

---

'아르스 롱가, 비타 브레비스Ars longa, vita brevis.' 예술은 길고 인생은 짧다. 벨라스케스의 다른 초상화에 등장한 어린 왕자 펠리페 프로스페로의 허리에 달려 있는 이 작은 호부護符를 보면 당시 에스파냐 궁정에 팽배한 죽음에 대한 깊은 두려움을 느낄 수 있다. 이 왕자는 네 살의 나이로 죽었다. 펠리페 4세의 첫째 부인 역시 요절했고 아들 둘과 막내딸도 모두 왕보다 먼저 사망했다. 둘째 부인은 아들이 결혼식 전날 죽지 않았다면 며느리가 될 뻔한 사람이었다. 벨라스케스도 왕궁의 약혼식 준비를 위해 옷깃과 만찬 접시를 디자인하다가 갑작스런 발열로 죽고 만다. 그는 교회에 묻혔고, 고야가 에스파냐 왕실의 궁정화가로 일하는 동안 프랑스 군인들이 그의 무덤

을 약탈했다. 현재로서는 그의 시신이 어디에 묻혔는지 알 수 없다.

「시녀들」에서 보이는 왕의 얼굴은 흐릿하다. 이 그림이 그려진 것은 그의 집정이 끝나갈 무렵이었고, 에스파냐 제국의 성기盛期가 끝나고 프랑스와의 전쟁으로 정부가 파산 상태에 이르고 있는 시기였다. 1657년이면 식량을 얻을 수 있을 만큼의 신용마저 잃고, 그리고 몇 년 뒤엔 어린 딸의 죽음 뒤에 곧바로 자신도 죽음을 맞게 된다.

물론 어리고 예쁜 마르가리타가 영원할 수 있는 것은 벨라스케스 덕이다. 하지만 「시녀들」은 아름다운 인물 초상화를 벌여놓은 것 이상의 의미가 있다. 그것을 둘러싼 여러 가지 해석과, 그림에 대한 명상과 숙고로도 다 알아내지 못할 의미가 숨어 있다.

벨라스케스의 붓질이 영혼의 진정한 자유를 드러냈다고 하는 얘기가 있다. 「시녀들」에서도 그의 붓은 인물들의 영혼을 자유롭게 했고 그래서 그 인물들은 생생하고 독특하다. 그림 앞에 서서 그들을 보았던 사람들도 영혼의 자유를 맛본 비슷한 경험을 했을 것이다. 「시녀들」은 이제는 쓸모없어진 아름다운 옷을 입고 있는 죽은 아이들을 재현했다는 면에서 특히나 슬프다. 그리고 이 그림은 방 뒤편에 조그맣게 그려진 이들이 피할 수 없었을 죽음에 대한 애가哀歌도 잊지 않는다. 거기, 이 세상과 다른 세상 사이에 시종 한 사람이 맴돌고 있다. 그는 우리를 또 다른 빛의 세계로 이끌려고 그곳에 서서 기다리고 있는 것 같다.

하지만 벨라스케스는 그 너머로 가지 않고, 인물들도 희미해지지 않은 채 우리가 존재하는 한, 그리고 그의 예술이 존재하는 한 이곳에 머무른다. 황금빛 연무는 위쪽의 어둠에도 불구하고 밝게 빛난다. 과거의 인물들은 우리가 그들을 보는 동안은 우리의 이 순간과 현재를 들여다보고 있을 것이다. 「시녀들」의 모든 것은 이 연결을 살아 있게 하고, 영원히 따뜻하게 한다. 바로 그것이 벨라스케스의 재능이고 우리 모두를 향한 그의 위로다. 우리는 서로의 눈길과 이야기 속에서 영원히 살게 된 것이다.

*8.*

# 거울

거울 속에 갇히거나,
거울 밖으로 달아나거나

거울—아무도 그것을 노래로 읊은 적이 없네
당신이 실제로 사는 삶
체처럼 구멍이 가득한
시간 속 낯선 허점들.

_라이너 마리아 릴케

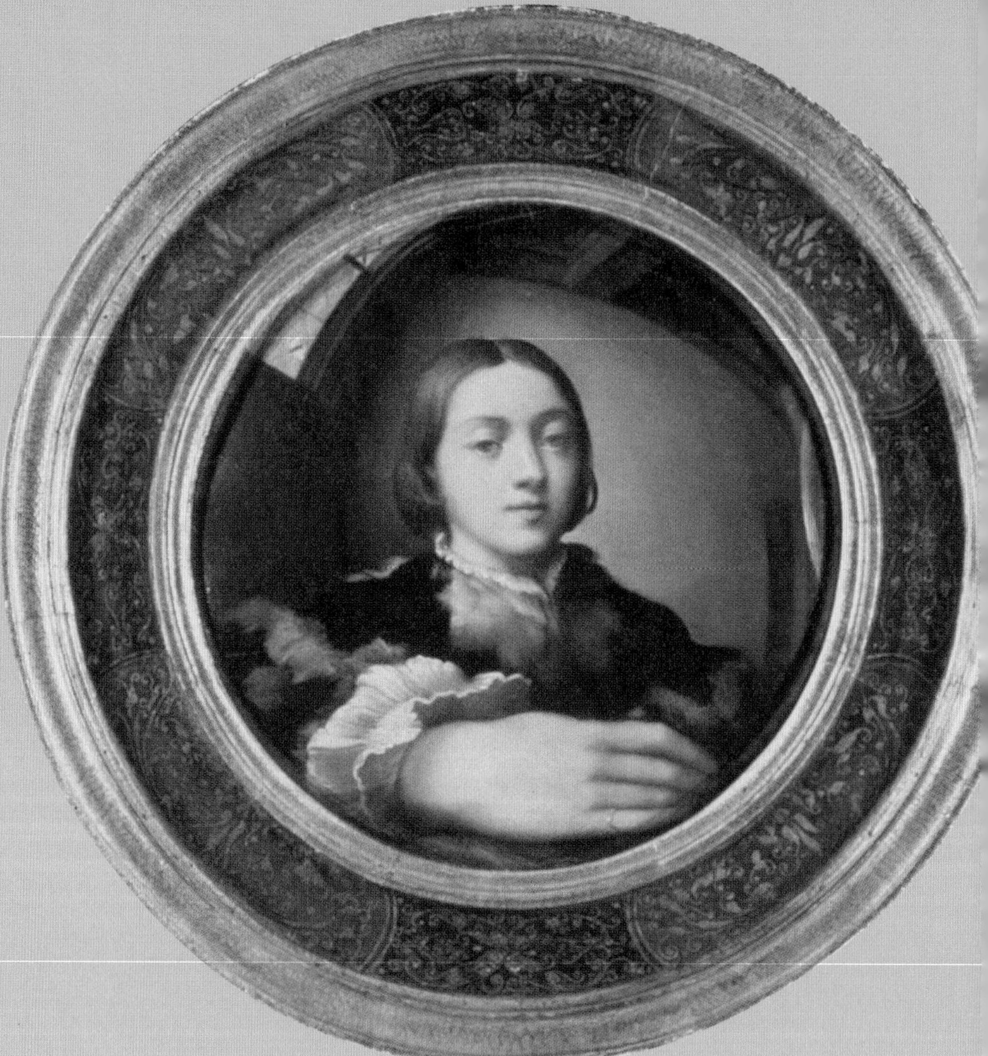

파르미자니노, 「볼록거울 속의 자화상」, 나무에 유채, 지름 24.4cm, 1524, 빈 예술역사박물관

한 점의 자화상이 그를 유명하게 만들었다. 그것도 어느 날 갑자기. 그것은 파르미자니노가 스무 살이 되기도 전에 그린 그림이었다. 그것은 여전히 소년이라고 할 만한 10대 시절의 어린 화가를 담고 있다. 그의 미소는 충분히 무르익지 않았고, 작은 창문으로 빛이 들어오는 방 안에서 밖을 내다보는 모습이다. 거기에는 붓도 팔레트도 없지만, 그는 한쪽 손을 그림 앞쪽에 마치 정물 주제처럼 두어 매우 잘 보이도록 전시하고 있다. 그것은 하나의 예술작품이며 한 장인의 예술작품이라는 것이 이 자세에서 분명해 보인다. 확대된 화가의 손은 그가 지닌 재능과 이 '둥근' 자화상이 지닌 참신함을 선언하는 듯하다.

하지만 이것은 단순히 둥근 자화상이 아니다. 파르마 출신이어서 파르미자니노라고 더 잘 알려진 화가 프란체스코 마촐라를 그린 이 그림을 인쇄된 상태로 보면, 물론 장면이 기묘하게 뒤틀려 있기는 하지만 꽤 평평해 보인다. 방은 굽고, 벽은 천장 쪽으로 아치를 이루며 화가의 머리는 작고 멀어 보인다. 그래서 마치 그것은 심안心眼으로 볼 수 있는 환상적인 둥근 공간, 또는 수정 구슬을 통해 보는 환상의 세계인 것 같다. 그리고 이것과 실제 그림 모습은 닮아 있다. 이 그림은 반구 위에 그린 것이기 때문이다.

파르미자니노의 주제를 정확히 말하자면 그의 얼굴이 비친 거울, 이발사에게서 빌렸을 법한 볼록거울이다. 16세기의 이발사들은 자신의 이발 솜씨를 보이기 위해 볼록거울을 썼는데, 그때까지는 평면거울이 매우 비쌌기 때문이다. 파르미자니노는 소녀처럼 자른 머리를 이 반구의 거울에서 보았을 것이며 동시에 그것에 비친 세상이 확대되기도 하고 축소되기도 하는 것을 발견할 수 있었을 것이다. 그리고 바사리가 기록했다시피, 파르미자니노는 그 거울 속 반영 상에 매혹된 나머지 바로 거울 속 자신의 모습을 그리기로 했다. 그는 나무 공을 구해 선반 위에 놓고 반으로 갈라 원래의 거울과 완전히 같은 반구를 만들었다. 그리고 그 위에 거울에 비친 것을 그대로 옮겨 그렸다.

만일 우연히 이 그림을 볼 수 있는 기회가 생긴다면, 분명 이 의사疑似 거울이 주는 기이함에 놀랄 것이다. 아무것도 없는 듯 보이다가 당신이 들어서는 순간 갑자기 하나의 이미지가 불쑥 드러나는 것 같기 때문이다. 당신이 멈추면 따라 멈추고, 당신이 보면 따라서 보는 어떤 존재가 볼록거울의 그늘 속에 숨어 있다는 느낌을 지우기 어렵다. 그것은 마치 진짜 거울 같아서 앞에 아무것도 없을 때는 비어 있다가 우리가 그 앞에 서는 순간까지 기다리다 그 순간이 오면 그것의 존재 이유를 드러내는 것이다. 물론 그 환영은 일어난다 해도 0.5초도 안 될 정도로 매우 짧게 지속될 것이다. 파르미자니노 시대의 사람들에게는 어쩌면 그 시간은 좀 더 길었을지도 모른다. 당시 볼록거울은 다른 세상에서 온 골동품이 아닌 매우 보편적인 것이었기 때문이다. 그림 속의 희미한 윤곽선과 은회색으로 감도는 빛이 이미지를 더욱 환상적으로 만들며 입체적인 구성을 매우 그럴 듯하게 한다는 것을 알 수 있다. 멀리서 보면 돌출된 윤곽을 따라 떠도는 빛의 작용은 이것이 평면의 그림이 아니라 구체球體의 오브제라는 점을 더욱 뚜렷하게 한다. 지름이 채 25센티미터도 되지 않는 아주 작고 어두운 그 오브제에 얼굴을 비추기 위해서는 아주 가까이 다가설 수밖에 없다.

그 얼굴이 당신의 것이 아니라는 데 놀라지는 않을 것이다. 그 대신 놀라운 것은 이 다른 사람의 존재, 즉 다른 사람이 거울 속으로 미끄러져 들어온 것 같은 느낌이다. 그는 약간 왜곡된 형태로 여전히 당신을 뚫어져라 바라보고 있다. 비록 이 도전이 거울의 볼록함 때문에 훨씬 복잡해지긴 했어도, 이것은 거울에 비친 자신을 보고 그것을 그리고자 하는 예술가의 거울에 비친 시선이 아니다. 파르미자니노는 보는 이의 시선을 가로채서 그가 당신과의 만남을 줄곧 그곳에서, 당신도 모르는 사이에 기다리고 있었다는 듯 그 시선을 되돌려준다.

두 번째 놀라운 점은 이 섬세한 이미지의 창조자가 성인이기보다는 어린아이에 가깝고, 소년보다는 소녀에 더욱 가까워 보인다는 데 있다. 창백하고 아름다운 얼굴과 섬세한 콧날, 수염 없는 턱을 한 그는 소년인 척하는 비올라셰익스피어의 희곡 『12야』에 나오는 인물로, 남장을 한 여성으로 남자 주인공과 사랑에 빠진다.를 연기하는 소년 배우로 맞춤인 듯하다. 깃과 소매로 여며진 모피코트와 삼베 슈미즈 때문에 그는 그림을 그리기보다는 좀 더 깨끗한 어떤 일을 하기 위한 옷을 입은 것처럼 보인다. 그는 그림을 그리지 않는 정자세로 있지만, 조금만 움직여도 그의 모습은 마치 수은처럼 거울에서 미끄러질 것만 같다. 손은 이 부유하는 듯한 이미지를 붙잡아 두는 닻의 역할을 하며 이 이미지가 사라져버리지 않게 꼭 붙들고 있다. 그림 중앙에 아무런 움직임도 없이 누워 있는 이 손은 마치 편히 쉬고 있는 나체를 연상케 하며, 그런 면에서 손가락은 우아하게 뻗은 다리처럼 보인다.

존 애슈버리가 「볼록거울 속의 자화상」이라는 감상적인 시에서 읊었듯이, 어쩌면 그 이미지는 희고 큰 모양의, 심연 속에서 웅크리고 있는 이물異物에 더 가까운 것일지도 모른다.

(크지만, 거칠지 않고, 단지 또 다른 차원의 크기에 불과한,

바다 밑바닥에서 웅크리고 있는 고래 같은 그것
표면에 떠서 잘난 체하는 작디작은 배에 관하여.) 하지만 당신은
표면이 모든 것이라고 보아버리네. 표면은 거기 있는 바로 그것이고,
어떤 것도 거기 있는 그것을 제외하고는 존재할 수 없다네……

파르미자니노의 이미지는 애슈버리에 따르면, "광택제를 바르고 방부 처리한, 180도에 아울러 비치는" 이 표면에 갇혀 있는지도 모른다. 손은 자유를 찾아 자신을 얽매고 있는 그 반구의 표면을, 모두 부술 듯이 커 보인다고 생각할 수도 있겠다. 다만 그러고 나면 존재하는 모든 것들이 사라져버리고 말 것이다. 자세는 매우 양가적이어서 한편으로는 인사하는 듯하지만 한편으로는 경계하는 듯해, 마치 카드를 가리고 있는 사람이나 숙제를 안 보여주려는 학생처럼 보이기도 한다. 표면에 너무도 가깝게 붙은 손은 거울과 공모하고 있다. 그것은 앨리스의 거울처럼 얇은 막의 공기 같은 표면에 불과해 다른 세상을 향해 바로 열려 있는 것처럼 보여 보는 이로 하여금 손을 뻗어 만져보고 싶은 충동을 느끼게 한다.

하지만 그 거울은 그런대로 영원한 장애물 역할을 해 당신이 파르미자니노에게 닿을 수 없도록 하며, 그 역시도 당신에게 닿을 수 없게 한다. 유리가 늘 중간에 끼어든다. 딱딱한 물체이면서 표면에 사물의 반영체를 꽉 채우고 있는 그것. 그 점이 바로 손이 말하고 있는 것이다. 머리보다 더 크고 길쭉한 그것은 거울에서 그 형태가 가장 많이 왜곡돼 있다. 미묘한 미소를 짓고 있는 얼굴은 그런 정도의 왜곡을 피하고 있어 얼굴만 보면 보통의 초상화와 전혀 다를 바 없다. 그런 면에서 이 그림이 반구의 거울을 보고 그려진 것이라는 점은 손을 통해서 분명해진다. 그것은 보는 이에게 매우 가까우면서도 거울의 굴곡을 따라 왜곡돼 있다. 파르미자니노는 거울에 최대한 가까이 가고자 하지만 거울을 만질 수는 없다. 손이 더 이상 분명한 반영물로 비치지 않을 것이기 때문이다. 손은 거울의 법칙을 어길 수 없었

던 것이다.

---

아무도 자기가 어떻게 생겼는지를 정확히 알 수는 없다. 그런 특권은 다른 사람들에게나 해당되는 일이다. 우리가 갖고 있는 모든 정보는 카메라에 담긴 부분적 이미지와 거울에 비친 흐릿한 반영이 전부다. 그리고 거울이 우리에게 되돌려줄 수 있는 것은 우리가 그것에 주기로 결정한 것에 한해서만이다. 예컨대 느끼는 대로 또는 느끼고 싶은 대로 보게 하는 그 순간에 딱 맞는 얼굴 표정 같은 것만을 보여준다. 그렇게 보이려고 노력한 얼굴 또는 그렇게 보이지 않으려고 노력하는 얼굴 또는 아무것도 보이지 않으려고 노력한 얼굴 등 모든 것이 그렇게 만들어질 수 있다. 사실을 확인하고자 하는 얼굴은 구체적인 사실을 알고자 관심을 기울이지만 큰 그림은 놓치고 만다. 모든 것을 한 번에 볼 수는 없고 얼굴은 한순간도 정지되어 있지 않다. 눈은 수시로 움직이고 그에 따라 반영도 끊임없이 변한다. 또한 보는 환경에 의해서도 우리는 끊임없이 바뀐다.

파르미자니노의 자화상은 이전의 어떤 자화상도 보여준 바 없고 그 이후로도 아주 소수만이 표현한 바로 이 유동성의 관계를 가장 잘 보여준다. 수많은 자화상들이 거울 앞에서 느끼는 불편함을 표현했지만 그것은 어쩔 수 없는 것이다. 뒤러가 거울 앞에 서서 찡그린 표정으로 머리를 쥐어 싸고 눈과 볼을 찌푸린 선화를 그린 것도 이런 내면을 표현한 것이며, 그래서 이 그림은 단순히 외부의 모습이 아니라 "그의 독특한 내면의 자아"를 드러낸 최초의 현대적 자화상으로 예찬되어왔다. 하지만 화가가 자신을 분석적으로 대면하고 있는 것인지, 아니면 자신의 쉴 새 없이 변하는 모습을 바라보며 얼굴을 손으로 붙들고 있는 것인지 불분명하다. 뒤러는 그림의 소재와 그림 사이를 오고가는 시선의 움직임에 따라 일어나는 '그림 속의 불안'에 대해 언급하곤 했다. 그리고 이제는 그 소재마저도 가만히 있지를 않는다.

(이미 뉘른베르크에는 평평한 거울을 훌륭하게 만드는 장인이 있었음에도 불구하고) 파르미자니노처럼 뒤러 역시 볼록거울을 사용했을 것이다. 볼록거울은 화가가 죽은 직후의 자산 목록이나 화가가 파산했을 때 나오는 경매 목록에서 자주 볼 수 있었다. 16세기까지 대부분의 거울은 윤낸 금속으로 만든 지나치게 비싼 것이었고, 좀 더 싼 것으로는 유리를 불어 만든 공에 수은을 부어서 그것을 둘로 쪼개어 만드는 볼록거울이 있었다. 무라노 섬의 베네치아 거울 장인들은 유리 뒷면에 주석과 수은을 부어 크고 평평한 거울을 만들어 국제적으로 큰 명성을 얻었다. 산업 방해 행위의 하나로 프랑스인들은 이 거울 장인들을 매수해 파리로 유인한 뒤 이들에게서 그 비기를 얻어낼 때까지 협박하고 심지어 음독시키기까지 했다.[1] 그리고 그 결과 그들은 루이 14세를 위해 베르사유 궁에 거울의 방을 만들게 되었다.

볼록거울을 보고 자화상을 그리는 일은 미끄러지는 거울을 붙잡고 이것저것을 포착하기 위해 이리저리 돌려 보느라 결코 쉽지 않았을 것이다. 그렇게 얻게 된 이미지를 마음속에서 다시 손수건 같은 평면으로 옮겨야 했으므로 일부를 추측하거나 상상해야 했을 것이다. 또한 비치는 부분이 그렇게 크지도 않았다. 그래서 초기 자화상에는 겨우 인물의 머리와 어깨만 나타난 것이다. 평면거울이 시장에 나온 이후에도 화가들은 담고 싶은 만큼을 모두 보여줄 수 있는 큰 거울을 사려면 아주 부유해야 했다. 상상하는 것 이상으로 많은 자화상들이 겨우 화가의 얼굴만을 보여주는 작은 사각형 거울로 제작되었고, 나머지 부분은 오랜 세월 동안 상식이나 기억을 통해 채워져왔을 뿐이다.

아름다운 세밀화 「작업실의 마르시아」는 어떻게 거울이 자화상에 사용되는지를 보여준다. 그녀를 최초의 자화상 작가라고 믿는다면 이 그림은 자화상에 거울이 어떻게 사용되었는지를 보여주는 첫 번째 그림이다. 피디아스와 아펠레스처럼 마르시아 역시 전설로만 알려져 있는 화가로 기록으로

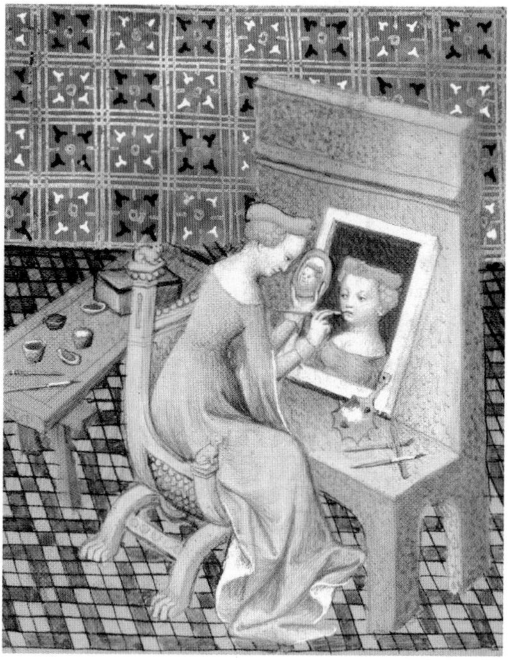

—
조반니 보카치오의
『유명한 여성들에 대하여』의
삽화 「작업실의 마르시아」
(성 마르시아, 632년 사망),
파리 국립도서관

만 전할 뿐 작품은 단 한 점도 남아 있지 않다. 하지만 그녀는 보카치오의 『유명한 여성들에 대하여De Claris Mulieribus』라는 필사본 속에 등장해, 정확히 그녀가 유명해지게 된 일을 하고 있다. 그녀는 한 손에 조그만 타원형 거울을 들고, 다른 손으로는 앞에 놓인 거울 같아 보이는 더 큰 이미지 속 자신의 입술을 다듬고 있다. 물론 그것은 거울이 아니다. 여인의 손거울, 화장대, 작은 단지와 화장붓 등 그녀를 둘러싸고 있는 자잘한 소품들로 미뤄 보아 이곳이 화장실이라는 것을 짐작할 수 있을 뿐이다. 그리고 그곳에서 그녀는 자신의 얼굴을 그리고 있다.

이 상상에 의한 초상화가 분명히 보여주는 것은 마르시아가 얼마나 스스로를 창작해내야 했는가다. 만일 그녀가 거울에 비치는 그대로 자신을 그렸다면 그것은 매우 작고 답답한 세밀화 이상이 될 수 없었을 것이다. 거울은 볼록해 보이지만 자화상은 평평하고 어떤 것도 왜곡되지 않았다. 또한 그림은 그녀가 거울 속에서 보고 있는 것보다 훨씬 많은 것을 보여주고 있다. 마르시아는 어깨와 드레스, 그리고 푸른색 배경까지도 그렸다. 그런데 이 가운데 어떤 것도 거울 속에서는 볼 수 없을 뿐 아니라, 그녀는 더 이상 거울 속 자신을 보고 있지도 않다. 그것은 일종의 이탈이고, 손 안에 든 작은 그녀보다 더 나은 이미지의 창출이다. 거울이 보여주는 그대로를 옮겨 그릴 필요는 없다. 이것은 기록이 아니라 예술이기 때문이다.

이런 면에서 파르미자니노의 기법은 훨씬 더 사실적이면서 허구적이다. 사실적이라는 것은 그가 거울 속에서 볼 수 있는 것만을 보여주고 어떤 것도 지어내지 않았기 때문이고, 허구적이라는 것은 구체의 화면에 구체의 반영을 옮겼기 때문이다. 그의 자화상은 그림—삶의 거울—이 아니라 거울처럼 보이도록 기획된 것이다. 그는 이 그림을 교황 클레멘스 7세를 감명시키기 위해 제작했다. 교황은 그의 기발한 착상에 매우 즐거워했고, 그런 즐거움은 수세기 동안 이 그림을 대한 사람들의 공식 반응이었다. 이 그림은 큰 반향을 불러일으켰고, 관광객들이 그것을 보러 일부러 작품이 있는 곳에 들르기까지 했던 '희귀한 것cosa rara'이었다. 그래서 이 작품은 공공 미술관이 생기기 훨씬 전부터 이미 폭넓은 관객을 가지고 있었다. 하지만 시간이 지나고 취향이 바뀜에 따라 파르미자니노의 거울을 이용한 기법은 더 이상 소재로서 매력적이지 않게 되었고, 오히려 자화상이 지닌 신비로운 침묵의 매력이 더해졌다. 화가는 매우 가까우면서도 여전히 매우 멀다. 그것은 확고한 존재감 없이 어두운 방 안의 희미한 반영처럼 존재한다. 그것은 한 번 흘낏 보고 그려졌을 것이다. 이것은 화가가 그만큼의 거리를 유지하지 않으면 금세 사라져버리고 말 모습이다. 거울이 딱 그만큼만 허락했기 때문이다.

거울은 사진이 발명되기 이전까지는 화가의 자화상 제작에 절대적으로 중요하고 결정적인 존재였다. 자화상을 제작하는 자리에는 언제나 거울이 일종의 조용한 공모자처럼, 비판하지 않고 도움을 주는 존재로서 함께 있었다. 거울은 하나만 있어도 되었지만 측면을 그려야 했다면 두 개, 조각을 위해서는 두 개 이상의 거울이 필요했을 것이다. 하지만 완성작에 거울이 등장하는 경우는 거의 없다. 대다수 자화상은 이 필수불가결한 요소에 대한 언급을 일절 하지 않았으며 거울에 대한 이런 식의 대접은 결국 그것이 하나의 도구에 불과하다는 생각을 반영한 것이었다.

아마도 이는 거울에 자화상이 '들어' 있는 방식과 관계될 것이다. 초상화에서 화가는 넓은 세상의 다른 사람들을 내다보고 있다. 반면 자화상에서는 거울이 이 세상을 좁혀서 그것만의 영역을 만든다. 화가가 그리려고 하는 눈은 작업을 이끄는 눈과 같은 눈이다. 거울의 영역 바깥의 것은 화가가 집중하는, 그 틀 안에 비친 사람과 비교하면 거의 무시된다고 할 수 있다. 따라서 거울은 그림과 같을 수밖에 없다.

이것이 바로 에두아르 뷔야르의 「대나무 액자 거울 속의 자화상」이 눈을 지운 채로 그려졌다는 사실을 제외하고라도 놀라운 그림인 이유다. 이 그림은 마치 카메라가 뒤로 쭉 물러나 영화 세트의 진짜 배경, 즉 스튜디오라는 현실 세계의 엉성하기 짝이 없는 상자를 보여주기로 작정한 것이나 마찬가지다. 거울의 물리적인 특성은 매우 아름답게 표현되었고, 수은으로 발린 거울 표면은 미끄러질 듯한 움직임으로 살아 있으며, 천창에서 들어온 빛은 모든 것을 흐릿하게 만든다. 화가는 어쩌면 광택이 전혀 없는 벽지에 비해 밝게 빛나는 대나무 틀의 광택을 보기 위해 아주 가까이 다가왔었을 것이다. 사실상 그림은 거울에서 더 멀리 서 있었을 뷔야르 자신보다 보는 이를 그림에 더 바짝 붙여 놓는다. 그는 스스로보다 거울에 대해 더

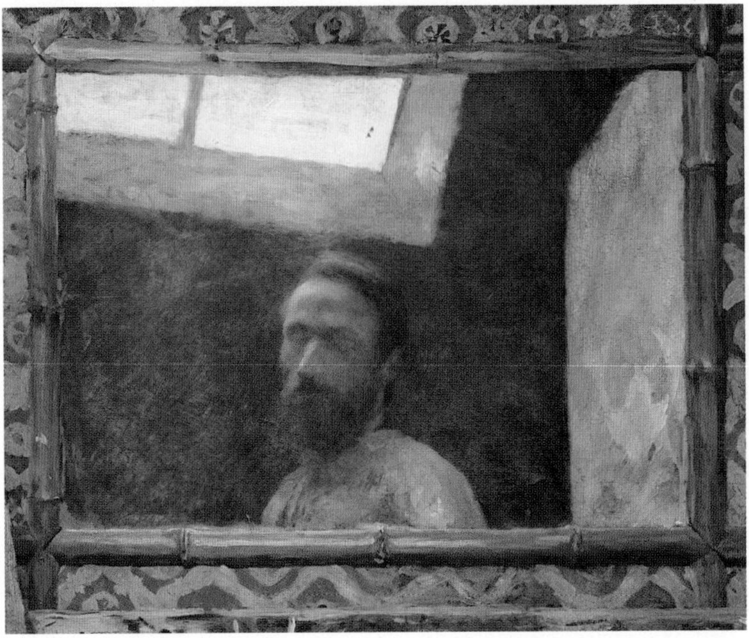

장에두아르 뷔야르, 「대나무 액자 거울 속의 자화상」, 1890, 개인 소장

많은 것을 보거나 알 수 있었을 것이다. 그래서 그림은 암시한다. 대체 거울에서 자신에 대한 어떤 것을 발견할 수 있단 말인가.

자화상 제작에 그렇게 결정적인데도 불구하고 거울이 그림에 거의 등장하지 않았던 다른 이유는 그것이 소재로서 갖는 독특한 공허함 때문이다. 거울의 규격을 알려주는 액자 없이는 아무도 그것의 형태를 알 수 없다. 거울은 실체를 알 수 없는, 표면이 비추는 모든 것이다.

거울은 거기에 있기도 하고 없기도 하다. 그것이 오직 다른 사물을 보여줄 때만 보이기 때문이다. 사물을 보는 것 또는 보는 경험 그 자체에 큰 관심을 가졌던 서양 미술이 다른 장르의 그림에 거울을 매우 많이 등장시켰던 것은 놀라운 일이 아니다. 거울은 하나의 시각적인 환영이고, 다른 종류의 그림이며 때로는 사물을 마술처럼 늘려놓거나 여러 개의 이미지를 만들 수도 있다. 또한 허영과 자기 인식을 상징하거나, 삶이나 아름다움의 덧없음을 의미하기도 하고, 때로는 감추어진 것이나 예상치 못한 어떤 것을 드러내기도 한다. 거울은 세상을 반전시켜 보여줄 수도 있고, 「아르놀피니 초상」이나 「시녀들」에서처럼 그림 바깥의 세계를 보여줄 수도 있다. 하지만 이런 경우에도 거울은 어디까지나 시각적인 작용에 지나지 않는데도, 사람들은 그림 속에서 그것이 하는 역할에 지나친 관심을 보일 수 있다. 「시녀들」에서 거울의 작용에 큰 관심을 가지고 거울의 기계적인 반영에 따라 작품을 해석하고자 하는 시각을 가진 사람은 M.C. 에스허르의 시각적인 환영에도 큰 관심을 가질 수밖에 없을 것이다. 에스허르의 자화상 가운데 하나는 우연히 면도용 거울을 들여다보고 있는 모습을 보여준다. 그는 거울을 완전히 사실적인 것처럼 보이게 하고 거울 표면에 자신이 비친 것처럼 그리고 서명을 했지만, 그 서명을 역상이 아닌 채로 두어 사실적인 거울에 대한 환영을 깨뜨린다. 그제야 보는 이는 비로소 이것이 거울이 아니라 그림이라는 것을 알게 된다.

어떤 이들은 자화상이 완전한 허구일 수밖에 없다고 한다. 늘 화가가 거울에 비친 모습의 왼쪽은 오른쪽으로, 오른쪽은 왼쪽으로 조정해야 하기 때문이다. 켄우드 자화상에서 렘브란트는 거울의 역상을 조정해 대부분을 사실에 근거해 그렸다. 오른손잡이였던 그는 왼손에 팔레트를 쥐고 있는데, 밑그림을 X레이로 비춰 보니 원래는 팔레트가 오른손에 들려 있었던 것이다.

하지만 누가 거울의 역상에 관심이나 가질까? 사진이 아닌 이상 이들이 자신을 볼 수 있는 유일한 방법은 결국 거울밖에 없었으므로, 렘브란트를 제외한 대부분의 화가들이 이에 대해 크게 신경 쓰지 않았다. 나는 거울을 보고 나를 그렸고 거울 속에 보이는 대로 나를 정확히 그렸을 뿐이다. 또한 내가 나를 볼 수 있는 유일한 이미지가 그것인데, 보는 이가 나를 왼손잡이로 보든 오른손잡이로 보든 내가 신경 쓸 이유는 없다는 것이다. 또한 이 정도의 변칙은 사소한 것이다. 이보다 훨씬 중요한 것은 우리가 서로에 대해 가지고 있는 옆모습에 대한 인상이다.

2008년 뉴욕의 휘트니 비엔날레에서 존 월터스는 역상이 나타나지 않는 '정확한 거울'을 (작품 명찰 없이) 화장실에 설치했다. 사람들은 그 거울을 보고 대부분 뭔가가 이상하다고 생각하고, 결국에는 모든 것이 뒤바뀌었다는 것을 알게 된다. 친구와 나란히 서서 거울 속에 비친 친구의 얼굴을 보면 누구든지 이런 경험을 하게 되는데, 이는 아마도 뇌의 반구가 하는 기능이 서로 다른 데서 비롯된 편측성偏側性 때문일 것이다. 얼굴의 특징이 오른쪽에 드러난다면 그것이 왼쪽에 드러날 때와는 다르게 해석된다고 월터스는 생각했다.[2] 따라서 거울을 통해 초상화를 본다면 그 인물의 특징은 달라질 것이다. 그러고 보면 자화상 속의 화가들도 결국은 실제의 역상이라고 할 수 있다.

거울은 자화상 제작에 반드시 필요한 것이지만, 그 효용이 끝나면 완성된 자화상에서는 사라진다. 렘브란트는 거울을 한 번도 그린 적이 없다. 반 고흐는 방 안의 모든 물건을 다 그렸지만 거울만큼은 그리지 않았다. 독일 화가 로비스 코린트1858~1925는 가는 곳 어디나 거울을 가지고 다니며 렘브란트 이상으로 셀 수 없이 많은 자화상을 그렸다. 그는 1920년대에 정원이나 해변, 오스트리아 알프스 또는 여름휴가를 즐기러 간 바바리아 호수 지방에도 무거운 거울을 끌고 나갔다. 그는 해골, 모델, 연인, 아내와 함께 거울 앞에 섰고, 포도 잎을 머리에 두른 채 반라로 선 적도 있었으며 턱도 없이 큰 갑옷을 차려입은 적도 여러 번 있었다. 그는 넘칠 듯한 잔을 들어 자신의 이미지를 비추기도 했지만 그래도 거울을 그림에 넣은 적은 없었다.

고작 장식품에 지나지 않는 이 거울이 어떻게 초인적이며, 운명의 개척자이자, 뼛속까지 니체적인 '로비스 코린트 만들기'의 위대한 드라마에 끼어들 수 있겠는가? 거울은 하찮은 것에 지나지 않는다. 하지만 거울이 딱 한

—
로비스 코린트,
「자화상」, 1925,
취리히 쿤스트하우스

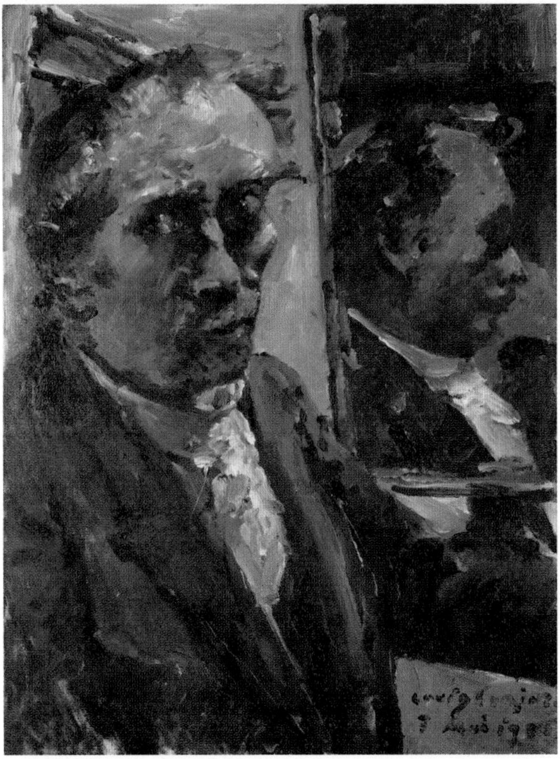

번, 그것도 중요하게 등장하는데, 그것은 코린트의 자아가 눈에 띄게 약하게 그려진 얼마 안 되는 그림 중 하나에서였다.

이 그림에서도 거울이 어디 있는지는 바로 알아내기 어렵다. 마치 코린트가 '이것을 그리고 있는 것은 바로 나'라는 오래된 공식을 철저히 따른 것 같은 이 그림에서 몸은 캔버스를, 얼굴은 거울 쪽 정면을 향해 있는 것이다. 하지만 후경에 다른 이미지도 있다. 마치 그가 다른 두 점의 초상화를 제작하는 것처럼 보이는데 실은 그것보다는 더 많은 뜻을 담고 있다. 후경의 코린트는 분명 거울에 비친 모습이지만 광학적 논리에서는 완전히 어긋나 있다. 우리를 바라보고 있는 이가 거울 속에서 자신을 찾으며 불안해 보이는 모습인 데 비해 거울 속에서 그는 훨씬 강직해 보인다. 코린트의 마지막 자화상에서 그는 더 이상 강건한 영웅이 아니고 거울에 비친 그 역시 고정되어 있지 않다는 것을 안 것 같다. 거울은 반응한다. 그는 똑같아 보이지만 그러면서도 분리돼 있다.

---

거울이 어느 정도 그림과 비슷하다는 것은 대부분의 화가들(에스허르의 경우는 다르지만)이 동의하는 진실이다. 하지만 그 둘의 차이는 생각보다 훨씬 더 크다. 자화상에서 이 둘은 마치 서로 경쟁하듯 겨루고 있거나 가끔은 일종의 분열된 자아처럼 보이기도 한다.

자화상이 그가 존재했었다는 거의 유일한 증거일 만큼 거의 알려진 바가 없는 오스트리아 화가 요하네스 굼프1626~1728는 코믹한 그의 성姓과 썩 잘 어울리는 기이한 그림을 그렸다. 그는 거울을 보고 자화상을 그리고 있다. 하지만 거울을 또 하나의 그림이 아닌 거울처럼 보이게 하려면 어떻게 해야 할까? 그는 독특한 모양의 금속 틀을 그리고 그것이 거울임을 보여주듯 화가를 그 안에 다소 작게 그렸다. 거울은 그것의 크기가 어느 정도이든 간에 언제나 우리를 실제보다 작게 보여준다. 더욱이 거울 속 굼프는 초상화 속 굼프가 보다 동적인 데 반해 조금 더 정적으로 보인다. 초상화 속 굼프의 표정은 더 생기 있으며 눈에는 더 밝은 빛이 떠도는 것이다. 사실 그것은 모두 작위적인 빛이다. 화가는 바로 그 작위적인 빛으로 살아 움직이는 듯한 반짝이는 눈을 재현했고, 거울 속에서는 그 빛을 제거함으로써 덜 생기 있는 모습으로 재현한 것이다.

그림은 보는 이가 앞뒤로 오가며 이 두 사람의 굼프를 보게 한다. 그러면서 마치 만화의 페이지를 넘길 때처럼 눈과 머리가 움직이는 것 같은 경험을 하게 된다. 그리고 보는 이는 어느새 그 안에 숨겨진 조롱의 플롯을

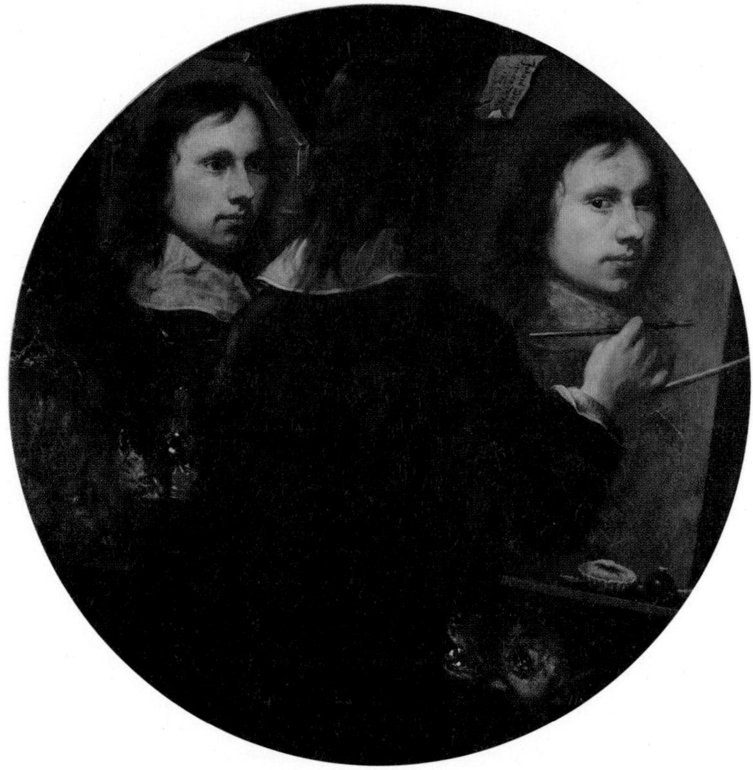

요하네스 굼프, 「자화상」, 캔버스에 유채, 지름 89cm, 1646, 피렌체 우피치 미술관

알아채게 된다. 거울 아래에는 고양이가 있고, 그림 아래에는 개가 있는데 이들은 마치 어느 쪽의 환영이 더 우월한지 대리전을 펼치는 듯하다—여기서는 아마도 예술이 이긴 듯하다. 하지만 다른 두 굼프 사이의 중개자로 제3의 굼프가 보는 이에게 등을 돌린 채 끼어든다. 이 가운데 어느 것이 진짜 굼프일까? 그의 정체는 이 제3의 굼프가 등을 돌려 스스로를 드러낼 때에야 비로소 밝혀질 것이다. 하지만 그는 결코 그러지 않을 터이니, 그가 누구인지 이 그림으로는 도저히 알 수 없다.

아니면 혹시 거울에서는 가능할까? 거울이 너무나 저렴해지고 어디서나 볼 수 있는 것이 되어버리면서 르네상스 이후에는 그 신비감이 사라져버렸다. 묵묵히 놓인 채 세상을 그대로 비추는 일만 하는 하나의 사물에 불과한 거울이 더 이상 특별할 이유는 없었다. 마치 그림과 거울이 똑같은 기능을 하는 양, 그림을 거울에 비교하던 옛사람들의 오랜 관습적 칭송도 함께 사라져버렸음은 물론이다. 눈을 속이며 거울과 같은 환영을 만들어내는 것이 한때 세상이 예술에 원했던 모든 것이었지만, 예술은 이미 오래전에 그와 같은 기능 이상을 이뤄낸 것이다.

세 명의 자신이 등장하는 자화상을 그리면서, 미술사에 조예가 깊었던 노먼 로크웰1894~1978은 분명 굼프를 염두에 두었을 것이다. 널리 알려지지는 않았지만 종종 언급되기는 했던 바인데, 사람들은 60년간 로크웰을 미국 최고의 20세기 화가로 만든 『새터데이 이브닝 포스트』의 표지가 그림paintings이 아니라 '사진pictures'이라고 생각했다.

하지만 그것이 실은 사진이 아니라 그림이라는 사실은 1960년 2월 13일자 잡지를 유심히 본 사람이라면 누구라도 쉽게 알아차릴 수 있었을 것이다. 그 주의 표지는 로크웰이 큰 화포 앞에 앉아서 유화로 자화상을 작업하고 있는 장면을 그린 것이었다. 팔받침대, 팔레트와 붓을 한 가득 쥐고 있는 그의 앞에는 한 장의 습작 그림이 화포에 걸려 있고, 그 화포 위에는 이미 대문자와 소문자로 화가의 사인이 들어가 있다. 잡지 표지에는 늘 그랬던 것처럼 그의 이름이 인쇄되었는데, 여기서는 유화에 들어간 서명 때문에 이름이 두 개가 되었다. 잡지는 늘 그랬듯 로크웰의 이름을 수록함으로써 이 초상화를 그가 그렸다는 점을 분명히 밝힌다. 하지만 이런 방법을 통해 그는 애초부터 그가 제작한 표지는 늘 직접 그린 것이라는 점을 우회적으로 드러냈다고 할 수 있다.

그가 자신을 화가라고 소개했다는 뜻은 아니다. 로크웰은 누가 묻는다면 자신을 삽화가라고 말했을 것이다. 당시—로크웰은 1894년생이다—의

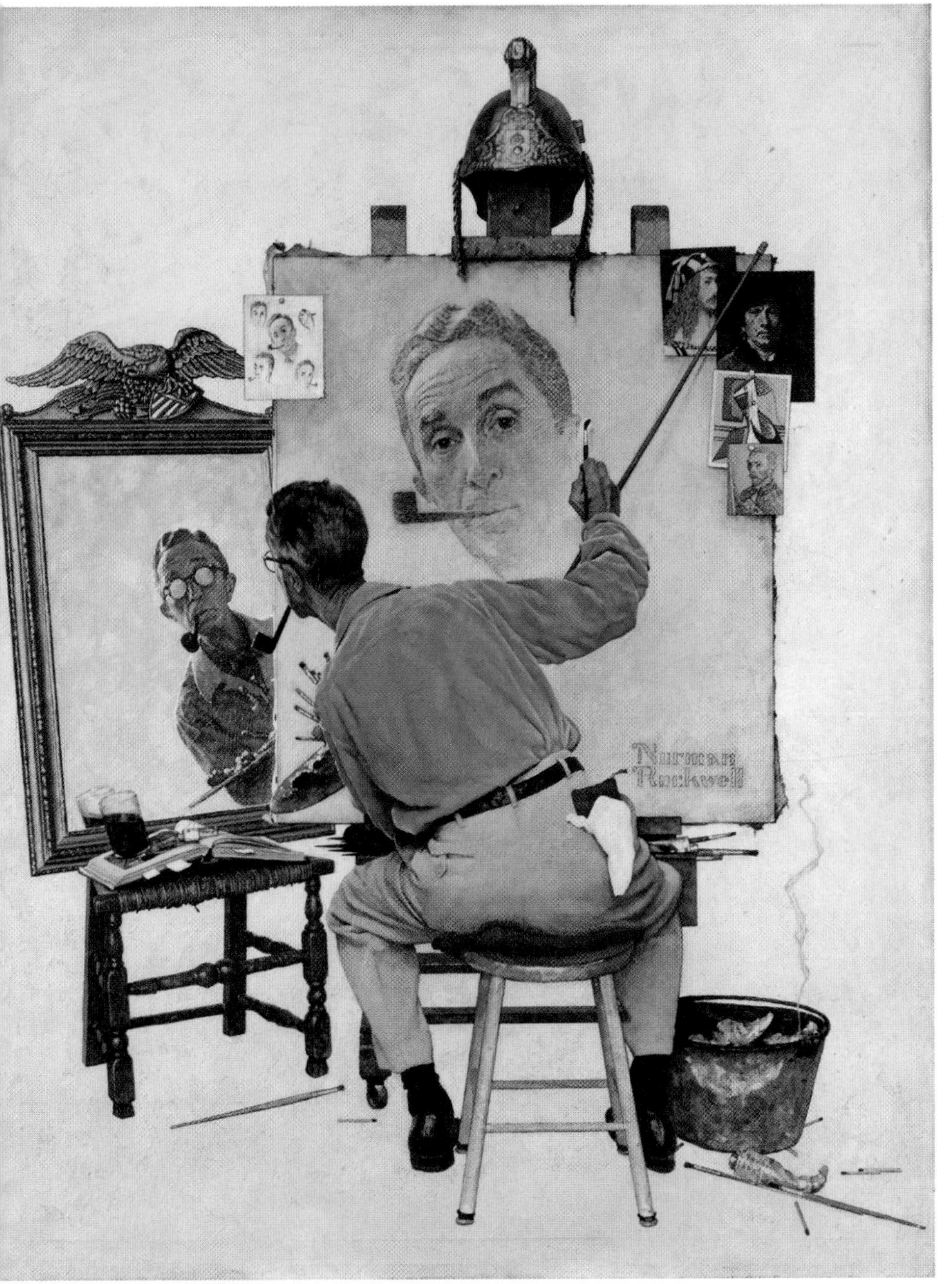


노먼 로크웰, 「세 명이 있는 자화상」, 캔버스에 유채, 114.2×88.8cm, 1960, 매사추세츠 스톡브리지 노먼 로크웰 미술관

화가들은 입체주의, 미래주의, 추상표현주의 작업을 했다. 그 역시 파리로 가서 그와 같은 작업을 시도했지만 그의 말에 따르면 성공하지 못했고, 귀국해서 '옛날 식의 재현' 방식에 몰두했다. 그의 작업 소재는 미국식 소다 가게나 졸업 파티, 추수감사절의 커다란 칠면조 구이, 삼촌 같은 친절한 경찰과 가족 주치의, 젊은 연인, 그리고 금실 좋은 부부 같은 것들이었다. 피카소가 작업했던 것 같은 것은 전혀 없었고, 1990년대 갑자기 그의 주가가 오를 때까지는 어떤 비평가도 그를 주목하지 않았다—『뉴욕타임스』는 그를 "펀킨 크릭의 렘브란트"라고 조롱하기까지 했다. 그의 인생관은 추하고 너저분한 것들을 모두 배제한 것이었다. 이는 언젠가 그가 말했듯 "나는 그랬으면 좋겠다고 생각하는, 혹은 바라는 삶을 그리"기 때문일 것이다.

이는 로크웰이 거울에 비친 실제를 더 멋지게 그린 「세 명이 있는 자화상」에서 자신을 보여준 방식이기도 하다. 모든 것이 거울 속 인물과 캔버스 속 인물 사이의 간격을 강조한다. 그림 속 인물의 표정이 더 밝고, 밑으로 물었던 파이프도 올라붙었으며, 쓰고 있던 안경은 사라졌다. 그림 속 머리도 바로 앞의 뒤통수만 보인 채 거울을 들여다보는 얼굴과 비교하면 매우 큰 편인데, 거울 속에 보이는 얼굴은 그보다 더 작다. 이 모든 것이 코믹한 자기비하의 일부다. 그림 위에는 옛날 영웅의 투구가 있지만 그것은 진지해 보이지 않고, 로크웰과 연관도 전혀 없다. 유럽식 투구는 미국을 상징하는 거울 위의 독수리와 대조되는 것으로 화포 오른쪽 위에 붙여 놓은 유명한 자화상 사진들보다도 더욱 화가와 관계가 없다. 이 자화상들은 노먼이 존경했던 화가들의 것인데, 그가 원작과 똑같이 그린 것이다. 이들은 뒤러, 렘브란트, 반 고흐 그리고 피카소로, 하찮은 삽화가의 핀업 사진들이다. 로크웰은 크게 확대된 파이프를 문 '정상적인 노먼Norman Normal'의 섬네일인 네 개의 자화상을 거장들의 자화상들과의 애처로운 비교물로서 왼쪽에 붙여 두었다.

어쩌면 로크웰은 자신에 대해 보다 진지하게 생각하고자 했는지도 모른다. 그는 자신의 막내아들에게 털어놓았다. "단 한 번만이라도 누군가 나에게 피카소가 훌륭하고, 또 나도 훌륭하다고 말해주었으면 좋겠다"라고.[3] 많은 미국인들은 그가 피카소보다 훨씬 훌륭하다고 생각했다. 그가 이 표지에 멋진 솜씨로 그린 화가들의 작품을 바로 알아볼 수 있는 것처럼 노먼 로크웰도 미국인들에게 그랬다.

그가 살았던 매사추세츠의 작은 마을 밖에서는 로크웰을 알아보는 사람이 없었다. 그의 자화상은 수백만 명의 독자들에게 유명해졌지만 아무도 그를 알아보지 못했는데, 그 이유는 그가 자신을 다른 어느 누구와도 비슷하게 보이도록 그렸기 때문이다. 홀쭉하고 굽은 어깨를 한, 튼튼하지만 장식 없는 구두를 신은 평범한 여느 사람들처럼 자신을 그린 것은 일종의 겸손한 자기표현이라고 할 수 있다. 하지만 그는 평범한 만큼 복잡하다. 이 그림에는 세 명의 로크웰이 있고, 조그만 스케치까지 합하면 그 수는 더 늘어난다. 보는 이에게 등을 돌리고 있는 사람은 완전히 작업에 몰두해 있으며, 화포 위의 얼굴은 자기 자신을 부정하는 일종의 농담이다. 그리고 거울에 드러난 사람은 반사가 심한 안경 뒤로 수줍게 자신을 숨긴다. 로크웰이 거울 속에 보이고자 한 모습 역시 실제의 그가 아닌 것이다. 하지만 훌륭한 서사를 가지고 있고 투명하고 폭넓으며 부드러운 유머까지 갖춘 이 완벽한 자화상에서 그가 만들어 낸 것이 바로 그의 예술이 지닌 최고의 정수였다.

---

그림이 사물이면서 이미지라는 것, 그리고 이런 면에서 거울과 유사하다는 점은 파르미자니노의 예에서 분명히 알 수 있다. 그의 거울 초상화는 이미지와 사물이라는 두 가지 면을 모두 갖춘 완벽한 시뮬라크럼이어서, 다른 그림과는 달리 그 그림을 보는 이들은 그것을 들어서 무게를 재보거나 그 표면을 만져보고 싶은 충동을 느낀다. 또한 그림은 거울만큼이나 이

동이 간편하다. 거울과 화포를 들고서 화가들은 타이티나 오스트리아의 알프스로도 다닐 수 있고, 그렇게 휴대용 거울이 세상의 어떤 것이라도 비출 수 있듯, 자화상도 각도를 달리하거나 원근법에 변화를 주고 또는 완전히 새로운 측면에서 화가를 드러냄으로써 순간순간 다른 장면으로 변화할 수 있는 것이다.

루치안 프로이트1922~2011는 발 앞에 거울을 놓고 들여다보고 있다. 그러고선 자신과 관자를 관찰하는 우뚝한 심문자를 본다. 그리고 위쪽의 빛은 심문실의 백열전구를 연상케 한다. 그는 다른 사람을 쳐다볼 때 자신이 어떤 모습인지를 보기 위해, 스스로를 본다는 것을 인식하지 못하도록 세 개의 거울을 서로 다른 각도로 늘어놓았다. 새로운 자신을 발견하고 그가 놀랐을까? 그것은 도저히 알 수가 없다. 매의 눈을 하고 의심하는 듯한 모습의 그는 몇 번이고 진중하게 거울을 보고 난 뒤, 자신의 모습을 그린다. 섬세한 연무가 이 뭔가 많은 것을 함축한 듯한 이미지 위로 피어오른다.이는 이 책에 수록된 그림이 아닌, 마드리드 티센보르네미사 미술관에 소장된 1965년 작 「두 아이들이 있는 반사상」에 대한 설명인 것으로 보인다.

유리창 틀에 거울을 걸쳐 놓고 불빛 아래 서 있는 프로이트는 대낮인데도 자신의 얼굴을 분명히 볼 수 없다. 더 잘 보기 위해 자리를 옮긴 그를 따라 이미지도 움직인다. 그가 초점을 더 잘 맞춰 보려고 눈을 가늘게 뜨면, 거울에 비친 눈도 움츠러든다. 또한 그는 그림의 수동적인 소재가 되기엔 너무 활동적이고, 초상화의 인물이 되어 얌전히 앉아 있기에는 너무 바쁘다. 이것이 바로 자화상 화가들에게 두드러지는 수수께끼 같은 문제다. 프로이트는 자기 얼굴을 매우 잘 알고 있었고, 거울에 비친 이미지를 여러 차례 그렸으므로 어쩌면 기억을 바탕으로 자화상을 그릴 수도 있었을 것이다. 하지만 그는 그러지 않고, 보고, 그것을 화면에 옮겼다. 이를 위해 불확정적인 자신을 반영물로서 보려고 했다. 그것은 익숙해지지도 않고, 마음을 누그러뜨리는 익숙함이라는 편안함을 느끼지도 못한 채 매일매일 같

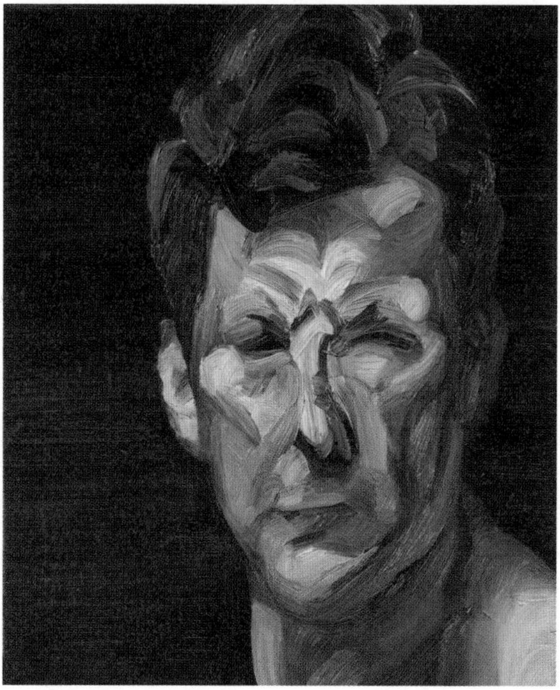

—
루치안 프로이트,
「자화상, 남자의 머리, 초상화 III」,
캔버스에 유채,
30.5×25.1cm, 1963,
런던 국립초상화미술관

은 시간과 장소에서 마주치는 자신인 것이다.

모든 이들에게 거울은 희망과 절망, 자신감과 솔직한 불신감, 모든 것이 좋았던 어제와 오늘의 차가운 빛 사이에 교착 상태가 반복적으로 일어나는 장소다. 거울이 이런 불확정적인 성격을 만드는 것은 물론 아니다. 왜냐하면 그것은 우리 안에서 일어나는 일이기 때문이다. 하지만 거울은 이 엄청난 변덕스러움에 대한 하나의 은유다. 도저히 손에 잡을 수도, 분명히 볼 수도 없는, 늘 변화하는 자아의 은유인 것이다.

피에르 보나르의 코트다쥐르 집에 있던 거울들은 1947년 그가 죽었을 때 있었던 바로 그 자리에 그대로 있다. 어떤 것도 바뀌지 않았고, 실은 그가 거기 사는 동안에도 그 어떤 것도 바뀌는 일이 없었다. 이 성지에 들르는 순례자들은 보나르가 그린 그림들을 통해 알고 있던 그 모든 거울들의 고정된 자리를 실제로 확인할 수 있다. 아침 식사를 하는 아내 마르트를 보고 있는 화가가 신중하고 흐릿하게 때때로 등장하는 그림 속 위층 거실에 걸린 거울이나, 역시 그녀가 쉴 새 없이 몸을 씻었던 욕실의 거울, 아무것도 들어 있지 않은 넓은 캐비닛만 비추다가 쓸쓸한 노년의 화가를 가끔 비추던 침실의 거울 등을 모두 실제로 확인할 수 있는 것이다.

보나르는 이 집을 그가 거의 예순 살이 되었을 무렵인 1926년에 샀다. 르카네 마을에는 남국의 태양을 즐기기 위해 이곳으로 은퇴한 변호사와 은행가 들이 많이 살았다. 그리고 사진을 보면 그도 이들과 무척 비슷해 보인다. 깔끔한 양복에 잘 다린 손수건을 꽂고 안경을 쓰고 콧수염을 잘 다듬고서는 챙 넓은 모자를 쓰고 정원에 앉아 있는 모습 말이다. 하지만 보나르는 은퇴 생활을 하고 있는 게 아니었다. 그의 사생활은 철저히 감춰졌으며, 이웃들은 그가 무슨 일을 하는 사람인지도 몰랐다. 그림의 소재는 늘 사적인 삶이었으며, 르카네에서 그는 아내가 등장하거나 또는 등장하지 않는 가정의 소소한 일상에 대한 그림을 300점 이상 그렸다. 이 그림들에서 보나르는 절대로 공적인 모습을 드러내지 않는다.

보나르는 외로운 자화상들에서 거울에 비친 모습으로만 자신을 그렸고, 한 번도 거울의 표면에서 자유로워지지 못했다. 그래서 늘 갇힌 보나르에게 자유는 중요한 문제였다. 마치 그가 거울에서 떠나고자 하지만 언제나 그것에 갇힌 자신을 발견하는 것과 같이. 침실에서 조끼를 입고서 그는 당황스러움을 그대로 드러낸 채 거울에 다가선다. 빛은 그 뒤로 있는 옅은 노란색 장을 비추고, 마치 무언가를 기념하는 듯 어깨에 환한 숄을 드리운다. 하지만 얼굴과 거울 사이에 그림자가 드리워져 있다. 그래서 보나르는 자신을 제대로 볼 수 없었는지, 보이는 것은 마치 껍질이 벗겨진 듯 붉은 덩어리가 거울을 들여다보고 있는 모습뿐이다.

욕실의 그는 불안을 느끼며 사태가 얼마나 심각한지 진단하고 있다. 유

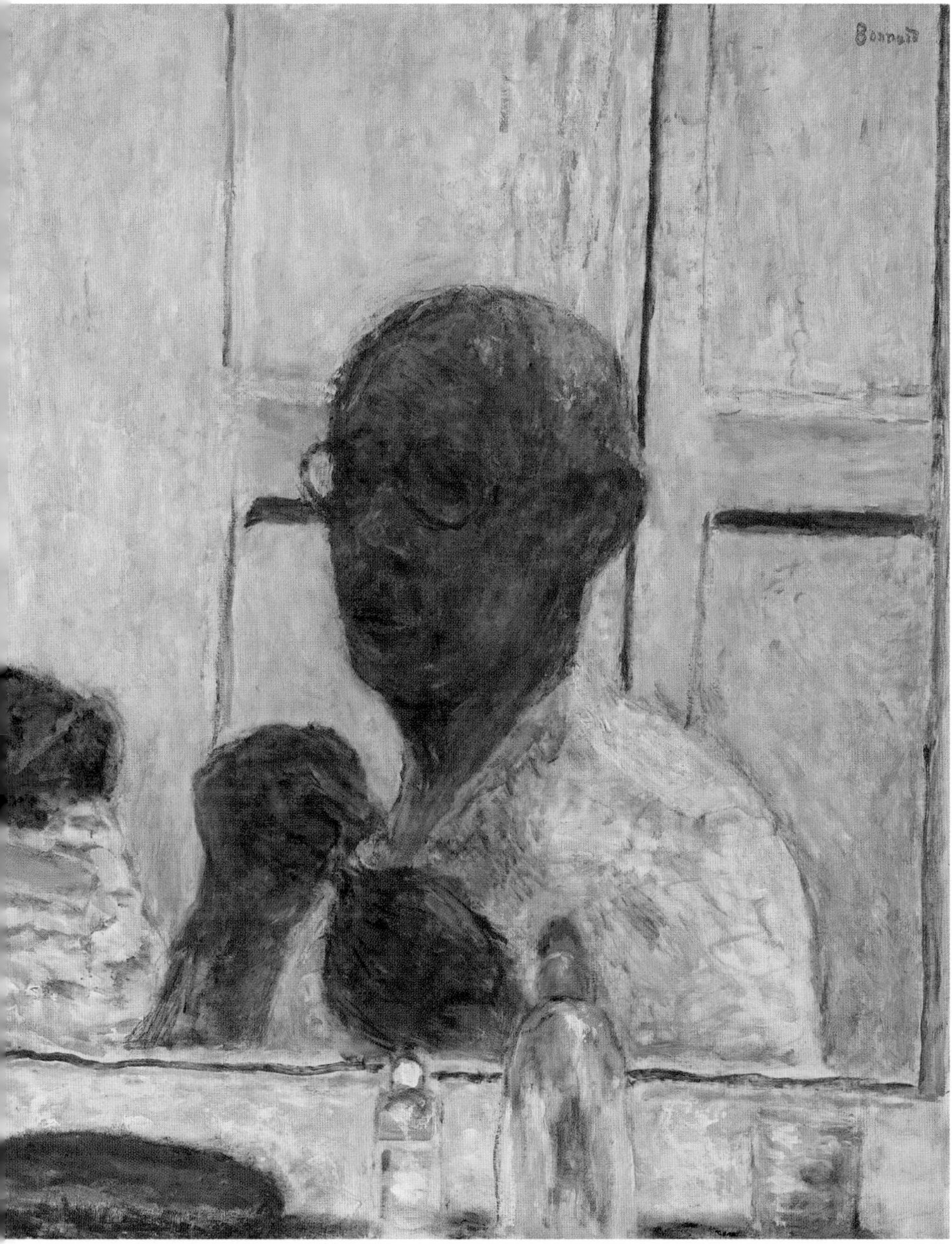

피에르 보나르, 「자화상」, 캔버스에 유채, 104.5×88.3cm, 1940년경, 시드니 뉴사우스웨일스 미술관

백색 광을 내는 타일들이 빛나는 가운데 칫솔, 비누, 면도기 등이 오밀조밀 모여 있고, 빛은 때때로 면도 크림처럼 그의 코를 건드린다. 하지만 그는 안경 뒤로 유령처럼 나타난다. 만일 이 안경이 없었다면 눈은 머리 한가운데 나 있는 검은 흠집 정도로 보였을 것이다. 오렌지색 기모노를 입고 있는 그는 일본 전통극 노能에 나오는 비극적 배우나 비탄에 잠긴 불교 승려처럼 보인다.

이런 식의 거리감은 그의 모든 자화상에 공통적으로 나타난다. 마치 거울이 보나르를 그 자신에게서 제거하거나 그를 완전히 다른 존재로 보여주는 것 같다. 파르미자니노처럼 그는 자신의 얼굴을 자세히 들여다보지만 거울 속에 비친 사람에게서 멀리 달아나버리는 형국이다. 파르미자니노처럼, 그는 매우 가까우면서도 근본적으로 매우 멀리 있다. 하지만 이런 그림들은 대중 관객을 위한 그의 대표작은 아니다. 어떤 것은 보나르가 우연히 거기 있다가 거울에 비친 모습을 그린 것 같을 뿐, 도저히 '내가 여기 있소' 하는 식의 독립된 자화상으로 보이지 않는 것도 있다. 어떤 때는 거울을 향해 주먹질을 하며 거울 속에 비친 자신과 권투를 하는 보잘것없이 작은 인물을 그리기도 했다. 이 그림을 통해 그는 이것이 자신을 보고 그릴 수 있는 유일한 방법임을 알고 있다고 말하는 듯하다. 그러면서도 그가 보고 있는 것은 자아도 자신도 아닌 오직 그림자에 지나지 않는다는 것과, 그것은 거울이 절대 자신을 보여주지 않고 실체가 없는 존재만을 보여주고 있기 때문이라는 것까지도 의식하고 있는 듯하다.

죽음에 임박해서 보나르는 자신의 자화상 가운데 가장 신비로운 작품을 그렸다. 이 그림에서 그는 면도를 끝낸 뒤 벌거벗은 몸으로 거울 앞에서 있다. 아무것도 감추지 않고 어떤 것도 드러내지 않은 모습이었다. 창백하고 꾸민 것이 없는 이 사람은, 거울이 전하는 바에 따르면 나이도, 누구인지도, 무엇을 하는 사람인지도 전혀 알 수 없는 무엇이다. 그는 자신의 눈에도 이미 이 세계가 아닌, 외계의 무엇이 되어버렸다.

# 9.

# 연행

## 자화상이라는 무대 위에서 자신을 연출하는 화가들

모든 이들은 사회적 만남이 가득한 세상에 살고 있다. 각각의 만남에서 사람들은 종종 노선이라고 불리는 것에 따라 행동하는 경향이 있다. 그 사람이 어떤 노선을 택하고자 했던가와는 전혀 상관없이 이미 그렇게 해버렸다는 것을 나중에 알게 된다. 그리고 다른 이들은 거기엔 분명 어떤 의도가 있었으리라 단정 지을 것이다.

_어빙 고프먼, 「체면에 대하여」

살바토르 로사, 「자화상」, 캔버스에 유채, 116.3×94cm, 1645년경, 런던 내셔널갤러리

뭔가를 말하고자 하는 이 화가는 글자로 그것을 표현하기로 한다. 스스로 말하지 못하는 결함을 해결하기 위해 그는 돌 위에 자신의 말을 새겨넣었다. "당신의 언변이 침묵보다 낫지 못하다면, 침묵을 지키라"라고.

물론 살바토르 로사1615~73는 이 금언을 지키고 있지 않다. 그는 돌처럼 과묵한 듯 보이지만, 이 글귀를 그려넣음으로써 매우 효과적으로 발언하고 있으니까. 그는 자신이 말하고자 하는 바의 몇 가지 다른 층위를 어떻게든 단번에 전달해낸다. 그것은 철학적인 한편 위압적이고, 과장된 한편 전혀 자신이 새긴 글귀에 따라 행동하고 있지 않으므로 익살스럽다. 그리고 그렇게 함으로써, 로사는 자신에 대한 진실을 드러내고 있다. 대부분 로사가 매우 수다스러웠다고 증언했기 때문이다.

살바토르 로사는 17세기에 험난한 자연을 배경으로 하는 새로운 형식의 풍경화를 개발했다고 알려져 있다. 그는 깊은 협곡과 상서로운 하늘, 머리카락이 쭈뼛 설 것 같은 절벽과 은둔자들이 가득한 숲속의 번개 맞은 나무들을 그리는 데 능했다. 그가 죽고 난 뒤 수세기 동안 그의 예술은 극단적인 자연의 대명사쯤으로 전락했다. 작가 호러스 월폴이 그의 이름을 언급한 것은 알프스를 넘어가는 두려움을 압축해 표현하기 위해서였을 뿐이다. "절벽, 산, 급류, 늑대, 우르릉 소리가 늘어선 그곳. 그것은 살바토르 로사다." 로사에게 자연은 모든 것이 정연한 클로드 로랭의 에덴동산과 전혀 다른, 격정과 혼돈 그 자체였다. 그는 진정코 선구적 낭만주의 화가 1세대였으며, 구름이 몰려드는 가운데 홀로 외로이 서 있는 침울한 그의 자화상은 전형적인 낭만파 자화상을 예견하는 것이다.

사실 이 그림은 로사의 다른 작품들과 마찬가지로, 상궤에 어긋났다는 측면에서는 단연 독창적인 연행에 해당된다고 할 수 있다. 특히 그가 '초상화'의 형태를 띤 풍경을 선보인 것이 그렇다. 보통 풍경화는 좌우로 긴 데 반해, 그의 풍경은 눈을 아래위로 이동해야 하는 상하로 긴 구도를 갖고 있는 것이다. 로사는 화면을 반으로 나누어 아래쪽에서는 위로 치솟는 풍경을 보여주고, 나머지 반의 풍경은 아득한 어둠 속으로 넣어버리곤 했다. 그는 우리를 혼란에 빠뜨려 마음의 눈을 뜨게 하려는 것 같다. 그러면서 그는  매우 혹독한 도덕적 메시지를 자주 적어넣기도 했다. 그리고 이 엄숙한 자화상도 마찬가지다. 화가는 당신에게 스토아적인 금욕(여기서 숨은 뜻은 참거나 침묵하라는 것이다)을 보이라고 하며, 커다란 검은 바위산처럼 당신을 압도하는 것이다.

그림은 허리 바로 아래 부분부터 로사의 모습을 보여주는데 그는 모자 꼭지까지 우뚝 솟아 있다. 그는 이 풍경을 압도하는, 실은 이 풍경에서 유일한 인물이다. 땅도 나뭇잎도 없는 이 공간은 그가 서 있는 곳이 어디인지 말해주지 않는다. 다만 어두워져가는 하늘 위로 강인해 보이는 인물의 윤곽이 드러날 뿐이다. 얼굴은 한밤중 달빛을 받아 창백해 보인다. 그림의 시점은 관자가 인물을 올려다보게 설정돼 있어서, 그는 마치 산처럼 앞을 막고 선다. 그는 이 높이 치솟은 그림의 공간을 지키는 파수꾼처럼 보인다. 이 그림은 다른 세상을 향해 열린 일종의 창과 같은 그림이 아니다. 그것이 창이라면 그 뒤로는 막다른 풍경이 있을 뿐, 아무것도 없다.

이 무척 음울해 보이는 인물이 실제로는 탁월한 희극 배우이자 풍자가였고 시인이자 음악인이었다는 것은 매우 놀라운 일이다. 그의 집은 한때 "유쾌함과 명랑함이 가득한 시장통 같은" 집이라고 불리기도 했다. 침묵을 지킬 생각이 전혀 없었던 로사는 명사들을 초대해 자신에 대한 자랑이 가득한 편지와 라이벌을 조롱하는 장편의 희곡을 써서 발표하기도 했다. 그는 당시에 이미 유력 인사가 되었던 베르니니의 연극 제작을 조롱하는 바람에 로마에서 피렌체로 근거지를 옮겨야 했던 적도 있는 듯하다. 자신의 독자적 예술성을 주장한 나머지 그는 거의 마감일을 지키지 않았으며 그림의 주제 역시 자신이 정하곤 했다. 그는 한 의기소침한 후원자에게 "나는 돈을 위해 작업하는 것이 아니라 나 자신의 만족을 위해 그림을 그립니다. 따라서 당신은 내 창작열에 기대 내가 작업할 수 있도록 해주어야 하며, 내가 작업을 하고자 할 때 작업을 할 수 있도록 해주어야 합니다"라고 호기롭게 주문한 적도 있다.[1]

살바토르의 이미지는 록 스타의 그것과 비슷했다. 로사가 죽고 100년 후쯤 그는 오늘날 우리에게 비친 카라바조, 즉 신비스러운 과거를 가진 천재적인 인물이 되었다. 그는 나폴리 출신이었고, 그곳은 위험한 도시였다. 그리고 그의 광폭한 풍경화를 샀던 귀족들은 그가 무분별한 자유를 구가했음에도 불구하고 그를 사랑했다. 10대 시절에는 거리를 배회하는 악동이었고, 에스파냐 침략기에는 '나폴리의 죽음' 단원으로 활동했으며 중년의 나이에 또다시 도둑으로 활동하기도 했다고 한다.[2] 존 컨스터블이 언급했듯이, "살바토르 로사는 소설가들, 특히 여성들에게 인기가 높았다."

로사의 자화상은 대사와 인물, 배경까지 꼼꼼하게 구성돼 있다. 자신이 쓴 글귀에 꼭 맞게 자신을 재현하고 있는 그는, 폭풍 같은 운명 앞에서 꿋꿋한 표정으로 입술을 꼭 다물고 있다. 그는 침묵하는 금욕주의 철학자 역할을 맡고 있는 것이다. 그리고 사실은 그가 자제 하고는 거리가 멀었다는 점, 그리고 웬만한 것도 참지 못했다는 것을 몰랐더라도, 이 그림 속에 숨은 기발한 유머를 감지할 수도 있을 것이다. 결국 아무것도 말하지 말라면서도 이 사람은 플래카드를 들고서 그렇게 역설하는 일종의 동작 개그sight gag를 하고 있기 때문이다.

침묵이 금이라고 믿는 진정한 금욕주의자는 아무 말도 하지 않으면서도 침묵보다 더 큰 소리로 전달할 수 있는 그림의 능력을 높이 살 것이다. 그런 진정한 금욕주의자는 세속적인 세상에 굴복하지 않는다. 로사가 여인들에게 관심이 많았던 인물이기는 하지만, 이 자화상은 흑백으로 인쇄된 형태로도 여성들을 열광시켰다. 로사는 한낱 유흥을 위한 아이돌에 지나지 않았던 것은 아니다. 그는 자신의 위치를 매우 진지하게 받아들였다. 그래서 이 요란한 현세에서 멀찍이 떨어져서 하늘 아래 당당히 한 덩이 바위처럼 굳건히 서 있는 것이다.

---

당신은 어디에 서 있는가? 지위는 어떠한가? 삶에 대한 물음은 예술에도 적용된다. 자화상에 등장하는 것은 스스로를 공식적으로 내세우는 것과 마찬가지다. 또한 그것은 태도와 표정을 가지런히 다듬어야 할 일이다(물론 어떤 경우에는 일부러 이 둘을 일치시키지 않는 경우도 있다). 자세가 반쯤 무의식적인 때에도 몸은 표정만큼이나 신념과 사상을 드러내는 언어라고 할 수 있다.

초상화 속 인물들은 자신이 원하는 대로 자세를 꾸미고자 하지만, 그들은 자화상 속 화가들보다 훨씬 더 자유롭지 못하다. 예컨대 앵그르는 초상화의 인물들에게는 일종의 폭군이었다. 그는 각 초상화마다 수개월 동안 같은 자세를 의뢰인에게 요구했던 것이다(마담 무아테시에의 경우는 관자놀이에 손가락을 댄 채 몇 년간이나 대리석처럼 앉아 있어야 했다). 하지만 그는 자화상을 그리면서는 자세에 대해 잠깐 동안 고민하고는 의자에 앉아 약간 옆으로 얼굴을 돌린 자세로 임했다.

앉거나 서거나, 측면이거나 정면이거나, 그림을 그리거나 쉬거나 하는 등의 제한된 선택은 자세에서도 비슷하게 드러난다. 앵그르는 (세심하게 레지옹도뇌르 십자가를 잊지 않고 달고 있음에도) 자기보다는 자신의 평판에 좀 더 신경을 쓰고 있다. 그는 어떤 연행도 전혀 하고 있지 않다. 하지만 다른 자화상들에서는 몸의 위치, '배치'가 마치 영화배우나 무대 위 배우의 동선처럼 매우 세심하게 고려된다. 그런 이미지들을 만들었던 사람들이 인물과 배경 사이의 관계에 대해 숙고하여 연극적으로 매우 창의적인 구도를 자화상에 구현할 수 있었던 것은 결코 우연이 아니다. 특히 17세기 화가들은 자화상을 일종의 연극으로 보는 경향이 매우 강했고 몇몇은 더욱 그러했다. 1670년경 헤라르트 테르 보르흐1617~81가 그린 미묘한 자화상의 직사각형 구도는 무대 전면에 등장하는 배우를 위한, 연극의 프로시니엄 아치proscenium arch와 같다.

무대는 전경에 한 마당 떨어진 빛을 제외하고는 전반적으로 그늘에 싸여 있다. 이 빛 뒤쪽으로 서 있는 신비로운 느낌의 화가는 한 발은 앞으로 내놓고, 약간 옆으로 방향을 튼 얼굴 아래로는 검은 실크 외투로 몸 전체를 무릎까지 가리고 있다. 빛의 가장자리에서 드러난 얼굴 표정은 이 외투 아래로 감춰진 손이나 팔이 긍정도 부정도 아닌 것처럼 모호함을 표현하고 있다.

검은 새틴 구두를 신은 발에 모든 것이 달려 있다. 그 발은 무대의 존재를 확인하며 각광의 끝에 서 있다. 이 발의 위치가 바로 모든 드라마가 집중된 연행의 핵심이라고 할 수 있는 것이다. 그것은 마치 이제 막 공격 태세를 한 황소의 발굽 같기도 하고, 춤을 시작하며 관객의 박수를 기대하고 있는 춤꾼의 발이기도 하다. 테르 보르흐의 이 발은 그렇게 정적인 것 같지만 이제 막 시작하려는, 아니면 끝마치는 동작의 일부다. 검은 리본은 창백한 마루와 날카롭게 대조되고, 발레의 3번 스텝과 궁정 댄스 스텝 중간

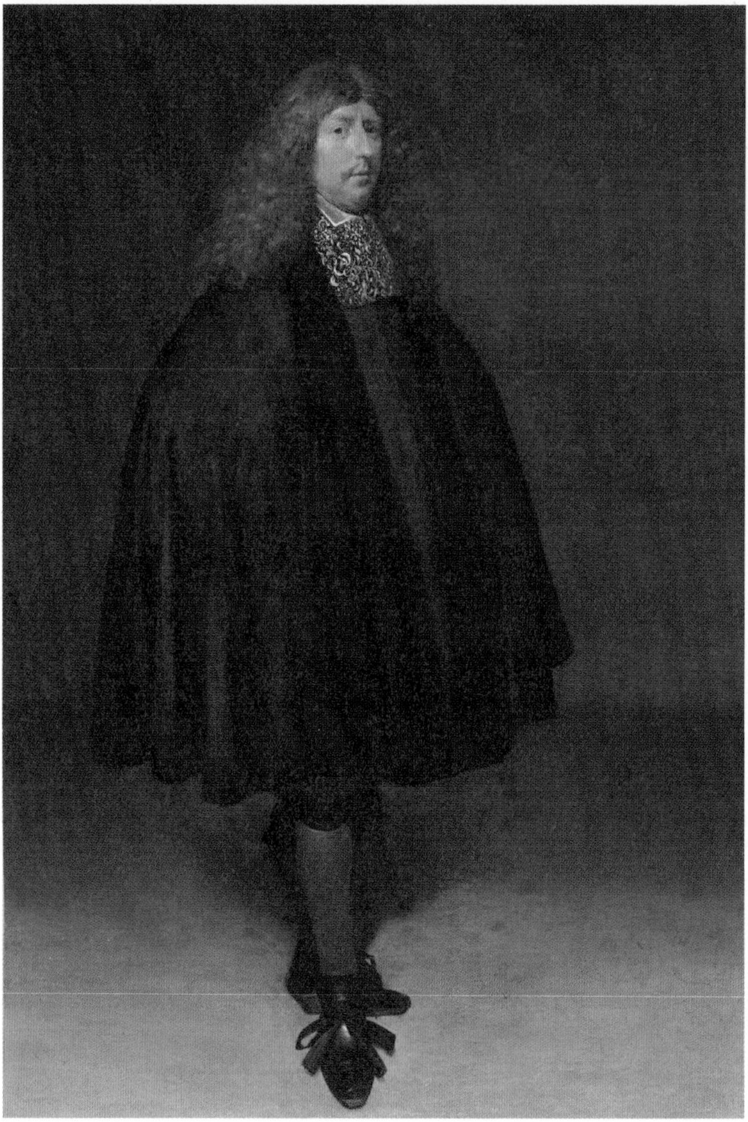

헤라르트 테르 보르흐, 「자화상」, 캔버스에 유채, 61×42.5cm, 1670년경, 헤이그 마우리츠하위스

쯤의 자세를 취한 발은 우리의 눈을 끌어 아름다운 다리의 곡선과 화가의 알 수 없는 미묘한 얼굴 표정에까지 다다르게 한다. 손도, 팔도, 어떤 동작도 확인할 수 없고, 입술도 굳게 닫은 이 인물에게서 뭔가를 발견할 수 있는 단 한 가지 단서는 이 날렵한 발 하나뿐이다. 말 그대로 '쿠 드 테아트르 coup de théatre', 즉 극적인 사건이 아닐 수 없다.

테르 보르흐는 화면, 즉 이 경우에는 제한된 무대에서 좀 뒤로 물러서 있다. 하지만 그러면서도 그는 반 발자국 관객 쪽으로 나서고 있다. 관객에게 다가서는 한편 뒤로 물러서고 있는 것이다. 이런 머뭇거림은 물론 하나의 포즈인데, 마치 그가 비밀스런 무대 위의 속삭임을 구상하고 있는 듯하다. 그리고 이 자화상은 실물보다 작기 때문에 이 연행에서 그 친밀함의 효과는 더욱 배가된다. 그림 무대의 모서리에 다가서 있는 발의 위치는 오직 각광으로 나뉘어 있을 뿐 관객과 자신이 같은 공간에 있다고 말해주는 것 같다.

테르 보르흐는 한 발은 빛 안쪽에, 또 한 발은 빛 바깥쪽에 두어 이곳과 저곳 사이에 균형을 이루고 있다. 자세는 양쪽 사이에서 완벽한 균형을 잡은 채 극적인 긴장을 유지하고 있다. 그는 등장했지만 그의 등장은 또 다른 수수께끼여서 결국 그에 대해서는 전혀 알 수가 없다.

(치밀한 계산의 결과라는 것 외에도) 이 자세는 그 앞에 관객이 존재하리라는 강한 추정을 천명한다. 이 예술가는 관객과 가까워지기 위해 앞으로 나서고 있는 반면 일부러 관객에게서 멀어지기도 한다. 이를 통해 관객의 존재가 분명히 확인된다. 반에이크의 「아르놀피니 초상」에서 보인 그림 안팎 공간의 연속성—테르 보르흐는 에스파냐의 펠리페 4세의 궁정에 머무는 동안 틀림없이 이 그림을 보았을 것이다—이 그런 면에서 이 그림에서도 발견된다고 할 수 있다. 어쨌든 그의 시도는 그렇게 한다는 인상을 주지 않으면서 관객을 초대하고자 하는 대부분의 자화상에서처럼 세련된 것임에 틀림없다.

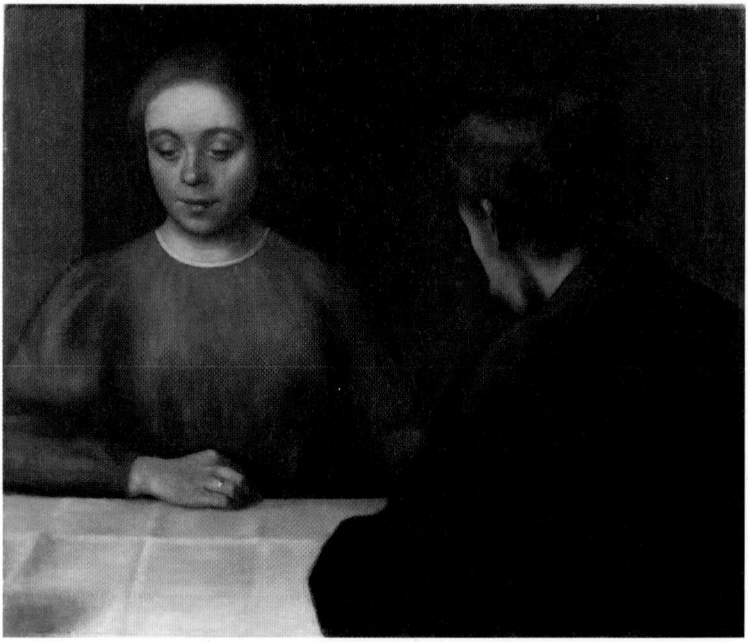

빌헬름 하메르스회, 「두 명의 초상」,
캔버스에 유채, 72×86cm, 1898, 덴마크 아로스 오르후스 쿤스트뮤지엄

자화상이 일종의 쇼라는 것을 인정해야 한다면, 관객 또한 염두에 두어야 한다. 아니면 적어도 관객을 가림으로써 그들의 존재를 부정하려고 해야 한다. 이런 방법은 쉬워 보일지 몰라도 절대적인 부정은 성공하기 매우 어려운 일이다. 등 돌린 모습은 지나치게 부정하는 듯한 태도인데, 이 부정은 또다시 부정 당하는 관객의 존재를 암시한다. 덴마크 화가 빌헬름 하메르스회1864~1916가 탁자를 사이에 두고 등 돌린 자신의 모습과, 마찬가지로 뭔가 비밀을 담은 듯한 아내를 그린 2인 초상화를 통해 이런 절대적 부정을 거의 성취해내긴 했다. 이 2인 초상화는 정적이지만 고요하지는 않다. 언젠가 시작된 대화가 잠시 지연되고 있을 뿐이다. 비어 있는 탁자는 왠지 강렬해 보이고, 화가는 아내 이다 하메르스회보다 탁자보의 주름에 더 관

심이 있는 듯 보인다. 그래서인지 아내 이다는 흐릿한 윤곽으로만 비칠 뿐이다. 그는 우리가 눈을 내리뜬 아내의 모습을 볼 수 있도록 약간 옆으로 비켜 앉은 듯하다. 하지만 약간 앞으로 구부린 그의 자세는 그가 뭔가를 그리거나 관찰하고 있음을 암시한다. 만일 어떤 이가 그의 어깨 너머로 그가 무엇을 하고 있는지 본다면 아마도 그녀의 초상화가 탁자 위에 놓여 있는 것을 발견할지도 모른다. 그리고 아내에 대해서는 그녀가 포즈를 취하고 있다는 것을 알 수 있을 것이다. 그녀는 하메르스회의 등 돌린 자화상 안에서도 포즈를 취하고 있는 것이다.

사실 좀 이상하게 들릴 수도 있지만, 정면 초상화가 관객을 거부하는 가장 좋은 방법일 수도 있다. 물론 정면의 자세가 즉각적인 소통과 잠재적인 친화력을 갖고 있다는 것을 부정할 수는 없다. 정면을 향한 그림과 정면을 향한 관객 사이에는 분명히 서로를 이끄는 힘이 있다. 모든 것은 균등해 보이고, 어떤 것도 그림이나 얼굴의 균형에서 우리의 눈을 한쪽으로 편향되게 하지 않는다. 정면은 설득력이 강하고, 공정하다는 인식을 준다. 그러면서도 관객과 가장 소원한 그림일 수도 있다. 뒤러가 1500년에 그린 자화상을 떠올려보라. 모든 것이 동시에 제시되어 그것을 맞닥뜨린 관객은 어디에서도 눈을 쉴 수가 없다. 뒤러는 관객에게 교감을 제안하지 않는다. 그는 관객을 배제한다.

---

초상화에서 많이 볼 수 있는 자세를 자화상에서는 피해야 한다. 왜냐하면 화가가 너무 개방적이거나 거들먹거리는 것처럼, 혹은 지나치게 관객을 즐겁게 하려 한다는 느낌을 줄 수 있기 때문이다. 정면을 향해 놓인 의자 위에서 다리를 편하게 꼬고 앉아 있거나, 편하게 의자에 앉아 한 손가락으로 빰을 기대고 있는 모습, 또는 마치 말을 거는 듯 앞으로 약간 숙인 모습

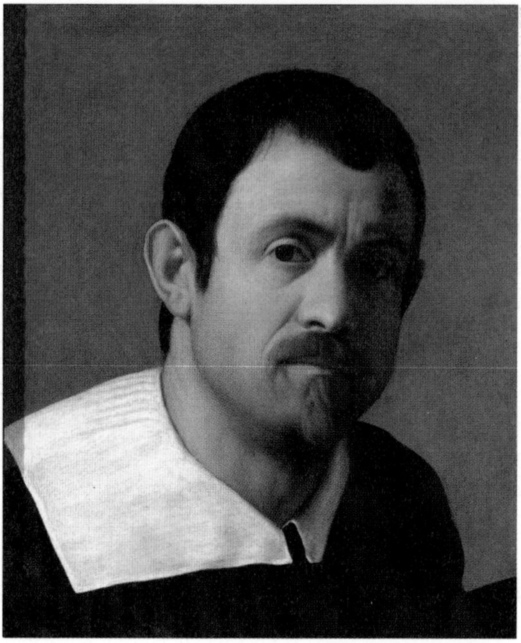

조반니 바티스타 살비다
사소페라토, 「자화상」,
캔버스에 유채, 38×32.5cm,
1650년경,
피렌체 우피치 미술관

등, 자화상은 이런 자세를 모두 지양한다. 하지만 17세기 화가 가운데 매우 개방적이고 사교적인 모습으로 자신을 그린 용감한 이탈리아 화가가 있었다. 사소페라토1609~85, 그는 완전한 솔직함을 담은 듯, 몸을 약간 앞으로 기울인 자신의 모습을 그린 자화상 한 점을 제외하고는 기억될 만한 것이 거의 남아 있지 않은 화가다.

사소페라토는 매우 순수하고 단순한 방식으로 종교화의 아름다움을 구현한 화가였다. 동료 화가들조차도 그의 그림을 바로크적이라고 생각지 않았다. 그에 대해서는 거의 알려진 바가 없어서 그가 죽고 난 뒤 수십 년 동안 그가 라파엘로와 같은 시대 사람이라고 생각되기까지 했다. 하지만 그도 한때는 트레이드마크 색채로 유명했는데, '사소페라토 블루'라고 하는 것이었다. 그가 자신의 얘기를 들려주기 전에, 머리와 어깨를 약간 관객 쪽으로 기울이며 관객의 모습을 '경청'하기 위해 온갖 주의를 기울이고 있는 것 같은 이 그림의 배경에도 바로 그 색채가 펼쳐져 있다.

그 푸른색은 사소페라토의 색이며, 그림에서 화가 자신만큼이나 빛을 발한다. 염려가 가득 담긴 그의 정직한 얼굴은 완전한 솔직함으로 세상을 향한다. 자신의 그림 안에서 편안해 보이는 그는 자신을 드러내는 데 개방적이며, 현대인들의 눈에도 매우 현대적으로 보이기까지 한다. 카메라 시대에 어울릴 법한 자세를 한 그는 금세 모두에게 친화감을 주는 활달한 사람인 것 같다. 그림이 주는 현대적 감각은 푸른색의 배경에서 비롯된 것이기도 하다. 그것은 푸른색 이상도 이하도 아니어서, 이전의 거장들이 인물의 배경을 벽이나 휘장으로 그리는 방식과 매우 다르다. 그것은 그림의 중요한 요소로서 인물의 얼굴만큼이나 큰 비중을 차지한다. 사실 그 푸른색 때문에 이 그림은 한 편의 추상화로 읽힐 수도 있다. 우피치 컬렉션의 긴 복도에 걸린 전시작들 가운데 사소페라토는 단연 돋보인다. 그만큼 단순한 직접성을 보인 화가는 없는 것이다. 구식 깃을 벗어던진 사소페라토는 바로 우리 가운데 하나인 것 같다.

다른 이들이 여러 가지 소품과 방법을 동원해 드러내는 사회적 자아의 모습을 사소페라토는 이 몸짓 하나로 이루어냈다. 얀 스테인은 네덜란드 맥주잔을 들어 우리의 건강을 기렸고, 미국 화가 찰스 윌슨 필은 커튼을 열어 관객을 자신의 개인 박물관에 초대하며, 이탈리아 미래주의 화가 자코모 발라는 「아우토카페」에서 사교의 의미로 에스프레소 잔을 들었던 것이다.

이 화가들은 기를 쓰고 버티고 있다. 이들은 자화상이 가장 외향적인 예술이라는 것을 혼신의 힘을 다해 표현하고 있다. 아프거나 입원했거나 어딘가에 유폐되었거나 하는 상황 때문에 자신이 원하는 바에 따라 스스로를 재현하기 어려운 화가들도 있었을 것이다. 하지만 그런 극한적인 상황에서조차도 화가들은 적어도 자신 외의 다른 한 사람의 보는 이를 상정하고 그림을 그렸다. 뒤러는 의사의 진단을 위해 나체의 자신을 그렸으며 스코틀랜드 화가 존 벨라니는 병원에서 심장 수술을 앞두고 의사들과 간호사들에게 보내는 메시지를 자화상 여기저기에 적었다. 또한 쿠르베와 실레 역시 정치 사범으로 감금되었을 때 미래를 위한 기록차 자신의 모습을 그렸다. 하지만 직접적인 눈짓과는 좀 다른, 가장 사교적이고 친화적인 징표를 확인할 수 있는 자화상은 여전히 드물다. 한 사람이 다른 사람으로 하여금 자화상이라는 예술 세계로 말 그대로 진입하게 하는 것 같은 그런 사교적인 그림은 말이다.

미소, 생기 넘치고 사교적이며 순수한 미소, 천사들이 마주 웃음 지어 줄 것 같은 그런 미소는 분명 초상화에서 기대하지 않는 무엇이다. 그래서 그림 속에 미소가 등장하는 것은 큰 웃음만큼이나 갑작스럽다는 인상을 줄 수 있다. 그렇다고 초상화에서 미소가 그렇게 놀라운 것만은 아니다. 평범한 것은 아니지만 그렇다고 아주 드문 것도 아니다. 「모나리자」의 신비는 반쯤 올라간 입꼬리에 대한 해석에 전적으로 달려 있다고 해도 과언이 아니다. 또한 모나리자의 불분명한 미소부터 「웃고 있는 기사」프란스 할스가 1624년에 그린 초상화로 "바로크 초상화의 가장 빛나는 작품 중 하나"라는 평이 있다.의 익살스런 모습은 미소가 갖고 있는 놀랄 만큼 다양한 모습의 양 극단이라고 할 수 있다. 하지만 미소가 초상화에서 그 인물의 수만큼 다양하게 제시될 수 있다면, 왜 자화상에서는 옅은 미소마저 그리 찾기 어려운 것일까? 심지어 어떤 화가들은 웃느니 안면마비로 죽어버리는 게 낫다는 표정마저 짓고 있지 않은가.

그런 화가들에 속하지 않는, 아무도 근접할 수 없는 가장 아름다운 미소를 선보인 화가가 있었는데, 바로 모리스 켕탱 드 라 투르1704~88다. 이 초상화가에게는 인간의 삶과 영혼, 특히 자신의 그것은 미소로 자연스럽게 드러난다. 라 투르는 미소 짓는 것을 전혀 주저하지 않았고, 그것이 경솔이나 자만심의 표현일 수 있다는 것을 염려하지도 않았다. 다른 화가들이 어둡고 험한 기운으로 자신을 초상했다면, 그는 그것을 가볍게 만들어 여느

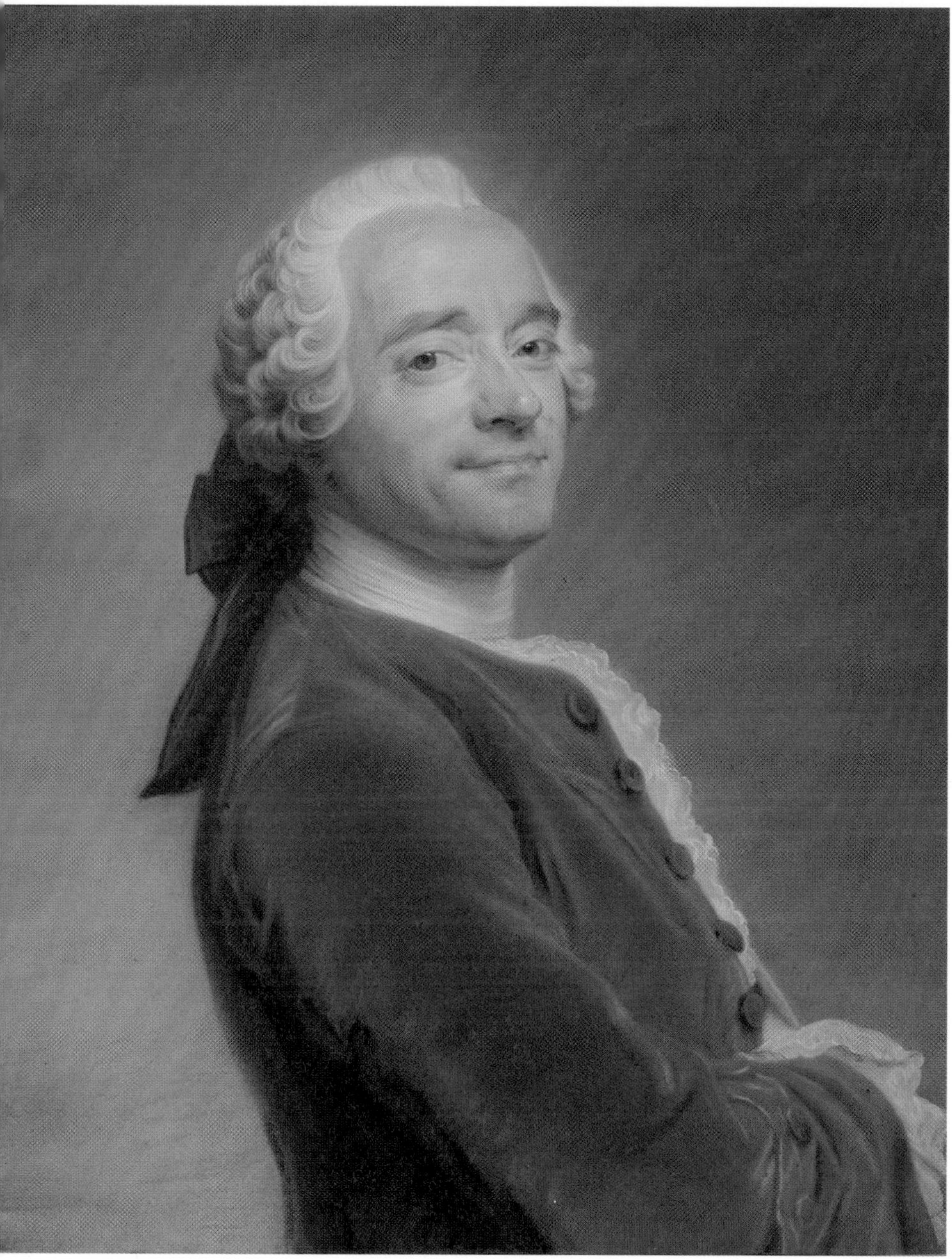

모리스 캥탱 드 라 투르, 「주름 장식의 옷을 입고 있는 자화상」, 종이에 파스텔, 64×53cm, 1751년경, 아미앵 피카르디 미술관

화가들과는 완전히 다른, 너무도 행복에 겨운 얼굴을 한 자화상들을 제작해냈다.

그 가운데 가장 밝고 아름다운 것이 1751년에 제작한 「주름 장식의 옷을 입고 있는 자화상」이다. 이 그림을 그렸을 때는 그의 나이 마흔일곱 살로 엄청난 작업량에 시달릴 때였지만, 그림 속 그는 작업 따위에 억눌릴 수 없는 청춘으로 보인다. 그의 눈은 바로 당신을 향해 반짝거리며, 얼굴은 입고 있는 레이스 주름 장식만큼이나 신선해 보인다. 그리고 그의 미소, 그것은 구름 한 점 없는 아침 햇살 같다.

자세는 정과 동 사이에 아름답게 균형을 이루고 있다. 그것은 마치 움직이는 말 위에 편안히 앉은 기수, 혹은 샤세벌렸다, 모았다 또 벌렸다 하면서 발걸음을 세 번 퀵, 퀵, 슬로의 리듬에 맞추어 하는 스텝. 동작을 하고 있는 무희처럼 앞으로의 어떤 움직임을 함축한 채 뒤로 살짝 젖힌 자세다. (그는 이제 막 떠나려고 했지만 방금 마주친 당신과 벗하기 위해 잠시 멈춘 것 같다.) 하지만 압권은 바로 미소에 있다. 그것은 옆으로 흘리는 기분 나쁜 웃음이나 억지웃음이 아니다. 그것은 매우 섬세하다. 입은 약간 옆으로 벌어지고, 입꼬리는 살짝 올라간 가운데, 눈은 이들과 정확하게 조화를 이룬다. 떠오른 미소가 우리를 들뜨게 한다. 영혼을 앙양하는 미소다.

그런데 대체 라 투르는 무엇 때문에 이리 신이 난 것일까? 다른 게 없다면, 아마도 이 거의 실물 크기에 가까운 자화상을 파스텔 하나로 완성하고 난 뒤의 기쁨을 감출 수 없었기 때문일 것이다. 파스텔은 생기 있고 명랑하며 유쾌한 그의 예술이 지닌 성격과 딱 맞아떨어진다. 또한 무엇보다 파스텔은 그(또는 그의 모델들)에게 바로 곁에 있는 듯한, 그리고 계속 이어질 듯한 존재감을 부여한다. 그것은 바로 이 자화상에서도 확인되는데, 18세기의 한 신사가 마치 우리와 그 사이에 시간, 공간, 그림과 현실 등의 장벽이 없는 것처럼 행동하고 있는 것이다. 250년 전에 살았던 사람이 자세를 잡고 미소 짓고 있지만 그는 마치 사진의 시대에 산 사람인 것 같다.

미소는 시간을 거스르는 매력이다. 그의 미소는 여전히 끝나지 않았기 때문이다. 미소가 끝나면 무언가를 말할 것이지만, 그는 계속해서 미소를 짓고 있다. 그는 아름다운 미소를 당신을 향해 보내고, 한편으로는 받는다. 그렇게 양방향으로 오가는 연속된 교감이 가능한 것이다. 그것이 실제가 아니라 그려진 것임에도 그와 같은 교감은 가능하다. 어떤 이가 당신을 향해 웃는다는 것은 바로 당신의 존재가 확인되는 것이며, 그 행동은 정색을 하고 있던 한순간 전과 다시 웃음을 짓고 난 후의 한순간까지도 함축한다. 미소 짓지 않고 단순히 보는 것도 이러한 효과를 지닐 수는 있지만, 미소만큼 서사적인 응집성을 나타내기는 어렵다. 미소는 짧은 외도이고, 단편 드라마이며, 모든 것이 정상으로 되돌아가기 전의 잠깐 동안의 이탈이다.

---

자화상을 보면서 그들이 하고 있는 것, 즉 그들이 소통을 위해 어떻게 또는 무엇을 찾고 있는지 궁금해하는 이들은 어쩔 수 없이 그들의 표정을 살필 것이다. 우리도 마찬가지로 다른 사람의 얼굴에서 그들이 표현하는 바가 무엇인지 찾게 되는데, 그것은 거의 본능적으로 일어나는 일이다. 그려진 얼굴을 볼 때도 예외는 아니다. 그림 속 인물을 보면서 여러 표현 잣대들을 통해 그가 어떤 사람인지 도출하려고 하지만 그림 속 인물들은 움직임을 통해서는 어떤 것도 표현할 능력이 없다. 어조를 통해서도 마찬가지다. 즉, 그들이 말할 수 없다는 사실은 언술에 따르는 특징적인 표현인 표정의 역동적인 면이 부족할 수밖에 없다는 뜻이 된다.

서사 예술에서 얼굴 표정은 매우 큰 역할을 한다. 그것은 인물의 행동과 대응되고, 그 행동을 통해 해석되거나 강조된다. 초상화에서 얼굴 표정은 인물의 자세, 옷, 소품, 배경 등과 부합된다. 그리고 얼굴 표정은 대부분의 경우, 격식을 차린 위엄이라는 초상화의 역할놀이 관습—왕의 위엄 있는 눈빛, 학자나 성직자의 생각에 잠긴 듯한 엄숙함, 아이들의 생기 있는 웃음 등—아래 훌륭한 역할을 한다. 튀는 얼굴 표정은 초상화에서는 극히 드문데, 그것이 사회적인 의례상 맞지 않기 때문이다. 초상화를 그리기 위해 화가의 작업실을 찾은 사람이 (여전히 돈을 내고 싶지 않다는 듯) 음흉하거나 역겹다는 듯 얼굴을 찡그리고, 또는 어리둥절하거나 짜증이 난 눈빛을 하고 있다는 것은 상상하기 어렵다.

작업실에서 홀로 일하는 자화상 작가들은 다른 이들을 의식하여 어떤 표정을 만들 필요가 없다. 그런 이유에서 자화상 속 많은 얼굴은 그저 작업에 몰두하는 모습이거나 아무것도 보여주지 않는 백지 상태의 표정이 대부분이다. 주위에 아무도 없다는 말은 무언가를 조정하거나 그것에 반응할 필요도 없다는 뜻이다. 마음속에 어떤 관객을 상정한 작가가 있다 하더라도 그것을 감추거나 부정할 가능성은 얼마든지 있다. 마찬가지로 우리들도 낯선 이 앞에서 스스로를 전부 노출하고 싶어하지 않는다. 드러내는 것과 그러지 않는 것 사이의 경계는 인간을 규정짓는 하나의 중요한 요소이기도 하다. 다른 이들의 속마음을 환히 읽을 수 있다면 끔찍할 것이다. 사회학자 게오르크 지멜은 다음과 같이 썼다. “말 또는 다른 방식으로 다른 개인과 소통하는 모든 것은, 그것이 가장 주관적이고 충동적이며 내밀한 문제일지라도, 결국 심리적 진실의 전체 가운데 일부에 지나지 않는다. 만일 우리가 그 심리적 진실을 하나도 빠뜨리지 않고 모두 드러낸다면 모든 사람들은 정신병원으로 갈 수밖에 없을 것이다.”[3]

그럼 그 열대우림의 땅속 같은 복잡한 자아 가운데서 기꺼이 드러낼 수 있는 것은 무엇인가? 종종 화가들은 꽤 많은 것을 드러내곤 해서 우리를 놀라게 한다. 표현주의 화가들을 예로 들어보자. 당연히 그들은 막힘없이 스스로를 드러낼 것이다. 얼굴을 일그러뜨림은 물론이다. 오스카 코코슈카는 박해를 당하고 에곤 실레는 고문을 당해 온몸이 뒤틀렸으며, 막스 베크만은 잘 차려입은 어깨 위에 세상의 고통을 짊어졌다. 표현주의 화가들은 괴로워하고, 고통스러우며, 긴장이 가득하다. 그것이 바로 그들의 모습이었고, 그것은 곧 그들의 관습이 돼버렸다.

이 화가들은 모두 일련의 자화상을 제작했는데, 그럼에도 그들의 표정은 무척 제한적이었다. 물론 아무도 미소 띤 얼굴을 그리지 않았다. 그것이 18세기의 순응론자이건 20세기의 저항론자이건, 하나의 얼굴을 선택해 그것을 유지했다는 면에서는 별다른 점이 없다.

하지만 실제의 우리는 이렇게 살지 않는다. 우리는 지속적으로 다른 이들의 얼굴을 통해 이전과 다른 뭔가가 있을까 탐색하거나 이전의 표정이 바뀐 것이 상황의 변화를 드러내는 것이 아닐까 확인하고자 한다. 또는 낯설거나 이것도 저것도 아닌 모호한 표정을 포착할 수 있지 않을까 하는 소망을 갖기도 한다. 그러면서 우리는 단순한 가면 이면의 뭔가 더 깊은 것을 보고자 한다. 그리고 우리는 이 모든 얼굴 표정을 우리 안에서도 얼마든지 발견할 수 있지 않은가.

물론 무엇을 표현하는가에 대해 단순화의 위험이 없는 것은 아니다. 마치 골상학자들이 두상을 보고 인물의 성격이 어떤가를 논하는 것과 같은 위험 말이다. 무엇을 표현한 것인가는 그리 투명하지 않다. 사람들이 렘브란트의 후기 자화상을 보며 슬픔과 체념을 읽는 한편, 전투의 상처를 지닌 자긍이라고 이해하는 사람도 없지 않기 때문이다. 그리고 바로 이런 애매함이 바로 렘브란트의 예술이 지닌 아름다움일 수도 있다. 렘브란트의 자화상에서 볼 수 있는 수많은 색조를 띤 미묘한 차이들은 렘브란트를 깊이 이해하게 하는 단서가 된다.

뭐라고 정의할 수 없는 감정의 표현을 그린다는 것은 매우 어렵다. 미소를 짓고 있는 스스로를 담은 작은 에칭에서는 렘브란트조차도 죽은 표정밖에 얻을 수 없었다. 그는 자신과 제자들에게 알맞은 표정을 부여하기 위해 근육 하나하나, 그리고 수없이 많은 미소를 연구하는 등 인상학을 탐구하고 있었다. 이 탐구는 일정한 표정을 그대로 유지하는 것도 어렵고, 그것을 묘사하는 것은 훨씬 더 어렵다는 것을 보여주었다.

라 투르의 유일한 제자였던 조제프 뒤크뢰1735~1802는 '성격' 자화상을 그렸다. 이 그림들에서 그는 여러 가지 표정을 시험해 보였다. 당대에는 대중적이었던 그 자화상들은 이제 와서는 파이를 던지는 광대만큼 재미있지만 역시 그만큼의 육체적 불편감을 일으킨다. 그 자화상 가운데 하나인 「조롱꾼 자화상」에서 뒤크뢰는 마치 당신이 완전한 바보인 것처럼 당신을 향해 손가락질을 하며 비웃는다. 하지만 그 조롱은 다시 그렇게 조롱하는 사람을 향한다. 그의 능글맞은 웃음은 나무로 만든 듯한 그의 이만큼 끔찍스럽기까지 하다. 익살맞아 보이는데도 불구하고, 관자가 알아챌 수 있는 것은 입꼬리가 들리고 이를 드러낼 만큼의 웃음을 만들기 위한 안간힘이다. 여기서 더 나아간 예를 메서슈미트의 청동 두상에서 볼 수 있다. 참을

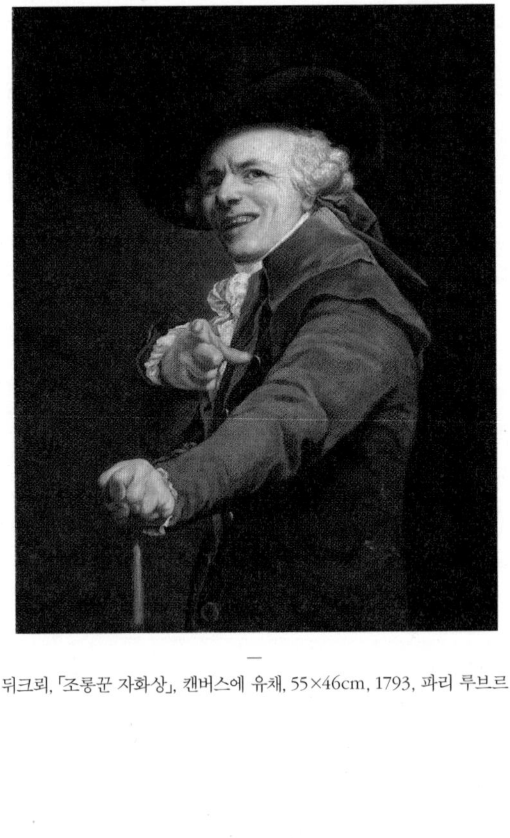

조제프 뒤크뢰, 「조롱꾼 자화상」, 캔버스에 유채, 55×46cm, 1793, 파리 루브르 박물관

수 없는 파안대소가 터져 나오는 것이다. 누구에게나 이 파안대소의 경험이 있을 것이다. 그것은 단순한 웃음으로 시작해 큰 웃음으로 발전하는데, 올라가고 접히고 당겨지고 펴지는 뺨 근육의 움직임을 경험을 통해 세세하게 느낄 수 있을 것이다. 하지만 그렇게 커지는 웃음은 '변화하는' 웃음이다. 따라서 그것의 핵심은 역동성이다. 이런 웃음을 완전히 굳어진 금속 덩이라는 역동성 제로의 상태로 본다는 것은 익숙한 것을 이질적인 것으로 바꾸어 보는 것과 같다.

자연스러움은 현실에서만큼 예술에서도 매우 중요하다. 약간만 인위적이어도 그것은 진실되어 보이지 않는다. 가식은 찡그린 얼굴을 석상으로 만들어버리거나 미소를 언제라도 산산조각 낼 것처럼 느끼게 한다. 마치 디즈니 만화의 결말에서 톰이 제리가 들고 있던 프라이팬에 맞아 이가 하나씩 하나씩 모두 빠지고 그것이 바닥에서 유리 조각처럼 산산조각 나듯 말이다.

오스트레일리아 작가 론 뮤익1958~ 은 일찍이 실리콘으로 자신의 찡그린 얼굴을 거대하게 제작한 적이 있다. 1미터에 이르는 찡그린 얼굴에서 볼 수 있는 주름진 이마와 웃자란 수염 등은 매우 사실적이다. 그렇다고 만지고 싶은 생각이 들지는 않는다—이는 이 장르의 이상한 특성으로, 조각은 그러는 법이 거의 없다. 그것은 일부러 만지고 싶은 생각이 들지 않도록 만들어진 것 같다. 「마스크」라고 이름 붙여진 이 머리는 약간 땀으로 번들대는 것이나 수축된 땀구멍에 이르기까지 놀랍도록 사실적이지만 그것 이상으로 위협적인 그의 개성이 이 조각을 정말 사람처럼 느끼게 한다. 환영이 쉽게 사라져버릴 수 있는 아주 가까운 거리에서도, 심지어 이처럼 있을 법하지 않은 크기로도, 이 조각은 활활 타는 듯한 분노를 내뿜는다.

뮤익은 다른 이들, 특히 자신의 어린 두 딸들에게 자신이 어떻게 보이는지를 알기 위해 이 작품을 제작했다. 밤에 아이들에게 얼른 자러 가라고 소리치는 자신을 본 아이들의 표정에서 그는 놀람과 동시에 즐거움을 보았

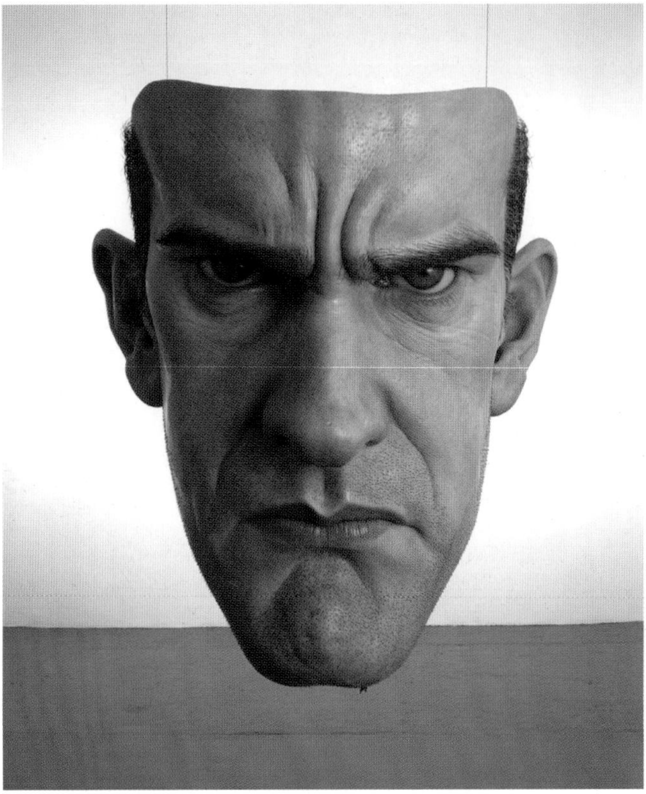

론 뮤익, 「마스크」, 혼합재료, 158×153×124cm, 1997

던 것이다. 그러면서 그는 자신의 크나큰 얼굴이 이 작은 아이들에게 어떻게 비칠지 늘 궁금했었다. 그의 조각은 그런 면에서 로버트 번스의 시 「이에게, 교회에 온 한 숙녀의 모자에서 이를 보고서」와 비슷한 면이 있다. 신도석 앞줄에 앉아 있는 한 불운한 숙녀의 머리 위로 기어가는 이, 그 끔찍한 벌레를 본 번스는 그녀가 이 벌레에 대해 전혀 모르고 있다는 것을 깨닫고는 다음과 같이 쓴다. "어떤 위대한 능력이 우리에게 재능 하나를 주신다면, 그것이 제발 다른 사람이 우리를 보듯 우리가 스스로를 볼 수 있는 것이기를!" 뮤익의 「마스크」는 자신과 비슷한 체구의 어른을 괴롭혀야 했던 스스로에 대한 조롱이다.

조각된 자화상은 표정을 구현해내는 어려움 말고도 수많은 난점을 갖고 탄생된다. 그래서 평면에 스스로를 재현하는 것이 훨씬 더 간단한데도 불구하고 조각가들이 왜 힘겹게 입체적인 자화상을 만드는 데 힘을 쏟는지 이해가 안 되기도 한다. 그림에서 눈은 훨씬 섬세하게 묘사될 수 있고 표정도 무궁하게 변주될 수 있지만 대리석으로 자화상을 만들자면 한 치라도 실수가 있으면 처음부터 다시 시작해야 하는 것이다. 물론 조각가들은 이런 단점을 상쇄하고도 남을 만큼 유리한 측면도 있다. 스스로를 기념비적인 존재가 되도록 할 수 있는 것이다. 그것은 그림이 가진 친화력과 역동성을 희생하고서라도 기꺼이 취하고 싶은 것으로서 화가로 하여금 영원히 지속될 권위를 갖게 한다. 이탈리아에 있는 안토니오 카노바가 직접 건립한 미술관에는 신고전주의 양식으로 자신의 모습을 조각한 대리석 흉상이 계단 옆에 서 있다. 실제 인물보다 크게 제작된 이 흉상은 헝클어진 머리에 시선은 하늘을 향하고 있다. 그것은 불멸을 나타내는 암호, '페르 아르두아 아드 아스트라'per ardua ad astra, 역경을 헤치고 별을 향하여를 형상화한 것이다. 덴마크 출신의 저명한 조각가 베르텔 토르발센1768~1844은 대리석으로 거대한 자신의 전신상을 세웠다. 번개와 같은 얼굴을 한 거구의 남자는 가슴을 풀어헤치고 있으며 힘찬 근육으로 다져진 팔에는 마치 그것이 뿜어내는 힘에 매달린 듯 로브가 걸려 있다. 그는 자신의 작품 가운데 가장 유명한 「희망의 여신」을 작게 만들어 거기에 기대고 서 있는데, 이들은 서로 다른 방향을 보고 있어 마치 사이가 좋지 않은 부부를 연상케 한다. 이 자소상은 토르발센이 국제적인 성공을 거두고 로마에서 고국으로 돌아오면서 국가에 바친 선물이다. 그는 고국으로 돌아오면서 자신의 작품 수백 점을 전시할 수 있는 미술관을 만들어달라는 조건을 걸었고, 덴마크는 그의 조건을 받아들였다.

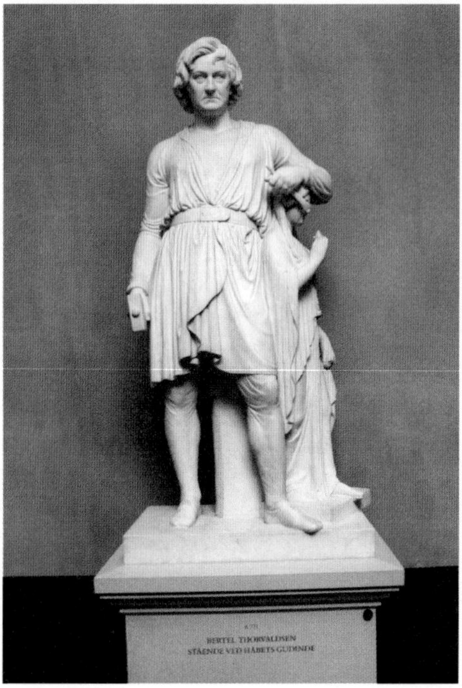


베르텔 토르발센, 「희망의 상과 함께 있는 베르텔 토르발센」, 1859, 코펜하겐 토르발센 미술관

프랑스 조각가 장바티스트 피갈1714~85이 테라코타로 원형을 뜬 자소상自塑像은 생생한 감정의 표현을 구현한 작품이다. 입술은 마치 말을 하다 멈춘 듯, 숨을 들이쉬는 듯 약간 벌어져 있고, 눈과 머리는 약간 왼쪽을 향하며, 이마와 뺨에는 지친 듯한 주름이 잡혀 있다—피갈은 이 작품을 제작할 때 예순 살 정도였다. 얼굴은 지적이며 민첩해 보이는데 이는 손가락으로 재빨리 마무리한 데서 비롯된 효과다. 그리고 실제로 움직이는 듯 떨리는 안구는 빠른 동작으로 가볍게 두드려서 만들어 낸 것이다. 이 자소상에서는 조각이 으레 가지고 있는 무겁고 정지된 듯한 느낌을 전혀 찾아볼 수 없다.

피갈은 계몽주의자였고 백과전서파 학자들의 초상 조각—그중에는 특히 자신의 친구이기도 한 디드로도 있었다—을 만들었는데, 그것들은 모

장바티스트 피갈, 「자소상」, 테라코타, 높이 44cm, 1777, 루브르 박물관

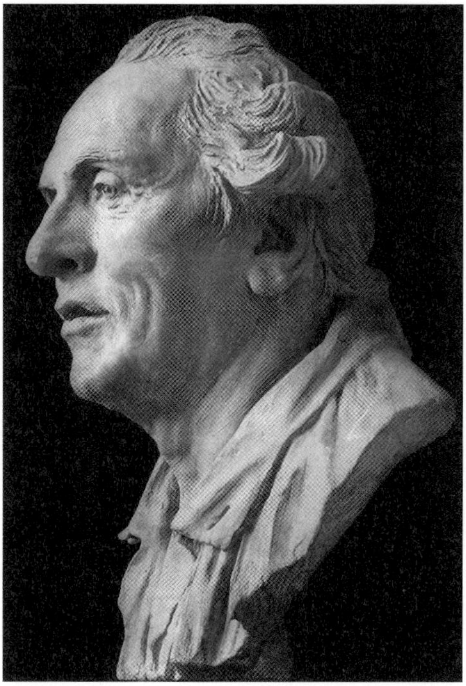

두 인물의 진짜 감정을 드러내고 있다. 나체로 미소를 짓고 있는 볼테르의 아름다운 조각의 경우, 그의 마른 정강이엔 오직 글귀가 쓰인 주지周紙만이 둘려 있을 뿐이다. 피갈은 이로써 벌거벗은 진실을 그대로 드러내고자 했던 것이다. 하지만 그 역시 조각으로 초상하는 일의 어려움을 고백했고, 디드로는 "피갈은 한 번도 포기하고 싶은 마음 없이 작품을 완성한 적이 없었다"라고 회고하기도 했다.

---

화가들은 자화상에서 흔히 볼 수 있는 분명한 표정들을 피하고자 하는 이유에서 미소보다는 찡그린 얼굴을 택하는 경우도 있다. 그들은 관심을

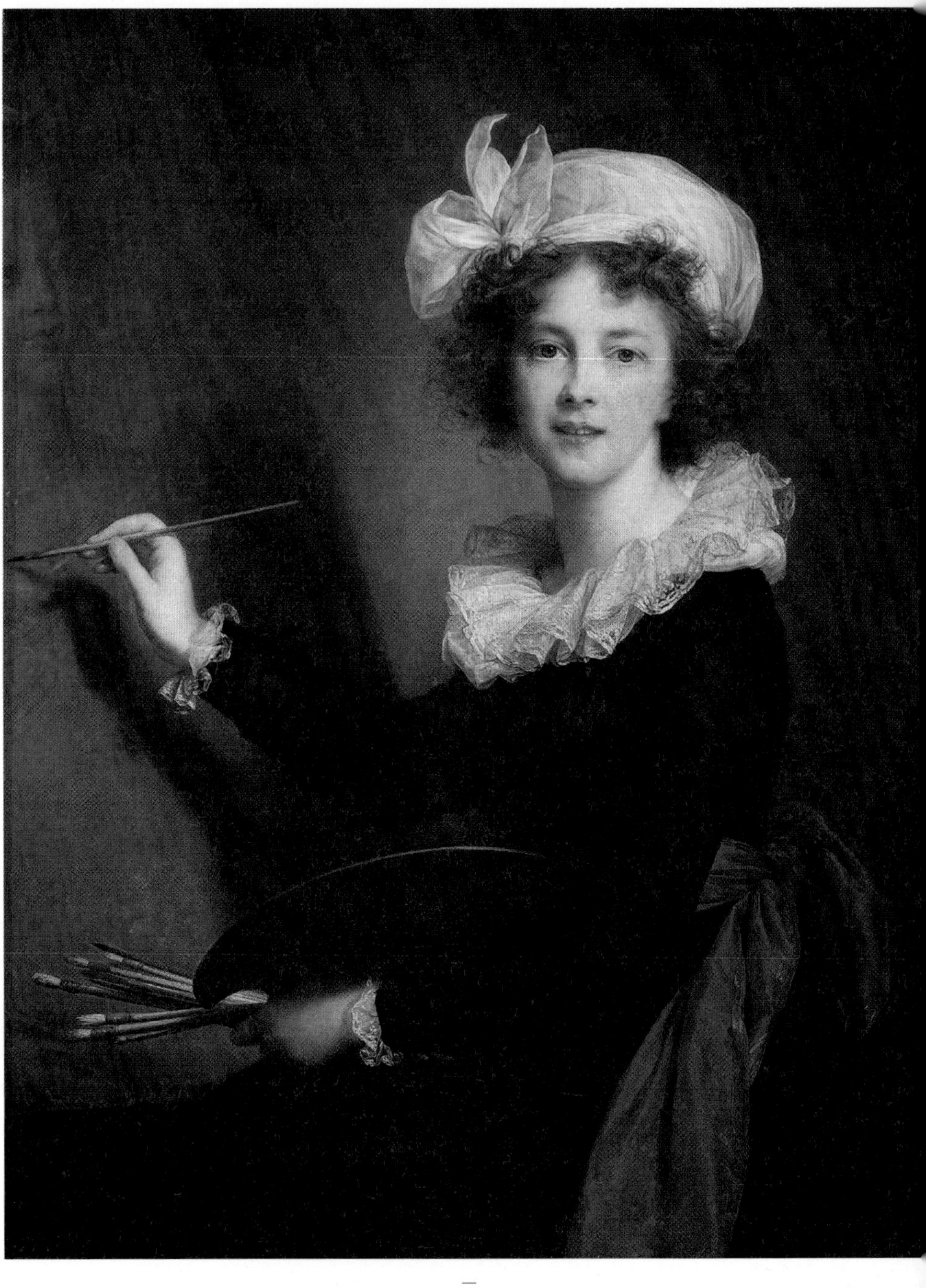

엘리자베트 비제르브룅, 「자화상」, 캔버스에 유채, 100×81cm, 1790, 피렌체 우피치 미술관

받고자 노력하는 것처럼 보이지 않았으면 하고, 자신의 표정이 하나의 감정으로 소급되기도 원치 않는다. 또한 그들은 관객들에게 실제 생활에서 그와 같은 표정을 지으라고 요구하지도 않는다. 아마도 이 화가들은 다른 이들에 대한 명확하고 분명한 밑그림도 가지고 있지 않을지 모른다.

이런 면에서 자세는 표정만큼 위험하지는 않다. 보이지 않는 관객을 상정하고 연행하기 때문이고, 초상화도 마찬가지지만 자화상은 결국 화가에 의해 생명이 부여되어야 하는 상자 속 평범한 인물에 다름 아니기 때문이다. 하지만 화가가 그 보이지 않는 관객을 향해 눈짓을 하는 것은 또 완전히 다른 문제다. 엘리자베트 비제르브룅1755~1842의 자화상은 바로 이런 목적을 위해 제작된 것으로 보인다. 특유의 친화력을 보임으로써 판매력을 높인 것으로, 그것이 바로 이런 그림의 목적이다. 르브룅의 그림은 관객을 수줍어하는 듯한 태도로 '당신'이라고 부름으로써 광고와 같은 효과를 가진다.

원숙한 직업 정신으로 그녀는 세상 앞에 자신을 선보일 기회를 절대 놓치지 않았다. 특히 초상화 의뢰가 없는 동안에는 더했다. 그래서 르브룅은 미소 짓는 자신을 그리고 또 그렸을 뿐 아니라 그녀를 사랑하는 이들을 위해 같은 그림을 여러 점 제작하기도 했다. 그 모든 자화상들은 사람들의 환심을 사기 위한 분명한 의도가 있는 것들이다. 그녀는 루벤스가 그린 「밀짚모자」 속 살짝 가슴을 드러낸 여인처럼 차리고서 자화상에 등장하는데, 페미니스트 비평가들에게 혹평을 들은 것은 두말할 필요도 없었다. 그녀는 마리앙투아네트를 그리며 미소 짓고 있는 자신을 그리곤 했는데, 왕족을 그린다는 것은 언제나 상류층 고객을 얻는 데 도움이 되었기 때문이다. 그녀는 아름답고 얌전한 미소를 짓고 있다. 입은 약간 벌리고, 모슬린 천은 언제나 자연스럽게 약간 흘러내리고 있다. 그녀의 모든 자화상에서 요점은 마음을 끄는 자연스러움을 드러내는 데 있었다. 그녀의 스타일은 바로 이 자연스러움에 있다. 느슨한 원피스와 파우더 칠을 하지 않고 손수 매만진 머리, 격식을 갖추지 않은 모자, 그리고 귀여운 딸과 함께 쉬고 있는 모습 등이 모두 그렇다. 비제르브룅은 마리앙투아네트도 따르고자 했다던 새로운 스타일을 개발했고, 그 스타일을 자화상을 통해 홍보한 것이다.

그녀가 인형 같은 미소와 도자기 같은 이 그리고 분홍색 입술로 치장한 것일지라도, 바로 이런 종류의 그림에서는 그런 치장이 매우 잘 어울린다. 르브룅의 자연스러운 모습은 사실 상당히 가식적인 것이다. 그것은 달콤한 로코코 스타일과 순수한 신고전주의의 오묘한 조화라고 할 수 있는데, 미용·화장·패션·스타일링 등 외모와 관련된 업종에 종사하는 사람들에게 '자연스러움'은 하나의 스타일일 뿐이다. 그리고 르브룅은 이 자연스러움에 경쾌함을 하나 더 얹었다고 할 수 있다. 그녀는 매우 열심히 일했던 화가였다. 하지만 프랑스에서 화가로서 그녀의 경력은 정치적 상황 때문에 두 번이나 위기를 맞았다. 프랑스혁명 중에는 국외로 망명해야 했고, 1814년에는 프러시아 전쟁 때문에 일을 할 수 없었던 것이다. 자신의 죽음에 앞서 스스로 지었던 비명碑銘에서는 자기애와 함께 삶에 대한 진실한 고백을 엿볼 수 있다. "여기 마침내 쉴 곳을 찾았네Ici, enfin, je repose."

비제르브룅의 미소는 돌아보게 하는 데가 있다. 그것은 자화상을 사교행사로 만들었다. 단정함을 버리고, 규칙도 무시한 그녀는 자신의 자화상으로 관객을 이용하고자 하는 마음이 없는 척 빼려고도 하지 않는다. 그녀의 미소는 당신이 거기 있고, 자신은 여기 있으니 한바탕 희롱을 해보는 것이 어떠냐고 은근히 묻고 있다. 그녀는 다른 화가들이 보통 숨기고자 하는 것을 분명히 드러냈다. 즉, 자화상은 대중에게 보이기 위해 제작하는 경우가 그렇지 않은 경우보다 훨씬 많다는 것이다. 자화상은 단순히 목적을 달성하기 위한 수단이다. 그것을 위한 매개체이지 메시지는 아닌 것이다. 비제르브룅은 언제나 한 개인으로서 우리에게 다가서고 싶었을 뿐이라고 생각할 수도 있다.

*10.*

# 무대공포증

머뭇거리고 불안해하고
수줍어하는 자화상

자신에 대한 묘사만큼 어려운 것은 없다.

_미셸 드 몽테뉴

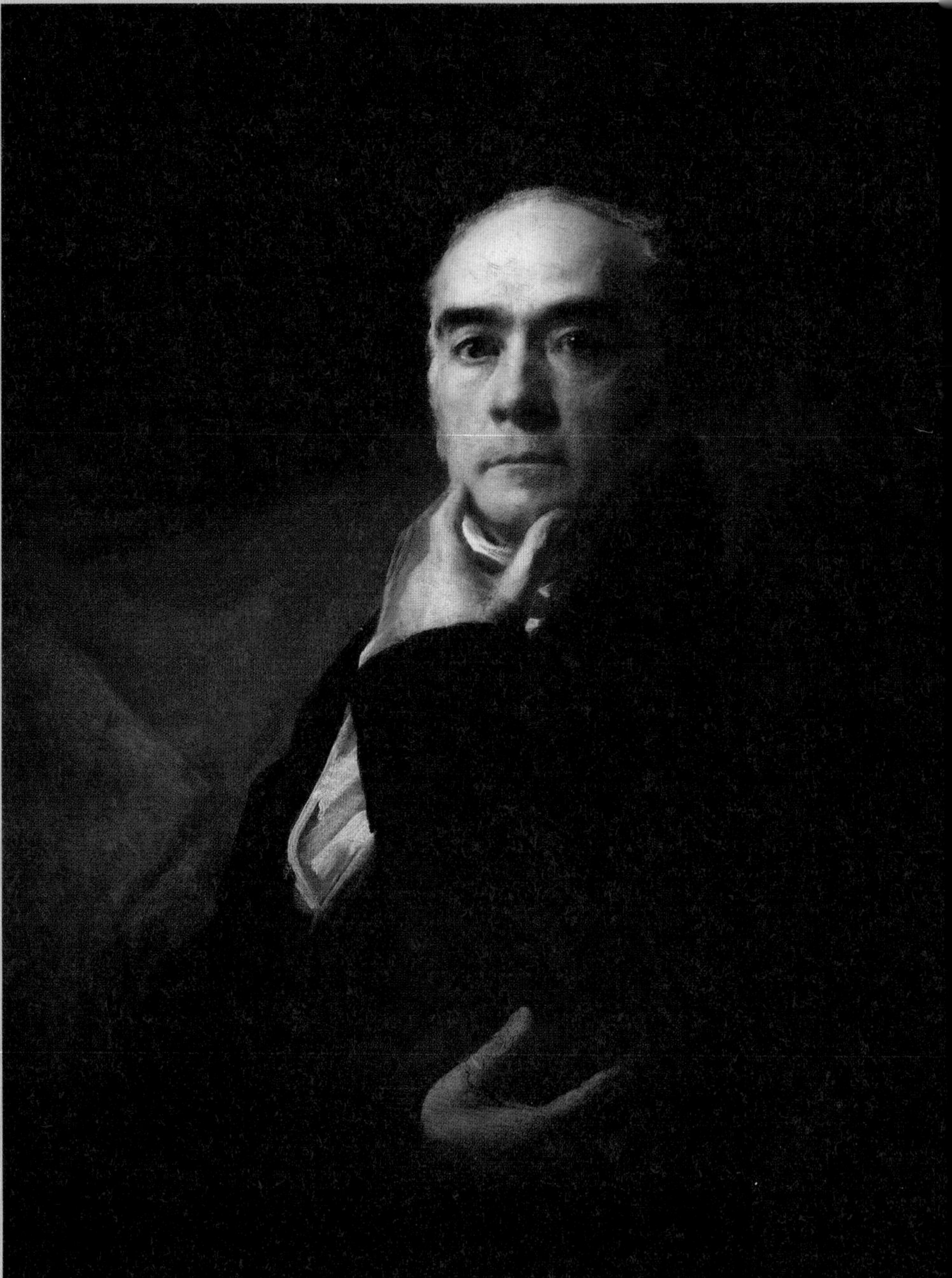

헨리 레이번 경, 「자화상」, 캔버스에 유채, 89.5×69.9cm, 1815년경, 에든버러 스코틀랜드 국립미술관

그림 속 남자는 스스로 다잡고자 하지만 곧 산산이 부서질 것 같다. 어떤 한 부분만 뚫어져라 쳐다보든가 살짝만 밀쳐도, 스스로를 어떻게든 지탱하고자 정교하게 잡은 자세는 곧 풀어질 태세다. 하지만 애초에 누구에게 보이고자 어떤 자세를 잡은 것도 아니다. 원래는 성찰하는 화가의 한순간을 보여주는, 완전히 자연스러운 모습을 그리고자 한 것이었다. 그는 로댕의 「생각하는 사람」처럼 이마에 주먹을 댄 채 고뇌하며 골똘하게 뭔가를 생각하지도 않고, 존재와 무에 대한 사색을 하고 있지도 않다. 그는 다만 당신을 바라보면서 조용히 명상에 잠겨 있을 뿐이다. 손가락을 가볍게 턱에 대고 그는 스스로를 추스르고 있다.

결국 이것이 헨리 레이번 경1726~1853의 자화상이 우리에게 주는 인상이다. 분명히 시작은 지성적인 얼굴의 섬세하고 분명한 이미지와 이마에 비쳐 천천히 흐르는 빛이었을 것이다. 그런 흔적은 여전히 남아 있어 그 빛을 확인할 수 있지만, 레이번은 마음을 고쳐 여러 차례 수정했고, 그 결과 얼굴 표정과 물감이 주는 느낌은 불안정하고 불분명해 보인다. 그는 자세도 계속해서 바로잡으려고 했지만 결국 이도 저도 아니게 되고 말았다.

이 그림을 보고 그를 닮지 않았다고 하는 것은 단순한 평가절하다. 그는 계몽주의시대 스코틀랜드에서 가장 유명한 초상화가였다. 그는 오직 초상화만 그렸고, 그것도 1,000점 이상이나 그렸다. 타탄 무늬 옷을 입은 대지주나 가족과 함께 있는 젠트리, 또는 변호사와 과학자, 철학자와 성직자, 그리고 뉴타운의 작업실로 몰려들곤 했던 에든버러 지식인 들이 초상화의 주인공들이었다. 그는 스코틀랜드의 벨라스케스, 스코틀랜드의 반다이크였다. 그의 초상화는 특히 생생한 표정, 빛과 색채의 조화, 화가 자신이 고안한 인물들의 우아한 자세 등으로 유명했다. 그 모든 것들을 이뤘던 초상화가인 그가 바로 한 인물, 그가 가장 잘 알고 있으며 매일 작업실에서 만났던 그 한 사람을 앉혀두고는 실패하고 말았던 것이다.

아마도 레이번은 팔 때문에 매우 난감했을 것이다. 손을 그냥 무릎에 놓거나, 화면을 머리와 어깨 정도를 보여주는 데서 끝냈다면 훨씬 수월했을 것이다. 들어 올린 오른쪽 팔은 매우 인위적이어서 마치 꼭두각시 인형의 팔과 손처럼 보인다. 턱을 받치고 있지만 아무 느낌도 없고, 잘못 그려진 손가락은 오히려 이 진지한 자세를 우스꽝스러워 보이게 한다. 팔꿈치 무게를 지탱하도록 고정돼 있었어야 할 왼쪽 손은 그저 빈 장갑 같을 뿐이다. 두 팔 모두 무게도, 관절도, 뼈도 없어 보인다. 게다가 그 팔들은 대체 어디서 뻗어 나온 것일까? 레이번은 자신의 어깨를 제대로 그려내지도 못한 것이다. 어떤 것도 맞춰지거나 조화되지 않은 채로 각기 따로 놀고 있는 이 몸은 단지 기이하게 조합된 덩어리일 뿐, 각각의 조각은 쓸모없이 따로 흩어져 있다.

하지만 어쨌든 이것은 헨리 레이번이 공들여 작업한 자화상이다. 여기서 그는 자신이 그렸던 수많은 지성인들과 함께 계몽주의 사상가로 등장한다. 또한 그 모습은 사람들이 그가 그림을 그리고 있지 않을 때의 모습이라고 묘사한 바와 정확히 일치한다. 사람들은 레이번의 규칙적인 작업 방식에 대해 언급하기도 했다. 9시에서 5시까지, 하루에 서너 명의 인물을 그렸고, 얼굴 하나를 그리기 위해 모델을 네댓 번 불렀으며 늘 밑그림 없이 코와 입부터 그려나갔고, 손에 흔들림이 없어서 팔받침대도 쓰지 않았다는 것이다. 그는 그리면서는 늘 말을 했으며, 물러서서는 말을 멈췄다. 이것이 여러 번 그 앞에 초상화 모델로 나섰던 소설가 월터 스콧에게 익숙한 레이번이었다. 그는 "나는 마음으로 그를 본다. 손을 턱에 괴고 자신의 그림에 대해 숙고하는 그를. 그런 자세는 늘 나에게 제우스를 생각나게 했다"라고 썼다.[1]

만일 실제로 그가 하루에도 몇 번씩 이렇게 서 있어서 이런 자세가 자연스럽게 그의 것이 되었다면 그 모습을 화폭에 옮기려고 할 때 어떻게 그렇게 부자연스러울 수 있었을까? 온갖 종류의 실수와 수정이 곳곳에서 눈에 띈다. 그는 그것들을 암갈색으로 덮었는데, 물감이 마르면서 극적인 빛을 낼 수 있으리라 기대했겠지만 결국은 모든 것을 지워버린 검은색이 되어버렸다. 그는 액자에 끼우고 나서도 그림에 손을 댔다. 말 그대로 캔버스를 몇도 정도 시계 방향으로 돌려 인물이 한쪽으로 덜 치우치게 하고자 한 것인데, 그것이 결국 실수들을 더욱 강조하고 말았다.

다른 화가 같았으면 이쯤에서 포기하고 말았을 것이다. 하지만 레이번은 특별한 목적이 있었기에 포기하지 않았다. 그는 스코틀랜드에서는 너무도 유명했지만 런던에서는 그렇지 못했다. 런던에서도 인정받고자 했던 그는 대도시에서 너무도 멀리 떨어져 있다는 느낌에, 그의 동료이지만 이미 런던에 안착한 데이비드 윌키에게 적어도 1년에 한 번은 편지를 써 달라고 애원하기도 했다. 그가 윌키에게 듣고자 했던 소식은 "그곳 화가들 사이에서는 무슨 일이 일어나는지"에 대한 것으로서, 그는 "그나마 내가 그들과 의사소통할 수 있는 길은 이것밖에 없으니 말일세"라고 간청했다.

20년 동안 레이번은 왕립미술 아카데미 전시에 그림을 보냈지만 들으나마나 한 답을 들었을 뿐이다. 그는 "내가 부탁하지 않아도 그들이 나를 뽑아준다면 그것이 훨씬 더 명예로울 테지"라며 자신을 내세우지 않으면서 아카데미의 회원이 되고자 했지만 아무도 그를 추천하지 않아, 기다리고 또 기다려야 했다. 그러던 중 1815년 예순 살이 거의 다 되어서야 그의 입회가 거론되었다. 작품 하나를 보내달라는 요구에 그는 자화상을 출품했다. 초상화가로서 자신을 재현하는 동시에 재능을 보여줄 수 있는 것이 자화상이라고 생각했던 것이다. 어쩌면 그는 이 출품이 단순히 의례적인 것이라고 생각했는지도 모른다. 어쩌면 그럴듯한 자부심의 표현으로 비칠 수 있으리라 생각했을지도 모른다. 하지만 어떤 쪽이든 레이번은 아카데미의 규정을 잘못 이해했다.

자신을 그림 한 장으로 표현하고자 했던 이 지루한 작업, 런던에 보일 만한 적당한 자신을 발견하기 위한 노력, 그간 무시되었던 자신의 가치를 증명해야만 하는 부담, 모두에게 자신의 이미지를 보여주어야 하는 수줍은 남자의 가상한 용기 등 이 모든 것은 결국 즉각적인 거부로 끝나 버렸다. 자화상은 초상화 부문에 출품할 수 없었던 것이다. 왕립미술 아카데미는 "그의 재능을 증명할 다른 종류의 그림을 가능한 빠른 시일 안에" 다시 제출해줄 것을 요구했다.[2] 레이번은 자신을 그릴 필요가 전혀 없었던 것이다. 게다가 그것은 그의 능력을 벗어나는 일이었다. 그 자화상은 그가 그린 초상화 가운데 최악이었다.

레이번은 영국 초상화 역사의 혁명기를 살았던 화가다. 당시 회화 장르의 위계는 완전히 전도되어 초상화를 그리는 것이 종교화나 역사화만큼이나 존경을 받게 되었다. 런던에 한두 번 방문했다가 고향으로 후퇴하지 않고, 윌키처럼 20대에 런던으로 근거지를 옮겼더라면 그는 아마도 매우 혹심한 경쟁에 직면했을 것이다. 조지 롬니1734~1802, 토머스 게인즈버러1727~88, 조슈아 레이놀즈 등 쟁쟁한 화가들과의 경쟁을 피할 수 없었던 것이다. 조지 롬리의 초상화는 섭정기 왕실 초상화의 대표 격으로 평가받았으며 그는 하루에 10시간, 일주일에 7일을 옥스퍼드 서커스 가까이에 있는 작업실에서 바삐 일하면서 밀려들어오는 주문을 처리해야 했다. 토머스 게인즈버러는 부드러움으로 요약되는, 마치 '너울대는 듯한' 모양새의 구식 초상화를 거부하고, 그림에 즉흥적인 화사함을 부여해 생기를 불어 넣고, 뚱뚱한 공작부인에게도 독특한 매력을 선사했다. 그리고 팰맬 가에 자리를 잡은 조슈아 레이놀즈는 휘그당 고관들과 유명 배우, 지성인 등 당대의 유력 인사들을 주 고객으로 상대했다. 자신이 명사인명록에 포함된 것을 너무나 당연하게 받아들이게 만든 레이놀즈는 매년 자신이 초상화를 그릴 명사를 선정해 하층민들을 위해 왕립미술 아카데미에서 전시했다.

다른 사람을 연구하는 삶을 사는 화가들은 자화상을 그릴 때 유리할 수밖에 없다. 이미 그들은 어떻게 인물의 자세를 잡을지, 얼굴을 위해 가장 좋은 빛은 무엇인지, 개인적 자아에 대한 미묘한 에세이와 효과적인 대중용 이미지를 어떻게 조합할지에 대해 잘 알고 있기 때문이다. 레이놀즈는 이 새로운 얼굴의 시대를 위한 장을 열었다. 그는 초상화와 자화상 사이를 오가며 수많은 작품을 남겼다. 그에게 이 둘은 일종의 친족 관계일 뿐 서로 다른 두 가지가 전혀 아니었다. 레이놀즈는 이런저런 핑계로 너무도 많은 자화상을 그렸고, 외향적인 자화상에서 자신을 근사하게 그려냈다.

여러 가지 면에서 레이놀즈의 추종자라고 할 수 있는 토머스 로렌스 경은 우피치에서 자화상 한 점을 보내달라고 한 여러 차례의 요구에 응하지 않았다. 하지만 왕립미술 아카데미에서는 그의 자화상 한 점을 볼 수 있는데, 그것은 왕이 요구했기 때문이었다. 그 이미지는 어쩔 수 없이 만들어진 것 같은 인상을 지우기 어렵다. 로렌스는 이 작업 자체를 이기적이라고 생각했던 것 같다. 그리고 사람들이 그가 너무 언짢아 보인다고 불평하자 그는 다음과 같이 응대했다. "당신도 거울 속에서 당신이 부자연스럽게 웃고 있는 것을 보고 싶지는 않을 테죠. 그런 일이 나를 얼마나 넌더리나게 하는 줄 모를 겁니다."

게인즈버러는 왕립미술 아카데미와 상당히 적대적인 관계였다고 할 수 있다. 죽은 지 20년이 지나서야 고인의 딸과 정치적인 협상을 벌인 결과 그의 자화상이 왕립미술 아카데미에 걸린 것이다. 그는 "내가 죽고 난 뒤 나의 석고상이나 모델 또는 자화상 어떤 것도 유출되지 않도록 하라"[3]라며 만일 죽고 난 뒤 무엇인가 자신의 모습이 전시되어야 한다면 그것은 후기 자화상의 유화 스케치를 바탕으로 제작한 작은 동판화 정도면 충분하리라는 확고한 유언을 남긴 터였다. 따라서 어떤 경우에라도 그가 이 이른바 '명예'에 대해 화를 내지 않았을 것이라고 믿기는 어렵다. 스스로 화가라는 직업에 대해 '얼굴 장수'라고 비하했던 그는 이 그림에서 아무것에도 속지 않으리라는 듯 영민하게 보인다. 그를 잘 알았던 사람들에게 그의 이 눈빛은 특유의 재기발랄함이고 그것이 바로 이 그림의 핵심으로 비쳤을 것이다. 그것은 사람들을 겨냥한 연행이 아니고 친구인 작곡가 카를 프리드리히 아벨을 위해 그에게 쓰는 편지처럼 휘갈겨 그린 친밀한 소통이었다.

조지 롬니는 일반에게 공개하기 위한 자화상은 그리지 않았고 거울 속의 자신을 보는 것도 어려워했다. 우울하고 내성적이며 거의 병적으로 자신을 드러내지 않았던 그는 비평을 몹시도 두려워했다. 런던 사회에 대해서는 "숨을 쉴 때마다 신경이 곤두서곤 했다"며 염증을 냈다.[4] 그는 매일 런던 사람들의 얼굴을 그렸고 그런 그림은 다른 화가들이 흉내도 낼 수 없는 것이었다. 하지만 밤에 그는 완전히 다른 화가가 되었다. 환영을 헤매는 낭만파 화가가 되어 윌리엄 블레이크의 그림에서 영감을 얻은 듯, 악몽을 연상케 하는 색채로 회오리바람 속에 뒤로 끌려가거나 앞으로 튀어 오르는 인물 같은, 자유롭고 때로는 불온한 선화도 과감히 그려낸 것이다. 그는 오히려 이런 것들에 더 매료되었던 것 같다.

이 선화들에서, 완곡하거나 심하게 암호화되어 있는 롬니의 얼굴을 보는 이들도 있다. 하지만 그는 분명히 자화상을 여러 점 그렸고 그 가운데

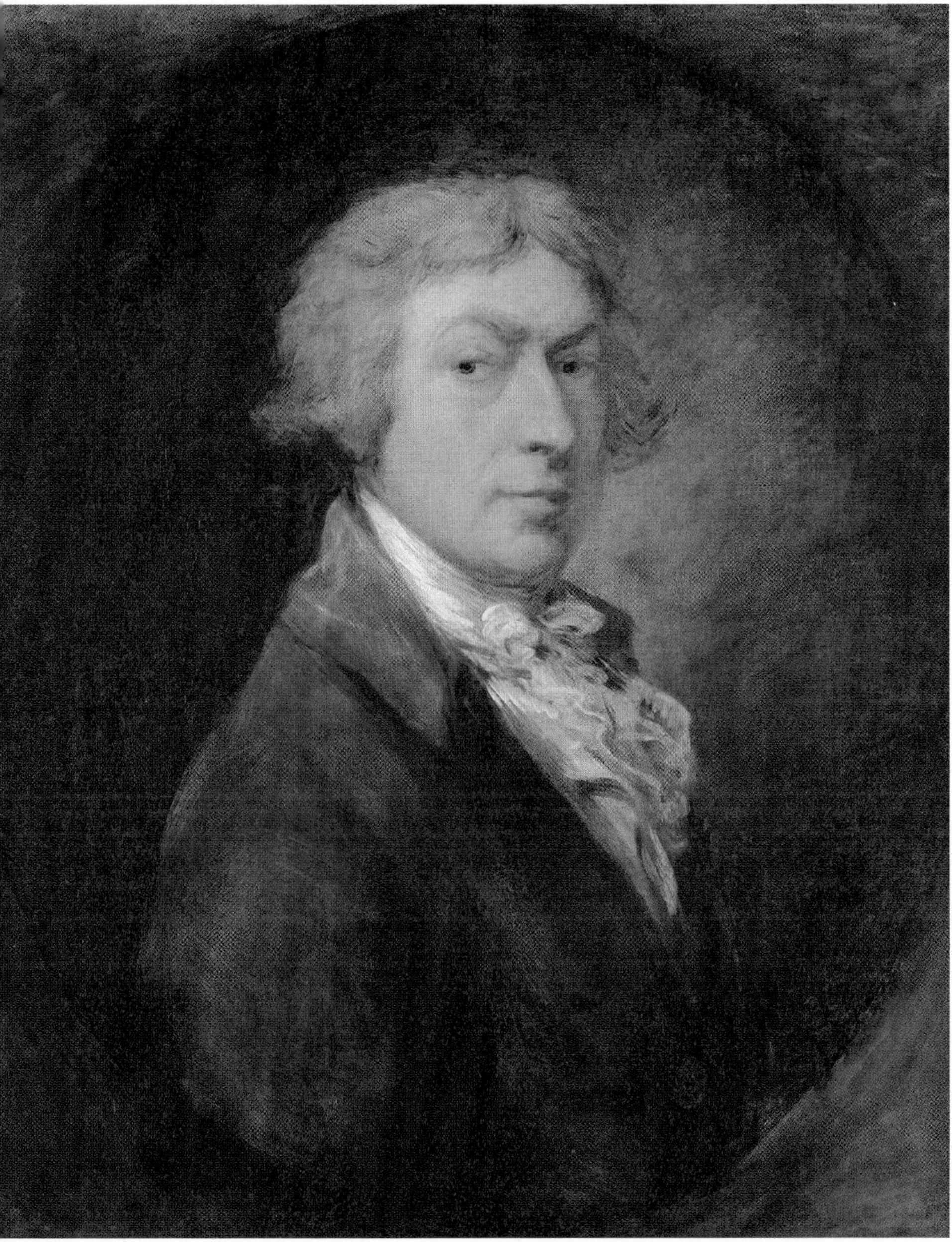

토머스 게인즈버러, 「자화상」, 77.3×64.5cm, 1787년경, 런던 왕립미술 아카데미

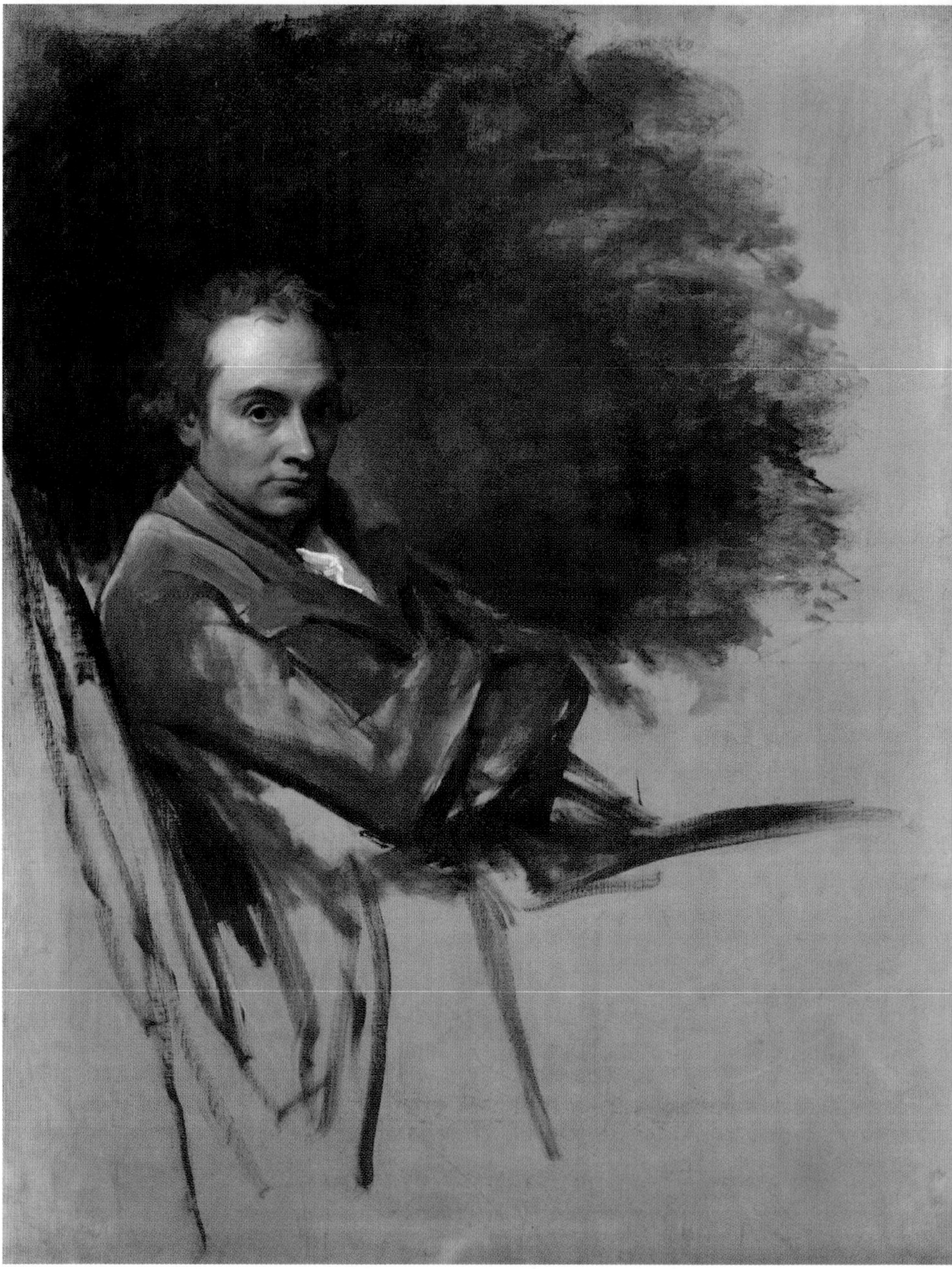

조지 롬니, 「자화상」, 캔버스에 유채, 125.7×99.1cm, 1784, 런던 국립초상화미술관

에는 의도적으로 완성시키지 않은 것도 있다. 이 자화상은 그가 그린 모든 초상화와 전혀 다른데 그게 꼭 미완성이기 때문은 아니다. 화가는 의자에 깊숙이 앉아 있고, 팔은 방어하듯 꼬고 있으며 뚫어져라 관객을 보고 있는 눈빛은 어쩔 수 없이 너무도 정직해 보인다. 대낮의 눈에는 환영 같은 것이 전혀 없지만, 한밤의 눈은 어둠 속에서 밝게 빛난다. 그림에서 유일하게 완성된 부분인 얼굴에는 강렬한 의심의 눈빛과 전투적인 지성이 엿보인다. 한 인정 많은 후원자는 왜 "다른 많은 사람들의 얼굴을 그릴 때는 그토록 섬세하게 그들을 추켜세웠던 그의 연필이 자신의 얼굴에 대해서는 그만한 예의를 다해 대하지 않는지" 의아해했다. 하지만 질문에는 이미 답이 있는 법이다. 모든 이에 대해 거짓말을 할 수 있지만 자기에게는 할 수 없는 것이다. 그 밖의 화면은 몇 가지 서둘러 만든 듯한 자세를 제외하고는 충격적이리만치 텅 비어 있다. 이 자화상에서 중요한 것은 머리뿐이다. 이 그림 또한 절친한 지인을 위해 그려진 것이었다. 따라서 롬니는 공손하거나 예의 바를 필요가 없었다.

---

우리는 자화상 화가가 초상화가에 비해 여러 가지 면에서 매우 유리하다고 생각하는 경향이 있다. 자신을 매우 잘 알고 있고 평생을 두고 세상을 향한 얼굴이 어때야 하는지를 경험했을 뿐 아니라 누구보다도 친밀한 인물에 대한 묘사를 하기 때문이다. 하지만 화가들과 수많은 날을 함께 보낸 누군가가 필요한 기술만 가지고 있다면 그들의 초상을 훨씬 더 잘 그릴 수 있지 않을까? 예를 들어 마네의 자화상은 자신과는 거리가 매우 멀어 보이지만 앙리 팡탱라투르가 그린 마네의 초상화는 실크해트를 쓰고 지팡이를 쥔 미끈한 모습의 마네를 보이고 있지 않은가. (우리는 다른 사람들이 어떻게 생겼는지는 확실히 알지만, 우리 중 누가 내면의 모습은 차치하고라도 자신의

외면을 확실히 잡아낼 수 있겠는가?)

일반에 공개되기 위해 제작된 자화상은, 그것의 목적이 화가라는 직업이 무엇인지를 보여주기 위한 것이라면, 설득의 힘을 가져야 한다. 그런 쇼는 절대 머뭇거려서는 안 되고 관객이 혼란을 느낄 만한 그 어떤 의심도 품게 해서는 안 된다. 현실이나 연극 무대와 마찬가지로 연행을 위한 자신감은 필수적이다. 화가가 자신을 신뢰하지 못하는 것처럼 보이는데 누가 그를 믿으려 하겠는가?

하지만 마지못해 관객 앞에 서 있는 듯한 인상은 어쩌면 화가가 노력해서 얻어낸 것이자 자화상의 핵심일지도 모른다. 티치아노는 어디론가 사라져 버리고 싶어하고, 푸생은 뒤로 물러선다. 미국 화가 메리 커샛1844~1926은 화면의 일반적인 위아래 축을 무시하고 대각선을 그리며 깊숙이 테이블에 기대어서 관객에게 측면만을 보여주며 매우 무관심한 듯 뚫어져라 화면의 오른쪽을 바라보고 있다. 이로써 그녀는 초상화의 기본 명제를 뒤엎은 것 같다. 관객에게 보이기를 원치 않는 그녀는 관객으로 하여금 자신이 아닌 다른 어떤 곳을 보게 하는 것이다. 커샛은 이렇게 말하는 듯하다. 진정 중요한 모든 것은 무대 양편의 텅 빈 공간에서 진행되고 있다고.

이런 그림들은 스스로에 대해 억지로 무대에 등장한 화가라고 말하면서도 그것을 시각적으로, 그리고 사회적으로 유리하게 이용한다. 하지만 화가들은 간혹 무의식적인 불안을 느끼기도 한다. 결정적인 자화상이 요구되는데도 자신을 여전히 숨기고자 하거나 그러지 못할 때, 또는 전혀 모르거나 또는 충분히 알지 못하는 사람들에게 자신이 누구인지 설명해야 한다고 느낄 때, 그가 누구이든지 간에 어쨌든 그 사람이 어떻게든 재현될 수 있다는 생각에 환멸을 느낄 때, 그들은 불안을 느끼지 않을 수 없는 것이다. 그렇다고 그것이 정체성의 위기를 뜻하는 것은 아니다. 그것은 단순히 자기 의심이나 혼란이 축적된 것일 수 있다. 레이번과 같은 시기 에든버러에 살았던 철학자 데이비드 흄은 이렇게 말했다. "나에 대해 말하자면, 나 자신

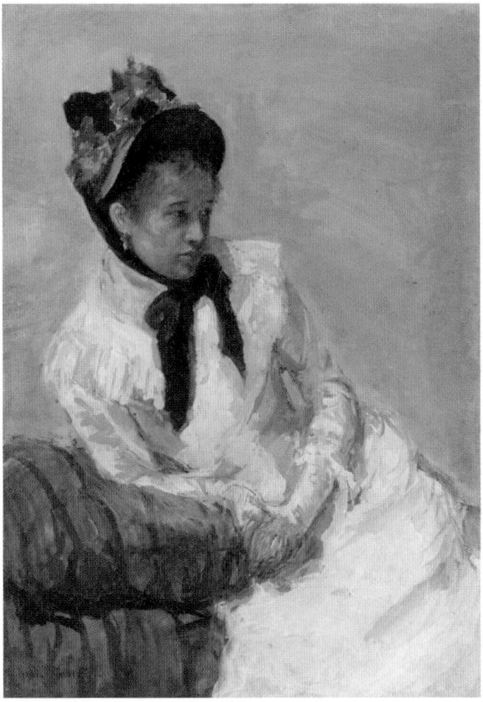

메리 커샛, 「자화상」, 종이에 구아슈, 60×41.4cm, 1876년경, 뉴욕 메트로폴리탄 미술관

이라고 부르는 것으로 매우 근접해 들어갈 때마다 늘 나에 대한 특정한 인식과 동시에 그것과 완전히 다른 것과 마주치곤 한다. 뜨거움 또는 차가움, 애정 또는 증오, 고통 또는 기쁨 등…… 나는 이런 식의 모순된 인식을 동반하지 않고서는 나에 대해 도저히 말할 수 없다. 마찬가지로 그런 식의 인식을 동반하지 않고서는 어떤 것도 관찰할 수 없다. …… 만일 어떤 사람이 진지한 숙고 끝에 자기에 대한 인식이 이와 완전히 다르다고 한다면 나는 그와 더 이상 어떤 것도 논할 수 없으리라고 고백할 수밖에 없다. 아마도 그는 뭔가 단순한 것을 인식하고는 그것을 계속해서 자기라고 부를지도 모른다. 물론 나에게는 그런 원칙이 없다는 것이 확실하다."[5]

우리는 보통 자화상은 화가가 자발적으로 그린 것이라고 생각하지만 그

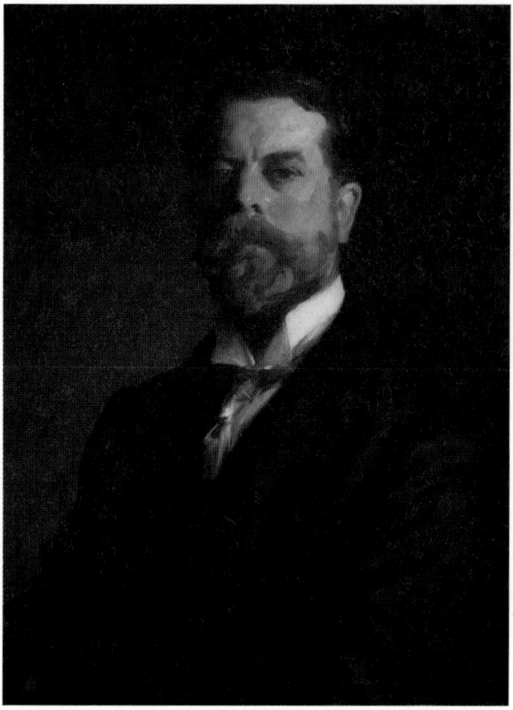

존 싱어 사전트, 「자화상」, 캔버스에 유채, 70×53cm, 1906, 우피치 미술관

렇지 않다. 많은 화가들은 자신을 초상하는 것에 대해 생각조차 하지 않으며, 심지어 의심하거나 두려워하기까지 한다. 어떤 화가들은 고통이 잠재적으로 숨어 있는 그런 일을 스스로 하고자 하지 않으며, 후원자의 요구나 의뢰에 의해, 또는 직업적이거나 사회적인 이유에서 어쩔 수 없이 한다.

우피치에서 자화상을 제작해 달라는 부탁을 받은 존 싱어 사전트 1856~1925는 냉담한 무관심으로 그 주문에 응했다. 당시 이탈리아에 머물렀던 그는 초여름 햇살을 받으며 바깥에서 작업하기 위해 나무에 거울을 걸어 두었음에도 불구하고, 결과는 한겨울 영국 날씨에 문을 꼭꼭 걸어 잠그고 런던 작업실에서 제작한 초상화와 다를 것이 없었다. 그것은 차가운 자화상이었다. 그 이미지는 또 다른 사전트로서 그의 고객이었던 변호사,

은행가, 자손 대대로 자신의 힘이 기억되기를 원했던 오만한 거부들의 초상화와 똑같은 것이었다. 옷과 자세의 단정함이 전부였다. 표정에서 주목할 만한 것은 그것이 드러내는 바가 놀랄 정도로 없다는 것뿐이다.

하지만 거의 말하지 않는 것은 일종의 굳은 결심을 드러내는 것이기도 하다. 내적 존재를 둘러싸고 들리는 여러 소음을 들으려 하지 않는다거나 다른 화가들이 세상에 아첨하거나 관객에 호응할 수 있는 모든 기회를 잡아버린 것에 대해 무관심하려는 결심의 표현이라는 것이다. 사전트는 아첨꾼들이 그리는 초상화를 비꼬아 'paughtrait'영어 단어 paughty는 '거만한' '오만한' 등의 뜻이 있다라고 하며, 얼굴 그리는 장사 노릇을 그만두라고 질타했다. 하지만 그는 바로 초상화로 자신의 성공을 이뤄냈으며, 그는 이런 초상화들이 판을 치는 사회에서 버틸 만한 평정심과 신념을 모두 가지고 있었다. 모임에서는 입을 굳게 다물고 어떤 호의도 보이지 않고 옆에 누가 있어도 지루해 어쩔 줄 모르는 그였지만 나름대로 괴팍스럽게 예의도 차렸고 공손하기도 했다.

어떤 화가들은 이런 식의 연행을 채 끝내지 못하는 경우도 있다. 우피치 자화상 컬렉션에 걸린 장바티스트카미유 코로1796~1875는 어떤 문턱 위에 서서 안절부절못하는 것처럼 보인다. 그가 입고 있는 옥양목 외투는 매우 아름답게 묘사되었지만 얼굴은 미완성인 것처럼 보이며 뭔가 망설이는 듯 분명한 결심 따위를 내비치지 않는다. 수줍고 과묵한 인물 혹은 스스로 자신을 규정하지 못하는 인물로 마치 할 수 있는 말 이상을 하라는 요구에 난색을 표하듯 그는 그림 속에 서 있다. 공개 및 전시를 염두에 둔 자화상을 그려야 한다는 압박은 자의식을 거의 불구로 만들어버릴 수 있다. 그것은 자신을 정확히 재현해내는 데 실패해 사람들이 갖게 되는 오해에 대한 두려움, 즉 자신이 아닌 다른 종류의 사람으로 오인되는 것에 대한 두려움이다. 그것은 낯설고 냉담한 청중을 앞에 두고 자신에 대해 얘기해보라는 요구에 말을 더듬거나 침묵하거나 말도 안 되는 소리를 지껄이는 것과 전

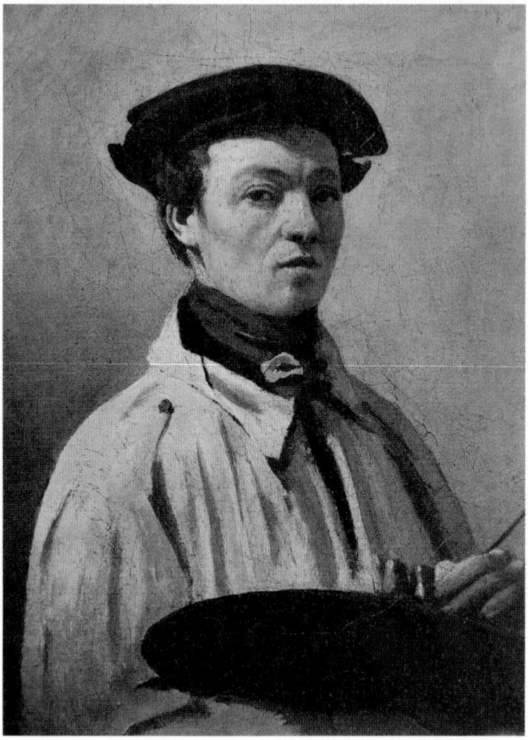

장바티스트카미유 코로, 「자화상」, 캔버스에 유채, 33×25cm, 1840년경, 우피치 미술관

혀 다르지 않다. 존 업다이크는 「말 꺼내기」에서 낯선 사람 앞에서 할 말을 잃었던 것에 대해 다음과 같이 썼다. "나에 대해 설명할 것이 무척 많아 보였다. …… 이제 전화 너머로 서두르는 전기공을 마주치고서 나는 목소리를 낼 수 없었다. …… 내가 누구인지는 거의 설명하기 불가능하리만치 복잡하고 불분명해 보였다." 성공하리라는 보장도 없이 자신에 대해 충분히 그리고 곧바로 설명하라는 요구는 즉각적으로 말을 더듬게 한다. 그 더듬거림은 "청중이 자발적으로 모여서 내가 편안하게 느끼는 나의 페르소나를 보는"[6] 낭독회장에서나 사라질 수 있는 것이다.

업다이크가 시사하듯, 말을 더듬는 것은 잠재의식의 정직한 발현일 수 있다. 그것은 독일 화가 안톤 라파엘 멩스1728~79의 후기 자화상의 경우도 마찬가지다. 레이놀즈와 정확히 같은 시대를 살았던 그는 당대에는 상당히 저명했으나 오늘날에는 잊힌 화가이다. 어떤 경우에나 이유는 언제나 같다. 그는 신고전주의적인 화풍으로 주로 알레고리화를 그렸는데, 그 안에는 순결한 님프들과 신격들이 가득했다. 당대인들은 여기서 더할 수 없는 고결함과 아름다움을 느꼈지만 오늘날의 우리에게 그 그림은 고리타분한 아카데미풍의 그림에 지나지 않는다.

멩스는 에스파냐 왕의 제일 궁정화가로서 고야의 선배 격이었다. 그 전에는 작센의 선제후를 위한 전속 화가였으며, 10년 동안은 로마에 있던 자신의 작업실에서 황제로 군림했다. 멩스의 열렬한 팬이기도 했던 예술사가 요한 요아힘 빙켈만—당시 누구도 그만큼의 영향력을 갖지 못했다—의 충동질에 그는 지나치리만치 공을 들여 일련의 회화 작업을 진행했으며 지루하기 짝이 없는 편람인 『미에 대한 사색Thoughts on Beauty』을 발행하기도 했다. 이 책은 당시에는 모든 주요 유럽 언어로 번역·출판되었다. 하지만 이 모든 것이 결국은 그에 대해 사람들이 품었던 야심에 그가 시달렸다는 것으로밖에 보이지 않는다. 사실 그는 태어나면서부터 그랬다. 멩스의 아버지는 코레조와 라파엘로의 이름을 따 그를 안톤 라파엘이라 이름 짓고, 그들과 같은 천재가 되기를 바랐던 것이다.

멩스가 죽고 난 뒤 출판된 책에서 레이놀즈는 멩스의 명성이 머지않아 사라질 것이라고 정확히 예견했다. 하지만 생전의 멩스는 유명한 화가에게 걸맞게 자화상을 그려달라는 부탁을 수차례나 들었다. 예외 없이 이 모든 자화상은 뻣뻣하고 말도 안 되게 인위적이었다. 너무 약해 화포에 매달려 있기 힘들어 보이는 것도 있다. 하지만 쿠퍼 백작을 위해 1774년에 그린 자화상은 기대 밖으로 감동적이고 뭔가를 표현하는 듯하다.

멩스는 여기서 초라한 재킷과 수건을 두른 작업복 차림—오래돼 흐릿해진 듯한 녹색과 붉은색은 다양한 회화 이론을 설명하기 위해 주의 깊게 선

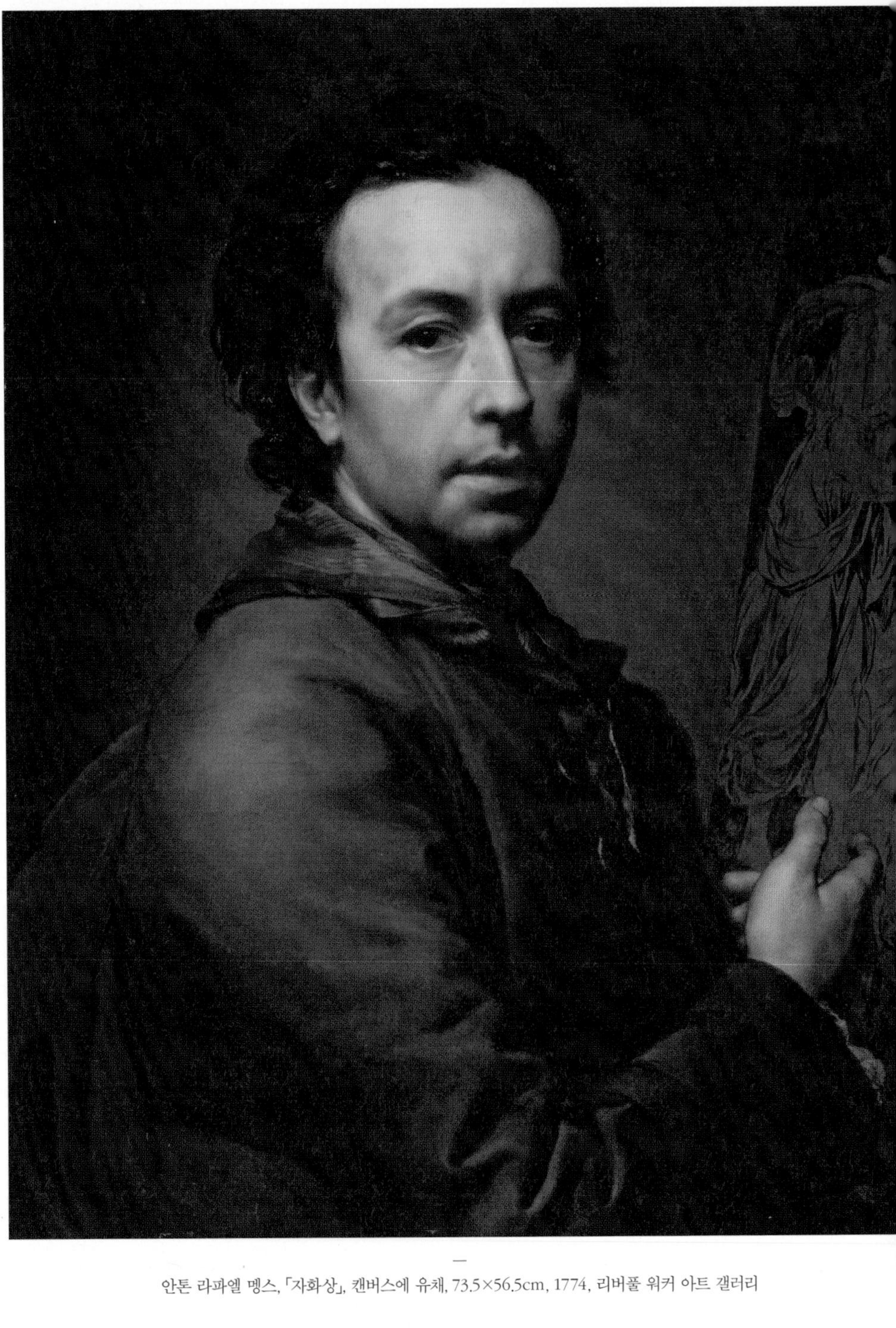

안톤 라파엘 멩스, 「자화상」, 캔버스에 유채, 73.5×56.5cm, 1774, 리버풀 워커 아트 갤러리

택된 것이지만—을 하고 있다. 그는 작업 중인 신화를 다룬 스케치를 가리키고 있는데, 거기서 안드로메다가 한 발짝을 떼며 우아하게 치맛자락을 잡아 올리는 것을 볼 수 있다. 이론가이자 지성인이고 신고전주의의 원칙을 고수한 화가로서의 멩스를 생각해본다면 이 이미지가 자신을 위해 선별한, 그리고 가장 편한 페르소나라고 말할 수 있다. 하지만 눈은 피로로 충혈되어 있고, 턱은 힘없어 보이고, 입은 이제 막 무언가를 얘기하려는 듯 열린 채 머뭇거리고 있다. 화가는 말을 더듬고 있는 것이다. 그의 정체가 무엇인지는 도저히 말하기 어렵다. 그는 여기서 내면의 자신을 공개적인 이미지와 맞춰보려는 헛된 시도를 하고 있다. 하지만 멩스는 그런 헛된 시도뿐만 아니라 스스로에 대해서도 의심하는 것 같다. 마치 어떤 기대에도 미칠 수 없다는 것을 진즉에 알고 있었다는 듯이. 우울한 앎, 그것은 그림에 진실과 감동을 주었고, 그것으로 이 그림은 멩스가 그린 최고의 그림이 되었다.

*11.*

# 외로운 영혼들

## 고독한 화가와 낭만주의적 자화상

철학자 에른스트 마흐는 버스에 타고서 한쪽 끝에 서 있는 꾀죄죄하고 초라한, 학자연하는 사람을 보았다. 그는 생각했다. 1. '저 사람은 추레한 현학자다'라고. 하지만 사실 마흐는 버스의 한쪽 끝에 있는 큰 거울, 차장들이 여기저기를 살피는 데 썼던 그 거울에 비친 자신을 보고 있었다. 그는 마침내 깨달았고 또 생각했다. 2. '내가 저 남자구나.' 3. '내가 추레한 현학자구나'라고.

_존 페리, 『나 자신과 나』

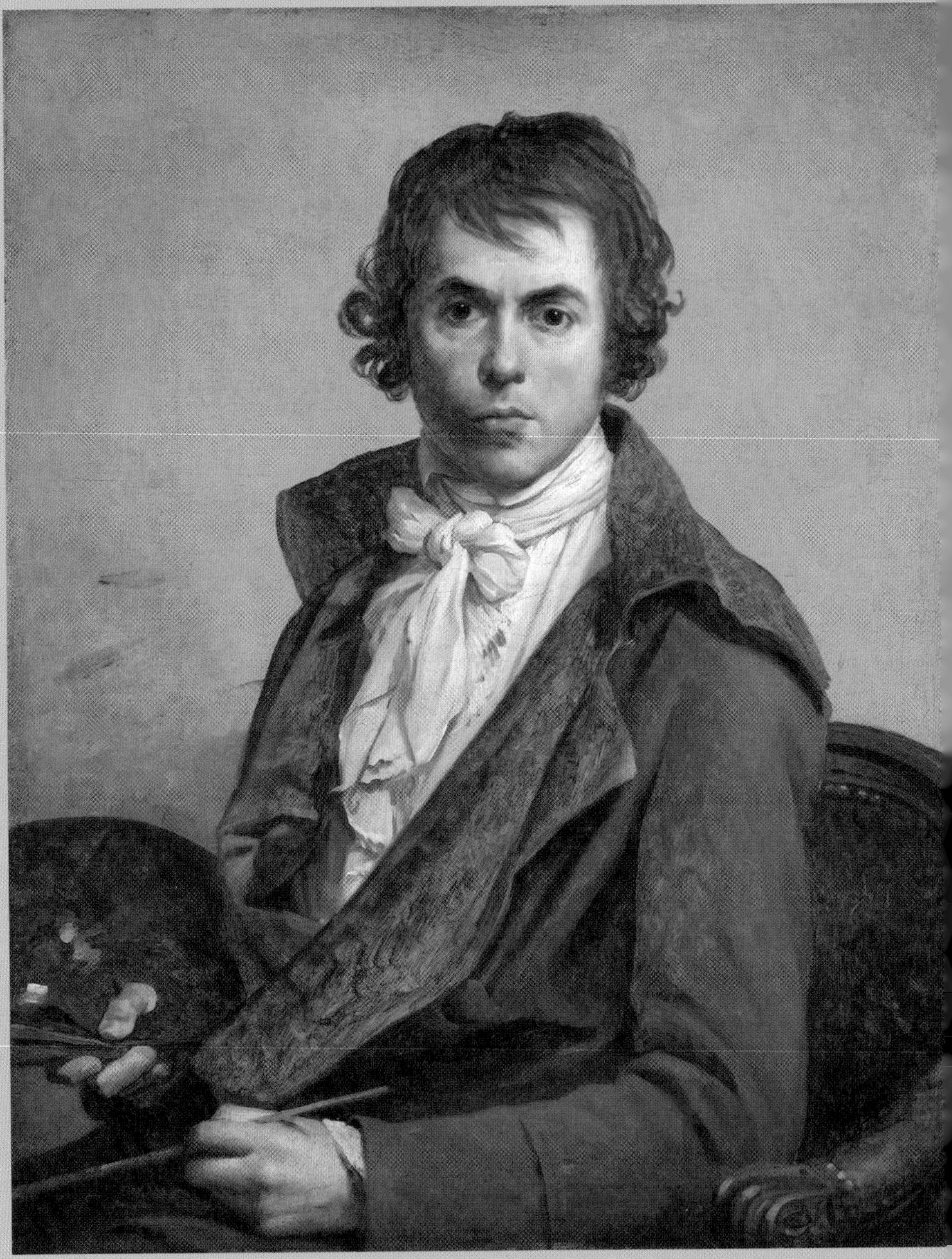

자크루이 다비드, 「자화상」, 캔버스에 유채, 81×64cm, 1794, 파리 루브르 박물관

자크루이 다비드1748~1825년경는 외롭고 또 외롭다. 그리고 당황한 듯 보이고 허둥거리는 것 같다. 고통스러울 정도로 꼿꼿이 앉아 있는 그는, 의자에 앉아서도 전혀 편안함을 느끼지 못한다. 붓과 팔레트를 너무도 꼭 잡고 있는 그는 무엇을 쥐고 있는지도 완전히 잊어버린 듯하다. 그리고 거울 속의 그 자신과 타협하기 위해 노력하고 있다.

그는 젊어 보인다. 그리고 자화상은 조바심이 날 정도의 정확함으로 제작되었다. 코트 깃은 가볍게, 하지만 완벽하게 묘사되었고, 주변의 세부적인 것들은 과감하게 생략되었다. 희미한 홍조가 이제 막 뺨에 피어오르는 것 같다. 하지만 다비드는 젊지 않았다. 그는 마흔일곱 살이었고 그런 흔적이 턱에 난 몇 가닥의 은빛 수염으로 보인다. 오히려 3년 전에 제작한 자화상이 더 늙어 보인다—그렇다고 그 작품이 강렬함이 부족하거나 속도감이 없는 것은 아니다. 평온해 보이지만 한편으로는 동요하는 듯한 그는 아직 '거울 단계'를 넘어서지 못한 듯 거울 속 자신을 알아보지 못하고 계속해서 자신을 찾고 있다. 약간의 불만과 함께 당황스러움이 얼굴에 비친다. 한때 가장 권위 있는 화가였던 그는 이제 말도 못하고 갇힌 상태가 되어 상황을 자기 마음대로 제어할 수도 없는 것처럼 보인다. 그리고 이상한 입 모양은 이런 더듬거림을 정확히 가시화한다.

다비드는 프랑스혁명기에 누구도 대적할 수 없는 이미지 메이커였다. 그리고 그 혁명은 부분적으로는 이미지에 기대어 움직인 바가 없지 않다. 대중의 열정을 불러일으키고 그들에게 영감을 제공했던 그의 능력은 절대 과소평가될 수 없다. 여러 편의 초상화는 물론이고, 욕조에 기댄 채 살해된 마라를 기념하는 그림까지, 혁명기에 그가 그린 모든 그림들을 보고 있으면 그 속에 담긴 에너지에 감동받지 않을 수 없다. 파리 시민들이 다비드를 향해 그림 속 마라를 되돌려 달라며 울었다는 이야기는 국민공회가 직접 나서서 그런 힘을 지닌 그림을 그려 달라고 그에게 부탁했다는 것을 보면 그리 미덥지 못한 이야기도 아니다. 오도 가도 못하는 듯 보이는 1794년의 이 자화상도 그런 혁명기의 시시각각으로 변하는 정황을 배경으로 한다.

다비드는 정치적인 이미지를 만들기만 했던 게 아니라 스스로 정치가이기도 했다. 로베스피에르의 가까운 추종자였으며, 1792년 파리 의원으로 선출되었고, 당통, 마라와 함께 국민공회에서 지롱드 당에 맞선 자코뱅 당의 일원으로 활약했다. 그리고 사람들은 그들을 '열혈 테러 집단'으로 부르기도 했다. 다비드의 정치 연설은 훌륭한 것이 못 되었지만—다비드의 전기 작가인 아니타 브루크너는 이를 두고 "내용은 지루하리만큼 너무 빤하고 슬로건으로만 가득 찬"[1] 연설이라고 했다—누구보다 주목 받기를 원했던 그는 자신의 모든 정치 연설을 모아서 출판하기에 이른다. 그의 삶은 기실 공적인 것이었다. 루브르궁에 있던 자신의 아파트를 출발해 파리 시내를 지나가면서 그는 수많은 정치 집회, 유세 등과 마주쳤으며 그런 곳에 참여한 그의 모습이 곳곳에 기록되어 있다. 그의 예술은 노골적으로 공개 연설의 형식을 염두에 두고 제작되었으며, 그가 설계한 공개 행사는 예술의 형식을 띠었다. 마라가 죽었을 때 다비드는 그 장면을 있는 그대로 다시 연출하고자 했다. 즉, 마라가 발견된 당시의 모습을 대중 앞에 그대로 재연하고자 했던 것이다. 하지만 의사들이 그를 만류했다. 이미 마라의 몸은 피부병으로 거의 망가져버렸기 때문이다.[2]

로마에서 젊은 시절을 보냈던 다비드는 회화의 본질이 무엇인지, 로마적인 금욕주의와 자기희생 그리고 시민의 의무를 어떻게 표현할 것인지에 대해 많이 고민했고, 이후 그의 회화는 그것에 상당한 영향을 받는다(그는 18세기 후반 대단한 영향력을 지닌 신고전주의자가 되었다). 고대 로마 역시 민주사회에 대한 그의 이상과 대중적인 의식 등에 큰 영향을 주었다. 축제에서 장례식에 이르기까지 다비드가 기획하고 조직했던 대중적인 이벤트는 로마인들의 것보다 더욱 로마적이었고, 그런 이벤트들은 수천 명에 이르는 파리 시민을 모이게 했다. 그는 긴급을 요하는 무대를 꾸미는 데 특별한 재능이 있었다. 교회가 볼테르의 시신을 거두기를 거부했을 때 다비드는 묘표도 없는 무덤에 묻혔던 그를 꺼내어 시신을 단장해 10만 명의 파리 시민 앞에서 팡테옹에 안치하는 데 성공했다. 루이 16세의 처형이 있기 전날 밤 욘 지역의 의원이 왕당파에 의해 식당에서 피살되었을 때, 다비드는 그 자리에서 시산을 스케치했고 하루 만에 로마식의 거대한 장례식을 거행했다. 벌거벗겨진 르펠르티에의 시신은 찔린 상처를 그대로 노출한 채 며칠 전까지만 해도 왕의 동상을 떠받치고 있었던 바로 그 방돔 광장의 주각 위에 오르게 된다. 대단히 상징적으로 꾸며진 르펠르티에의 영구차는 파리 시내 곳곳을 돌면서 행렬을 이끌었고, 영구차 꼭대기에는 피로 젖은 그의 옷이 삼나무 가지와 월계수 잎과 함께 미늘창에 꽂혀 있었다. 이 장례식은 르펠르티에의 희생을 프랑스혁명의 첫 번째 순교로 자리매김했고, 다비드는 더 나아가 이 장례식을 「죽음의 침대 위에 누운 성인 르펠르티에」라는 작품으로 기념했다. 몇 주 뒤에 열린 살롱에 출품된 이 작품은 프랑스혁명에 대한 첫 번째 공식적인 역사화이며 기록 이미지가 되었다. 그리고 아무도 이 작품이 언제 어떻게 사라졌는지 알지 못한다.

이 그림이 구체적으로 어땠는지는 모르지만 다비드가 나중에 그리게 되는 엄청난 걸작 「마라의 죽음」에 비하면 하나의 습작 정도였을 것이다. 「마라의 죽음」은 1793년 샤를로트 코르데가 언론인이자 정치가였던 마라를 암살한 직후 불과 몇 시간 만에 착수된 작품이다. 다비드는 마라가 죽기 며칠 전에도 그에게 다녀갔으며, 그가 죽었다는 소식을 듣고 바로 달려가 여전히 온기가 남은 시신을 두고 선화를 그려나갔다. 다비드는 마라의 죽은 모습을 보자마자 무엇을 그려야 하는지를 분명히 알았을 것이다. 마라는 욕조에 누운 채로 심장을 찔렸다. 그는 피부병 때문에 늘 차가운 물을 받은 욕조 안에서 일했는데, 이제 그 욕조는 그림에서 그의 관이 돼버린 것이다. 한 손에는 암살자의 거짓 소개장이 들려 있고 다른 한 손에는 영원히 바닥에 붙박이게 된 위대한 펜이 들려 있다. 지칠 줄 모르는 혁명가가 죽기 바로 전까지만 해도 책상으로 썼던 나무 상자는 이제 그의 기념비가 되어 묘석처럼 날짜와 다비드가 이 영웅에게 바치는 비명을 담고 있다. "À Marat"—'마라에게' 그리고 '마라를 위하여.' 「마라의 죽음」은 마치 그것이 영웅의 시신이기나 한 듯 파리 시가 곳곳을 행렬했다. 그것은 순교를 증언하는 시신이었고, 순교의 형태로 드러난 항변이었다. 그것은 성 베드로 성당에 있는 미켈란젤로의 그리스도처럼 이제 막 성 십자가에서 내려졌음을 은유적으로 보여주는 세속의 피에타였다.

하지만 채 1년도 되지 않아 이 그림은 화가에게 되돌아갔다. 로베스피에르는 혁명 실패의 희생양이 되었고, 화가이자 정치가였던 다비드는 그와의 관계로 인해 매도되었다. 브루크너는 "다비드의 강점은 공화국의 일반 의지를 대중적인 행사와 화려한 이미지로 단순화하여 보여주는 데 있었다. 한편 그의 약점은 어디서나 보이고 들리고자 하는 안타까운 욕망을 가졌다는 데 있었다"[3]라고 썼다. 다비드는 연설과 표현의 자유를 제외한 모든 것을 요구하며 도처에서 보이고자, 들리고자 했던 것이다.

서른 정도의 나이에 국민공회의 일원이었던 다비드는 예술가와 예술에 유난히 혹독했다. 그는 공공건물에 세워진 루이 14세와 15세 조각을 모두

철거하자고 나섰다. 또한 박물관 위원회를 억압하여 프랑스 아카데미와 그것이 상징하는 모든 것을 철폐하고자 했다. 그뿐 아니라 교수대로 향하는 마리앙투아네트에 대해 추호의 연민도 없이 그녀를 이가 다 빠진 초라한 노파로 그린 캐리커처를 남겼고 무엇보다 왕의 처형을 찬성하는 투표를 했다. 국민공회에서 지나치게 공격적이었던 그를 두고 동료들조차도 그를 '반 미치광이'라고 말할 정도였다. 하지만 로베스피에르의 권력이 무너지고 그의 처형이 결정 났을 때 다비드는 그로부터 재빨리 발을 뺐다.

베드로가 새벽닭이 울기 전에 예수를 부인했던 것처럼, 로베스피에르가 다비드에게 관심을 가졌던 것이지 그 반대는 아니었다고 그는 주장했다고 한다. 이 덕분에 그는 목숨은 건졌는지 몰라도, 공안위원회는 그의 사건을 두고 4개월 동안이나 지지부진하게 논쟁을 끌었고 결국 사건은 조용히 기각되었다. 하지만 그 가슴 졸이는 4개월간 그는 제자들의 탄원에도 불구하고 감방에 갇혀 있어야 했다.

1794년 여름, 그는 감방에서 바로 이 자화상을 그렸다. 그것은 닫힌 작업실 방 안에서 느낄 법한 외로움이 아니라 완전히 혼자인 공간에 갇힌 데서 비롯된 외로움에 관한 그림이다. 얼굴에서 보이는 당황스러움은 도저히 그가 감출 수 있는 것이 아니었고, 거울을 보면서도 스스로 알아차리지 못했을 수도 있다. 당연히 그는 자신이 가혹하게 학대당했다고 느꼈을 것이다. 그런 느낌은 그의 첫 번째 감방이 오텔 데 페름에 있는 그곳 경비의 아들이 쓰던 작업실이었고 그 아들이 다비드의 제자 중 하나였음에도 달라지지 않았다. 거울, 화포, 붓 그리고 이젤 등 그림을 그리는 데 필요한 모든 것이 재빨리 제공되었고, 그는 거기서 여러 점의 그림—이상하지만 그중에는 풍경화도 있었다—을 그릴 수 있었다. 하지만 그가 쓴 편지에는 그가 입었던 상처와 당황스러움이 고스란히 드러난다.

민중의 대표자들에게 고하건대 나는 나의 동지들, 나보다 훨씬 더 깨인 그들이 애국의 초석이라고 생각했던 인간의 참된 본성을 막는 그 어떤 사상이라도 나 자신이 앙양했다면 얼마든지 비난받을 용의가 있다. 하지만 자유를 향한 사상으로 들떴던 것이, 조국에 대한 열렬한 사랑의 결과일 뿐이라는 것을 아는 애국자들에게 범죄일 수는 없다. 그것은 단지 따뜻한 감정이고, 엄격한 열정이었다. 혁명을 가능케 한 것, 그것이었다.[4]

그는 자신의 천직으로 되돌아가기 위해 풀려나야 했다. "작업실로 돌아가는 것이 금지되어 있다. 아, 어쩌면 처음부터 나는 그곳을 떠나서는 안 되었나 보다. 나는 명예롭지만 어려운 의원직을 수락하면서 생각했다. 청렴한 마음 하나면 충분하리라. 하지만 나는 두 번째 자질, 바로 통찰력이 부족했다." 다비드는 라신의 비극에 등장하는 페드르에게 보내는 이폴리트의 여구麗句로 한 편지를 끝맺었다. "대낮도 내 가슴보다 더 순수하지는 않으리라."

철저히 홀로, 세상과의 소통이 완전히 단절된 채 다비드는 그의 상태를 전혀 속임 없이 있는 그대로 그렸다. 그의 고독은 무고함으로 묘사되었다. 그리고 편지에 쓰인 모든 것은 이 자화상에서 고요하게 반복되고 있다. 격앙의 끝—통찰의 부재가.

---

고립은 다비드의 자화상이 지닌 중심적인 사실이다. 화가는 사회에서 분리되었고, 그의 그림이 누구를 위한 것인지 모른다. 그는 어떤 식으로든 자신에 대해 설명할 길을 찾지 못한다. 그렇다고 이 그림이 내향적이거나 자기에게만 몰두한 초상인 것도 아니다. 그림에서 보이는 정제된 붓질은 어떤 자아나 심리적인 풍경을 표현한 것이라고 보기 어렵다. 그것은 분명 감동적

이고 독특한 느낌을 자아내는 자화상이다. 하지만 속수무책으로 상처 입은 분위기로 보아 완전히 신고전주의적이지도 않고, 그렇다고 낭만주의적인 것도 아니다.

하지만 화가가 처한 곤경은 얼마나 낭만주의적인지. 단지 자신의 감정에 충실했다는 이유로, 또 다른 이들에게 그와 같은 감정을 불어넣는 데 탁월한 능력을 가졌다는 이유로 감금된 부당한 취급을 받은 화가, 오해받은 화가, 품위 있는 사회에서 추방당한 화가. 이 얼마나 낭만적인가. 추방당한 천재적 화가, 버림받은 반항아, 낭만주의의 순교자로서의 화가 등, 이것이야말로 바이런이나 셸리에게 어울리는 이야기이며 전 세계적으로 친숙한 주제다. 낭만주의는 머리보다 가슴을, 이성보다 감성을 높이 샀으며 강렬한 감정과 심안의 경지를 표현하는, 또는 다른 이들을 흥분케 하는 이미지를 만들고자 했다. 그것은 신고전주의적인 조화와 수학적 질서, 그리고 그리스·로마인들이 믿은 영속적 진리를 거부하고 표현의 자유를 동경했다. 따라서 예술은 이 세상에서 홀로인 존재의 천국 또는 지옥을 재현해야 했다. 산꼭대기에서 부르짖는 갈망이나 숭고한 일출 앞에서 내뱉는 경탄, 또는 혹독한 어둠 가운데 느끼는 두려움 등 낭만주의 예술은 압도와 초월, 앙양의 느낌을 준다. 대표적으로 들라크루아의 위대한 자유를 향한 노래와 프리드리히의 영감을 자극하는 갈망, 제리코의 「메두사호의 뗏목」과 같은 엄청난 비극이 있다. 그것은 보는 이의 가슴을 직접 울리며 무엇보다 자유를 최고의 가치로 생각한다. 터너의 아름답지만 비현실적인 하늘은 그가 본 것이 아니라 본 것에 대한 그의 느낌을 담은 것이다. 블레이크는 "나는 하나의 시스템을 만들어야 한다. 그렇지 않으면 다른 시스템의 노예가 될 것이다"라고 천명했다.

이것이 낭만주의 옹호자들이 말하는 낭만주의가 태어난 원인이다. 하지만 그 원인은 그것이 낳은 주요 결과, 즉 화가의 역할에 일어난 변화보다 훨씬 더 규정하기 힘들다. 화가는 더 이상 후원자들의 구미에 맞추거나 공공

서비스라는 개념에 따라 그들을 교화하거나 즐겁게 해주지 않아도 되게 되었다. 이제 그들은 그보다 더욱 높은 소명, 즉 우리 같은 범인凡人들은 겨우 더듬어 찾을 수 있는 것을 보고 이해할 수 있는 경지까지 스스로를 키워냈다. 그들은 일종의 선지자이자 샤먼이고 예언자가 되었다. 그들은 태어날 때부터 특별했고, 비범했다.

낭만주의 화가는 국민공회의 규정을 쉽게 받아들이지도, 애초에 공적인 자리에 서지도 않았을 것이다. 또한 낭만주의 화가라면 예술 세계에서 독재자 노릇을 하지도 않았을 것이며, 다비드가 마침내는 그랬던 것처럼 나폴레옹 황제의 공식 초상화를 그리지 않았을 뿐만 아니라 권력이 바뀔 때마다 그 구미에 맞게 스타일을 바꾸지도 않았을 것이다. 낭만주의 화가는 단지 자신의 예술로 고통스러울 뿐이지 정치로 고통을 겪지는 않는다. 만일 진부한 표현을 하는 경우가 있다 하더라도 쉽사리 그것을 수정하려고 하지도 않을 것이다. 어디에도 속하지 않는 화가, 다른 화가들처럼 범상하게 행동하지 않는 화가, 일상적인 삶을 살지 않는 화가들이 바로 그들이다. 그들은 우주가 빚어내는 음악을 들을 수 있는 사람들이기 때문이다.

이것이 낭만주의 운동을 벌였던 음악가, 작가, 화가, 철학자 들이 의도한 것은 아니었다. 세상이 그것을 도왔다고 하는 편이 옳을 것이다. 화가들의 살아가는 방식, 즉 남들보다 더 개인적이고 자유로우며 더 무모하며 감정에 충실한 그들의 삶 자체가 하나의 롤 모델이 되었다. 작품 활동은 거의 하지 않은 19세기 화가들이 이런 삶의 방식을 좇았으며, 오늘날에도 그렇듯이 이들의 행태는 당시에도 용납되었다. 그것이 베레모처럼 낡아빠진 클리셰에 지나지 않는다 할지라도 예술적인 기질은 난폭하고 무모한 이야기에 빠지지 않고 등장한다. 다락방에 사는 화가들만큼이나 펜트하우스에 살며 회계사를 두고 있는 현대 화가들이 있음에도 불구하고 예술가들은 열정적이고 역동적이며 변덕스럽고 일상적인 삶에는 완전히 무관심하다는 오랜 생각은 좀처럼 바뀌지 않는다. 화가는 낭만주의자인 것이다. 그들은 담배와 술을 즐기며 작업실 개수대에 소변을 보고 커피 컵에 담배꽁초를 비벼 끈다. 또한 그들은 밤새 작업하고 낮에는 사람들과 어울려 흥청거리고, 겨울에는 추위에 시달리며 곧잘 아내를 배신한다. 절망에 허우적거리고 지옥으로 떨어지는 나락을 그리다가 늙기 전에 자살하기도 한다. 마크 로스코, 아실 고키, 니콜라 드 스타엘, 장미셸 바스키아 등이 그 예들이다. 그리고 이제는 커트 코베인과 같은 록 스타들이 그런 라이프스타일을 가장 순수한 형태로 재현하고 있다.

다비드는 화가의 이런 삶을 바람직하다고 생각하지 않았을 것이다. 정연함에 대한 신뢰와, 예술은 사고思考에 대한 분명하고 아름다운 해석이어야 한다는 신념, 예술을 대중과의 소통을 위한 중요한 통로로서 이해한 모든 것이 자아와 그 욕망을 완전히 무시하도록 했다. 화가의 영감은 꿈, 열정, 아편이나 술 또는 제멋대로 분출되는 감정에서 비롯될 수 없었다. 다비드는 키츠가 "인간이 사실과 이성을 좇으려고 안간힘 쓰지 않고, 불확실과 신비 그리고 의심 가운데 존재할 수 있는 능력"이라고 했던 소극적인 수용능력negative capacity과 같은 고차원적인 방심放心의 경지를 동경한 적이 전혀 없다. 그는 낭만주의자가 아니었던 것이다. 또 그의 자화상이 나름대로 정치사의 순간을 그린 것이기는 해도 어떤 연행을 염두에 둔 것도 아니다. 오히려 그것은 내적인 삶과 외적인 삶의 흐름이 교차하는 것에 대한 즉흥적인 기록이라고 보는 것이 더 맞다. 권총 결투의 사고로 얻은 오른쪽 뺨의 혹 때문에 그는 똑바로 말을 하지 못했는데, 이 그림에서 드러난 그의 고독과 회의 이상으로 그것은 전혀 윤색되지 않고 그려졌다. 다비드는 두 가지 다른 종류의 화가, 그리고 두 가지 다른 자화상 사이의 문턱 위에 아슬아슬하게 서 있다. 사회 속에서의 자신의 자리를 보여주는 낭만주의 이전 화가와 내면세계를 보여주는 낭만주의 이후 화가의 사이에 말이다.

다비드는 조슈아 레이놀즈처럼 자화상을 제작할 수 없었다. 레이놀즈 경은 옥스퍼드 대학의 학위 가운을 입고 그 옆 미켈란젤로의 흉상에 그림자를 드리우고 서 있는데, 이런 예처럼 당시에는 화가의 초상화가 다른 사람에 의해 그려진 것처럼 보이는 것이 그다지 부끄러운 일이 아니었다. 마찬가지로 다비드는 그보다 수십 년 이후의 화가 빅터 에밀 얀센1807~45처럼 반라의 자화상을 그릴 수도 없었다. 그는 초라한 방에서 여위고 병색 짙은 자신을 드러내고 서 있다. 가슴뼈가 드러난 빗살은 그림과 이젤의 수직적인 구도와 그럴듯한 대조를 이룬 것처럼 보인다. 실제로 얀센은 키도 크고 잘생긴 인물이었으며 이 그림을 그렸을 때는 20년 후에 그를 결국 죽음에 이르게 하는 뼈 질환을 앓기 전이었다. 뿐만 아니라 그림에서 보이는 것처럼 굶어죽을 것처럼 가난하지도 않았다. 하지만 그는 신고전주의적인 격률을 전혀 신경 쓰지 않은 채 자신을 불쌍하고 헐벗은 한 마리 동물처럼 그렸다. 또한 외롭게 홀로 서서 허리께까지 벗은 모습은 그리스도를 연상케 한다. 여기서 표현주의자들의 자화상까지는 그리 멀지 않다.

19세기 화가들의 이미지를 보면 뚜렷한 변화를 발견할 수 있는데, 대중에 영합하려고 하거나 카메라를 앞에 둔 듯 단정한 모습이나 미소 짓는 모습을 더 이상 찾아볼 수 없다. 바야흐로 자유로운 표현의 시대가 도래한 것이다. 머리카락을 쥐어뜯으며 눈을 부릅뜬 쿠르베1819~77의 자화상은 사회의 온갖 규범뿐 아니라 화면까지도 깨부술 기세다. 해골을 손에 든 제리코나 의자에 늘어져 앉은 티소, 담배 연기 속의 휘슬러 등 모두 비슷하다. 좌파 경향의 신문을 읽고 있는 반항적이고 단정치 못한 모습의 세잔이나, 뒤쪽의 벽을 향해 맥주잔을 들고 있는 쿠르베의 스케치 모두 반문명적이고 반사회적이다. 그들 집단이 세상에 모습을 드러내었고 그들의 방종이 공공연하게 눈에 띄었다. 니코틴 중독과 압생트의 시대가 온 것이다.

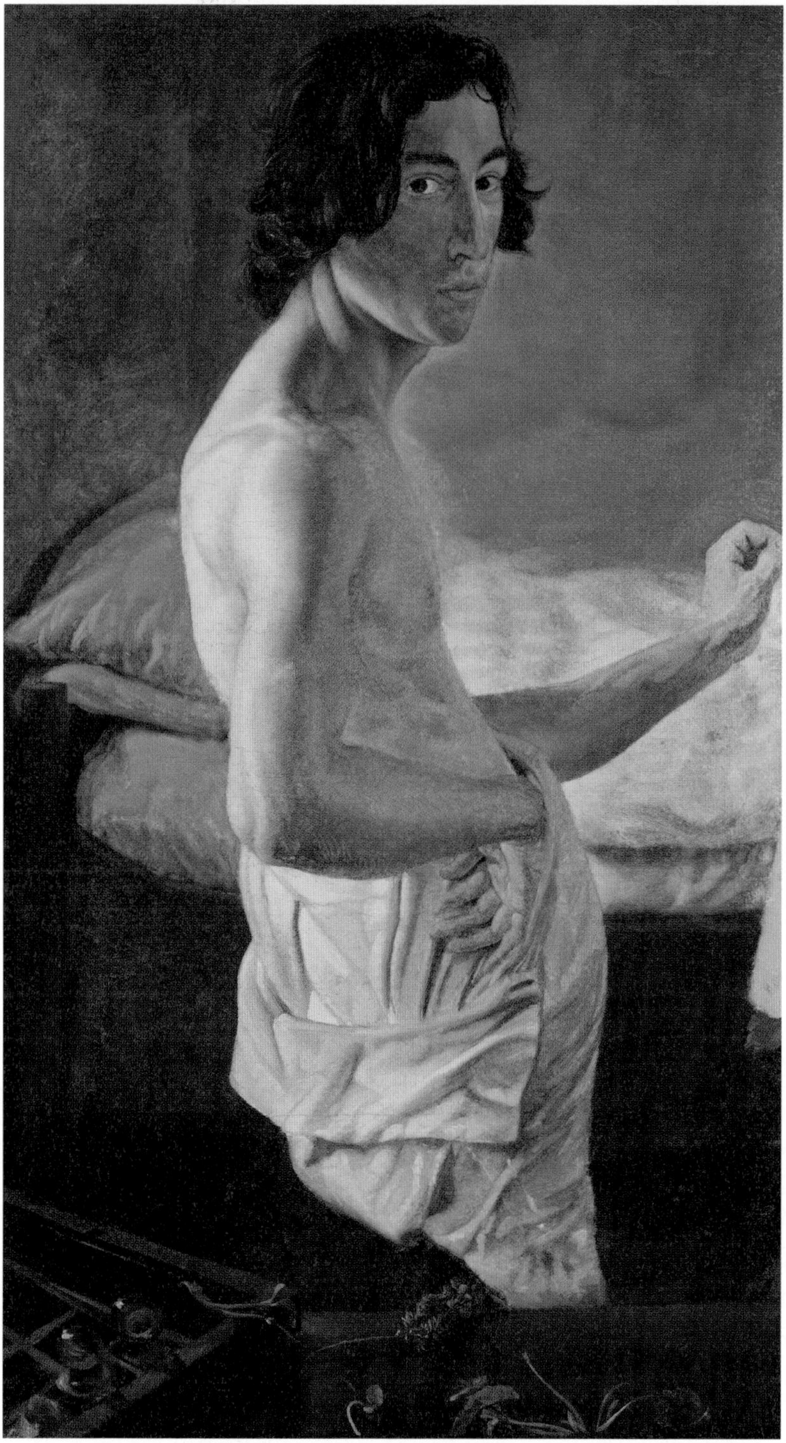

빅터 에밀 얀센, 「이젤 앞에 선 자화상」,
캔버스에 부착한 종이에 유채, 56.6×32.7cm, 1829년경, 함부르크 시립미술관

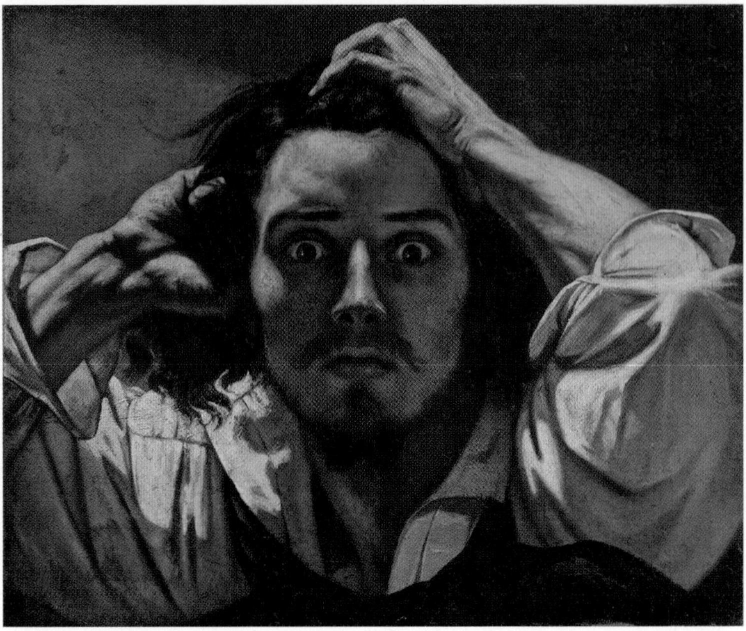

장 데지레 귀스타브 쿠르베, 「필사적인 남자」, 캔버스에 유채, 45×54cm, 1843, 오슬로 국립미술관

또한 19세기는 소위 미술계라는 것이 탄생한 시기이기도 하다. 미술상, 미술 잡지, 개인전, 사후의 회고전 따위가 새로이 등장했다. 미술 비평이라는 것이 비로소 하나의 직업으로 간주되기 시작했고 그것은 호평과 혹평, 그리고 새로운 화풍에 대한 옹호 등으로 독자적인 지위를 얻었다. 보들레르는 마네와 인상파를 옹호했고, 다비드의 작품을 재평가해 되살려냈다. 러스킨은 라파엘전파를 옹호한 유일한 비평가이기도 했다. 새롭게 부상한 중산층은 예술작품을 구매하기 시작했고, 아방가르드 화가들이나 지성인들은 그런 움직임을 혐오했다. 특히 마담 드 스타엘은 '저속함vulgarity'이라는 말을 써서 부르주아의 구미에 맞는 그림, 그들의 벽을 장식하기에 알맞은 그림을 찾아 그리는 화가들을 묘사했다.

하지만 위에서 언급한 그림 가운데 (쿠르베의 자화상을 제외하고는) 자화상은 없었다. 이 시기를 보자면 화가들은 일탈을 일삼는 영웅이어야 하거나 소외된 외톨이여야 했지만, 사실 이와 같은 고정관념은 자화상이 아닌 다른 종류의 그림이나 장·단편 소설, 오페라, 연극과 같은 다른 예술작품들에서 비롯된 것이다. 조르주 뒤 모리에의 『트릴비』와 졸라의 『알려지지 않은 걸작Le Chef-d'œuvre inconnu』과 입센의 『우리 죽은 자들이 깨어날 때 When We Dead Awaken』 등과 같은 작품이 대표적인 예다. 하지만 낭만적인 자화상 혹은 더 정확히 말하면 낭만주의자로서의 화가를 그린 자화상은 상당히 드물다. 화가들은 종종 자화상에서 괜한 시도를 해 스스로 피해를 입는 경우가 있다(쿠르베는 낭만주의라는 말을 혐오하며 시종일관 그런 시도를 멈추지 않았다). 하지만 꿰뚫어보는 듯한 통찰력을 가진 한 인간으로서의 예술가는 혼자이며 사회로부터 소외된 사람이다. 이것이 바로 제삼자 관습이다.

그 대표적인 예가 바로 드레스덴의 한 작업실에서 일하고 있는 독일 낭만주의 화가 카스파르 다비트 프리드리히를 그린 게오르크 케르스팅 1785~1847의 초상화다. 이 그림은 프리드리히가 가지고 있던 예술가에 대한 철학을 담고 있다. 작업실은 짙은 색 나무를 깐 어두운 방이고 그 자체가 하나의 관棺인 듯 아무것도 없다. 그리고 그 안에 팔레트와 이젤, 화가의 넉넉한 상상력이 있다. 프리드리히 뒤로 반쯤 열린 창은 다른 것들은 모두 배제하고 꼭 필요한 몇 줄기 햇살만을 허락하고 있다. 추위에도 코트 하나만을 걸친 채 화가는 마치 그림이 자연의 살아 있는 상을 품고 있기나 한 듯 응시하고 있다. 하지만 물론 그 이미지가 온전히 화가에게서 비롯되었다는 점은 분명하다. 프리드리히의 참나무는 부러졌든 눈 속에 파묻혔든 언제나 굳건하며, 그의 달은 희미한 빛에 윤곽만 보이는 외로운 이들이 산 위에서 보는 달이다. 그 가운데 신의 위대함이 그를 경외하는 인간 앞에 모습을 드러낸다. 바로 독일 낭만주의의 대표 격인 이미지들이다. 이런 이미지들은 그 자리에서 충실하게 옮겨 그려진 풍경화가 아니다. 마음이 풍경의 공간

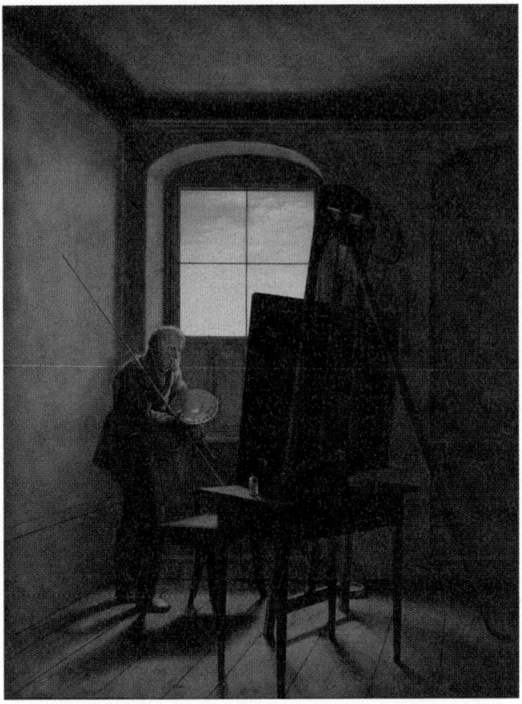

게오르크 프리드리히 케르스팅, 「작업실에 있는 카스파르 다비트 프리드리히」,
캔버스에 유채, 51×40cm, 1812, 베를린 국립미술관

이 되어 있을 뿐이다. 화가가 창 너머로 본 모든 것들이 이 방에서 하나의 작품으로 탄생하고 있다. 프리드리히는 다음과 같이 썼다. "육체의 눈을 닫아버리면 영혼의 눈으로 먼저 그림을 볼 수 있을 것이다. 그리고 어둠 속에서 보았던 그것을 일광 아래 놓아, 바깥세상의 다른 사람들의 내면을 움직이게 하라." 프리드리히가 1810년에 제작한 자화상 선화에는 수북한 구레나룻을 한 화가의 모습이 있는데, 여기서 그는 무엇이 육체의 눈인지를 선명하게 보여주고 있다. 영혼의 눈을 보고자 한다면 케르스팅의 그림을 찾아보는 게 낫다.

낭만주의자들을 그들의 행동으로 판단한다면 낭만주의 화가는 이전에도, 이후에도 얼마든지 있었다. 르네상스 시기 바사리가 화가들의 기질이나 광기와 재능 간의 상관관계에 대해 증언한 바와 같이 미켈란젤로는 반사회적인 행동들, 예컨대 거리에서 싸움을 벌이거나 바지를 절대로 갈아입지 않는 등의 행동을 일삼았다. 기인 폰토르모는 삶은 계란으로 연명하며 찾아오는 이들을 한 사람도 들이지 않았다. 고대 그리스 최초의 화가라고 하는 아펠레스에 대해 현재까지 전하는 모든 일화들 또한 그가 자신의 데생 실력을 방어의 무기로 이용했다든가 언짢은 표정으로 좌중에게 호통쳤다고 전한다.

푸생의 친구이자 안니발레 카라치의 제자이기도 했던 17세기 이탈리아 바로크 화가 피에트로 테스타는 우울증을 앓았고, 그 증세가 심해져 자살한 화가다. 그의 첫 번째 전기 작가는 그의 죽음을 "밤 풍경과 변화하는 밤하늘의 분위기를 그리는" 습관에서 비롯된 사고사로 적고자 했다. 하지만 그가 티베르 강에 몸을 던져 익사한 것은 밤이 아니었다. 그리고 테스타와 동시대를 살았던 살바토르 로사는 그 이전에 이미 낭만적인 감수성을 표현한 작가로 일컬어진다.

그런데 이 화가들은 누구도 실패자가 아니었다. 또한 (로사가 도적단에 들어갔던 잠시를 제외하면) 어떤 경우에도 사회에서 소외되지도 않았다. 누구든지 전형적인 낭만주의자를 찾고자 한다면 19세기 초 훨씬 이전에 그런 사람을 찾아낼 수 있을 법하다. 로사의 자화상에서 금욕적인 글귀를 뺀다면, 그것이야말로 낭만주의자의 자화상일 것이다.

내적인 세계에 침잠했던 화가의 훌륭한 예는 사실 고딕 스타일의 선두주자였던 스위스 화가 헨리 퓨즐리1741~1825다. 그의 선화는 긴장으로 가득한 내향內向 그 자체나 마찬가지다. 얼굴을 손에 파묻은 전형적인 우울한 모습으로 자신을 그렸지만 주먹의 견고함은 마치 이제 곧 솟아오를 고통을 억누르고 있는 것 같다.

퓨즐리의 자화상은 그의 다른 작품과 마찬가지로 좀 과장된 데가 있다. 습작인데도 이 자화상은 불필요하게 극적이다. 하지만 그것이 바로 '우울함'의 거장 퓨즐리에게 사람들이 기대하는 얼굴인 것은 틀림없다. 퓨즐리 하면 달빛 아래의 교회 묘지나, 못된 성직자나 지하 감옥에 갇힌 처녀들을 묘사한 그림이 떠올랐던 것이다. 그는 한 처녀가 희생양인 듯 누워 있고, 그녀의 배 위로 흉측한 트롤이 웅크리고 있는 가운데 커튼 뒤로는 불룩 튀어나온 눈을 한 수말이 모습을 드러내는 그림 「악몽」의 작가인 것이다. 그의 자화상은 이런 그림에 잘 어울리는 작가상이다. 하지만 매우 유명한 골상학자 라바터의 친구이기도 했던 그는 실제로 어떤 사람의 성격이 표정 변화뿐만 아니라 얼굴 그 자체로 읽힐 수 있다고 믿었다. 어쩌면 그 역시도 꿈과 공포스런 망상에 시달렸는지도 모르고 사디스트적인 판타지를 은밀하게 즐겼는지도 모른다. 혹은 그림을 그리는 손마저 이 허구에 가담하길 강요당한 이 다소 무력해 보이는 자화상에서 퓨즐리는 자신에게 보다 진실했을지도 모른다.

나중에 튀어나온 안구와 기묘한 요정 나라를 그린 이미지를 대량생산하기 전에도 퓨즐리는 낭만주의의 선구자로 여겨졌다. 하지만 눈 속에 담긴 야성으로 그는 셸리의 죽음을 애도하는 워즈워스나 귀머거리가 되어 고립된 베토벤, 또는 한밤에 라임나무 아래 혼자 기대고 있는 콜리지가 될 수 있었다. 이런 원형의 낭만주의 자화상들이 지닌 특이한 점은 그것이 다른 사람으로 쉽게—상당히 그럴싸하게—치환될 수 있다는 점이다. 하나의 전형은 누구에게나 통한다.

1790년대 제작된 고야1746~1828의 미심쩍은 표정의 강렬한 자화상은 다른 사람으로 해석되기 어려워 보인다. 눈은 고야임을 알아볼 수 있게 날카롭고 움푹 패었으며 입은 무엇에 낙담했는지 약간 일그러져 있는데, 그

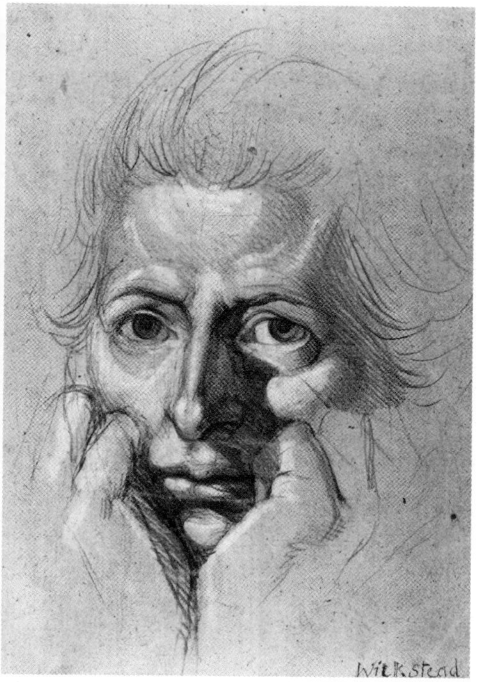

—
헨리 퓨즐리, 「자화상 연습」, 검은색과 흰색 분필, 연도 미상, 런던 빅토리아 앤드 앨버트 미술관

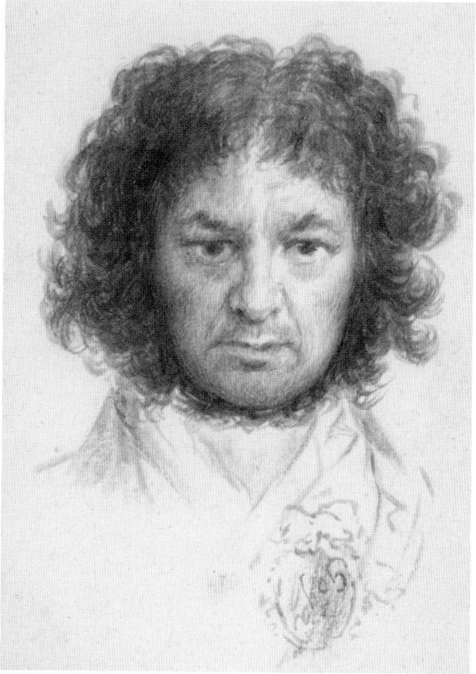

—
프란시스코 호세 데 고야 이 루시엔테스, 「베토벤 자화상」, 종이에 붓과 회색 세척제, 15.3×9.1cm, 1795~97년경, 뉴욕 메트로폴리탄 미술관

것은 이후 자화상에서 좀 더 뚜렷해지는 냉소를 언뜻 느끼게 한다. 고야는 정면을 보고 있고 머리는 타오르는 터럭을 연상케 하지만 그것은 또한 울퉁불퉁한 얼굴을 감싸고 있는 후광처럼 보이기도 한다. 그는 이성의 옹호자이며 인간의 어리석음을 심판하는 자일 수도 있지만 여전히 감정을 지닌 인간이고 내면에서 차오르는 심상으로 편치 않은 사람이기도 하다. 그는 분명 고야다. 하지만 동시대를 살았던 또 다른 위대한 예술가일 수도 있다. 이 에칭은 베토벤의 자화상으로 알려지기까지 했다.

대부분의 자화상은 고독한 공간에서 만들어진다. 시끌벅적한 무리에서 떨어져 차가운 작업실의 고요 속에서 그들의 작업은 이루어지는 것이다. 매우 사교적인 이미지들 역시 그런 조건에서 만들어진 것이 사실인데, 홀로 있다고 화가가 고독해지는 것은 아니기 때문이다. 하지만 낭만주의 화가는 홀로 등장한다. 왜냐하면 그에게 고독은 삶과 정신세계의 중심이기 때문이다. 그는 천성적으로 오랜 내적 성찰로 기우는 경향이 있다. 화가라는 직업을 초월해 은둔자나 예언자가 되어 지상적인 삶과 천상의 권능에 대한 명상을 할 수 있는 사람이 되고자 한다. 어떤 사람들은 프리드리히의 그림들 중에서 산꼭대기에서 우리에게 등을 보이고 선 열망하는 인물만이 자화상이 될 수 있다고 생각한다. 그것이야말로 화려한 고독의 절정을 표현한 것이기 때문이다.

하지만 고립에 대한 일반론을 묘사하는 것은 한 개인의 내적 고독을 그리는 것보다 훨씬 쉽다. 말할 것도 없이 19세기 그림에 흘러넘치는 긴장감은 사회적으로 버림받은 사람으로서 예술가의 초상에 바쳐졌다. 옥타브 타새르트1800~74의 「화가의 작업실」은 눈물을 자아내는 고전적인 작품이다. 이 그림은 잔뜩 시든 감자 몇 알을 옆에 두고, 죽어가는 불 옆에 쓰러진 파리의 젊은 화가를 보여준다. 그 감자는 화가가 화포를 살 돈이 있었다면 정물화의 소재가 될 수도 있었을 것이다. 그의 화구 상자는 비었고, 팔레트와 이젤도 마찬가지다. 화가는 너무도 약해져서 똑바로 앉을 수도 없다. 작고 쓸쓸한 그림이다. 하지만 이 그림은 진실을 함축하며, 경건함과 연민을 자아낸다. 에스파냐의 정물화가 루이스 멜렌데스를 떠올리는 이도 있을 것이다. 그는 고야와 동시대 인물로 두 점의 자화상을 그렸는데 한 점은 화가가 막 되었을 때, 다른 한 점은 죽기 바로 전에 제작했다. 첫 번째 작품은 유쾌하고 자신만만하며 잘생긴 청년이 자신이 그린 멋진 선화를 들고 있는 모습인 데 반해 두 번째 작품은 모든 환영이 가시고, 고통으로 무겁기 그지 없다. 이즈음 화가는 배고픔에 시달리다 못해 왕에게 돈을 청했다. 이전에는 그의 어둡고 강렬한 그림에 자주 등장하곤 했던 빵이지만 이제는 멜렌데스가 감당할 수 없을 만큼 값이 너무 올랐다. 그래서 그는 값싼 과일을 사서 그리며 그것들이 상하기 전에 먹기 위해 최대한 빨리 그림을 완성해야 했다.

타새르트 역시 매우 가난했고, 돈을 구걸할 수밖에 없었다. 그가 청을 넣었던 박물관 관장은 버려진 창고에서 화가를 발견했고 관장은 「화가의 작업실」로 그를 가난에서 구했다. 이 그림으로 1850년 파리 살롱에서 큰 반응을 얻은 화가는 '다락방의 코레조'라는 그럴듯한 별명을 얻었다. 이 그림은 앙리 뮈르제르가 『보헤미안적 삶의 풍경』을 출판한 바로 그해에 그려졌다. 『보헤미안적 삶의 풍경』은 이후에 오페라 〈라 보엠〉으로 각색되어 화가를 가난하지만 행복하고 늘 영감 속에 사는, 끈끈한 형제애로 뭉친 사람들로 각인시켰다. 하지만 타새르트의 화가는 그런 영혼의 형제애와는 거리가 멀었고, 공쿠르 형제가 '비참한 보헤미아'라고 묘사한 불행 그 자체였다.

낭만주의 화가 중 은둔자는 그리 많지 않았다. 따뜻한 살롱의 반대편인 '다락방의 코레조'도 많지 않았다. 낭만주의의 대표적 화가인 외젠 들라크루아는 그의 소망과는 관계없이 그런 고정관념에서 예외인 인물이다. 작업에 열중하기 위해서만 은둔했던 들라크루아1798~1863는 반항아도 아니었고 오히려 보수적인 데가 있었다. 난해한 작품 때문에 비평가들이 곤혹을 겪곤 했음에도 어린 나이부터 계속해서 성공을 거두었다. 겨우 스물네 살에 제작한 그의 첫 번째 전시작은 1,200프랑에 팔렸는데, 당시 꽤 큰 마차를 살 수 있는 정도의 돈이었다.

"들라크루아 당신이 그린 그림을 모른 채 당신을 보았다면 나는 당신이 앵그르 같은 그림을 그린 사람이라고 생각했을 것이오." 이렇게 동료 낭만주의 화가 바롱 그로는 들라크루아가 그린 유난스레 깔끔한 이미지의 자화상에 대해 언급했다. 그 자화상에서 들라크루아는 깔끔하게 정리된 콧수염에 말끔한 옷을 차려 입고 있었기 때문이다.[5] 그로는 「민중을 이끄는 자유의 여신」을 그린 작가는 화려한 덥수룩함을 가지고 있으리라 상상했던 것이다. 앵그르와 같은 정연하고 간결한 면은 전혀 없고 자연의 압도적인 힘이 느껴지는 화가 말이다. 들라크루아는 우리 모두에게 겉모습으로 내면을 짐작할 수 있으리라고 기대하지 말라는 교훈을 준다.

들라크루아는 자신의 모습을 대중에 공개하는 것을 허락하지 않았다. "데스마스크로든, 선화로든, 사진으로든 어떤 것으로도 내 모습이 공개되기를 원치 않는다." 그 가운데 단 하나의 자화상이 세상에 공개되었는데, 그것은 오를레앙가가 왕위를 복원할 때 대중 앞에 공개하라는 엄격한 조건으로 루브르궁에 기증되었던 것이다. 세상을 향해 돌린 얼굴은 침착하고 고요하다. 거울에서 그가 보고 있는 것은 그가 아니라 그가 보여주기 위해 준비한 것일 뿐이다. "가면이 모든 것이다"는 들라크루아의 『일기Journals』를 관통하는 격언이고 철학이다. 그리고 화가의 깊은 내향성을 발견하게 되는 것은 그의 작품이 아니라 그가 웅변한 글을 통해서다. 브루크너는 "내면의 삶을 드러내지 않음으로써 사회를 혼란시키지 않고자 하는 관습은 결국 고전적인 삶인데, 이렇게 고전주의적인, 상당히 진화된 사회적 동물은 낭만주의 시기가 아니라 17세기에 훨씬 더 흔했다"라고 적는다. 들라크루아에게 그런 관습은 절대적이었지만 그는 그것으로 상당히 괴로웠다. 그것은 결국 우리는 모두 혼자일 수밖에 없다는 비극적인 진리에 기초한 원칙이었기 때문이다. 그는 일기에서 "우리가 다른 이들에게 완전히 알려지고, 또 그들에게 이해될 수 없다는 것은 우리 삶에 가장 슬픈 일 가운데 하나다"라고 적는다.

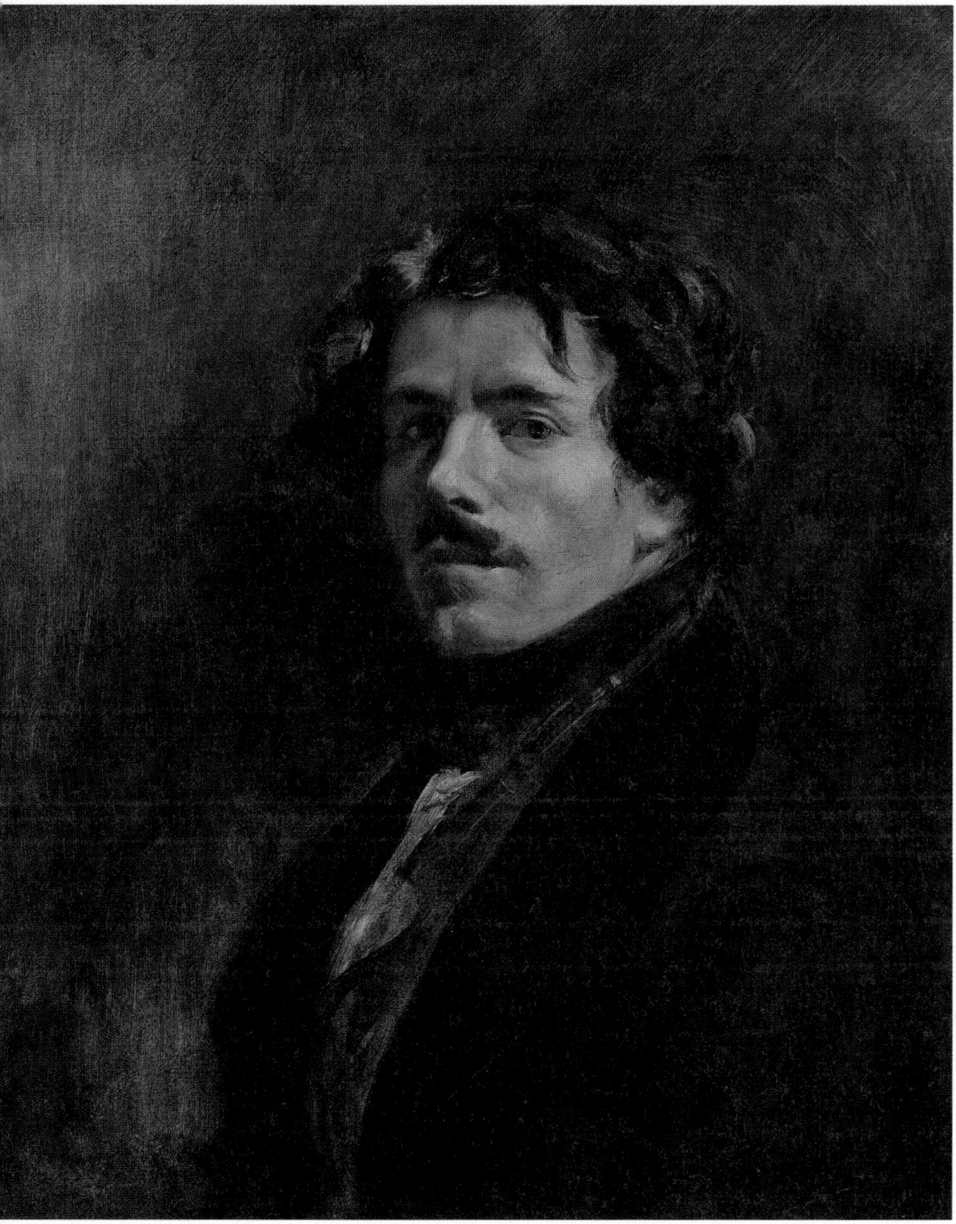

페르디낭 빅토르 외젠 들라크루아, 「자화상」, 캔버스에 유채, 65×54cm, 1837년경, 파리 루브르 박물관

자기중심적이라고 여겨지는 낭만주의 화가들에 대한 낯선 진실은 그들이 좀체 자화상을 그리지 않았다는 것, 그리고 만일 자화상을 그렸더라도 그 모습이 마치 거울 속에 있는 그 사람이 자신의 것이 아닌 것처럼 상당히 불확실해 보인다는 점이다. 그로는 희미한 모습으로 마치 화포에서 거의 미끄러질 것처럼 보인다. 뺨을 손으로 감싸고 있는 젊은 제리코의 자화상은 그 진위에 대해 여러 차례 논란이 있었다. 컨스터블은 자신을 차마 똑바로 보지도 못한다. 한편 터너는 마치 이 세상에서 정신과 사상 면에서 모두 자신이 홀로인 것처럼 깊은 어둠 속에서 등장한다. 하지만 외모는 분홍빛 뺨을 한 인형에 더 가깝다.

나는 무엇인가? 다비드의 초상화에서처럼, 분리된, 시시각각 알아볼 수 없는, 도저히 손에 잡히지 않는 무엇으로서 자신을 드러내는 것은 우리가 가지고 있는 자의식을 공격한다. 거울에 비친 자신의 모습을 못 알아보고 버스에서 초라한 현학자를 보았다고 말한 에른스트 마흐는 이전에 자신이 누구인지 안다고 주장할 수 있었던 그 모든 철학적 증거에 대해 의문을 제기하기 시작했다.

우리는 누구인가? 텅 빈 어둠에서 나와 확대된 얼굴, 그것이 바로 전형적인 자화상이다. 그것은 고독, 회의, 영혼을 찾으려는 긴장에 대해 언급한다. 그리고 바로 그것이 낭만주의와 연결되는 대목이다. 하지만 이것은 물론, 카메라의 발명 이후 모든 세대가 공적인 렌즈 앞에 자신을 드러낸 방식이기도 하다. 그리고 그 최소의 형태가 얼굴 사진, 여권 사진 속 얼굴이다. 우리는 누가 나를 돌아볼지에 대한 어떤 단서도 없이 그 얼굴을 저 험한 세상에 내어놓는다.

하지만 그것이 바로 보헤미안이나 카메라가 등장하기 300년 전에 한 이탈리아 화가가 자신을 그린 방식이기도 했다. 1587년에 제작된 틴토레토

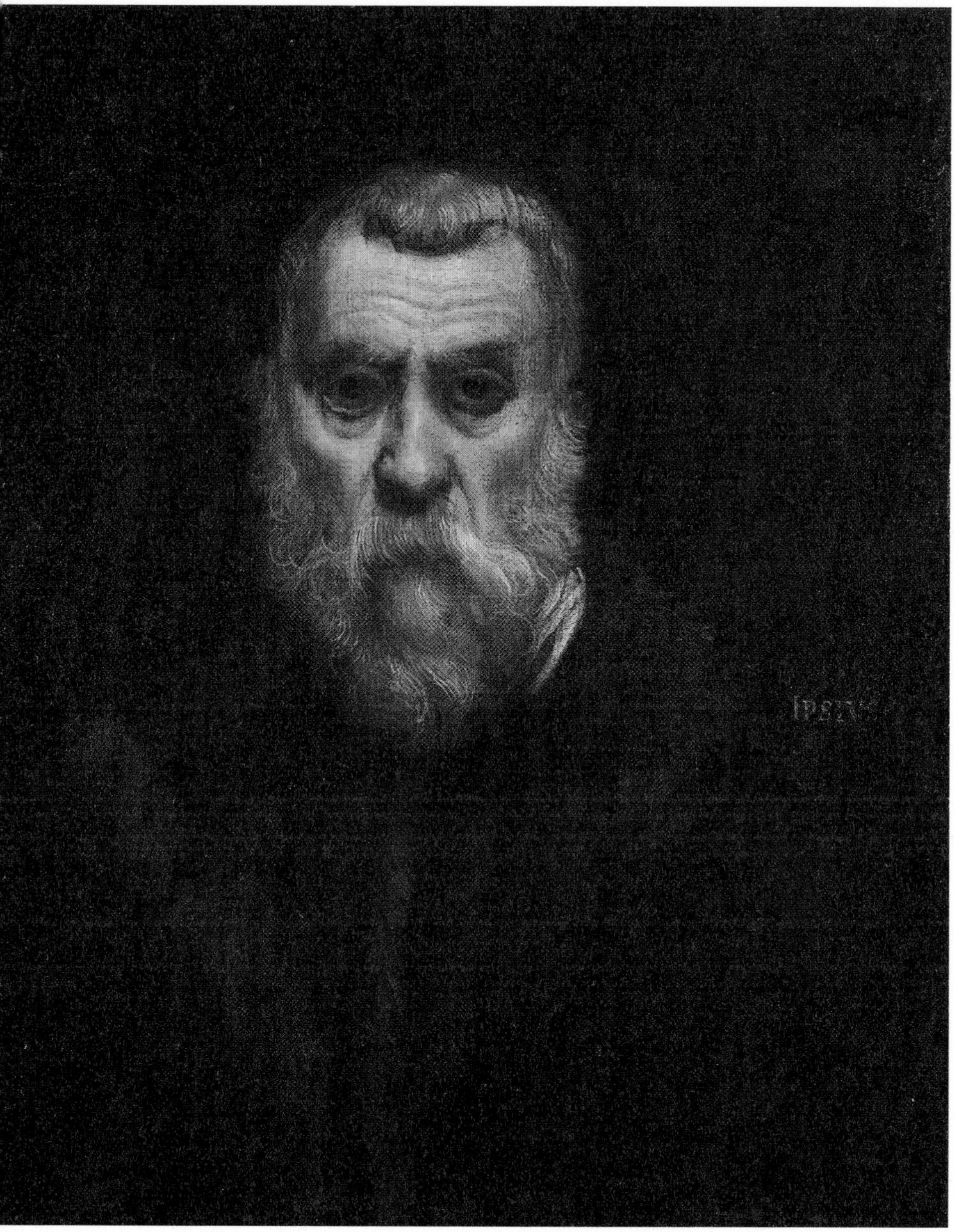

야코포 틴토레토, 「자화상」, 캔버스에 유채, 62.5×52cm, 1587, 파리 루브르 박물관

1518~94의 자화상을 보라. 천천히 타오르는 듯한 그의 눈은 어둠에서 강렬하게 우리에게 다가온다. 빛은 사라졌고 흰자위는 보이지도 않는다. 사르트르는 그것에 대한 경외로 "두 개의 검은 태양 같다"라고 했다. 그는 자신의 머릿속에 살고 있다.

틴토레토는 40년 전에도 이와 유사한 자화상을 그린 적이 있다.(54쪽) 다른 점은 관자를 4분의 3 측면으로 돌아보고 있다는 것이다. 그 그림은 상호작용의 한 순간을 재현한 것이다. 그림은 시선이 교환되는 그 순간, 보는 이와 화가 사이에 일어나는 무엇에 대한 것이다. 하지만 나중에 그린 자화상에서 틴토레토는 어떤 맥락에서도, 사회와 시간에서도 격리되어, 세상을 향해 열린 것 같지만 결국은 그 복잡성 속에서 닫힌 인물로 등장한다. 그는 보일 수 있지만 이해될 수는 없다. 틴토레토는 화가로 보인다. 그리고 다른 이로도 보인다. 그는 그때에도 지금처럼 세상에서 홀로인 존재로서 자기를 보여주고자 한 사람이다.

*12.*

# 자기애

## 쿠르베와
## 나르시시스트의 자화상

내가 곧 국가다.

_샤를 드골

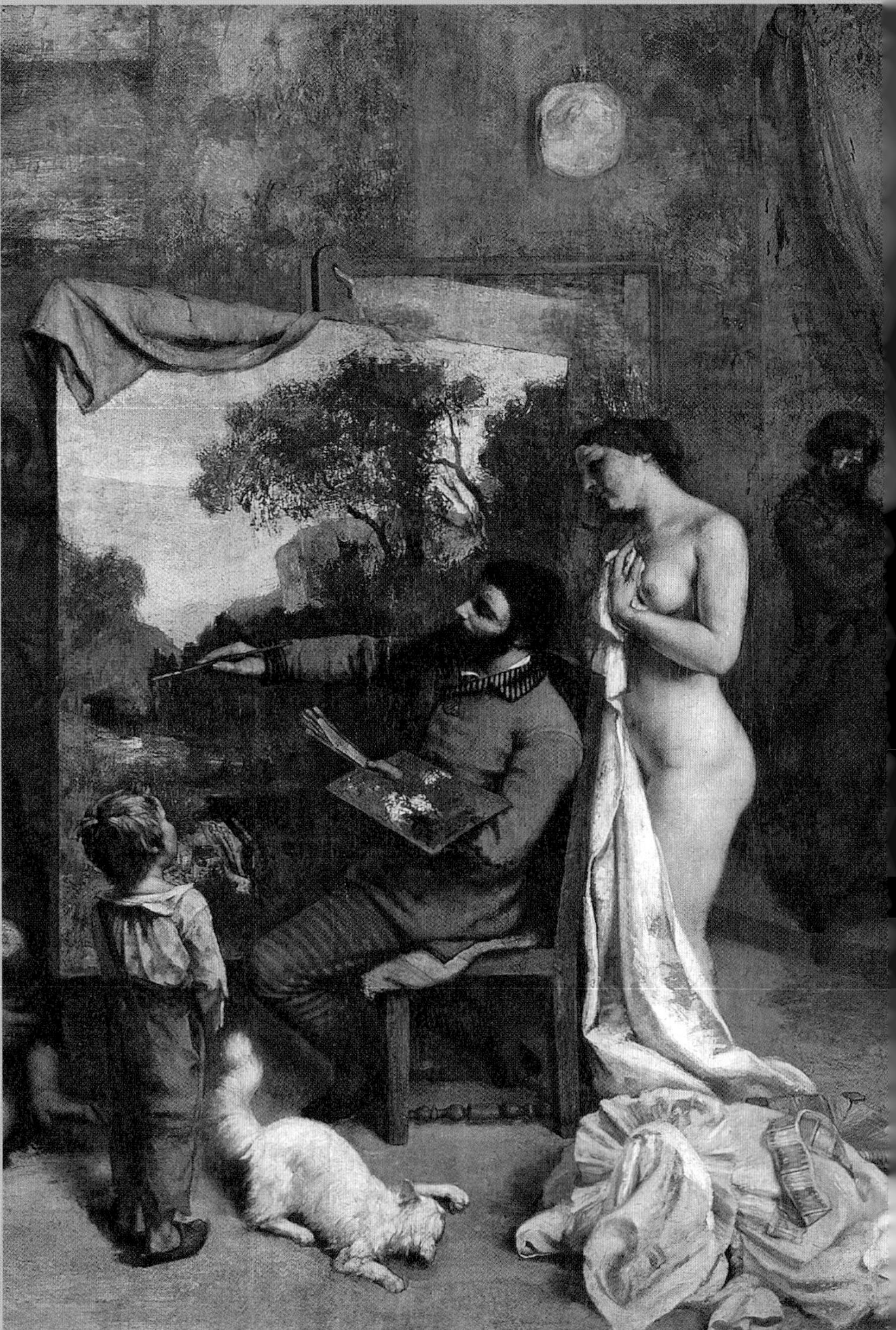

장 데지레 귀스타브 쿠르베, 「화가의 작업실」의 세부, 1855

급진적인 공화주의자이자 아방가르드 운동의 개조開祖였던 귀스타브 쿠르베는 19세기 프랑스의 어떤 화가보다도 자신의 모습을 사진에 많이 담았다. 틀에 갇힌 거대한 짐승인 양 그는 언제나 자기애로 가득한 채 렌즈를 향해 서서 사진 프레임을 채웠다. 청년 시절의 그는 벌처럼 허리를 가늘게 조인 재킷을 입고 앞날에 대한 기대를 담은 눈빛과 끝이 뾰족한 그 유명한 수염을 자랑스레 드러내 자신의 모습을 그렸다. 장년이 되어서는 거구의 몸집으로 이젤 앞에 다리를 벌리고 앉아 바지 단추가 터질 듯 자신의 남성성을 전시했다. 한편, 민중의 화가로 자처하고 나서서는 곡식이 익어가는 들판에 소박한 옷차림으로 서곤 했다. 노동자이자 화가로서 그는 하루의 노동을 위해 셔츠 소매를 기꺼이 걷어 올렸고, 그로써 사람들은 거대한 작품 앞에 서서 작업에 몰두하는 그를 종종 목격하곤 했다. 한 사진작가는 한 장의 사진에 두 명의 쿠르베를 넣어 이 둘이 중요한 대화를 하며 서로에게 깊은 인상을 주고받는 것처럼 묘사했다. 어떤 사진도 이만큼 맞수가 없는 천재로서 쿠르베의 이미지를 간명하게 드러내지는 못했을 것이다. 그는 두 배의 인간 몫을, 그리고 화가 몫을 했던 사람이기 때문이다.

쿠르베는 1819년 쥐라 산자락에서 태어났다. 그리고 58년 뒤 스위스 국경 바로 건너편에서 과음으로 인한 간 질환으로 죽는다. 살아생전 그의 모든 특징은 거대함으로 요약될 수 있었다. 커다란 목청과 힘 있는 악수, 고기와 맥주를 삼키는 왕성한 식욕, 파리에서 한번 술을 마시면 밤을 새우는 기력 등 모든 것이 굉장했다. 강렬한 붉은색을 써서 왼쪽으로 기울여 하는 서명은 너무 커서 풍자가의 조롱거리가 되었다. 그는 허영심도 대단하여—"나는 위대한 신처럼 그림을 그린다!"—사회가 자신의 사실주의 그림으로 바뀔 수 있다고 실제로 믿었다. 부르주아를 향한 저주, 예술적 성공에 대한 모욕으로 그는 수많은 공격을 받게 되는데, 그때마다 그는 유쾌한 허세로 맞섰다. 그런 공격에서 그를 보호한 자기애, 스스로에 대한 신념과 왕성한 원기는 마치 엄호 사격하듯 내놓은 그의 자화상에서 잘 드러난다.

쿠르베는 사적인 자기 개념이 거의 없었다. 어쩌면 자기를 위한 자기라는 것에 별 관심이 없었는지도 모른다. 그의 전기는 이야깃거리로 가득 차 있다. 제삼자가 그에 대한 이런저런 기록들을 많이 남겼기 때문이다. 또 그의 행동에도 흥미로운 점들이 많았다. 그는 유명했고, 그만큼 조롱거리였다. 자신의 외모에 지나치게 자신만만했고, 그래서 그의 이미지는 그림과 사진으로 여러 사람들에게 공개되었다. 자화상은 시시각각 업데이트를 필요로 하는 것처럼 즉각적이고도 빠르게 제작되었고 그것으로 풍자가들과 비평가들은 매도할 만한 구체적 대상을 가질 수 있었다. 그는 이전의 어떤 화가들보다도 일찍이 명성을 만들어내는 신문의 가치를 이해했던 것이다.

그가 전시했던 첫 번째 작품도 자화상이었는데, 그것은 미래를 향한 컴퍼스 구실을 했다. 다른 화가들이 자신의 경력을 풍경화나 역사화, 아니면 적어도 유명한 사람의 초상화로 시작하는 데 반해, 그는 자신을 석굴 옆에 앉아 있는 아주 잘생긴 영웅으로 묘사함으로써 시작했다. 머리는 챙이 넓은 모자 아래로 늘어뜨릴 만큼 길고, 초록색 체크 바지를 덮은 검은 재킷은 뒤로 젖혀져 분홍빛 실크 안감을 살짝 드러내고 있다. 쿠르베는 그의 실

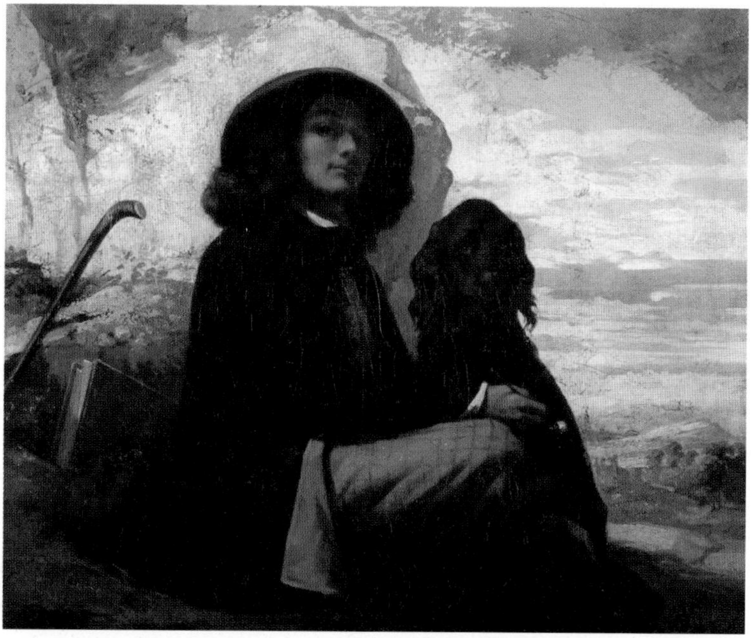

장 데지레 귀스타브 쿠르베, 「검은 개와 함께 있는 자화상」, 캔버스에 유채, 46×56cm, 1842~44, 파리 프티팔레 미술관

루엣이 확실히 드러나는 햇빛 가득한 그림 배경이 아닌, 이 그림을 그린 장소이기도 한 파리를 위해 차려입었다. 책이라는 소품과 함께 무대를 등지고 선 멋쟁이 배우 쿠르베는 자연과는 분명히 관련 없어 보인다.

쿠르베에 의하면 그것은 매우 화려한 데뷔였다. 그는 집에 쓴 편지에서 자신의 그림이 특히 좋은 위치에 걸리는 영예를 누렸고, 만일 (더 '나았더라면'이 아니라) 조금만 더 컸더라면 메달을 땄을 것이라고 했다. 이것은 사소한 거짓말에 지나지 않는 것으로, 실은 청탁의 편지였다. 스무 살의 나이로 파리에 도착한 바로 그 순간부터 그는 어마어마한 술값—하룻밤에만도 맥주 30잔 값을 외상으로 하는 그에게 한 술집은 결국 소송을 걸 수밖에 없었다—을 외상으로 했고 그 때문에 철면피로 예술 작업을 할 수밖에 없었다. 그는 보들레르에게 부탁하여 궁핍한 화가들에게 주는 정부 보조금을 신청해달라고 했다. 물론 그 신청서 내용은 거의 사실이 아니었고 그는 서명까지도 조작했다. 「검은 개와 함께 있는 자화상」은 궁핍하지만 이상을 꿈꾸는 쿠르베의 정신세계와 부합하는 그림이지만 새 옷을 차려입은 멋쟁이 이미지는 완전히 꾸며낸 것이다.

사람들은 모든 초상화가 허구적이라며 완전히 진실한 초상이라는 것은 없다고 한다. 그러면서 자신을 그린 초상화에 대한 디드로의 혐오를 인용하기도 한다. 디드로는 "그림 속 그 사람은 내가 아니다. 나에게 영향을 주는 모든 것에 대한 반응으로 나는 하루에도 백 가지 서로 다른 모습을 띨 수 있다. 나는 침착하고, 슬프며, 생각이 많고, 부드러우며, 난폭하고, 열정적

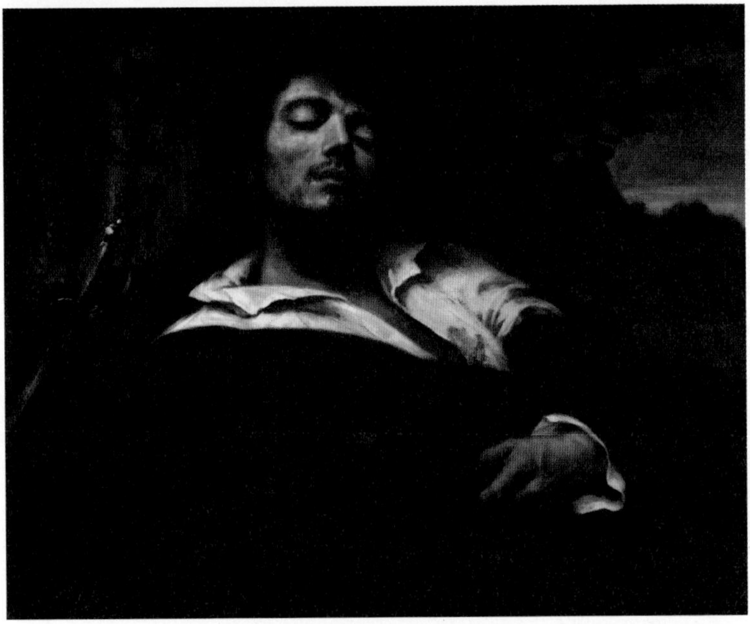

장 데지레 귀스타브 쿠르베, 「부상당한 남자」, 캔버스에 유채, 81.5×97.5cm, 1844~54, 파리 오르세 미술관

이며, 활달하다. 하지만 그림 속에서 볼 수 있는 그는 절대 내가 아니다"[1]라고 했던 것이다. 더욱이 거울 이미지를 마주 대하고 그려지는 자화상은 꾸며서 조정할 수 있고 배경을 만들어낼 수도 있으며 창조의 그 순간과 전혀 부합하지 않는 시나리오를 창조해낼 수도 있다. 어쩌면 진실한 얼굴을 찾아내는 것이 어려운지도 모른다. 하지만 적어도 화가는 디드로의 경우보다는 더 많은 선택의 특권을 가질 수 있을 것이다.

쿠르베의 자화상은 그것과는 차원이 다르다. 그의 자화상은 이야기를 만들고 창조하고 꾸민다는 면에서 오히려 엄격한 의미의 허구에 더 가까웠다. 그는 언제나 자신을 환상적인 시나리오 속에 등장시켰다. 과거에 투사하기도 하고 미래를 가정하고 그 속에 스스로 등장했다. 쿠르베는 그 자신의 뭔가를 끝까지 견지하면서도 끊임없이 다른 누군가인 척했다. 예컨대 「부상당한 남자」에서 칼을 찬 채 나무 아래 기대 있는 잘생긴 청년을 보면 그가 결투에서 부상당한 이전 시대의 사람이라고 생각할 것이다. 하지만 그는 당시의 옷을 입은 쿠르베이고, 부드럽게 감은 두 눈과 반쯤 벌린 입은 키스를 부르는 것 같다.

쿠르베는 전혀 첼로를 켜지 못하면서도 첼리스트로 자신을 그리기도 했다. 또한 루브르에 있는 티치아노의 자화상을 보고 우아한 거장으로서 자신을 그린 적도 있다. 그뿐 아니라 바이런적인 연인으로 등장하기도 하고, 「조각가」에서(그는 조각을 한 적이 한 번도 없었다) 그 허세는 더욱 심해져 그는 방랑하는 음유시인처럼 차려입고(당시엔 음유시인이 굉장히 유행이었다) 거친 돌을 조각하는 중세의 조각가로 등장했지만, 이 모든 경우에 관객은 언제나 그림 속 인물이 쿠르베인 것을 알아볼 수 있었다.

이 자화상들은 조금의 가책도 없이 당대 유행을 이용한 것이다. 쿠르베는 「첼리스트」를 살롱에 출품하면서 「콘수엘로의 기억Souvenir de Consuelo」이라는 매혹적인 제목을 붙였다. 콘수엘로는 조르주 상드의 베스트셀러 소설 속 여주인공이었다. 아름다운 가수로서 그녀의 감수성은 음악에 대한

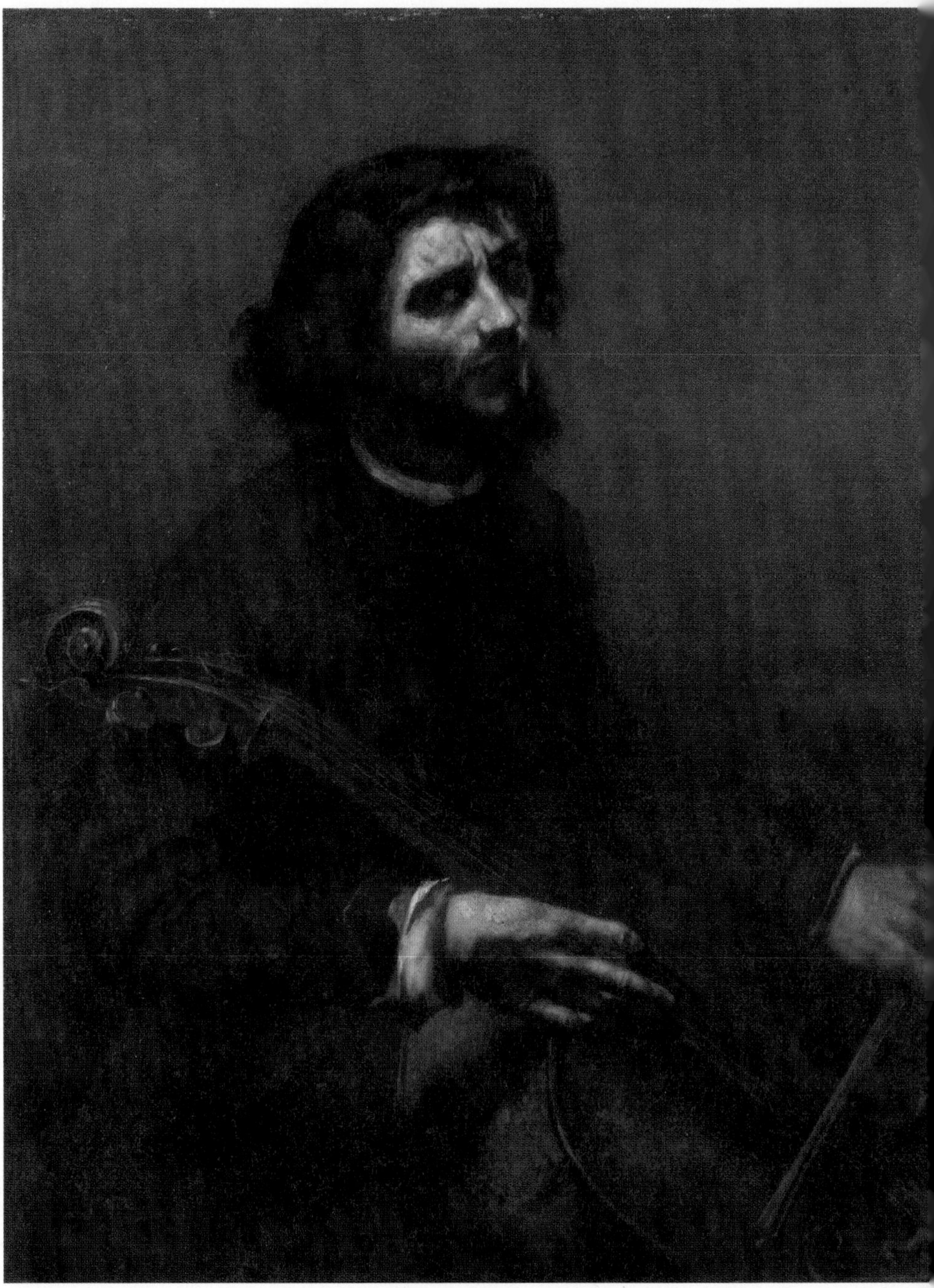

장 데지레 귀스타브 쿠르베, 「첼리스트」, 캔버스에 유채, 117×90cm, 1847, 스톡홀름 국립미술관

황홀한 열정으로 표현되곤 했다. 쿠르베는 다른 사람을 등장시켜 첼로를 켜게 할 수 있었을 테고, 그것은 여전히 대단히 상업적인 이미지가 될 수 있었을 테지만 그는 자신을 꿈처럼 현을 타는 인물로 그렸다. 이 자화상 때문에 그는 완전히 자의식을 상실한, 부끄러움을 모르는 사람이라는 비난을 사기도 했다. 만일 쿠르베가 자신을 그린 것처럼 누군가를 그토록 자주 아름답게 그렸다면 사람들은 그가 그림 속 인물과 사랑에 빠졌다고 생각했을 것이다.

---

토머스 로렌스 경은 자화상은 꾸민 것이라는 데에 대해 "거울 속에서 자신을 바라보며 히죽거리는 사람은 없을 것이다"라며 이의를 제기한다. 허구가 아니라면 허영이 바로 자화상을 규정짓는 다른 이름일 것이다. 논란의 여지가 있지만 일을 위해 자신을 바라보는 것이 허영이라면 자신의 결점과 단점, 그리고 쇠퇴를 인정하는 데서 비롯된 정직함도 분명히 있을 수 있다. 자신을 보며 히죽거린 화가들이 많지도 않았거니와 그렇게 히죽거리며 볼 어떤 것을 가지고 있는 화가도 많지 않았다. 물론 자신의 아름다움을 적극적으로 평가하고 나선 화가들도 있다. 엘리자베트 비제르브룅은 자신의 아름다움에 매료되었고('내가 이렇게 아름답게 생겼는데 어쩌라는 겁니까?'라는 투의 자화상) 토머스 하트 벤턴은 주저 없이 허리까지 벗은 채 비치보이 같은 근육질의 몸매를 자랑하며, 로버트 메이플소프는 자신을 잘생긴 젊은 악마로 표현하곤 했다. 그런 자기애의 경향은 어쩌면 카메라 시대와 함께 하는지도 모른다.

하지만 나르키소스는 물에 비친 자기와 사랑에 빠진 것이고, 그 비친 모습이 문제의 원인이 된다. 허영의 상징인 거울 앞에서 너무 많은 시간을 보낸다는 것은 암암리에 자기애를 드러내는 것이다. 누구나 거울에 비친 자신의 모습을 막 알아채고는 그 사람과 소통하고자 하는 열렬한 소망에 대해 알고 있다. 또한 얼마나 오래 걸리든 그 유혹에 저항하려면 다른 것에 대해서는 귀머거리, 벙어리, 장님이어야 한다는 것도 잘 알고 있다. 사람들은 거울에 빠져 죽을 수도 있는 것이다. 하지만 초상화가들에게 모델이 필요한 것처럼 자화상 작가들에게는 거울이 필요하다. 바로 그 거울에서 발견한 것에 대한 거짓말에서 자만심이 비롯된다. 그림 속 쿠르베와 사진 속 쿠르베는 서로 상당히 다르다. 예컨대, 그는 심리학자들이 잉여 자기 이미지라고 부르는 것을 가지고 있었다. 바로 늙고 술로 뚱뚱해져서 그린 자화상에도 젊고 아름답고 날씬한 그가 남아 있었던 것이다. 하지만 그의 나르시시즘—비로소 여기 자신과 진정한 사랑에 빠진 화가가 있으니—은 거울로 시작하지도 않았고, 거울로 끝나지도 않았다.

「필사적인 남자」(306쪽)에서 쿠르베는 화면에 바짝 다가서서 손가락으로 머리를 쥐어뜯으며 눈을 활짝 뜨고 콧구멍을 드러내고 서 있다. 화면에 너무나 바짝 붙어 있기 때문에 보는 이는 자신이 양방향 거울의 한쪽 편에 서서 그를 보는 듯한 느낌을 가질 수밖에 없다. 쿠르베는 보는 이와 눈을 마주치지 않는다. 실상 그의 시선은 단순히 자신을 옮겨 그리는 것 이상을 꿈꾸듯 아무것도 보지 않는 것 같다. 영화 포스터처럼 모든 드라마가 이 한 컷의 확대 이미지에 담겨 있는 것처럼 감각적인 「필사적인 남자」는 무언가를 돌파하려는 것 같다. 머리는 앞으로 내밀고, 팔은 갇힌 면을 가득 채우고 있는 쿠르베는 정말로 그림을 팔꿈치로 밀어낼 듯하다. 거울은 당신의 이미지를 그저 되돌려주기만 하는 유리에 지나지 않지만, 그림에서는 자유로이 탈출할 수 있다. 쿠르베는 거울의 구속을 뛰어넘기 위해 빠르게 작업하며 그림 그리는 행위에 자신을 던졌던 것이다. 이런 물질적, 육체적 성격이 그를 만난 모든 이들에게 남긴 그의 인상이었다. "식탁에서, 말 등에서, 사냥터에서, 수영하면서, 카누와 스케이트를 타면서, 또는 침대에서 그는 어디서나 최고였다."[2] 1872년 아픈 가운데 작은 감방에서 수개월간 지내다가 석방되었을 때, 그를 인터뷰한 첫 번째 기자는 쿠르베가 "잔디밭에 대자로 누워…… 손 가득 흙을 쥐고, 땅을 치고, 그것을 맡고, 물고 …… 돌을 물가에 던지고 시내에서 멱을 감으며 자연을 먹어 치우고 싶다"라고 말했다고 적었다.[3] 그의 예술에도 그와 같은 욕망이 보인다. 화포에 달려들어 물감을 손가락에 잔뜩 묻혀 화포에 문지르고 펴 바르고 그럼으로써 화포에 자신을 직접 새긴 것이다.

땅과 들판부터 다소 무례해 보이는 자신의 존재까지 현실의 물질적 진실은 언제나 그의 작품 주제였다. 그는 내적 자아에 대한 인식이나 그것을 반영하려는 시도 없이 자신을 반복적으로 그렸고 자신의 영광을 육화했다. 그렇게 그려진 초기 자화상은 가끔 오래 지속된 정체성의 위기로 해석되기도 했지만, 사실 그 그림들은 정체성에 관심이 있는 것처럼 보이지도 않는다. 시선은 비켜 있고 불투명하며, 초점도 없는 데다 눈은 늘 반쯤 감겨 있다. 쿠르베는 끊임없이 바뀌는 자신의 어떤 면도 보는 이에게(혹은 자기 자신에게도) 하나로 고정해 보여주지 않았다. 자신을 강렬하게 몸소 내보이지만 마음은 단절돼 있는 그는, 때로는 의식조차 없어 보인다. 가짜 피를 바른 「부상당한 남자」는 매혹적인 휴식의 이미지이고, 「시골의 낮잠」에서 쿠르베는 아예 잠들어버렸던 것이다. 이것은 거울 자화상과 정반대다. 거울 자화상에서 화가는 적어도 눈을 뜨고 있어야 하고 정신을 바짝 차린 것처럼 보여야 하기 때문이다. 하지만 거울이 그에게 보여준 얼굴은 그가 그것을 얼마나 흠모했는지와는 상관없이 그의 자화상의 주제가 되지 못했다. 오히려 주제가 된 것은 그의 매력적인 모험이었다. 화가의 진정한 욕망은 이야기의 주인공으로 등장하는 것이고 그림 속에서 중심인물이 되는 것이다. 그것은 자신의 작품에서—또는 작품으로서의—자신의 생김새를 보는 것과 다르지 않다.

쿠르베는 파리 코뮌에 참여한 죄목으로 징역을 살았다. 그의 요란한 편지와 여러 편의 글에서 그의 정치적 색깔을 하나로 규정하기는 매우 어렵다. 하지만 그가 공화주의자로서 1848년 혁명기에 보들레르의 좌파 잡지를 위해 일했다는 것은 분명하다. 또한 그는 제2제정 내내 나폴레옹 반대자로 활동했고 사회주의 철학자인 피에르조제프 프루동이 그의 멘토였다는 것도 익히 알려져 있다. 하지만 쿠르베는 코뮌 시기, 공식 살롱의 부패와 추잡함을 종식하는 책임을 맡은 위원회를 주도했을 때를 제외하면 활동가로서 두각을 나타낸 적이 없다. 이런 미미한 시도에도 불구하고 그는 다른 코뮌 동지들과 함께 체포되어 감금되었는데, 보수파의 적들은 이것이 너무도 무른 처벌이라고 비난했다. 관학파 화가인 장루이에르네스트 메소니에는 만일 쿠르베가 처형될 수 없다면 대신 화가로서라도 죽음을 맞이해야 한다고 주장했다. 그의 그림은 공공 전시에서 철저히 금지되었으며 그는 30만 프랑이라는 어마어마한 벌금을 받고 파산한 채 어쩔 수 없이 스위스로 망명할 수밖에 없었다. 30만 프랑이라는 돈은 쿠르베가 파괴했다고 잘못 알려진 제정의 상징, 방돔 기둥을 재건하는 데 드는 비용이었다.

쿠르베의 정치 성향에 대한 적대감이 그의 예술에 대한 혹평을 부채질한 것은 분명하다. 그가 그린 '추한' 도시인에 대한 혐오와 '구세주인 체하는' 자화상에 대한 조롱, 그리고 나폴레옹과 같은 장군 대신 농민을 웅장하게 그린 것에 대한 비난을 어디서나 볼 수 있었다. 쿠르베는 경험주의자였다. 그는 "나는 천사를 그릴 수 없다. 한 번도 그것을 본 적이 없기 때문이다"라고 천명하기도 했다. 진실은 그가 직접 관찰한 것일 때에만 가능하다는 말도 덧붙였다. 시신을 매장하는 오르낭 마을의 성실한 주민들이나 황무지에서 돌을 깨며 근근이 생활하는 사람들이 진실이었다. 쿠르베는 1855년 「사실주의 선언」에서 "사실주의자라는 타이틀이 나에게 떠안겨졌다"라며 그 말에 대해 조심스러운 모습을 보였다. 하지만 분명히 그가 말하고자 했던 바는 과거에 대한 거부가 당대 미술의 주제여야 한다는 점이었다. 그에게 시대착오적인 여신과 님프, 신고전주의 회화에 넘쳐났던 영웅들은 당대 미술의 주제가 될 수 없었다.

정연하고 감성적이며, 고상하고 이상적인 이미지에 익숙했던 관객은 무덤처럼 어두운 길고도 낮은 화포 위에 무질서하게 늘어서서 슬퍼하는 사람들의 행렬에 반감을 가질 수밖에 없었다. 「오르낭의 매장」 「돌 깨는 사람들」 「목사님의 귀환」 등 그의 유명한 그림들은 모두 살롱에서 물의를 일으켰다. 나막신을 신거나 거름 범벅을 한 작업복을 입고 있는 쿠르베, 목이 잘린 돼지 머리를 그리거나 트레이드마크인 턱수염 끝을 붓 삼아 작업하는 쿠르베 등 그가 하는 모든 일들이 신문 풍자만화 난을 채웠다. 그의 그림이 오랫동안 캐리커처나 조롱거리로 다뤄지기는 했지만 쿠르베의 얼굴과는 비교도 되지 않았다. 쿠르베의 작품을 한 점도 보지 않은 사람들도 그의 특징만은 알아볼 수 있었고 파리에서만 그랬던 것도 아니다. 20세기에 들어서도 그만큼 국제적으로 알려진 예술가의 얼굴은 없었고, 앤디 워홀만이, 그것도 방송 매체의 도움으로 그 정도의 인지도를 얻을 수 있었다.

쿠르베의 이미지가 널리 알려진 것은 마치 점차 높아지는 악명에 얼굴이라도 제공하겠다는 듯 「오르낭의 매장」과 「돌 깨는 사람들」 바로 옆에 전시된 「파이프를 문 사내」라는 자화상 때문이었다. 쿠르베는 거의 화면을 밀칠 듯 화면에 붙어 있다. 헝클어진 머리, 창백한 얼굴에 입 한쪽으로는 파이프가 물려 있다. 그는 완전히 몽상에 빠져 있다. 아니 어쩌면 그보다 훨씬 강한 무언가에 취해 있는지도 모른다.

자화상에서 화가의 전기적인 요소를 찾고자 하는 사람들에게, 그것도 쿠르베가 직접 한 말로, 이 그림은 그 단서를 제공한다. 여기서 그는 앙들러 술집에서의 라이프스타일과 어울리는 도발적인 이미지를 고정시키고 있다. 브라스리 앙들러는 그의 작업실 몇 집 옆이었고 쿠르베는 거의 매일

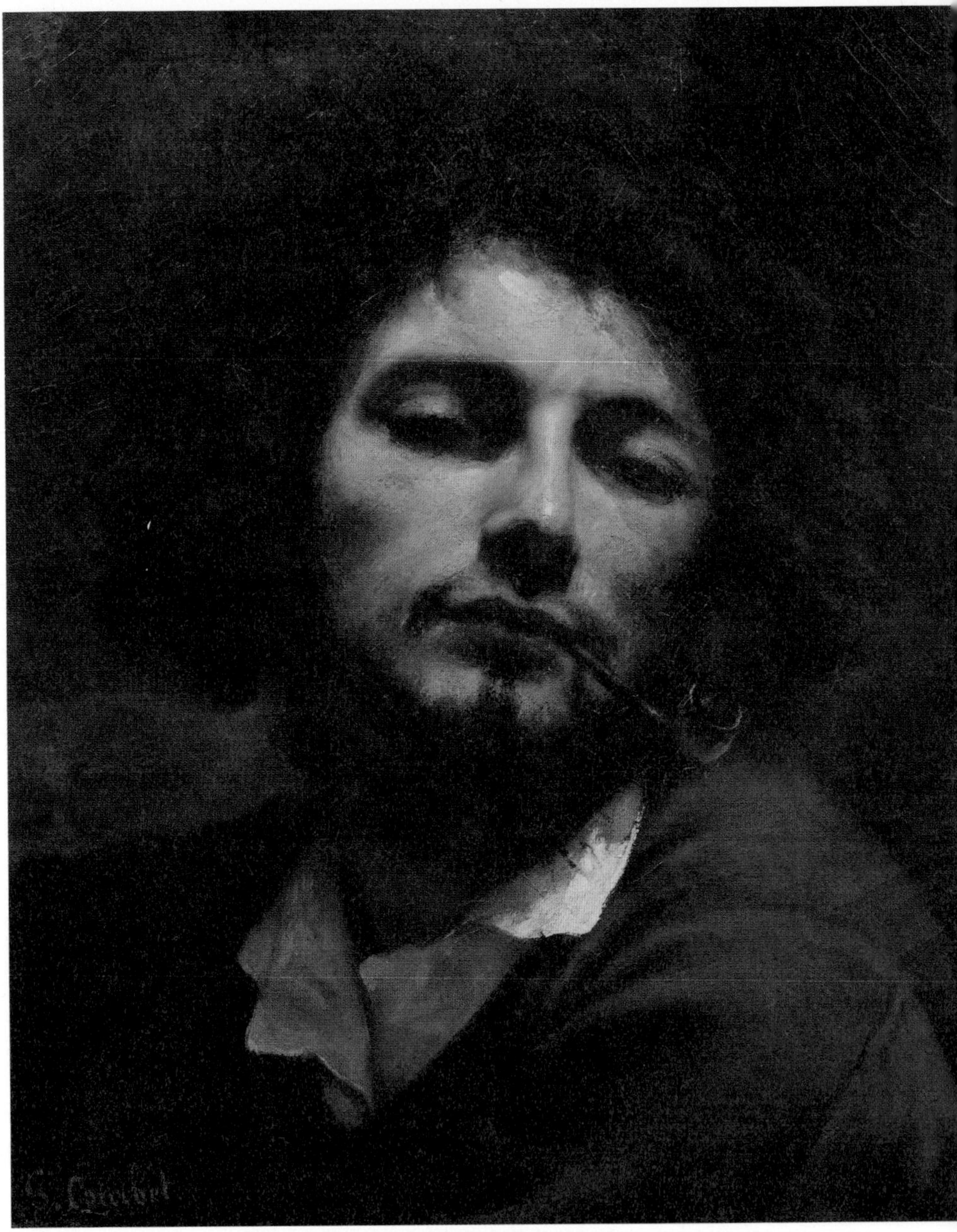

장 데지레 귀스타브 쿠르베, 「파이프를 문 사내」, 캔버스에 유채, 45×37cm, 1846년경, 몽펠리에 파브르 미술관

저녁 그곳에서 담배를 피우고 술을 마시며 보들레르, 프루동과 논쟁했다. 이들과 함께 사실주의라는 용어를 처음으로 사용한 샹플뢰리, 헤겔 철학서를 번역하고 〈라 보엠〉 등장인물의 모델이기도 했던 장 왈롱도 있었다. 보헤미안이고 지성인이었으며 급진주의자들이었던 그들은 모두 쿠르베에 대해 한마디씩을 적었다. 당당한 오만함과 독특한 개성, 제멋대로의 방종 등이 그들이 설명한 쿠르베였는데 바로 그런 면이 이 자화상에 모두 들어 있다. 학창 시절부터 담배를 피우기 시작한 골초 쿠르베가 하루는 보들레르를 읽으며 아편을 피웠고 그것에 완전히 취했다는 일화가 있는데, 아마 이 음침한 자화상이 그에 대한 기록이 아닐까.

쿠르베는 「파이프를 문 사내」가 독일 전시에 갔을 때 그림이 너무나 논란의 대상이 되는 바람에 무슈 쿠르베에 관한 논쟁을 금한다는 안내문을 내건 술집들이 있었을 정도였다는 이야기를 거론하는 것을 좋아했다. 프랑스에서도 그것은 '파이프를 문 그리스도'로 알려졌는데, 쿠르베의 머리 각도가 십자가에 못 박힌 예수의 머리와 비슷했기 때문이었다. 곧 이 그림은 쿠르베의 상징이 되었고, 사람들이 그에게 자화상을 그려달라고 할 때마다 그는 종이 위에 파이프 하나를 그려주곤 했다. 그는 그 아래에 "쿠르베—이상도 없고 종교도 없음"이라고 적어주는 것도 잊지 않았다. 그것은 이미지이자 일종의 선언이었고, 그의 후기 자화상의 표준이 되었다.

「파이프를 문 사내」는 새침스럽고 달콤하고 감상적이며 자기애가 가득해 보인다. 하지만 여기서 쿠르베는 적어도 그 자신이지 다른 사람이 아니다. 쿠르베는 몇 년 뒤 이 그림에 대해 "열렬한 광기의 초상이며, 고행의 초상이다. …… 자신이 가진 모든 소양과 다름없는 어리석음, 그것에 환멸을 느낀 사내의 초상이며, 끝까지 매달릴 자신만의 원칙을 찾고자 하는 인간의 초상"[4]이라고 설명했다. 그는 자신의 작품에 대한 설명을 매번 다시 쓰곤 했는데, 그것은 더 새롭고 나은 의미로 윤색하려는 시도였다.

이 고행자ascetic—쿠르베는 철자를 틀리기 일쑤였기에 이것은 유미주의

자aesthete일 수도 있다—는 몽펠리에의 컬렉터, 알프레드 브뤼야스에게 팔렸다. 부유한 괴짜였던 그는 미술에 대한 모호한 이론을 갖고 있었는데 그것을 허영기 물씬한 책으로 출판하기도 했다. 그는 자본가이고 제정주의자이며, 쿠르베가 경멸해 마지않았던 화가들의 친구였다. 하지만 이 둘은 잠깐이지만 매우 중요한 시기에 손을 잡았고, 쿠르베가 미술사상 가장 자기 본위적인—그리고 조롱받은—자화상을 그린 것은 바로 브뤼야스를 위해서였다.

「만남」에 등장하는 세 인물은 쿠르베, 브뤼야스, 브뤼야스의 구종 칼라스다. 쿠르베는 이제 막 후경으로 사라져 가는 마차에서 내렸고 몽펠리에 근교에 도착한 그를 두 명의 인물이 마중한다. 쿠르베는 먼지가 피어오르는 길 위에 재킷을 입지 않은 셔츠 차림으로 서 있고, 한 손에는 지팡이, 또 다른 손에는 모자를 들고 어깨에는 무거운 화구 상자를 멨다. 브뤼야스는 모자를 벗어 환영한다는 뜻으로 팔을 앞으로 뻗고 있다. 칼라스는 존경의 마음을 담아 머리를 숙여 인사한다. 그들 옆의 개는 혀를 빼고 간절한 눈빛으로 쿠르베를 올려다보고 있다. 뒤로는 풍경이 푸른 하늘 아래 드넓게 펼쳐져 있다.

자신을 환영하기 위해 도시 중심에서 이곳까지 나와 준 사람이 있다는 것을 드러낸 이 그림에는 쿠르베의 자기 존중이 극대화돼 있다. 물론 그런 일이 실제로 있었는지 알려져 있지도 않지만 그보다 더한 것은 이미지가 빚어낸 갑작스런 불협화음이 인간관계의 변칙을 강조하고 있다는 점이다. 인물들은 마치 프리즈의 파수 행렬처럼 서서 아무도 움직이지도, 말하지도 않고 쿠르베가 쥐고 있는 지팡이처럼 딱딱하게 땅에 붙박여 있다. 브뤼야스는 긴장한 듯 보이고 눈은 이 영웅 앞에서 그를 경원하듯 내리뜨고 있다. 칼라스는 마치 성체 성사를 받는 듯 경건하고 공손해 보인다. 그간 사회적으로 억압된 노동자들의 위엄에 대해 이야기해 왔던 쿠르베는 여기서는 다른 생각을 한 것 같다. 자연의 자유정신을 대변하는 한 마리 개만이

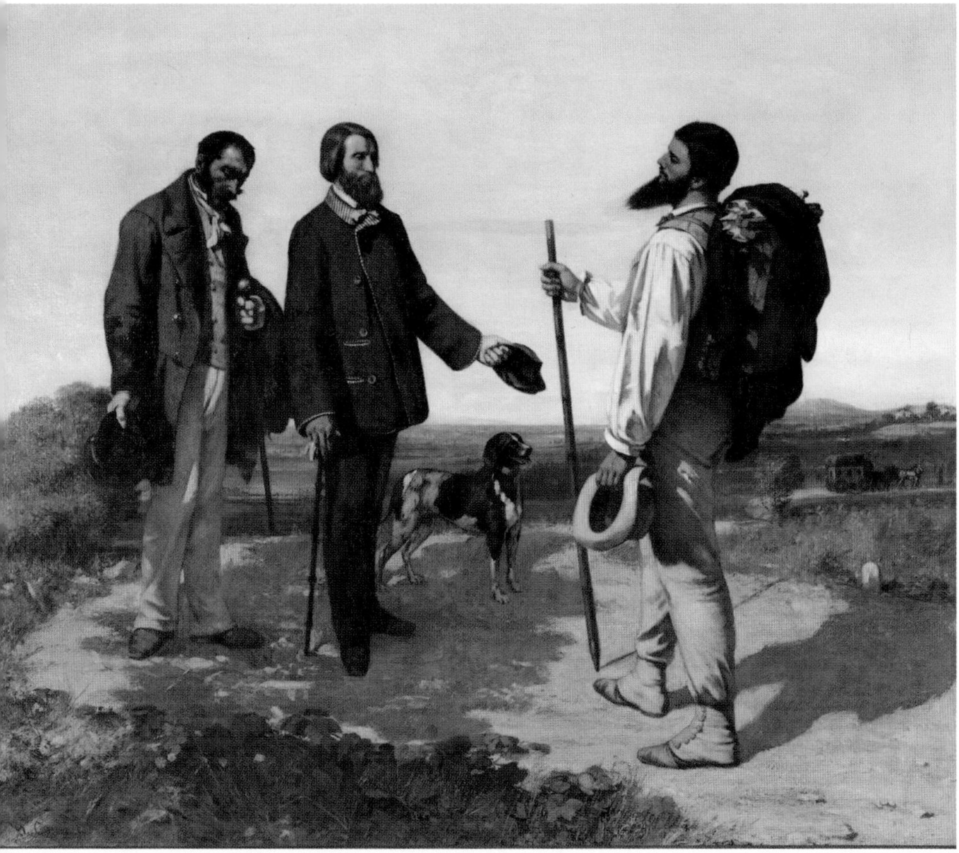

장 데지레 귀스타브 쿠르베, 「만남('안녕하세요, 쿠르베 씨')」, 캔버스에 유채, 129×149cm, 1854, 몽펠리에 파브르 미술관

이 수염 기른 순례자이며 예언자인 인물의 얼굴을 바로 올려다보도록 허락됐을 뿐이다. 뒤로 약간 젖힌 머리와 반쯤 감은 눈을 한 그는 줄 서 있는 후보자들을 앞에 두고 오디션을 하고 있는 것 같다.

쿠르베의 동시대인들은 이 그림을 비웃었다. 바로 '부자가 천재에게 인사하다' '안녕하세요, 쿠르베 씨' 등의 별명이 따라 붙었다. 이렇게 사소한 사건이 허영심 가득한 자기선전으로 부풀려질 수 있다는 것에 놀란 사람들은 '안녕하세요, 쿠르베 씨' 하고 큰 소리로 서로에게 인사하곤 했다. 비평가들은 그림자를 드리운 유일한 사람이 쿠르베라는 것을 알아채고는 "쿠르베만이 햇빛을 막아 설 수 있었다"[5]라고 했다. 테오도르 드 방빌은 쿠르베가 땅을 말라붙게 그린 것에 대해 그 땅이 "내 친구여, 만일 내가 슬프고 못생겨 보인다면, 그것은 쿠르베 씨가 나를 방금 밟고 지났기 때문이라오"라고 답했을 것이라며 쿠르베를 조롱했다. 풍자만화가들은 화구 상자를 멘 구세주 앞에 후원가와 그의 시종이 무릎을 꿇은 것을 주목했다. 그것은 '다마스커스로 가는 길'이고, '동방박사들의 경배'였다.

사실 이 그림은 결국 좀 다른 성서 이야기였다. 「만남」은 두 명의 신사가 교외에서 '방랑하는 유대인'을 만나 그에게 인사하는 내용의 당시 유행하던 판화에서 영감을 얻은 것이다. 그 유대인은 지팡이를 가지고 있고 두 신사는 모자를 벗었다. 「만남」에서는 칼라스가 약간 더 하대되었을 뿐이다. '유대인'으로서 쿠르베는 역사의 증인, 진실을 아는 자로서 홀로, 그리고 영원히 세상을 방랑하도록 운명지어졌다. '방랑하는 유대인'은 결국 그리스도의 삶을 목격한 유일한 증인이었고, 한 술 더 떠서 프랑스 작가 외젠 쉬의 인기 희곡에서 프롤레타리아 계급의 투사(쿠르베의 '노동자-예술가'에서는 제화공)로 묘사된 노동자였던 것이다.

그림의 명확한 메시지 전달을 가능케 한 것은 쿠르베가 판화의 단순한 디자인을 훌륭하게 이용했기 때문이다. 관객들이 '방랑하는 유대인' 또는 그 판화에 얼마나 친숙한지와는 관계없이 「만남」은 그 요점을 전달할 수 있었다. 쿠르베는 화가이고, 그는 기꺼이 흠모를 받았을 뿐이다. 그리고 그런 흠모는 자연스럽게 일어난 것이고, 시공간의 한계 밖에서 계속 일어난다. 그림은 이런 식의 삼단논법을 매우 명확하게 전개했다. 화가를 경배하는 이들은 토템이고, 이로써 화가는 다른 것과 바꿀 수 없는 그만의 상징, 즉 푸른 하늘을 배경으로 한 새까만 페넌트좁고 기다란 삼각형 모양 깃발 같은 아시리아인의 수염을 그의 완벽한 상징으로 갖게 되었다.

「만남」은 복제품으로 볼 때만큼이나 실제로도 밝은 몇 안 되는 그림 가운데 하나다. 여름날 일광을 빠른 속도로 그림에 옮긴 것은 인상주의 화가들에게 영향을 주었을 것이며 그 맑은 하늘은 30년 뒤 아를에서 반 고흐를 현혹시킨 바로 그 하늘을 떠올리게 한다. 그리고 반 고흐는 그림 속 하늘을 보기 위해 고갱과 함께 몽펠리에로 가기까지 했다. 고갱의 「안녕하세요, 고갱 씨」—고갱은 이 그림에서 아직 인정받지 못한 예언자, '진정한' 아웃사이더인 프로방스의 농군을 만난다—는 이 아방가르드 화가의 걸작에 바친 첫 번째 작품이다. 20세기 들어서는 피터 블레이크가 「만남」을 캘리포니아의 불볕 아래에서 자신은 브뤼야스로, 데이비드 호크니는 쿠르베로 다시 그렸다. 블레이크가 자신의 동료 화가에게 인사하기 위해 시종 칼라스로 분한 하워드 호지킨영국의 화가이자 판화가과 함께 런던에서 수천 마일을 여행했다는 것을 아는 이들에게 이 그림은 더 큰 재미를 주었을 것이다. 하지만 쿠르베가 사실주의를 의미한다면, 여기서 호크니는 팝아트를 의미한다. 블레이크는 순례자의 지팡이를 클래스 올덴버그의 거대한 붓으로 바꿔 버렸다.

---

자기애라는 말은 중립적인 용어가 아니다. 쿠르베의 자화상은 모든 면에서 자기애적이지만 그것은 단순히 외모에 대한 나르시시즘 이상이다. 대부

분의 화가들은 너무나도 허세 덩어리들이므로, 외모 말고도 자신에 대해 말할 것들(재능, 사상, 연인, 고통, 예술의 신전으로서의 작업실 등)이 너무도 많기 때문에 외모를 자랑하지 않는다. 이런 면에서 조르조 데 키리코만큼 비정상적일 정도로 방어적인 화가는 없었다. 데 키리코는 많은 자화상을 제작했는데, 그 가운데 한 작품은 실물과 기념비 사이의 어디쯤에 있는 것으로 보인다. 그것은 거대한 머리와 돌 회색의 얼굴을 한 땅딸막한 대리석 조각으로 자신을 묘사한 것이다. 그는 대개 고통으로 가득한 표정을 짓곤 했는데, 그것을 통해 "예술을 위해 고통 받는 나, 조르조"라고 말하는 듯하다.

비평가들의 혹평에 의연히 맞섰던 쿠르베와 달리 데 키리코는 초현실주의자들이 흠모했던 '형이상학 예술'을 포기하자마자 그들의 비방과 박해를 고스란히 겪고는 피해망상에 시달렸지만, 그가 다음에 열중한 고전주의에 대한 미적지근한 비평을 맞닥뜨렸을 때는 병적인 자기중심주의로 버텨낼 수 있었다. 'Nulla Sine Tragoedia Gloria', 즉 '비극 없이는 영광도 없다'는 그가 그림에서 들고 있는 현판에 쓰인 글귀이다. 다른 이들은 간단하게 '최고의 화가Best Painter'라고 할 것을 그는 까다롭게 '픽토르 클라시쿠스Pictor Classicus'라고 말한다. 그가 자신의 이미지에 결국은 월계관을 씌우고 오비디우스의 글귀를 인용한 것도 놀랄 일이 아니다. "나는 영원히 지속될 영광을 찾고 있다. 영원히 온 세상에 울려 퍼질 그 영광을Mihi Fama Perennis Quaeritur In Toto Semper ut Orbe Canar." 이 대사는 '질투의 여신'에 대한 응수이며, 데 키리코는 자신의 편집증적인 면이 가득한 자서전에서 대다수의 적들이 자신을 질투한 것이라는 그 오래된 망상으로 그들을 비난했다.

허영은 그 스스로 약해진다. 허영을 바보스럽게 만드는 것이다. 더 많이 자랑할수록, 얼마나 다른 사람들 눈에 자신이 뽐내는 것처럼 보일 것인지를 잊어버리게 된다. 하지만 쿠르베는 상관하지 않는다. 아무도 그에 대해 논하지 않는다면, 그는 자신을 옹호할 것이다. 그를 알아봐주는 것이 「만남」의 주제이고 그것이 바로 그의 목적이다. 어떤 것도 쿠르베와 관객들 사이에 끼어들 수 없다. 화상도, 비평가도, 미술계도 절대 끼어들어서는 안 되었다. 1855년 국제박람회에 그가 출품한 열네 점의 작품 가운데 두 작품이 거절되었을 때, 쿠르베는 엔지니어를 고용해 벽돌과 철제로 된 파빌리온을 디자인해 바로 반대편 정원에 그것을 짓게 했다.

'사실주의 파빌리온'은 기존 체제에서 벗어난 원맨쇼였고, 완전히 새로운 것(어떤 이는 이를 두고 자기 경배를 위해 세워진 신전이라고도 했다)이었다. 이 파빌리온의 중심 작품은 박람회에 전시하기 위해 제작된 가로 6미터, 세로 3미터가 넘는 거대한 그림이었다. 이 그림은 전시되기는 했지만 팔리지는 않았다. 다른 화가들과는 달리 쿠르베는 작업실로 다시 돌아올 수밖에 없으리라 예상한 작품에도 엄청난 열정을 쏟을 수 있었다. 그 그림이 팔리지 않은 이유도 그것이 지나치게 자기중심적이었기 때문이었다. 쿠르베의 작업실이 그림의 배경인데, 그것도 짜증날 정도로 역설적인 그림의 제목에 분명히 제시되어 있다. 「화가의 작업실—내 예술적 삶의 7년을 요약하는 알레고리」가 그것이다.

8월 3일 이 파빌리온에 들렀던 외젠 들라크루아는 심사관이 이 그림을 떨어뜨렸다는 것을 믿지 못했다. 그는 "심사관들은 이 시대 가장 독특한 작품을 낙선시켰다"라고 부정적인 함의 없이 적었다.

그림의 배경은 개조한 대성당의 꼭대기 층에 있었던 휑뎅그렁한 쿠르베의 작업실이다. 화가는 화포를 향해 붓을 든 채 그 앞에 앉아 있다. 그 뒤로는 모델이 서 있는데, 그녀는 이 창조의 순간을 보다 더 자세히 보기 위해 벗은 옷에서 막 빠져나온 듯, 옷은 아무렇게나 바닥에 떨어져 무더기를 이루고 있다. 바닥에는 명랑한 고양이가 가만히 앉아 그림을 보고 있다. 그로부터 얼마쯤 떨어져서 작은 아이 하나가 화가를 공손하게 올려다보고, 이 중앙의 인물들 양쪽으로 일군의 사람들이 벌여 서 있다. 오른쪽에는 대도시의 군상이 모여 있는데, 그 가운데에는 보들레르와 프루동이 있다. 이들은 읽고, 숙고하고, 멀리 멍하니 바라보기도 한다. 반면 왼쪽에는 소도시

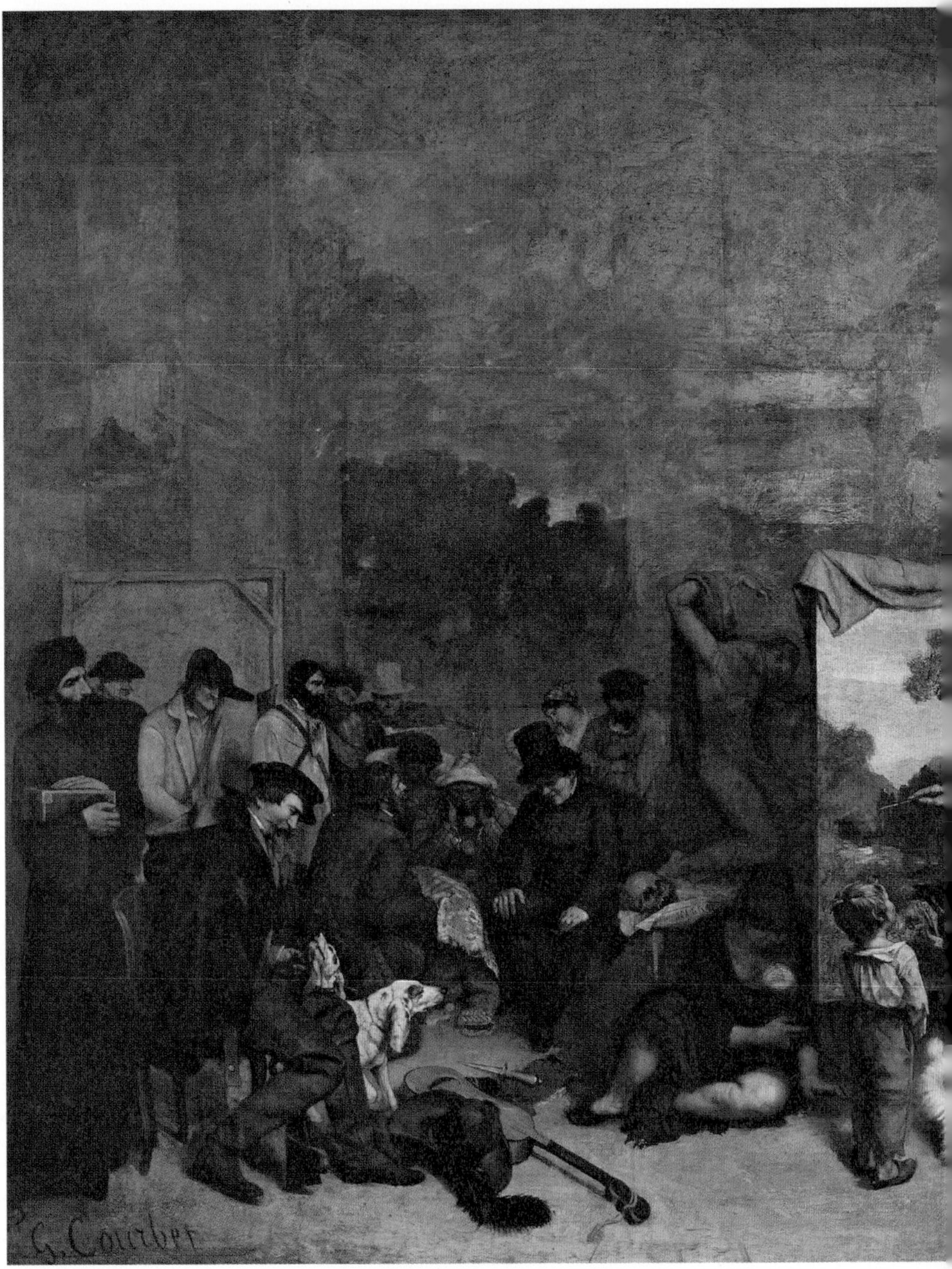

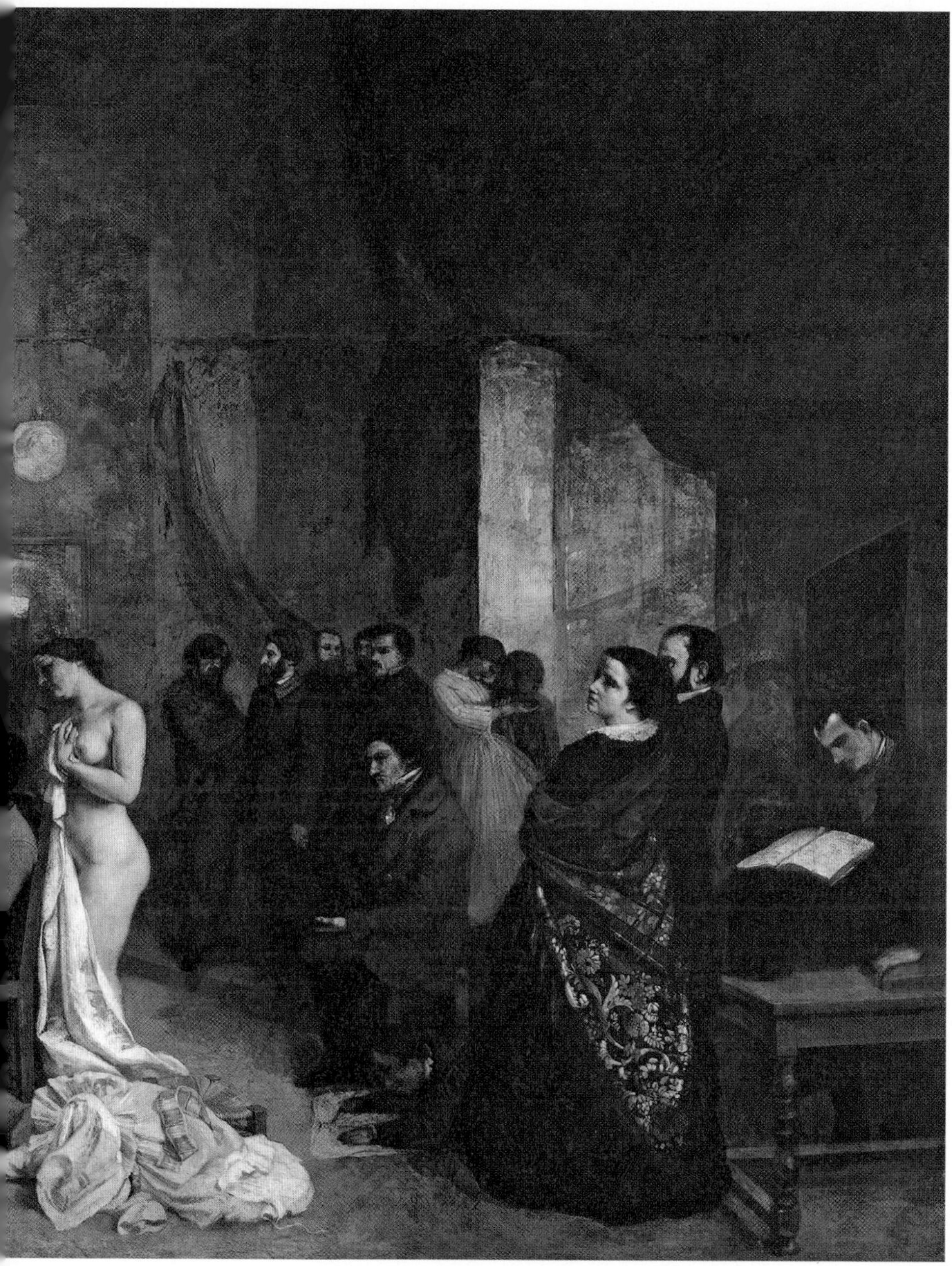

장 데지레 귀스타브 쿠르베, 「화가의 작업실」, 캔버스에 유채, 361×598cm, 1855, 파리 오르세 미술관

의 사람들이 서 있다. 그 가운데에는, 쿠르베의 표현을 빌리자면, "내가 영국에서 본, 런던 거리를 부지런히 걸어가던 유대인과 …… 승리의 기쁨에 찬 표정을 짓고 있던 목사, 그리고 통통 부은 붉은 얼굴을 한 사람, 사냥꾼, 부랑자, 차력사, 어릿광대, 포목 행상인, 노동자의 아내, 노동자, 도급인, 아이에게 젖을 물리는 아일랜드 여인 등"이 있다.[6] 하지만 쿠르베가 런던에 간 적이 있다는 기록은 어디에도 없다.

이 그림이 고도의 책략에 의해 만들어진 작품이라는 점은 분명해 보인다. 쿠르베는 매우 불편해 보이는 자세로 의자에 앉아 있는데, 그로써 그 특유의 아시리아인 같은 측면 얼굴이 더 강조된다. 사실 이 자세로는 제대로 붓질을 할 수조차 없다. 누드모델의 등장은 설명이 어려운데, 그 이유는 화가가 풍경화를 제작하고 있기 때문이다. 어린 부랑자는 『레미제라블』의 등장인물에서 영향을 받은 것이고, 오른쪽의 지성인들은 그들이 방문하러 온 화가는 고사하고 자기들끼리도 대화를 나누고 있지 않다. 왼쪽의 인물들은 그들이 누구인지와는 상관없이—그리고 이들이 누구인지 확실하게 알 수 있기 위해서는 백 년이 더 흘러야 했다—이런 인물들이 모여 있다는 것 자체가 현실적으로 매우 불가능한 일이었다.

비현실적인 인물 군과 뿌연 공기 등 「화가의 작업실」을 둘러싼 모든 것이 몽환적이다. 작업실은 정체를 알 수 없는 이런저런 그림자들로 가득하고, 원근법은 왜곡되었으며, 천장은 너무 높아서 보이지도 않는다. 뒷벽에 걸려 있는 그림들은 극장의 배경막 그림처럼 대충 그려져 있지만, 유리창으로 추정되는 것 너머로 보이는 풍경을 그리려다 만 것 같기도 하다. 앞쪽으로 열린 무대를 들여다보는 것 같은 느낌은 가운데 인물군은 밝게, 이들 양쪽의 인물들은 조연들처럼 배치한 쿠르베의 연출mise-en-scène로 더욱 강화된다.

「화가의 작업실」이 갖고 있는 신비한 매력의 일부는 우연히 만들어진 것이다. 쿠르베는 굉장히 빠르게 작업하는 습관이 있었고 그래서 그림은 매우 얇게 채색되는 경우가 많았다. 그래서 쿠르베가 역청을 매우 많이 써서 화포가 검어지는 경향이 있음에도 불구하고, 채색된 부분 아래로 붉은빛을 띠는 갈색 초벌칠이 바로 보이는 것이다. 바로 이 특징, 즉 어떤 부분은 매우 어둡고, 어떤 부분은 희미하거나 투명해 보이는 것 때문에 「화가의 작업실」은 박명과 어둠 사이를 부유하는 것처럼 보인다.

그가 그림을 그린 방법 역시 이 그림의 이상한 조합에 한몫했다. 그림은 이 그림 저 그림에서 조금씩 따온 것들을 조합한 것이다. 보들레르, 샹플뢰리, 브뤼야스는 이전에 그려둔 초상화에서 베낀 것인데, 특히 브뤼야스가 입고 있는 코트는 쿠르베가 몽펠리에에서 그린 자화상 「만남」에서 입었던 것과 같이 줄무늬 깃이 있는 코트다. 그리고 그 코트를 쿠르베도 입고 있어서 같은 코트가 그림에 두 번 등장한다. 누드모델은 사진을 보고 그린 것이고, 프루동의 얼굴은 석판화에 바탕을 둔 것이다. 쿠르베는 다른 인물들에 대해서 그림을 끝내기도 전에 샹플뢰리에게 써서 보낸 길고도 수수께끼 같은 설명에서 더욱 그 의미를 복잡하게 한다. 오른쪽 사람들은 "주식중개상, 나의 친구들, 예술계의 동료 노동자들과 아마추어들"—여기까지는 좋다—이라고 했지만 왼쪽의 인물들에 대해서는 "하찮은 삶을 사는 다른 세계의 사람들로 비참하고, 가난하거나 부자이며, 이용하는 자, 이용당하는 자들이며, 죽기 위해 사는 사람들이다 …… [이 그림을] 심판하고자 하는 이들은 매우 어려운 일에 도전한 것이다. 왜냐하면 그들은 최선을 다해 그에 응대할 테니까"라고 썼다.

쿠르베는 좀처럼 이렇게 정확한 표현을 쓰지 않았다. 백 년이 넘도록, 학자들은 이 그림을 일관적으로 설명하기 위해 노력해왔다. 그것은 도시 대 시골, 자본가 대 노동자, 예술 대 자연, 또는 사실주의 대 진부한 전통 등의 설명이었다. 또한 사회주의나 예술적 자유의 알레고리라는 설명도 있고, 프루동주의자, 여성주의자, 여성혐오자에 대한 것이라는 설명도 있었다. 그림에는 고려되어야 할 너무도 많은 자료들—회화적 자료뿐 아니라 사회적인 자료들—이 있어서 프랑스 학자 엘렌 투생이 왼쪽 맨 뒷줄에 가리발디, 바쿠닌, 그리고 헝가리 혁명가 라요스 코슈트가 포함돼 있다는 것을 밝힐 때까지 이 인물들이 누군지에 대해서는 관심도 두지 않았다. 여러 명의 프랑스 언론가와 내각의 장관들과 함께 아시아, 폴란드, 터키인들도 등장한다. 이 가운데 가장 놀랄 만한 캐스팅은 그림의 전면에 툭 튀어나와 앉은 밀렵꾼의 정체다. 그는 바로 나폴레옹 3세였던 것이다.

상당수의 책들이 다시 쓰여야 했다. 「화가의 작업실」의 진정한 야망에 대해서는 논쟁이 계속될 수밖에 없기 때문이다. 나폴레옹 3세는 1851년 쿠데타를 통해 국민에게서 프랑스를 밀렵했다. 그는 프랑스, 러시아, 터키가 참전했던 크림전쟁 시기에 국제적인 공조의 필요성에 대해 역설하고 있었다. 아니면 제목의 7년이란 결국 혁명이 일어난 해였던 1848년을 가리키는 것일 수도 있다. 그래서 그렇게 많은 국적의 사람과 이데올로기 들이 재현되었을 것이다. 쿠르베는 프랑스 사회가 민주주의를 향한 역동적인 진보를 이뤄가고 있음을 그렸다고 할 수 있다. 왼쪽에는 과거의 갈등이, 오른쪽에는 자유로운 사고를 보장하는 미래가 있는 것이다.

지금에 와서는 그 어떤 것도 1855년 당시보다 더 분명하지는 않다. 아무도 이 그림이 꾀한 전복顚覆을 보지 못한 것 같기 때문이다. 누군가 이 밀렵꾼이 갖고 있는 그만의 특징—가는 눈에 날선 수염, 왁스를 바른 콧수염 등—을 알아보았다면, 그가 누구인지에 대한 정보는 비밀에 부쳐졌을 것이다. 가리발디, 바쿠닌, 나머지 인물들에 대해서는 그림이 너무 크기 때문에 아무도 뒷줄의 사람들을 볼 수 없었을 것이라고 말할 수 있다.[7] 누구나 알아볼 수 있는 건 쿠르베뿐이지만, 그의 정치색은 여전히 의도적으로 애매한 채로 남아 있다. 애초에 초상화의 모델이 되기를 거부했던 프루동은 쿠르베의 자기애를 드러내기 위해 자신이 들러리를 서야 한다는 생각을 혐오했다. 그는 "쿠르베 역시 …… 허영으로 가득 찬 인물이다. 그는 완전히 자신을 위한 그림을 그렸다"[8]라고 적었다.

그리고 프루동의 이 언급이 진실이다. 정치적인 강령이 얼마나 복잡하든지 간에, 알레고리가 얼마나 비현실적이고 혼동스러운지와는 상관없이, 이 화면은 쿠르베를 중심으로 선회한다. 그는 황제와 어린 부랑자, 이 통합될 수 없는 둘을 통합하려고 시도하며 이들 사이를 중재하는 인물이다. 그는 풍경화에서 초상화, 역사화까지를 아우르는 이 거대하고 풍부한 그림, 예술과 사회를 재창조하는 그림의 작가다. 이것은 쿠르베가 자신 있게 선언했던 "세상이 그려지기 위해 나의 공간으로 와서" 그려진 그림이다. 한때 쿠르베가 저 세상 밖에 서 있는 자신을 그리고 또 그렸다면, 이번에 그는 작업실에 들어와 있는 세상을 그린 것이다.

「화가의 작업실」은 완전히 자기에 심취한 화가의 기념비적인 이미지다. 그것이 어떤 혁명 이론을 암시하든지, 얼마나 많은 지성인들이 등장하든지, 쿠르베가 얼마나 다양한 관객을 구하고 있는지와 상관없이, 그는 우리에게 완전히 등지고 있다. 자기애는 서서히 관객이 있는 실제 세계에 대한 무관심으로 바뀐다. 그리고 이 그림이 매우 개인적인 그림—이전의 어떤 그림보다 장대한 규모로 훨씬 더 응집된—인 것은 맞지만, 또한 역설적이게도 개인적이지 않은 그림이기도 하다. 화가 자신처럼 완전히 공개적이지만 한편으로는 완전히 폐쇄된 그림 「화가의 작업실」은 스스로에게 황홀해진 자아라는 내적 상황에 대한 묘사이지 일개 장면이라고 할 수는 없다.

*13.*

# 피해자

자기연민, 상처,
고통의 자화상

춥고 바람 부는 2월 어느 날 한 여인이 런던으로 가는 오전 10시 비행기에 오르려 하고 있다. 뒤로는 보이지 않는 개를 이끈 채. 여인의 이름은 버지니아 마이너 …… 그녀 뒤를 밟고 있는 개는 오직 그녀의 상상에만 존재한다. 여인에게 꽤 익숙하고 가까운 그 개는 피도라는 이름으로 불리며, 자기 연민의 상징이었다.

_앨리슨 루리, 『외지에서 발견한 사랑Foreign Affairs』

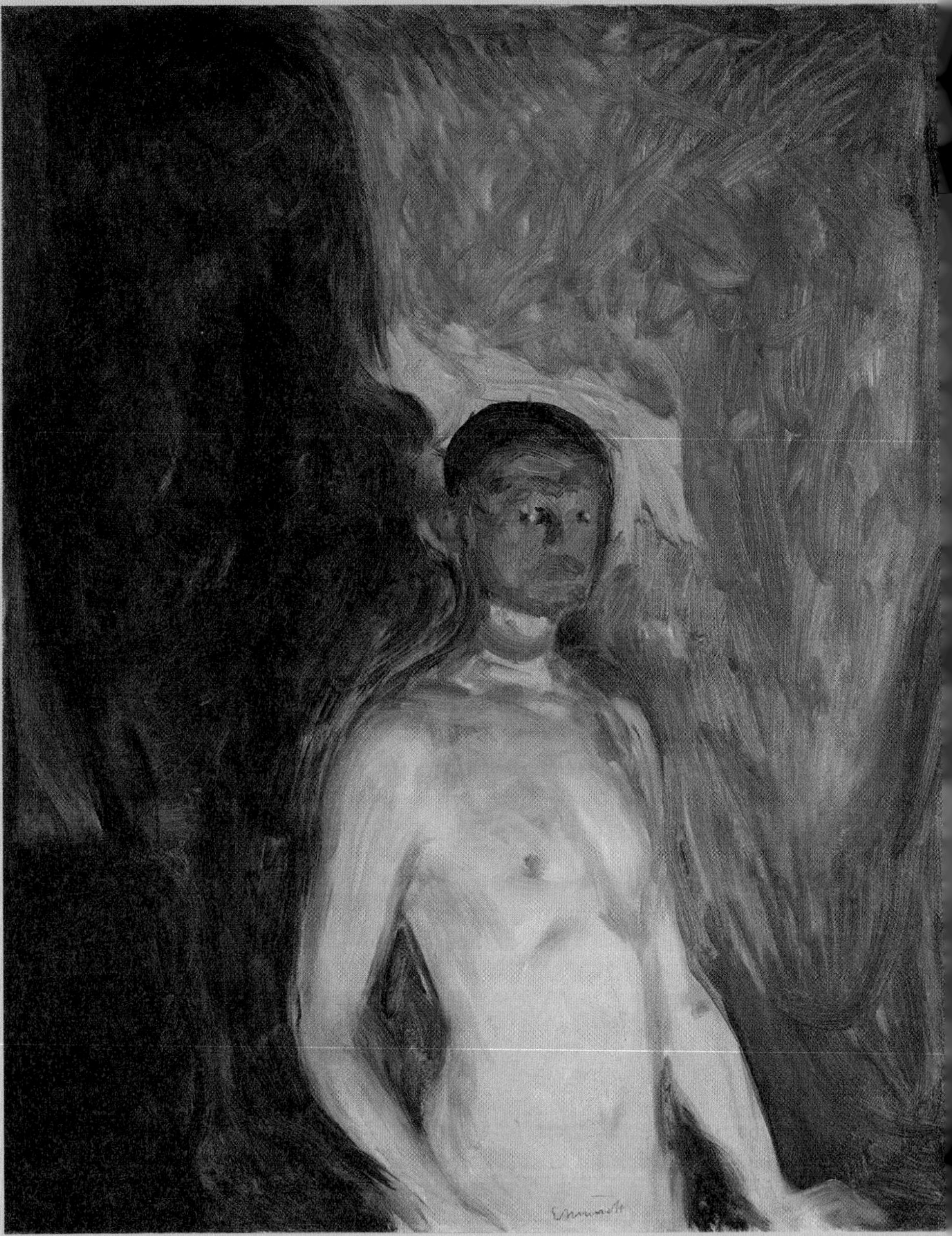

에드바르 뭉크, 「지옥의 자화상」, 1903, 오슬로 뭉크 미술관

에드바르 뭉크1863~1944는 자신이 만든 지옥에서 살고 있다. 그는 화염 속에 벌거벗고 서 있는 자신을 그렸다. 한쪽에는 붉은 화염이, 다른 쪽에는 피어오르는 매연이 뚜렷하게 보이는 어둠 속에 그는 허리까지 깊숙이 들어차 있다. 그것은 유황 불길이 솟아오르는 전형적인 지옥을 표현한 것 같지만, 그 주변에 다른 죄인들이 없는 것을 곧 눈치 채게 된다. 뭉크는 지옥의 불길이 쏘는 각광을 받는 유일한 주연이고, 억지로 그 고통을 의연히 견디고 있는 것처럼 보인다. 그림은 도발적인 느낌을 줄 만큼 화면이 잘려 있다. 뭉크의 섬세한 사인 아래로 음부가 화면에서 잘려 나간 것이다. 하지만 화가는 투사나 말 등에 올라앉아 있는 장군 같은 자세를 견지하려고 노력한다. 고통은 끝나지 않을 테지만, 뭉크는 사나이답게 그것을 수용하며 영원히 지속될 지옥의 불길 속에 서 있는 것이다.

그것은 일종의 끈질긴 괴롭힘일 수 있다. 아니면 적어도 그리 진지하지 않은 자기자랑일 수도 있다. 우울과 불안, 고독의 화가, 지옥의 불구덩이 속에 있는 자화상 등으로 부당하게 해석되었던 화가가 그 불길 가운데 의연히 서 있기 때문이다. 다른 화가들은 팔매와 화살 때문에 고통을 겪었을지 모르지만 이런 것들이 이 타락한 천사가 견뎌야 하는 지옥에 비견될 수는 없다. 이 그림은 제목조차도 「지옥의 자화상」이 아닌가. 뭉크는 진지했을 리 없지만—시나리오는 말할 것도 없이 자세는 우스꽝스러우며 제목은 역설적이기 그지없다—또 여전히 진지하다. 그림을 자세히 보면 악마는커녕 화염도 없다. 왜냐하면 신의 영광을 실추시켜 천국에서 추방당하거나 죄를 지은 것과는 전혀 상관도 없는 마음의 지옥을 그린 것이기 때문이다. 결국 그것은 매우 분명한 함의를 지닌 은유다. 그리고 이것이 바로 열정적인 비관주의자 에드바르 뭉크에게 기대할 만한 것이고 그는 좋은 이야기를 만들기 위해 과장을 마다하지 않았다.

좋은 이야기, 하지만 그것이 '진실'일까? 이런 질문은 보통 그림에는 적용되지 않는다. 특히 그림의 내용이 공개적으로 환영이라고 분명히 선언되고 관객이 기본적으로 그렇다고 받아들일 때는. 관객이 그것을 믿지 않으려고 하지 않는 한 영화나 연극에서처럼 그것이 진실인지에 대한 질문은 의미가 없다. 하지만 한때 살았거나 여전히 살아 있는 사람들의 재현을 보며 그것을 초상화로 인식하기 전에 진짜 사람으로 인식하려는 경향이 강한 경우에는 그와 같은 질문은 상당히 유의미할 수 있다. 여기, 우리가 직접 대면하고 있는 에드바르 뭉크가 있고, 또 한편으로는 스스로를 지옥에 있는 벌거벗고 저주받은 영혼으로 상상하는 뭉크가 있다. 시나리오가 진실한 것인지에 대해 생각해 보면, 우리 모두 운이 나쁜 날 느끼는 것이 이렇지 않을까? 그림으로 그런 기분을 없앨 수 있기만 하다면, 또 자기 연민이라는 피할 수 없는 비난을 신경 쓰지 않을 수만 있다면, 우리도 이렇게 자신을 그릴 수 있지 않을까? 뭉크는 대다수 사람들보다 더 많은 가면을 가지고 있지만 인간의 조건을 의인화함으로써 그 가면에 대해 그것이 마치 인간의 조건인 것처럼, 실제로 있는 것처럼 말하고 있을 뿐이다. 하지만 사실은 그 반대다. 뭉크는 바로 자신의 이야기를 하고 있었던 것이다.

「지옥에서의 자화상」이 적어도 화가의 감정에 충실한 그림이라는 것은 사실이다. 이 그림은 1903년 여름에 제작되었고 그해 가을 오슬로 갤러리에서 전시되었다. 뭉크는 툴라 라르센이라는 여인과 사랑을 했고, 1902년 내내 전 유럽을 함께 여행했다—어떤 이들은 툴라가 뭉크를 스토킹 했다고도 한다. 이 둘의 관계는 라르센이 우스꽝스러워 보일 정도로 결혼을 두려워했던 뭉크와 결혼하기를 바랐고 그가 거절하면서 마침내 폭발하고 말았다. 그녀는 자살 소동을 벌였고, 뭉크도 이에 질세라 먼저 자신에게 총을 들이댔다. 하지만 가운데 손가락에 약간의 총상을 입는 것으로 사건은 끝이 났고, 상처는 치명적인 것과는 거리가 멀었으며 그림 그리는 손이 다친 것도 아니었다.

뭉크는 이 사건에 대한 기록을 남겼는데, 거기서 그는 자신이 한 손에 브랜디 병을 들고 부엌 바닥에 웅크리고 있었다고 했다. 그런 그에 대해 라르센은 "메두사를 닮은 차가운 얼굴"을 하고 서서 그를 내려다보고 있었다고 한다.[1] 어쩌다 총이 발사되었고 그는 피를 흘리며 쓰러졌지만 라르센의 유일한 반응은 걸레를 가지고 와서 타일에 묻은 피를 닦는 것이 고작이었다. "분노가 일었다. 이 괴물 같은 사람은 내가 피를 흘리다 죽게 버려둘 작정인가. 적어도 가서 의사를 불러오란 말이야!"

이런 충격적인 사고 뒤에는 늘 그렇듯이, 라르센은 몇 개월 지나지 않아 다른 사람과 결혼했다. 총상을 입은 손가락을 치료한 뭉크는 바로 다른 많은 연인들을 만났다. 하지만 라르센과 헤어지고 5년이 지나서도 그는 친구에게 자신의 영혼이 이 일로 얼마나 큰 상처를 입었는지에 관해 편지를 썼다. "내 삶을 지옥과 같은 것으로 만들어버린 노르웨이에서 입은 상처가 있네"라고. 라르센이 무엇을 감내했는지는 몰라도—그녀가 모든 편지와 일기를 없앴기 때문에 그것은 영원히 비밀에 부쳐졌다—뭉크는 독특하게도 늘 자신이 피해자라고 생각했던 것 같다. 친구들은 그의 편을 들기 시작했다. 그는 배반당했다고 느꼈고, 오슬로 전시에 출품된 자화상들은 이런 이야기를 증명하는 듯했으며, 그녀에 대한 보복으로 읽힐 수 있었다. 「지옥에서의 자화상」 말고 다른 그림도 있었다. 그 그림들은 라르센을 향한 정확한 회화적 복수—내가 신경쓴다는 건 아니지만, 여기 당신이 한 짓을 보라—였지만 또한 보편적인 의미도 담고 있었다. 뭉크는 화가의 고통을 더 자세하게 묘사하여 그것을 기념하는 더 큰 그림, 유럽 회화사의 걸작을 인용한 그림을 전시하기도 했다. 「수술대 위에서」는 아직 죽지 않은 육체를 수술대 위에 올린 것을 제외하고는 렘브란트의 「니콜라스 튈프 박사의 해부학 강의」와 매우 유사하다.

뭉크는 완전히 벌거벗었고(다친 것은 겨우 손가락인데?), 다친 손은 가슴에 올려져 있다. 의사는 한 사람도 아닌 세 사람씩이나 참석했다. 간호사는 피로 가득 찬 대야를 들고 서 있고, 침대 시트 위로 붉은 피가 흥건한 가운데, 수십 명의 학생들이 수술실 창을 통해 이 광경을 참관하고 있다. 학생들 또는 이상적인 대중은 환자 편에 서서 그가 겪은 고통을 불쌍히 여기고 있다. 뭉크는 그림을 일종의 극장이라고 믿었다. 그는 입센을 위해 무대를 디자인했고, 이는 이 시나리오에서 헤다 가블레르가 준 총으로 자신을 쏜 에일레르 뢰브보리와 유사하다. 어떤 이는 침대 위로 퍼진 피에서 심장을 보았을 수도 있다. 사랑은 피를 흘린다. 하지만 다른 어떤 것보다 이 핏자국은 뭉크의 가장 유명한 작품 「절규」—청년의 불안을 상징하는 대표적인 아이콘이자 그 자신이 우의적인 자화상이라고 밝힌—에 등장하는 줄어드는 벌레 같이 생긴 인물과 비슷하다.

제정신을 가진 화가라면 굴욕스러울 만큼 개인적인 뒷이야기를 신문사 기자들이 순식간에 재구성할 수 있을 정도로 작은 도시에서 절대로 「수술대 위에서」를 전시하려고 하지 않았을 것이다. 또한 그가 이제는 적이라고 생각하는 지인들 앞에 자신의 상한 모습을 보여주지 말았어야 했다고도 생각할 것이다. 하지만 뭉크는 전혀 그러지 않고, 자신이 겪은 개인적인 고통을 이번에는 명백히 '나는 고발한다J'accuse'에밀 졸라가 『로로르』지 1898년 1월 13일자에 실은 공개서한의 첫 문장이자 그 제목. 그는 이 글에서 프랑스 제3공화국 정부의 반유대주의와 알프레드 드레퓌스의 부당한 구속수감을 비난해 사회적으로 큰 파장을 일으켰다. 식의 자화상을 통해 다시 공개한다. 다비드가 그린 「마라의 죽음」을 변용하여 그린 이 자화상에서 뭉크는 자신은 마라로, 이번에는 벌거벗은 모습으로 그린 툴라 라르센은 살인마 샤를로트 코르데로 등장시킨다.

화가 역시 "훌륭한 작품은 아니지만 실험적인 그림"이라고 칭한 이 끔찍한 그림은 스스로를 희생양으로 표현한 그림의 압권이라고 할 수 있다. 칼을 맞은 화가는 침대에 누워 있는데, 다비드의 영웅 마라가 그러했듯, 정확하게 한쪽 팔을 힘없이 늘어뜨린 모습이다.

이런 것이 뭉크가 정말로 라르센과의 관계에서 경험했던 것일까? 부당한 취급을 당한 연인에 대한 묘사는 언제나 이와 같다. '내 인생을 망치고, 마음을 아프게 하고, 나를 배신한 당신, 더 해보시지, 당신은 나를 죽인 거나 마찬가지야.' 그리고 물론 마지막으로는 무력한 저주를 던진다. '내가 죽어서야 당신은 조금이나마 슬프겠지.' 물론 수많은 사람들을 구하기 위해 한 사람을 죽인 것이라고 재판정에서 말했듯 샤를로트 코르데는 조금도 슬퍼하지 않았다. 하지만 이런 이야기는 많은 이들이 공감하는 것이었다. 만일 시인들이 가슴에 꽂힌 칼, 그리고 사랑의 상처로 인한 죽음에 대해 말할 수 있다면, 그리고 입센과 스트린드베리가 그들의 불행을 무대에 올릴 수 있고 그것이 이해된다면, 또한 샤토브리앙이나 D.H. 로렌스, 필립 로스와 같은 소설가들이 명예훼손으로 고소당하지 않으면서 소설 속에 낭만적인 사랑과 결혼의 비극에 대해 말할 수 있다면, 왜 그들의 동료 예술가들에게 그것이 허락될 수 없겠는가? 문제는 뭉크가 그렇게 할 수 있는지 없는지, 또는 별 문제 없이 그로부터 벗어날 수 있는지 없는지(이런 것들은 그림이었을 뿐 출판물도 아니었기에 소문은 금세 사그라졌다)가 아니라 그가 얼마나 자신의 이야기를 허구화했는지에 있다.

그림을 글과 비교해 보자. 자전적인 소설의 경우, 작가의 지인들이 소설 속 모든 인물들의 현실에서의 정체를 모를 수도 있다. 『켄싱턴에서 상당히

면A Far Cry from Kensington』에서 뮤리엘 스파크는 전 애인 데릭 스탠퍼드를 소설 속에 등장시켜 인신공격함으로써 그에게 앙갚음했다. 데릭은 소설 속에서 '남작濫作하는 작가pisseur de copie'라는 별명을 가진 사악한 출판업자 헥터 바틀렛으로 등장한다. 하지만 뮤리엘은 둘의 관계를 자세히 드러내지 않았고, 당시에는 사람들의 관심도 끌지 않았다(물론 나중에 몇몇 기자들이 그 관계를 파헤쳤지만 말이다). 어느 누구도 소설 속 주인공인 풍만한 호킨스 부인이 스파크 자신이라는 것을 눈치 채지 못했다. 하지만 자화상 작가들은 실제 얼굴이라는 문제를 가지고 있다. 가장을 할 것인가—이것도 실은 널리 알려진 자화상이라면 어렵지만—아니면 자신의 모습을 있는 그대로 공개할 것인가 하는 문제가 있는 것이다. 뭉크는 초상의 정확도에는 별 관심이 없었지만, 피해자와 살해자라는 역할에서 그와 라르센을 알아보기란 매우 쉬웠으므로, 관객은 그가 주장했던 대로 사건을 이해하지 않을 수 없었다.

물론 우리도 그런 주장을 그대로 받아들이지는 않는다. 피해자는 여전히 기운이 펄펄 넘치며, 바로 그의 자화상이 그것을 입증한다. 피해자로서 자신을 그린 다른 자화상과 마찬가지로 그의 자화상도 될수록 많은 관객에게서 연민, 충격, 존경 등의 감정을 자아내도록 만들어졌다.

뭉크는 70점이 넘는 자화상을 제작했는데, 어딘가 다친 모습으로 자신을 그린 것이 대부분이라는 점도 매우 독특하다. 「고통의 꽃」에서 그는 다친 가슴에서 피가 솟구치는 인물로 묘사되었는데, 이는 예술의 꽃을 살리기 위한 것이기도 했다. 또한 그는 유디트와 메두사의 피해자이며 살로메의 접시에 오른 머리의 주인공이기도 했다. 그는 자기 연민에 빠진 약하고 바보스러운 모습으로 자신을 드러내기를 주저하지 않았다. 초기 자화상에서 우쭐대는 젊은 보헤미안으로 등장할 때나, 그런 실패가 당연해 보이는 망상에 절은 술주정뱅이나, 죽음을 향해가는 시계 소리에 귀 기울이는 음울한 늙은이로 등장할 때 모두 그랬다. 그는 계속해서 자신에게 최고의 연민을 자아내도록 스스로를 차인 연인, 외롭게 혼자 술을 마시는 사람, 살해당한 시체 등으로 그렸다. 기관지염을 앓고 있는 환자나 스페인 독감으로 빈사의 지경에 이른 사람이나 여인들에게 학대당한 사람으로 그리기도 했다. 뭉크는 자신이 겪는 고통을 일시적인 것이 아니라 지속적인 것이라고 생각했다. 그런 경험은 그가 언제나 비정한 운명 앞에 우리 인간은 무력한 존재라고 생각했기 때문에 더 강하게 전달된다. 하지만 정교하게 계산된 요소들이 숨어 있는 멜로드라마의 반복은 과장이 우주적인 진실에 이르는 길이라고 생각했던 화가의 모습을 드러낸다. 뭉크의 '세계관Weltanschauung'은 그의 그림 제목들이 시사하듯 전 인류를 품에 안으려는 것이다. 「절규」 「폐허」 「번민」 「심란」 「이별」 등은 모두 뭉크 자신의 인생을 이미지와 말로 이야기하는 것이지만 여전히 우리 모두의 경험을 포함하는 것들이다.

절망은 뭉크의 꼬리표였고 그의 삶이나 기록들이 그것이 진실이었음을 말해준다. 유년에 대한 그의 기억은 "내 요람을 지키고 있던 검은 천사는 질병과 정신 이상이었다. 나는 어머니도 없고, 병들었으며, 내 머릿속을 떠나지 않는 지옥에서 벌을 받으리라는 위협에 시달리며, 늘 부당하게 대우받고 있다고 느꼈다."[2] 어머니는 그가 겨우 다섯 살 되던 해에 결핵으로 숨졌다. 아버지는 그와 가장 친했던 누이의 죽음을 똑똑히 지켜보라며 한밤중에 그를 깨웠던 미치광이였다. 누이 역시 결핵으로 죽었고, 그때 그의 나이는 열다섯 살이었다. 그의 많은 작품들이 이런 개인사에 갇혀 있다고 할 수 있다. 하지만 뭉크는 예술을 통해 "삶에 대한 설명을 찾으려고 했고 그것의 의미를 발견하려고 노력했"으며, "다른 이들에게도 삶을 이해하는 데 도움을 주고자 했다"라고 고백했다.

하지만 과장은 곧잘 희화화되었으며 「절규」조차도 약간 코믹한 데가 있다. 다소 우스꽝스러운 둥근 머리를 한 체구가 작은 인물은 아름답게 타오르는 하늘을 배경으로 마치 수치스러운 소문에 희생이라도 된 듯 손으로 머리를 감싸 쥐고 있다. 그 이미지는 위대한 원형을 만들기에 충분했으나,

장난감 가게의 가면이 될 운명을 타고 났다. 「지옥에서의 자화상」 역시 관객들에게, 뭉크가 그의 아버지에게 겪었던 끔찍스러움과 같은 공포를 전달하지는 못했다. 하지만 그 그림은 회화가 가진 힘에 대한 그의 깊은 믿음을 재현한 것이다. 뭉크는 "카메라가 천국이나 지옥에서 사용될 수 없는 한 사진은 결코 그림의 경쟁 상대가 될 수 없다"라고 썼다.

---

그림이 카메라가 가지 못하는 곳에 갈 수 있다면 이 세상에서 보이는 것 이상을 보여줄 수 있어야 한다. 뭉크는 라르센이 타일을 닦고 있는 동안에 바닥에 누워 피 흘리는 자신을 그릴 수 있었다. 하지만 그것은 그가 지녔던 감정을 글만큼도 충실히 드러낼 수 없었다. 스스로를 피해자로 그린 자화상들이 모두 그러하듯 그는 자신이 느꼈던 고통을 허구화해야 한다. 그런 자화상은 하나의 사건을 통해 나머지 사건을 대변할 수 있어야 하고, 그것을 겪은 사람의 비극을 총체적으로 표현할 수 있어야 한다. 이런 측면에서 자아의 세기라고 할 수 있는 20세기를 살았던 예술가들은 다른 어느 때보다 창의적이고 왕성한 활동을 보이긴 했으나, 역사는 슬픔을 토로하는 자화상들로 가득 차 있다. 뭉크가 자신을 참수된 세례자 요한의 머리로 그렸을 때, 그는 단지 회화사에서 가장 최근에 살로메에게 희생된 피해자일 뿐이었다. 이전과 좀 다른 점이 있다면 그가 자신을 죽은 모습으로 보이는 것을 참을 수 없었다는 점이다. 이것은 매우 결정적인 부분을 거부한 것처럼 보이지만 그는 이로써 무고한 피해자로서, 그리고 그리스도의 사촌으로서 스스로를 표현하면서도, 그 비극적인 운명에도 불구하고 살아남은 스스로를 보이는 기회를 가질 수 있었다.

대담한 다윗에게 당한 사악한 골리앗이나 유디트가 그 자신의 칼로 목을 잘라버린 탐욕스러운 홀로페르네스 등 다른 참수된 머리를 고를 수도

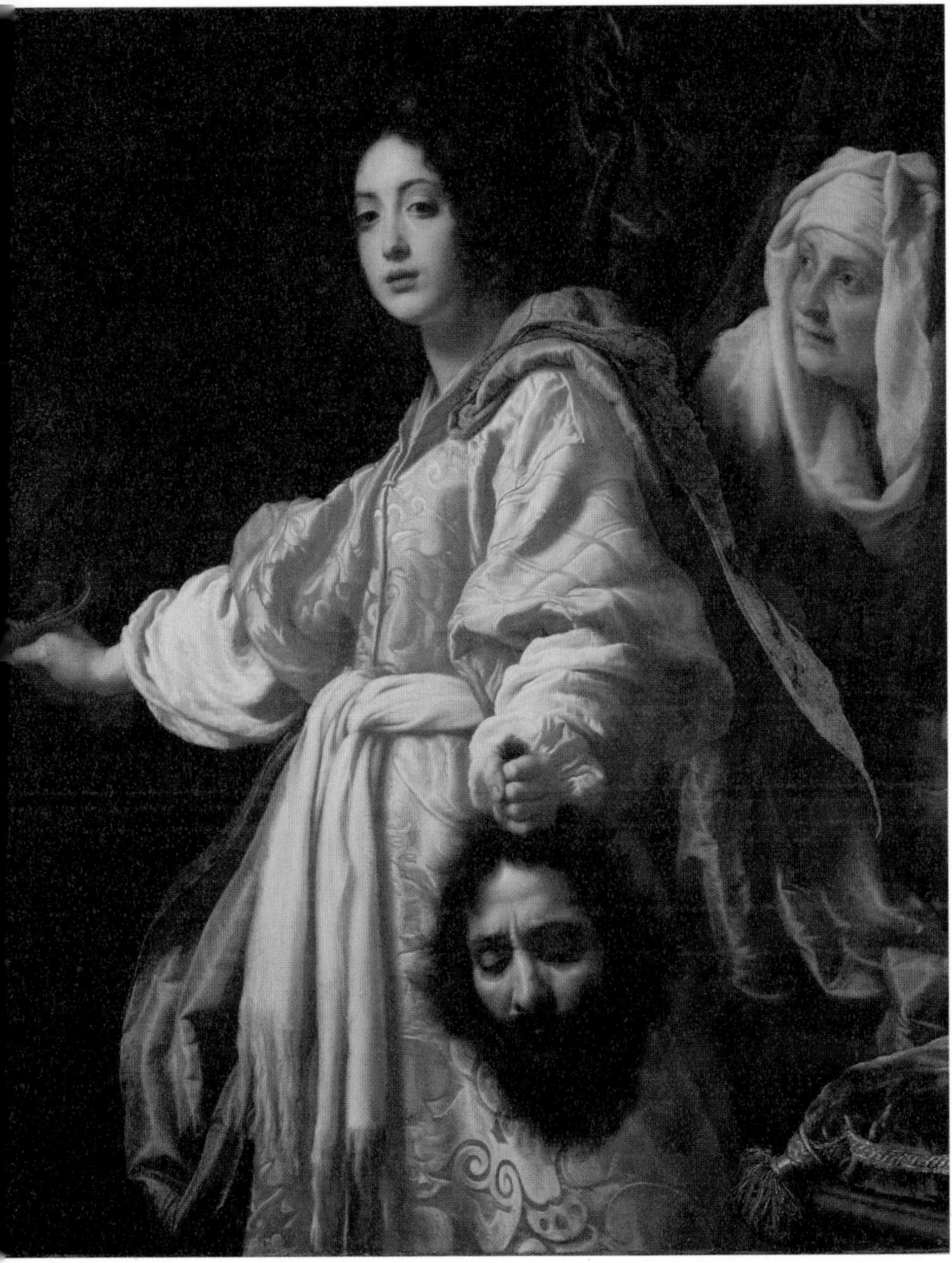

크리스토파노 알로리, 「홀로페르네스의 머리를 든 유디트」, 캔버스에 유채, 139×116cm, 1613년경, 피렌체 팔라초 피티

있었다. 하지만 이런 머리는 뭉크의 무고함을 충분히 드러낼 수 없었다. 다른 자화상 작가들은 인물 배역에 그리 섬세하게 신경을 쓰지 않았다. 피렌체 화가 크리스토파노 알로리1577~1621는 한 줌의 머리카락이 잡힌 채 높이 들린 홀로페르네스의 머리로 자신의 모습을 대단히 위풍당당하게 그렸는데, 홀로페르네스를 영웅으로 보기는 어렵다. 외전外典 『유디트서』에 따르면 신심이 깊은 이스라엘 과부 유디트는 자기 민족을 배반했다는 핑계를 대고 아시리아 장군의 적진에 침입한다. 3일째 밤에 그녀를 믿게 된 홀로페르네스는 그녀에게 속아 만취하고 그녀를 강간하고자 했던 계획도 수포로 돌아가고 만다. 그가 잠들자마자 유디트는 그의 목을 베어 이스라엘 백성에게 개선장군처럼 되돌아간다. 알로리의 얼굴은 목이 베어지는 바로 그 순간 자신의 운명을 깨달은 것처럼 보일 뿐 장군다운 기개는 어디서도 찾아볼 수 없다. 그리고 유디트 역을 맡은 것은 위험한 그의 전 애인이었다. 그의 첫 번째 전기 작가인 필리포 발디누치에 따르면, 그림의 이 장면은 이 두 사람의 관계의 전면을 보여주는 것이라고 한다. 그녀는 그를 완벽하게 조종했고 그녀의 어머니가 두 사람 사이에 끼어들었다(그림에서 그녀는 유디트를 돕는 종으로 그녀의 뒤에 서 있다). 옛 연인은 그를 거부하고, 파멸시킨다. 알로리는 사랑의 바보이자, 머리를 잃은 화가다.

이 그림과 헨드릭크 테르 브뤼헌1588~1629의 작품을 비교해 보면 알로리가 이 그림을 삼각 구도의 이야기로 지어냈다는 것을 알 수 있다. 즉, 딸의 행동 뒤에는 어머니가 있고, 그래서 딸은 가련한 화가를 밀어냈고, 화가는 차가운 세상으로 떨어져버렸다는 것이다. 그의 머리는 피가 뚝뚝 흐르는 처참한 몰골이 아니라 슬픔과 상실에 대한 낭만적 이미지를 한 서정적인 초상이다. 유디트는 아름답지만—또한 그녀와 같은 시대 사람들은 누구나 그녀를 알아보았을 것이다—그만큼 비정해 보인다. 마치 싸구려 와인을 들고 있는 것처럼 전 애인의 머리를 들고 있는 모습을 통해서 알로리가 그렇게 보이도록 했기 때문이다.

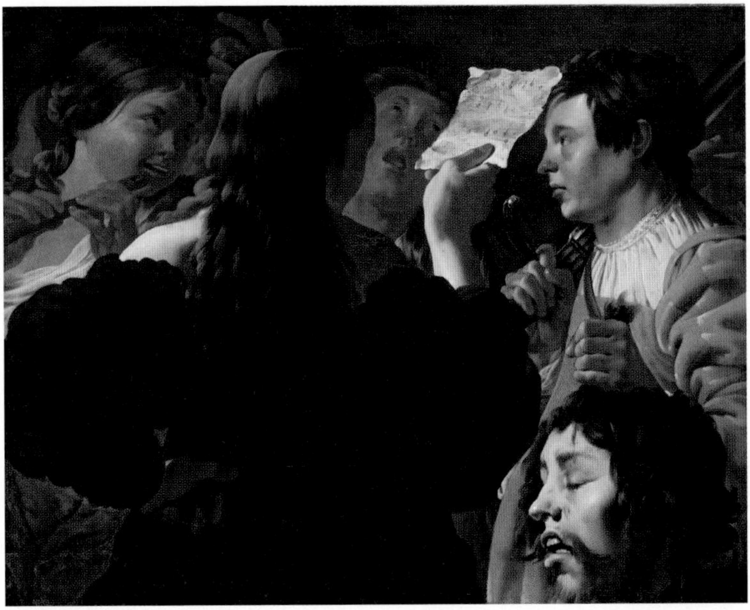

헨드릭크 테르 브뤼헌, 「다비드와 골리앗의 머리」, 캔버스에 유채, 1623, 루마니아 브루켄탈 국립박물관

골리앗의 머리로 등장한 테르 브뤼헌의 자화상은 그림 전체에서 중심을 차지한다. 그림의 어떤 것도 이 납빛의 푸른 얼굴이 주는 충격에 가까이 가지 못한다. 땀이 가득하고 입을 벌린, 그리고 여전히 피로 얼룩진 상처가 있는 얼굴은 마치 꼭두각시 인형을 조종하던 인물이 그 큰 머리를 공연 중간에 무대로 밀어넣은 듯 화면의 아래에서 떠오른다. 테르 브뤼헌은 네덜란드의 카라바조 추종 화가들 가운데 하나였고 화면의 모든 것—관객에게 등을 돌리고 선 어둠 속의 무리들, 그 가운데 극적인 빛은 그림에 기대 이상의 드라마를 안겨준다—이 이 거장을 따르고자 했음을 암시하지만, 모든 노력은 실패로 끝난 듯하다. 하지만 머리만큼은 완전히 테르 브뤼헌이다. 프란스 할스의 「웃고 있는 기사」의 콧수염을 한 건장한 17세기 네덜란드 남자가 자신이 눈을 감으면 어떤 모습일까를 상상한 것 같고, 게다가 결

국은 성공도 못하지만 그 모습을 성경의 한 장면과 연결하려는 화가의 시도는 다른 누구보다도 더 우스꽝스럽게 그림 속에 살아 있는 자신을 만들고 말았다.

테르 브뤼헌이 좀 더 훌륭한 화가였다면, 그는 스스로를 단순히 어울리지 않는 모델이 아니라 피해자로서 구현할 수 있었을 것이다. 너무나 크고 서투르게 삽입된 그의 자화상은 복수심을 담은 고발이나 자비를 구하는 청원, 또는 뭉크 같은 '나는 고발한다' 식의 그림, 아니면 적어도 뭔가 대단히 흥미로운 개인적 메시지를 품고 있다고 이해되었을 수도 있다. 왜냐하면 그리 훌륭하지 않은 자화상을 낳게 한 자전적인 모티프는 특히 그 그림이 그럴 듯하게 해석될 때 오래 살아남을 수 있기 때문이다. 같은 맥락에서, 위대한 자화상은 거꾸로 이와 똑같은 해석에 의해 그 빛을 잃을 수도 있다. 동정심 깊은 다윗이 골리앗의 피가 뚝뚝 듣는 머리를 회한에 차서 들고 있는 카라바조1574~1610의 처참한 이미지는 종교화의 걸작이라기보다는 양형거래를 하려는 시도로서 해석되어 왔는데, 이는 단순히 카라바조가 골리앗을 자신의 얼굴로 그렸기 때문이다.

거칠고, 창백하고, 텅 빈 듯한 얼굴 위로 눈꺼풀은 잔뜩 부은 채 내려앉았고, 죽음의 순간에 부르짖었을 법한 침묵의 비명으로 벌려진 검은 입안에 이가 들여다보인다. 어둠 속에서 볼 수 있는 싸늘한 환영이다. 다윗이 골리앗의 머리를 팔을 멀리 뻗어 들고 있는 가운데, 그의 자비로운 얼굴과 몸을 비추는 빛은 골리앗의 머리카락은 빗겨 가고, 피할 수 없는 죽음이 잠식해 들어오는 그의 하얀 얼굴만을 비춘다.

카라바조는 폭력에 의해 죽음을 맞은 얼굴이 어떤지 분명히 알고 있었으리라 여겨지곤 한다. 그가 살인의 경험이 있고 다른 살인을 목격한 적이 있기 때문이다. 그리고 이 그림이 그의 마지막 작품 가운데 하나이고, 그가 경찰과 다른 암살자들에게서 도망을 다니고 있을 때 그린 그림이라는 것 역시 사실이다. 이 그림은 그가 도망해 있던 나폴리에서 로마로 가져올 수

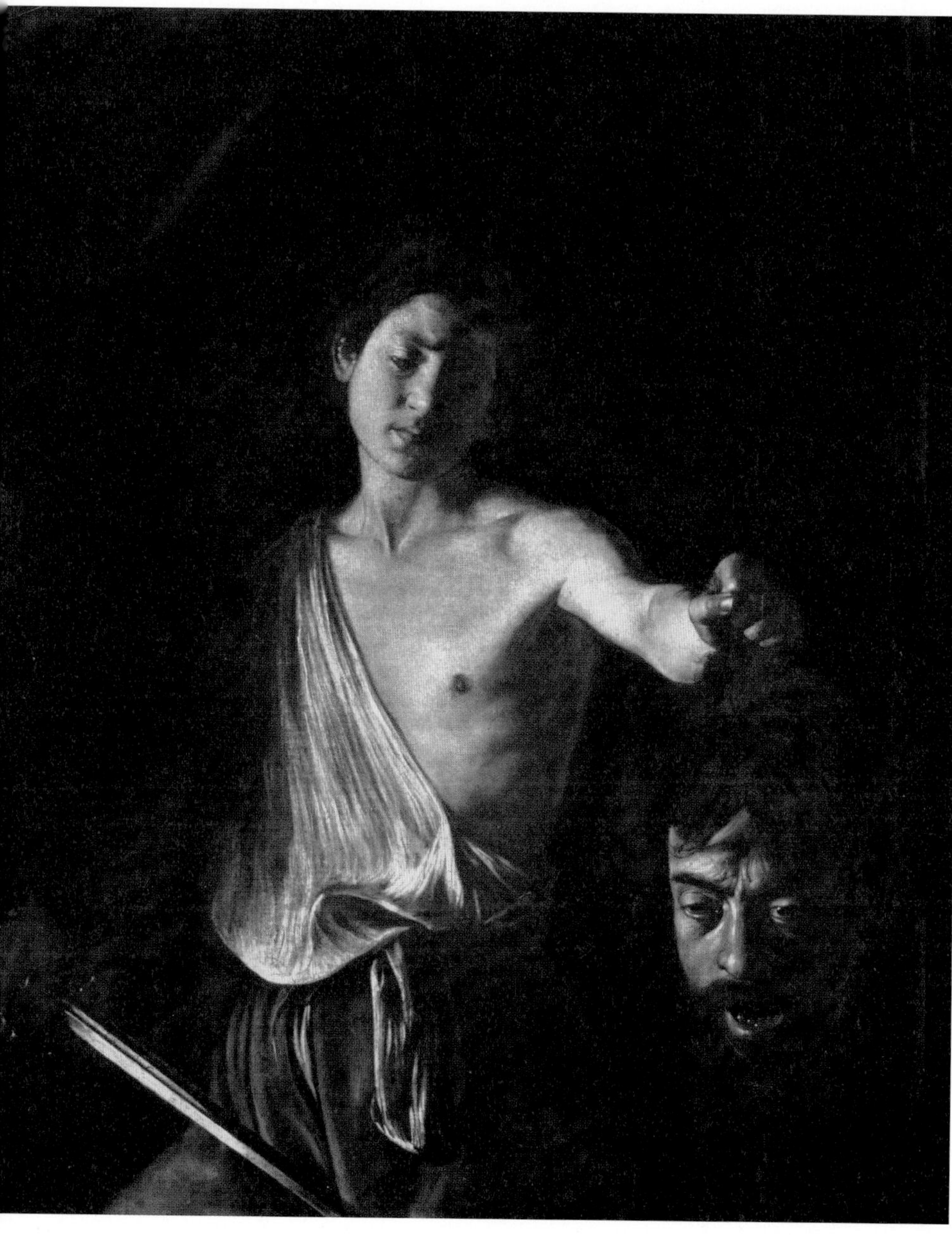

미켈란젤로 메리시 다 카라바조, 「골리앗의 머리를 든 다윗」, 캔버스에 유채, 116×140cm, 1613년경, 로마 보르게세 미술관

있었던 그림 가운데 하나이고, 자신의 후원자였던 스키피오네 보르게세 추기경에게 살인죄에 대한 교황의 특사를 얻어내달라며 주었을 그림 가운데 하나다. 물론 이 모든 것이 에르콜레 항구에서 배를 놓치고 열병에 걸려 그곳에서 죽지 않았다면 가능했을 것이다. 전기적인 해석에 끌리는 사람이라면 누구나 이 그림을 처형당할 위기에 직면한 남자가 자신의 머리를 희생제물로 내놓은 것으로 볼 수 있다.

카라바조는 어두운 나폴리 뒷골목에서 알아보기 어려울 만큼 상처를 입은 채 죽도록 내버려진 적이 있었다. 아마도 그가 거울에서 보았던 것에 대한 기억이 여기 그 상한 얼굴일 수도 있다. 이전의 관습을 차용한 카라바조—조르조네는 골리앗의 머리를 두고 명상에 잠긴 다윗으로 자신을 묘사했고, 티치아노는 무고한 세례자 요한의 머리로 자신을 나타내기도 했다—는 거기에 폭력적인 사실성을 부여했을 뿐 아니라 자신의 속죄 의식을 더했다. 하지만 그것은 결국 기독교적 이야기이며, 카라바조의 후기 작품들 모두가 다른 작품들보다 더욱 참회와 구원에 대한 의미를 담고 있다는 측면에서 이 그림은 기본적으로 종교적이다.

초기 드라마가 가진 화려함 뒤로 무대는 점차 황량해졌고, 빛은 더욱 성스러워졌다. 인물의 자세는 카라바조의 동시대인인 셰익스피어에 버금가리만치 공감을 자아낸다. 다윗과 골리앗은 아름다운 청년과 패배한 야수, 승리했지만 슬픔에 찬 영웅과 그의 피해자로 남은 괴수로서 영원히 떨어질 수 없는 관계다.

자화상에서 화가들은 자신의 육체와 영혼과 자신감에 입은 상처를 담지만, 그림을 못 그릴 정도로 괴로운 일은 절대 없다. 이것은 자화상이 지닐 수밖에 없는 역설적인 상황이다. 그림을 그리는 순간에는 반드시 마음을 가라앉혀야 했을 것이다. 화가 난 상태에서는 창작 활동이 불가능하기 때문이다. 하지만 그 결과는 한밤중에 심혈을 기울여 쓴 편지를 몇 번이고 고치고 고쳐 더할 나위 없는 글을 만들었다고 생각했지만 아침에 읽어보고 부치지 못한 편지와 비슷할지도 모른다. 독일 화가 막스 베크만 1884~1950이 그린 대부분의 자화상은 이런 식으로 지나치게 공을 들인 느낌을 준다. 그리고 그 느낌은 아이러니로도 줄어들지 않는다. 그가 1919년 윙 칼라 재킷을 입고 담배를 피우며 샴페인을 마시고 있는 모습을 그린 자화상에서 그는 전쟁 통에 배가 가라앉아도 그걸 보며 무심하게 웃어넘기는 싸구려 멋쟁이를 희화화한 것이 아니다. 그것은 사회적인 가면이 아니었고(베크만은 턱시도를 정말 즐겨 입었다) 붉게 충혈된 눈과 움푹 파인 뺨은 지칠 대로 지친 그의 모습을 드러내는 것이었다. 그는 2년 뒤 슬랩스틱을 잡고 있지만 가면은 떨어뜨린 불쌍한 어릿광대로 자신을 묘사한 그림을 그린다. 여기서 그는 걷어 올린 한 팔을 내뻗고 있는데, 거기에 그의 성흔이 보인다. 하지만 그것은 모르핀을 혈관 가득 놓아달라는 간청인 듯 보이기도 한다. 이 자화상만큼 앞의 자화상도 진실하다.

베크만은 제1차 세계대전이 훑고 간 파괴력을 생생히 목격했다. 대전 중에 제작한 「붉은 스카프를 한 자화상」에서 그는 손과 팔꿈치를 이용해 안 떨어지려고 안간힘을 다하며 크레바스 사이에 꽉 낀 등반가의 모습처럼 화면 안에 존재한다. 도드라진 혈관은 검푸르며 긴장한 얼굴은 무척 말랐다. 창문으로 보이는 하늘에는 빛도 한 점 없고, 이 지옥에서 영원히 탈출할 수 없다는 듯 잔뜩 찌푸려 있다. 그리고 이런 이미지는 베크만의 갇힌 감옥 같은 예술 공간에서도 다시 볼 수 없는 것이다. 베크만의 공간은 다 들어가기엔 너무 많은 사람들이 좁은 캔버스에 꽉꽉 들어차 있고, 파편처럼 딱딱하고 견고해서 눈을 편안히 둘 곳이 한 군데도 없다. 이런 것은 모더니스트들의 공간과는 전혀 다르다. 베크만은 마티스를 혐오했고 '장기판' 같은 피카소의 입체주의나 그들 작품들의 평면성에도 전혀 관심이 없었다. 베크만의 예술은 그것이 담고 있는 주제만큼이나, 또한 그 자신만큼이나 무디고 사나우며 직설적이다.

피해자로서의 화가들이 실제 자신의 소중한 체액으로 그림을 그린 경우

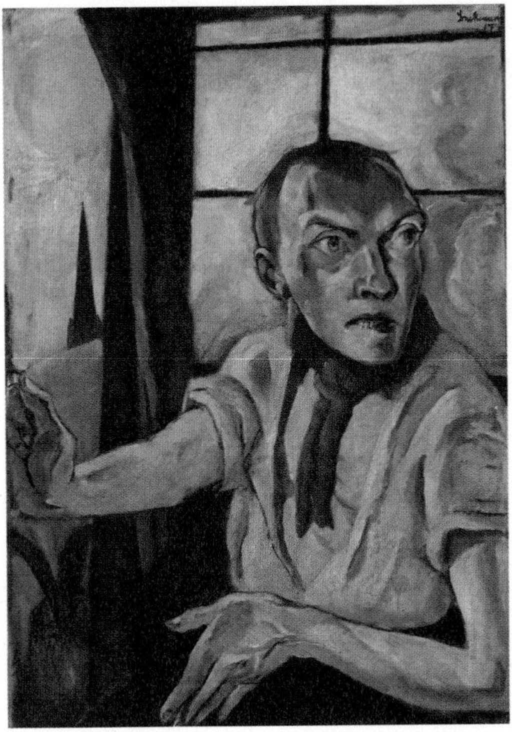

막스 베크만,
「붉은 스카프를 한 자화상」,
캔버스에 유채, 80×60cm, 1917,
슈투트가르트 국립미술관

는 많지 않았지만(뭉크는 자신의 정액으로 그림을 그린 것으로 악명 높다), 그것을 자기 극화를 위해 은유적으로 표현한 작가들은 있다. 역시 독일 화가이자 베크만의 동료 표현주의 작가인 에른스트 루트비히 키르히너1880~1938는 "나는 나의 신경과 피로 그림을 그린다"라고 천명한 바 있다. 다른 것은 전혀 필요 없었다. 이 조합으로 그는 근대의 존재가 갖는 엄청난 공포를 넘어서기 위해 안간힘을 쓸 수 있었고, 그 결과 키르히너는 「군인 자화상」 같은 최고의 작품을 제작할 수 있었다. 그는 이 그림에서 독일 군복을 입고 오른손은 잘려나간 채로 등장한다. 그가 싸워 본 적도 없는 전쟁에서 다친 것이다.

키르히너는 제1차 세계대전에 강제 징집되었다. 1915년 봄 거의 서른다섯 살이 되었을 때 그는 포병대 운전병으로 지원했는데 이것은 '강제적 자원'으로 알려져 있다. 몇 개월 안 되어서 그는 신경쇠약을 앓아 일시적으로 제대할 수 있었는데, 엄청나게 술을 마시고 수면제와 모르핀에 중독된 것은 이때부터였다. 11월 즈음 그는 부대 복귀가 어려울 만큼 증세가 악화돼 있었다.

바로 그해 가을에 이 자화상이 제작되었다. 견장에 번호가 수놓인 75 포병 부대의 군복을 차려입고 모자에는 프러시아와 독일 모표를 꽂은 키르히너는 이 상징들이 의미하는 모든 것들에 대한 혐오를 분명히 드러냈다. 담배는 무언가를 조롱하듯 입 한쪽에 물려 있고, 길게 벤 상처가 있는 검은 눈은 아무것에도 관심이 없다는 듯 시력을 잃은 채 작업실에서 그 뒤로 무의미하게 서 있는 모델을 쳐다보지도 않는다. 키르히너는 더 이상 그림을 그릴 수 없다. 그는 마치 항복에 대한 쓰디쓴 역설인 듯 팔을 쳐들고 있다. '저를 쏘지 마세요.' 그림에는 물감이나 붓도 없을 뿐 아니라 그림을 그릴 수 있는 손도 사라졌다. 단지 썩어가는 절단면만을 남긴 채.

이 화가의 이미지는 전쟁에서 다친 상처를 말하고 있지만 실상 그가 전쟁에서 어떤 외상도 입은 적이 없는 것으로 보아 이것은 하나의 수사다. 즉, 요점은 그의 영혼이 큰 시련을 겪었다는 것이다. 한쪽에 서 있는 모델이 보여주듯 한때는 예술이 있었지만(키르히너는 나체 모델을 '모든 시각 예술의 기초'라며 사랑했었다), 이제는 상처 입은 전쟁의 기억만이 남아 있고, 그 기억은 그를 완전히 망쳐 놓았다. 그런 역설이 여기서 다시 확인된다. 어떤 전쟁이 그를 파괴했는지 정확히 말하기는 어렵지만, 그것이 그가 자신의 작품 가운데 가장 강렬한 작품이라고 했던 것을 제작하게 한 것만은 분명하다.

키르히너는 자신이 뒤러의 전통을 계승하기 위해 태어난, 독일을 대표하는 화가라고 생각했다. 그래서 그는 목판화를 제작하기도 했고, 루카스 크라나흐를 혼성모방하기도 했지만 더 중요한 것은 깊숙한 내적 자아에 대한 고민이었다. 키르히너는 프랑스 예술은 겉모습만을 중시했지만 "튜턴 사람

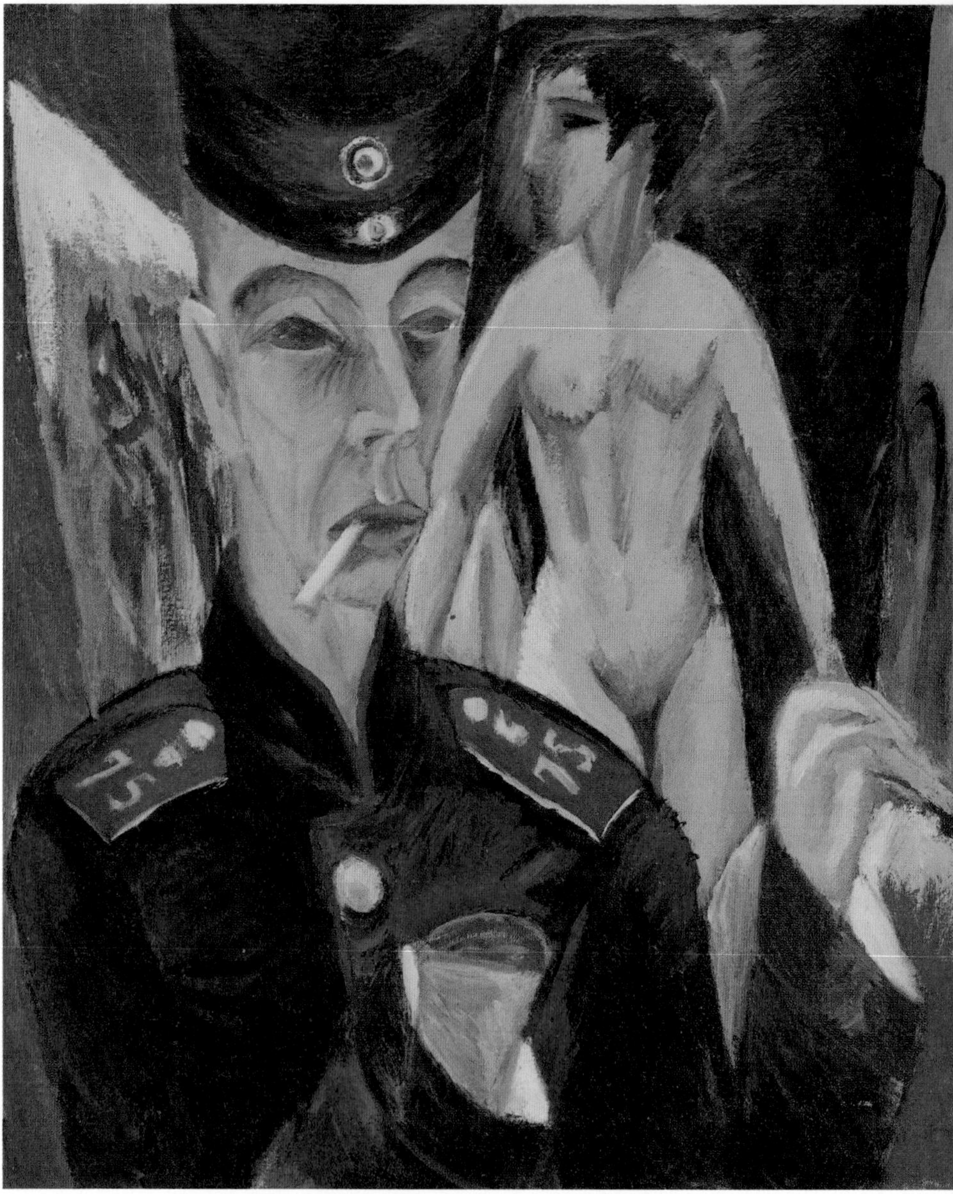

에른스트 루트비히 키르히너, 「군인 자화상」, 캔버스에 유채, 69×61cm, 1915, 오하이오 오벌린 대학 앨런 기념미술관

들게르만 민족의 하나, 지금은 독일·네덜란드·스칸디나비아 등 북유럽 민족을 가리킨다은 그 아래 놓인 것을 찾고자 한다"라고 생각했고 그래서 그는 잘린 손과 암흑의 비전을 그렸다. 하지만 프랑스 미술, 특히 마티스의 영향은 반 고흐의 영향과 함께 그의 작품 면면에 깃들어 있다. 키르히너는 반 고흐의 「귀에 붕대를 한 자화상」을 무척 흠모했는데, 이 그림은 키르히너와는 대조적으로 자기 연민의 흔적은 없이 상처 그 자체만을 보여줄 뿐이다.

하지만 키르히너는 그들의 영향에서 벗어나 꽉 찬 화면이 돋보이는 「군인으로서의 자화상」을 만들어낸다. 이 그림은 간결하고 생동감 있는 필선과 불안한 구도의 대각선, 그리고 아파 보이는 노란빛 피부를 한 육체가 잘려나간 인물을 담고 있다. 그는 전혀 솜씨를 잃지 않았다. 오히려 이 훌륭한 그림을 그리기 위해 그 비극을 극복했다고 할 수 있다. 의기양양하기보다 냉소적인—키르히너는 관객이 그 상처가 실제로 '치료'되었다고 생각하기를 원하지는 않았다—이 이미지는 화가가 최고의 친구인 술과 함께 흥건히 취해 있는 모습을 그린, 이후의 자화상에 나타난 자기 연민으로 빠져들지 않는다. 뭉크 역시 이와 같은 내용, 즉 술병과 자신은 떨어질 수 없다는 내용의 그림을 그렸는데, 기발한 착상이 돋보이는 작품이다. 술병은 절대로 거부할 수 없는 압도적인 인물처럼 꼿꼿하게 그의 옆에 놓여 있고, 방 뒤편에는 검은 옷을 입은 두 명의 웨이터가 마치 두 개의 머리를 한 괴물처럼, 우유부단한 그의 의지를 관장하듯 화가의 머리 위로 나타난다.

키르히너와 뭉크는 둘 다—뭉크는 코펜하겐의 병원에서, 키르히너는 스위스의 산속으로 은거하여 들어가기 전에 요양원에서—심리 치료를 받아 알코올중독을 극복했다. 전쟁이 끝날 무렵 키르히너만의 독특한 신랄함이 상당 부분 상실되었음에도 불구하고, 또는 그랬기 때문에, 그는 1930년대 히틀러의 〈퇴폐예술〉전에 포함되기 전까지 고향에서 대단한 성공을 누릴 수 있었다. 다른 화가들이 이런 성공을 두고 씁쓸한 명예—오스카 코코슈카의 「타락한 화가로서의 자화상」은 완전한 저항의 표현이다—라고 일컫는 가운데 키르히너는 스위스의 숲속으로 들어가 권총 자살을 하고 만다. 반면, 시적인 정의에 의하면 훨씬 일찍 죽었어야 할 뭉크는 여든 살이 넘도록 살았다. "내 인생의 후반은 똑바로 서 있기 위한 몸부림이었다"라며 그는 살아 있는 내내 그의 곁을 떠나지 않았던 질병과 절망과 죽음에 대한 두려움에 대해 언급했다. 하지만 이 세 가지에 대한 압박감이 결국 가장 위대한 자화상을 만들어냈다.

---

상처를 영웅주의나 성스러움의 흔적으로 드러내 보이는 희생의 그림들이 있다. 그런 이미지는 보는 이를 괴롭히고, 그들에게 영감을 주며, 그들의 동정심을 일으키고, 그들을 전향하게 하는 힘을 가지고 있다. 이 그림들은 피해자와 가해자 가운데 스스로 먼저 어느 한편에 섬으로써 보는 이 역시 어느 한편에 서도록 요구한다. 시스티나 예배당의 천장화에서 티치아노의 「도륙당하는 마르시아스」, 그리고 피에로 델라 프란체스카의 「매질당하는 그리스도」에서 다비드의 「마라의 죽음」까지 서양 미술의 가장 유명한 작품들은 이런 면에서 정치적이라고 할 수 있다.

하지만 희생을 다룬 자화상은 유난히도 당파적이다. 다른 버전의 이야기가 있을 수 없기 때문에 다른 편에 서기가 불가능하다. 하나의 이야기가 있고, 그 이야기가 두드러지고, 결국 그것이 모든 논쟁과 이의를 종식시킨다. 그림이 벌이는 연행의 목적은 보는 이를 설득해 자기편을 늘리고자 하는 것임이 분명하다. 에곤 실레1890~1918가, 쏟아지는 화살을 맞고 있는 성 세바스티아누스로 자신을 묘사한 것은 상처 입은 감정을 치료하기 위한 단순한 자기 연민이 아니었다. 못 알아들었다면 퍽 당황스러운 일이지만, 이 그림은 대중을 향한 가장 직접적인 호소였다. 이 그림은 그의 첫 번째 전시의 포스터로 이용되었던 것이다.

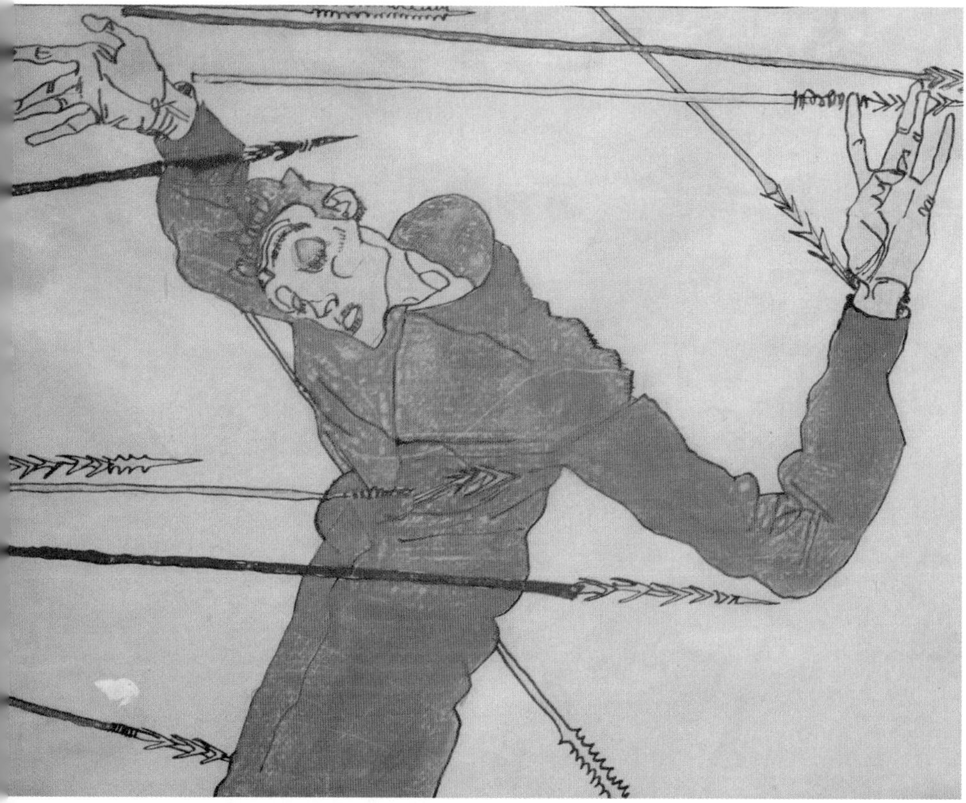

에곤 실레, 「성 세바스티아누스로서의 자화상」의 세부, 카드보드에 구아슈·검은색 크레용·잉크,
67×50cm, 1914~15, 빈 국립 역사미술관

이것은 소름 끼칠 만큼 무서운 그래픽아트 작품이다. 화살은 빠르게 날아와 실레의 뼈만 남은 손가락 끝을 관통하고, 마치 그가 안 보이는 십자가에 못 박힌 것처럼 그의 팔을 잡아맨다. 잉크로 그린 선은 이리저리 흔들리는 그의 허수아비 같은 몸에 전기적인 충격을 가한다. 나, 에곤 실레를 보라. 죽는 순간까지 나의 예술로 인해 고통 받는 나를. 세바스티아누스에 대한 암시는 노골적이고 분명하다. 만일 그림의 드로잉 기술이 이처럼 뛰어나지 않았다면, 우스꽝스러운 그림 내용에 웃음을 참지 못했을 것이다.

실레는 긴 오렌지색 코트를 입고 있다. 그것은 2년 전 그가 감방에서 유괴와 폭행으로 기소돼 재판을 기다리고 있던 자신을 그렸을 때 입었던 것과 같은 옷이다. 거기서 그는 텁수염을 기르고 짧게 자른 머리에, 추위 속에서 이 코트만 입고 감방에서 주는 요를 두른 채 바닥에 누워 있었다. 그는 충격으로 여위었고, 또 상처를 입었다. 하지만 이 그림은 전도되어 이제 인물이 순백의 공간으로 들어가는 것처럼 보인다. 마치 실레의 다른 많은 작품에 등장하는 야윈 남자들과 여자들처럼 말이다. 그리고 저변에서 화가는 다음과 같이 주장한다. "화가를 가두는 것은 범죄다. 그것은 이제 막 피어오르는 생명을 죽이는 것이다"라고.

어린 소녀를 유괴해 성적으로 희롱했다는 죄목은 결국 취하되었지만 그의 작업실 벽에 허리 아래를 벗은 소녀를 그린 선화를 걸어두어 모델로 서기 위해 온 아이들이 그것을 보게 했다는 죄목은 성립되었다. 그의 죄는 그런 그림을 제작한 게 아니라 그런 그림을 보여주었다는 데 있었다.

실레는 3일간의 징역형을 받았다. 순교자로서 자격을 얻은 셈이다. 그리고 그 처벌을 성 세바스티아누스의 화살로 해석해내기 위해서는 적극적인 나르시시즘이 필요했다. 화가들이 은유를 사용할 수 있는 시인의 자유를 가지지 못할 이유는 없다. 그리고 실레는 다만 회화의 전통을 따랐을 뿐이다. 균형과 멋의 문제를 환기하는 것이나 신뢰성에 대한 문제를 제기하는 것은 바로 이것이 자화상이라는 사실 때문이다.

자기 연민이든 자기만족이든 또는 그 외의 것이든, 그것을 지나치게 주장하는 화가들은 한편으로는 지나친 과장을 한다든가, 다른 한편으로는 엄청난 자기애를 가지고 있다는 혐의를 받곤 한다. 그런 혐의는 곧 의심을 낳는다. 더 이상 자화상을 곧이곧대로 믿는 사람은 없다.

불신은 예술에 대한 흔한 반응이라고 보기 어렵다. 아무도 「마라의 죽음」을 앞에 두고 그것이 전달하는 진실에 속았다고 느끼는 사람은 없다. 그림 속 인물이 실제 마라와는 달리 피부병으로 고생한 흔적이 없다는 것이나, 죽음의 그 순간 이미 다비드의 조사弔詞를 품고 있는 마라의 책상 상자 같은 허구적인 사실이 분명히 있는데도 말이다. 마찬가지로 쿠르베가 뭐라고 말하든 티에폴로의 하늘 아래 천사가 날 수 있다는 사실을 아무도 의심하지 않는다.

초상화는 가끔 이런 혐의를 불러일으킨다. 그리고 특히 대부분의 비현실적인 왕실 초상화의 경우는 더욱 그렇다. 레이놀즈가 그린 3미터 높이의 조지 3세의 초상화를 생각해보자. 족제비 털이 어찌나 풍성한지 화면을 파도처럼 쓸어가버릴 것만 같다. 우리는 그림 수임료가 독이 든 성배로 작용했으리라 이해하며 화가의 편에 서서 그림에서 무의식적인 긴장의 표현을 찾을 수도 있다. 마찬가지로 어떤 초상화가 안 좋은 소설처럼 조악하게 제작되었을 때에도 우리는 왜 이 작가 혹은 화가가 이 모든 거짓을 믿게 하려고 하는가 하는 의문을 가질 수도 있다. 하지만 화가를 피해자 혹은 순교자로 그린 이미지에서 비롯된 의심은 완전히 다른 종류의 것이다. 그것은 실제 인간에게 품을 수 있는 의심과 매우 유사하다.

화살을 맞은 프리다 칼로1907~54의 자화상을 예로 들어보자. 이 자화상은 실례의 어떤 작품보다도 훨씬 더 피해의식이 강하다. 칼로는 아홉 군데를 다쳤을 뿐 아니라 사냥의 제물이 된 사슴의 몸을 하고 있기 때문이다. 거기에는 뒤로 번쩍이는 번개와 검은 나무 아래 부러진 나뭇가지 같은 또 다른 상징도 있지만 밤비로 표현된 칼로의 머리만큼 귀여우면서도 유약한

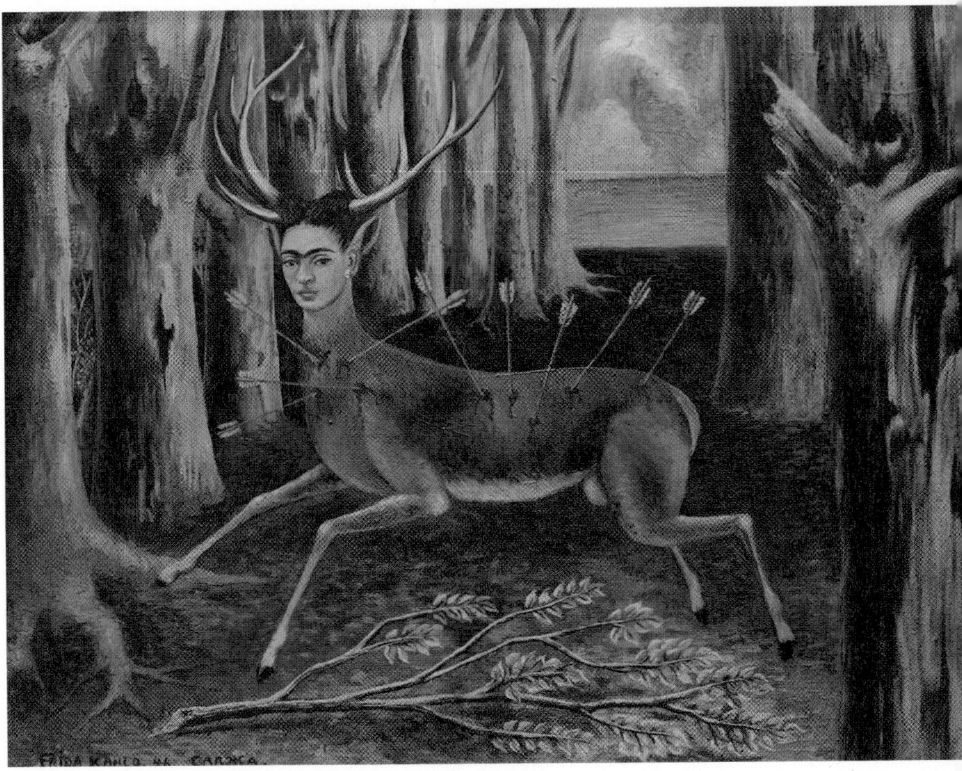

프리다 칼로, 「상처 입은 사슴, 자화상」, 하드보드에 유채, 22.4×30cm, 1946, 개인 소장

피해자의 모습을 잘 드러낸 것은 없다.

칼로의 의식, 혹은 그녀의 영혼을 위한 싸움은 이 딱딱하고 새침데기 같은 그림이 상당히 반대 방향으로 해석될 수 있도록 했다는 데에서 절정을 이룬다. 어떤 이는 이 그림이 칼로의 엄청난 고통을 재현한 것이라고 주장한다. 그 고통이란 열여덟 살에 당한 끔찍한 버스 교통사고로 척추가 세 군데나 부러져 평생 그 고통을 짊어지고 살아야 했던 것으로 시작되었다. 그 고통은 「부러진 기둥」에서 잘 드러나는데, 이 그림에서 그녀의 벌거벗은 몸은 둘로 갈라져 있고 척추 자리에는 고전적인 기둥이 있다. 둘로 갈라진 몸은 끈과 순교자의 못으로 간신히 붙어 있다. 그녀의 고통은 바람둥이 디에고 리베라와의 결혼, 이혼, 그리고 재결합, 유산, 남편과 동생의 불륜, 오른쪽 다리의 절단, 간단없이 이어지는 병원 신세와, 폐렴에 이은 합병증으로 인해 마흔일곱 살의 나이로 맞게 되는 죽음으로 이어진다. 야성적이며 신비로운 아름다움과 자유로운 영혼, 그리고 연약한 육체를 지녔던 이 작디작은 여인 칼로는 자신의 상징으로 썩 알맞은 작은 사슴을 선택했다. 하지만 자신의 끔찍한 이야기를 세상에 전하기 위해 안간힘(혹은, 당신이 그녀에게 얼마나 공감하느냐에 따라서는, 용기)을 끌어 모을 수 없을 만큼 연약했던 적은 없었다.

하지만 이와 완전히 다른 주장도 있다. 그녀의 그림에서 고통스러웠던 그녀의 삶을 떼어내어 이 여성주의 아이콘에서 심각한 정치적인 화가를 만들어내고 싶어하는 것이다. 이런 관점에서 사슴은 아스텍의 상징이고, 프리다는 멕시코 민족주의자가 된다. 그림의 바닥에 쓰인 '카르마'라는 글자는 부활에 대한 동양적 믿음을 환기하며, "그녀의 다문화적인 세계관에 대한 옹호"를 반영한다는 것이다.[3] 하지만 이런 식의 접근은 문제를 야기한다. 칼로가 1930년대에 정치적인 풍자화를 그리긴 했지만 그 정도가 심각했던 것은 아니다. 또한 말년에 접어들어 진통제에 의지해 연명하고 있을 때에도 그녀의 정치적 생각은 일반적으로 단순했던 것으로 묘사된다. 그녀는 마오쩌둥과 스탈린을 우상시했고, 그래서 그들의 '초상화'를 그렸다. 또한 히틀러에 대한 소견도 분명치 않아서 말년에 그린 유감스러운 그림 「모세」에서 그의 얼굴이 영웅의 신전에 나타나기도 한다(그 그림은 하필이면 1945년에 그려졌다).

하지만 그림 그 자체에 대해 말하자면, 이미지로서 그것이 처음에 주는 충격은 기이하고 투박하며, 초현실주의자들이 동경해 가져다 쓰기를 주저하지 않았던 '소외된 예술Outsider Art'의 광기가 그대로 묻어난다. 칼로는 초현실주의에 경도되었으며(앙드레 브르통은 그녀를 회원으로 끌어들이려 했다), 나무의 묘사를 보면 막스 에른스트의 영향도 느껴진다. 주술적인 성향도 있어서 동물이나 눈, 가면, 멕시코의 신을 그림에 이용했고, 콜럼버스 발견 이전 시대의 풍요와 다산의 상징도 즐겨 차용했다. 이 그림에 등장한 사슴이 수놈이라는 사실은 상징의 의미를 더욱 복잡하게 하는 것이지만 그렇다고 「상처 입은 사슴」의 페이소스가 줄어드는 것은 아니다.

"나는 그림을 그리고 그 그림들은 고통의 메시지를 품고 있다"라고 칼로는 짧고 진솔하게 말했다.[4] 그녀의 자화상은 가슴에 꽂힌 비수나 가시나무로 만든 올가미를 두른 목, 원숭이와 개에 둘러싸여 절망에 빠진 채 홀로 있는 모습이나 둘로 갈라진 모습, 뒤로 손발이 묶인 모습, 또는 해골 밑에 대퇴골을 열십자로 짜지은 그림으로 장식한 머리, 그리고 죽은 생선의 머리가 입에서 나오는 모습이나 상처를 보이며 우는 모습 등 다양하다. 그녀의 탄생을 그린 것도 칼로 특유의 붙은 눈썹을 한 아기가 등장하는 무시무시한 사이코드라마다. 어머니의 다리는 아기의 피 묻은 머리가 나오는 것을 보이기 위해 벌려져 있고, 다른 부분은 수의로 머리까지 완전히 덮여 있다. 시작은 곧 끝인 것이다.

칼로를 흠모하는 이들은 보통 그녀의 삶을 예술과 동일시하는 경향이 있고, 사실 그녀의 그림을 보면서 그녀의 삶을 떠올리지 않기란 쉽지 않다. 그녀의 그림이 모두 '이야기'이기 때문이다. 칼로는 그림 그 자체에는 그리

큰 관심을 갖지 않았다. 오히려 관객들에게 큰 반향을 불러일으키는 모티프를 발견해내는 재능만큼 그녀가 화가로서 재능을 가졌다고 하기는 어렵다. 그런 점에서 그림만큼, 또는 그림보다도 의미 전달에 능숙했던 뭉크와 비슷하다고 할 수 있다. 칼로의 중심 모티프는 자신의 얼굴인데 그녀는 이 이미지를 꽤 일찌감치 고정한다. 엄격하며 웃음기가 걷혀 있지만 아름다운 얼굴, 콧수염이 약간 난 4분의 3 측면상이 그것이다. 보자마자 끌리게 되는 모습이다. 그리고 그 얼굴은 절대 변하지 않는다. 왜냐하면 칼로는 이 그림 저 그림에서 모두 알아볼 수 있는 주인공이어야 하기 때문이다. 배경은 멕시코 풍경에서 미국 병원 등 다양할 수 있고, 입고 있는 옷 역시 서양 신부新婦에서 멕시코 농부의 것까지 다양할 수 있지만, 그녀는 절대 바뀌거나 늙지 않는다. 그녀는 스스로를 하나의 아이콘으로 만들었다.

하지만 칼로가 틀에 짜인 자화상만을 그렸던 것은 아니다. 자신의 고통을 이야기하는 여성 영웅으로서 피해자를 묘사하면서 희생과 저항이라는 단순한 대립은 지양했다. 마치 관객 앞에서 연행하는 것 같은 모습의 「잘린 머리카락을 한 자화상」에서 칼로는 남자들이 입는 양복을 입고 있다. 그녀는 텅 빈 무대에 놓인 의자에 앉아 한 손에는 가위를, 다른 한 손에는 금세 잘라낸 머리채를 쥐고 있다. 그리고 바닥에도 여기저기 잘린 머리카락이 있다. 얼굴과 몸은 마치 만화의 초벌 그림 같지만 이 머리카락—한 올, 타래, 땋은 것 모두—은 능동적인 생명을 가진 채, 떨어지고 엉키고 무릎과 의자 위에 걸쳐 있다. 그녀는 매번 감정을 실어 이것을 그렸다. 그림 위에 있는 글귀와 악보는 한 여인을 거부하는 남자의 잔인한 표현이다. "보시게, 내가 당신을 사랑했다면, 그것은 당신의 머리카락에 대한 사랑이었네. 이제 당신에게 머리카락이 없으니 나는 당신을 더 이상 사랑할 수 없소." 그것을 자기순교나 쓰디쓴 성취 또는 복수나 한탄이라고 불러도 좋지만, 이 그림은 매우 예외적인 함의를 가지고 있다. 어떤 일화도 묘사하지는 않으며(이 그림을 그렸을 때 리베라가 그녀와 이혼하기는 했지만 머리를 자르지는 않

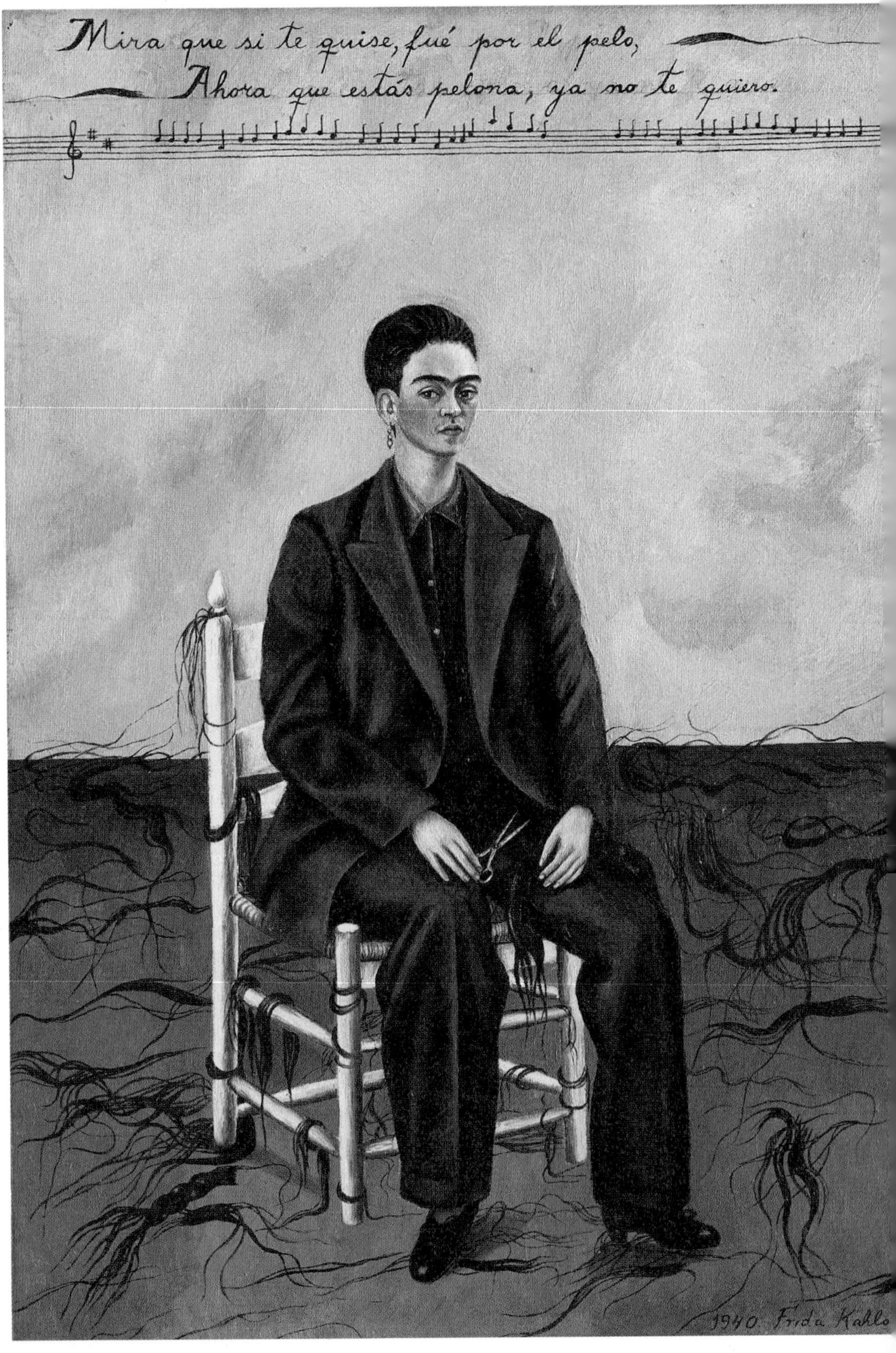


프리다 칼로, 「잘린 머리카락을 한 자화상」, 캔버스에 유채, 40×28cm, 1940, 뉴욕 현대미술관

았다), 칼로는 기발한 냉소가 섞인 회화적 은유를 자신의 머리를 이용해 써 내려간 것이다.

자신을 순교자로 그려내는 것은 적어도 부끄럽지 않으려는 것이며, 자신을 나르시시즘, 이기주의, 자기 연민이라는 비난과 무관하게 보려는 것이다. 어떤 면에서 화가로서 가졌던 칼로의 결함, 바로 그것이 그녀의 그림을 자기 연민으로 비치지 않게 보호해준 것이라고 할 수 있다. 다르게 말하면, 그림은 꼭 그래야 할 만큼 다듬어지지 않았다는 것이다. 조금 더 웅변적이었다면 그림들은 울부짖지 않았을 것이고, 조금 더 필치가 표현적이었거나 엑스 보토ex-voto, 성인이나 마리아에게 감사의 봉헌으로 드리는 드리는 그림. 보통 그림 내용은 지극히 개인적인 것들로 사고와 수술 뒤 무사한 것에 대한 감사를 표한 것이다. 스타일로 그려졌더라면 키치가 되고 말았을 것이다. 그녀는 어떤 면에서는 선구적이다. 화가들이 점점 더 개개의 인간으로 보이고 그들의 작품이 개인적인 이야기의 표현이라는 면에서 특히 그러하다. 러시아에서 비행기 사고를 당했지만 말을 탄 타르타르 사람에게 구조되어 지방과 펠트에 싸인 요제프 보이스나, 젊은 시절 고통의 나날을 보냈던 트레이시 에민까지 모두가 인생 경험이 곧 예술의 제재가 되었다. 에민의 비극은 칼로의 것보다 어느 면에서는 더 강한데, 보는 이가 다친 등보다는 다친 가슴에 더 동화될 수 있기 때문이다.

존 베리먼1914~72, 미국의 시인. 대표작으로 퓰리처상을 수상한 『77 드림 송』이 있다.은 젊은 시인에게 일어날 수 있는 최고의 사건은 겨우 살아남은 사고라고 쓰라리게 말한 적이 있다. 칼로는 첫 번째 자화상을 사고 직후 병원에서 그렸고, 에민의 청년기는 그녀의 고난 없이는 성립될 수 없었다.

트레이시 에민은 소개가 필요 없는 작가다. 그것이 화가로서 규정할 수 있는 그녀의 특징이다. 작품의 주제는 에민 자신이고, 목적은 자신을 알리는 것이었다. 그리고 이 목적은 수많은 신문 인터뷰와 칼럼, 텔레비전 출연, 보드카 광고만큼이나 작품—마르고 껑충한 자신을 담은 자화상, 사진과 자수 그리고 자궁에 함께 있던 그녀의 쌍둥이 형제부터 유산한 태아까지 평생 그녀와 동침했던 모든 사람들의 이름을 수놓은 유명한 텐트, 그리고 그 악명 높은 정돈되지 않은 침대 등—을 통해서도 달성되었다.

에민의 이야기가 지속적으로 노출된 결과, 많은 이들은 마게이트영국 켄트 카운티에 있는 마을로, 해안 휴양지로 유명하다에서 보낸 그녀의 청년기와 유산, 알코올중독, 절망, 강간으로 추정되는 사건 등에 대해 그녀의 작품이었던 침대나 선화에서 보여주었던 것 이상으로 알게 되었다. 텔레비전에 나와 말썽을 빚었던 그녀의 행동이나 자신이 불행한 메데이아라고 호소했던 것 등은 화가로서 그녀가 누렸던 대중성만큼이나 대단한 것이었다. 이것이 바로 사람들이 이 여성 자체를 하나의 예술작품으로 생각하는 이유이고, 삶을 예술에서 분리하기 힘들다고 생각하는 이유다.

에민이 옷걸이에 병원 가운을 걸어놓았을 때는 그것이 에민이 입었던 것이 아닐까 생각지 않을 수 없다. 마찬가지로 그녀가 몇 년 전 전시했던 두 개의 조그만 의자가 텐트에 그녀가 새겼던, 그녀의 잃어버린 두 아이가 아닐까라는 생각도 자연스럽게 일어난다. 물론 그런 작품들은 상상의 산물이라기보다는 그녀가 경험했던 것의 증거로 생각해달라고 요구된다. 특히 그것이 허송한 주말 뒤에 침대 여기저기 흩어진 작가의 생리혈이 묻은 팬티나 찢어진 스타킹, 빈 담배 곽, 술병과 다양한 종류의 피임 도구들(도대체 왜 그리 다양할 필요가 있는지 잘 모르겠지만)과 같은 것일 때는 더 그렇다. 그리고 바로 이것이 최근 그녀의 작품에 등장한, 그녀 특유의 기우뚱한 글귀들—"결국 혼자라는 게 지랄 맞게 슬프다" "어머니가 되리라는 생각은 안 들지만 혼자 죽을 것 같긴 하다" "너, 이 새끼, 내가 널 잡고 말 거다. 그러면 세상은 네가 내 유년을 완전히 망쳤다는 것을 알게 될 테지"—이 재봉사들에 의해 만들어졌다는 것을 알게 되면 무척이나 당황스러운 이유다.

에민은 한물간 표현주의 화가다. 그녀가 가장 좋아하는 작가도 뭉크다. 곱사등이 모습을 하고 술에 취해 샤워기 아래 고꾸라져 있거나 성교 후에 피를 흘리거나 또는 절망에 빠진 자신을 그린 작은 선화들은 실레만큼의 선명한 시각화 없이도 그녀의 아픔을 생생하게 전달한다. 그 선화들이 주는 연약한 이미지가 여기저기 공개적인 장소에 모습을 드러내는 그녀의 페르소나와 어울려 보이지는 않지만, 비밀스런 슬픔과 애처로운 개인적 고백을 공개하고 공유함으로써 그것이 가진 진실을 더욱 강화한다. 「내가 당신에게 했던 마지막 말은 '여기에 날 버리지 말아요'였다」라고 불리는 사진에서 그녀는 방 한쪽에서 우리에게 등을 돌린 채 앉아 있다. 그리고 벌거벗고 비쩍 마른 버려진 몸은 실레의 나체화를 떠올리게 한다.

우리들은 차마 하지 못할, 혹은 하지 않을, 부끄러움을 모르는 자기 연민을 표현함으로써 에민은 영국에서 이제까지 존 베처먼1906~84, 시인으로, 영국에서 가장 사랑받는 방송인이기도 하다만큼이나 큰 사랑을 받는 공적 페르소나를 얻게 되었다. 역설은 언제나 그녀에게서 떠나지 않았다. 한 번은 전시의 제목을 〈당신은 내 영혼에 키스하는 걸 잊었군요〉라고 붙이고 이 애처로운 글귀를 네온으로 제작했다. 그리고 자신이 두 개의 다른 역할로 출연한 비디오 작품도 같이 전시했는데, 거기서 착한 여자 트레이시는 가운을 입고 슬리퍼를 신은 채 웅크리고 있는 반면 나쁜 여자 트레이시는 술에 잔뜩 취해 한밤중에 문턱에서 울고 있다. 약탈적 본성을 지닌 에고와 절망한 이드 사이의 갈등은 언제나 최고의 연행, 극화로 귀결되었을 뿐 아니라 스스로를 '피해 예술'의 콤비로 내세우게도 했다.

에민은 결국 자서전을 출간했다. 어쩌면 뭔가를 써야 하는 운명이었는지도 모른다. 작품에 등장했던 글귀들은 언제나 일기나 고백적인 회상록의 한 부분인 듯 보였다. 그리고 그녀의 분노와 슬픔을 공개적으로 발표한 그녀의 책은 예술의 연장이다. 하지만 몇몇 이야기들은 당사자들에 의해 논

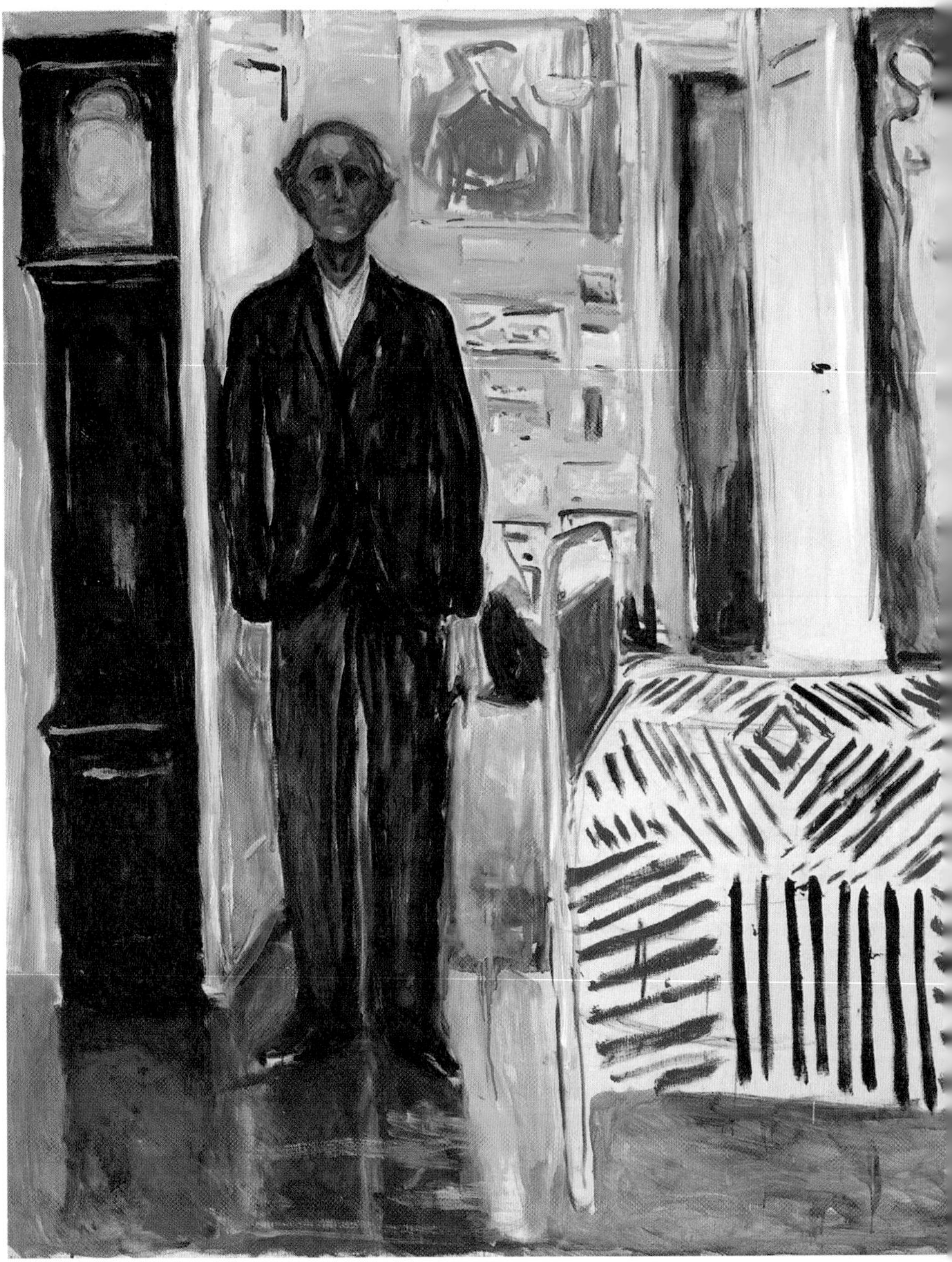

에드바르 뭉크, 「시계와 침대 사이」, 캔버스에 유채, 149.5×120.5cm, 1942년경, 오슬로 뭉크 미술관

란이 되기도 했다. 몇몇 생존자의 회고록에서처럼 피해자가 사실을 있는 그대로 이야기했는지에 대한 논란이다. 『늑대와 함께 살아남기』라는 회고록에 대하여 모니크 드 왈Monique de Wael은 "그것은 실제의 사실이 아니라 나의 사실이었다"라고 방어했다. 이 회고록에서 그녀는 자신을 유대인 소녀로 등장시켰고, 홀로코스트에서 늑대들의 도움으로 살아남을 수 있었다고 했다. 충분히 억지스러운 이야기임에도 불구하고 사람들은 그녀의 이야기를 사실로 믿었고, 그녀가 사실을 고백한 후에도 독자들은 선정적인 고통을 빼앗겼다고 느끼는 사람들과, 책이 제공한 보편적 진실을 믿는 관대한 상대주의자들로 갈리기도 했다.

어떤 의미에서 뭉크와 같은 종류의 비교를 할 수 있으리라. 뭉크는 실제로 신경쇠약증을 앓았고, 스페인 독감을 앓고 살아남기는 했지만 라르센이 그를 죽이려고 한 적은 절대로 없었다. 차이는 에민의 이야기가 자신을 중심으로 한 것이었다면, 뭉크의 위대한 자화상들은 '나의 개인적인 지옥'이라는 수준을 넘어서 인간 전체의 조건에 부합하는 진실이 되었다는 점이다.

뭉크의 후반생은 하루하루를 좀먹는, 그래서 어떤 야망도 무의미하고 소용없는 것으로 만들어버리는 죽음, 그것에 대한 두려움과의 기나긴 싸움이었다. 하지만 바로 그 두려움이 죽음을 초월한 걸작 「시계와 침대 사이」를 낳게 했다. 이 작품은 뭉크가 마지막 28년을 완전한 고독 속에서 살았던 노르웨이의 궁벽한 집에서 제작한 몇 작품 가운데 하나다.

화가는 자기 특유의 자세를 하고 있다. 다리는 바닥에 붙박은 채, 팔은 양 옆에 늘어뜨리고, 발은 마치 가까스로 균형을 잡으려는 듯 약간 벌리고 있는 것이다. 그는 주인의 부름을 기다리는 집사처럼 그곳에 서 있다. 시간과 잠 사이, 높은 시계와 좁은 침대 사이의 그곳에, 하지만 죽음의 고요한 사자인 그 둘 사이에. 뭉크는 약하디약하다. 그리고 그림도 어느 정도는 그렇다. 필선이나 옅은 그림자, 그리고 희미하게 규정된 가구들 모두. 하지만 자신을 괘종시계에 빗댄 것은 일종의 자기 비난의 표현이라고 할 수 있다. 뭉크 옆에 숫자와 시간을 잃어버린 밋밋한 얼굴의 허약한 늙은이가 서 있는 것이다. 시계는 마침내 침대에서 죽음을 맞을 이 장님 남자처럼 가만히 서 있다. 하지만 아직은 아니다. 죽음의 그림자 속에서도 여전히 꼿꼿이 버티고 선 늙은이의 모습이 지닌 가슴 저미는 영웅적인 모습은 타의 추종을 불허한다. 우리는 뭉크의 그 고독한 의지에서 용기를 느낀다. 그리고 그의 자화상은 우리에게 스스로 그런 용기를 가지라고 속삭인다.

*14.*

# 선구자

닮게 그릴 것인가,
자신의 스타일을
밀어붙일 것인가

내가 나의 스타일이다.

_파울 클레

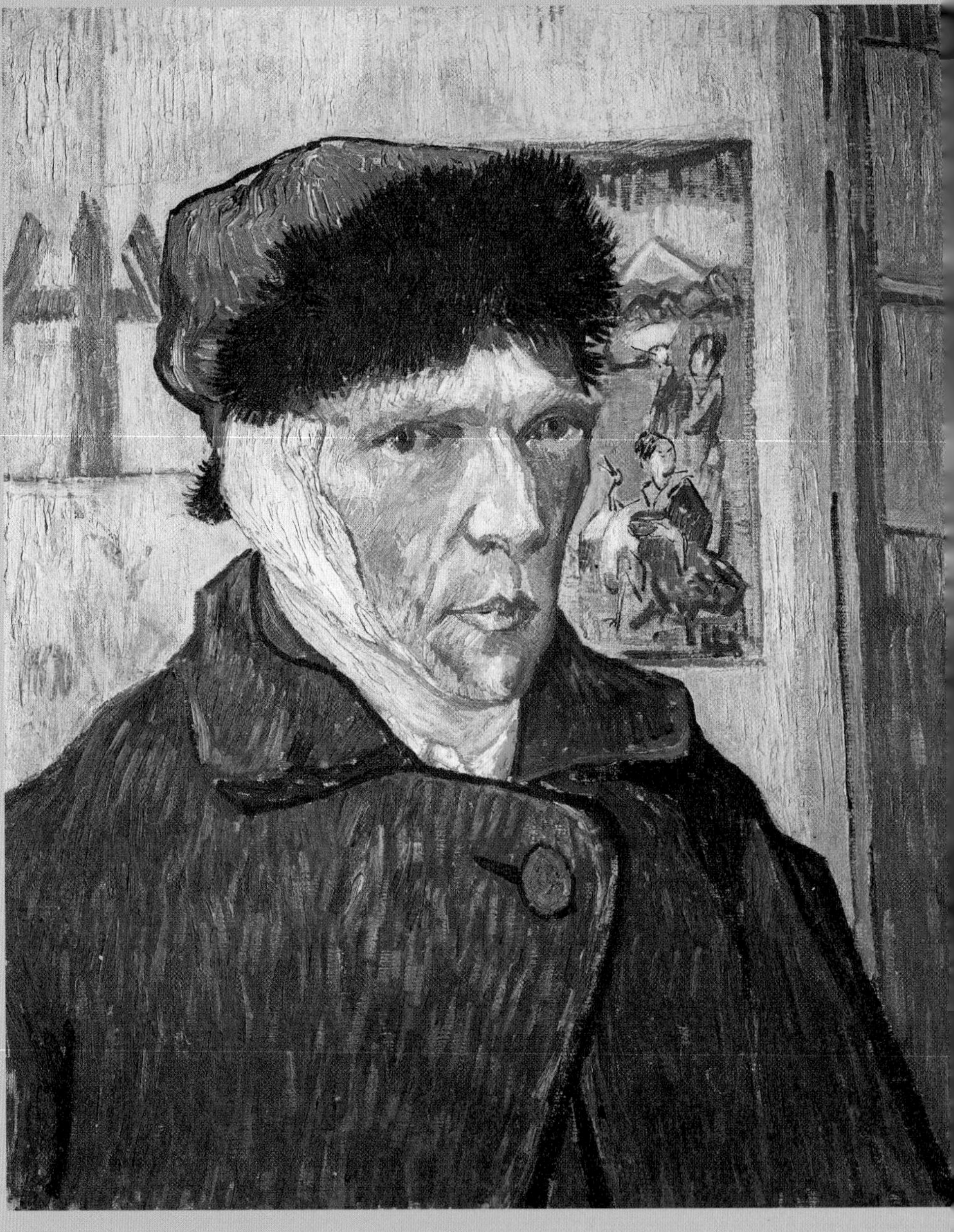

빈센트 반 고흐, 「귀에 붕대를 한 자화상」, 캔버스에 유채, 60×49cm, 1889, 런던 코톨드 인스티튜트 아트 갤러리

빈센트 반 고흐1853~90는 추호의 자기 연민을 섞지 않고 자신을 그렸다. 그림에서는 한 치의 불평불만도 일어나지 않는다. 그가 무엇을 감내했든 그가 겪었던 분노, 빈곤, 고독이 얼마나 심했든, 그는 자화상을 그리며 그런 것들에 대한 유감을 드러내지 않았다.

이런 해석은 직관에 반한 것처럼 보이기도 한다. 우리가 친근감을 담아 빈센트라고 부르는 이 사람은 미술사에서 가장 유리된, 학대받은 화가임에 틀림없기 때문이다. 그의 고독한 영혼은 사냥꾼들이 쏘아 죽이는 그 순간에도 새처럼 노래하려고 했다. 이 이해되지 못한 천재는 늘 소외되었고, 결국에는 앙토냉 아르토가 일컬은 바에 의하면 사회에 의한 자살로 생을 마감한 인물이다. 종종 그림에 대한 그의 열정은 곧 삶에 대한 사명감과도 같은 그의 열정과 동격으로 취급되었다. 그는 자신이 아파도 남을 먼저 걱정했고, 자신도 가난했지만 곤궁한 이웃을 자신의 집에 불러들이곤 했다. 그는 자신의 생을 다해 희망의 메시지를 전하고자 했지만 정작 그 자신은 희망을 가져야 할 이유를 갖지 못했다. 그는 실패한 목사였고, 사람들은 그의 열정을 무시했다. 화상畵商으로도 실패했는데, 우리는 그저 그가 장사치가 가져야 할 것 이상의 고차원적인 정신을 가졌다고 평가할 수 있을 뿐이다. 메아리 없는 사랑과, 아무도 몰라주는 화가—생전에는 한 점의 그림도 팔지 못했다고 한다—인 반 고흐는 거리의 자유를 누릴 사람도 못 된다는 주위의 탄원을 듣기도 했다. 불충한 친구 고갱에게 버림받고 화가들의 동지회에 대한 꿈이 좌절되었을 때 그는 결국 까마귀가 나는 들판에서 자신을 쏘았고, 우울의 그늘 속으로 더 이상 걸어갈 수 없었다. 모든 화가들 가운데 반 고흐는 순교자에 가장 가까웠고, 에고에서 가장 멀었다. 우리가 가장 보호하고자 하는 화가이며, 그가 신세 한탄을 한다면 가장 먼저 기꺼이 포옹해 줄 수 있는 화가가 바로 반 고흐인 것이다.

하지만 그는 절대 신세 한탄을 하지 않았다. 반 고흐의 작품은 초라하지 않았으며, 그 역시 순교자가 아니었다. 그의 자화상에 가끔 감상적인 측면이나 충격에 대한 여파를 엿볼 수 있기는 하지만 강렬한 그림을 만들기 위한 노력으로 그는 온갖 고통을 감내했다. 그 강렬함은 가시적이며 숭고하다. 하지만 그 강렬함 때문에 그의 그림을 여러 세대에 걸쳐 보아 온 모든 이들은 그 가운데서 빈센트의 고통을 경험한다고 믿는다. 그의 그림에서 빈센트의 절절한 비명을 들을 수 있다고 믿는 것이다. 그런 면에서 반 고흐의 자화상은 모든 자화상들 가운데 가장 많은 사람들이 본 그림이지만 가장 많이 오해되는 그림이라고도 할 수 있다. 사람들은 자신의 감정에 몰입된 나머지 그의 그림을 제대로 볼 수 없는 것이다.

「귀에 붕대를 한 자화상」은 반 고흐가 가장 비참했던 순간을 보여준다고 보통 생각된다. 그림의 제목은 그가 입은 상처, 그가 자해해 만든 상처가 무엇인지 알려준다. 아를에 있는 '노란 집'에 고갱이 와 있을 때 자신의 귓불을 베어버린 것이다. 그림의 제목만 보더라도 빈센트가 겪은 비극이 어떤 것이었는지 알 수 있다. 하지만 제목은 그가 붙인 것이 아니다. 그는 그림에 제목을 붙이지 않았고(제목은 이후에 붙여졌다), 동생 테오에게 쓴 편지에서 아주 드물게 그림에 대한 간단한 설명을 붙였을 뿐이다. "밝은 배경 앞으로 상반신을 그린" "보랏빛이 감도는 짙은 푸른색과 노란 머리칼이 엿보이는 희끗희끗한 머리로 어느 정도의 색채 효과를 낸" 등이 이 그림에 대한 설명이었다. 색채 효과라니, 그 얼마나 부족한 설명인가!

물론 「귀에 붕대를 한 자화상」에 색채 효과가 없는 것은 아니다. 입고 있는 단추 달린 외투는 비소를 혼합한 초록색으로, 빙산을 둘러싼 바다처럼 빛나는 차가운 물빛 초록색 눈과 대조된다. 그리고 노란색이 가득한 아를 집의 벽이 이들을 감싸 안고 있다. 반 고흐는 "노란색은 희망의 색이다"라고 썼으며 그의 예술에 언제나 그렇게 등장한다. 붕대를 감고 있지만 그에게 아주 친숙한 자신의 침실—창과 침대, 골풀로 짠 의자와 활활 타오르는 듯한 벽이 있는—을 배경으로 그를 본다는 것은 그가 무엇을 느끼고 있든 간에 그가 따뜻한 집에 깃들어 있음을 확인하는 것이다. 그는 자신이 소유하고 있는 것을 주변에 늘어놓기까지 했다. 이제 막 시작한 작품이 뒤의 이젤에 놓여 있고, 벽에 걸린 일본 판화 속의 후지산은 반 고흐의 몸체가 만드는 어두운 삼각형과 얼굴이 만드는 보다 밝은 삼각형에 대한 축소된 변주 같다. 그가 쓰고 있는 모자는 머리 앞쪽에 추위를 견디기 위한 털이 무성하게 달려 있다. 매우 조밀한 구성의 그림이지만, 오른쪽은 마치 무대의 입구처럼 또 다른 공간이 열려 있음을 암시하며 이 공간에 일광을 부여하는 역할을 한다.

반 고흐는 1889년 1월에 이 그림을 그렸을 것이다. 고갱과의 마지막 다툼은 분명히 1888년 크리스마스이브에 몽펠리에에서 「안녕하세요, 쿠르베 씨」를 본 날 감상했던, 그 둘이 모두 경외한 화가 렘브란트의 작품에 대한 이견 때문에 빚어졌기 때문이다. 널리 알려져 있다시피, 반 고흐는 고열 속에서 귀의 일부를 잘랐고 그것을 바에서 만난 여인에게 선물로 건넸다. 그는 얼마간 병원 신세를 진 후, 룰랭이라 불리는 존경할 만한 우체부의 따뜻한 보살핌을 받는다. 이 그림은 1월 말경 붕대를 완전히 풀기 전에 그렸는데, 그때 그는 거의 매일 테오에게 편지를 썼다. 그것은 렘브란트와 그가 동경하는 그림에 대한 이야기뿐 아니라 그가 도달하고자 애썼던 평정심에 대한 것이기도 했다. 하지만 모든 것이 이런 그의 의지에서 빗나갔다. 집주인은 그를 '노란 집'에서 쫓아내려고 했고, 마을의 경찰들은 그를 감시했다. 그에게는 돈도 없었고, 고갱도 떠나버린 지 오래였다. 하지만 고갱은 자신의 물건과, 그가 받기로 했던 해바라기 그림을 보내달라고 빈센트를 괴롭혔다. 반 고흐는 이제 영양실조로 몸이 약해졌고 불면증으로 시달렸고, 가까스로 잠에 들면 예외 없이 악몽을 꾸곤 했다. 그럼에도 불구하고 그는 '여전히' 작업에 몰두했다.

그를 예술의 성인으로 보고자 하는 사람들에게 이 자화상 속 반 고흐는 성흔을 보이고 있다. 성인의 상처를 남긴 채 면도를 한 그는 1월의 추위 속에 꽁꽁 얼었다. 그래서인지 보이는 필치 하나하나에도 그런 추위가 고스란히 묻어 있다. 그는 빛을 찾아, 삶과 희망을 찾아, 동지애를 느낄 수 있는 화가들을 모으기 위해 아를까지 왔지만 그에게 찾아왔던 단 한 사람은 이미 그를 버리고 가버렸다. 하지만 그는 처절한 가난 속에서도 여전히 진실에 대한 희망을, 추위와 배고픔 속에서도 그림 그리기를 포기할 수 없었다. 반 고흐가 죽기 직전 그를 돌봤던 의사 가셰 박사는 이 말을 처음으로 한 사람이다. "'예술에 대한 사랑'이라는 말은 그에게 적당치 않은 말이고, 그것은 오히려 순교에 대한 믿음으로 고쳐 불리는 게 맞다."[1]

하지만 작품들은 그것만의 근거를 충분히 가지고 있다. 「귀에 붕대를 한 자화상」에서 보이는 필선은 마치 그림을 안정시키려는 듯 보통 때보다 훨씬 완만하며 주의 깊게 작업되었다. 소용돌이나 줄무늬도 없고, 속도감을 보여주는 선도 없다. 붕대는 사람들이 '성스러운 귀'에 대한 전설을 흠모하는 것과는 상관없이 전혀 성스러워 보이지 않는다. 붕대는 그저 장면의 한 부분일 뿐이며 외투와 모자와 같이 그가 입고 쓰고 있었던 사물 중 하나에 지나지 않는다. 그것은 그림의 의미를 신비롭게 바꾸는 것과는 거리가 멀다. 폭풍우는 이미 지나갔으며, 파선된 배는 보수되었다. 그에게 일어났던 사건은 잊히지 않지만—반 고흐는 붕대를 한 자신을 그리지 않을 수도 있었다. 또는 아예 '붕대를 푼' 자화상을 그려 그의 작품을 흠모해 마지않았던 표현주의자들처럼 상처 난 자리에서 흐르는 피를 그대로 보여줄 수도 있었을 것이다—반 고흐는 그림을 통해 평정의 상태에 도달했다. 물론 그것이 쉽게 얻어지지는 않았을 테지만(눈은 아예 거울을 보고 있지도 않다) 표정은 별로 괴로워 보이지 않는다. 마치 치유를 위해 모든 것에 달관한 듯. 그러고 보면 이 그림은 위엄 있고 엄격한 자화상이며, 그 기분의 변화는 형태와 색채에 의해 제한돼 있다. 그것은 순교자적 고통을 담은 그림이 아니다.

---

반 고흐가 생전에 한 작품도 팔지 못했다는 것은 사실이 아니다. 그가 파리에서 만난 젊은 스코틀랜드인이 그에게서 직접 그림을 샀기 때문이다. 그것은 사과 바구니를 그린 그림으로 마치 필선의 바다에 떠 있는 용감무쌍한 뗏목처럼 보인다. 화면은 매우 역동적이어서, 모든 것들이 기쁨에 넘치는 것 같다. 반 고흐는 이 그림으로 과일을 살 정도의 돈밖에 받지 못했지만 얼마 지나지 않아 그림을 싫어한 구매자의 아버지가 바보같이 단돈 5파운드에 그림을 팔아넘긴 것은 쓰디쓴 위로가 될 수 있을 것이다. 그의 그림을 샀던 초기 컬렉터들은 좀 의기소침한 경향이 있었다. 반 고흐가 죽은 지 3년이 되던 1893년, 암스테르담 주재 영국 영사는 마치 자유를 외치는 듯, 초록색 바닥을 내려치고 있는 두 마리의 붉은 게가 그려진 기이한 초상화—다른 단어로는 이 그림을 설명할 수 없다—를 샀다. 살바도르 달리의 가재 전화기보다 더 낯선 이 그림은 오늘날에도 여전히 아방가르드적인 작품으로 보인다. 그래서 영사가 죽은 직후 단돈 8파운드에 팔린 것도 이상하지 않다. 하지만 몇 차례 이와 같은 소액 매매가 있고 난 뒤 그것은 런

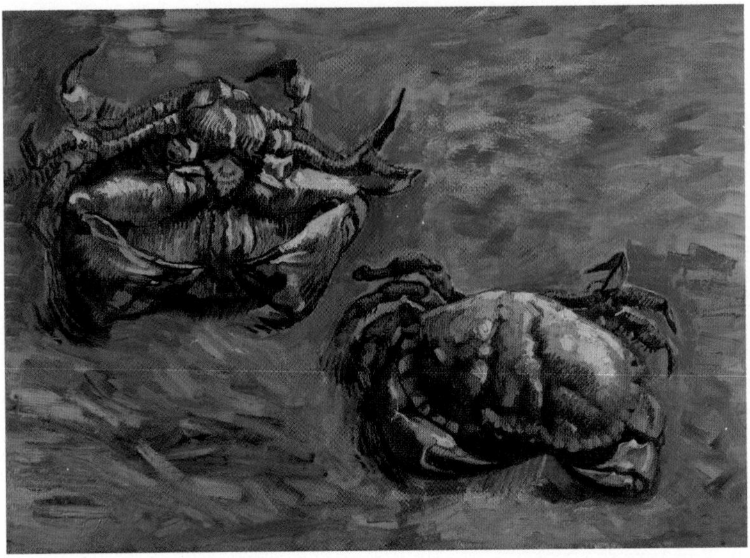

빈센트 반 고흐, 「두 마리의 게」, 캔버스에 유채, 47×61cm, 1889, 런던 내셔널갤러리

던 내셔널갤러리 컬렉션에 포함되었다.

살아생전에는 불운투성이였지만, 죽어서 반 고흐는 그의 제수인 비범한 여인 요 봉어르가 만들어준 명성을 갖게 되었다. 요 봉어르는 반 고흐가 죽은 뒤 겨우 6개월 만에 갑작스럽게 죽음을 맞은 테오가 지니고 있던 반 고흐의 작품들을 상속받았다. 봉어르는 미래에 대한 감각이 있었고, 반 고흐의 대운이 어떻게 펼쳐질지도 짐작하고 있었던 것 같다. 그녀는 반 고흐의 작품을 화상에게 넘기는 대신 유럽 전역의 전시회에 출품했다. 또한 그의 작품이 일정 정도의 반열에 오르기 전까지는 테오에게 보낸 반 고흐의 절절한 사연들에 대한 출판 제의도 모두 거절했다. 그의 비극적인 삶의 이야기가 작품을 압도할지도 모른다는 염려에서였다. 1914년 서간집 초판에서 그녀는 "인생을 걸고 제작한 작품이 알려지고 충분히 이해되기도 전에 그의 삶에 대한 관심을 먼저 불러일으키는 것은 이미 작고한 화가에게 할 짓이 못 된다"라고 썼다.

프랑스 수집가들은 해바라기와 별밤 그림들을 사들였다. 네덜란드인들은 프로방스의 태양을 샀다. 런던의 한 주식중개상은 반 고흐가 아버지의 집에 머물며 '직접 그려보기 매뉴얼'에 따라 그림을 독학하며 제작한 어둡고 필선이 뚜렷한, 농부들을 소재로 한 선화들을 사 모을 정도의 재기가 있었다. 작고 허름한 인물들을 담고 있는 이 독특한 그림에서 볼 수 있는 겨울 나뭇가지들은 히로시게의 벚나무를 연상케 해 일찍이 그가 얼마나 일본 예술에 심취했었고, 그것을 자연스럽게 소화했는지 보여준다. 아이리스와 해바라기 같은 걸작이 등장하게 된 것은 그로부터 겨우 몇 년이 지나서였다. 화가로서 반 고흐는 시작에서 끝까지 겨우 10년밖에 안 되는 매우 짧은 경력을 가진, 회화사에서 상당히 독특한 화가였다. 하지만 자화상은 후반 5년에 걸쳐 등장하기 시작했고, 그가 명성을 얻게 된 첫 번째 그림도 아니었다. 이 자화상들은 요 봉어르가 편지를 공개하지 않고 있었기 때문에 적어도 20세기 초반까지는 성유물로서가 아닌 예술작품으로서 평가받을 수 있었다.

1885년 몇 차례의 실패를 거듭한 반 고흐는 아버지의 목사관으로 돌아와서 붉게 충혈된 눈을 한, 하지만 생명력으로 가득한 자화상을 그리게 된다. 그리고 2년 뒤 파리에서 그는 도시 멋쟁이로 차린 자신의 모습을 더 많이 그리게 된다. 이들 그림에서 그는 파이프를 들거나 물고, 또는 쿠르베처럼 앞에 맥주잔을 두고 파이프를 물고 있다. 또한 루브르에서 한창 연구 중이었던 렘브란트처럼 팔레트를 든 모습도 있다. 그의 자화상을 보면 시기에 따라 그가 흡수한 모든 화가들—렘브란트에서 쿠르베, 밀레, 모네까지—의 영향을 뚜렷이 확인할 수 있다. 아를에서 고갱과 함께 지낸 9주 동안 그는 심지어 고갱처럼 매우 평면적이고 소박한 느낌의 자화상을 제작하기도 했다. 그가 많은 화가들에게서 영향을 받은 것은 사실이지만, 그만의 독특한 작법이 있었던 것도 확실하다. 방향이 뚜렷한 선들과 풀어진 나선과 소용돌이 모양 선들, 그리고 아우라를 가진 태양과 별이 빛나는 가운데 보이는 후광, 어두운 잎사귀 위로 쏟아지는 햇빛을 묘사한 빛 조각, 섞지 않고 물감 튜브에서 바로 짜내어 바른 듯한 색채들, 화포를 세게 눌러 바른 붓질 등은 그의 그림을 바로 알아볼 수 있게 하는 특징들이었다. 반 고흐의 서명은 기실 그의 모든 필선에 있었기 때문에 또 다른 서명을 할 필요가 없었다.

그리고 자화상은 그의 새로운 화풍에 따라 함께 변한다. 아르 데코와 거의 비슷하게 반 고흐는 어두운 배경 앞에 희미한 유령으로 떠오르기도 하고, 그의 머리가 해바라기처럼 폭발할 것 같기도 하다. 어떤 자화상에서는 얼굴이 이마에 반짝이는 빛을 제외하고는 완전히 초록색—'여름 하늘의 초록빛'—이며 머리는 타오르는 불꽃으로 등장하기도 한다. 그리고 또 다른 자화상에서는 연어 빛 분홍색을 배경으로 코발트 빛의 눈이 등장하기도 하는데, 밝은 봄날의 하늘을 배경으로 한 벚꽃을 뒤집은 것 같은 구성이다. 그의 얼굴은 바람 부는 밀밭이나 구불구불 굽이치는 덩굴손이 같기도 하다. 어떤 자화상 속의 귀는 마치 종이로 접은 아이리스의 복잡한 꽃잎새를 하고 있는 듯하고, 또 다른 그림에서 보이는 어두운 눈에 밝은 속눈썹을 한 눈은 마치 해바라기 같다.

"내 작품들 가운데 무엇보다 내가 가장 감동하는 것은 초상화, 그것도 현대적 초상화다." 반 고흐는 파리에 머무는 동안 이렇게 썼다. 그는 모델을 구할 돈도 없었기 때문에 자신의 얼굴을 그릴 수밖에 없었다. 그가 자화상을 그리면서 구하고자 했던 것은 초상화에 대한 관학적 전통보다 더 진실에 충실한 그림을 그리는 것이었다. 그리고 그는 색채 효과로써 그것을 성취했다. "내 앞에 보이는 것을 있는 그대로 재현하는 대신, 나 자신을 더 설득력 있게 표현하기 위해 자의적으로 색채를 선택했다." 이 시기 그는 「펠트 모자를 쓴 자화상」을 그렸는데, 이 그림은 아랫점 없는 느낌표의 연속으로 그려졌고, 선 각각은 하나하나 알아볼 수 있을 만큼 뚜렷했다. 아마도 깃과

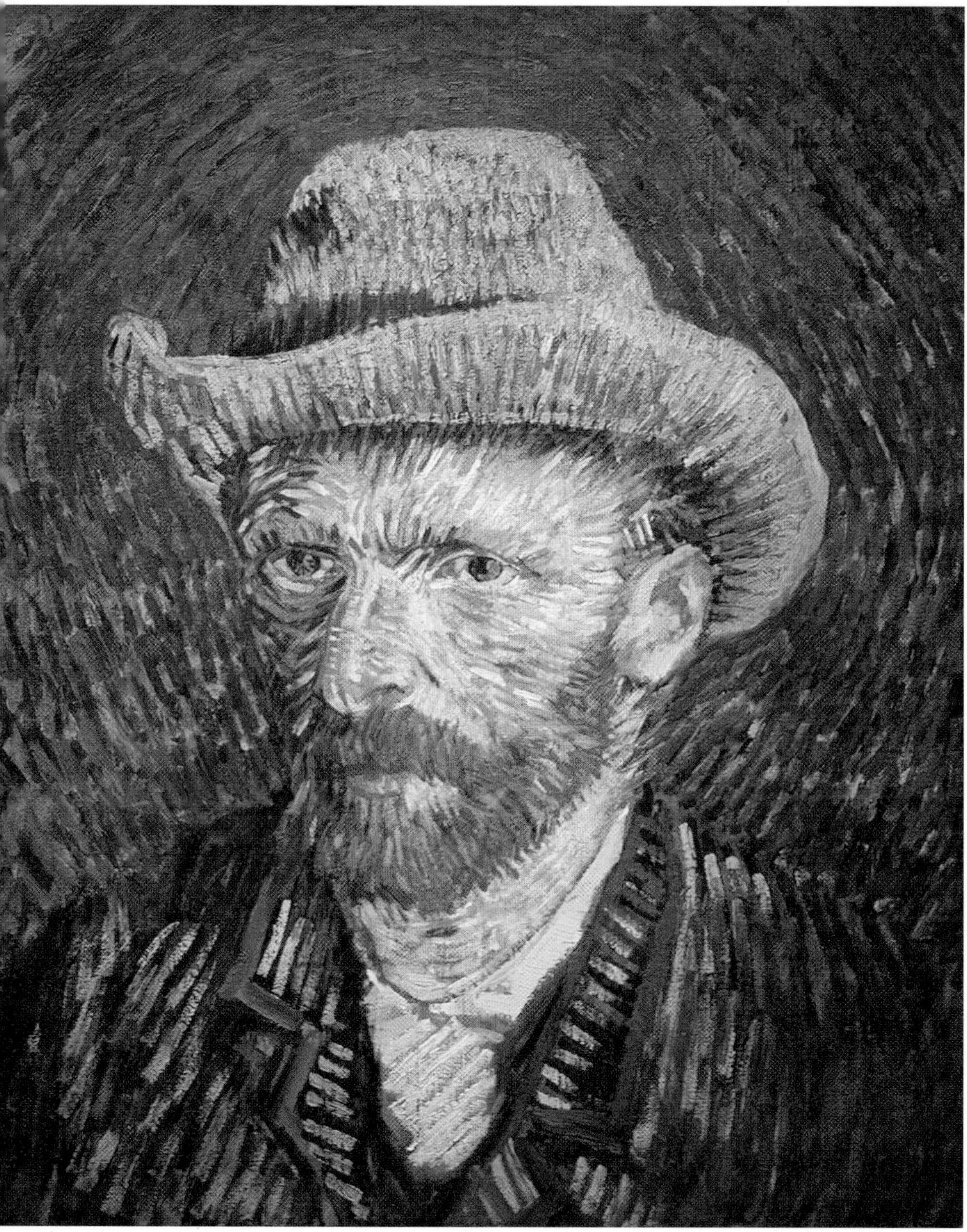

빈센트 반 고흐, 「펠트 모자를 쓴 자화상」, 캔버스에 유채, 44×37.5cm, 1887~88년경, 암스테르담 반 고흐 미술관

모자챙 그리고 눈동자 등을 그리기 위해서 그는 약간 옆으로 몸을 기울였을 것이다. 그리고 이들의 연속적인 방사상은 머리 주변에 보이는 후광에서 그 절정을 맞는다.

반 고흐는 도시에서 도무지 작업에 열중할 수 없었고, 영혼도 따라서 시들어가는 것 같았다. "내가 파리를 떠날 때 몸과 마음 모두가 아픈 상태였어. 실패에 대한 어쩔 수 없는 불안과 분노로 거의 알코올중독에 가까운 지경이 되었던 거야. 그러고서 나는 내 안으로 들어가 모든 것을 닫아버렸어." 하지만 그의 그림은 관습적인 세기말적 우울을 담은 자화상과 같을 것이라는 우리의 기대에서 빗나가, 약함이나 실패에 대해 언급하지 않는다. 그리고 그림을 보면서 우리는 그만의 독특한 작품을 떠올리지 않을 수 없다. 붓을 잡은 그의 손은 화포가 튕겨오를 만큼의 힘을 주어 장밋빛과 군청색, 암갈색, 보랏빛을 통해 인물을 배경에서 도드라지게 한 것이다. 암스테르담에 있는 반 고흐 미술관의 이 그림 앞에 서 있다 보면 어떤 힘의 장에 잡혀 있다는 느낌이 들 텐데, 그림에서 느껴지는 강렬함의 원천은 얼굴 표정이나 눈빛의 강렬함이 아닌, 표면 그 자체의 작용에 의한 것이라는 점을 알 수 있다.

그러고 보면 반 고흐의 그림이 지니고 있는 아우라에 대한 언급이 과장은 아닌 것 같다. 이후에 제작되는 자화상에서 그의 필선은 하이픈이나 모스 기호들, 또는 인디언들이 전쟁에 나가면서 얼굴과 몸에 칠한 물감의 연속처럼 보인다. 배경에 보이는 나선들은 편두통의 어지러움을 형상화한 것 같다. 촉촉한 붓 자국들은 목과 팔 주변에서 길게 늘어지고, 얼굴 가까이에서 마르면서 짧게 끊어진다. 기실 사람의 형상을 짤막한 선과 줄무늬, 나선 등을 이용한 작법으로 그려내는 것은 무척 힘들었을 것이다. 물론 고랑이 있는 밭이나 우체부 아내 뒤편으로 보이는 벽지 따위만 그렇게 그리는 것이 훨씬 쉬웠겠지만 반 고흐는 자신의 얼굴을 그리는 데에도 이 작법을 고수했다. 그리고 선의 흐름으로 옷이나 머리, 또는 코구멍까지도 비교적 쉽게 그려낼 수 있었지만, 눈의 구조에 있어서는 그도 어쩔 수 없었다. 「펠트 모자를 쓴 자화상」에서 홍채는 결국 검은 원으로 묘사되었는데, 마치 그것은 이 새로운 작법에 대한 도전이 가장 어려운 국면에서 한계를 맞았음을 보여주는 듯하다.

반 고흐는 생레미에서 지내는 동안 테오에게 쓴 편지에서 "자신에 대해 아는 것은 힘들다. 하지만 자신을 그리는 것도 쉽지만은 않다"라고 했다. 반 고흐의 자화상에서 고통스러운 영혼을 발견하고자, 또는 그것을 보호하고자 하는 사람들은 보통 거기서 그의 광기 또한 본다. 하지만 그의 독특한 필선이 완전한 광기까지는 아니더라도 신경증의 지표라는 주장도 서서히 그 힘을 잃어가고 있다. 반 고흐는 산발적으로 일어나 그를 괴롭혔던 편집증이나 우울증의 발광 속에서는 그림을 그리지 않았고, 그릴 수도 없었기 때문이다. 명징하고 평온한 가운데—그는 자신의 작품이 가진 '평온함'에 대해 지속적으로 쓴다—작품을 하는 것이 필수적이었으며, 그렇지 않았으면 그는 단지 평범한 화가에 머물렀을 것이다. 간간히 찾아오는 편집증과 우울증 사이사이에 그는 테오에게 매순간 최선을 다해야 한다고 썼다. "나는 완전히 미쳤다고 할 수 없단다. 왜냐하면 광기의 사이사이 내 정신은 온전히 맑기 때문이다. 하지만 한 번씩 찾아오는 광기는 정말 끔찍하단다. 나는 완전히 의식을 잃어버리곤 하지. 하지만 그 덕분에 작품에 더 박차를 가할 수 있단다. 마치 우물쭈물하며 일을 하다가는 큰 낭패를 보게 되는 광부처럼 말이다."

테오에게 보낸 편지 어디에서도 혼란스러움은 찾아볼 수 없다. 편지들은 끝까지 명징함을 잃지 않았다. 자살 직전 그의 재킷에서 발견된 편지는 여느 때처럼 테오에 대한 걱정 일색이었다. 그에게 스스로를 "코로의 단순한 화상" 정도로 비하하지 말라는 것, 대신 그가 다른 화가들의 그림을 위해 담당했던 역할들에 대해 생각하라는 것, 그리고 이제 "반박에 형성되지 못한" 미술시장에서 그가 겪을 수 있는 심각한 위기에 대해서 분명하게 인식하라는 등의 충고이다. 그러면서도 그의 필체는 테오에게 안부와 확신을 심어주기 위한 것이기라도 한 듯 무척 안정되어 있다. 이는 그와 동시대인인 니체의 마지막 편지에서 볼 수 있는, 거의 알아볼 수 없이 흐트러진 필체와는 완전히 다른 것이다. 니체의 편지는 광기의 터널 안으로 사라져 가는 정신을 나타내는 것 같은 필체로 가득하다.

반 고흐가 자신의 전형적인 필선을 잃어버린 것이 확연히 보이는 자화상 한 점이 있다. 그것은 1889년 8월 말에 생레미에서 제작된 것인데, 거기서 신경계의 혼란을 읽어내는 사람도 있다. 즉, 의지대로 움직여주지 않는 손동작이 피력되었다는 것이다. 아니면 여태까지는 제대로 움직여주던 손이 갑자기 말을 듣지 않아 다른 손으로 작업을 했을지도 모른다. 기실 이 느려지고 교착 상태에 빠진 그림에서 팔레트를 들고 있는 손은 기이한 모양으로 줄어들어 쓸모없어 보인다. 하지만 물리적인 기민함이 줄어든 대신 지성의 강렬함은 전혀 줄어들지 않았고, 화가가 가진 인내력을 더욱 돋보이게 할 뿐이다.

검은 바탕에 여위고 하얀 얼굴이 죽음을 암시하는 것 같지만, 「밀밭 위로 나는 까마귀」가 반 고흐의 마지막 그림이 아닌 것과 마찬가지로 오른쪽 그림도 그의 마지막 자화상은 아니다. 「밀밭 위로 나는 까마귀」가 그의 마지막 작품으로 잘못 알려진 이유는 종말론적인 에너지와 그것이 주는 아름다움뿐만 아니라 밀밭을 날아오르는 검은 새들이 죽음의 암시에 들어맞기 때문이다. 하지만 학자들은 화려한 아이리스로 시작한 구도가 교회의 뾰족탑으로 이어지는, 매우 정제된 아름다움을 지닌 「도비니의 정원」이야말로 그의 마지막 작품이라는 데 동의한다. 마지막 편지가 유서가 아니었던 것처럼 마지막 자화상으로 보이는 그림도 마지막에 대한 이야기가 아니라 현대적인 초상화에서 그가 성취하고자 했던 모든 것들이 훌륭하게 총화된 것이다.

화려하면서도 장엄한 이 그림은 쇠약한 몸과 궁지에 몰린 처지에서도

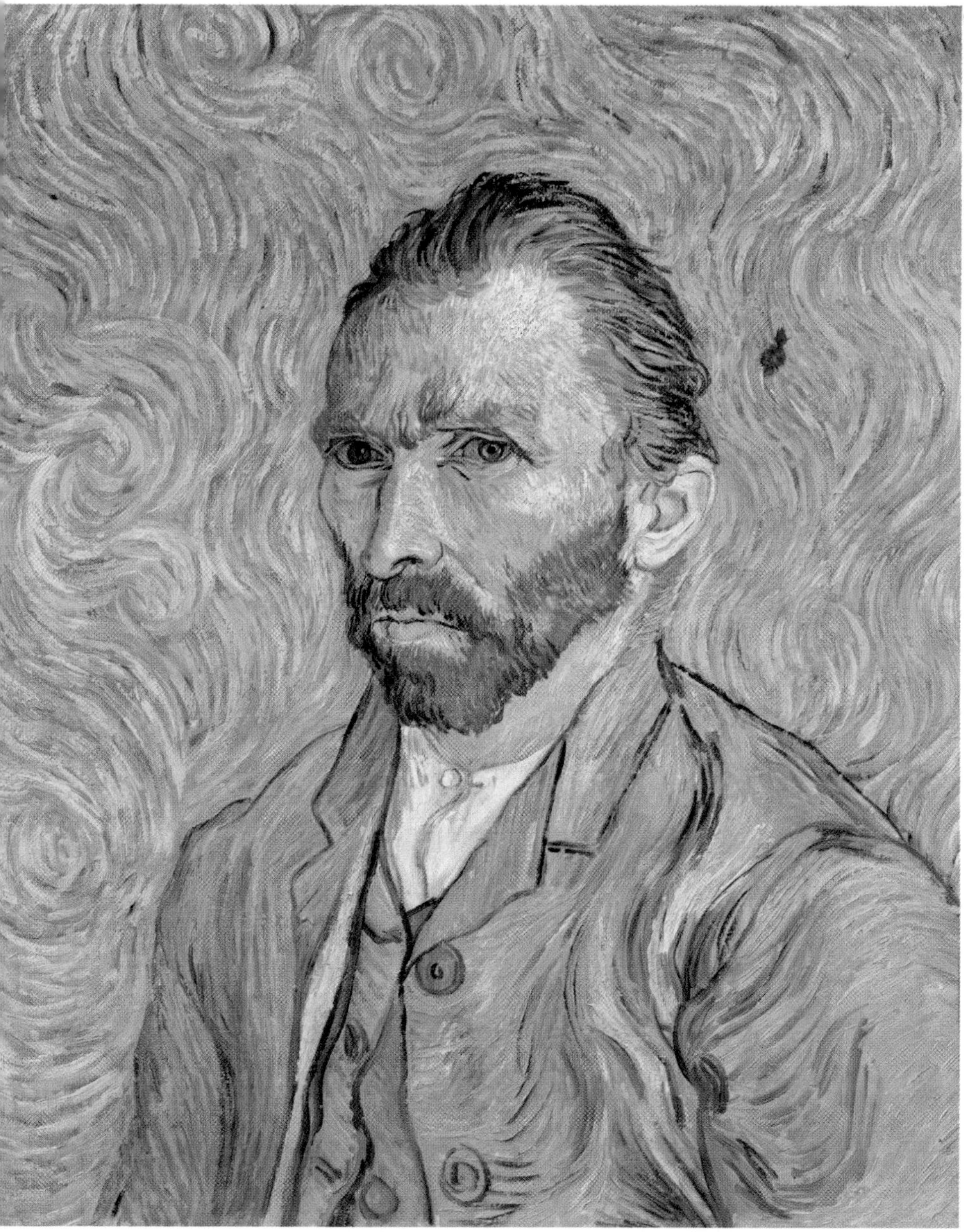

빈센트 반 고흐, 「자화상」, 캔버스에 유채, 65×54cm, 1889, 파리 오르세 미술관

꿋꿋하고자, 푸르른 소용돌이 속 바다에서 솟구쳐 오르고자 했던 한 남자가 그린 것이다. 그는 한낮의 '별이 가득한 밤' 속에 서 있다. 마치 그림 속 세상 말고는 다른 세상이 전혀 없었던 것처럼. 색채의 향연은 강렬하고, 선의 움직임은 그만의 독특함을 드러내면서도 솟아오른 광대뼈나 찌푸린 이맛살에 눌린 눈썹과 뻣뻣한 붉은 수염 모두를 완벽히 묘사할 수 있을 만큼 섬세하다. 반 고흐는 햇살과 전나무를 이야기할 때나 자신을 이야기할 때 정확히 같은 언어를 사용한다. 그는 자신이 그린 그림의 한 조각이다. 사람들은 그림의 소재가 침실이든 낡은 부츠든 전혀 상관없는 그림도 있다고 한다. 반 고흐의 작풍이 너무도 강렬하고 선명해서 그 그림들은 차라리 자신을 그린 그림들 중 하나라고 해도 무방하다는 것이다. 하지만 이런 주장에 대한 반론의 여지를 바로 이 후기 자화상에서 찾을 수 있다. 너무도 명징한 한편, 자기 연민은 조금도 찾아볼 수 없으며, 인생의 모든 비극을 견디고 선 한 인간을 그린 이 자화상에서 반 고흐의 작풍은 그림을 만들어낸 수단이자 근원인 한 남자를 재현한다. 반 고흐는 자신의 색채 효과가 정확하게 어떻게 그림의 다른 요소들에 작용할 수 있는지에 대해 설명한 적이 없지만, 그 색채가 빚어내는 상서로운 효과로 인해 그림이 주는 평온함은 더욱 고조된다. 평온함은 그가 자신의 예술 세계에서 찾고자 했던 바이며, 이 아름다운 자화상에서 비로소 성취해낸 것이다.

---

화가는 어떻게 자신을 재현해야 할까? 그만의 독특한 작풍 속에서, 또는 거기에서 벗어나서? 이것은 반 고흐가 지속적으로 던졌던 질문이고, 그는 매우 다양하게 그 질문에 답했다. 그만의 작풍으로 그린 반 고흐가 있는가 하면, 상당히 완고한 사실주의적 방식으로 그려진 자화상도 있다. 그는 19세기 살롱 초상화처럼, 매우 평범하게, 또는 관학풍으로, 현존하는 그

의 사진과 정확하게 일치하게끔 자신을 묘사할 수도 있었다. 아니면 자신을 반 고흐 같은 사람으로 보이게 할 수도 있었을 것이다.

하나의 작풍을 견지하는가 아니면 그것에서 벗어나는가는 모더니즘의 등장과 함께, 또는 적어도 자연주의적 구상주의의 종말과 함께 화가들의 거대한 화두가 되었다. 이전 시대에 자화상은 어쨌든 하나의 작풍으로 제작되어야 했다. 네덜란드 화가 프란스 판 메이리스처럼 관자에게는 등을 돌린 채 만돌린을 들고 고개만 돌려 웃고 있는 모습의 세밀화(이 그림은 잠재적 후원자를 향한 자기 홍보로서, 자신이 가진 온갖 기교의 총화라고 할 수 있다)로 제작할 것인가, 반다이크처럼 맵시 있는 초상화 속 인물로 재현할 것인가, 톤도원형의 그림, 전신상, 측면, 또는 그리자유 기법잿빛으로만 그리는 장식화법 중 무엇으로 그릴 것인가, 아니면 가장 극단적으로 나아가 푸생처럼 하나의 자화상 속에 자신이 믿고 있는 원칙을 모두 구현할 것인가 등을 결정해야 했다. 하지만 작풍에 대한 질문은 예술이 모더니즘으로 넘어간 이상 그 어느 때보다도 더욱 분명해지고, 그래서 더욱 문제시되었다.

그것은 어쩌면 답을 안고 있는 질문일지도 모른다. 근대 화가들은 스스로에 대해 말하기 위해 왜 그들만의 독특한 작풍과 그들을 규정지을 수 있는 특징을 버려야 했고, 왜 그 특징들로부터 벗어나야 했을까? 그것은 가면을 벗고, 수식에서 벗어나 단조로운 무운시無韻詩에서 산문으로 퇴행하는 것처럼 보일 수도 있다. 또는 사실적인 초상이 가장 중요한 모든 것임을 암시하는 것일 수도 있다. 어떤 화가가 자신만의 작풍이 아닌 다른 것으로 스스로를 그리려고 하겠는가? 모딜리아니는 약간 옆으로 기운 머리와 길고 마른 몸을 한, 영락없는 연약한 모딜리아니를 만들었으며, 수틴은 주정뱅이 얼굴에 너덜너덜한 옷을 입은 전형적인 수틴을 만들었다. 피카소는 이미 1906년에 파리 트로카데로에서 아프리카 조각을 보았으며 바로 「아비뇽의 처녀들」로 옮아가게 된다.

하지만 입체주의 화가 피카소나 추상표현주의 화가 잭슨 폴록의 자화상은 없다. 그리고 후손에게 자신을 알아볼 수 있는 자화상을 남겨주고자 하는 추상화가들에게 문제는 결코 간단치가 않다. 물론 그들에게 카메라와 작품을 함께 두고 찍은 사진은 얼마든지 있다. 브란쿠시의 거칠면서도 잘생긴 모습은 마치 또 다른 그의 자아를 상징하듯 「끝없이 솟은 기둥」과 함께 사진에 담겨 있다. 하지만 많은 추상화가들에게는 사진이나 추상화로는 불가능한 자화상에 대한 욕망이 있었다. 윌렘 드 쿠닝, 마크 로스코, 애드 라인하르트, 엘스워스 켈리 등은 (40점 이상의 자화상으로) 구상 예술에 의지 또는 (어떻게 보느냐에 따라) 퇴행하여 자화상을 제작했다. 재현의 문제로서 이미지와 소재 간의 관계는 어느 정도 연결되어 있기 때문에 이미 구상 미술을 어느 정도 응용하고 있던 화가들—예를 들어 야수주의나 일부 미래주의—역시 자화상을 그릴 때는 훨씬 덜 진보적인 모습을 보였다. 화가들은 '자신의' 얼굴을 근대의 예술 정신을 위해 쉽사리 희생하려고 하지는 않았던 것 같다.

핏 몬드리안1872~1944이 그린 자화상은 그가 그렸다는 것이 믿기지 않을 정도다. 그의 모습은 페이염Fayum 초상화—로마 시대부터 이집트 관에 그려진 타원형 얼굴에 눈물을 머금은 눈을 한 아름다운 초상화—중 하나 같다. 몬드리안이 낭만적이고 고대를 연상케 하는 뭔가를 그릴 수 있었다는 것은 새로운 발견이다. 그 그림은 매우 사실적이어서 갑작스러운 방백, 은밀한 독백처럼 느껴진다. 이 화가에 대해 잘못 알았었나 의심하게 만들 정도다.

사실상, 이 그림은 몬드리안이 고집스러운 추상화가가 되기 전, 단순한 묘사가 순수에 다다를 수 있다고 믿기 전에 그린 것이다. 하지만 그는 기실 깜짝 놀랄 만큼 자연주의적인 자화상들을 더 제작했다.

최후의 구상화를 마치고 5년이 지난 뒤, 몬드리안은 구상이란 단어 말고는 달리 설명하기 어려운 자화상 한 점을 또 그린다. 자신이 그린 추상화를 뒤로하고 단정하게 차려입고 선 모습을 그린 것이다. 그는 깔끔한 셔츠

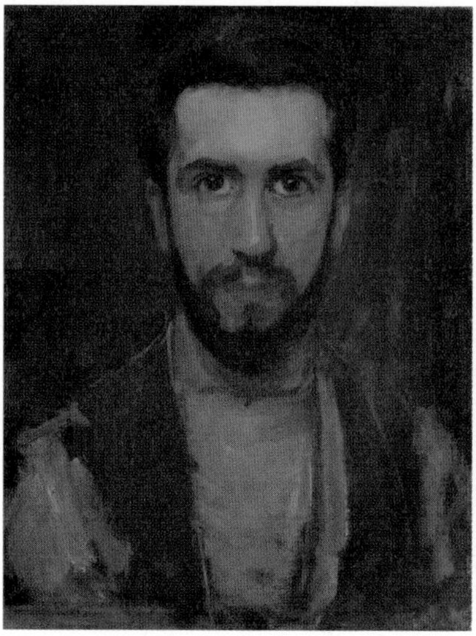

핏 몬드리안, 「자화상」, 캔버스에 유채, 50.4×39.7cm, 1900, 워싱턴 필립스 컬렉션

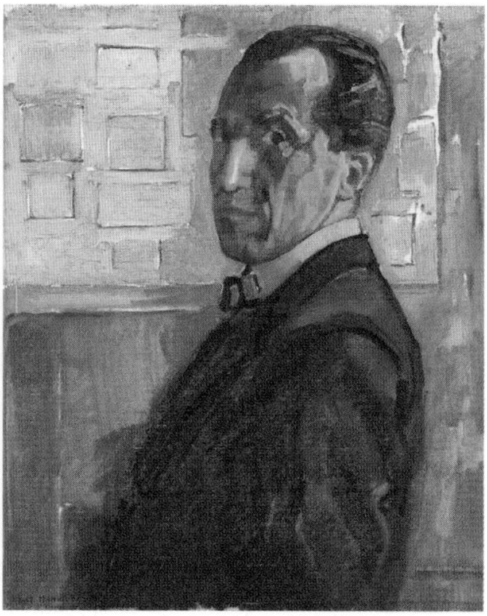

핏 몬드리안, 「자화상」, 캔버스에 유채, 88×71cm, 1918, 헤이그 시립미술관

깃에 보타이를 매고 그림 밖을 (그리고 자신의 머리 주변에 직사각형으로 보이는 그림 속 그림으로부터 밖을) 응시하고 있다. 마네에서 T.S. 엘리엇까지 근대의 예술가들은 늘 예술가처럼 입지 않았던 것으로 유명하지만, 이 경우 솜씨 있게 재단한 옷을 차려입은 화가와 그가 그린 까다로운 그림 간에 어느 정도의 상관성이 있어 보인다. 하지만 그림은 어딘지 뭔가 감춘 듯하면서도 조급해 보인다. 그것은 단지 그림의 분위기가 다소 어둑하고, 색채가 검고, 화가가 약간 짜증나 보여서만은 아니다. 이 그림에는 약간 격앙된 긴장이 있는데, 몬드리안이 한 자화상을 권총으로 쏘고 그것에 구멍을 잔뜩 낸 적이 있다는 것을 알면 이유를 짐작하는 데 도움이 될 것이다.

그가 완벽주의자여서 그랬을까? 분명히 그럴 수 있다. 하지만 몬드리안이 특히 초록색을 혐오했다는 유명한 이야기가 이 자화상의 기이함을 이해하는 데 더 많은 단서가 될 것이다. 이 금욕적인 네덜란드 독신남은 자신의 아파트 현관에 그의 말에 따르면 여인의 존재(와 동시에 부재)를 상징하는 튤립 한 송이를 그려서 걸어두었다. 하지만 몬드리안은 그것을 흰색으로 칠해 자연을 무효화했다.

이 자화상은 조작된 것이기도 했다. 몬드리안은 이 자화상에 자신의 추상화에 사용했던 Mondrian이라는 이름으로 서명하지 않고 그 전에 사용했던 Mondriaan으로 서명해서 이전의 자신이 그린 것처럼 오해를 유도했다. 자신의 상이한 두 가지 예술 시기에 대한 타협을 시도한 것이라고도 할 수 있다.

몬드리안은 자연의 모습을 거부하고 흰 바탕에 검은색과 삼원색으로 만든 직선만을 이용해 작업했다. 이 자화상에도 역시 같은 색채가 쓰였으며 달라진 것은 어두워진 색조뿐이다. 그림 속 그림에서 다시 발견되는 직사각형은 그의 교차 직선 구도를 암시한다. 그리고 명암이 반복되는 얼굴 표현을 보면 얼굴의 어두운 부분을 묘사하는 데 쓰인 붓이 그 뒤에 있는 또 다른 그림의 어두운 선을 그리는 데 쓴 붓과 같은 것이라는 생각을 갖게 한다. 몬드리안은 그 자신과 자신이 그린 그림 사이에 감정적인 것이 아니라면 시각적인 연결이라도 있어야 한다고 생각했다. 하지만 그런 생각이 가지고 있는 미묘함은 너무도 분명히 드러난 안간힘과 거의 우스꽝스럽기까지 한 엄중한 얼굴 표정 때문에 어느 정도 감소되었다.

---

셰퍼즈부시에 있는 명작 위조 공장에서 스탬프는 경쾌하면서도 우아하게 작업용 스툴에 앉아 있었다. 그 모습이 마치 안장 위에 곧추 앉아 있는 것 같았다. 찌푸린 눈은 거울 속 자신의 이미지에 고정돼 있었다. 그는 캐나다의 사냥꾼이 쓰는 털모자를 눌러 쓰고, 흰 붕대를 오른쪽 귀에서 턱까지 두르고 있었다. 그는 반 고흐 흉내를 내는 것이

었다. 그는 한창 반 고흐의 '자화상'을 제작하고 있던 차였다.

스탬프는 작가이며 화가이자 영국 모더니즘의 선구자 윈덤 루이스 1882~1957의 『사랑을 위한 복수The Revenge for Love』에 나오는 위조자다. 스탬프는 「귀에 붕대를 한 자화상」을 복제하고 있거나, 어쩌면 아직 발견되지 않은 자화상이라며 완전히 새로운 작품을 제작하고 있는지도 모른다. 충격적인 생각이 아닐 수 없다. 가장 상처가 깊은 때의 빈센트를 위조하다니. 게다가 돈을 위해서. 이것은 예술의 순교에 대한 루이스의 신성모독임에 틀림없다.

루이스의 뼈 있는 농담은 화가 그 자신보다는 그에 대한 숭배—신실함으로 성취한 성스러움에 대한—를 비웃기 때문에 재미있다. 반 고흐의 독특한 필선, 그가 이 땅에 남긴 족적을 위조한다는 것은 마치 종교적인 감성을 공격하는 것과 다를 바 없다. 그리고 그의 필선과 족적은 쉽사리 위조될 수도 없는 것이다. 사람들은 수십 년간 그것을 위조하려고 노력했고 또 실패했다. 물론 미술시장은 믿기 어려울 만큼 쉽게 속아 넘어갔지만 말이다. 퉁방울눈을 한 페르메이르 위작과 아크릴릭 물감으로 그린 렘브란트 위작은 당시 비싼 값에 팔려나갔다. 하지만 그럼에도 불구하고 반 고흐의 위작은 꽤 드문 편이다. 스탬프는 사냥꾼의 모자를 쓰고 귀를 자른 네덜란드 사람으로 분할 수는 있었겠지만 빈센트 반 고흐로는 절대 분할 수 없었다. 그의 자화상도 물론 마찬가지다.

반 고흐의 작풍이 그것이 진품이라는 증거 외에 자화상에 또 무엇을 부여할까? 그에 대해서는 한 가지 답으로도 충분할 것이다. 그의 작풍은 단순히 그림의 내용을 옮기거나 묘사하거나 특징짓는 것이 아니라 그것이 바로 그림의 내용에 맞먹는다는 것이다. 미술관의 관람객 중에는 뭐라 형언할 수 없는 감정이 북받쳐 눈물을 머금을 정도였다고 말하는 사람들이 있는데 그것은 밀짚모자를 쓴 화가를 보고 있기 때문이 아니다. 후기 자화상의 내용은 개인사와 전혀 관계없다고는 할 수 없지만(가장 비근한 예로는 자전적이라고 해석될 수 있는 「귀에 붕대를 한 자화상」이 있다) 손과 붓의 움직임이야말로 영락없는 반 고흐, 그만의 것이다.

근대 또는 현대 화가들 중에서 이런 위업을 이룬 사람은 그리 많지 않다. 어쨌든 그들에게 얼굴은 관심사가 아니었다. 일반적으로 표현주의자들은 자기표현에 심각하게 경도되어, 화포를 휘젓고 긁어내거나 베는 경우도 있었고, 붓질은 찌르거나 자국을 선명히 남기는 기법을 쓰곤 했다. 그리고 워홀이 실크스크린으로 제작한 평평하고 밋밋한 자화상의 화면은 보통 인격성을 완전히 상실한 예로 오해되기도 한다. 하지만 양식은 그 자체만으로 한 사람의 화가를 그 자신이도록 하는 중요한 방법이다. 그것은 그의 가면인 것이다. 오스트레일리아 화가 시드니 놀런은 이 생각을 응용해 자기 특유의 색채로 부족 가면에 전사의 장식을 그린 자화상을 제작했다. 놀런은 오스트레일리아인들이 사랑하는 무법자 네드 켈리를 그릴 때 늘 모자를 빼놓지 않았는데, 이 모자를 닮은 뼈로 만든 헬멧 안쪽으로 그의 눈이 번득인다. 놀런의 붓은 마치 화살 같고, 팔레트는 전사의 방패 같다. 예술을 위해 싸우는 화가의 의지가 가면 뒤에 숨겨져 있다.

미국 화가 척 클로스는 자화상을 어찌나 많이 그렸는지 수년에 걸쳐 자신의 얼굴을 클로즈업해 제작한 이 거대한 이미지들로만 전시회를 열 수 있을 정도였다. 클로스는 사진을 이용해 자신의 용모를 영웅적인 인내심을 발휘하여 수백만 개의 작은 화소들로 재창조했다. 이밖에도 그는 에어브러시나 엄지손가락 지문—말 그대로 물감을 묻힌 엄지손가락으로 찍어서—을 이용해 원래 이미지가 가진 연속적인 색조의 변화를 재현했다. 이를 두고 고故 커크 바네도는 치과의사의 드릴로 러시모어 산을 깎는 것과 같다고 한 적이 있었다. 이 러시모어 산의 비유는 꽤 적절한데, 그 이유는 당신 앞에 선 자화상이 말 그대로 굉장히 거대하기 때문이다.

클로스는 다른 사람의 초상화에서도 정확히 같은 기법을 적용한다. 그

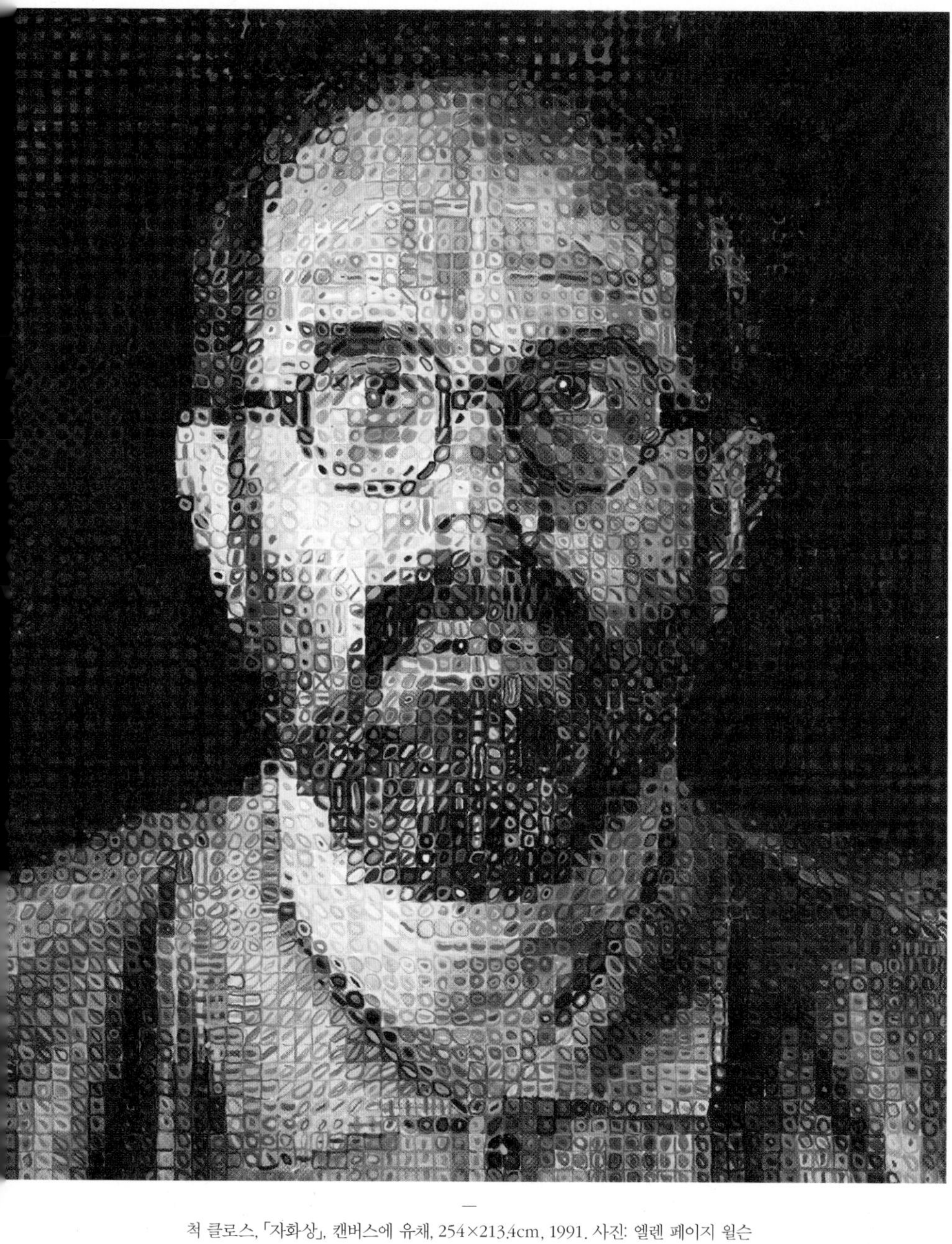

척 클로스, 「자화상」, 캔버스에 유채, 254×213.4cm, 1991. 사진: 엘렌 페이지 윌슨

는 수십 년간 반복해서 작업했던 지인들과 자신의 초상화를 그리는 데 구별을 두지 않았다. 그 가운데 필립 글래스, 리처드 세라, 그리고 무엇보다 화가 자신 등이 유명한 얼굴들이다. 하지만 그의 예술이 단순히 인물을 초상하는 데 머무는 것은 아니다. 얼굴이 하도 커서 바위만 한 크기의 홍채와 마주 보려면 사다리에 올라가 빌보드 포스터를 붙이는 사람이 된 것 같은 생각마저 들 정도지만, 그래도 여전히 얼굴로 보이도록 하는 모든 종류의 패턴 양식을 발전시키는 데 의미가 있는 것이다. 물론 각각의 얼굴은 그것만의 특별한 인상을 남긴다. 스물여덟 살이었던 1968년에 제작한 자화상은 흑백으로 매우 강렬한 인상을 준다. 머리를 뒤로 넘기고 고집스러운 턱 선을 한 그는 무거워 보이는 안경 뒤로 강렬한 눈빛을 드러낸다. 셔츠도 없이, 덥수룩한 머리에 입에는 담배 한 개비가 끈질기게 붙어 있다. 이 이미지는 대항문화의 한 표현으로서 병역 기피 문제나 우드스톡 록 축제와 함께하곤 했다. 하지만 그 이미지는 와이드 스크린으로 보이는 사진같이 사실적이어서 살결, 땀구멍, 털, 주름까지 모두 볼 수밖에 없는 불편한 것이기도 하다. 클로스는 이러한 자화상들 속 남자를 '그[Him]'라고 지칭하는데, 바로 그것이 관자들에게 충격을 주는 부분이다. 그 이미지가 매우 친밀해 보이더라도, 사실 클로스 그만의 개인적인 것과는 거리가 멀다. 클로스의 얼굴 위를 기어가는 개미처럼 그의 이미지 앞에서 거인국에 들어선 느낌을 가질 수도 있겠지만 그의 자화상에서는 자신의 성격이나 인격적인 면을 드러내고자 하는 어떤 의도도 찾아볼 수 없다.

자신을 자신만의 양식과 완전히 혼재하기 위해서는 결국 자신을 잃어버리는 수밖에 없을 수도 있다. 그런 면에서 반 고흐는 완전히 예외적인 경우다. 자신의 예술과 완전히 하나가 되기를 소망했던 화가들은 그 작품으로 자신이 사라져버리는 경우가 많았던 것이다. 아르 데코풍 부가티 자동차를 탄 타마라 드 렘피카와 같이. 그녀는 반짝이게 광을 낸 몸과, 립스틱과 화려한 아이섀도를 한 부가티 이상이라고 보기 어렵다. 또한 에스파냐 화가

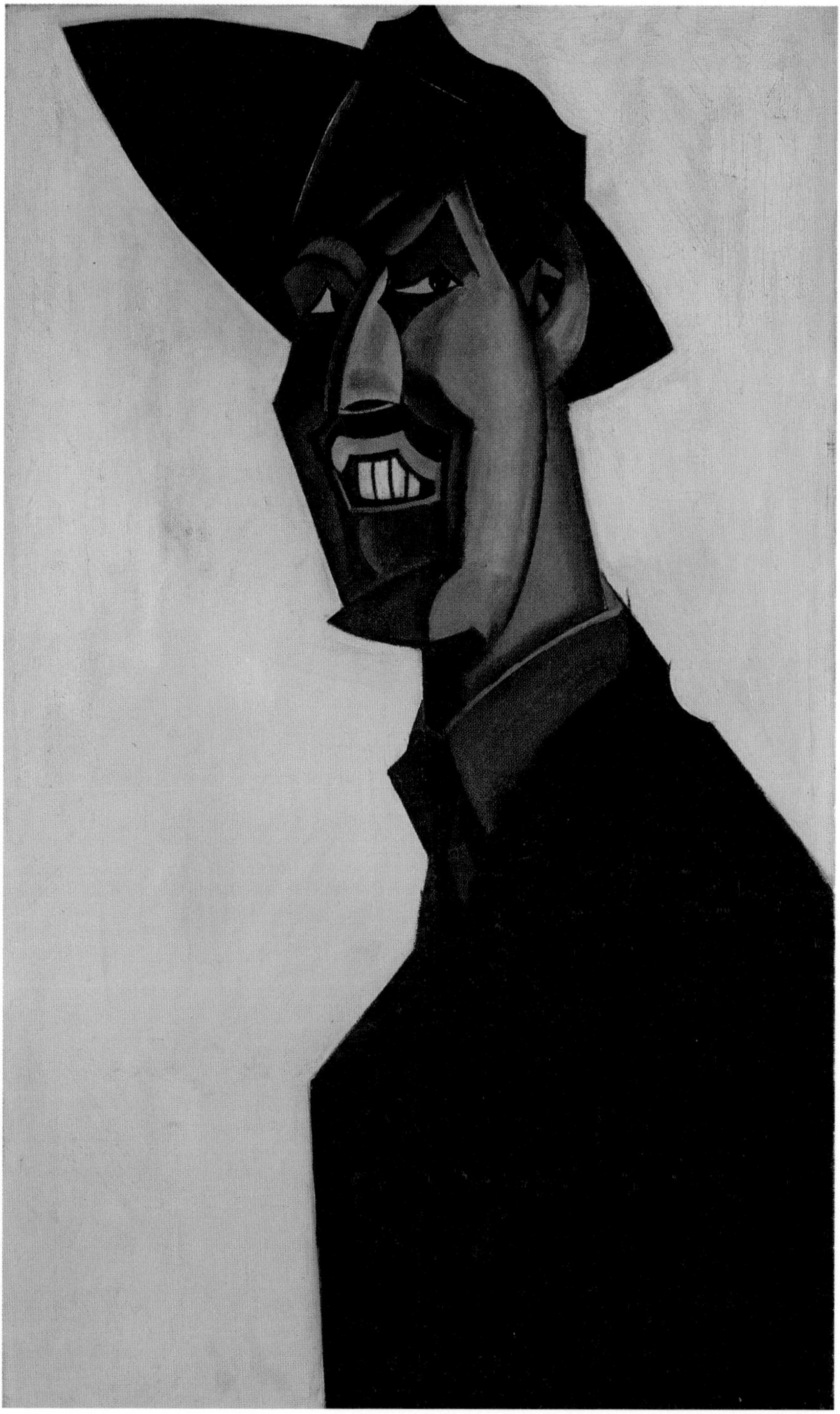

윈덤 루이스, 「타이로로서의 윈덤 루이스 씨」,
캔버스에 유채, 75.9×45.4cm, 1920~21년경, 헐 시립미술관 페렌스 갤러리

안토니 타피에스도 유화 물감으로 뒤덮인 판 위에 손가락으로 자신의 상징인 A와 T만을 그린 자화상을 그렸는데, 거기에도 그는 없다.

기실 윈덤 루이스는 그의 양식이 완벽하게 그를 재현하기에 적합하고, 초상화에 그 외의 다른 모델이 그려진 경우는 거의 없던 몇 안 되는 20세기 모더니스트 가운데 하나다. 「타이로로서의 윈덤 루이스 씨」에서 화가는 들쭉날쭉한 칼날과 불꽃 튀는 도끼, 그리고 낚싯바늘과 스탠리 칼 등의 멋진 조합으로 재현되었다. 겨자 색 배경을 뒤로한 이런 금속성은 강건함을 드러내고, 웃음 속에 드러난 이는 쇠창살을 연상케 한다. 그것은 평범한 영국 청년들을 제1차 세계대전에 참전토록 했던 선전 문구 "길이 끝날 때까지 쭉 오른쪽으로 가라"에 대한 패러디로 보이기도 한다. 루이스의 '소용돌이주의Vorticist' 운동은 유럽 아방가르드 중에서 유일하게 영국에서 자생한 운동이라고 할 수 있는데 그것은 기실 제1차 세계대전의 공포에서 기인한 것이었다. 그의 초기작은 근대 유럽 회화의 역동적이고 아코디언처럼 접힌, 생략이 많은 이미지들과 비교될 수 있다. 풍자적인 자화상—타이로는 1920년 무렵 루이스가 창안한 인물이다. 그는 "새로운 형태의 인간 동물이고 몹시 미개하다. 그의 생명력은 너무도 강력하지만 목적의식은 없으며 그래서 가끔 매우 유해하다"라고 설명된다—에서 루이스는 폭력적인 반영웅으로 자신을 그렸다. 그로써 자신을 비웃고, 영국을 비웃을 수 있었던 그는 공격적이며 영악하게 야유를 던지는 새로운 종류의 최첨단 예술가인 자신을 국가가 얼마나 감당할 수 있는지 보고 있다. 물론 대답은 별로 그렇지 않다는 것이었지만 말이다. 루이스는 제대 후 영국도서관으로 숨어들어 유럽 사회에 대한 신랄한 비판을 서슴지 않았다. 그리고 10년 이상 어떤 전시회도 갖지 않았다. 하지만 그의 모든 에너지와 야망은 신랄한 그리고 통렬한 그의 양식 속에 모두 녹아 있다. 그는 재현되었을 뿐 아니라 인격화되기도 한 것이다.

모든 화가들은 자신을 그린다. 미켈란젤로의 유명한 금언에서 이르듯이

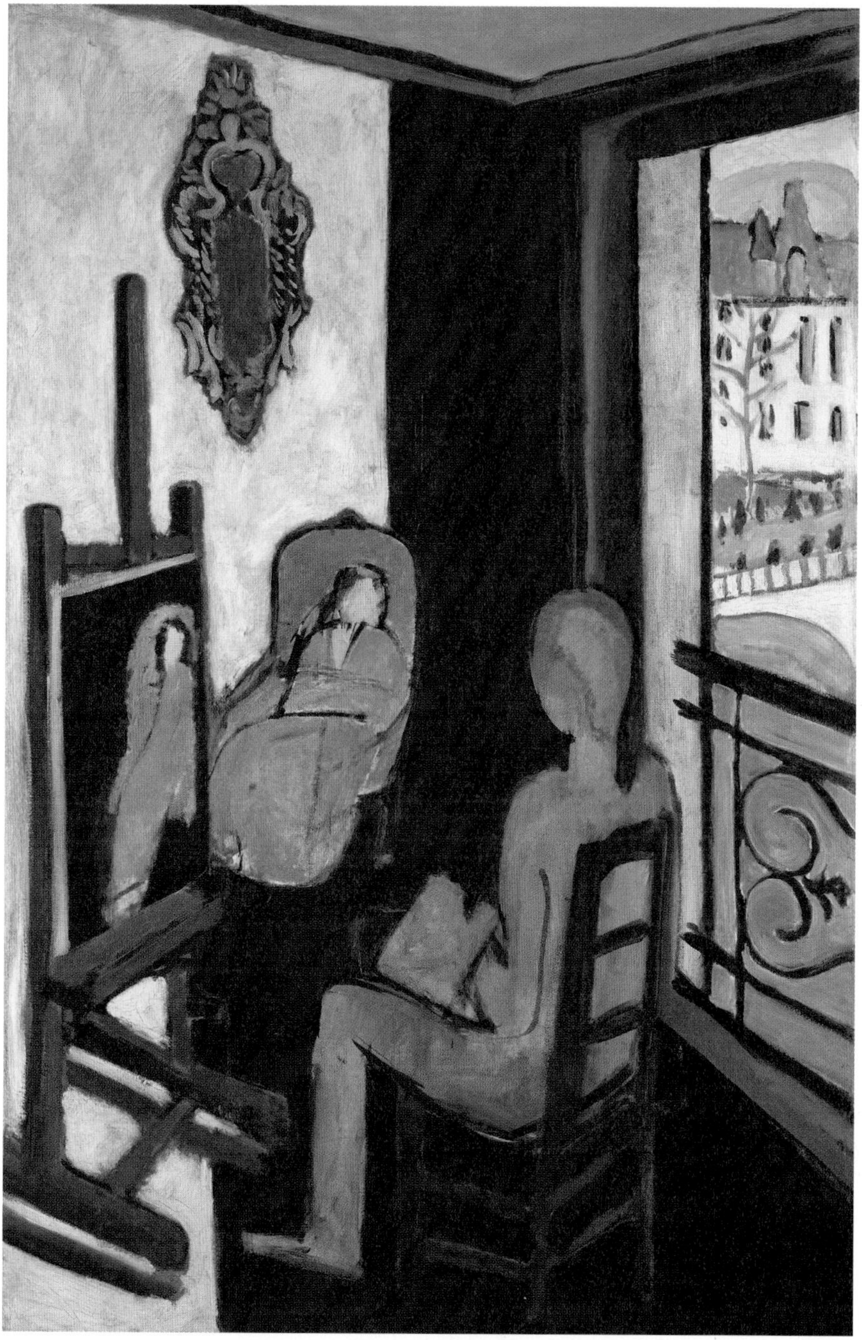

앙리 마티스, 「화가와 그의 모델」, 캔버스에 유채, 146.5×97cm, 1917, 파리 퐁피두 센터

모든 그림은 어떤 의미에서 결국 자화상일 수 있다. 그림에는 그것을 만든 이의 인격과 영혼이 스며 있기 때문이다. 좋게 해석하자면 그렇지만, 다르게 해석하자면 그것은 화가가 작품에 진정 몰두했다든가, 그의 양식이 페르소나와 동일하다는 것 이상이 되기 어렵다. 그것은 선구적인 예술이 모든 종류의 자화상과 통한다는 생각과 같은 것이다. 물론 실제로 그러기란 어렵지만 말이다. 하지만 앙리 마티스1869~1954의 「화가와 그의 모델」에서는 선구적인 예술과 자화상의 관계를 매우 간명하게 볼 수 있다. 화가는 여기서 뒷모습을 보이고, 모델이 그려져 있는 화포 앞에 앉아 있다. 그녀는 화포 위에, 그리고 방 안에 얼굴 없이 존재한다. 마치 마티스의 얼굴을 우리가 볼 수 없는 것과 마찬가지로. 하지만 화면의 논리에 따르면 그것은 분명 마티스의 얼굴임에 틀림없다. 마티스가 그린 그림이 여기 있고, 그의 특징은 그림 면면에 드러나 있다. 또한 그림 안에 다른 그림, 즉 동일한 작풍으로 동일한 모델을 재현한 것도 있다. 따라서 이젤 앞의 남자는 바로 동일한 자아의 화가여야 하는 것이다.

유리창, 실내 장식, 그림 속 그림들, 대화의 단절, 백일몽에 빠진 모델, 거울, 소용돌이 장식, 그리고 청아한 느낌의 검은색까지 모든 것이 마티스의 것이다. 그의 손길, 시각, 세계관, 존재 등 그림의 모든 것이 마티스에 대해 말하고 있다. 바로 여기, 자화상은 반드시 닮음을 전제로 해야 한다는 생각에 반기를 드는 자화상이 있다. 그 자화상은 화가를 확인할 수 있게 화가 자신을 구구절절이 묘사하지 않았다.

*15.*

# 무너뜨리기

## 사진의 객관성과 움직이는 정체성

다른 이들과 관련짓지 않고 자아를 묘사하려고 할 때, 반드시 짚고 넘어가야 할 첫 번째 문제는 그것이 간헐적으로만 가능하다는 것이다. 그리고 대부분이 동의하듯, 사실 그것은 상대적으로 매우 드물기도 하다.

_미셸 투르니에, 『금요일』

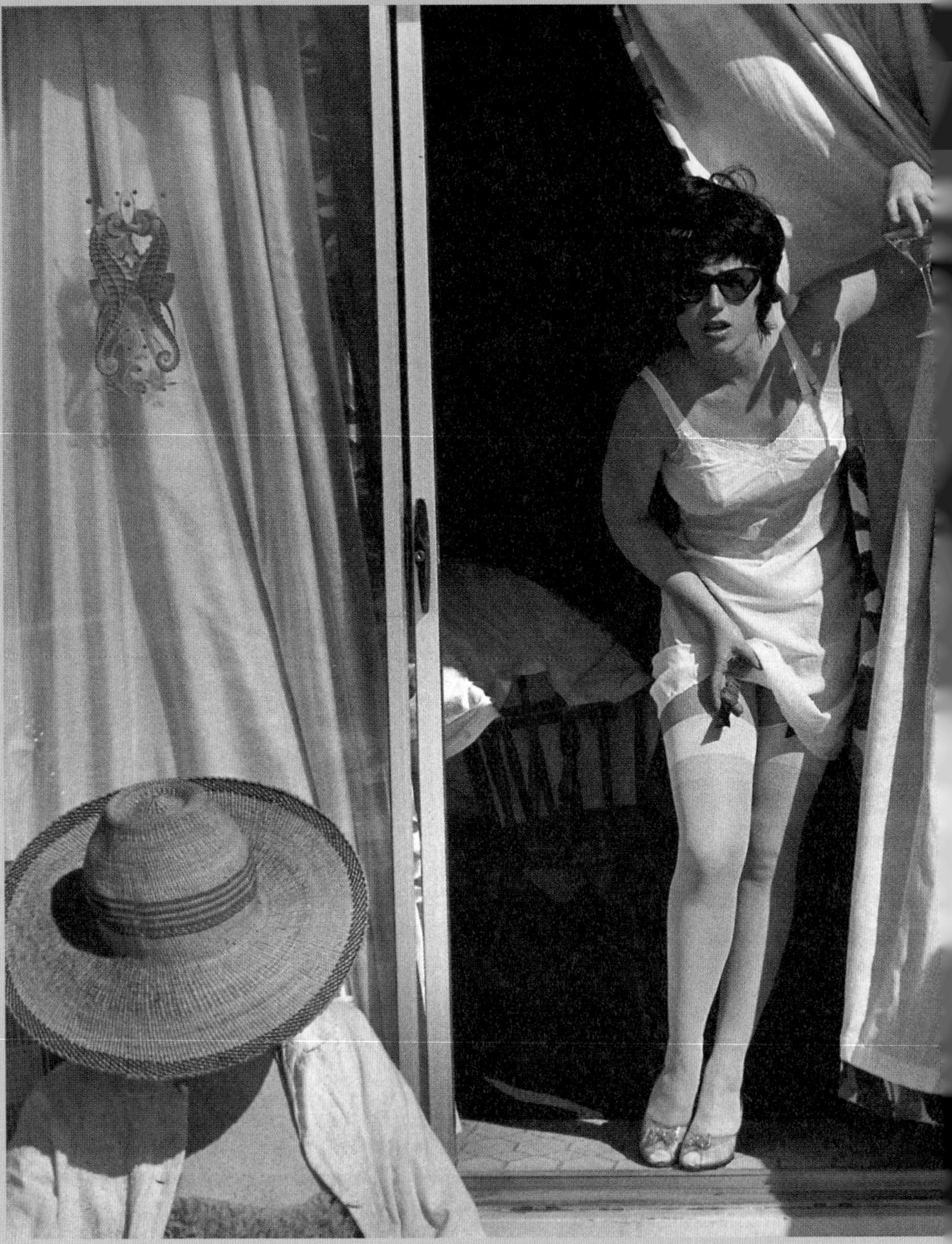

신디 셔먼, 「제목 없는 영화 스틸(#7)」, 1978

금발 여인이 슬픔이 가득한 채 홀로 앉아 눈물을 흘리는데, 눈은 마스카라가 번져 엉망이 되었다. 1950년대 스타일로 차려입은 그녀는 칵테일을 앞에 놓고 어떻게든 스스로를 추스르려 하지만 전혀 도움이 안 되는 것 같다. 게다가 그녀는 자신을 엿보는 카메라의 존재도 눈치 채지 못하고 있다.

다른 시대의 또 다른 여인은 미니스커트에 갈색 머리를 하고, 바닥에 여기저기 떨어진 음식들을 줍기 위해 무릎을 꿇고 있다. 그녀는 안 보이는 누군가를 올려다보고 있는데, 그는 물론 화가 잔뜩 나서 그녀를 뒤돌아보고 있을 것이다. 그런 가운데 몇 마디가 오갔을 것이다. 남자의 재킷은 그녀의 어깨에 둘러져 있다.

이런 인물과 시나리오는 너무도 익숙해서 어디선가 이런 내용을 영화로 본 적이 있다고 생각할 수 있다. 또한 이 흑백사진들은 사실 「제목 없는 영화 스틸」이라는 연작 가운데 일부분이다. 쇼는 끝없이 계속되기에, 이 밖에도 수많은 이미지들이 있다. 작품의 시나리오 속 여배우들은 B급 영화의 신참내기들로 절대 오지 않을 데이트 상대를 기다리며 창가에 서 있거나, 뒤로 카메라가 그들을 훑어내는 동안 무언가를 동경하듯 거울을 들여다보고 있다. 칠흑 같은 머리를 한 요부나 1960년대 여대생, 또는 속옷 차림의 아름다운 금발 여인 등, 사진을 볼 때마다 그들이 누구인지 바로 알아 볼 수 있다. 그리고 사진을 보면서 그들이 히치콕, 호크스, 펠리니, 고다르의 영화 또는 이탈리아 사실주의나 프랑스의 뉴웨이브 영화 가운데 어디에 나왔는지를 알아내려고 한다. 그 이미지들의 분위기, 조명, 캐스팅 등이 너무도 사실적이어서 사람들은 실제로 자신이 본 영화의 한 장면이라고 생각하곤 한다. 하지만 영화는 존재하지 않고, 그 스틸 사진들은 모두 허구다. 스틸 사진 속 모든 역할은 (그리고 그 역할을 연기하는 모든 스타는) 젊든 늙든, 화려하든 지질하든, 미끈하든 억세든 모두 한 명이 도맡아 한 것이다. 바로 미국 작가 신디 셔먼1954~이다.

「제목 없는 영화 스틸」이 1970년대에 갤러리에서 전시되기 시작했을 때 그 정체는 불분명했다. 사진 속 배우는 무명이고 영화는 확인되지 않았기 때문이다. 아무리 사진을 본 사람들이 어디선가 보았다고 주장했어도 말이다. 그리고 모든 사진들의 작가가 같은 사람, C. 셔먼인 것도 이상했다. 그 사진들을 모두 셔먼이 찍은 것은 물론 사진 속 인물들이 모두 셔먼이라는 것 또한 믿기 어려웠다. 물론 수십 년이 지나면서 이제는 누구에게나 상식이 되어버렸지만 그것은 여전히 믿기 어려운 일이다. 어떻게 무뚝뚝한 사춘기 소녀와, 맨해튼의 부유한 미망인, 그리고 풍만한 가슴을 드러낸 커버걸, 풋내 나는 처녀에 시체까지, 이 모두가 신디 셔먼일 수 있는지 도무지 납득하기 어려웠던 것이다. 현재까지 수백 점이나 되는 그녀의 작품들을 보면 볼수록 변화를 일궈내는 그 환영에 놀랄 수밖에 없다. 셔먼이 한 명 이상이거나 그녀가 하나 이상의 페르소나를 갖고 있지 않고서는 불가능한 일이다.

이런 착각은 단순히 치장을 달리한 것에서 비롯될 수 없는, 상당히 복잡한 작업의 결과라고 할 수 있다. 앤디 워홀은 셔먼이 배우가 될 수 있을 정도며, 그녀가 분한 인물이 영화화된다면 얼마든지 실제로 배우로 활약할 수 있으리라고 언급한 적이 있다. 하지만 그녀는 단순히 「친절한 마음과 화관」1949년 작 영국 영화로, 앨릭 기니스의 1인 8역으로 유명하다에서 혈기 왕성한 청년에서 중년의 미망인까지 일인 다역을 아우르는 여성판 앨릭 기니스가 아니다. 그녀의 재능은 삶 전체를 새롭게 창조하여 이 허구적인 사람들을 그럴듯하게 재현한 것—스틸 사진뿐 아니라 스냅 사진, 작업실에서 찍은 초상 사진, 공적인 사진 등 모두—에 있다. 그래서 그 사진들이 완전히 사실적인 것이라고, 어딘가에 정말로 존재하는 사람들을 찍은 사진이라고 믿게 하는 것이다.

하지만 그들이 모두 신디 셔먼이기 때문에 그것은 사실일 수 없다. 셔먼의 예술은 바로 이 뻔뻔스러운 모순 위에 서 있다. 한편으로 관객은 그녀가 그 모든 역할을 하고 있다는 것—이 인물들이 실재하지도 않고 감독의 지시를 따르는 여배우도 아니며 한 명의 작가가 여러 명의 인물을 만들어냈다는 것—을 알고 있어야 한다. 자칫하면 이들이 예술이 아니라 실제라고 잘못 생각할 수 있고, 그렇게 되면 작가의 기발함을 놓치게 되기 때문이다. 하지만 인물을 작가 자신이라고 끊임없이 확인한다면, 작품이 주는 착각의 묘미는 분명히 덜할 것이다. 관자가 그녀를 쉽게 알아볼 수 없어야 하지만 정체를 몰라서도 안 된다. 이 이미지들 어느 하나도 신디 셔먼을 재현한 것이라고 생각해서는 안 되지만, 그러면서도 그녀는 사진 각각의 주제이기 때문에 가장 기본적인 의미에서 실은 신디 셔먼을 재현한 것이다.

셔먼'에 대한' 것이면서 셔먼'에 의한' 이미지들. 그녀는 자신을 다룬 작가다. 하지만 자화상에 대한 일반적인 정의가 이 경우에는 통하지 않는다. 셔먼은 단순한 모델이 아니기 때문이다. 그녀는 매재媒材이기도 한 것이다. 작품의 비밀을 안 이상, 관자가 이 모든 이미지 속 얼굴 가운데 작가의 얼굴을 찾지 않기는 어렵다. 그리고 그런 행동은 그녀의 작품이 가진 강점을 완전히 무시하는 것이다. 이들 이미지를 (존재하지도 않는 사람들이긴 하지만) 초상화로 보지 않고, 한 사람이 최소한의 표정 변화와 옷, 화장의 변화를 통해 얼마나 정확히 다른 사람이 '될' 수 있는지, 다른 사람처럼 보이고 행동할 수 있는지를 보여주는 자기 변신의 사진들이라고 생각할 수도 있다.

누구라도 그런 경험이 있을 것이다. 사람들은 사회적·직업적 이유, 또는 자기 방어를 위해서, 더 강해 보이거나 더 매력적으로 보이기 위해, 또는 자기처럼 보이지 않기 위해, 다른 이들과 섞이거나 튀어 보이기 위해 옷을 바꿔 입는다. 옷이 사람을 만든다는 믿음은 법정과 같은 곳에서도 여실히 볼 수 있다. 남자는 늘 양복을 입고, 여자는 메리 포핀스만큼이나 숙녀연 한 옷을 차려입는 것이다. 마돈나가 새로운 모습을 하고 나설 때마다 사람들이 그녀가 또 다른 자아를 하나 더 만들었다고 말하는 것도 마찬가지다. 하지만 시장에 나와 있는 기성복처럼 또 다른 자아를 얻을 수 있는 것일까? 그것이 바로 「제목 없는 영화 스틸」에서 한 명의 여인이 다른 여러 인물들로 바뀌어 나타나게 함으로써 셔먼이 함축하고자 했던 바다.

하지만 「스틸」은 직업 배우, 즉 다른 사람인 척하며 돈을 받는 이들을 작품의 소재로 삼았다. 그 작품은 인물이 말 그대로 연기하고 있는 모든 종류의 영화적 클리셰, 시나리오, 역할과 연기 스타일을 우리가 알아차릴 수 있다는 전제에서 성립한다. 그리고 셔먼은 일정한 역할을 하고 있는 또 다른 사람들, 즉 패션모델, 광고 사진 찍는 연예인, 렘브란트의 '역사 초상화'의 인물 등을 연기하는 것으로 나아갔다. 이 이미지들은 정체성이란 오직 만들어진 것에 불과하다는 20세기의 도그마에 기반한 것들이다. 하지만 셔먼의 최근작에서는 외양의 절대적 가치가 더욱 강하게 의심된다. 아마도 셔먼은 진정한 정체성이란 묘사 자체가 불가능한 것일지도 모른다고 생각하는 듯하다. 자아는 변하기 쉬운 가면에 불과한 것이 아니라 우리가 그 안에 살아야만 하는 세계일지도 모른다고 말이다.

전통적인 자화상은, 당연하다고 말할는지 모르지만, 자아에 대한 가장 제한된 묘사만을 제공하는 공허한 작업일지도 모른다. 그리고 초상화를 포함해 위대한 자화상은 그런 문제를 인식하고 그것을 극복하기 위해 노력한

—
신디 셔먼, 「무제(#400)」,
컬러사진, 116.2×88.9×2.5cm,
2000

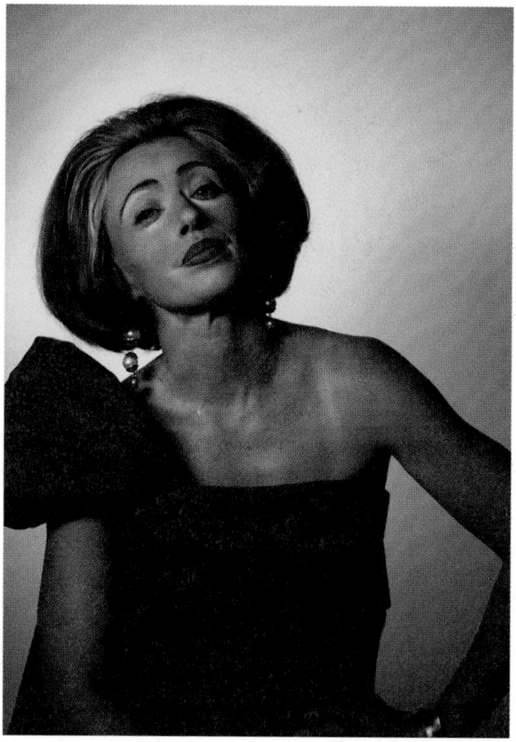

것들이라는 것 또한 사실이다. 하지만 여전히 우리는 겉모습에 경도된다. 바깥 세상에 나아가 우리는 자기답게 보여야 하며, 그것이 어떤 형태이든 그 자기다움에 대해 궁리한다. 억지로든 어설프든 간에 일상적인 자화상을 만들기 위해 우리는 여러 개 존재하는 자아를 한데 끌어 모아야 한다. 그리고 내적, 외적 존재 간의 이 거리가 바로 셔먼이 최근작에서 고민했던 바다. 스스로를 연기하는 여성들—자신이 매달리는, 되고 싶거나, 스스로 그렇다고 상상하는 자아들—은 실은 산산이 조각나고 있다.

이 여인들은 이제 더 이상 젊지 않다. 그들은 성형 수술을 고려하고 있을지도 모른다. 언제나처럼 이름이 없지만, 아주 익숙한 종류의 미국인들이다. 자신이 힐러리 클린턴을 약간 닮았다고 생각하는 여성은 그 유명한 애니 리보비츠의 『보그』 사진을 스타일리스트에게 갖고 가지만 그는 그 임무를 그리 썩 잘해내지는 못한다. 팔과 잔등을 모두 내보이는 상의를 걸친 어머니는 머리를 생머리로 풀고, 10대 딸과 함께 한 타투를 자랑스레 드러낸다. 한편 성조기 무늬의 블라우스를 입고 있는 친공화당 부인네는 자신이 여전히 남편의 치어리더 연인이기라도 한 듯 활짝 웃고 있다.

이들 중 몇몇은 과거에 모델이었으리라 짐작할 수 있지만 이제 사진 속 그녀들은 개를 끼고 있거나, 자선 행사를 꾸린다. 과거와 미래의 서사는 각각의 이미지로 연결된다. 그들의 남편은 이미 떠났거나 떠나려고 한다. 아마도 주름제거시술을 한두 번 받았을 것이고, 튼살이 여기저기 나타나기 시작했을 것이다. 얼굴에 바른 파운데이션은 전등 아래 녹아내리고, 립스틱은 우스꽝스럽게 가장자리만 남고, 컨실러가 눈 주위에 광대 같은 흰색 초승달 무늬를 만든 게 번쩍이는 빛에 눈에 띈다. 이 여인들은 어떻게든 외모를 갖추려고 하고 과감하게 그것과 정면 승부한다. 그들은 영웅적이며 희망에 가득 차 있다. 그것이 바로 그들이 동네 사진사 작업실의 진부한 배경을 뒤로하고 앉아 있을 때 그들이 걸친 옷과 매무새가 전달하고자 하는 바다.

---

신디 셔먼은 화가로 시작했으나 카메라의 매력을 접한 뒤 바로 화가의 길을 포기했다. 그녀의 이미지는 그림이 아니고 사진이어야 했다. 그림은 허구라는 독특한 지위를 이미 천명했기 때문이다. 반면 사진은 인위적이기는 해도 실재하는 대상에 대한 일대일 재현이라는 조건을 갖는다. 보는 것은 믿는 것이다. 그리고 짧은 순간이기는 해도 실재하는 인물—셔먼이 아니라—을 보고 있다는 믿음은 작가가 의도한 착각에 결정적인 요소이다.

셔먼이 자신을 모델로서만이 아니라 매재로 사용한 첫 번째 작가는 아니었다. 19세기에 활동했던 메이크업 아티스트이자 나르시시스트인 카스틸리오네 백작부인이 셔먼의 선배였다. 그녀는 30년간 파리의 작업실에서 자신의 모습을 담은 약 400장의 사진을 찍도록 했다. 그녀는 레이디 맥베스, 앤 불린, 소파에 누운 고야의 마하 등 고전 속 인물을 연기하기도 했지만 대부분은 자신의 자아를 여러 개로 인격화했다.

이 작품들은 전통에서 벗어난 것으로서, 눈만 거울에 비친 것이라든가 몸통에서 분리돼 보이는 다리만 잡은 것 등이 그 예다. 카스틸리오네는 스툴에 서서 길게 늘어뜨린 치마 아래로 그것을 감추고 엄청난 키를 뽐내며 사진을 찍기도 했고, 경찰 모자를 쓰고 마치 그것이 범죄 현장의 증거물이기라도 한 듯 자신의 나이 들어 늘어진 팔을 증거물 A라며 들고 있기도 했다. 바람둥이 아내에게서 아이들의 양육권을 찾아오려 한 카스틸리오네 백작부인의 남편은 피 묻은 칼을 든 채 무서운 표정을 짓고 있는 그녀의 모습이 찍혀 있는, '복수'라는 제목을 단 사진을 받았다. 말년에 들어서 그녀는 관에 들어가 사진을 찍기도 했는데, 그때 카메라는 시신 바로 위에서 그녀를 내려다보아 마치 죽고 나서 다른 이들이 그녀를 어떻게 보는지 알고 싶어하는 듯하다. 하지만 이 모든 연출된 이미지들도 프랑스 작가, 화가이자 레지스탕스로 활약했던 클로드 카엉1894~1954의 것만큼 기이하지는 않다. 그녀의 자화상은 20세기 말에 들어 재조명되기 시작했다.

카엉은 다른 이들이 그녀를 어떻게 보는지에 대해 전혀 신경 쓰지 않았다고 할 수 있다. 그래서 그녀는 사람들이나 카메라 앞에 완전히 삭발한 모습으로 나타났던 것이다. 그녀의 삭발한 머리와 매부리코가 바로 1928년부터 제작된 충격적인 자화상의 소재다. 이중노출로 찍은 사진 속에는 두 개의 머리가 마치 샴쌍둥이처럼 하나의 목에서 갈려 나와 있다. 한 명의 카엉은 다른 카엉을 바라보고 기다리며, 입을 반쯤 벌린 채 무척이나 마음을 쓰고 있다. 하지만 다른 카엉은 완전히 그리고 거의 병적일 정도로 바깥 세계에는 관심이 없고, 반쯤 감은 눈은 동물처럼 야생적이다. 이 삭발한 머리는 광기와 유폐에 대해 말하며, 이중의 자아 속에 갇혀 거기에서 탈출할 수 없는 모습에 대해 말한다. 이들의 표정은 '정상'과 '비정상'에 대한 기초 심리학 교과서에 나올 법한 상세한 묘사라고도 할 수 있다. 그리고 그것은 중성적인 인물 카엉이 이복동생 쉬잔 말레르브를 사랑했던 레즈비언이라는 점을 고려할 때 꽤 유의미한 해석이다. 그래서인지 점잖은 사회의 바깥에 존재하는 것이 어떤 느낌인지도 볼 수 있는 것 같다. 「나에게 무엇을 원하는지?」라는 이 모호한 제목은 고통에 시달려 자신에게 또는 세상에 던지는 질문이다.

카엉은 1894년 낭트에서 뤼시 슈오브이라는 이름으로 태어났다. 그녀는 한때 파리 초현실주의자들와 교유했으나 분명 아주 동떨어진 종류의 예술가였다. 수십 점에 이르는 자화상은 그녀의 작품에서 중심을 차지하며 시대나 예술 관습에서 멀리 떨어져 있다.

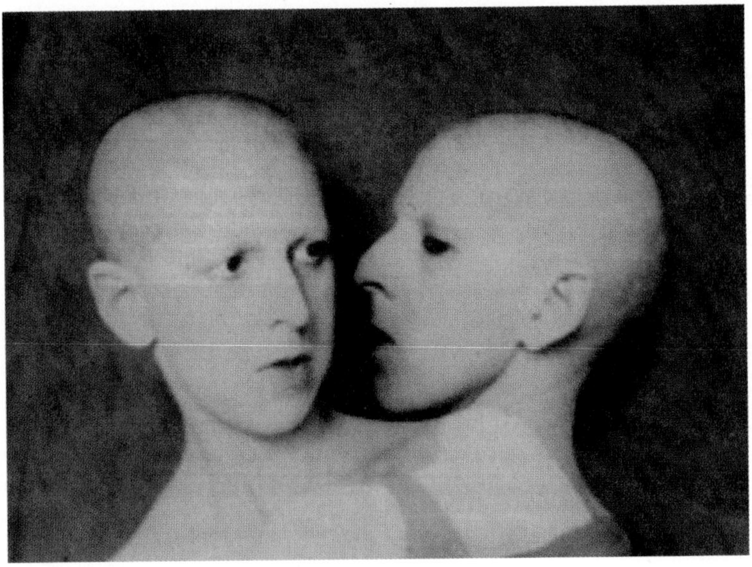

클로드 카엉, 「나에게 무엇을 원하는지?」, 흑백사진, 1928

삭발한 그녀는 마치 승려처럼 바닥에 앉아 있거나, 자신의 아버지처럼(그 아버지에 그 아들) 측면으로 자세를 잡기도 했다. 땋은 머리를 꼬아 귀까지 덮고 긴 치마를 차려입어 어색해 보이는 카엉은 고장 난 코펠리아19세기 희극발레를 대표하는 작품. 괴짜 과학자 코펠리우스가 만든 인형 코펠리아를 마을 사람들이 실제 살아 있는 사람으로 착각하면서 벌어지는 이야기다. 같다. 한편, 머리를 기르고 미끈하게 양복을 차려입고 한 손을 허리에 짚고 찍은 사진은 여자 노엘 카워드영국의 희곡 작가·작곡가·영화감독·배우이자 가수. 위트와 현란한 연기로 유명하다. 같다.

그렇다고 그녀의 작품에 패러디나 현실도피적인 경향이 있는 것은 아니다. 카엉은 자신의 삶에서 감당하지 못할 인물로 분한 적은 없다. 1937년부터 이복 여동생과 함께 살았던 제르제에서 나치 점령에 대항해 지하 조직 활동을 하면서도 그녀는 기이한 행색으로 매우 유명했다. 나치는 결국 카엉의 집을 급습해 그녀를 검거했는데, 그때 그녀는 유대인으로 등록도 하지 않은 상태였다. 그녀와 말레르브는 독일군의 '도덕 훼손' 명목으로 사형을 선고 받았지만 전쟁이 끝나기 직전 석방되었다. 수용소에서 함께 있던 사람이 준 기념품은 석방되자마자 제작한 자화상에 자랑스레 등장한다. 레인코트를 입은 점잖은 부인으로 분한 카엉은 머릿수건이 바닷바람에 날리는 가운데 이 사이에 나치의 배지를 물고 있다.

확정지을 수 없는 자아에 대해 지속적인 명상과 거리가 먼 카엉의 자화상은 완전히 직설적이다. 그녀의 자화상들은 이중적인 삶이 가지는 비극을 수용하고 그 속에서 즐기고자 한다. 또한 무엇보다 그녀의 자화상은 자기가 자기에게조차도 낯설 수 있다는 것을 확인한다.

---

물론 사진은 자화상 작가들에게 거울을 들여다보며 가질 수밖에 없는 자의식의 방해 없이 다른 사람이 보는 그대로 자신을 볼 수 있는 기회를

준다. 하지만 사진 발명 초창기부터도 사진이 가진 이러한 객관성은 종종 도전의 대상이 되었다. 드가의 자화상들은 초기 이스트먼 코닥 카메라를 이용해 밤에 제작되었는데, 그 이미지는 의구심과 불안으로 가득 차 있다. 거울에 비친 자신의 모습을 사진으로 찍어 그린 자화상은 19세기 당시에 이미 드가가 카메라가 진실을 왜곡하는 데 이용될 수 있고, 기록을 수정할 수 있으며, 감추어진 복잡함을 간직하고 있다는 것을 여러 개의 복합적인 이미지를 통해 예견한 것처럼 보인다.

많은 화가들은 카메라와 거울을 이용해 일부러 자신이 작업하는 모습을 보여주는 이중적인 자화상을 제작했다. 클로드 카엉은 거울 속에는 검은 머리를, 거울에서 돌아보는 순간에는 금발의 모습을 한 이미지를 통해 어둠과 밝음 사이의 대결을 암시했다. 스코틀랜드 작가 더글러스 고든은 여기서 더 나아가 칼뱅주의를 다룬 제임스 호그의 위대한 소설 『사면된 죄인의 회고록과 고백The Private Memoirs and Confessions of a Justified Sinner』을 바탕으로 거울을 이용해 무대 위 안개에서 기어 나오는 도플갱어—자신의 전조 혹은 악한 쌍둥이—를 보고 있는 자신을 비디오로 촬영했다.

사진은 분리된 인격이나 이중적인 자아를 암시하도록 조작하기 쉽다. 하지만 이중노출은 완벽해야 설득력이 있다. 이탈리아의 이단아 알리기에로에 보에티는 자기 손을 너무도 그럴듯하게 잡고 있어서 그 이미지를 보는 사람들은 이들이 같은 옷을 입은 일란성 쌍둥이라는 생각을 하지 않을 수 없다. 어느 것이 알리기에로이고 어느 것이 보에티인가? 1960년대 아르테 포베라의 신예 작가로 혜성처럼 등장한 이 방랑하는 독학자의 출신과 배경에 대해 알아낸 사람은 없었다. 아프가니스탄의 자연으로 홀연히 사라져버렸을 때도 세상에서 가장 긴 강이 무엇인지 조사하러 갔다든가, 수학을 공부하러 갔다든가, 또는 카불에 호텔을 경영하러 갔다든가 하는 분분한 이야기가 있었다. 그러는 동안 그는 여러 점의 작품을 다양한 장소에서 보내와 그의 이름과 자화상이 암시하듯—알리기에로'와' 보에티—그가 기실

한 사람이 아니라 두 사람이라는 이야기도 있었다.

캐나다 작가 제프 월은 상당히 젊었을 때 그 자신에 대한 것이 아니라 일생 동안의 작업 방식에 대한 설명으로 받아들여질 수 있는 이중 자화상을 제작했다. 월은 사진처럼 보이는 이미지를 만들었고 그것은 분명히 카메라를 이용한 것이었다. 하지만 그 이미지는 사실의 기록이라는 사진에 대한 믿음을 져버리는 것이었다. 「자화상」에서 그는 디지털 조작을 이용해 자신을 다른 옷을 입고 있는 일란성 쌍둥이로 만들었다. 한 사람은 간소한 복장을, 또 한 사람은 약간 격식을 갖춘 옷을 입고 있지만 어느 쪽도 흡족해 보이지 않는다. 왼쪽의 제프 월은 방어적으로 팔짱을 끼고선 반짝이는 눈을 관자에게서 떼지 않는다. 한편 오른쪽의 월은 강제적인 느낌으로 손을 의자에 놓고 있는 것이 마치 둘 중에 하나를 선택하라고 강요하는 것 같다.

어느 쪽이 진짜 제프 월인가? 이미지 대 이미지, 쌍둥이 대 쌍둥이다. 사진은 진실한 것이라는 생각은 (동시에 한 명 이상의 제프 월이 존재한다는 것은 불가능하므로) 카메라는 절대 거짓말을 하지 않는다는 카메라의 지위와 함께 의심된다. 그리고 사진은 작가가 얼마나 많이 자신을 찍어 보여주느냐와는 상관없이 사진으로 찍은 자화상이 다른 종류의 작품보다 더 많이 작가에 대해 이야기해 줄 수 있는 것도 아니라고 말한다. 마찬가지로 겉으로는 매우 그럴듯하게 보일지라도 사실 그 자체의 날것을 제공할 수도 없다. 비평가였다가 사진작가로 전업한 존 코플런스는 자신만을 소재로 한 작품 활동을 하며 사진이 품을 수 있는 그러한 논쟁을 끊임없이 시험해오고 있다.

코플런스는 지난 20년간 자신의 몸—벌거벗은, 털이 많고 땅딸막한—을 대상으로 작품을 제작했다. 그리고 언제나 기꺼이 품위 없는 자세를 취한다. 그는 몸을 한껏 구부리거나, 사지를 넓게 벌리거나, 오달리스크 같은 자세를 취하기도 하며, 불 옆의 개처럼 납작 엎드리기도 한다. 그의 사진들은 육체의 작은 부분들을 어마어마한 크기로 확대한 것—가운데 손가락 두 개로 다리를 만들거나 뒤꿈치를 축 처진 살진 엉덩이 모양과 크기로 보이게 한 것—이 특징이다. 코플런스가 자신의 몸을 속속들이 해부하면 할수록 그것은 무언가 다른 것으로 보이기 시작한다. 이런 그의 작품은 자기중심적인 예술 가운데 가장 나르시시즘 성향이 적은 것으로 이해될 수 있다.

코플런스는 자기의 작품에 대해 컬렉터들이 벽에 걸려고 하지 않는 작품이라고 장난스레 말한 적이 있다. 털도 너무 많고 벌거벗은 허벅지에 성기도 너무 많이 등장하기 때문이라며. 하지만 그의 이미지는 그가 '잠깐의 정체성'이라고 부른 그의 얼굴이 전혀 사진에 나오지 않는데도 불구하고 명백한 (그리고 가치 있는) 코플런스의 사진으로서 전 세계 컬렉터들에게 널리 퍼져 있다.

그리고 그가 이 흑백의 틀 안에 넣은 것은 첫눈에는 전혀 자화상처럼 보이지 않는다. 그 생김새에서 작가의 성격이나 삶에 대한 어떤 것도 읽어낼 수 없기 때문이다. 그의 인생에 대해 피부가 몇 차례의 찰과상을 입었다는 것 이상의 무엇을 말해줄 수 있겠는가. 손으로 뭔가를 말할 수 있다 하더라도, 일단 그것이 손인지 분간해내는 것조차 쉽지 않다. 코플런스는 대신 우리가 서로 비슷하다는 점, 그리고 선조와 우리, 또한 우리를 둘러싼 자연과 우리가 서로 공통된 무언가가 있다는 것을 보여준다. 그의 등은 화강암이 되고, 발끝으로 버티고 선 그의 발은 햇볕 아래 강렬한 인상을 더하는 두 개의 험한 바위산처럼 보인다.

그리고 이 사진은 바넷 뉴먼의 수직 틈을 연상케 한다. 코플런스는 한때 화가였고, 미술사에 대한 패러디를 즐겼다. 그래서 그는 레이번의 스케이트를 타는 목사나 벨라스케스의 록커비 비너스의 자세를 차용하기도 했던 것이다. 멀리서 보면 그의 거대한 상반신은 추상표현주의 화가의 그림을 떠올리게 하지만, 가까이서 보면 렘브란트의 도살된 소에 더 가깝다는 생각이 든다. 그러다가 어느덧 배꼽은 아래로 처진 입이 되고, 젖꼭지는 눈이 되어 상반신 전체가 찌푸린 얼굴이 돼버린다.

'이것'이 바로 유쾌하고 창의적인 그의 자화상의 진면목이다. 그는 언제나 자신의 몸, 80대로 접어드는데도 여전히 굵고 튼튼한 몸으로 장난을 친다. 그래서 말년의 자화상들에는 죽음마저 희롱하는 유머가 있다. 유머가 많을수록 영락없이 코플런스라는 생각이 든다. 얼굴을 한 번도 보여준 적이 없다는 것은 그 모든 것을 한 방에 날려버리는 결정적인 농담이다. 그것은 머리가 없더라도 이 늙은이를 어디서나 알아볼 수 있다는 것, 그것이다.

---

신디 셔먼은 한 인터뷰에서 파티에서 파파라치에게 사진 찍히는 것이 가장 싫다고 한 적이 있다. 그것은 자신이 셔먼이라는 것을 사람들이 알아챘다는 뜻이며, 또 다른 가장을 해야 한다는 생각이 들게 한다는 것이다. 자유자재로 분할 수 있는 그녀의 얼굴—언론에 노출된 그녀의 사진은 나이를 점칠 수 없는 그저 평범하고 예쁘장한 금발 소녀 같다—도 사람들의 눈을 피할 수는 없었다. 작업실 밖에서도 자주 변장한 모습으로 나타나는데도 말이다.

자신으로 받아들여진다는 것에 대한 병적인 두려움은 치장과 변장에 대한 강박적인 유혹으로 이어진다. 셔먼은 어렸을 때부터 변장을 했고, 예전에 『뉴요커』를 통해 그렇게 하는 것이 일종의 치유가 된다는 점을 밝힌 적도 있다. "우울하거나 슬플 때마다 나는 몇 시간씩 들여 다른 사람으로 화장하고 옷을 입곤 했다. 그것은 나에게는 꼭 필요한, 카타르시스적인 효과를 갖는 것이었다."

카타르시스는 차치하고라도, 이탈—특히 자아로부터—은 약간의 상상력을 가진 누구에게나 매력적일 수밖에 없다. 하지만 치장이나 변장은 어디까지나 유희에 지나지 않는다. 옷을 다르게 입는다고 다른 사람이 되지는 않기 때문이다. 셔먼의 예술은 이에 대해 서로 다른 두 개의 생각을 동시에 나타낸다. 치장함으로써 사람들로 하여금 자신을 모델이나 배우, 거지나 심지어 남자로 알게 하는 것이다. 그리고 그것을 통해 자아란 단순히 오늘날 가장 그럴듯하게 먹히는 변장에 지나지 않는다는 것을 드러낸다. 그것이 그 사람이 가진 정체성의 핵심적인 의미와 우연히 들어맞을 수도 있지만 그렇다 하더라도 그것은 완전히 허구다. 어쩌면 우리는 그저 늘 여러 개의 가짜 가운데 하나일 뿐인지도 모른다(이는 전세계의 모든 10대들이 공유하는 믿음이기도 하다).

특히 완전히 새로운 모습을 할 수 있는 여인의 능력은 풍자의 변치 않는 소재다. 알렉산더 포프는 『머리카락을 훔친 자The Rape of the Lock』에서 의사영웅적인 야외극을 선보이는데, 거기서 벨린다는 파우더, 퍼프, 애교점 등 모든 소품을 끌어들여 원래 그녀의 것이 아닌 빛나는 아름다움을 갖게 된다. 조너선 스위프트는 「침대로 가는 아름답고 젊은 님프A Beautiful Young Nymph Going to Bed」라는 시의 끔찍한 스트립 장면에서 수정으로 만든 눈, 쥐가죽으로 만든 눈썹, 그리고 인공 가슴을 차례로 벗어버리는 님프를 상상한다. 그러자 그녀는 말라빠진 런던의 창녀로 되돌아온다. 하지만 스위프트는 님프가 외모를 유지하기 위해 치러야 하는 고통을 알아준다는 면에서 포프보다는 더 연민을 가지고 있었다. "이 엄청난 곤경 속에서도, 님프/ 매일 아침 그대의 아름다운 팔다리가 다시 달릴 수 있기를."

이것이 바로 셔먼의 최근 초상화에서 인공 손톱과 큰 아치를 그리는 눈썹에 몰두하는, 한창 때를 지난 여인들이 공유하는 정신이다. 이 연작을 제작할 당시 그녀는 불쌍한 광대의 복장을 하고 분장용 화장 아래로 단 한 번 자신의 진짜 눈썹과 입술을 드러낸 사진을 찍었다. 이 광대는 등에 분홍색으로 '신디'라고 수를 놓은 검은색 새틴 바머 재킷을 입고 있다. 하지만 이 재킷은 록 그룹의 투어 공연에 등장하는 그런 종류의 것으로 록 그룹의 매니저가 입고, 그들의 광팬들이나 사는 것이다. 그것은 신디 셔먼 쇼의 기념품이다.

자화상이 어떤 종류의 진실이든 그것을 재현할 수 있다는 생각에 반대한다면, 역설적으로 사진이 바로 당신이 찾는 매체일 수 있다. 먼저 누군가로 치장을 한 후 카메라로 그 착시를 고정시킨다. 신뢰할 수 없는 내레이터로서 마주치게 되도록 서로 다른 자신의 모습을 아주 많이 찍는다. 완전히 상반된 모습의 동일 인물을 바로 옆에 두는 것이다. 아니면 선구적인 사진작가 워커 에번스처럼 자화상을 단순히 그림자만으로 구성할 수도 있다. 카메라가 기록할 수 있는 모든 것은 바로 그림자에 불과하다. 하지만 그러기 위해서는 일단 그림자를 드리울 수 있을 만큼 충분한 실체를 가지고 있어야 한다. 셔먼의 동시대인인 초상화가 척 클로스는 맨해튼 작업실에서 그녀와 함께했던 사진 촬영에 대해 다음과 같이 언급한 적이 있다. "자신이 신디 셔먼이라고 하는 누군가가 나타났다. 나는 그녀를 사진에 담으려고 했지만 거기에는 아무도 없었다."

그럼에도 불구하고 사진은 진실을 담으려고 노력하는 자화상 작가들에게 한 가지 굉장한 이점을 제공한다. 그런 목적을 달성하기까지 작가가 원하는 만큼의 이미지를 만들어줄 수 있기 때문이다. 클로드 카엉이 얼굴 아래의 얼굴, 또 그 얼굴 아래의 얼굴을 모두 벗겨낼 때까지 작업은 계속될 것이라고 말한 것이, 자신이 백지 위에 여러 겹의 가면을 덮고 있는 존재라고 설명한 것은 아니었다. 그녀는 우리는 절대 고정된 존재가 아니며, 끊임없이 변화하며, 하루하루 달라지는 자아의 총체일 뿐이라는, 20세기를 관통하는 확고한 자아 개념을 인지하고 있었던 것이다.

---

수년 전에 제작된, 자화상을 여러 점 모아놓은 앤디 워홀1928~87의 작품은 놀랄 정도로 무표정하고 냉랭한 느낌이다. 워홀은 언제나 자신이 원하는 만큼 지루해질 수 있었고, 자신의 얼굴을 가지고 반복적인 이미지를 만

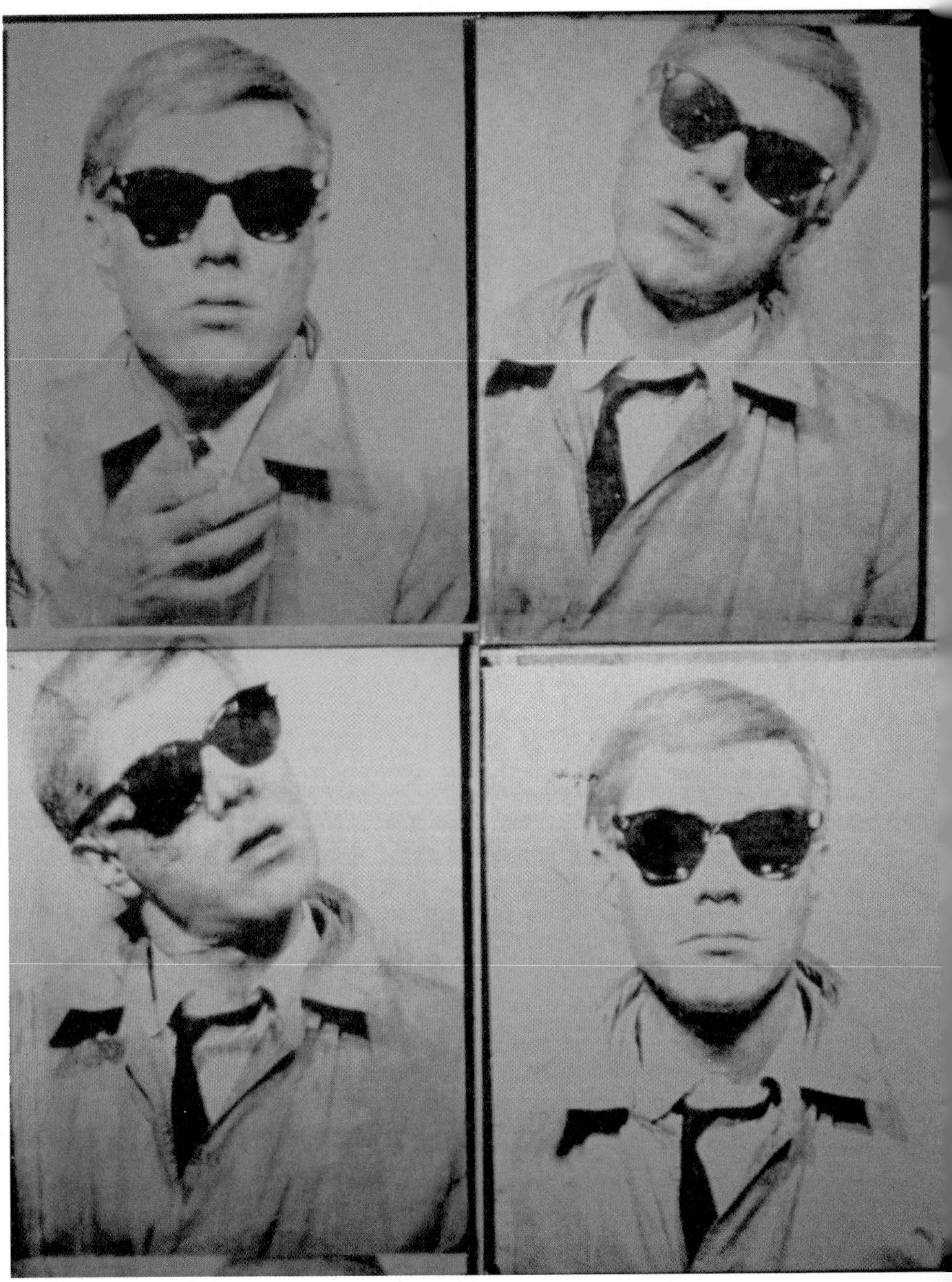

앤디 워홀, 「자화상」,
캔버스에 합성고분자 페인트를 칠한 후 실크스크린 잉크, 4패널, 각각 50.8×40.6cm, 1963~64, 개인 소장

들 수 있었다. 하지만 ('공장'이라고 불리는 작업실에서 대량생산된 것 가운데 극히 부분에 지나지 않는) 80점 이상의 자화상들을 들여다보고 있으면, 워홀의 그림자 가운데에서 진짜 그를 잡아낼 수 있으리라는 생각을 서서히 갖게 된다.

물론 워홀도 외양을 다양하게 바꾸었고 그래서 각각의 자화상은 매우 다르고 다양하다. 그는 어린아이, 폭력배, 영화배우, 교살의 희생자, 검은 가발을 쓴 화려한 여인 등으로 분했던 것이다. 정면이나 측면 초상도 있고, 일련의 그림자만으로 등장한 적도 있다. 메릴린이나 리즈처럼 치장한 작품들은 스크린 인쇄된 두폭화나 네폭화로 알려져 있다. 하지만 힘든 수작업으로 제작한 회화 작품들도 있는데, 말년에 제작한 이 이미지들은 그간 이미지의 표면에 집중했던 관심을 넘어선 것들이다. 그 이미지들은 너무도 직접적으로 워홀의 직관을 보여준다. 더 이상 그는 고정된 하나가 아니며, 여러 개 자아들의 합이라는 것, 그래서 한 가지로 제한될 수 없는 많은 얼굴(자신이 그린 그림만큼이나 쉽게 얼굴을 알아볼 수 있는 화가임에도 불구하고)을 가진 사람이라는 것이다. 하지만 몽테뉴가 연상될 만큼 그것이 너무 심원하다면, 이 자화상에 대한 덜 철학적인 해석도 있는데, 그것은 워홀이 단순히 하나의 장르를 무너뜨린 것에 불과하다는 것이다.

자화상에 대한 오래되고 엄연한 진실은 자신의 초상을 남긴다는 데 있다. 하지만 워홀의 초기 자화상은 그것이 역병이기라도 한 양 회피한다. 워홀은 형체도 알아볼 수 없거나, 나비가 되기도 하고, 손으로 얼굴을 감추기도 했다. 1948년에 제작한 스케치에서는 코를 후비고 있는데, 그는 이 이미지를 피츠버그에서 열리는 연례 전시회에 유화로 제작해 출품하기도 했다. 에곤 실레의 자위하는 자화상을 제외하고는 이 이미지가 노골적인 자기 노출의 대표적인 예가 될 것이다. 물론 일단은 코를 후비고 있는 것이 앤디라는 것을 알아야 하겠지만.

대부분의 자화상 작가들은 묘사되기 쉬운 자아나 육체의 실체에 대해 어느 정도의 믿음은 가지고 있다. 뒤러에게 육체와 영혼은 하나로 재현되며, 그 둘 사이의 거리를 인식한 렘브란트의 경우는 의식을 시각적으로 구현해내기 위해 자화상을 그렸다. 하지만 워홀은 자아나 또는 이 자아의 묘사를 그것이 인쇄된 종이 이상의 실체를 가진 것이라고 생각하지 않는다. 1963년 작품은 타임스퀘어의 사진 부스에서 찍은 네 장의 얼굴 사진을 화포에 실크스크린으로 확대해서 옮긴 것이다. 어수선한 워홀은 손은 목으로 올라와 있고 머리는 약간 기울었고 목은 교수대에 목이 매달린 사람처럼 꺾여 있지만 자세는 경찰서의 용의자 사진 같다—그의 이미지들은 이런 식의 사진이 언제나 그렇듯 개성이 없고 어떤 감정도 싣고 있지 못하다. 물론 그런 특징은 거대한 화포로 옮겨진다고 해서 달라지지 않는다. 여기에 워홀은 커다란 선글라스까지 쓰고 있다. 어떤 사람이 사진 부스에 선글라스를 쓰고 들어갈까? 젠체하는 허세가가 아니라면 스스로를 보여주려고 하지 않는 사람일 것이다. 워홀은 한 번은 카메라 앞에서 "미국에서 할 수 있는 가장 좋은 일은 실종될 수 있다는 것이다"라고 중얼거린 적이 있다.

세계적으로 그렇게 유명한 사람이 사라진다는 것이 가능할까? 어떤 면에서 한 명의 워홀은 이미 사라졌다고도 할 수 있다. 젊은 시절 이미 워홀은 색소 형성에 문제가 있었으며 그로 인해 안색은 창백하고 모발은 가늘어 늘 가발로 가리고 다녔다. 하지만 그는 이런 상황에 전혀 절망하지 않았다. 그로 인해 1960년대 텔레비전에 딱 알맞은 흑백 영화의 인물이 될 수 있었기 때문이다. 얽은 피부와 붉은 코가 너무 싫었던 나머지 그는 상당히 원초적인 피부 박리술을 감행하는데, 당시에는 이를 위해 실제로 사포를 사용하기도 했다. 베티 데이비스처럼 보이기 위해 눈썹을 염색하기도 했고, 피부의 검버섯을 가리기 위해 컨실러를 매우 두껍게 발랐다. 선글라스는 밤이나 어둑한 겨울날에도 벗지 않았고, 이로써 불시에 맞닥뜨릴 수 있는 카메라 앞에서 늘 완벽한 이미지를 유지할 수 있었다. 토니 블레어가 수상으로 있으면서 피부 톤을 균일하게 하기 위해 수백 파운드어치의 스프레이 화장품을 구매했다는 사실에 우리는 깜짝 놀랐지만, 워홀은 이보다 훨씬 전, 1960년대에 이미 유명 인사의 필수품으로 메이크업 용품들을 갖추어놓고 있었다.

그가 다른 이들의 초상화를 제작하면서 미용사 역할을 했다면, 자신에게도 마찬가지였다. "자화상을 제작할 때 나는 모든 여드름을 없앴는데, 그래야 하기 때문이다." 여드름은 일시적인 현상일 뿐이고 그런 일시적인 것 아래에 있는 진정한 자아를 찾아야만 하기 때문이었다. 1981년에 제작한 두 폭짜리 자화상은 꽤 안정돼 보이는데, 그것은 여위고 피곤해 보이며 피부도 얼룩덜룩하게 찍힌 50대 워홀의 폴라로이드 사진을 바탕으로 한 것이다. 그림으로는 걱정과 나이가 두드러지지 않으며, 그래서 그는 확대되어 보여도 상관없었다. 워홀은 포토샵의 수호성인이다.

실크스크린 자화상들은 감각 있는 컬렉터 에델 스컬의 주문으로 비로소 시작된다. 에델은 이미 1963년에 워홀의 두 가지 색조의 이미지가 그의 예술에 딱 어울리며 그의 얼굴이 곧 그의 (또한 그녀의) 행운이 되리라는 것을 간파했다. 그리고 대량생산에도 그 얼굴은 안성맞춤이었다. 포스터, 광고, 앨범 표지, 우표 등은 모두 워홀이 잘 알고 제작했던 것들이었다. 그는 자신을 벽지로도 제작했는데, 워홀의 얼굴이 가득한 그 벽지는 더 이상 한 사람의 얼굴이 아니라 하나의 무늬가 되어버렸다. 20세기 예술의 정점이라고 할 수도 있는 워홀의 자화상 연작은 그에게 귀류법으로 작용한다. 자신을 반복해서 초상하는 것은 자신의 소중한 자아를 고갈시키는 데까지 확장되지는 않았다. 표준화, 단일화, 안정감을 주는 반복 등, 그는 미국을 사랑했다. 왜냐하면 모두는 다 똑같고 개성은 지나친 부담일 수 있기 때문이다. 기계적인 대량생산의 시대에 예술품의 '아우라'와 그것만이 갖는 독특함은 사라지고 말 것이라는 발터 벤야민의 주장은 워홀에게 전혀 걱정거리가 아니었다. 하지만 워홀이 기계적으로 만들어서 대량생산한 작품들은 그가 죽기도 전에 특별한 아우라를 획득했다. 그리고 그 황금 아우라는 전혀 퇴색되지 않고 시장에서 가장 비싼 현대미술 작품 가운데 하나로 군림하고 있다.

하지만 워홀이 얼마나 자신을 숨겼는지와는 상관없이 그는 자화상의 덫에서 절대 벗어날 수 없었다. 모든 자화상들은 의식적으로 화가가 결정한 것이며 자신이 누구인가를 보여주는, 자신을 노출하는 고의적인 선택이었다. 고집스럽게 선글라스를 쓰거나 여러 겹의 군용 위장 페인트를 바르거나, 펜으로 얼굴을 지우거나 마치 또 다른 얼굴을 가진 야누스처럼 세 가지 얼굴로 등장하는 것은 무의미한 짓이 아니다. 마찬가지로 마치 애완용 원숭이를 어깨에 올려놓듯 해골과 함께 유쾌하게 사진을 찍는 것이나 안구 깊숙이 푹 꺼진 눈을 해서 해골처럼 하고 사진을 찍는 것, 또는 더할 나위 없는 멋쟁이로 분했지만 그것이 조작된 허구라는 사실을 은근히 비치는

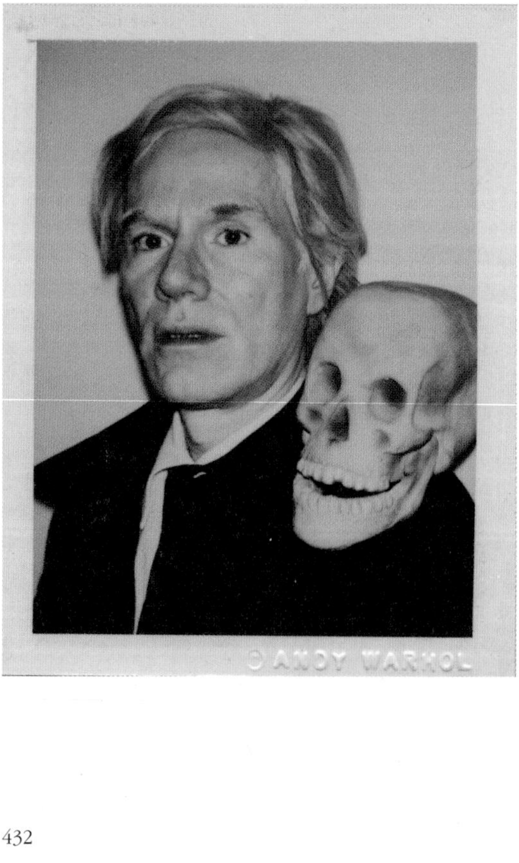


—
앤디 워홀,
「해골과 함께 있는 자화상」,
폴라로이드TM 폴라컬러 타입 108,
10.8×8.6cm, 1977,
피츠버그 앤디 워홀 미술관

표현과 함께 사진을 찍는 것 등도 마찬가지다.

워홀의 자화상 가운데 몇 점만이라도 차례차례 보다 보면 다시 처음으로 피드백 되는 순환을 경험할 수 있다. 그것은 긍정과 부정의 끝없는 반복이다. 그는 이것 같다가도, 다시 보면 그렇지 않다. 이것이 워홀이지만, 선글라스 뒤에 숨은 워홀을 어떻게 알아볼 수 있겠는가? 그래서 몇 점의 회화는 판화 작품과는 달리 마치 질병을 예방이라도 하려는 것처럼 완전히 폐쇄적이지 않다는 것을 발견하고 놀랄 수도 있다. 그림 표면은 세심한 수작업으로 처리되었고 색채도 세밀히 조정되어 그림 전체가 매우 개인적인 창작물이라고 할 수 있는 것이다. 대량생산된 자화상—셋, 넷, 또는 여섯 명의 워홀이 있는—에서도 역시 워홀의 황혼기에 이르러서는 그만의 독특함이 드러난다. 어설픈 수술 실수로 죽기 직전 워홀은 은판 위에 검은색 음화로 제작한 싱글 자화상을 만든다. 검은 얼굴에 반짝 빛이 나는 홍채, 쭈뼛선 머리카락 등, 그것은 무섭기도 하지만 동시에 아름다운 이미지다. 그것은 초자연적인 죽음의 머리고, 육체에서 영혼으로 가는 것이 어떤 것인지에 대한, 또 삶에서 죽음으로 들어간다는 것이 무엇인지에 대한 예언이다.

---

자아는 무엇인가? 나무 속에서 자라는 경험의 나이테 같은 것인가? 자궁에서 만들어진 것은 아니지만 원래부터 있던 영혼인가, 아니면 바깥세상에서 키워지는 것인가? 그것은 머릿속에서 말하는 이인가? 밤잠을 들지 못하게 하고 낮 동안에 집중하지 못하게 하거나, 위험의 순간에 용감하게 하고 위기 상황에서 마비되게 하는 와글거리는 의식인가? 자존심을 건드리면 순간적으로 튀어오르는 분노의 원천이 자아인가, 아니면 애초에 그 자존심의 원천이 자아인가? 사랑, 용서, 인내할 수 있는 능력인가, 아니면 도덕적인 삶을 살고자 하는 욕망인가? 말하거나 행동하는 모든 것을 지배하

는 의지인가, 아니면 그런 것보다 더 큰 무엇인가?

어쨌든 자아, 개인의 자아는 적어도 역사를 가지고 있다. 오래된 편지에서 불현듯 그것과 마주칠 수 있고, 오랫동안 잊었던 책에 적어둔 메모에서, 학창 시절의 글씨체와 사춘기 시절의 사진 속 표정에서, 또는 여전히 유년의 집에 머물고 있는 어른의 꿈이나 악몽에서 그것을 볼 수도 있다. 영국 화가 헬렌 채드윅은 서른에 접어들었을 때 열 개의 나무 조형물로 이뤄진 자화상을 제작했다. 그 열 개의 나무는 어린 시절을 대표하는 사물들—교회의 세례반, 유모차, 학교의 목마 등—로서 그것들을 이으면 나선형을 그리도록 놓여 있었다. 그 사물들은 갈수록 커지다가 마침내 성인을 상징하는 직사각형의 문으로 끝난다. 그녀의 과거는 간단한 모양으로 묘사되었지만, 조형물 각각의 단단한 표면에 인쇄된 세피아 톤 사진은 그 과거로 다시 들어가려고 애쓰는 그녀의 모습—자그마한 인물이 피아노에 닿으려 애쓴다거나 아기 침대에 기어오르려 노력하는—을 보여준다. 기억이나 꿈에서만, 그것도 부분적으로만 가능한 과거로의 회귀는 각각의 나이에 따라 크기가 달라지는 어른 채드윅의 이미지로 통렬하게 표현돼 있다. 고전적인 기하학 그리고 이미지와 감정에 맞는 형태의 조합, 3차원의 사물을 뚫고 들어가려 애쓰는 2차원의 이미지로서 「자아는 기하학이다Ergo Sum Geometria」는 새로운 종류의 구체시였다. 그것은 첫 번째 어린 채드윅, 그리고 그녀의 가장 어린 자아의 경험을 찾고자 하는 마지막 꼬마 채드윅의 헛된 노력에 대한 한탄이었다.

시인들이 말하듯 우리가 이전 자아들의 총합이라면 그 자아들은 무엇인가? 그들은 '인간의 일곱 시기'처럼 시간의 간격인가, 아니면 지성이나 감정의 단계들인가? 이전의 자아들은 얼마나 오래 지속되는가? 현재의 자아들을 대표할 수 있는 것들로, 부끄럽게 행동한 자아나 끔찍하게 상처받은 자아를 없앨 수 있을까? 이전 자아들의 집합소 같은 것은 있을까? 새롭고 보다 나은 자아로 매일을 다르게 시작하는가, 아니면 이전 자아들을 점점 더 성가셔지는 사슬처럼 끌고 다니는가? 어떤 사람은 흠 잡을 데 없는 논리로 진정한 자화상은 인생의 순간순간에 대한 기록이어야 한다고 주장할지도 모르겠다. 그리고 워홀은 그런 주장을 뒷받침하는 좋은 예라고 할 수도 있다. 이런저런 종류의 카메라 앞에서 성인 시절의 대부분을 보냈기 때문이다. 하지만 총체적인 자화상의 일부라도 제작할 만한 시간을 가진 사람이 얼마나 될까? 워홀이 시간 요소가 도입된 초상화 연작을 제작할 때나, 지인들과 유명인들을 영화 카메라 앞에 그들 자신의 모습으로 세웠을 때도, 그는 8분이라는 참을 수 없을 만큼 긴 시간 동안 그들을 움직이지 못하게 했다. 어떤 이들은 소위 '스크린 테스트'라는 것을 받으면서 말 그대로 구식 초상화처럼 그 시간 동안 의무적으로 가만히 서 있었고 또 어떤 이들은 얼마 안 되는 동안에도 어쩔 수 없이 안절부절못하거나 조바심으로 웃거나 신경증적인 경련을 일으키기도 했다. 하지만 그리 대단할 것 없는 효과를 억지로 끌어들이지 않더라도 이 동요하는 듯한 초상화에는 치명적인 진실이 숨어 있다. 초상화의 모델을 아는 사람들의 말을 빌리자면, 워홀의 렌즈 앞에서 보이는 그들의 행동과 반응은 언제나 그들의 성격을 가장 잘 드러낸다는 것이다.

그러면 우리의 자아가 나타나는 것(또는 다른 이들이 이 자아들을 인식하는 것)은 연속된 우리의 행동 속에서인가? 우리는 작가가 우리를 필요로 하는 그 시간이 끝날 때까지 순간순간 어쩔 수 없이 우리 자신일 수밖에 없다. 왜냐하면 어떤 '행동'도 하지 않고 있을 수는 없기 때문이다. 미래의 자아는 어느 정도 현재의 자아에 녹아 있는 것일까, 아니면 언제나 지속적으로 존재하는 하나의 자아가 있는 것일까?

20세기—자아가 마치 멀리 있는 행성이나, 원자 이하의 소립자 또는 미이라로 보관된 무엇이나 되는 것처럼 자아의 비밀을 발견하는 데 바쳐진 이 세기에 자아의 본질에 대한 관심은 철학자, 심리학자, 작가 들만큼이나 화가들에게도 기대되어왔다. 그 정도 또는 그 이상으로 화가들이 자신을

'재현'하는 데 몰두한 이래, 이 자아란 것이 무엇인가에 대한 생각을 갖는다는 것은 화가들에게 기본적인 필요조건이 되었을 수 있다.

프리다 칼로의 경우에 그녀는 평생 동안 지속된 드라마 속의 자신을 그렸지만 그렇다고 자아의 본질에 대한 고민을 한 것 같지는 않다. 왜냐하면 그녀는 삶 자체로 분주했기 때문이다. 지금껏 가장 많은 자화상을 제작한 사람 중 하나인 미국 화가 루커스 사마라스는 1970년대 초반에 폴라로이드의 젖은 염료가 쉽게 흘러내리고, 다른 이미지로 바뀔 수 있다는 것을 발견하고는 그 이후에 자신을 찍은 이미지를 변환했다. 그것을 통해 그가 자아에 대해, 자신의 자아에 대해 무엇을 말하려고 했던 것일까? 폴라로이드가 어떤 이든지 지킬에서 하이드로 바꿀 수 있다는 것을 제외하고는 거의 아무것도 없다.

20세기는 알몸 자화상의 시대라고 해야 할 것이다. 누드가 진실이라고 말하지 않는 것처럼 우리는 그것을 누드라고 부르지 않는다. 누드는 어딘가 태평하고 유혹적인 것을 암시하기 때문이다. 알몸이 의미하는 것은 날것이나 노출, 바로 진실의 노출이다. 에곤 실레는 옷을 벗고 초췌한 순교자로서의 자신을 보여주기 위해, 에드바르 뭉크는 지옥의 영혼을 위해, 로버트 메이플소프는 관능적인 악마를 보여주기 위해 옷을 벗었다. 미국 사진작가 해나 윌키부터 시작해 여러 여성 작가들은 사회적인 이유에서 옷을 벗었다. 여성의 몸이 갖는 진실을 드러내기 위해, 또는 병을 앓는 유약함을 묘사하기 위해, 또는 제미마 스텔리처럼 일부러 스트립쇼를 하는 자신의 모습을 사진에 담아 보는 남성을 불편하게 만들기 위해, 또는 안경, 고리버들 의자 그리고 자신의 저항적인 지성 말고는 아무것도 걸치지 않은 앨리스 닐의 태평스런 자화상처럼 자신의 만년을 과시하기 위해서 그녀들은 옷을 벗었다.

거울 앞에서 피에르 보나르도, 피카소도 강한 남성상을 위해서 옷을 벗고 알몸의 자화상을 그렸다. 벌거벗은 육감적인 아내—이것은 누드다—앞

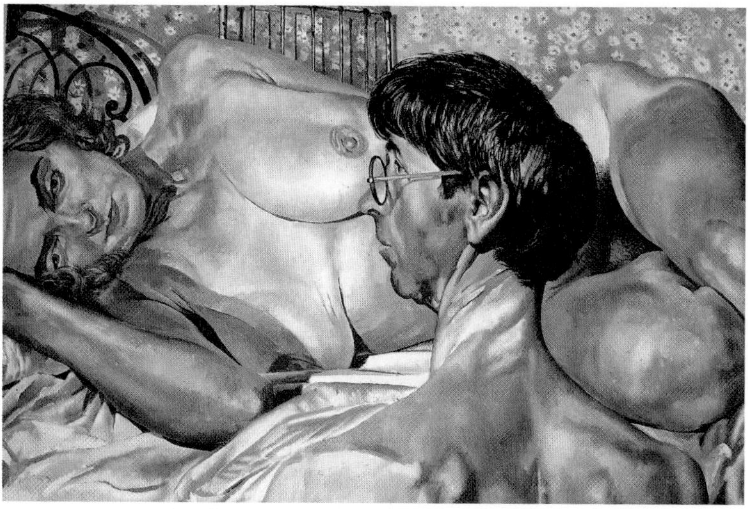

스탠리 스펜서, 「퍼트리샤 프리스와 함께 있는 자화상」,
캔버스에 유채, 61×91.2cm, 1937, 케임브리지 피츠윌리엄 미술관

에 불쑥 솟아 있는 스탠리 스펜서도 알몸인데, 그의 빈약한 자아는 그녀와 대조되어 깃털 없는 새처럼 보인다. 벌거벗은 목적이 무엇이든 간에 알몸의 화가들은 자세와 옷, 그리고 표정의 평범한 조합에 기대기를 거부한 것이다. 그들은 다른 방식으로 자신을 알릴 수밖에 없었던 것이다. 앨리스 닐처럼 알몸이라는 사실에 저항함으로써, 또는 길버트와 조지처럼 자신의 장난기 서린 무례함을 흡족해함으로써 그들은 자신을 알린 것이다. 초상화 제작의 중요 조건으로 알몸을 요구했던 화가 루치안 프로이트는 자신의 육체에 대해서도 초상화를 그릴 때와 마찬가지로 냉정한 시선을 거두지 않았다. 알몸으로 서서 나이프와 팔레트를 손에 들고서는 노동자들이 신는 부츠를 풀어 신은 그는 바통을 쥔 지휘자이며 작업실의 리어 왕이자 사티로스 혹은 그보다 더 무시무시한 존재 같다. 옷을 벗은 상태에서도 정체성은 모습을 드러낸다. 물론 얼굴이 없어도 그렇다. 인간으로서 우리가 무엇이든

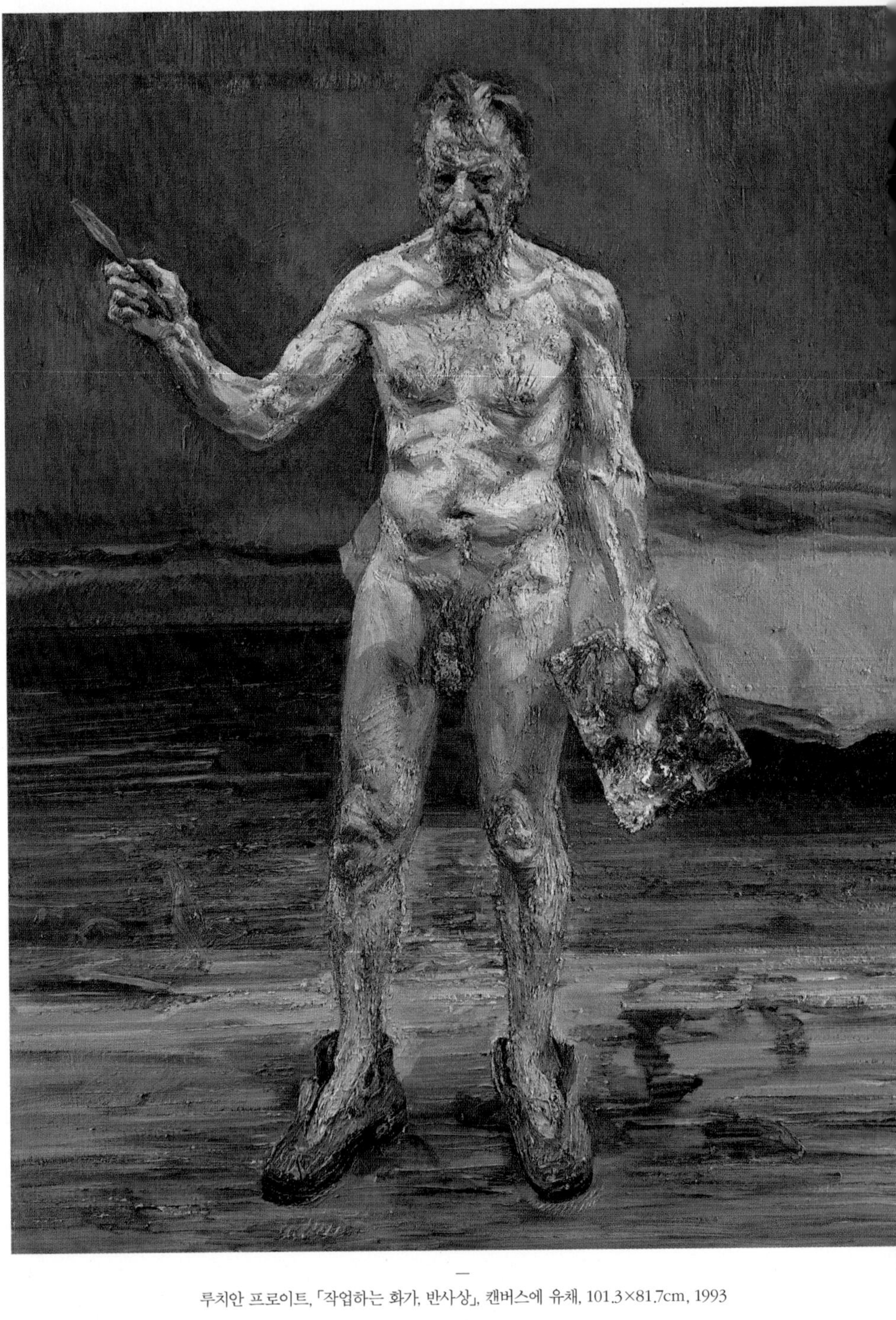

루치안 프로이트, 「작업하는 화가, 반사상」, 캔버스에 유채, 101.3×81.7cm, 1993

간에 우리는 무한히 몸뚱이 이상의 무엇이다.

하지만 정확히 그것이 무엇일까? '자아Self'와 자기oneself, 이 둘은 명확히 나뉜다. 전자는 학문적이고 공적인 논의의 대상이 될 만하며 이론이고 철학적인 논점이지만, 후자는 살아 있는 존재고 존재 그 자체다. 자화상에서 전자를 심각하게 다룬 화가들은 후자는 거의 신경 쓰지 않았다. 「자화상」이라고 제목을 붙인 마크 퀸의 DNA를 담은 약병은 보이지 않는 정수로서 자아의 개념을 일시적으로 구체화했지만 결국 과학적 물질주의가 보여줄 수 있는 극단에 불과했다. 미국의 미니멀 아티스트 로버트 모리스의 「나-상자I-Box」는 사람이 들어갈 만한 크기의 'I' 모양의 뚜껑 있는 상자로, 뚜껑을 열면 화가 자신의 알몸 사진—짜잔!—을 볼 수 있게 했다. 이 작품은 정신과 육체 사이의 관계를 간명히 드러내는 유희이지만 철학적인 '재담jeu d'esprit'이 아니고서는 화가에 의한 화가 자신의 의인화는 불가능했다. 모리스는 「자화상(EEG)」이라는 작품도 제작했는데, 자신에 대해 생각하는 동안 뇌파의 움직임이 자신의 키만큼 다다를 때까지를 기록한 것이다. 두 작품 모두 취지가 무엇인가의 관점에서 볼 필요가 없는 예술 범주에 들어간다. 다만 어디까지를 자화상이라는 장르로 볼 수 있는가, 그리고 자화상이 무엇인가 그 한계를 실험하는 데 경도된 작품이다. 퀸이 자아를 눈에 보이지 않고 더 이상 축소할 수 없는 퍼즐로서 받아들인 이래, 모리스는 「자화상」으로 말 그대로 자신의 생각 뒤에 숨음으로써 장르의 경계를 허물었다고도 말할 수 있겠다.

자신을 묘사한다는 것의 가능성에 대한 20세기의 의구심은 오늘날에도 여전하다. '이것이 나다'라는 주장은 더 이상 많은 화가들에게 유효하지 않으며, 우리가 스스로 복합적이고 파편적이라고 생각하는 경향이 강하기 때문에 간명한 묘사로는 이해할 수 없을 뿐더러 규정하는 것도 불가능하다. 그것이 현대 자화상 작가들이 자신을 보여준 방식이라는 것도 그리 놀랍지 않다. 프랜시스 베이컨의 커브를 그리는 몸의 각 부분들에서 척 클로스의 픽셀들로 이뤄진 벽과 마우리치오 카텔란의, 서로 약간씩 다르지만 예술가 자신의 얼굴을 한 수천 개의 작은 정자精子 등이 그 예다. 복수 이미지의 자화상, 연작 자화상, 부분 자화상 등은 최종적일 필요가 없기 때문에 비교적 안전한 방법이다. 자기의 궁극에 다다를 수 없기 때문에 자기에 대한 종언도 있을 수 없는 것이다.

*16.*

# 작별

화가의 부재를 말하는 자화상

나는 죽음이 우리를 소멸시킬 때까지도 우리가 늘 함께 있기 위해서 당신에게 내 초상화를 보냅니다.

_에라스무스가 토머스 모어에게

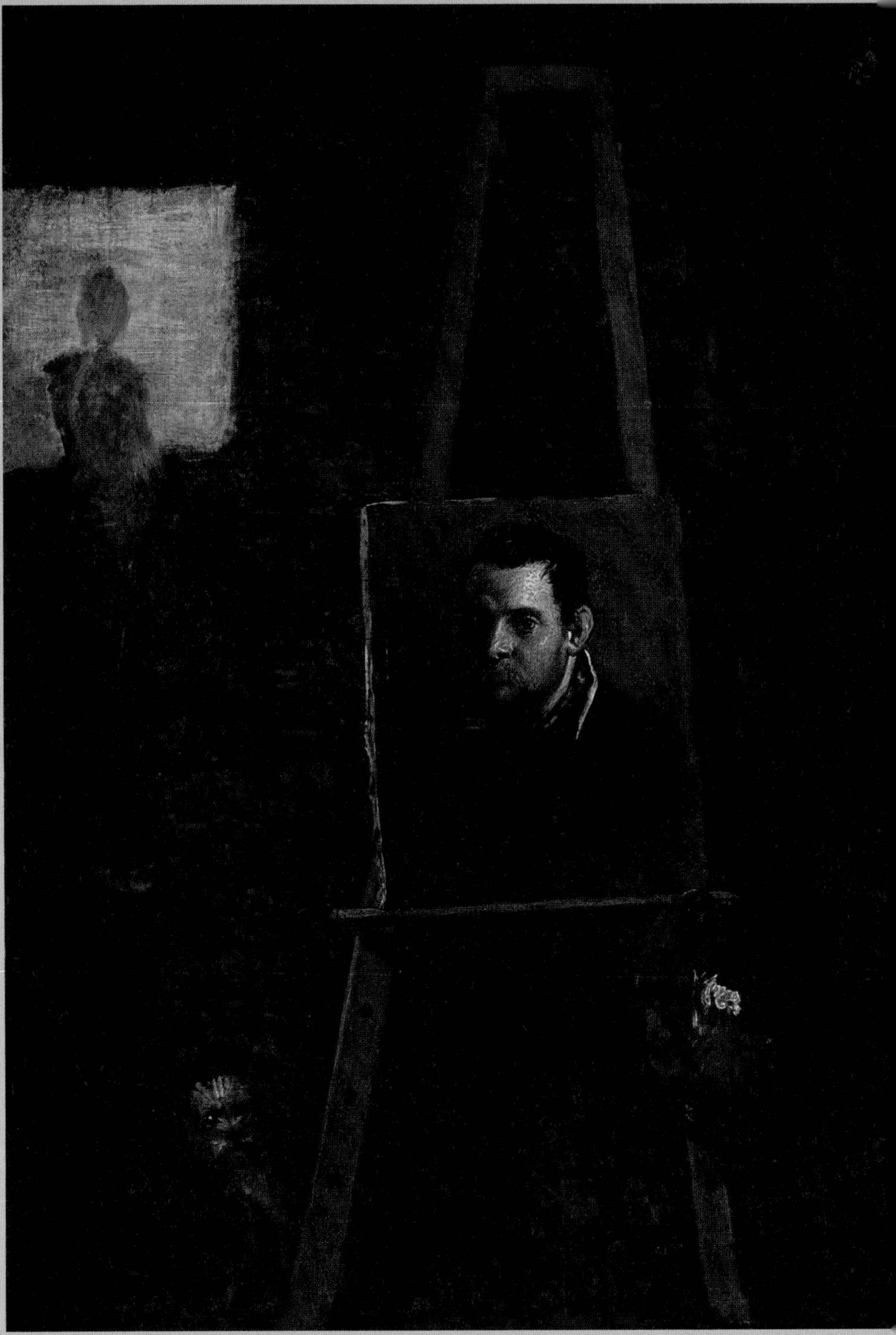

안니발레 카라치, 「작업실 이젤 위의 자화상」,
나무에 유채, 42.5×30cm, 1604년경, 상트페테르부르크 예르미타시 국립미술관

황혼녘, 어쩌면 한밤중의 작업실이다. 작은 개의 눈이 그림자 속에서 반짝인다. 이젤에는 화가의 그림이 세워져 있지만 화가는 이미 팔레트를 놓고 사라져버렸다. 이곳에 붙박인 화포만을 남겨둔 채.

개와 유령 같은 고양이가 이젤 아래 숨어 있는데, 마치 주인이 남겨놓은 흔적에 더 가까이 가려고 하는 듯하다. 유리창에 비친 수상한 형체는 마치 유령 같다. 방 안에 사람이 존재하지 않는다는 것은 그림이 가진 우수를 더욱 강조한다. 여전히 흐릿한 빛을 반사하는 흰색 물감이 있는 그 팔레트를 가지고 작업한 사람이 누구이건 그는 떠나버렸다. 애초에 그가 여기에 정말 있었다면 말이다.

이 그림의 '여기'는 작업실과 같은 일정한 장소라기보다는 무인지대에 가깝다. 그 공간은 어둡고 뭐라 규정할 수 없을 뿐 아니라 유리창은 화면 위에서 베일처럼 떠다니는 것 같다. 이젤은 불안하게 받쳐져 있고, 다리 중 하나가 없는 것 같기도 하다. 이 가운데 가장 뚜렷하게 존재하는 것은 이젤 위에 놓인 그림뿐이다. 아니면 그림 속의 남자이든가. 여기서 초상화는 하나의 사물에 지나지 않는다.

남자의 그림, 그것은 가장 단순하게 서사적으로 본다면 화가의 생김새가 어떤지를 보여주는 자화상이다. 또한 그것은 그가 빛이 사라지기 직전까지 무엇을 그리고 있었는지도 보여준다. 하지만 이 작은 자화상은 그리 단순하지 않다. 그림은 약간 경사지게 서 있고, 얼굴은 그림자에 반쯤 가려져 있으며 표정은 상당히 내성적이다. 무엇보다 그것은 그려진 물건 이상으로 보이지 않는다. 뭔가 한 단계가 제거된 이미지인 것이다. 이 정체를 알 수 없는 장면에서 다른 모든 것과 비교하여 화가가 얼굴을 그럭저럭 강하게 드러내는 데 성공한 것 같다는 느낌을 준다.

「작업실 이젤 위의 자화상」은 볼로냐 출신의 안니발레 카라치1560~1609의 작품이다. 그는 당대 최고의 이탈리아 화가로 군림했으며 카라바조 정도가 그와 맞설 법했다. 그에 대한 호평은 비단 로마의 궁과 교회를 그리라고 볼로냐에서 그를 불러들인 귀족들에게만 국한된 것은 아니었다. 카라바조도 그렇게 생각한 것으로 보인다. 자신을 제치고 카라치가 그리게 된 제단화를 보러 가자는 친구들의 성화에 못이겨 끌려간 카라바조는 으레 그랬듯 마지못해 대충 보는 대신 그보다 많은 시간을 들인 것으로 기록돼 있다. 아마도 그는 인정한 것이리라. 로마에 그만 한 칭송을 들을 만한 화가가 한 사람 정도는 더 있다는 것을.[1]

카라치는 오비디우스의 시들에서 따온 장면들을 파르네세 궁 천장에 그려달라는 부탁을 받고 로마로 왔다. 이 천장을 열린 하늘로 기획하여, 그는 각각의 신화 속 장면을 거대한 푸른색 천국을 배경으로 한 액자를 두른 이젤화처럼 그렸다. 실제라고 착각할 만한 조상彫像들과 태피스트리 그림들, 트롱프뢰유 기법의 메달리언들, 그리고 웅장한 인물들, 그들의 열정과 그림을 가득 메운 밝은 분위기 등으로 이 그림은 시스티나 예배당 이래 로마 천장화의 최고봉으로 꼽혔다. 그리고 그 후 200년간 세속의 프레스코 가운데 압권으로 칭송되었다.

이젤 위의 그림들. 어떤 이는 이 둘 간의 연관관계를 짚어낼 수도 있겠으나 그것도 잠시, 그 둘은 도저히 어울리지 않는다고 포기하고 말 것이다. 장대함의 거장이 어떻게 자신의 이미지를 그렇게 초라한 화폭에 담을 수 있었을까? 그림 속의 그림, 금세 부서질 듯한 이젤 위의 자화상은 그 크기가 트럼프 카드에도 미치지 못한다. 쓰러질 듯한 데다 버려지기까지 한 그 이미지는 단순한 '그려진 작품', 그것도 미완성인 작품에 지나지 않는다. 이 그림은 가장 특이한 방법으로 이 화가에 대해 얘기해 주는데, 그것은 마치 시험적인 연습에서처럼 확정적이지 않다. 어둠 속에서 뭔가를 말하고자 하지만 목소리는 거의 높이지 않는다. 이 에둘러 말하는 작디작은 뭔가가 카라치에 대한 것이라면, 그것은 그의 '부재in absentia'에 대한 것이리라.

---

죽고 난 뒤 우리는 무엇을 남기는가? 기억, 또는 적어도 다른 사람들과의 관계에서 계속적으로 변화하는 기억의 거미줄 가운데 한 자락은 남을 것이다. 사진 속 얼굴이나 동영상도 남을 것이고 녹음된 목소리, 편지나 다른 사람들과의 대화 속에서 다시 떠오르는 말도 남을 수 있다. 또한 폐기하기 어려운 물건들, 안경이나 결혼반지, 붓, 펜, 그밖에 늘 우리와 함께했던 사물들도 마찬가지다. 향수병이나 발자국이 눌린 슬리퍼도 남길 수 있다. 그리고 위대한 작품들이 있다. 철학적 원칙, 그림, 교향악, 소설, 유전자의 발견, 기적적인 치료법 등 이것들은 모든 이들에게 공적인 기념비로서 오래 기억된다. 하지만 그것은 우리를 맴도는 일시적인 자아들처럼 친밀하지는 않다. 그리고 화가들이 죽고 난 뒤 그들과 우리가 가질 수 있는 가장 친밀한 관계는 그렇게 위대한 작품들이 아니라 우리 손에 쥘 수 있는 간단한 스케치나 편지 봉투 뒷면에 슬쩍 그린 이미지, 또는 생생하고 직접적일 수 있는, 머리에서 손으로 바로 옮겨진 듯한, 공책 여백에 그린 선화 등에서 맺어진다고 하는 이들도 있다.

자신을 재현하고자 하는 화가들은 현재와 영원, 일시적인 선화와 더 이상 스스로에게 말을 건네지 않는 영속적인 이미지 가운데 하나를 선택해야만 한다. 아마도 후자를 규정짓는 것은 의식적인 것과 무의식적인 효과 사이에 하나를 결정하거나 선택하지 않았다는 것이리라. 종이나 보드 또는 스케치북에 그려진 작은 자화상은 그 순간에 완전히 몰입된 상태를 말해주거나 고통으로 그것을 선택할 수밖에 없었던 상태를 말해준다. 피에르 오귀스트 르누아르는 류머티즘으로 고생하여 이젤 앞에 오랜 시간 서 있을 수 없었다. 그래서 작은 자화상을 제작하는 것으로 대신했는데, 그것은 슬프게도 르누아르의 전형적인 장밋빛 분위기 그림과는 다르지만 대단한 연민을 이끌어내는 힘이 있다. 그를 보살펴 주었던 쥘리 마네는 1899년 일기에 한 자화상에 대해 언급한다. "문고리를 돌릴 힘도 없는 아침 시간에 그를 보고 있자면 가슴이 미어진다. 하지만 그는 자화상 한 점을 그리고 있다. 처음에는 약간 엄해 보이고 주름이 무척 많아 주름을 좀 없애라고 얘기를 하니 그렇게 했다. 그제야 르누아르 같았다. '내겐 송아지 같은 눈만으로도 충분하니까'라며 그는 어깨를 으쓱해 보였다."[2]

그와 동시대를 살았던 에드가르 드가는 80대까지 살았지만, 일찍이 눈이 약했고, 마침내 시력을 잃었다. 그의 친구 폴 발레리는 점차 잃어가는 그의 시력에 대해 "조금씩, 작업을 하는 것이 불가능해졌고 그가 일생을 바쳤던 모든 것이 사라져버렸다. 하지만 여전히 삶은 계속되고 있다"라고 적었다. 그럼에도 그는 계속 그림을 그렸는데, 그중 하나는 수십 년간 그리지 않았던 자신의 얼굴을 그린 파스텔화였다. 그는 거기서 흰 수염을 달고 블러드하운드의 눈을 하고 있으며 챙이 있는 모자를 쓰고 있는데, 그 모자는 작업실에서 빛과 추위를 피하기 위해서 쓰던 것이기도 했지만 두 번째 유년을 의미하는 것일 수도 있다. 드가는 스스로 그린 자신의 모습에 당혹스러웠던 것 같다. 그 자화상을 지인에게 보이며 자신이 개처럼 생겼다고 말했던 것이다.

드가가 했던 것처럼 카라치도 자화상을 다른 이들에게 보이며 자신의 이 작고 가여운 잔재를 바라보았으리라 상상하기는 어렵다. 하지만 카라치의 그림은 스케치보다는 좀 낫고 장대한 작품보다는 못하다. 그것은 생각과 행동 사이의 그림자다. 화가는 자신의 작품들 가운데 하나로 등장한다. 이 작품은 더욱이 자화상의 총체를 만족스럽게 보여주는 것으로, 자신의 작품들이 존재하게 된 방식을 완벽하게 전달한다. 다만 이 작품은 아직 채 완성되지 않았을 뿐이다. 이 자화상 이전에 준비 스케치가 있지만(심지어 그것은 두 번째 버전이다) 「작업실 이젤 위의 자화상」의 완성작은 여전히 무언가의 준비이며 그래서 불확실하다.

카라치는 삶에 있어서도 불분명한 면이 있다. 그가 남긴 몇 점의 자화상을 통해 그의 생김새를 알고 있고, 르네상스와 바로크 시기 사이, 또는 역시 파르네세 궁의 벽화를 그린 미켈란젤로의 웅장함과 카라바조의 신사실주의 사이에 그의 예술이 서 있다는 것을 알고 있다. 하지만 그의 작품이 다른 화가들보다 덜 알려져 있다면 그것은 그의 대표작들이 보통 운반이 불가능한 프레스코화에 집중되어 있기 때문일 것이다. 로마에서 카라치는 가톨릭교회의 가장 부유한 성직자들을 위해 일했지만 자신은 몇 년간 에두아르도 파르네세 궁의 다락방에 살다가 궁정 예술가 직에서 물러났다. 그의 첫 번째 전기 작가 조반니 피에트로 벨로리는 그는 "방에 갇혀서 대부분 그림을 그리며 종종 아내를 만날 뿐이었다. 그는 과시하는 사람들이나 그림을 싫어했으며 평범하고 욕심 없는 사람들과 사귀기를 원했다. 그러고는 끔찍한 궁정에서 도망쳤다"라고 적었다. 과묵하고 내성적인 카라치는 삼가는 이들이 그렇듯 후원가들에게 아첨하기를 싫어해서 그들과 직접 만나기보다는 다락방에 숨어들어가 있었던 것이다. 카라치는 스스로 궁정의 합법적인 고용인이라는 사실을 인정하지 않고 감방에 갇히는 편을 택했던 적도 있었다.[3]

미술사가들이 생각하기에 카라치가 이해되기 어려운 또 다른 이유는 그가 형 아고스티노와 사촌 루도비코와 함께 작업했고, 완성된 작품에 대해 작품의 작가가 세 명의 카라치라고 했고 셋을 따로 떨어뜨려 말하고 싶어 하지 않았기 때문이다. 어떤 후원가가 와서 어느 카라치가 마그나니 살렘 궁의 벽화를 그렸느냐고 물었을 때 "우리 모두가 그것을 제작했소. 카라치가 만들었을 뿐이오"라며 아무도 나서지 않았다고 한다. 볼로냐에서 미술학교, 인캄미나티Incamminati 아카데미(인캄미나티는 '진보적인 사람들'이라는 뜻이다)를 열었을 때 그들은 무엇보다 데생을 강조했는데, 그러면서 처음으로 안니발레 카라치가 전면에 나섰을 뿐이다. 안니발레의 데생은 빠르고 섬세했으며 못 다루는 것이 없어 타의 추종을 불허했기 때문이다. 그의 펜은 거리, 식당, 궁정이나 양말을 신으려는 아기, 가을 낙엽을 흔드는 미풍, 소파에 누워 있는 비너스에서 가게에서 고기를 매다는 푸줏간 주인까지 다양한 소재를 다뤘다. 고상한 소재에서 통속적인 소재까지, 카라치는 강렬함이나 독창성을 잃어버리지 않고 오갔다. 또한 그는 캐리커처를 발명한 것으로도 알려져 있다. 그의 혁신 가운데 하나는 이상적인 풍경과 더불어 400년이 지난 지금까지도 놀이터에서 여전히 인기 있는 그림 수수께끼다. 수평선은 초승달 모양으로 가운데가 약간 올라와 있고, 그 바로 옆에 삼각형이 있다. 무엇이겠는가? 흙손을 든 미장이가 벽 너머로 슬쩍 넘겨다보고 있는 모습이다.

몇 주가 몇 년이 되면서 파르네세 궁의 방방마다 벽화들도 완성되어 갔다. 아고스티노는 점차 다른 작품을 구상하기 시작했고 안니발레에게 중앙 천장화를 맡기고 떠났다. 엄청나게 어렵고 오랜 시간이 걸리는 그 작업은 육체적으로나 정신적으로나 소모가 심했다. 하지만 그 작업은 화가로서 전체 경력의 정점이 되는 것으로서 그랜드 살롱은 5년에 걸친 작업이었다. 마침내 비계가 철거되고 관람객들이 몰려들어 몇 주 안에 바로 그 훌륭한 광경에 대해 집으로 편지를 써댔다. 하지만 최고의 찬사를 아끼지 않았을 한 사람, 최고의 감사를 해야 했을 한 사람은 아무것도 하지 않았다. 아니 아무것도 하지 않은 것보다 더 나빴다. 접시 위에 올린 현금 주머니만을 화가에게 보낸 파르네세 때문에 그는 여생을 황폐하게 보내게 되는 심각한 신경쇠약에 걸리게 된 것 같다. 그는 말을 더듬기 시작했고, 자신의 가치에 대해서도 의심하기 시작했다.

카라치를 치료했던 의사는 "정신적 공허함과 기억상실을 동반한 깊은 절망. 그는 말도, 기억도 하지 않고, 갑자기 죽을 위험에 처해 있다"라고 적었다.

어떤 사람들의 눈에 「작업실 이젤 위의 자화상」은 충격 직전에 혹은 직후에 그려졌는지와는 상관없이 어쨌든 오로지 쇠약 증세에 관한 초상으로만 받아들여진다. 이 독특한 공간에 대한 모든 것과 희미한 형태, 뭐라 규정할 수 없는 필선과 흐릿한 이젤, 그리고 무엇보다도 갈색 그림자를 드리운 황혼에 외로운 객체로 선 화가의 초상 등은 모두 심리적 병증에 대해

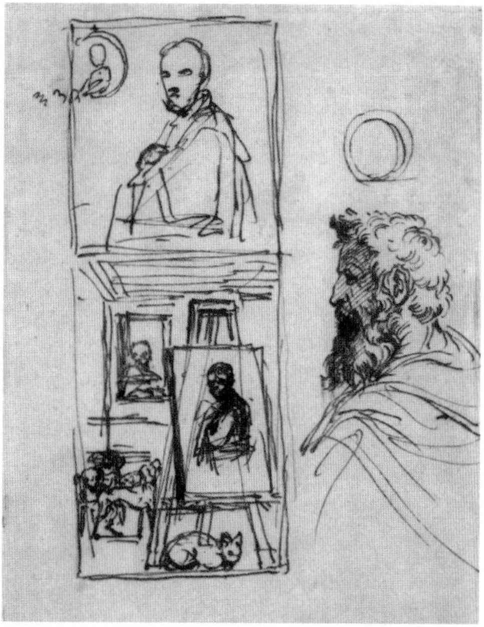

안니발레 카라치, 「작업실 이젤 위의 자화상」을 위한 준비 습작

말하고 있다. 더욱이 그는 과거의 자신으로 현재의 자신을 그리고 있었던 것 같다. 그는 40대보다 훨씬 젊어 보이고 정확히 마흔 살에 그린 다른 자화상의 카라치보다 젊어 보인다. 과거의 모습을 그린다는 것은 이전의 자아를 보존하거나 기억하려는 노력이다.

준비 선화에서는 약간의 수정을 확인할 수 있다. 조상 비슷한 형태가 유리창 쪽에 서 있고, 이젤 위에 그림이 있는 것은 같지만, 이 가운데 뭔가 분명히 다른 점이 있다. 준비화에서 카라치는 훨씬 크고 강건해 보이는 데다 화려하게 격식을 갖춘 옷을 입고 있다. 선화와 그림의 중간 단계 어디쯤에서 카라치는 자신이 진정 어떤 사람인지 의심했고 낯설고 초라한 진실을 받아들이기로 결심했을 것이다.

1600년 카라치는 사랑하는 형과 불화를 겪었고, 그 여파로 아고스티노는 볼로냐로 돌아갔다. 그들은 서로 다시는 보지 않았다. 갑작스레 죽은 아고스티노의 장례식을 위해 카라치는 볼로냐로 돌아왔는데, 이 자화상은 장례식 얼마 후에 그린 것으로 추정되고 있다. 형의 죽음이 분명 그의 우울증을 더 악화시킨 것 같다. 1603년까지 어떤 작품도 기록된 것이 없고 카라치는 더 이상 어떤 작품도 제작할 수 없었다. 그의 제자들은 그를 대신해 작업을 마무리 짓기 시작했다. 제자들이 카라치를 작업에 끌어들이기 위해 하루에 적어도 두 시간을 참여해 달라는 계약을 맺으려 한 시도를 보여주는 메모가 남아 있다(두 번째 자화상은 아마도 그들 중 한 명을 위해 만들어진 듯하다).

카라치는 궁을 떠나 카피톨리니 언덕 뒤의 임시 숙사로 이사했다. 그리고 그 후 이곳저곳을 전전했다. 작업도 하지 않고 급여도 없이 몇 년이 흘렀다. 그 즈음 친구가 된 그 의사는 1609년 어느 아침 그를 방문하고는 그가 무척 평온해 보였다고 기록했다. 그리고 의사가 저녁에 다시 찾아갔을 때 카라치는 죽어가고 있었다. "그는 죽음을 찾으러 볼로냐로 갔지만 그곳에서는 찾지 못했다. 그는 로마로 돌아왔고 여기서 죽음을 찾았다." 일생 엄청난 성취를 일구어 벌어들인 것 가운데 남은 것은 파르네세 궁에서 빌린 돈으로 마련한 오래된 매트리스와 은 몇 조각이 전부였다.

카라치는 예술의 역설을 설파하며 자신을 신기루로 보여준다. 인간의 살아 있는 현존이 생명 없는 물감과 화포에서 2차원으로 소환된 것이다. 그 정도로 자화상은 기발한 장치가 된다.

카라치는 "화가는 손이 아닌 머리로 그린다"라는 미켈란젤로의 금언을 못 견뎌 했던 것으로 알려져 있다. 그리고 그의 충성스런 제자들에게 훌륭한 예술작품을 만들기 위해서 얼마만큼의 기술과 연습이 필요한지 늘 새겼다고 한다. 하지만 이 그림은 그런 식의 에두른 선언이 아니다. 내성적인 그 남자는 화포로, 한 사람으로, 그러면서도 한 개의 사물로 자신을 보여주었다. 하지만 그는 여전히 미완성이다. 모든 이들이 여전히 진행 중인 것처럼.

미완성과 불확실성. 그것은 얼굴과 그림 둘 모두의 특징이다. 이 작은 이미지로 카라치는 자화상의 한계를 가늠해본다. 한 점의 자화상이 될 수 있는 모든 것은 결국 화가의 자아에 대한 환영이기 때문이다. 그것은 화가의 대체물일 수도 구체화일 수도 없고, 화가에 대한 종언이나 총체일 수도 없다. 하지만 화가는 자신이 과연 목적지에 이를 수 있는지에 대해서 의심하면서도, 그것이 불확실하면서도 그리기를 멈추지 않는다. 이것이 바로 카라치의 작별 자화상이 주는 비장함이다. '지금 여기 내가 있다—그리고 없다.'

## 감사의 글

내가 처음으로 본 그림은 나의 아버지, 스코틀랜드 화가 제임스 커밍이 그린 것이다. 아버지의 작품은 시적인 형태와 때로는 기하학적인 추상성을 띠고 있다. 하지만 대부분의 아이들이 그렇듯 나는 세상이 아버지의 손이 부리는 마법에 의해 구체적인 이미지로 물화되는 것을 더 좋아했다. 우리의 성화에 못 이겨 아버지는 낙타나 두 명의 곡예사, 동생이 말 한 마리에 타고 있는 회전목마 등을 스케치북에 그려주었다. 특별한 부탁으로 스케치북에 그려진 그 그림들은 황금비율을 회화적으로 변용한 아버지의 작품이나 새로이 발견된 원자 구성 입자의 경이로움만큼이나 독특하고 아름다웠다. 여전히 그 그림들은 스케치북에 있지만 아버지는 없다. 아버지는 자신을 그리지 않았기 때문이다.

나는 아버지의 자화상을 보고 싶었다. 내 인식과는 별개로 완전히 아버지에 의해 그려진 아버지에 대해 알고 싶었다. 내 아버지를 당신의 눈으로 보고 싶었던 것이다. 아버지가 돌아가시고 몇 년이 흐른 뒤 우리는 스케치북에서 마침내 하나의 작은 이미지를 발견했다. 세포 구조와 솔방울, 행성들을 그린 페이지에 그가 있었다. 아버지는 자신을 우주의 작디작은 구성

요소들 중 하나로 본 것이다.

이 책은 나를 예술로 이끈 안내자이자 멘토인 아버지와, 어머니를 위한 것이다. 어머니가 아니었다면 이 책을 쓸 수 없었을 것이다. 이미지와 글에 대한 어머니의 사랑, 열정적인 호기심은 내가 더 많은 것을 볼 수 있게 도와주었다. 그리고 이 책에 포함된 몇 점의 자화상에 대한 어머니의 평이 그녀의 격려만큼이나 나에게 큰 영감을 주었다.

이 책을 쓰는 동안 누군가 태어나고 죽고 결혼했다. 그리고 데니스 시웰은 그 가운데 언제나 사랑스런 친구이자 응원군 그리고 남편으로 내 곁에 있어 주었다. 나는 그의 아이디어와 나를 향한 끊임없는 사랑에 감사한다.

세 명의 친구들에게도 역시 감사를 해야 한다. 데이비드 에드가는 자화상에서 연극을 보았고 전 세계 방방곡곡에서 나에게 엽서를 보내주었다. 조너선 코는 「시녀들」에서 소설을 보았으며 서사적인 관점에서 매우 세심하게 그 작품을 읽어주었다. 그리고 톰 러복은 예술에 대해 그 누구보다 더 많은 것을 생각할 수 있게 해주었고 작품에 대한 독창적인 시각으로 나를 언제나 들뜨게 하고 수많은 영감을 주었다.

아라벨라 파이크는 인내심과 이해심이 깊은 편집자다. 내 에이전트 데이비드 밀러 역시 그 이상이었다. 섬세함, 정교함과 깊은 주의력으로 이 책의 완성도를 높여준 애너벨 라이트와는 함께 일하면서 정말 즐거웠다. 멜 헤이셀든은 도판 조사의 여왕이다.

하버드 대학의 조지프 리오 쾨르너 교수의 자문을 얻을 수 있었던 것은 나에게 큰 행운이었다. 뒤러에 대한 그의 작업은 내 생각에 타의 추종을 불허하는 것이었다. 쿠르베의 그림에 대한 제임스 루빈 교수와 클라우스 헤르더의 연구도 마찬가지다. 또한 스코틀랜드 내셔널갤러리의 존 레이튼 박사와 코톨드 인스티튜트의 데버러 스왈로 박사, 그리고 로젠바흐 박물관의 엘리자베스 풀러에게도 감사한다. 뮌헨 알테 피나코테크의 직원 분들, 특히 마르틴 샤베 박사에게 감사하고 싶다. 그분들 덕에 고문서실에 들어갈 수 있었고, 거기서 뒤러가 입었던 눈 부상에 대해 알 수 있었다. 친구 케이트 켈러웨이와 그녀의 아버지 윌리엄 켈러웨이에게도 감사한다. 그분은 나에게 1929년에 출판된 『500점의 자화상』 초판본을 기꺼이 내주셨다. 거기에는 어둑하지만 극적인 도판들이 가득했다. 또한 나에게 미술에 대한 책을 써 보라고 했던 캐럴 앤더슨과 마이클 돕슨 교수, 새러 도날드슨, 테나 코직, 루크 제닝스, 이레나 빈첵, 제인 퍼거슨에게도 감사한다.

마지막으로, 나는 스코틀랜드 시인 조지 부르스와 렘브란트에 대해 깊은 대화를 나눈 적이 있다. 그는 자리를 뜨더니 시 한 편을 적어 왔다. 조지를 기억하며 여기 그 시를 적는다.

다른 눈들이 그를 바라보았을 때 그는 알았네
어둠에서 그림 한 장을 그렸다는 것을
그는 한 남자를 보았고, 자신을 보았네
마치 돌 접시나 겨울을 떨구는 나뭇잎 위에 비친 듯한 그를.
그 적막함은 그의 깊은 한숨이었네.
하지만 그 어둠 속에서 희미한 두 개의 빛이 빛나고 있었고,
그 눈은 작은 창문 같은 희망이었네
그리고 그 집에서는 많은 일들이 벌어지네.

# 옮긴이의 글

『진주 귀고리를 한 소녀』의 작가 트레이시 슈발리에는 자신이 유독 자화상이나 초상화에 빠져드는 이유를 그림 속 인물들이 내뱉는 조용한 속삭임 때문이라고 고백한 적이 있다. 갤러리에 들어서서 천천히 걷다 보면 유독 자기를 향해 도드라지게 말을 거는 그림이 있는데, 그것이 언제나 초상화나 자화상이라는 것이다. 무엇보다 초상화나 자화상은 관자와 인물 간에 갖는 일대일의 공평한 만남이라는 면에서 역사화나 정물화 또는 풍경화와 대별된다. 장대한 스케일의 역사화를 앞에 두고 관자는 이야기에 대한 이해의 숙제를 떠안으며 그림과 이야기의 거대한 폭과 깊이에 압도되는 한편, 주인공이 인물이 아닌 풍경화나 정물화를 대면해서는 쌍방향의 대화보다는 자의적인 해석과 감상을 시도하며 그림 뒤에 숨은 작가에 대해서 고려할 만한 여유는 미처 갖지 못하기도 한다.

지은이가 머리말에서 언급했다시피 특히 자화상은 위대한 예술가를 직접 알현한다는 흥분을 안겨준다. 그것은 그 자체로 화가의 팬에게 더할 수 없는 영광일 수 있지만, 동시에 큰 실망을 안겨줄 수 있는 위험천만한 일이기도 하다. 레이놀즈 경의 우아하고 자신감 넘치는 자화상을 보며, 그것이

레이놀즈 경이 그린 영국의 귀족과 자본가, 학자 들의 모습과 별반 다르지 않은 위엄이 있음을 감득하고 그 앞에 경의를 표할 수도 있지만 작품을 통해 관자 스스로 재구했던 화가의 상이 화가가 그린 화가의 모습 앞에 크게 무너지는 경험을 들라크루아나 로스코의 자화상을 보면서 하게 될 수도 있는 것이다. 하지만 아무리 관자가 자화상을 대면해 생각지도 못한 화가의 상을 보고 당황해 할지라도, 화가들은 자신들의 요구로 관자와의 관계나 의뢰인과의 관계로부터 자유롭게 자화상을 제작해 왔다(물론 저자는 이런 일반적인 자화상의 동기에서 벗어난 수많은 흥미로운 예들을 제시하고 있지만).

그러고 보면 자화상에 대한 이 책의 원제가 '세상을 향한 얼굴Face to the World'이라는 점은 썩 그럴듯해 보인다. 자기를 어떻게 그릴 것인가는 세상에 대한 자신의 입장을 고려하지 않고서는 불가능한 일이다. 자기에 대해 숙고할 때 다른 사람이나 세상과의 관계를 의식하지 않은, 온전한 자기를 발견하거나 그것을 구현할 수 있을까. 그래서 저자는 자화상이 결국 세상을 향해 화가 자신이 무엇인가 얘기할 필요나 요구가 있을 때 제작되는 것이라고 단언한다. 물론 말하는 방식이 일기에서 공적인 연설까지 다양하듯, 자화상의 스펙트럼도 내밀한 속삭임에서 자신의 소신을 명문에 새기고 천명하는 데까지 다양하다.

그렇기 때문에 자화상에 등장하는 화가는 언제나 있는 그대로의, 다르게 말하면 다른 화가들이 해당 화가를 그린 초상과 어긋나는 경우가 다반사다. 왜냐하면 자화상의 중요한 동기 가운데 하나가 자신에 대한 항변이나 설명이기에 화가들은 붓을 들어 거울에 보이는 자신의 모습에 대한 과장이나 수정, 또는 윤색을 감행할 수밖에 없는 것이다. 기실 다른 화가들이 그린 해당 화가의 초상과 매우 유사한 자화상을 그린 화가가 있더라도 그래서 그 결과물이 초상과 자화상이 거의 같은 것이라 하더라도 그 의미는 확연히 달라진다. 전자가 객관적인 사실의 기록 그 자체로 보일 수 있다면, 후자는 화가 스스로 다른 수정이나 윤색의 선택을 버리고, 그것을 선택했다는 면에서 자신에 대한 메시지를 세상에 전하고 있다고 이해되어야 하는 것이다.

자화상에 대한 이런 관점은 우리가 화가의 전기적 사실을 알 때 그 의미가 더욱 증폭된다. 화가의 전기적 사실이 그 수정과 윤색의 정도와 내용을 비교를 통해 보다 구체화하고, 화가의 자화상이 결국 자신이 만들어낸 하나의 허구적 이미지라는 사실이 입증될 때, 자화상 감상은 특별한 재미와 흥분과 감동을 자아낸다. 이것은 마치 하나의 이미지, 즉 세상을 향한 나의 얼굴을 그럴 듯하게 만들어내려고 안간힘 쓰는 나의 모습이 들통 난 순간, 그 애씀이 주는 애잔함이 너와 나 모두에게 비슷한 연민으로 다가올 때 우리는 거기서 삶에 대한 모종의 진실을 보았다고 할 수 있기 때문이다.

혁명의 폭풍 속에 간신히 목숨만을 부지한 채 발갛게 상기된 볼과 틀어진 입을 한 다비드의 자화상은 혁명에 대한 오롯한 순수의 열정만이 자신이 가진 전부라고 호소하며, 심각한 낭비벽으로 결국 영락한 신세가 돼 버린 렘브란트는 자신을 고대의 현자나 위엄 있는 왕의 모습으로 그려 여전히 자신이 지니고 있는 정신적 위엄을 시퍼런 서슬로 천명했다. 한편 비제르브룅이 그린 여러 점의 자화상은 혁명의 회오리 속에서 끝끝내 화가로서 목숨을 부지하기 위해 세상을 향해 할 수 있는 최대한의 교태를 지어낸 그녀의 고단한 인생을 우회적으로 드러내어 '여기 드디어 쉴 수 있게 되었다'는 그녀의 비명碑銘에 우리 모두 공감할 수 있게 한다. 뭉크에게 자화상은 이들보다 적극적으로 자신이 사랑과 인생의 모든 고통과 상처를 떠안은 피해자라며 세상의 동정과 연민을 구하는 도구가 되었다. 결국 우리가 자화상을 대하고 그 그림과 쉽게 교감할 수 있다면 그것은 누구나 삶의 여러 국면에서 세상을 향해 나 자신을 내놓아야 할 필요와 요구라는 것을 절실하게 경험한 적이 있기 때문에, 그리고 내가 분명히 감지하고 있는 '나'를 꾸며서 또 다른 나를 세상에 내어놓은 경험이 있기 때문일 것이다.

세상을 향해 제시하는 화가의 자기 이미지가 자화상이라는 대전제 아래, 지은이는 연대기적인 흐름을 견지하면서 실로 방대한 작품을 대상으로 자화상에 대한 다양한 논의를 펼친다. 책을 읽다 보면 자화상으로 엮은 미술사를 읽는 것 같으면서도 뒤러나 렘브란트, 벨라스케스 같은 거장에 대해서는 자화상을 통해 그들의 거대한 작가의식의 면면을 볼 수 있으며, 거울이나 사진과 같은 자화상과 밀접한 소재에 대해서는 작품에 대한 직접적 언급을 뒤로한 채 자화상의 본질에 대한 고민을 지은이와 공유할 수 있다. 뿐만 아니라 「무대공포증」이나 「연행」으로 이름 붙여진 장에서는 자화상을 둘러싸고 실제로 작가들이 경험했던 무수한 갈등과 실패, 전략과 성공 등의 에피소드와 함께 성공한 화가들의 실패한 자화상을 엿볼 수 있다. 자화상에 대한 이러한 다각적인 조명을 통해 독자들은 어쩌면 자화상이라는 하나의 장르를 통해 예술의 본질이나 거장의 예술혼과 같은 거창한 주제로 자연스럽게 이끌리는 경험을 하게 될 수도 있다.

하지만 무엇보다 지은이가 독자에게 제공하는 소중한 기회는 전술했다시피 독자가 자신의 경험 또는 이미지와 중첩되는 자화상을 대면할 수 있다는 데 있다. 작가는 드가의 말을 인용하며 "인간의 본질은 다른 사람을 바라보는 것"이라고 말한다. 아마도 다른 사람이라는 존재가 본질적으로 타인이면서 동시에 나를 비추는 거울이기 때문이리라. 그렇다. 타자를 본다는 것은 나와는 다른 세계를 탐구하는 것이면서 동시에 그를 탐구하는 나를 확인하게 되는 흥미로운 일이다. 여기서 바로 공감이라는 것이 발생한다. 화가의 자화상을 들여다보고 있으면 그가 내뱉은 나지막한 그의 편에 선 이야기가 흘러나온다. 그 이야기는 너무도 진솔하고 그럴듯해서 그의 입장에 우리가 서보지 않기란 거의 불가능하다. 그 자리에 선 나는 어쩔 수 없이, 트레이시 슈발리에와 같은 기발한 이야기는 아니더라도 그가 무슨 이야기를 하고 있는지 공감하며 그가 풀어내는 분노, 원망, 사랑, 자긍, 전략, 희열, 공포 등에 대한 이야기에 나의 이야기를 얹어 제3의 감동적인 이야기를 상상하게 될지도 모른다. 그리고 어느새 그 이야기는 세상 속에서 상처 입은 나를 치유하는 이야기가 된다.

커밍의 책에는 실제로 화가들이 자신의 삶에서 받은 상처를 치유하기 위해 그린 다양한 자화상에 대한 이야기가 등장한다. 화가가 시도한 치유의 모험은 때로 매우 사적이지만 시대를 초월해 우리를 만나면서 보편적인 어떤 것으로 바뀌는 신비를 갖는다. 치유를 위해 나를 확인하는 일, 즉 거울을 보며 자신을 숙고했던 화가가 우리를 돌아보고, 또는 우리를 거울인 듯 응시하며 건네는 질문, 나는(당신은) 누구이고 무슨 의미인가라는 질문 앞에 서면 우리는 한 점의 그림이 아닌 하나의 문학과 철학과 역사를 포괄하는 어떤 것을 마주한다는 느낌을 지우기 어렵다. 이 책은 우리에게 그런 질문을 끊임없이 던지며 그 질문에 답하라고 매우 매력적이고 아름답게 요구한다. 그리고 독자는 마지막 책장을 덮으며 자기와 가장 닮았다고 느낄 만한 자화상 한 점쯤을 마음에 새기고 그것으로 세상을 향하리라 마음먹고 그 화가와 끈끈한 연대감을 가질 수도 있으리라.

2012년 10월

김진실

# 주석

**머리말**

1. "나는 조상(彫像)의 모습이 두렵다. 그것이 새겨진, 또 하나의 이미지라는 생각에 나는 두려워 떨릴 뿐이다." 찰스 디킨스가 윌리엄 헵워스 딕슨에게 보낸 편지, EL3.D548 MS3, 로젠바흐 박물관, 필라델피아.
2. Jorge Luis Borges, *Everything and Nothing*, trans. Donald A. Yates *et al.* (New York: New Directions Publishing, 1999).
3. Anna Gruetzner Robins, ed., *Walter Sickert: The Complete Writings on Art* (Oxford: Oxford University Press, 2002), p.418.

**제1장 비밀**

1. 1435년 3월 12일; Document 24 in W. H. James Weale, *Hubert and John Van Eyck* (London: Lane, 1908).
2. Edwin Hall, *The Arnolfini Betrothal: Medieval Marriage and the Enigma of Van Eyck's Double Portait* (Berkely, CA, and London: University of California Press, 1994), p.123.
3. Linda Seidel, in *Jan Van Eyck's Arnolfini Portrait: Stories of an Icon* (Cambridge: Cambridge University Press, 1993). 린다 세이들은 사람들이 터번을 쓰고 있는 이 작은 남자들을 자화상이라고 믿게 하는 것은 비논리적이거나 단순한 순환논리라고 단언했다. 이 논리는 「남자의 초상」(내셔널갤러리) 속 붉은 터번을 쓴 남자가 화가 자신이라는 생각에서 비롯되었고, 마찬가지로 터번을 쓴 다른 사람들이 그림에 존재하는 한 그런 주장은 계속될 것이기 때문이다.
4. 엑스레이 검사 결과 아기예수는 원래 이 재무장관을 축복하고 있지 않았다는 사실이 발견되었다. 그리고 또 한 가지 사실은 그의 허리에 돈 주머니가 늘어져 있었다는 것이다. 아마도 누군가 재무장관의 정체를 적나라하게 드러내는 이 물건을 없애는 것이 좋겠다고 생각했으리라. 그래서 이 부분은 이후에 성급히 채색돼 덮였다. Anita Albus, *The Art of Arts: Rediscovering Painting*, trans. Michael Robertson (Berkely, CA, and London: University of California Press, 2001), p.14.
5. Erwin Panofsky, *Early Netherlandish Painting, Its Origins and Character* (Cambridge, MA: Harvard University Press, 1953), p.181.
6. Seidel의 책에서 주석 3번을 보라.

7. Lorne Campbell et al., *Renaissance Faces: Van Eyck to Titian* (London: National Gallery, 2008), p.178.

### 제2장. 눈

1. Lorne Campbell, *Reanissance Portraits* (New Haven, CT: Yale University Press, 1990), p.81.
2. Francis Darwin, ed., *Life and Letters of Charles Darwin* (London: John Murray, 1888), vol. 2, p.296.
3. Filippo Baldinucci, *Notizie dei professori de' disegno da Cimabue in qua* (Florence: Batelli e Compagni, 1847), Vita de Lippi.
4. Lorenzo Lippi, *Il Malmantile racquistato*, 피렌체에서 1688년에 사후 출판.

### 제3장. 뒤러

1. Bettina Von Arnim, *Goethe's Correspondence with a Child* (London: Longman, Orme, Brown, Green and Longmans, 1937; 본래 1835년 독일에서 출판), 브루스 찰턴이 제작한 e-edition, 2004.
2. *Reportorium fur Kunstwissenschaft*, ed. Henry Thode and Hugo von Tschudi (Berlin: Druck und Verlag von Georg Reimer, 1914), p.424.
3. 작가와 주고받은 이메일.
4. Julius Bard, ed., *Albert Dürer schriftlicher Nachlass* (Berlin: 1910), I.59.
5. Michael Levey, *Essays on Dürer*, ed. C. R. Dodwell (Manchester: University of Manchester Press, 1973), p.14.
6. Joseph Leo Koerner, *The Moment of Self-Portraiture in German Renaissance Art* (Chicago and London: University of Chicago Press, 1993) p.185.
7. 작가와 주고받은 이메일.

### 제4장. 모티프, 수단, 기회

1. *The Complete Poems of Michelangelo*, trans. John Frederick Nims (Chicago: University of Chicago Press, 1998).
2. "메서슈미트는 계속 자신을 꼬집으며 찡그린 얼굴을 반복했다. 그러면서 거울로 자신을 관찰하며 조각했다. 그리고 1분도 안 돼 다시 찡그리기를 반복했다. …… 그는 이 얼굴이 두려워지는 듯했다. 그리고 그것이 '비율의 영혼'을 나타낸다는 점을 받아들였다. 그 영혼은 그를 꼬집었고, 그는 다시 그를 꼬집었다. 그리고 마침내 그 영혼은 졌고 그를 떠났다." Thomas Hess and John Ashbery, *The Grand Eccentrics* (Collier Books, 1971), p.69.

3. "나는 정말 많은 자화상을 제작했다. 왜냐하면 내 주변의 사람들이 마치 파리처럼 죽어나갔기 때문이다. 그래서 내 주위에 나 말고는 달리 그릴 사람이 아무도 없었다. …… 나는 나 자신의 얼굴을 혐오한다." David Sylvester, *The Brutality of Fact: Interviews with Francis Bacon* (London: Thames and Hudson, 3rd edn 1987), pp.129~33.
4. John Rewarld, *Seurat: A Biography* (New York: H. N. Abrams, 1990), p.190.
5. 이것은 조르주 쇠라의 도록 *Georges Seurat, 1851~1891*(Museum of Modern Art, 1991)에 참여한 작가들의 시각이다.

**제5장. 렘브란트**

1. Christopher White and Quentin Buvelot, eds., *Rembrandt by Himself* (London: National Gallery, 1999), p.17.
2. *Ibid.*, p.17.
3. *Ibid.*, p.19.
4. 이런 식의 비교는 톰 러복이 『인디펜던트』 1999년 6월 8일자에 게재한 「최고의 얼굴 극작가(Supreme Dramatist of the Face)」에서 시도했다.
5. Gary Schwartz, *Rembrandt: His Life and Paintings* (London: Penguin, 1991) p.328.
6. *Ibid.*, p. 362.

**제6장. 무대 뒤편**

1. Svetlana Alpers, *The Vexations of Art: Velasquez and Others* (New Haven, CT: Yale University Press, 2005), p.34.

**제7장. 벨라스케스**

1. Kenneth Clark, *Looking at Pictures* (London: John Murray, 1960), pp.38~39.

**제8장. 거울**

1. Mark Pendergrast, *Mirror Mirror* (New York: Basic Books, 2003).
2. www.truemirror.com
3. Tom Rockwell, ed., *The Best of Norman Rockwell* (Philadelphia: Courage Books, 1988), Preface.

**제9장. 연행**

1. Tom Lubbock, 'Great Works', *Independent*, 18 Nov. 2005.

2. Michael Prodger, 'In the Grip of a Terrible Beauty', *Sunday Telegraph*, 14 Aug. 2005.
3. Thomas Nagel, 'Concealment and Exposure', *Philosophy and Public Affairs*, 27 (I) (1998), pp.3~30.

### 제10장. 무대 공포증

1. Sidney Lee, ed., *Dictionary of National Biography: Supplement* (Oxford: Oxford University Press, 1901), p.157.
2. Duncan Thomson, *Sir Henry Raeburn 1756~1823* (Edinburgh: National Galleries of Scotland, 1994), p.174.
3. John Hayes, ed., *The Letters of Thomas Gainsborough* (New Haven, CT: Yale University Press, 2001), p.175.
4. Richard Cumberland, *Memoirs of Richard Cumberland, Written by Himeself*, 2 vols. (London: Lackington, Alle & Co., 1806~07), p.464.
5. David Hume, *The Philosophical Works of David Hume* (New York: Little Brown, 1854), p. 312.
6. John Updike, *Self-Consciousness* (London: Penguin 1990), pp.75~106.

### 제11장. 외로운 영혼들

1. Anita Brookner, *Jacques-Louis David* (London: Chatto & Windus, 1980), p.50.
2. T.J. Calrk, *Farewell to an Idea: Episodes from a History of Modernism* (New Haven, CT, and London: Yale University Press, 1999), p.32.
3. Brookner, p.102.
4. *Ibid.*, p.124.
5. Yvonne Deslandres, *Delacroix: A Pictorial Biography* (London: Thames and Hudson, 1963), p.93.

### 제12장. 자기애

1. Dennis Diderot, *Diderot on Art*, vol. 2, *The Salon of 1767*, ed. and trans. John Goodman (New Haven, CT, and London: Yale University Press, 1995), pp.xvi, 81~82.
2. Sarah Faunce and Linda Nochlin, *Courbet Reconsidered* (New Haven, CT, and London: Yale University Press, 1988), pp.193~94.
3. Michael Fried, *Courbet's Realism* (Chicago: Chicago University Press, 199), p.278.

4. Jack Lindsay, *Gustave Courbet: His Life and Art* (Bath: Adams and Dart, 1973), p.115.
5. *Ibid.*, p.117.
6. Gerstle Mack, *Gustave Courbet* (London: Rupert Hart-Davis, 1951), pp.127~30.
7. *Courbet*(London: Phaidon, 1997)의 저자 제임스 루빈 교수와 주고받은 이메일.
8. Pierre-Joseph Proudhon, *Du principe de l'art et de sa destination sociale* (Paris: 1865), p.283.

**제13장. 피해자**

1. Iris Muller-Westermann, *Munch by Himself* (London: Royal Academy of Arts, 2005), p.108.
2. *Edvard Munch: Lithographs, Etchings, Woodcuts* (Los Angeles: Los Angeles Country Museum, 1969), p.9.
3. Frida Kahlo, *Frida Kahlo*, ed. Emma Dexter and Tanya Barson (London: Tate Publishing, 2005), p.42.
4. *Ibid.*, p.11.

**제14장. 선구자**

1. Wilhelm Udhe, *Van Gogh* (London: Phaidon, 1972), p.7.

**제16장. 작별**

1. Giovanni Pietro Bellori, *The Lives of the Modern Painters, Sculptors and Architects*, trans. Alice Sedgwick Wohl (New York: Cambridge University Press, 2005), p.77.
2. Paul Valery, *Degas, Manet, Morisot*, trans. David Paul (Princeton: Princeton University Press, 1960), p.99.
3. Cesare Malvasia, *Malvasia's Life of the Carracci*, trans. Anne Summerscale (University Park, PA: Pennsylvania State University Press), p.227.

## 머리말

• Van Rijn, Rembrandt, *Self-Portrait*, c.1663, oil on canvas, 114.3×94cm
*The Iveagh Bequest, Kenwood House, London / Bridgeman Art Library*

## 제1장. 비밀

• Van Eyck, Jan, *Portrait of a Man(Self Portrait?)*, 1433, oil on wood, 33.3×25.8cm
*National Gallery, London / Brideman Art Library*

• Van Eyck, *Madonna and Child with Canon Georg van der Paele*, 1436(and detail), oil on panel, 122×157cm
*Groeninge Museum, Bruges / Bridgeman Art Library*

• Van Eyck, *The Madonna of Chancellor Rolin*, c. 1435(and detail), oil on panel, 66×62cm
*Louvre, Paris / Bridgeman Art Library*

• Van Eyck, *The Arnolfini Portrait*, 1434(and detail), oil on panel, 82.2×60cm
*National Gallery, London*

## 제2장. 눈

• Botticelli, Sandro, *The Adoration of the Magi*, 1475(and detail), tempera on wood, 111×134cm
*Uffizi, Florence / Bridgeman Art Library*

• Guercino, *Self-Portrait*, 1624~c.1626, oil on canvas, 64.1×52.1cm
*Private Collection*

• Tintoretto, Jacopo Comin, *Self-Portrait*, c.1546~48, oil on canvas, 45.7×38cm
*Reproduced by kind permission of the Philadelphia Museum of Art*

• Graff, Anton, *Self-Portrait*, 1813
*bpk / Nationalgalerie, Staatliche Museen zu Berlin. Photo: Andres Kilger*

• Chardin, Jean-Baptiste-Simeon, *Self-Portrait with Spectacles*, 1771, pastel on paper, 46×37.5cm

*Louvre, Paris / Bridgeman Art Library*

- Rembrandt, *Self-Portrait, Wide-eyed*, 1630, etching and burin, 5.1×4.6cm
  *Kupferstichkabinett, Staatliche Museen zu Berlin. Photo: Joerg P. Anders Scala, Florence / bpk*
- Lippi, Lorenzo, *Self-Portrait*, c.1655, oil on canvas, 495.×36cm
  *Uffizi, Florence / Scala. Courtesy of the Ministero Beni e Att. Culturali*
- Titian, *Self-Portrait*, c.1560, oil on canvas, 96.4×74.8cm
  *Gemaldegalerie, Staatliche Museen zu Berlin. Photo: Joerg P. Anders. Scala, Florence / bpk*
- Reynolds, Sir Joshua, *Self-Portrait*, c.1747~49, oil on canvas, 63×74cm
  *National Portrait Gallery, London*
- Klee, Paul, Versunkenheit, 1919, 75, *Absorption*, pencil on paper on cardboard, 27×19.7cm
  *Norton Simon Museum of Art, Pasadena, California. The Blue Four Galka Scheyer Collection. © DACS 2009*
- Goya, y Lucientes, Francisco Jose de, *Self-Portrait*, plate I, Los Caprichos, pub 1799, etching and aquatint, 21.9×15.2cm
  *Private Collection / Bridgeman Art Library*

**제3장. 뒤러**

- Dürer, Albrecht, *Self-Portrait*, 1500, oil on wood, 67×49cm
  *Alte Pinakothek, Munich / Bridgeman Art Library*
- Dürer, Self-Portrait at 13, 1484, silverpoint on paper, 27.5×19.6cm
  *Graphische Sammlung Albertina, Vienna / Bridgeman Art Library*
- Dürer, *Self-Portrait in the Nude*, c.1503, black ink heightened with white on green paper, 29.2×15.4cm
  *Schlossmuseum, Weimar / Bridgeman Art Library*
- Dürer, *Self-Portrait with Eryngium*, 1493, oil on parchment on canvas, 56×44cm
  *Louvre, Paris / Bridgeman Art Library*
- Dürer, *Self-Portrait with Gloves*, 1498, oil on wood, 52×41cm
  *Prado, Madrid / Bridgeman Art Library*

## 제4장. 모티프, 수단, 기회

- Michelangelo, Buonarroti, *The Last Judgement*(Sistine Chapel Ceiling), c.1538~41, fresco(detail)
  *Vatican Museums and Galleries, Vatican City, Alinari / Bridgeman Art Library*
- Bazzi, Giovanni('Il Sodoma'), *St Benedict's First Miracle*, 1502(detail)
  *Monte Oliveto Maggiore, Tuscany*
- Caravaggio, Michelangelo Merisi da, *The Taking of Christ*, c.1602, oil on canvas, 133.5×169.5cm
  *Photo © National GAllery of Ireland. From the Jesuit Community, Leeson Street, Dublin, who acknowledge the kind generosity of the late Dr Marie Lea-Wilson*
- Van Dyck, Sir Anthony, *Self-Portrait with Sunflower*, c.1633, oil on canvas, 60×73cm
  *Private Collection / Bridgeman Art Library*
- Leyster, Judith, *Self-Portrait*, c.1630, oil on canvas, 74.3×65cm
  *Photograph courtesy of the Board of Trustees, National Gallery of Art, Washington. Gift of Mr and Mrs Robert Woods Bliss*
- Poussin, Nicolas, *Self-Portrait*, c.1650, oil on canvas, 98×74cm
  *Louvre, Paris / Giraudon / Bridgeman Art Library*
- Murillo, Bartolome Esteban, *Self-Portrait*, c.1670~73, oil on canvas, 122×107cm
  *National Gallery, London / Bridgeman Art Library*
- Nussbaum, Felix, *Self-Portrait with Jewish Identity Card*, 1943, oil on canvas, 56×49cm
  *Kulturegeschichtliches Museum, Osnabruck. Scala, Florence / bpk © DACS 2009*
- Seurat, Georges Pierre(1859~91), *La Poudreuse*, c.1888~90, oil on canvas, 95.5×79.5cm
  *The Samuel Courtauld Trust, Courtauld Institute of Art Gallery, London*

## 제5장. 렘브란트

- Rembrandt, *Self-Portrait*, c.1663, oil on canvas, 114.3×94cm
  *The Iveagh Bequest, Kenwood House, London / Bridgeman Art Library*
- Rembrandt, *Self-Portrait*, 1640, oil on canvas, 93×80cm
  *National Gallery, London / akg-images*

• Rembrandt, Self-Portrait as a Young Man, c.1628, oil on wood, 22.5×18.6cm
*Rijksmuseum, Armsterdam / Bridgeman Art Library*

• Rembrandt, Self-Portrait at an Early Age, 1629, oil on wood, 15.5×12.7cm
*Alte Pinakotek, Munich*

• Rembrandt, *Self-Portrait aged 51*, c.1657, oil on canvas, 53×54cm
*National Gallery of Scotland, Edinburgh (Bridgewater Loan, 1945)*

• Rembrandt, *Self-Portrait as Zeuxis*, 1662, oil on canvas, 82.5×65cm
*Wallraf-Richartz Museum, Cologne. Photo: Jochen Remmer. Scala, Florence / bpk*

• Rembrandt, *Portrait of Jacop Trip*, c.1661, oil on canvas, 130.5×97cm
*National Gallery, London*

• Rembrandt, Self-Portrait, 1658, oil on canvas, 131×102cm
© *The Frick Collection, New York*

**제6장. 무대 뒤편**

• Gentileschi, Artemisia, *Self-Portrait as La Pittura*, 1638, oil on canvas, 98.6×75.2cm
*The Royal Collection © 2009. Her Majesty Queen Elizabeth II*

• Borgianni, Orazio, *Self-Portrait*, c.1615, oil on canvas, 95×71cm *Museo del Prado, Madrid*

• Anguisola, Sofonisba, *Bernardino Campi Painting Sofonisba Anguissola*, c.1559, oil on canvas, 111×109.5cm
*Pinacoteca Nazionale, Siena / akg-images*

• Resani, Arcangelo, *Self-Portrait*, c.1713, oil on canvas, 105×87.3cm
*Uffizi, Florence / Bridgeman Art Library*

• Labille-Guiard, Adelaide, *Self-Portrait with Two Pupils*, 1785, oil on canvas, 210.8×151.1cm
*Metropolitan Museum of Art, New York. Gift of Julia A. Berwind, 1953. Photograph © Metropolitan Museum of Art / Art Resource / Scala, Florence*

• Goya, *Self-Portrait in the Studio*, 1790~95, oil on canvas, 42×28cm
*Real Academia de Bellas Artes de San Fernando, Madrid / Bridgeman Art Library*

• Guston, Philip, *The Studio*, 1969

*Copyright © Estate of Philip Guston*

*Reproduced by kind permission of The McKee Gallery, New York*

- Kollwitz, Käthe, *Self-Portrait, Drawing*, 1933, charcoal on brown laid Ingres paper, 47.7×63.5cm

  *National Gallery of Art, Washington D.C.*

### 제7장. 벨라스케스

- Velasquez, Diego Rodriguez de Silva y, *Las Meninas*, c.1656(and details), oil on canvas, 318×276cm

  *Prado, Madrid. Giraudon / Bridgeman Art Library*
- Velasquez, *Infante Carlos Baltasar in the Riding School*, c.1640~45, oil on canvas, 130×102cm

  *Wallace Collection, London / Bridgeman Art Library*
- Vermeer, Jan, *The Art of Painting*, c.1665~66, oil on canvas, 120×100cm

  *Kunsthistorisches Museum, Vienna / Bridgeman Art Library*

### 제8장. 거울

- Parmigianino, *Self-Portrait in a Convex Mirror*, 1524, oil on wood, diameter 24.4cm

  *Kunsthistorisches Museum, Vienna. Ali Meyer / Bridgeman Art Library*
- *Marcia in her Studio*(St Marcia, d. 632), from *De Claris Mulieribus* by Giovanni Boccaccio

  *French School, 15th Century. Ms Fr 124220 fol. 101v. Bibliotheque Nationale, Paris / Giraudon / Bridgeman Library*
- Vuillard, Jean-Edouard, *Self-Portrait in a Mirror with a Bamboo Frame*, 1890

  *Private Collection. © ADAGP, Paris and DACS, London 2009*
- Corinth, Lovis, *Self-Portrait*, 1925

  *Reproduced by kind permission of the Kunsthaus Zurich*
- Gumpp, Johannes, *Self-Portrait*, 1646, oil on canvas, diameter 89cm

  *Uffizi, Florence / Bridgeman Art Library*
- Rockwell, Norman, *Triple Self-Portrait*, 1960, oil on canvas, 114.2×88.8cm

  *Printed by permission of the Norman Rockwell Family Agency.*

*Copyright © 1960 Norman Rockwell Family Entities. Collection of the Norman Rockwell Museum, Stockbridge, Massachusetts*

- Freud, Lucian, *Self-Portrait, Man's Head, Portrait III*, 1963, oil on canvas, 30.5×25.1cm

  *Copyright © Lucian Freud / National Portrait Gallery, London*
- Bonnard, Pierre, *Self-Portrait*, c.1940, 104.5×88.3cm

  *Art Gallery of New South Wales, Sydney / Bridgeman Art Library*

  *© ADAGP, Paris and DACS, London 2009*

### 제9장. 연행

- Rosa, Salvator, *Self-Portrait*, c.1645, oil on canvas, 116.3×94cm

  *National Gallery, London / Bridgeman Art Library*
- Ter Borch, Gerard, *Self-Portrait*, c.1670, oil on canvas, 61×42.5cm

  *The Hague, Mauritschuis / Scala, Florence*
- Hammershøi, Vilhelm, *Double Portrait*, 1898, oil on canvas, 72×86cm

  *ARoS Aarhus Kunstmuseum, Arhus*
- Sassoferrato, Giovanni Battista Salvi da, *Self-Portrait*, c.1650, oil on canvas, 38×32.5cm

  *Uffizi, Florece / akg-images / Rabatti-Domingie*
- La Tour, Maurice Quentin de, *Self-Portrait Wearing a Jabot*, c.1751, pastel on paper, 64×53cm

  *Musee de Picardie, Amiens / Giraudon / Bridgeman Art Library*
- Ducreux, Joseph, *Self-Portrait as a Mocker*, 1793, oil on canvas, 55×46cm

  *Louvre, Paris. Photo © Reunion des Musees Nationaux(RMN) / Jean-Gilles Berizzi*
- Mueck, Ron, *Mask*, 1997, mixed media, 158×153×124cm

  *Copyright © Ron Mueck. Reproduced by kind permission of Anthony D'Offay, London*
- Thorvaldsen, Bertel, *Bertel Thorvaldsen with the Statue of Hope*, 1859

  *Thorvaldsen Museum, Copenhagen*
- Pigalle, Jean-Baptiste, *Self-portrait*, 1777, terracotta, height 44cm

  *Musee du Louvre, Paris*
- Vigee-Le Brun, Elisabeth, *Self-Portrait*, 1790, oil on canvas, 100×81cm

*Uffizi, Florence / Scala, courtesy of the Ministero Beni e Att. Culturali*

**제10장. 무대공포증**

- Raeburn, Sir Henry, *Self-Portrait*, c.1815, oil on canvas, 89.5×69.9cm
  *National Gallery of Scotland, Edinburgh / Bridgeman Art Library*
- Gainsborough, Thomas, *Self-Portrait*, c. 1787
  *Royal Academy of Arts, London / Bridgeman Art Library*
- Romney, George, *Self-Portrait*, 1784, oil on canvas, 125.7×99.1cm
  *National Portrait Gallery, London*
- Cassatt, Mary, *Self-Portrait*, c.1876, gouache on paper, 60×41.1cm
  *Metropolitan Museum of Art, New York*
- Sargent, John Singer, *Self Portrait*, 1906, oil on canvas, 70×53cm
  *Uffizi Gallery, Florence*
- Corot, Jean-Baptiste-Camille, *Self-portrait*, c.1840, oil on canvas, 33×25cm
  *Uffizi Gallery, Florence*
- Mengs, Anton Raphael, *Self-Portrait*, 1774, oil on canvas, 73.5×56.5cm
  *Walker Art Gallery, National Museums, Liverpool / Bridgeman Art Library*

**제11장. 외로운 영혼들**

- David, Jacques-Louis, *Self-Portrait*, 1794, oil on canvas, 81×64cm
  *Louvre, Paris. Photo © Reunion des Musees Nationaux(RMN) / Gerard Blot*
- Janssen, Victor Emil, *Self-Portait in front of the Easel*, c.1628, oil on paper on canvas, 56.6×32.7cm
  *Hamburger Kunsthalle, Hamburg / Bridgeman Art Library*
- Courbet, Jean Desire Gustave, *The Desperate Man*, 1843, oil on canvas, 45×54cm
  *Nasjonalgalleriet, Oslo / akg-imgaes / Archives CDA*
- Kersting, Georg Friedrich, *Caspar David Friedrich in His Studio*, 1812, oil on canvas, 51×40cm
  *Nationalgalerie, Staatliche Museen zu Berlin. Photo: Joerg P. Anders / Scala, Florence / bpk*
- Fuseli, Henry, *Self-Portrait*, date unknown
  *Copyright © V&A Images / Victoria and Albert Museum, London*

• Goya, *Self-Portrait*, c.1795~97, brush and grey wash on laid paper, 15.3×9.1cm
*Metropolitan Museum of Art, New York / Art Resource / Scala, Florence*
• Delacroix, Ferdinand Victor Eugene, *Self-Portrait*, c.1837, oil on canvas, 65×54cm
*Louvre, Paris / Lauros / Giraudon / Bridgeman Art Library*
• Tintoretto, *Self-Portrait*, 1587, oil on canvas, 62.5×52cm
*Louvre, Paris / Lauros / Giraudon / Bridgeman Art Library*

**제12장. 자기애**

• Courbet, *L'Atelier*, 1855(and detail), oil on canvas, 361×598cm
*Musee d'Orsay, Paris / Giraudon / Bridgeman Art Library*
• Courbet, *Self-portrait with Black Dog*, 1842~44, oil on canvas, 46×56cm
*Petit Palais, Paris*
• Courbet, *Wounded Man*, 1844~54, oil on canvas, 81.5×97.5cm
*Musee d'Orsay, Paris*
• Courbet, *The Cellist*, 1847
*Reproduced by kind permission of the Nationalmuseum med Prins Eugens Waldemarsudde, Stockholm*
• Courbet, *Man with a Pipe*, c.1846, oil on canvas, 45×37cm
*Musee Fabre, Montpellier / Giraudon / Bridgeman Art Library*
• Courbet, *The Meeting 'Bonjour Monsieur Courbet'*(Alfred Bruyas and Gustave Courbet), 1854, oil on canvas, 129×149cm
*Musee Fabre, Montpellier © Reunion des Musees Nationaux(RMN), Paris / Droits reserves*

**제13장. 피해자**

• Munch, Edvard, *Self-Portrait in Hell*, 1903
*Munch Museum, Oslo / Scala, Florence*
*© Munch Museum / Munch-Ellingsen Group, BONO, Oslo / DACS, London 2009*
• Allori, Cristofano, *Judith with the Head of Holofernes*, c.1613, oil on canvas, 139×116cm
*Palazzo Pitti, Florence / Bridgeman Art Library*

• Ter Brugghen, Hendrick, *David with Goliath's Head*, 1623, oil on canvas
*Brukenthal National Museum, Sibiu*
• Caravaggio, *David with the Head of Goliath*, c.1609~10, oil on canvas, 125×100cm
*Galleria Borghese, Rome / Bridgeman Art Library*
• Beckmann, *Self-Portrait with a Red Scarf*, 1917, oil on canvas, 80×60cm
*Staatsgalerie, Stuttgart. Scala, Florence / bpk. Photo: Lutz Braun © DACS 2009*
• Kirchner, Ernst Ludwig, *Self-Portrait as a Soldier*, 1915, oil on canvas, 69×61cm
*Allen Memorial Art Museum, Oberlin College, Ohio / Charles F. Olney Fund / Bridgeman Art Library*
• Schiele, Egon, *Self-Portrait as Saint Sebastian*, 1914~15(detail), gouache, black crayon and ink on cardboard, 67×50cm
*Historisches Museum der Stadt Wien, Vienna / akg-images*
• Kahlo, Frida, *The Wounded Deer*, Self-Portrait, 1946, oil on hardboard, 22.4×30cm
*Private Collection / akg-images © 2009, Banco de Mexico Diego Rivera & Frida Kahlo Museums Trust, Mexico D.F. / DACS*
• Kahlo, *Self-Portrait with Cropped Hair*, 1940, oil on canvas, 40×28cm
*Museum of Modern Art(MoMA), New York. Gift of Edgar Kaufmann, Jr. / Scala, Florence. © 2009, Banco de Mexico Diego Rivera & Frida Kahlo Museums Trust, Mexico D.F. / DACS*
• Munch, *Self-Portrait between the Clock and the Bed*, c.1942
*Munch Museum, Oslo / Scala, Florence. © Munch Museum / Munch-Ellingsen Group, BONO, Oslo / DACS, London 2009*

**제14장. 선구자**

• Van Gogh, Vincent, *Self-Portrait with a Bandaged Ear*, 1889, oil on canvas, 60×49cm
*The Samuel Courtauld Trust, Courtauld Institute of Art Gallery, London / Bridgeman Art Library*
• Van Gogh, *Two Crabs*, 1889, oil on canvas, 47×61cm
*National Gallery, London*
• Van Gogh, *Self-Portrait with a Felt Hat*, c.1887~88, oil on canvas, 44×37.5cm

*Van Gogh Museum, Armsterdam / Bridgeman Art Library*

- Van Gogh, *Self-Portrait*, 1889, oil on canvas, 65×54cm

  *Musee d'Orsay, Paris / Giraudon / Bridgeman Art Library*

- Mondrian, Piet, *Self-Portrait*, 1900, oil on canvas, 50.4×39.7cm

  *The Phillips Collection, Washington, DC*

- Mondrian, Piet, *Self-Portrait*, 1918, oil on canvas, 88×71cm

  *Haags Gemeentemuseum, The Hague*

- Close, *Self-Portrait*, 1991, oil on canvas, 254×213.4cm

  *Photograph by Ellen Page Wilson, courtesy PaceWildenstein, New York*

  *© Chuck Close, courtesy PaceWildenstein, New York*

- Lewis, Wyndham, *Mr Wyndahm Lewis as a Tyro*, c.1920~21, oil on canvas, 75.9×45.4cm

  *Ferens Art Gallery, Hull City Museums and Art Galleries / Bridgeman Art Library © by kind permission of the Wyndham Lewis Memorial Trust(a registered charity)*

- Matisse, Henri, *The Painter and His Model*, 1917, oil on canvas, 146.5×97cm

  *Musee National d'Art Moderne, Centre Pompidou, Paris / Lauros / Giraudon / Bridgeman Art Library. © Succession H Matisse / DACS 2009*

**제15장. 무너뜨리기**

- Sherman, Cindy, *Untitled Film Still(#7)*, 1978, black and white photograph, 25.4×20.3cm

  *Courtesy of the Artist and Metro Pictures*

- Sherman, Cindy, *Untitled(#400)*, 2000, colour photograph, 116.2×88.9×2.5cm

  *Courtesy of the Artist and Metro Pictures*

- Cahun, Claude, *What Do You Want from Me?*, 1928, black and white photograph

- Warhol, Andy, *Self-Portrait*, 1963~64, silkscreen ink on synthetic polymer paint on canvas, 4 panels, each 50.8×40.6cm

  *The Collection of Mr and Mrs S. Brooks Barron / akg-images © The Andy Warhol Foundation for the Visual Arts / Artists Rights Society(ARS), New York / DACS, London 2009*

- Warhol, Andy, *Self-Portrait with Scull*, 1977, Polaroid™ Polacolor Type 108, 10.8×8.6cm

*Collection of the Andy Warhol Museum, Pittsburgh. The Andy Warhol Foundation for the Visual Arts / Artists Rights Society(ARS), New York / DACS, London 2009*

- Spencer, Stanley, *Self-Portrait with Patricia Preece*, 1937, oil on canvas, 61×91.2cm
  *The Fitzwilliam Museum, Cambridge*
- Freud, Lucian, *Painter Working*, Reflection, 1993, oil on canvas, 101.3×81.7cm
  *Copyright © Lucian Freud. Photo: John Riddy*

**제16장. 작별**

- Carracci, Annibale, *Self Portrait on an Easel in a Workshop*, c.1604, oil on wood, 42.5×30cm
  *The State Hermitage Museum, St Petersburg*

**거스턴**

- Ashton, Dore, *A Critical Study of Philip Guston*, Berkeley, CA: University of California Press, 1990.
- Auping, Michael, *et al.*, *Philip Guston: Retrospective*, Fort Worth: Modern Art Museum, and London: Thames and Hudson, 2003.
- Corbett, William, *Philip Guston's Late Work: A Memoir*, Cambridge, MA: Zoland Books, 1994.
- Mayer, Musa, *Night Studio: A Memoir of Philip Guston by his Daughter*, New York: Alfred A. Knopf, 1988.
- Serota, Nicholas, ed., *Philip Guston: Paintings 1969~1980*, London: Whitechapel Art Gallery, 1982.
- Storr, Robert, *Philip Guston*, New York: Abbeville Press, 1986.

**고야**

- Baticle, Jeannine, *Goya: Painter of Terror and Splendour*, London: Thames and Hudson, 1994.
- Ciofalo, John, *The Self-Portraits of Francisco Goya*, New York: Cambridge University Press, 2000.
- Gallego, Julian, *Autorretratos de Goya*, Zaragoza: Caja de Ahorros de Zaragoza, Aragon y Rioja, 1978.
- Gassier, Pierre and Wilson, Juliet, *Goya: His Life and Work*, London: Thames and Hudson, 1971.
- Glendinning, Nigel, *Goya and his Critics*, New Haven, CT and London: Yale University Press, 1977.
- Holland, Vyvyan, *Goya: A Pictorial Biography*, London: Thames and Hudson, 1961.
- Hughes, Robert, *Goya*, London: Harvill, 2003.
- Licht, Fred, *Goya: The Origins of the Modern Temper in Art*, London: John Murray, 1980.
- Licht, Fred, *et al.*, *Goya in Perspective*, Englewood Cliffs, NJ: Prentice Hall, 1973.

- Muller, Priscilla, *Goya's 'Black' Paintings: Truth and Reason in Light and Liberty*, New York: Hispanic Society of America, 1984.
- Sanchez Perez, Alfonso and Sayre, Eleanor, *Goya and the Spirit of Enlightenment, Boston: Museum of fine Arts*, 1989.
- Sayre, Eleanor, *Late Caprichos of Goya: Frangments from a Series*, New York: Walker, 1971.
- Stoichit, Victor and Coderch, Anna Maria, *Goya: The Last Carnival*, London: Reaktion, 1999.
- Symmons, Sarah, *Goya*, London: Phaidon, 1998.
- Tomlinson, Janis, *Graphic Evolution: The Print Series of Francisco Goya*, New York: Columbia University Press, 1992.
- Waldmann, Susan, *Goya and the Duchess of Alba*, Munich and London: Prestel, 1998.
- Wilson-Bareau, Juliet, *Goya: Drawings from His Private Albums*, London: Hayward Gallery with Lund Humphries, 2001.
- Young, Eric, *Francisco Goya*, London: Thames and Hudson, 1978.


**다비드**


- Bordes, Philippe, *Jacques-Louis David: Empire to Exile*, New Haven, CT and London: Yale University Press, 2005.
- Brookner, Anita, *David: A Personal Interpretation*, London: Oxford University Press, 1974.
- Brookner, Anita, *Jacques-Louis David*, London: Chatto and Windus, 1980.
- Johnson, Dorothy, *Jacques-Louis David: Art in Metamorphosis*, Princeton,s NJ: Princeton University Press, 1993.
- Maurois, Andre, J.-L. *David*, Paris: Editions du Dimanche, 1948.


**데 키리코**


- Crosland, Margaret, *The Enigma of Giorgio de Chirico*, London: Peter Owen, 1999.
- De Chirico, Giorgio, *The Memoirs of Giorgio de Chirico*, trans. Margaret Crosland, New York: Da Capo Press, 1994.
- Foucault, Michel, *This is not a Pipe*, trans. James Harkness, Berkeley, CA: University of California Press, 1983.

### 뒤러

- Bailey, Martin, *Dürer*, London: Phaidon, 1995.
- Bartrum, Giulia, *Albrecht Dürer and his Legacy: The Graphic Work of a Renaissance Artist*, London: British Museum Press, 2002.
- Brion, Marcel, *Albrecht Dürer: His Life and Work*, trans. James Cleugh, London: Thames and Hudson, 1960.
- Conway, William Martin, *Literary Remains of Albrecht Dürer*, Cambridge: Cambridge University Press, 1889.
- Eichberger, Dagmar and Zika, Charles, eds., *Dürer and his Culture*, Cambridge: Cambridge University Press, 1998.
- Grote, Ludwig, *Dürer: Biographica and Critical Study*, Lausanne: Skira, 1965.
- Hutchinson, Jane C., *Albrecht Dürer: A Biography*, Princeton, NJ: Princeton University Press, 1990.
- Koerner, Joseph Leo, *The Moment of Self-Portraiture in German Renaissance Art*, Chicago and London: University of Chicago Press, 1993.
- Levey, Michael, et al., *Essays on Dürer*, Manchester: Manchester University Press, 1973.
- Panofsky, Erwin, *The Life and Art of Albrecht Dürer*, Princeton, NJ: Princeton University Press, 1955.
- Smith, Alistair, *The Complete Paintings of Dürer*, London: Penguin, 1987.
- Strieder, Peter, *The Hidden Dürer*, trans. Vivienne Menkes, Oxford: Phaidon, 1978.
- Waetzoldt, Wilhelm, *Dürer and his Times*, trans. R. H. Boothroyd, London: Phaidon, 1950

### 드가

- Armstrong, Carol, 'Reflections on the Mirror', *Representaions* no. 22, 1988.
- Brown, Marilyn R., *Degas and the Business of Art: A Cotton Office in New Orleans*, University Park, PA: Pennsylvania State University Press, 1994.
- Degas, Edgar, *Dix-Neuf portraits de Degas par lui-meme*, Marcel Guerin, 1931.
- Degas, Edgar, *Degas by Himself: Drawings, Prints, Paintings, Writings*, ed., Richard Kendrall, London: Macmillan Orbis, 1987.
- Dunlop, Ian, *Degas*, London: Thames and Hudson, 1979.
- Gordon, Robert and Forge, Andrew, *Degas,* London Thames and Hudson, 1988.

- Kendall, Richard, *Degas: Beyond Impressionism*, London: National Gallery Publications, 1996.
- McMullen, Roy, *Degas: His Life, Times, and Work*, Boston: Houghton Mifflin, 1984.
- Moore, George, *Degas, the Painter of Modern Life*, Impressions and Opinions, New York, 1891.
- Reff, Theodore, *Degas: The Artist's Mind*, Cambridge, MA: Belknap Press, 1977.
- Sutherland Boggs, Jean, *Degas*, Chicago: Art Institute of Chicago, 1996.
- Sutton, Denys, *Edgar Degas: Life and Work*, New York: Rizzoli, 1986.
- Vollard, Ambroise, *Degas*, Les Editions G. Cres et Cie, 1924.


### 들라크루아


- Davies, Elspeth, *Portrait of Delacroix*, Edinburgh: Pentland Press, 1994.
- Delacroix, Eugene, *Journals*, Covici-Friede, 1937.
- Deslandres, Yvonne, *Delacroix: A Pictorial Biography*, London: Thames and Hudson, 1963.
- Johnson, Lee, *Delacroix*, London: Weidenfeld and Nicolson, 1963.
- Johnson, Lee, *The Paintings of Eugene Delacroix*, Oxford: Clarendon Press, 1989.
- Murgia, Adelaid, *The Life and Times of Delacroix*, trans. Peter Muccini, Feltham, Middlesex: Hamlyn, 1968.
- Segal, Beth Wright, ed., *The Cambridge Companion to Delacroix*, Cambridge: Cambridge University Press, 2001.


### 라 투르


- Bury, Adrian, *Maurice-Quentin de la Tour: The Greatest Pastel Portaitist*, London: Skilton, 1971.
- De Goncourt, Edmond and Jules, *French XVIIIth Century Painters*, London: Phaidon, 1948.
- La Tour, Maurice-Quentin de, *La Tour*, Bates and Guild, 1907.
- Wilenski, R. H., *French Painting*, C. T. Branford, 1949.


### 레이놀즈


- Mannings, David, *Sir Joshua Reynolds*, New Haven, CT and London: Yale

University Press, 2000.
- McIntyre, Ian, *Joshua Reynolds: The Life and Times of the First President of the Royal Academy*, London: Allen Lane, 2003.
- Northcote, James, *The Life of Sir Joshua Reynolds*, London: Henry Colburn, 1819.
- Wendorf, Richard, *Sir Joshua Reynolds: The Painter in Society*, Cambridge, MA: Harvard, 1996.

### 레이번

- Andrew, William Raeburn St Clair, *Life of Sir Henry Raeburn*, London: W. H. Allen, 1886.
- Greig, James, *Sir Henry Raeburn*, London: The Connoisseur, 1911.
- Thomson, Duncan, *Sir Henry Raeburn 1756~1823*, Edinburgh: National Galleries Scotland, 1994.

### 렘브란트

- Alpers, Svetlana, *Rembrandt's Enterprise: The Studio and the Market*, London: Thames and Hudson, 1988.
- Bonafoux, Pascal, *Rembrandt: A Self-Portrait*, Geneva: Skira, 1985.
- Bredius, A. *Rembrandt: The Complete Edition of the Paintings*, London: Phaidon, 1971.
- Brown, C., Kelch, J., and van Thiel, P., *Rembrandt: The Master and His Workshop*, New Haven, CT and London: Yale University Press, 1991.
- Brown, J., *Kings and Connoisseurs: Collecting Art in Seventeenth-Century Europe*, New Haven, CT and London: Yale University Press, 1995.
- Chapman, H. Perry, *Rembrandt's Self-Portraits: A Study in Seventeenth-Century Identity*, Princeton, NJ: Princeton University Press, 1990.
- Gasser, M., *Das Selbstibildnis*, Zurich: n.p., 1961.
- Mander, Carel van, *Het Schilder-Boek*, Haarlem: n.p., 1604.
- Schama, Simon, *Rembrandt's Eyes*, London: Allen Lane, 1999.
- Schwartz, Gary, *Rembrandt: His Life, His Paintings*, London: Penguin, 1991.
- Slive, S., *Rembrandts and His Critics 1630~1730*, The Hague: Martinus Nijhoff, 1953.
- Small, A., *Essays in Self-Portraiture: A Comparison of Technique in the Self-Portraits of Montaigne and Rembrandt*, New York: P. Lang, 1996.

- Van de Wetering, E., *Rembrandt: The Painter at Work*, Amsterdam: Amsterdam University Press, 1997.
- White, Christopher, *Rembrandt*, London: Thames and Hudson, 1984.
- White, Christopher and Buvelot, Quentin, *Rembrandt by Himself*, London: National Gallery, 1999.
- Wright, Christopher, *Rembrandt: Self-Portraits*, London: Gordon Fraser, 1982.

**로사**

- Kitson, Michael, *Salvator Rosa*, London: Arts Council, 1973.
- Lady Morgan, *The Life and Times of Salvator Rosa*, London: Henry Colburn, 1824.
- Scott, Jonathan, *Salvator Rosa: His Life and Times*, New Haven, CT and London: Yale University Press, 1995.

**마네**

- Adler, Kathleen, *Manet*, Oxford: Phaidon, 1986.
- Brombert, Beth Archer, *Edouard Manet: Rebel in a Frock Coat*, Boston and London: Little, Brown, 1996.
- Fried, Michael, *Manet's Modernism, or, The Face of Painting in the 1860s*, Chicago and London: University of Chicago Press, 1996.

**멩스**

- Mengs, Anton Raphael, *Sketches on the Art of Painting*, trans. John Talbot Dillon, London: R. Baldwin, 1782.
- Rottgen, Steffi, *Anton Raphael Mengs 1729~1779 and His British Patrons*, trans. Eileen Martin, London: Zwemmer, 1993.

**뭉크**

- Berman, Patricia, *Art Bulletin*, 75, no. 4. December 1993.
- Muller-Westermann, Iris, *Munch by Himself*, London: Royal Academy, 2005.
- Prideaux, Sue, *Edvard Munch: Behind the Scream*, New Haven, CT and London: Yale University Press, 2005.

**미켈란젤로**

- Barolsky, Paul, *Michelangelo's Nose: A Myth and it Maker*, University Park, PA: Pennsylvania State University, 1997.
- Bull, George, *Michelangelo: A Biography*, London: Viking 1995.
- Condivi, Ascanio, *The Life of Michelangelo Buonarroti*, trans. H. P. Horne, Boston: D. B. Updike, 1904.
- Hall, James, *Michelangelo and the Reinvention of the Human Body*, London: Chatto and Windus, 2005.
- Holmes, George, *Art and Politics in Renaissance Italy*, Oxford: Oxford University Press, 1993.
- Hughes, Anthony, *Michelangelo*, London: Phaidon, 1997.
- Murray, Linda, *Michelangelo: His Life, Work and Times*, London: Thames and Hudson, 1984.
- Nagel, Alexander, *Michelangelo and the Reform of Art*, Cambridge: Cambridge University Press, 2000.
- Paolucci, Antonio, *Michelangelo: The Pietas*, Milan: Skira, 1997.
- Wind, Edgar, ed., *The Religious Symbolism of Michelangelo: The Sistine Ceiling*, Oxford: Oxford University Press, 2000.

**반 고흐**

- Dorn, Roland, *et. al.*, *Van Gogh Fave to Face: The Portraits*, London: Thames and Hudson, 2000.
- Erpel, Fritz, *Van Gogh Self-Portraits*, trans. Doris Edwards, Oxford: Bruno Cassirer, 1964.
- Hulsker, Jan, *The New Complete Van Gogh*, Amsterda; J. M. Meulenhoff, 1996.
- Schapiro, Meyer, *Van Gogh*, New York: H. N. Abrams, 1952.
- Silverman, Debora, *Van Gogh and Gauguin: The Search for Sacred Art*, New York: Farrar, Straus and Giroux, 2000.
- Uhde, Wilhelm, *Van Gogh*, London: Phaidon, 1972.
- Van Gogh, Vincent, *The Letters of Vincent Van Gogh*, London: Constable, 2003.

**반에이크**

- Albus, Anita, *The Art of Arts: Rediscovering Painting*, trans. Michael Robertson, New York: Alfred A. Knopf, 2000.

- Friedlander, Max, *Early Netherlandish Painting*, vol. I, The Van Eycks —Petrus Christus, Leiden: A. W. Sijthoff, 1967.
- Hall, Edwin, *The Arnolfini Betrothal: Medieval Marriage and the Enigma of Van Eyck's Double Portrait*, Berkeley, CA and London: University of California Press, 1994.
- Harbison, Craig, *Jan Van Eyck: The Play of Realism*, London: Reaktion, 1991.
- Panofsky, Erwin, *Early Netherlandish Painting, its Origins and Character*, Cambridge, MA: Harvard University Press, 1953.
- Seidel, Linda, *Jan Van Eyck's Arnolfini Portrait: Stories of an Icon*, Cambridge: Cambridge University Press, 1993.


**벨라스케스**


- Acker, Thomas, *The Baroque Vortex: Velazquez, Calderon and Gracian under Philip IV*, New York: P. Lang, 1996.
- Brown, J., *Images and Ideas in Seventeenth-Century Spanish Painting*, Princeton, NJ: Princeton University Press, 1978.
- Brown, J., *Velazquez: Painter and Courtier*, New Haven, CT and London: Yale University Press, 1986.
- Brown, J., and Elliott, J. H., *A Palace for a King: The Buen Retiro and the Court of Philip IV*, New Haven, CT and London: Yale University Press, 1980.
- Brown, J. and Garrido, Carmen, *Velazquez: The Technique of Genius*, New Haven, CT and London: Yale University Press, 1998.
- Carr, Dawson, *et al*, *Velazquez*, London: National Gallery, 2006.
- Harris, Enriqueta, *Velazquez*, Oxford: Phaidon, 1982.
- Hind, C. Lewis, *Days with Velazquez*, London: Adam and Charles Black, 1906.
- Justi, C., *Diego Velazquez and his Times*, trans. A. H. Keane, London: Grevel, 1889.
- Kahr, Madlyn Millner, *Velazquez: The Art of Painting*, New York and London: Harper and Row, 1976.
- McKim-Smith, G., *et al.*, *Examining Velazquez*, New Haven, CT and London: Yale University Press, 1988.
- Orso, Steven, *Philip IV and the Decoration of the Alcazar of Madrid*, Princeton, NJ: Princeton University Press, 1986.
- Ortega y Gasset, Jose, *Velazquez, Goya and the Dehumanization of Art*,

London: Studio Vista, 1972.
- Palomino, Antonio, *Lives of the Eminent Spanish Painters and Sculptors*, trans. Nina Mallory, Cambridge: Cambridge University Press, 1987.
- Picasso, Pablo, *Les Menines et la vie*, trans. Alfred Rosset, Paris: Editions Cercle d'Art, 1958.
- Rousseau, Theodore, *Juan de Pareja*, New York: Metropolitan Museum of Art, 1975.
- Ortiz, Antonio Dominguez, *et al.*, *Velazquez*, New York: Metropolitan Museum of Art, 1989.
- Stowe, Edwin, *Velazquez*, London: Sampson Low, Marston, Searle and Rivington, 1881.

### 보나르

- Bell, Julian, *Bonnard*, London: Phaidon, 1994.
- Hyman, Timothy, *Bonnard*, London: Thames and Hudson, 1998.
- Terrasse, Antoine, *Pierre Bonnard*, New York: Harry Abrams, 1989.
- Terrasse, Michel, *Bonnard at Le Cannet*, New York: Pantheon Books, 1988.
- Whitfield, Sarah and Elderfield, John, *Bonnard*, London: Tate Gallery Publishing, 1998.

### 보티첼리

- Brion, Marcel, *Botticelli*, G. Gres, 1932.
- Ettlinger, Leopold D. and Helen S., *Botticelli*, London: Thames and Hudson, 1976.
- Hatfield, Rab, *Botticelli's Uffizi Adoration: A Study in Pictorial Content*, Princeton, NJ: Princeton University Press, 1976.
- Horne, Herbert Percy, *Botticelli, Painter of Florence*, Princeton, NJ: Princeton University Press, 1980.
- Levey, Michael, *Botticelli*, London: National Gallery, 1974.
- Lightbown, R. W., *Sandro Botticelli: Life and Work*, London: Thames and Hudson, 1989.

### 비제르브룅

- Sheriff, Mary, *The Exceptional Woman: Elisabeth Vigee-Lebrun and the Cultural Politics of Art*, Chicago and London: University of Chicago Press, 1996.

• Vigee-Lebrun, Louise-Elisabeth, *Memoirs of Madame Vigee-Lebrun*, trans. Lionel Strachey, New York: George Braziller, 1989.

### 쇠라

• Herbert, Robert, *Georges Seurat 1859~1891*, New York: Metropolitan Museum of Art, 1991.
• Rewald, John, *Seurat: A Biography*, New York: H. N. Abrams, 1990.

### 젠틸레스키

• Bal, Mieke, *The Artemisia Files: Artemisia Gentileschi for Feminists and Other Thinking People*, Chicago: University of Chicago Press, 2005.
• Garrard, Mary, *Artemisia Gentileschi: The Image of the Female Hero in Italian Baroque Art*, Princeton, NJ: Princeton University Press, 1989.
• Greer, Germaine, *The Obstacle Race: The Fortunes of Women Painters and their Work*, New York and London: Tauris, 2001.

### 카라바조

• Berenson, Bernard, *Caravaggio: His Incongruity and his Fame*, London: Chapman and Hall, 1953.
• Hibbard, Howard, *Caravaggio*, New York: Harper and Row, 1983.
• Langdon, Helen, *Caravaggio: A Life*, London: Chatto and Windus, 1998.
• Longhi, Roberto, *Caravaggio*, trans. B. D. Phillips, Leipzig: Edition Leipzig, 1968.
• Mancini, Giulio, *et al.*, *Lives of Caravaggio*, London: Pallas Athene, 2005.
• Wilson-Smith, Timothy, *Caravaggio*, London: Phaidon, 1998.

### 카라치

• Bellori, G., *The Lives of Annibale and Agostino Carracci*, University Park, PA: Pennsylvania State University Press, 1968.
• Benati, Daniele, *et al.*, *The Drawings of Annibale Carracci*, Washinton, DC: National Gallery of Art, and London: Lund Humphries, 2000.
• Chamberlain, John, *Original Designs of the Most Celebrated Masters of the Biolognese, Roman, Florentine and Venetian Schools*, London: W. Bulmer, 1812.
• Dempsey, Charles, *Annibale Carracci and the Beginnings of Baroque Style*, Gluckstadt: Augustin, 1977.

• Dempsey, Charles, *Annibale Carracci: The Farnese Gallery, Rome*, New York: George Braziller, 1995.
• Malvasia, Carlo, *Malvasia's Life of the Carracci*, trans. Anne Summerscale, University Park, PA: Pennsylvania State University Press, 2000.
• Martin, John R., *The Farnese Gallery, Princeton*, NJ: Princeton University Press, 1965.
• Posner, Donald, *Annibale Carracci: A Study in the Reform of Italian Painting around 1590*, London: Pahidon, 1971.
• Robertson, Clare and Whistler, Catherine, *Drawings by the Carracci from British Collections*, Oxford: Ashmolean Museum, and London: Hazlitt, Gooden and Fox 1996.

**쿠르베**

• Clark, T.J., *Image of the People: Gustave Courbet and the 1848 Revolution*, London: Thames and Hudson, 1973.
• Faunce, Sarah and Nochlin, Linda, *Courbet Reconsidered*, New Haven, CT and London: Yale University Press, 1988.
• Fried, Michael, *Courbet's Realism*, Chicao: Chicago University Press, 1990.
• Herding, Klaus, *Courbet: To Venture Independence*, trans. William Babriel, New Haven, CT and London: Yale University Press, 1991.
• Lemoyne de Forges, Marie Thérèse, *Autoportraits de Courbet*, Paris: Editions des Musées Nationaux, 1973.
• Lindsay, Jack, *Gustave Courbet: His Life and Art*, Bath: Adams, Dart, 1973.
• Mack, Gerstle, *Gustave Courbet*, New York: Knopf, 1951.
• Nicolson, Benedict, *Courbet: The Studio of the Painter*, London: Allen Lane, 1973.
• Nochlin, Linda, *Art Bulletin*, 1967
• Nochlin, Linda, *Gustave Courbet: A Study of Style and Society*, New York: Garland, 1976.
• Richardson, John, *Corot and Courbet*, London: David Carritt, 1979.
• Rubin, James, *Realism and Social Vision in Courbet and Proudhon*, Princeton, NJ: Princeton University Press, 1980.
• Rubin, James, *Courbet*, London: Phaidon, 1997.
• Zutter, Jorg, *et al.*, *Courbet: artiste et promoteur de son oeuvre*, Paris:

Flammarion, 1998.

**클레**

- Kudielka, Robert and Riley, Bridget, *Paul Klee: The Nature of Creation*, London: Hayward Gallery with Lund Humphries, 2002.
- Werckmeister, Otto T. *Making of Paul Klee's Career, 1914~1920*, Chicago: University of Chicago Press, 1989.

**파르미자니노**

- Ashbery, John, *Self-Portrait in a Convex Mirror: Poems*, Harmondsworth: Penguin, 1976.
- Freedberg, S., *Parmigianino: His Works in Painting, Cambridge*, MA: Harvard University Press, 1950.

**푸생**

- Blunt, Anthony, *Nicolas Poussin*, London: Pallas Athene, 1995.
- Kitson, Michael, *Nicolaas Poussin*, London: National Gallery, 1995.
- Kitson, Michael, *Nicolas Poussin and Claude Lorrin, Studies on Claude and Poussin*, London: Pindar, 2000
- Poussin, Nicolas, *Lettres*, Paris: Cite des Livres, 1929

## 더 읽을거리


- Alpers, Svetlana, *The Vexations of Art: Velazquez and Others*, New Haven, CT and London: Yale University Press, 2005.
- Arasse, Daniel, *Vermeer: Faith in Painting*, trans. Terry Grabar, Princeton, NJ: Princeton University Pres, 1994.
- Armstrong, John, *The Intimate Philosophy of Art*, London: Allen Lane, 2000.
- *Artists' Self-Portraits from the Uffizi*, Milan: Skira, 2007.
- Ashton, Dore, *About Rothko*, New York: Oxford University Press, 1983.
- Bailey, Martin, *Vermeer*, Phaidon, 1995.
- Barrell, John, *The Political Theory of Painting from Reynolds to Hazlitt: The Body of the Public*, New Haven, CT and London: Yale University Press, 1986.
- Batschmann, Oskar, *The Artist in the Modern World: The Conflict between Market and Self-Expression*, New Haven, CT and London: Yale University Press.
- Baudelaire, Charles, *The Painter of Modern Life and Other Essays*, trans. and ed. Jonathan Mayne, London: Phaidon, 2004.
- Bell, Julian, *Five Hundred Self-Portraits*, London and New York: Phaidon, 1995.
- Berlin, Isaiah, *The Roots of Romanticism*, London: Chatto and Windus, 1999.
- Bond, Anthony and Woodhall, Joanna, *Self-Portrait: Renaissance to Contemporary*, London: National Portrait Gallery, 2005.
- Borzello, Frances, *Seeing Ourselves: Women's Self Portraits*, London: Thames and Hudson, 1998.
- Breslin, James, *Mark Rothko: A Biography*, Chicago and London: University of Chicago Press, 1993.
- Brewer, John, *The Pleasures of the Imagination: English Culture in the Eighteenth Century*, London: HarperCollins, 1997.
- Brilliant, Richard, *Portraiture*, London: Reaktion Books, 1991.
- British *Self-Portraits: From Sickert to the Present Day*, London: Arts Council, 1962.
- Brooke, Xanthe, *Murillo in Focus*, Liverpool: National Museums and Galleries of Merseyside, 1990.
- Brookner, Anita, *Soundings*, London: Harvill, 1997.

• Brookner, Anita, *Romanticism and Its Discontents*, London: Viking, 2000
• Brown, Katherine, *The Painter's Reflection: Self-Portraiture in Renaissance Venice 1458~1625*, Florence: L.S. Olschki Editore, 2000.
• Bruce, Vicki and Young, Andy, *In the Eye of the Beholder: The Science of Face Perception*, Oxford: Oxford University Press, 1998.
• Bryson, Norman, *Vision and Painting: The Logic of Gaze*, New Haven, CT and London: Yale University Press, 1983.
• Bryson, Norman, *Tradition and Desire: From David to Delacroix*, Cambridge: Cambridge University Press, 1984.
• Campbell, Lorne, *Renaissance Portraits: European Portrait-Painting in the 14th, 15th, and 16th Centuries*, New Haven, CT and London: Yale University Press, 1990.
• Clark, T. J., *The Painting of Modern Life: Paris in the Art of Manet and his Followers*, New York: Alfred A. Knopf, 1985.
• Clark, T. J., *Farewell to an Idea: Episodes from a History of Modernism*, New Haven, CT and London: Yale University Press, 1999.
• Comini, Alessandro, *Schile in Prison*, London: Thames and Hudson, 1974.
• Conrad, Peter, *Moder Times*, Modern Places, London: Thames and Hudson, 1998.
• Danto, Arthur, *Encounters and Reflections: Art in the Historical Present*, Berkeley, CA and London: University of California Press, 1997.
• Danto, Arthur, *The Madonna of the Future*, New York: Farrar, Straus and Girous, 2001.
• Derrida, Jacques, *Memoirs of the Blind: The Self-Portrait and Other Ruins*, trans. P.-A. Brault and M. Naas, Chicago: University of Chicago Press, 1993.
• Elger, Dietmar, *Andy Warhol: Self-Portraits*, Ostfildern-Ruit; Hatje Cantz, 2004.
• Elkins, James, *Why are our Pictures Puzzles: On the Modern Origins of Pictorial Complexity*, New York and London: Routledge, 1999.
• Feaver, William, *Lucian Freud*, London: Tate Publishing, 2002.
• Finn, David and Licht, Fred, *Canova*, New York: Abbeville Press, 1983.
• Foucault, Michel, *The Order of Things: An Archaeology of the Human Sciences*, London: Routledge, 2001.
• Freedberg, David, *The Power of Images: Studies in the History and Theory of Response*, Chicago: University of Chicago Press, 1989.

- Freedberg, S. J., *Circa 1600: A Revolution of Style in Italian Painting*, Cambridge, MA: Harvard University Press, 1983.
- Fried, Michael, *Realism, Writing, Disfiguration: On Thomas Eakins and Stephen Crane*, Chicago: University of Chicago Press, 1987.
- Fried, Michael, *Art and Objecthood*, Chicago: University of Chicago Press, 1998.
- Gayford, Martin and Wright, Karen, eds., *The Penguin Book of Art Writing*, London: Viking, 1998.
- Gedo, Mary Mathews, *Picasso: Art as Autobiography*, Chicago and London: University of Chicago Press, 1980.
- Goffman, Erving, *The Presentation of Self in Everyday Life*, Garden City, NY: Doubleday, 1959.
- Goldschneider, Ludwig, *Funfhundert Selbstportrats von der Antike bis zur Gegenwart*, Vienna: Phaidon-Verlag, 1936.
- Goldstein, Carl, *Visual Fact over Verbal Fiction: A Study of the Carracci and the Criticism, Theory and Practice of Art in Renaissance and Baroque Italy*, Cambridge: Cambridge University Press, 1988.
- Gombrich, Ernst, *The Image and the Eye: Further Studies in the Psychology of Pictorial Representation*, Oxford: Phaidon, 1982.
- Gombrich, Ernst, *The Uses of Images: Studies in the Social Function of Art and Visual Communication*, London: Phaidon, 2000.
- Goncourt, Edmond and Jules de, *Pages from the Goncourt Journals*, trans. Tobert Baldick, New York: New York Review of Books Classics, 2007.
- Greenblatt, Stephen, *Renaissance Self-Fashioning: From More to Shakespeare*, Chicago and London: University of Chicago Press, 1980.
- Grosser, Maurice, *The Painter's Eye*, New York and Toronto: Rinehart, 1951.
- Hall, James, *The World as Sculpture: The Changing Status of Sculpture from the Renaissance to the Present Day*, London: Chatto and Windus, 1999.
- Hammer, Martin, *The Naked Portrait, 1900~2007*, Edinburgh: National Galleries of Scotland, 2007.
- Hanson, Anne Coffin, *Manet and the Modern Tradition*, New Haven, CT and London: Yale University Press, 1979.
- Harbison, Robert, *Reflections on Baroque*, London: Reaktion, 2000
- Harris, Ann and Nochlin, Linda, *Women Artists 1550~1950*, Los Angeles: Los Angeles County Museum of Art, 1976.

- Haskell, Francis, *Past and Present in Art and Taste*, New Haven, CT and London: Yale University Press, 1987.
- Haskell, Francis, *The Ephemeral Museum: Old Master paintings and the Rise fo the Art Exhibition*, New Haven, CT and London: Yale Univeristy Press, 2000.
- Herrera, Hayden, *Frida Kahlo: The Paintings*, London: Bloomsbury, 1991.
- Hertel, Christiane, *Vermeer: Reception and Interpretation*, Cambridge: Cambridge University Press, 1996.
- Hess, Thomas, and Ashbery, John, eds., *The Grand Eccentrics*, New York: Collier Books, 1971.
- Hickey, Dave, *Air Guitar: Essays on Art and Democracy*, Los Angeles: Art Issues Press, 1997.
- Holmes, George, *Art and Politics in Renaissance Italy*, Oxford: Oxford University Press, 1993.
- Hughes, Robert, *Nothing if Not Critical*, London: Collins Harvill, 1990.
- Johns, Christopher, *Antonio Canova and the Politics of Patronage in Revolutionary and Napoleonic Europe*, Berkeley, CA and London: University of California Press, 1998.
- Jones, Roger and Penny, Nicholas, *Raphael*, New Haven, CT and London: Yale University Press, 1983.
- Kahlo, Frida, *Images of Frida Kahlo*, London: Redstone, 1989.
- Kelly, Sean and Lucie-Smith, Edward, eds., *The Self-Portrait: A Modern View*, London: Elek, 1980.
- Kinneir, Joan, ed., *The Artist By Himself: Self-Portrait Drawings from Youth to Old Age*, London: Elek, 1980.
- Knafo, Danielle, *Egon Schiele: A Self in Creation*, Rutherford, NJ: Fairleigh Dickinson University Press, 1993.
- Kris, Ernst and Kurz, Otto, *Legend, Myth and Magic in the Image of the Artist: A Historical Experiment*, New Haven, CT and London: Yale University Press, 1979.
- Lacan, Jacques, *Ecrits: A Selection*, New York: Norton, 1977.
- Levey, Michael, *Rococo to Revolution: Major Trends in Eighteenth-Century Painting*, London: Thames and Hudson, 1966.
- Levey, Michael, *Sir Thomas Lawrence*, New Haven, CT and London: Yale University Press, 2005.
- Levey, Michael, ed., *The Soul of the Eye: An Anthology of Painters and Painting*,

London: Collins, 1990.
- Licht, Fred, *Sculpture, Nineteenth and Twentieth Centuries*, London: Michael Joseph, 1967.
- Lindsay, Jack, *Death of the Hero: French Painting from David to Delacroix*, Studio, 1960.
- Lomax, Yves, *Writing the Image: An Adventure with Art and Theory*, London: I. B. Tauris, 2000.
- Morley, Simon, *Writing on the Wall: Word and Image in Modern Art*, London: Thames and Hudson, 2003.
- Nagel, Thomas, *The View from Nowhere*, New York: Oxford University Press, 1986.
- Nagel, Thomas, *Concealment and Exposure*, Oxford and New York: Oxford University Press, 2002.
- Phillips, Tom, *The Artist as a Portrait*, Great Haseley, Oxfordshire: Roy Davids, 2000.
- Piper, Davd, *The English Face*, London: National Portrait Gallery, 1992.
- Pope-Hennessy, John, *The Portrait in the Renaissance*, Princeton, NJ: Princeton University Press, 1966.
- Protter, Eric, ed., *Painters on Painting*, Mineola, NY: Dover, and London: Constable, 1997.
- Rideal, Liz, Mirror, *Mirror: Self-Portraits by Women Artists*, London: National Portrait Gallery, 2001.
- Riley, Bridget, *The Eye's Mind*, London: Thames and Hudson, 1999.
- *Robert Arneson: Self-Portraits*, Philadelphia: Moore College of Art, 1979.
- Rosen, Charles and Zerner, Henri, *Romanticism and Realism: The Mythology of Nineteenth Century Art*, London: Faber and Faber, 1984.
- Rubin, William, ed., *De Chirico: Essays*, New York: Museum of Modern Art, 1982.
- Schapiro, Meyer, *Modern Art, Nineteenth and Twentieth Centuries*, New York: George Braziller, 1978.
- Schapiro, Meyer, *Words, Script, and Pictures: Semiotics of Visual Language*, New York: George Braziller, 1996.
- Sherman, Cindy, *A Play of Selves*, Hatje Cantz, 2007.
- Sleptzoff, L. M., *Men or Supermen?: The Italian Portrait in the Fifteenth Century*,

Jerusalem: Magnes Press, 1978.

- Soby, James Thrall, *Giorgio de Chrico*, New York: Musuem of Modern Art, 1955.
- Springer, Peter, *Hand and Head: Ernst Ludwig Kirchner's Self-Portrait as Soldier*, Berkeley, CA and London: University of California Press, 2002.
- Storr, Robert, *Chuck Close*, New York: Museum of Modern Art, and London: Thames and Hudson, 1998.
- Sturgis, Alexander, *et al.*, *Rebels and Martyrs: The Image of the Artist in the Nineteenth Century*, London: National Gallery, 2006.
- Sylvester, David, *Magritte: The Silence of the World*, New York: H. N. Abrams, 1992.
- Taylor, Charles, *Sources of the Self: The Making of Modern Identity*, Cambridge, MA: Harvard University Press, 1989.
- Tufts, Eleanor, *Luis Melendez: Eighteenth-Century Master of the Spanish Still Life*, Columbia: University of Missouri Press, 1985.
- Uglow, Jennifer, *Hogarth: A Life and a World*, London: Faber and Faber, 1997.
- Updike, John, *Self-Consciousness*, London: Penguin, 1990.
- Varnedoe, Kirk and Gopnik, Adam, *High and Low: Modern Art*, Popular Culture, New York: Musuem of Modern Art, 1990.
- Walsh, John, *Portrait of the Artist*, New York: Metropolitan Museum of Art, 1972.
- Wheelock, Arthur, *Vermeer and the Art of Painting*, New Haven, CT and London: Yale University Press, 1995.
- Wollheim Richard, *The Thread of Life*, Cambridge, MA: Harvard University Press, 1984.
- Woods-Marsden, Joanna, *Renaissance Self-Portraiture: The Visual Consturction of Identity and the Social Status of the Artist*, New Haven, CT and London: Yale University Press, 1998.

# 색인

* 도판은 이탤릭으로 표기했습니다.

**지은이** 로라 커밍Laura Cumming
미술평론가. 『리스너』 『뉴스테이츠먼』 『리터러리 리뷰』의 편집자, BBC 라디오3의 간판 격 예술·문화 프로그램 「나이트웨이브스」의 진행자로 일했다. 1999년부터 영국의 시사주간지 『옵서버』의 미술평론가로 활약 중이다. 커밍의 첫 책인 『자화상의 비밀』은 출간된 그해 영국 유수 언론에서 뽑은 '올해의 책'에 선정되는 등 호평을 받았다. 2016년에는 분실된 벨라스케스 초상화의 행방을 추적하는 『사라진 남자-벨라스케스를 찾아서The Vanishing Man: In pursuit of Velazquez』를 펴내 역시 호평을 받았다.

**옮긴이** 김진실
서강대학교 국어국문학과를 졸업하고 동대학원에서 석사학위를 받은 뒤, 영국 레딩 대학교에서 미술사 석사학위를 취득했다. 옮긴 책으로 『국립미술관의 명화들』 『파워 오브 아트』 『당신이 내셔널갤러리에서 꼭 봐야 할 그림들』 『기호학 입문-의미와 맥락』 『미술사를 만든 책들』등이 있다.

자화상의 비밀
예술가가 세상에 내놓은 얼굴

**1판 1쇄** 2012년 11월 9일
**1판 2쇄** 2014년 6월 30일
**2판 1쇄** 인쇄 2018년 1월 31일
**2판 1쇄** 발행 2018년 2월 9일

**지은이** 로라 커밍
**옮긴이** 김진실
**펴낸이** 정민영
**책임편집** 손희경
**편집** 박주희
**디자인** 이현정
**마케팅** 이숙재 정현민 김도윤 오혜림 안남영
**제작처** 한영문화사(인쇄) 경일제책사(제본)

**펴낸곳** (주)아트북스
**출판등록** 2001년 5월 18일 제406-2003-057호
**주소** 10881 경기도 파주시 회동길 210
**대표전화** 031-955-8888
**문의전화** 031-955-7977(편집부) 031-955-3578(마케팅)
**팩스** 031-955-8855
**전자우편** artbooks21@naver.com
**트위터** @artbooks21
**페이스북** www.facebook.com/artbooks.pub

**ISBN** 978-89-6196-318-3 03600

책값은 뒤표지에 있습니다.
잘못된 책은 구입하신 서점에서 교환해 드립니다.

이 도서의 국립중앙도서관 출판시도서목록(CIP)은 e-CIP 홈페이지(http://www.nl.go.kr/ecip)와 국가자료공동목록시스템(http://www.nl.go.kr/kornet)에서 이용하실 수 있습니다.
(CIP제어번호 : CIP2018001988)